»Ein Proll mit Klasse«

Moritz Ege, Dr. phil., ist wissenschaftlicher Assistent am Institut für Volkskunde/ Europäische Ethnologie an der LMU München.

Moritz Ege

»Ein Proll mit Klasse«

Mode, Popkultur und soziale Ungleichheiten
unter jungen Männern in Berlin

Campus Verlag
Frankfurt/New York

Zugl.: Dissertation an der Humboldt-Universität zu Berlin, Institut für Europäische Ethnologie, Philosophische Fakultät I

Bibliografische Information der Deutschen Nationalbibliothek
Die Deutsche Nationalbibliothek verzeichnet diese Publikation in der Deutschen Nationalbibliografie; detaillierte bibliografische Daten sind im Internet unter http://dnb.d-nb.de abrufbar.
ISBN 978-3-593-39947-8

Umschlaggestaltung: Campus Verlag GmbH, Frankfurt am Main
Umschlagmotiv: © Natalie Bayer
Satz: Harry Adler, Berlin
Druck und Bindung: CPI buchbücher.de, Birkach
Gedruckt auf Papier aus zertifizierten Rohstoffen (FSC/PEFC).
Printed in Germany

Dieser Titel ist auch als E-Book erhältlich.
www.campus.de

Inhalt

I. Teil: Figuren ästhetischer Differenz und sozialer Ungleichheit:
Ein Problemaufriss 9

1. »Prolls« überall: Alltägliche Semantiken einer Figur 11
   Das Vorhaben: Eine Kulturanalyse von Figurierungsprozessen
   auf mehreren Ebenen 17

2. Kulturanalyse von Figurierungsprozessen: Zur Methodologie . . . 26
   Kulturanalyse: ein kritisch-realistischer Ansatz 26 – Figuren,
   Figurierungen, Figurationen 36 – Figuren in der kultur-
   wissenschaftlichen Forschung 43 – Thesen zur Theorie
   der kulturellen Figur 49 – Zwischenfazit 73

3. Schlaglichter: Stationen einer Figurierungsgeschichte 75
   Anfänge: Figuren-Benennungen in Deutschland 76 –
   Der Hooligan 77 – Eckensteher, Straßenjungen, Halbstarke 83 –
   Das Proletariat 87 – Zur sozialwissenschaftlichen Figurierung:
   die »focal concerns« der Unterschichtsjugendkultur 90 –
   Die Realschullinie: Teenager und Halbstarke 93 – Populäre Kultur
   und Figuren des Vulgären 97 – Soziale, politische und symbolische
   Entproletarisierung 99 – Zwischenfazit 103 – Punk und die
   Schwelle zur Postmoderne 105

4. Forschungsstand: Jugend/sub/kulturen 109
   Jugendsubkulturen heute 110 – Stil: Kohärenz und
   Fragmentarität 114 – »Double Articulation« 118 – Sozialität/
   Vergemeinschaftung 121 – »Techno-Tracys« und die Hipness-
   Ökonomie 124 – »Chavs« als konsumgesellschaftliche Figur
   der Prekarität 126

II. Teil: Berliner Figuren: Ein jugendsubkulturelles
Figurierungsfeld 131

1. Eine post-proletarische Stadt 133
   Proll-Sein: Eine Stilfrage? 142

2. Methoden: Eine ethnografische Kulturanalyse 144
   *Bei/mit Picaldi 145 – Eiertanz und Einverständnis 153 –
   Informelle Gruppen: Tempelhof und Pankow 155 – Stadt-,
   medien- und kleidungsethnografische Methoden 163 –
   Gender-Fokus: junge Männer und Männlichkeiten 167*

3. Picaldi-Style: kontroverse Hosen & Figuren. 168
   *»Von Kreuzberg in die Charts: Die Picaldi-Story« 168 –
   Karottenjeans und Männer-Körper 170 – Picaldi und
   Prestige 178 – Relationen/Relationalität 187 – Picaldi-Hass 197 –
   »Authentische Kommodifizierung« 200 – Von Zuckerfest bis
   Jugendweihe 208 – Territoriale Wahrnehmungsästhetiken 209 –
   Sozialstruktur der Picaldi-Kundschaft 222 – »Früher eher
   baggy, jetzt normal Gangster« 225 – Gangsters und
   Gangstas 227 – Kanaken-Style 230 – Player und Playboys 232 –
   Styler 237 – Atzen-Style 238 – »Prollig« und »Prolls« 244 –
   Berliner Figuren (Zwischenfazit) 248 – Einschub: Methodenfragen
   258 – Transversale Diffusion und gespenstische Affinität 261*

III. Teil: Proll-Figuren in gesellschaftlichen Diskursen 267

1. What is being made of some people. 269

2. Figurierungs-Komplexe: Zeitungen und Popkultur 271
   *Zeitungen: Inhalts- und Diskursanalyse 272 – Assoziationen/
   Sympathien 274– Einstellungen 282 – Antonyme 288 –
   Typologien 291 – »Metaerzählungen« 296 – Performativität
   und Antagonismen 298*

3. »Der weite Kosmos des Proll-TV«:
   Die Knowingness der populären Kultur. 304
   *Figuren, Formate und Personen 307 – Figurierungs-Reflexivität
   311 – Von den Proll-Figuren der »Unterschichtfernsehen«-Debatte
   zur Sozialdisziplinierung? 314 – Der Deutsch-Rap-Komplex 318 –
   Bushido und die »Proll-Schiene« 320 – Sido: Der Straßenjunge als
   »asozialer Proll und Prolet« 323 – Fazit: Deutsch-Rap-Komplex 326*

IV. Teil: Stil und Selbst-Figurierung zwischen Eskalation
und Reflexivität 331

1. Individuelle Stil-Praktiken und gemeinsame
kulturelle Themen 333
Kleidung und Stil: Forschungsperspektiven 335

2. De-/Eskalation durch Stil: Figurierungsgeschichten
und Kontexte. 340
*Mesut 340 – Robbie 360 – Territoriale Gesten und Ästhetiken 385 –
Tarek 391 – Ein Recht auf Ambivalenz? 410 – Zwischenfazit 413 –
Drei Arten von »Möchtegerns« 416*

3. Reflexivität, Reflektiertheit und die Stilisierung
des »Prolligen« 435
*Yusuf 436 – Jörg 442 – Reflexive Prolls und reflektierte
Proleten 447 – Tim 449 – Repertoirisierung und Distanzierung
des »Prolligen« 458 – Repertoirisierung: Formen, Funktionen,
Politiken 461 – Yusuf: Switching als Selbstbehauptung 465 –
Performative Repertoirisierung: Diskurs-Figuren 468 –
Repertoirisierung und Reflexivität: ethnografisch-kulturanalytisches
Fazit 475*

Resümee und Schlussbetrachtungen 483
*Verkörperungen: Figuren von Prekarität, Gefährdung und
Stärke 485 – Die Proll-Figur: Benennungen und Figurierungen
488 – Benennungen: Eine unabgeschlossene Resignifizierung 490*

Anhang 493
Einige Macht- und Repräsentationsfragen. 495
*Nähe und Distanz: akzeptable Inkompetenz
und das »Auto-Ethno-Kontinuum« 501*

Literatur 506

Danksagung 532

I. Teil:
Figuren ästhetischer Differenz und sozialer Ungleichheit: Ein Problemaufriss

(oder: What some young people are making
of what is being made of them)

1. »Prolls« überall: Alltägliche Semantiken einer Figur

In einer Gesellschaft, die sich als demokratisch-egalitär orientiert versteht, sich aber auch als heterogen und sozial polarisiert beschreiben lässt, sind Unterschiede in der Stilisierung der alltäglichen Lebensführung, der Kleidung, den Körperhaltungen oder Frisuren in unübersichtlicher Art und Weise mit sozialen Ungleichheiten und ihren politisch-moralischen Überformungen verwoben. In der Figur des »Prolls« und in der Rede über »das Prollige« werden die Ambivalenzen des alltäglichen Umgangs mit sozialen Ungleichheiten und ästhetischen Differenzen in besonderer Weise sichtbar. Die Funktionsweisen solcher kultureller Verdichtungen, vor allem unter Jugendlichen, sind Gegenstand dieser Studie und werden an exemplarischen Fällen untersucht. Die folgenden Schlaglichter auf vier kurze Szenen und Sachverhalte führen in die Thematik ein, indem sie verschiedene Verwendungen dieser Figur und mit ihnen verbundene Ambivalenzen illustrieren.

Die erste Szene spielt bei *Casa*, einem kleinen Jugendmode-Geschäft in der Heinz-Galinski-Straße in Berlin-Wedding. »*Wir wollen mehr so das Prollige*«, sagt Cengiz, der Verkäufer, beim Erklären dessen, was die Eigenmarke ausmacht, und zeigt auf ein T-Shirt, auf dem »Casa« steht. »*Casa, italienisch für Villa*«, erklärt der Mittdreißiger, der ein fein rasiertes O-Bärtchen trägt, einen glitzernden Ohrring und auf dem Kopf eine Base-Cap, die über und über mit dem Logo von *Dolce & Gabbana* bedruckt ist. 23 Euro kosten die Jeans hier. Nächste Woche, erzählt der Verkäufer, tritt der Weddinger Gangsta-Rapper »Massiv« mit *Casa*-Sachen bei einer Livesendung auf MTV auf. Davon erhofft man sich einiges. Was Cengiz mit »*prollig*« meint? Er zuckt mit den Schultern und zeigt auf den T-Shirt-Druck, »*Na, hier, so halt*«. Er zeigt auf die großen, silbernen Lettern. »*Bei Hugo Boss oder so ist das Logo nur klein; hier ist es sehr groß. Das ist der Unterschied, das Prollige*«. Sein eigener Look mit der *Dolce & Gabbana*-Cap (also von einer Marke, deren kulturelle Wertigkeit mir ein Modejournalist später als »edel-prollig« erklärt) verkörpert selbstbewusst, was er verkauft. Mit dieser Kennzeichnung evoziert er eine kulturelle Figur. Konkret verweist er zunächst auf einen ästhetischen Gestus, der mit einem demonstrativen Ausstellen zu tun hat. In diesem Sinn geht es beim »Prolligen« um eine Stilisierung, die bewusst mit der Verkörperung eines kulturellen Typus (des »Prolls«) spielt. »Prollig« bezeichnet dann einen der Figur entsprechenden kulturellen Code beziehungsweise das Stereotyp eines solchen Codes oder Registers.

Zugleich stehen die *Casa*-Produkte nicht nur für eine Geste, sondern für einen ganz speziellen subkulturellen Stil, den Jugendliche »Picaldi-Style« (nach einer lokalen Jeansmarke), »Kanaken-Style«, »Ghetto-Style«, »Proll-Style« oder »Gangsta-Style« nennen und der zu einer spezifisch Berliner jugendkulturellen Figuration gehört, die ich in dieser Arbeit beleuchten und auf verschiedenen Ebenen kontextualisieren werde. Bushido, der erfolgreichste deutsche Rapper und Inbegriff jenes Stils, nannte seine Ästhetik jedenfalls ganz in diesem Sinn die »Proll-Schiene«. Während Cengiz mit dem »Prolligen« primär einen ästhetischen Gestus bezeichnet, eine Stilisierungsabsicht, spielt das Wort »Proll-Style« – die Bezeichnung »Ghetto-Style« macht es noch deutlicher – mehr oder weniger indirekt auch auf eine soziale Position an, auf »Unterschichten« im weiteren Sinn. Ihnen gehören auch die meisten von Cengiz' Kunden an, die im Berliner Bezirk Wedding leben, einem ehemaligen Arbeiterviertel in einer deindustrialisierten, multiethnischen Stadt. Die soziale Verortung des »Prolligen« bleibt in Wortverwendungen wie der bei Cengiz jedoch in charakteristischer Weise vage und mehrdeutig, da die großen Logos und das in einem positiven Sinn als »prollig« verstandene »Protzen« mit der Marke auch unter wohlhabenden Berühmtheiten verbreitet ist, die gewiss keine »Unterschicht« repräsentieren. Ohnehin macht Letzteres eine hochgradig problematische, von Wertungen überformte Kategorie aus. Trotzdem stellt sich angesichts solcher Ambivalenzen die Frage, ob »das Prollige«, wie es Cengiz präsentiert und verkauft, nur ein stilisierter Gestus ist, oder ob darunter nicht auch ein Habitus verstanden wird, der von den Akteuren selbst nur sehr schwer bewusst gesteuert werden, anderen aber als Anhaltspunkt für soziale Klassifikationen dienen kann.

Die zweite Szene findet im Internet unter Jugendlichen statt, die ihren eigenen Stil gerade nicht als »prollig« bezeichnen. Hier geht es weniger um *Stilisierung* als um eine *Etikettierung* von außen. »Ein Phänomen der aktuellen Jugendgeneration ist aber sicherlich die ›Verprollung‹, die man imo (*in my opinion, Anm.*) durchaus besorgt betrachten muss«, schreibt ein Jugendlicher auf der Diskussionsseite einer Tanzschule in Berlin-Reinickendorf, einem eher kleinbürgerlich geprägten Bezirk (30.8. 2006).[1] »Was bedeutet Kindheit heute?«, hatte ein anderer Teilnehmer, ein Mittänzer und Student, für ein Uni-Referat ins Forum hinein gefragt. Darauf kamen vor allem kulturpessimistische Antworten, wie auch der Fragesteller bald bemerkt. »In der schule kommen kleine prolls mit dem messer an und wollen dich abziehen«, schreibt ein junger Mann in seiner Stichwortliste (Kleinschreibung aus dem Forum übernommen). Die Klage steht zwischen »bei der schwester von nem freund rauchen welche in der dritten klasse« und dem Eintrag »zerbrochene Familien« (31.8. 2006). Ein weiterer Jugendlicher stimmt zu, auch er konnte in seiner Schule »eine ständig steigende Verprollung feststellen«, die er unter anderem mit einem »Trend zum Ausschalten des Gehirns« verbindet. Eine Forumsteilnehmerin beschreibt die »Verprollung« unter sich exzessiv schminkenden Schülerinnen und setzt diesem neuen, nunmehr offenbar dominanten Typus den früheren »alternativen« Charakter der Schule entgegen: früher war die Schule (links-)alternativ, heute ist sie »verprollt«. Die sogenannten »Prolls« geben hier also Anlass zu zeitdiagnostischen Klagen über bedrohliche oder doch zumindest bedauerliche Entwicklungen. Viele Beschwerden speisen sich aus wiederkehrenden städtischen Interaktionssituationen, vor allem im öffentlichen und halböffentlichen Raum, und häufig aus dem Hörensagen (was der »Schwester von nem Freund« widerfuhr etc.): Die »Prolls« belästigen nicht nur durch Anpöbeln und Abziehen, sondern auch durch lautes Musikhören auf dem Handy, bevorzugt Deutsch-Rap oder Hip-Hop: Im Bus »kamen dann zwei Prolls (ca. 18 Jahre alt) an« und setzten sich neben ein älteres Ehepaar, das sie mit lauter Musik mit vulgären Texten provozierten, so zumindest der Autor, der beobachtete, dass die »Prolls« »mit den Händen quasi Trichter formten«, um den Schall in Richtung des Ehepaars zu leiten. Als »pervers«, »gehässig« und »respektlos« und »traurig« bezeichnete der Tänzer die Jugendlichen.

Hier sind die »Prolls« eine kategorial andere, als sozial und moralisch unterlegen gekennzeichnete Gruppe, die zugleich offenkundig als bedrohlich empfunden wird. Wer die jugendkulturelle Szenerie ein wenig kennt, vermutet, dass hier vornehmlich von (post)migrantischen Jugendlichen die Rede ist, für die »Prolls« nicht selten als gewissermaßen euphemistisches Codewort dient, auch wenn sich die Bedeutung darin nicht erschöpft. Das Wort verweist also nicht nur, wie in der ersten Szene, auf einen stilistischen

---

1 Dass die Diskussion an diesem Ort stattfindet, ist nicht zufällig: Tanzschulen sind Schulen der klassischen Respektabilität (vgl. Fink 2007).

Modus, sondern zugleich auf einen sozialen Typus, der mit absichtlicher »Verblödung« und Bildungsabstinenz, aber auch mit Dominanz und Aggression verbunden wird. Gerade diese Konstellation verkörpert demnach das »Prollige«. Bedrohlich ist dieser Typus nicht nur in konkreten Interaktionssituationen, sondern auch deshalb, weil er die Gegenwartskultur zunehmend zu prägen scheint.[2] Die Proll-Figur, von der hier die Rede ist, wird nicht nur in der Schule beobachtet, man kennt Ähnliches auch aus Reality-Sendungen im Fernsehen, aus Rap-Texten, aus der Satire und vielen anderen Quellen.

Das dritte Schlaglicht liegt nicht auf einer einzelnen Szene, sondern richtet den Blick auf Wörterbücher, die den Anspruch haben, den dominanten gesellschaftlichen Sprachgebrauch abzubilden. In den Wörterbüchern – beispielhaft im *Duden* (2000) – werden (vorgeblich) klare Definitionen der fraglichen Vokabeln angeboten, die vorwiegend auf schlechtes Verhalten abheben.

Proll, der; -s, -s [zu Prolo] (salopp, bes. Jugendspr., abwertend): ungehobelter, ungebildeter, ordinärer Mensch; Prolet (2): So muss der P. von Welt heute aussehen: lange Haare [...], blonde Strähnen, Goldkettchen und stets die Kippe in der Pranke (Hörzu 8, 1996, 29). **prol|lig** <Adj.> (salopp, bes. Jugendspr., abwertend): proletenhaft. **prolo** [indirekt Adj.] [zu Prolet] (salopp, bes. Jugendspr., abwertend): proletenhaft, unfein, ungehobelt, ordinär [Bsp. aus Spiegel, 1993]

---

2 Literarische und essayistische Texte aus den gehobenen Kreisen der Berliner Gesellschaft entwerfen ganz ähnliche, sehr viel offensichtlicher diagnostisch aufgeladene Szenen. In Moritz von Uslars Berlin-Roman *Waldstein* prophezeit der Erzähler einen »Angriff der Killer-Prolls« auf Berlin-Mitte. Diese Jugendlichen beschreibt er so: »Sonnenbankgebräunt, ausrasierte Nacken, Goldschmuck und strahlend weiße Sportswear ausführend, nach hammerharten Douglas-Düften duftend.« Die »Girls« sahen »noch tougher, nahkampfbereiter« aus und hatten von »zahlreichen Sonnenbankbesuchen [...] schokoladenfarbene Gesichter« sowie eine uniforme Kleidung in den »aktuellen Leuchtfarben der Saison, Schreirosa, Brüllhellblau und Kreischweiß« (Uslar 2006, 59). Solche Synästhesien repräsentieren nicht nur ein Gegenbild zu dezenter Verhaltenheit, sondern eben auch eine aggressive, bedrohliche visuelle Lärmbelästigung, ein Aufzwingen von Präsenz schon im Stilistischen, das auf eine politische Bedrohlichkeit verweist. Von Uslar selbst wiederum wird zum Beispiel in der Kulturzeitschrift *De:Bug* als Pop-Autor beschrieben, der sich »als Proll unter den Journalisten« gibt: »Von Uslar inszeniert sich zwar gerne als der Proll unter den Journalisten, doch er weiß trotzdem selbst ganz genau, dass das eigentlich nicht geht, dass sein Vorhaben böse ist, dass er an sich nicht der richtige Mann ist, er, der Elitegymnasiast, der Halbadelige, der einigermaßen Reiche, die Grill-Royal-Type eben, dass er da nicht hingehört, dass er stört, dort im Osten.« (Timo Feldhaus, »Popliteratur in der Provinz: Deutsche Söhne. Doch wieder alles anders mit der sogenannten neuen Pop-Literatur«, *De:Bug*, Oktober 2010 – in diesem Text geht es allerdings um ein anderes Buch des Autors).

Die Semantik ist an dieser Stelle eine behaviorale: Es geht vor allem um schlechtes Benehmen. Definitionen wie dieser Eintrag im *Duden* erwecken den Eindruck, als sei die soziale Zuordnung – die Herleitung vom »Proletariat« – gänzlich verschwunden, als ginge es hier ausschließlich um Benehmensfragen.[3] Stärker präsent sind die sozialen Resonanzen in solchen Quellen noch beim ebenfalls umgangssprachlich geprägten Wort »Prolet«. Ihm weisen die *Duden*-Lexikographen zwei klar voneinander unterschiedene Bedeutungen zu, eine deskriptive, die sie als umgangssprachlich und veraltend kennzeichnen, und eine »abwertende«: den Menschen ohne Manieren.

Pro|let, der; -en, -en [rückgeb. aus Proletarier]: 1. (ugs. veraltend) Proletarier (1): Die alten Genossen hatten also Recht: Man kann etwas erreichen, auch wenn man nur ein kleiner P. war (Kühn, Zeit 158). 2. (abwertend) jmd., der keine Umgangsformen hat: er ist ein richtiger P.; wenn ich irgendjemand nett finde, wenn es nicht gerade ein P. ist, tanze ich gerne mit ihm (Fichte, Wolli 238); jmdn. als -en beschimpfen. (2000)

Mit den Adjektiven »proletarisch« und »proletenhaft« scheint eine säuberliche Trennung dieser Bedeutungen auf zwei unterschiedliche Worte gegeben: »proletarisch« wird ohne abwertende Beispiele aufgeführt; zu »proletenhaft« findet sich folgende Zuordnung: »*pro|le|ten|haft* <Adj.> (abwertend): sich wie ein Prolet (2) verhaltend; ungebildet u. ungehobelt: ein -es Benehmen; sich p. aufführen«. Sich proletenhaft zu verhalten, erinnert demnach nur an den Menschen ohne Manieren, nicht aber an den Proletarier.[4] Im Handwörterbuch der deutschen Gegenwartssprache (Berlin: Akademie, 1984), dem größten lexikalischen Werk der DDR, findet sich dagegen folgender Eintrag, der den »abwertenden« Aspekt unmittelbar nicht nur an das soziale Substrat – die Arbeiter – rückbindet, sondern auch eine weitere Einheit einführt, nämlich einen *sozial* charakterisierten typischen Sprecher: »Prolet, der: Kurzw. f. Proletarier; in der Klassengesellschaft von der Bourgeoisie diskriminierend gebraucht«.

Auch die Wörterbuchdefinitionen haben also Teil an den sozialen Auseinandersetzungen, und sie verdecken tendenziell das Zusammenspiel von verschiedenen Semantiken: den sozial kategorisierenden und den verhaltensbezogenen oder performativen. Sucht man dagegen in Zeitungsarchiven

---

3 Das »Proletariat« verzeichnet der »große Duden« (2000) als: »(1) (marx.) in einer kapitalistischen Gesellschaft Klasse der abhängig Beschäftigten (die keine eigenen Produktionsmittel besitzen)« sowie (2) die »Klasse der ärmsten Bürger im antiken Rom«.

4 Dazu wäre noch das Wort »proletaroid« einzuführen, das eine Annäherung an oder eine Ähnlichkeit (aber keine Identität) mit dem Proletarischen bezeichnet, zum Beispiel in Max Webers Kategorie der »proletaroiden Intelligenz«.

nach dem »Proll«, stellt man fest, dass das Wort »Proll« in den neunziger Jahren und den Nullerjahren sehr viel häufiger in deutschen Qualitätszeitungen auftaucht als das Wort »Prolet« in den Jahrzehnten zuvor. Offensichtlich fand eine Neubestimmung dessen statt, was in guter Gesellschaft gesagt werden kann. Man stößt dabei auf stereotype Beschreibungen recht unterschiedlicher Typen, vorgebracht meist in ironischem Ton, die in ihrer Gesamtheit die Konturen einer stereotypen, vor allem negativ konnotierten Sozialfigur zeichnen, und zugleich stößt man auf zusammengesetzte Worte mit einer offenbar komplexeren Semantik, auf Proll-Chic, Proll-Werbung, Proll-Techno, Proll-Hardcore, Proll-Rap und Prollkultur, auf prollige Fernsehsendungen und prollige Gitarrenriffs. Was damit gemeint ist, erschließt sich mir selbst und anderen kulturell informierten Zeitgenossen gewissermaßen intuitiv, es gehört zum selbstverständlichen »Wissen«, aber es wäre schwierig, einem fremden Beobachter zu erklären, worin der Zusammenhang dieser disparaten Phänomene besteht, geschweige denn, das Wort in all diesen Bedeutungen zu übersetzen. In diesem Sinn steht »das Prollige« – dies wird in den folgenden Abschnitten deutlicher – immer wieder auch für einen sozial weitgehend entkoppelten kulturellen Code, der eine erhebliche Symbolisierungsleistung zu vollbringen scheint.[5]

Das vierte Schlaglicht beleuchtet erneut eine Szene unter Berliner Jugendlichen.[6] Tim, ein junger Mann aus einer Mittelschichtsfamilie, der mir im Zuge meiner Feldforschung begegnete, geht eines Abends auf eine »Motto-Party« im Berliner Süden. Weil das Motto »Proll« lautet, zieht er sich eine Jogginghose, ein Hawaiihemd und eine sogenannte »Pornobrille« an, eine tropfenförmige Sonnenbrille im Stil der siebziger Jahre. Mit dieser Kostümierung nimmt er gewissermaßen eine stilistische »Verprollung« vor – wie auch die anderen Teilnehmer der Party, die sich für einige Stunden als Prolls kostümieren. Hier ist es nicht der oben zitierte »Gangsta-Style«, den die Jugendlichen imitieren und persiflieren, und es ist auch nicht das Bedrohliche und Antagonistische im öffentlichen Raum, sondern vor allem ein popkulturelles Bild des Vulgären und Ordinären, vielleicht auch »Asozialen« und Verkommenen, in dem man sich, nach karnevaleskem Muster, gewis-

---

5 Zugunsten der Lesbarkeit werden Worte wie »Proll« und »prollig« im Folgenden nicht durchgängig mit Anführungszeichen versehen – es ist aber angebracht, sie sich dazu zu denken, damit nicht der Eindruck entsteht, es handle sich um beobachterunabhängige Gegenstandsbegriffe.

6 Alle Eigennamen wurden vom Verfasser geändert, wenn es sich nicht um Personen handelt, die ohnehin in der Öffentlichkeit stehen.

sermaßen »gehen lassen« kann. Zur Proll-Party gehört ein augenzwinkerndes Bescheidwissen. Aus den USA sind »White-Trash«-Partys bekannt, unter
anderem in Studentenverbindungen, oder auch Feste, bei denen man sich
als »guidos« verkleidet, wie sie mit der Reality-TV-Show *Jersey Shore* einem
größeren Publikum vertraut gemacht wurden. Bei solchen Partys handelt es
sich um ein vom Alltag klar unterschiedenes Format von Geselligkeit. Tim
aber kokettiert auch außerhalb solcher Partys mit Unterschichtsfiguren: mit
dem »Atzen-Image«, wie er es nennt. Für ihn ist es nicht nur selbstverständlich, gelegentlich »rumzuprollen«, wie das fast alle Zeitgenossen tun, wenn
sie sich mal laut und vulgär geben. Er sieht sich als authentischer Berliner,
der »macht, wie er will«, anstatt sich nach den Anstandsvorstellungen anderer Leute zu richten, und zugleich auch als jungen Mann, der sich nicht
verweiblichen lässt, der eben ein Kerl ist. Damit entspricht er dem Entwurf
einer kulturellen Figur, »dem Atzen« beziehungsweise »der Atze«, die zu diesem Zeitpunkt von einigen lokalen Rap-Künstlern neu in Umlauf gebracht
wurde. Dass er dann gelegentlich als »Prolet« wahrgenommen wird, stört
ihn nicht weiter, er beschwört solche Wahrnehmungen ja gerade herauf. Zugleich betont er, dass er, wenn er will, auch anders kann – im Unterschied zu
denjenigen, die in seinen Augen tatsächliche »Asis« sind.

Das Vorhaben: Eine Kulturanalyse
von Figurierungsprozessen auf mehreren Ebenen

Die Schlaglichter illustrieren, dass in der Rede vom Proll und vom Prolligen soziale, ästhetische und ethische Bestimmungen und Wertungen in
verwirrender, scheinbar widersprüchlicher Form zusammenkommen. Sie
beleuchten eine lokale jugendsubkulturelle Figuration, in der Jugendliche,
vorwiegend junge Männer, sich selbst und andere anhand spezifischer
Stil-Merkmale (aber auch anhand anderer, sozialer Merkmale) als »Prolls«,
»Gangster« und »Atzen« *stilisieren* und *etikettieren*. Stilisierung und Etikettierung sind aber, auch das wurde sichtbar, keinesfalls derselbe Prozess. Zugleich verweisen die Schlaglichter aber auch auf gesamtgesellschaftliche Auseinandersetzungen um Begriffe, Wertungen und soziale Anerkennung. Zur
Debatte stehen, über verschiedene Milieus hinweg, spezifische Varianten von
Männlichkeit.

Die vier Schlaglichter kommen aus unterschiedlichen Erhebungs-Kontexten: aus ethnografischen Feldbeobachtungen, aus Nachschlagewerken beziehungsweise dem schriftlichen Diskurs und aus der Internet-Recherche. Ihre Zusammenstellung nimmt die Vorgehensweise dieser Studie vorweg: Um zu verstehen, wie Figurierungen von sozialen Ungleichheiten und ästhetischen Differenzen in der Gegenwartsgesellschaft tatsächlich funktionieren, müssen mediale Diskurse, historische Herleitungen und vor allem auch lebensweltliche Perspektiven zusammengedacht werden. Das soll hier in Form einer ethnografischen Kulturanalyse geschehen, die auf verschiedenen Ebenen stattfindet: Das Buch enthält eine historische Überblicksdarstellung jugendlicher Unterschichtskulturen und ihrer populären und wissenschaftlichen Repräsentationen; eine Diskursanalyse zur »Proll«-Figur in verschiedenen Quellen-Korpora; eine theoretische Diskussion über die zentralen kulturanalytischen Begriffe (Figuren, Figurierungen und Figurationen), und schließlich, als empirisches Hauptstück, eine ethnografische Studie über Berliner Jugendliche und über Jeans-Mode im erweiterten Hip-Hop-Feld. Damit wird der Leserin oder dem Leser zugemutet, relativ disparate Zugänge zu verfolgen. Zugleich macht diese Zusammenstellung, diese analytische Konstruktion, einen Blick auf Zusammenhänge möglich, der ansonsten nicht zugänglich wäre.

Die einzelnen Teile dieser Studie unternehmen eine gemeinsame Kulturanalyse sozialer Verhältnisse und Beziehungen. In dieser Hinsicht gilt es zunächst einmal festzustellen, dass das Proll-Stereotyp, die Proll-Figur und ihre verschiedenen Verwandten aus historisch-sozialen Prozessen entstanden sind, die uns wohl vertraut erscheinen: Mit Pierre Bourdieu gesprochen verweist die Rede von den »Prolls« auf »geschichtlich ausgebildete Wahrnehmungs- und Bewertungsschemata, die aus der objektiven Trennung von ›Klassen‹ hervorgegangen (Alters-, Geschlechts-, Gesellschaftsklassen)« sind (1982, 730). Auch in Zeiten kultureller Pluralisierung und »Entvertikalisierung«, wie sie auch in den neueren Wortbildungen durchscheinen, die sich in den Zeitungen finden, stehen Figuren wie »Prolls« weiterhin für althergebrachte, sozial codierte Vorstellungen von Vulgarität, von kultureller Illegitimität und Wertlosigkeit. Die Forumsbeiträge der Tanzschüler führten das besonders drastisch vor Augen. Soziale, ästhetische und moralische Zuordnungen hängen eng miteinander zusammen, wie Pierre Bourdieu in seinen klassischen Studien zur Logik der Distinktion (1982) gezeigt hat.

Zwischen verschiedenen Ebenen alltäglicher Zuordnung und Bewertung kommt es dabei ständig und systematisch zu »slippages of meaning«, zu einem Abgleiten oder Verrutschen zwischen Bedeutungsebenen, wie es der britische Sozialtheoretiker Andrew Sayer nennt, im positiven Sinn zum Beispiel »first from associations of upper/middle classness to ones of quality and worth, and secondly from quality and worth back to their owners, so that the posh is not only equated with superior goods but with people who are in some way supposedly superior.« (122) Umgekehrt werden ästhetische Praktiken und Merkmale, die mit dem sozialen Unten verbunden sind (zum Beispiel das Tragen einer bestimmten Sorte von Jeans), von sich sozial höher einstufenden Akteuren tendenziell gerade wegen dieser Assoziation als minderwertig betrachtet. In einem zweiten Schritt begründet beziehungsweise legitimiert die so verstandene Minderwertigkeit der Ästhetik alltagslogisch wiederum die vermeintliche Minderwertigkeit derjenigen, die sie verkörpern. Die Klassifikation als »Proll« und als »prollig« nimmt in vielen Fällen solche Zuordnungen vor, die Homologien und *slippages* zwischen verschiedenen Bewertungsebenen produzieren, gelegentlich in einem positiven Sinn, wie bei Cengiz und Tim, häufiger wohl in einem negativen, abwertenden.

Insgesamt sind solche Figuren sozialer Ungleichheit, in all ihrer Widersprüchlichkeit, mit Haltungen und Habitus verbunden, die sozialgeschichtlich (und diskursgeschichtlich) in den Milieus des industriellen Proletariats und, allgemeiner, der popularen Milieus verankert sind.[7] Das zeigten auch die Wörterbücher. Dazu gehört eine historisch gewachsene Semantik, die Differenzen gemäß einer grundlegenden Oben-Unten-Unterscheidung sortiert, wie ich im diskursanalytischen Teil dieser Arbeit ausführe, und die die ethnisierenden Aspekte vielfach überlagert. Solche Unterscheidungen ziehen sich, wie der historische Teil verdeutlicht, durch die Geschichte der Jugend(sub)kulturen, verändern sich aber im Zuge kultureller Demokratisierung und zunehmender medial-popkultureller Reflexivität erheblich. Die Proll-Figur ist ein Resultat dieser Entwicklungen. Mit Andrew Sayer (2005) ist dabei zunächst zwischen drei Sorten von Qualitäten zu unterscheiden, auf die sich alltägliche Bewertungen von anderen Akteuren beziehen: (1) ästhe-

---

7 Ich folge Bernd-Jürgen Warneken, der an Begriffen wie populare Milieus und populare Kulturen festhält und ihre soziale Basis in »unterprivilegierte[n] Schichten innerhalb einer demokratisch verfassten Wohlstandsgesellschaft« (Warneken 2006, 337) verortet. Unterprivilegiert ist nicht nur die »Underclass« (die »untere Unterschicht« im Modell der Schichtungssoziologie), »sondern prinzipiell alle Gruppen, die in relevanten Teilen ihrer Ressourcen unterhalb des gesellschaftlichen Durchschnitts liegen« (337). Mit Ressourcen sind die Kapitalien im Sinn Bourdieus gemeint, aber auch »das Ansehen bei anderen Sozialgruppen« (337). Warneken nennt die »popularen Milieus« insgesamt »Unterschichten«, was ich aufgrund möglicher Stigmatisierungseffekte nicht übernehme.

tische, (2) performative (»regarding competence and performance, such as that of a doctor or teacher«, 142), (3) moralische (»regarding moral qualities or propriety«, 142). Diese Bewertungen sind häufig an zeitdiagnostische Metaerzählungen gekoppelt.

In der kulturellen Praxis präsentieren sich Zuordnungen zugleich aber als sehr viel widersprüchlicher, vielschichtiger, umstrittener, als es das historisch hergeleitete, basale Bourdieu'sche Schema von Oben und Unten vermuten lassen würde. Warum sonst würde Cengiz so fröhlich »das Prollige« hochhalten? Die Figurierung des »Prolls« findet jedenfalls, wie auch das Beispiel der Proll-Party (und der Verweis auf die vielen Äußerungen zu »Proll-Kultur«) andeutete, *auch* in Kontexten statt, die sich ohne größeren intellektuellen Aufwand als postindustriell, postfordistisch und vor allem postmodern bezeichnen lassen: postindustriell, weil es sich um eine weitgehend deindustrialisierte Stadt handelt und weil, allgemeiner gesagt, das industrielle Proletariat zumindest auf nationaler Ebene nicht länger den Hauptteil des gesellschaftlichen Mehrwerts produziert; postfordistisch, weil mit dem Regime des Fordismus, wie Antonio Gramsci es beschrieb, auch die ihm gemäßen Gesellschaftsformationen grundlegend ins Wanken geraten sind; und postmodern, weil die Zeichen- und Bildhaftigkeit von Identitäts-Performances sich offenbar gegenüber ihren sozialen Referenten verselbständigt hat (vgl. Lash/ Urry 1996, Jameson 1991).[8] Kulturelle Produkte (zum Beispiel als »prollig« markierte Formate) sind mehrfach codiert und x-fach lesbar. Zudem: Statt einer klaren, »modernen« Unterscheidung von Volkskultur beziehungsweise popular culture auf der einen und Hochkultur auf der anderen Seite, wie verzerrend dieses Bild auch gewesen sein mag, finden wir uns im Raum einer intern hierarchisch gegliederten Populärkultur wieder. Statt eindeutiger Festlegungen nach Klasse und Schicht (oder nach deutschstämmigem »Innen« und migrantischem »Außen«) begegnen wir flexibel zusammengesetzten, fluiden Subjekt-Positionen, für die der Konsum distinktionsträchtiger Güter als zentrale Identitätsressource fungiert. Hat es zum Beispiel angesichts von Tims Selbst-Stilisierung als »Atze« nicht den Anschein, als bestimmten sich sozial legitime, anerkannte, sogar dominante Identitäten inzwischen oft auch durch die Fähigkeit, bestimmte Merkmale des Populären in ihr performatives Repertoire zu integrieren?

---

8 Vgl. für die klassische Definition postmoderner Kultur Jameson 1991; einen Überblick über die Stilmittel der postmodernen Popkultur auch Leibetseder 2010. Die Unterscheidung zwischen Post- und Spätmoderne ist an dieser Stelle m.E. nicht weiter relevant.

Diese postmodernen Aspekte werden vielfach in die folgende Analyse einfließen. Zu argumentieren, kulturelle Figuren des »Unterschichtlichen« seien nichts als Simulakren, Resultate performativ-reflexiver Identitätspraxen, einer *bricolage* der zweiten oder dritten Ordnung etc., wie es eine solche theoretische Ausrichtung nahelegt, wäre aber zu einfach. Angesichts der Beharrungskraft »moderner« Differenzierungskategorien wie Klasse und Schicht ist, so die Argumentation dieser Arbeit, kulturanalytisch nicht eine weitere Bestätigung solcher Entkopplungstendenzen von Interesse, sondern die Frage, welche *Konstellationen*, welche (Re-)Konfigurationen des Oben und des Unten in der Gegenwart entstehen. Die Sozial- und Kulturwissenschaften und auch die Europäische Ethnologie haben solche Phänomene bislang nicht in einer Art und Weise nachvollzogen, die sowohl ihrer Komplexität als auch ihrem fortlaufend binären Charakter angemessen ist.

Im Sinn der »Cultural Studies« und ihres Vordenkers Stuart Hall verstehe ich gerade die Analyse einer solchen historischen Konstellation (*conjuncture*) als die Aufgabe einer kulturwissenschaftlichen Arbeit.[9] Deshalb können kleinteilige Phänomene »im Feld« nur in ihrer Verwobenheit mit größeren gesellschaftlich-kulturellen Kontexten verstanden werden – letztere aber auch nur im Abgleich mit der Komplexität von ersteren. Einen strukturierenden (aber nicht endgültig determinierenden) Kontext der gegenwärtigen Konstellation bildet die soziale Polarisierung bei gleichzeitiger »ethnischer« Neuzusammensetzung einer Gesellschaft, die die Akteurinnen und Akteure, vor allem im städtischen Kontext, in spezifische Situationen stellt und – im Kontext dominanter Diskurse um Normalität und Respektabilität – zur Neubestimmung von Innen und Außen, von Zugehörigkeit und Ausschluss anhält. Das Interpretament der »Verprollung«, wie es die Jugendlichen diskutierten, stellt vor diesem Hintergrund das informelle Äquivalent der »Unterschichtsdebatten« dar, die sich durch die politischen Diskurse des letzten Jahrzehnts zogen, in dem die politischen Eliten den »Sicherheitsstaat« in einen »Wettbewerbsstaat« (J. Hirsch) transformierten, dessen Sozialpolitik sich als eine aktivierende versteht.[10]

---

9 Zu den Begriffen Situation, Moment und »conjuncture« vgl. Hall u.a. 1978.

10 Die Debatten standen im Zusammenhang einer neoliberalen Modernisierung, zu der die Deregulierung von Banken und Unternehmensbeteiligungen ebenso gehörte wie das »Hartz-Konzept«. Letzteres, einschließlich der Zusammenlegung von Arbeitslosen- und Sozialhilfe auf einem unter dem Strich niedrigeren Niveau als dem der bisherigen Sozialhilfe (»Hartz IV«), wurde 2002 beschlossen; die vierte Stufe zum 1. Januar 2005 umgesetzt. Ohne dass man von intentionalen Strategien ausgehen müsste, kann angemerkt

Mit Blick auf die öffentlichen Diskussionen der letzten Jahre konstatiert zum Beispiel der Soziologe Heinz Bude konkreter »neuerliche Befürchtungen über das Entstehen einer ›gefährlichen Klasse‹ von Jungmännern« (2008, 86), die er in eine Reihe gegenwärtiger »Figuren der Prekarität« stellt.[11] Das scheinen nicht zuletzt die männlichen Jugendlichen im »Gangster-Style« zu sein, die offenbar auch einen Modus von Männlichkeit verkörpern, der andere mit seiner Betonung von Dominanz verstört. Bude schlägt eine Kontextualisierung solcher Debatten vor, indem er sie mit den Statuspaniken der Mittelschichten verbindet: »Je mehr sichtbar oder sichtbar gemacht wird, dass immer größere Teile der Bevölkerung aus dem Geflecht alltagskultureller Möglichkeiten herausfallen, um so mehr wächst bei der ›Mehrheitsklasse‹ der guten Gesinnung und des komfortablen Wohlstands die *soziale Angst*, einer schrumpfenden Gruppe anzugehören. [...] Allein das Beispiel der alltäglichen Verwendung des Ausdrucks ›prol‹ für proletarisch oder proletaroid lehrt, wie die Rhetorik sozialer Schließung sich von neugierigen oder begeisterten Differenzbeschreibungen wieder hin zu harten und engen Defiziturteilen bewegt.« (Bude 1998, 369)[12] Angesichts ethisch kontroverser sozial-struktureller Entwicklungen, angesichts von Einkommens- und Vermögensverteilungstendenzen, angesichts nicht zuletzt der weitgehenden Zusammenlegung von Arbeitslosen- und Sozialhilfe in die gemeinsame behördliche Unterschichtskategorie ALG2/»Hartz IV« liegen die Gründe für manche ethische Aufladung solcher Figuren auf der Hand: Sie steht im Zusammenhang der Verantwortungszuschreibung für Verarmungs- und Niedergangsdiagnosen, im Zusammenhang von diskursiven Kulturalisierungen. Wie solche Prozesse im Detail vor sich gehen, vor allem in multiethnischen, sozial heterogenen städtischen Lebenswelten, und welche Rolle dabei populärkulturell vermittelte Figuren spielen, wird aber auch von Bude nicht ausgeführt und soll in dieser Studie ausführlich untersucht werden.

Es lässt sich, im Sinn einer kontextualisierenden Rahmung, jedoch auch optimistischer fragen, inwiefern seit einiger Zeit bürgerliche Dominanz und

---

werden, dass die Fokussierung von Figuren der »abjekten Unverantwortlichkeit« in diesem Zusammenhang ideologisch höchst funktional war.

11 Bude zeichnet die Konturen jener Figuren der Prekarität mit groben, vielleicht allzu groben Strichen als »geheiligte Zornkollektive [...], die auf Rache an einer Welt sinnen, die ihnen die Bedeutung verweigert, die sie beanspruchen zu können glauben.« (Bude 2008, 86) Er springt dabei zwischen Fremdbildern und eigener soziologischer Typisierung. Vgl. zu Jugend und Prekarität aus der ethnografischen Perspektive auf die Akteure (und nicht auf Figuren), Malli 2010, Reiners 2010, Reckinger 2010.

12 Vgl. auch Warneken 2006, 192.

Hegemonie im Lebensweltlichen diffus werden, was sich auch als tendenziell demokratische »Selbstanerkennung« (Kaspar Maase) breiter Schichten und Subkulturen verstehen ließe. Der Soziologe Gerhard Schulze sprach in diesem Sinn – durchaus euphorisch – bereits in den frühen neunziger Jahren von einer »Entvertikalisierung« der Alltagsästhetiken. Nur im bürgerlichen »Niveaumilieu« sei das Weltbild noch von oben nach unten klar geordnet.[13] Damit wäre also eine kulturelle Autonomisierung der ehemaligen unterbürgerlichen Schichten verbunden, ein Pluralisierungsschub im sozialen Raum, ein Abschied von traditionellen Anerkennungs- und Respektabilitätshierarchien. Stil- und Modefragen, um die es in den Schlaglichtern nicht ohne Grund immer auch ging, sind in dieser Hinsicht aufschlussreich. Angesichts der Diskussionen um eine Entbürgerlichung von Normen der Lebensführung steigt bei klassisch volkskundlich-ethnologischen Fragen der kulturellen Diffusion – welche Stile setzen sich wo durch, und wessen Prestige ist für solche Diffusionsprozesse relevant? – gewissermaßen der Einsatz. Stehen solche stilistisch-sozialen Prozesse der »Selbstanerkennung« im Raum, wenn Cengiz sich zur »prolligen« Ästhetik bekennt? Und wer wäre dann das »Selbst«? Oder verstellen die gesellschaftlich dominanten Diskurse und Etikettierungen nicht doch den Weg für eine solche Anerkennung? Wie stellt sich das für die Akteure selbst dar? Und wie greifen kategoriale und graduelle, soziale, verhaltensbezogene und ästhetische Klassifikationen in der kulturellen Praxis ineinander?

Damit ist der zeitdiagnostische Horizont der Studie umrissen; es wurde gezeigt, was hier (um es ein wenig pathetisch zu formulieren) auf dem Spiel steht. Die *methodologische* Ausgangsthese lautet nun, dass die Reproduktion sozialer Ungleichheiten in jugendkulturellen Lebenswelten nicht zuletzt *im Medium kultureller Figuren* stattfindet und erfahren wird, die auf verschiedenen Ebenen zugleich analysiert werden müssen. Über Jugendkulturen und soziale Ungleichheiten wurde, wie im Überblick über den Forschungsstand deutlich wird, viel geschrieben. Sie wurden aber bislang nicht unter dem Gesichtspunkt der Figurierung betrachtet, der eine genuin kulturanalytische Perspektive ermöglicht und die Chance bietet, unterschiedliche Wirklichkeitsebenen zusammenzudenken. Kulturelle Figuren sind dabei offensichtlich etwas kategorial anderes als reale soziale Gruppen, aber auch etwas anderes als Stereotypen oder kulturelle Repräsentationen. In ihnen kommen

---

13 Vgl. dazu die Bemerkungen zu den fünfziger Jahren und die oben angeführten Widersprüche, wie sie u.a. Maase darstellt, sowie allgemein die geschmacks- und kultursoziologische Diskussion bei Simon Frith (1991), David Hesmondhalgh 2007 u.a.

Unschärfen, Reflexivitätsformen, Verdichtungen und Verschiebungen zum Ausdruck, die für kulturelle Artikulationen charakteristisch sind. Deshalb ist es notwendig, den Begriff auszuarbeiten. Das geschieht im theoretischen Teil der Arbeit. Im zweiten Kapitel werden also, aufbauend auf einem Literatur-Überblick, Thesen zum Begriff der kulturellen Figur entwickelt, die ihre Tauglichkeit in den darauf folgenden Kapiteln am Gegenstand erweisen sollen. Zugleich stellen diese Thesen aber auch, trotz ihres explorativen Charakters, einen theoretischen Rahmen dar, der gewissermaßen für sich steht, denn mit dem Fokus auf Figuren und Figurierungen als kulturelle Praxis betritt die Arbeit methodologisches Neuland. Dann folgen die Analysen: Zunächst (I.3) ein literaturbasierter, historischer Abriss der Figurierung unterbürgerlicher, männlich dominierter Jugendsubkulturen. Den zweiten Teil der Studie bildet dann eine ethnografische Skizze des gegenwärtigen jugendkulturellen Figurierungsfeldes in Berlin (II.3), das in den Schlaglichtern bereits ausschnitthaft sichtbar wurde. Dieser Teil der Darstellung nimmt seinen Anfang bei den distinktionsträchtigen und bei Jugendlichen heiß umstrittenen »Karottenjeans« der örtlichen Firma Picaldi Jeans und führt verschiedene Figuren-Benennungen und ihre Bedeutungen vor, wie sie Berliner Jugendliche, vor allem Kunden jener Firma, verstehen. Dazu gehört auch ein Exkurs, der die Vorgehensweise, die empirischen Methoden und mit der Gegenstandskonstruktion verbundene repräsentationspolitische Dilemmata reflektiert. Daran schließt sich der dritte Teil der Studie an, der den Blick mithilfe inhalts- und diskursanalytischer Methoden wieder weitet und drei kulturelle Komplexe in den Blick rückt, die für das Verständnis der Proll-Figur im sozialen Raum insgesamt besonders relevant sind: (a) Zeitungen der »Qualitätspresse«, deren Verständnis der Proll-Figur beispielhaft herausgearbeitet wird, (b) der Berliner Deutsch-Rap, der eng mit dem »Picaldi-Style« verbunden ist, und seine Figurierung des »Prolls«, sowie (c) eine Analyse der »Formatierung« der Proll-Figur im Diskurs um das sogenannte »Trash-TV«. Der vierte Teil und das empirische Haupt-Kapitel (IV.1) stellt dann in Fallstudien dar, wie junge Männer beziehungsweise Jugendliche in Berlin in ihrer Stil- und Kleidungspraxis durch das Dickicht von populärkulturellen Imaginationen, lebenspraktischen Herausforderungen, abwertenden Etikettierungen und verbindenden Gemeinschaftserfahrungen navigieren. Dabei beleuchte ich vor allem zwei Orientierungen, in denen sich stilistische Ausdifferenzierungen und soziale Exklusionen neu konfigurieren: Zum einen die Frage von »Härte« und »De-/Eskalation«, insbesondere von Interaktionskonflikten, wie sie oben schon kurz erwähnt wurden, zum anderen den

Komplex stilistischer Reflexivität, wie er in den Szenen am Anfang bereits sichtbar wurde.

Das Vorhaben der Studie ist also eine Kulturanalyse von Figurierungsprozessen sozialer Ungleichheiten an verschiedenen Schauplätzen, auf mehreren Ebenen. Die Bestandteile der Arbeit können durchaus separat gelesen werden; insbesondere die ethnografische Studie steht für sich und mag manche Leserin und manchen Leser stärker interessieren als die anderen Stränge. Es empfiehlt sich in diesem Fall das Umblättern zum zweiten und dann zum vierten Teil. Als ethnografische Kulturanalyse bricht die Studie in ihrer Zusammenstellung jedenfalls absichtlich mit einigen Darstellungskonventionen der klassischen Ethnografie. Insofern handelt es sich bei dieser Studie auch nicht um eine Ethnografie, sondern eben um eine ethnografische Kulturanalyse: Kontextualisiert wird weniger ein spezifisches Feld im engeren Sinn als vielmehr ein »Gedankenobjekt«, eine bestimmte Problematik in der gesellschaftlich-kulturellen Konstellation. Warum das so ist, wird im nächsten Kapitel ausgeführt.

2. Kulturanalyse von Figurierungsprozessen: Zur Methodologie

Kulturanalyse: ein kritisch-realistischer Ansatz

Kultur kann als »Textur des Sozialen« beschrieben werden. Das Gewebe besteht in diesem Bild aus einer Vielzahl von immer wieder neu zu verbindenden Kett- und Schussfäden.[1] Praktiken fügen sich zu einem strukturierten – wenn auch in seiner Textur schillernden, uneindeutigen – sozialen Prozess zusammen, der wiederum aus einer Vielzahl unabhängiger Fäden besteht. Ganz unterschiedliche Stränge dieses losen Gewebes werden in diesem Text aufgenommen und nachverfolgt, in der Hoffnung, damit etwas von der Textur der Gegenwartskultur und ihrem Anteil an gesellschaftlichen Entwicklungen sichtbar zu machen.

Den Hintergrund bilden Arbeiten wie die der Cultural Studies und der Soziologie/Sozialanthropologie Pierre Bourdieus, in denen der Zusammenhang zwischen ästhetischen Differenzen und sozialen Ungleichheiten und deren Reproduktion in der alltäglichen Praxis in nicht-reduktionistischer Weise analysiert werden. Methodologisch ist damit die Herausforderung verbunden, subkulturelle Phänomene auf der Erfahrungsebene unterschiedlicher Akteure, gesellschaftliche Strukturen, Entwicklungstendenzen und Repräsentationsverhältnisse miteinander zu verbinden, »[to] take the inter-locking of one-level with another – the painstaking tracking-through of different interdependent ›levels of determination‹ in a particular conjuncture – as [a] preferred object of analysis« (xxii), wie Stuart Hall und Tony Jefferson formulieren.[2]

---

1 Die Formel »Textur des Sozialen« wurde von Rolf Lindner geprägt, vgl. ausführlich auch Musner 2009, der sich zusätzlich auf den Regulationstheoretiker Alain Lipietz bezieht. Zur Metapher des Gewebes vgl. auch Gay y Blasco/Wardle 2007, 37f.

2 Vollständig wird dieser Anspruch, den Hall und Jefferson aus der undogmatisch-neomarxistischen Kulturtheorie übernehmen, hier nicht einzulösen sein. Vgl. zu diesem Methodenproblem Johnson u.a. 2004, 42.

In den gegenwärtigen Kultur- und Sozialwissenschaften, insbesondere der Ethnologie und Europäischen Ethnologie/Volkskunde, wird über die Herausforderung, sowohl ethnografisch dicht als auch kontextualisierend zu arbeiten, und damit über die traditionelle Ethnografie hinauszugehen, viel gestritten. So formuliert Rolf Lindner: »Die Krise der Ideologie der Feldforschung besteht meiner Ansicht nach darin, dass offenbar geworden ist, dass die Vorstellung, es genüge, sich in ein Feld zu begeben und in möglichst engen Kontakt mit den dort Lebenden zu treten, nicht mehr der Komplexität der Beziehungen und Verhältnisse entspricht, ja wohl nie dieser Komplexität entsprochen hat. Es ist daher nicht allein und nicht in erster Linie die räumliche Isolation des Forschungsobjektes, die das Problem der Feldforschung in unserem Fach bildet, sondern vielmehr dessen gedankliche Isolation, das heißt das ungenügende Inbezugsetzen unseres Phänomens zu den Kräften, die auf dieses einwirken und es in spezifischer Weise erst hervorbringen.« (Lindner 2001, 15f) Die Herausforderung besteht darin, die »gedankliche Isolation« zu überwinden, ohne die besonderen Erkenntnismöglichkeiten einer ethnografischen Methode, das Forschen auf Augenhöhe, aufzugeben.

Ein Lehrbuchmodell für eine solche analytische Verknüpfungspraxis bildet der kulturelle Kreislauf, der »circuit of culture« (du Gay u.a. 1997), den Stuart Hall und Paul du Gay am Beispiel des Walkmans ausgeführt haben. Der »circuit of culture« verbindet – »artikuliert« – verschiedene »Prozesse« und »Momente«: Alltagsleben, Strukturen, Texte, ihre Herstellung, ihre Rezeption. Richard Johnson u.a. haben den Kreislauf zu einem Instrument der sowohl hermeneutischen als auch polit-ökonomisch verfahrenden Analyse weiter entwickelt (2004, 37ff).[3] Sie haben (meines Wissens ohne größere

---

[3] Die Parallelen zu George Marcus' Konzept der »multi-sited ethnography« (1995), das auf dem noch abstrakteren Modell des »Weltsystems« (Wallerstein u.a.) beruht, dessen Elemente die ethnografische Forschung nachvollziehen soll, liegen m.E. auf der Hand; der einflussreiche Text lässt sich – über die Frage der Wahl ethnografischer Feld-Orte im Sinn der Migrations- und Mobilitätsforschung hinaus – als ein Aufschließen der Kulturanthropologie zur analytischen Praxis der Cultural Studies verstehen, die (in ihren besseren Momenten) genau diese Determinierungsebenen immer schon zu durchdringen versuchten, wenn auch häufig mit anderen Methoden (nicht umsonst zitiert Marcus so prominent Paul Willis' Studie »Learning to Labour«). Marcus propagiert allerdings, wie so viele Ethnologen, eine neue disziplinäre Engführung (methodologisch und mit Blick auf übergreifende Fragestellungen), die die Anthropologie von den Cultural Studies abgrenzt (2006, 14). Der Aufruf, den »Objekten«, den »Konflikten« oder »Metaphern« ethnografisch zu folgen, lässt sich durchaus im Sinn der Cultural Studies erweitern, wenn klar ist, dass verschiedene »Momente« verschiedene Methoden und Herangehensweisen erfordern, zum Teil ethnografischer Art, zum Teil nicht. Ähnliche Diagnosen bilden die Grundlage vieler

Resonanz) in diesem Zusammenhang den Begriff der »Figurierung« ins Spiel gebracht.[4] Sie argumentieren mit Verweis auf den Hermeutiker Paul Ricœur, dass sich der kulturelle Zirkulationsprozess auch als ein Prozess der Figurierung (oder »Konfigurierung«) verstehen lässt. Kulturproduzenten – und diese Gruppe schließt unterschiedlichste ästhetische Akteure mit ein – »konfigurieren« eine »präfigurierte« Erfahrungsebene in kulturelle Formen, die dann im Rezeptionsprozess von anderen Akteuren in anderen Kontexten wieder »refiguriert« werden (2004, 39; vgl. Ricœur 1988, Kap. 3; vgl. unten).[5] Wie weiter unten, im theoretischen Abschnitt, deutlicher wird, können auch kulturelle Figuren – zum Beispiel die Atze- oder die Proll-Figur – als zirkulierende Objekte verstanden werden, die »figuriert« werden.

Damit sind aber die Zusammenhänge der verschiedenen Ebenen – insbesondere der sozialstrukturellen (Produktionsweise, Gesellschaftsformation), der ästhetischen und derjenigen der Alltagserfahrung – aber noch nicht hinreichend beschrieben (vgl. zur Kritik in diesem Sinn auch Marchart 2008).

Ein weiteres – weniger rezipiertes – methodologisches Modell findet sich in der klassischen Cultural-Studies-Studie »Policing the Crisis«, die das Phänomen »mugging«, den Straßenraub, im Großbritannien der späten siebziger

---

neuerer Methodologien, vgl. z. B. auch Adele Clarkes Modell einer »Situational Analysis«, das aus dem Symbolischen Interaktionismus kommt. Die konstellationsanalytische Herangehensweise erinnert m.E. in vielen Punkten auch an die ethnologischen Studien der Manchester-School um Max Gluckman und bei späteren Autoren wie Michael Burawoy (1998), die ebenfalls den Begriff der »Situation« ins Zentrum rücken. Ein weiterer Referenzpunkt wäre bei Deleuze und Guattari und ihrem Begriff »agencement« (dt. »Gefüge«, engl. »assemblage«) und verwandten Begriffen wie »Diagramm« zu finden. Auch hier geht es um Verbindungen über verschiedene Ebenen (»Schichten«, »Linien«, »Maschinen«) hinweg, auch hier wird eine »realistische« (allerdings »flache«, nicht gestufte) Ontologie postuliert (vgl. Deleuze/Guattari, 1974, 100f).

4 Das 2004 veröffentlichte Modell stellt eine Weiterentwicklung von Halls »Encoding-Decoding«-Modell dar. Johnson war lange Zeit Leiter des CCCS in Birmingham.

5 Damit ist das Argument verbunden, dass die menschliche Welt immer schon symbolisch strukturiert ist – auf dieser Annahme, die Johnson und Ricœur von Cassirer und Geertz übernehmen (Hayden White beruft sich auf Hegel), basiert auch meine Argumentation im folgenden Theoriekapitel, vgl. Johnson u.a. 2004, 38). Ähnlich argumentiere ich unten mit Blick auf kulturelle Figuren, wobei der Hinweis von Johnson u.a. entscheidende Bedeutung hat, wonach Ricœur die »Konfiguration« nicht kritisch als von Macht- und Herrschaftsverhältnissen durchzogenen Prozess der Repräsentation denkt. Im Kontext einer Cultural-Studies-Analyse muss Repräsentation immer auch als eine Form von Machtausübung verstanden werden. Den theoriegeschichtlichen Hintergrund für Ricœur bildet wiederum Erich Auerbachs Theorie des »figuralen Realismus«, dessen Gehalt (im Kern eine Lesart biblischer »Präfigurierung«) bei Autoren wie Johnson oder Hartigan (s.u.) aber nur noch fragmentarisch erhalten ist.

Jahre analysiert. Um diesen Straßenraub entwickelte sich eine »Moralpa-nik« um Gewalt und Verbrechen, in der konservative Politiker und Medien das Schreckgespenst einer sozialrevolutionären Unterschicht aus jungen, männlichen, unterbürgerlichen Migranten und politischen Dissidenten an die Wand malten.[6] Hier nehmen die Autoren nicht nur das Zirkulieren ei-nes Artefakts, sondern den Zusammenhang zwischen sozio-ökonomischen Entwicklungen, politisch-kulturellen Auseinandersetzungen (»Hegemonie«) und alltagskulturell-medialen Phänomenen (»moral panic«) in den Blick.

Die Analyse jugendkultureller Figuren und Figurierungsprozesse im Kontext post-proletarischer Sozialformationen wirft nun schon in der Ge-genstandskonstruktion die Frage nach strukturellen Determinationen auf. Im Folgenden gehe ich, im Sinn des erkenntnistheoretischen »kritischen Realismus« von Autoren wie Roy Bhaskar, von unterschiedlichen Determi-nationen aus[7]: Zunächst einmal folge ich der Annahme, dass zwischen den sozioökonomischen Entwicklungen – Deindustrialisierung, soziale Polarisie-rung, Neuzusammensetzung der Bevölkerung durch Migration – und den Diskursen, in denen Figuren wie die »Prolls« zirkulieren (und sei es auch in sublimierter Form), ein Zusammenhang besteht – ein komplexer Wirkungs-

---

6 Den Begriff der Moralpanik wurde vor allem von Stanley Cohen geprägt (1972) und bezog
   sich zunächst auf die »panische« Art und Weise, in der Massenmedien und Politikern auf
   die Auseinandersetzung von Mods und Rockern reagierten, die jenseits aller Verhältnismä-
   ßigkeit als Bedrohung des gesellschaftlichen Zusammenhalts angesehen wurden, was eine
   medial-politisch-alltagskulturelle »Verstärkungsspirale« in Gang setzte. Hall u.a. arbeiteten
   den Begriff aus und betonen vor allem die Funktion solcher Paniken in der Stabilisierung
   von Hegemonie (223ff).
7 Die kultur- und sozialtheoretischen Annahmen, die als »critical realism« diskutiert werden,
   erfahren zunehmend Aufmerksamkeit als Alternative zu diskurstheoretisch-kulturkons-
   truktivistischen Reduktionismen, strukturdeterministischen Verdinglichungen, aber auch
   praxistheoretischem Monismus. Einen Grundsatz dieser Ansätze bildet die Annahme, dass
   es sinnvoll ist, davon auszugehen, dass relativ abstrakte Erkenntnisobjekte wie gesellschaftliche »Strukturen« kausal auf das Handeln von Akteuren einwirken können; bestimmte
   »Strukturen« – zum Beispiel der Arbeitsmarkt in einer postindustriellen Stadt – haben
   »essentielle« Eigenschaften, die das Handeln bzw. die Praxis der Akteure determinieren,
   nicht letztgültig, aber in nicht-trivialer Form: »The openness of social systems, and the
   possibility for varied and novel responses to the same situation does not mean that there is
   no point in seeking theories of the essential, relatively enduring features of property relations, production, exchange, exploitation, etc., as if all that were needed was middle-range
   theory and empirical studies of the myriad forms of concrete economies.« (Sayer 1995, 22)
   In den Kulturwissenschaften haben Autoren wie David Hesmondhalgh diese Position in
   den letzten Jahren in die Diskussion gebracht, gestützt auf theoretische Arbeiten von u.a.
   Andrew Sayer, Roy Bhaskar und Margaret Archer.

zusammenhang, kein einfaches Ableitungsverhältnis, aber doch ein Determinationszusammenhang.[8] Auseinandersetzungen um kulturelle Hegemonie stehen in diesem Kontext und wirken auf ihn zurück. Wie die Akteure sich selbst und andere innerhalb dieser Kontexte positionieren, welche Kriterien von Legitimität sie anerkennen und zurückweisen, inwiefern sie die dominanten gesellschaftlichen Tendenzen stützen, umdeuten oder unterwandern, all dies bleibt kulturanalytisch herauszuarbeiten – sie tun es jedenfalls nicht unter allein selbstgewählten Bedingungen.

Neben diesen politisch-ökonomischen Determinationen sind, wie in der Einleitung angesprochen, historische Bedingungsverhältnisse zu beachten, sowohl, was die Seite der Repräsentationen, des Diskurses betrifft, als auch, was die Seite des »Habitus« angeht, also die kulturelle Formung von Subjektivität durch »Wahrnehmungsschemata und Dispositionen«, durch »Dispositionen in den Körpern«.[9] Die Figur des Prolls rührt, zugespitzt gesagt, nicht allein von diskursiven Projektionen her, und auch nicht allein vom Anschluss an medial und transnational zirkulierende Bilder, sondern hat auch mit der historischen Entwicklung der abhängig und körperlich arbeitenden Schichten oder Klassen (des »Proletariats«) zu tun, mit symbolisch überformten »Klassenkörpern«, deren kulturelle Bedeutungen relational sind, aber deshalb nicht nur »Projektionen«, mit kulturellen Distinktionen zwischen unterschiedlichen Gruppen und Ästhetiken, auch zwischen »Bildungsbürgern« und »Neureichen«.[10]

---

8 Inwiefern ökonomische Prozesse ihrerseits irreduzibel diskursiven Charakter haben, interessiert an dieser Stelle nicht. In einem ähnlichen Sinn wie hier skizziert verstehe ich auch Lutz Musners Ausführungen zu »Kultur als Textur des Sozialen« mit ihrer Forderung, den Zusammenhang von »Wirtschaft und Gesellschaft« neu zu thematisieren (102).

9 Zur klassischen Definition des Habitus als »strukturierender und strukturierter Struktur« etc. vgl. Bourdieu 1982, 277–286; auch Bourdieu 2001 (hier zitiert: 220, 234); vgl. kritisch die Weiterführung des Habitusbegriffs zum Verständnis eines »homme pluriel« Lahire 2001. Ich arbeite hier aber nicht die Theorie eines »post-proletarischen Habitus« o.ä. aus, weil das Phänomen dazu – wie unten deutlich wird – zu heterogen ist. Zu »subalternen« Habitus zwischen vorindustriellen und industriellen Gesellschaften vgl. Bourdieu 2001, 266–310.

10 Zu berücksichtigen ist also letztlich das, was Bourdieu »objektive Klasse« nennt (auch wenn dies nirgendwo ethnografisch zu beobachten ist) – »the set of agents who are placed in homogeneous conditions of existence imposing homogeneous conditionings and producing homogeneous systems of dispositions capable of generating similar practices (1984, 101)«, wie es Andrew Sayer formuliert (2005, 76). Wie solche strukturell bedingten Dispositionen und kulturelle Tradierungsmechanismen zusammenspielen, gehört zu den umstrittensten Themen in den Sozialwissenschaften.

Determinationen deutungsoffen zu analysieren bedeutet, kulturelle Phänomene zu *kontextualisieren*.[11] Hilfreich ist an dieser Stelle Bernd-Jürgen Warnekens pragmatisches Gliederungsmodell einer »konsequente(n) Sozialverortung« jugendsubkultureller Kreativität in »popularen« Kulturen (2007, 2002; vgl. auch Moser 2000, 47). Er unterscheidet drei Typen von Kontexten, die in der relationalen Analyse herzustellen seien: Die *erste Aufgabe* besteht darin, die Einbettung von ästhetischer Praxis in die *Lebenspraxis* von Individuen und Gruppen empirisch zu rekonstruieren und zu beschreiben, was nur auf der Basis sorgfältiger ethnografischer Forschung gelingt. *Zweitens* ist eine »*sozialpraktische*« Einordnung dieser Lebenspraxis gefordert, die auch strukturelle Restriktionen in den Blick nimmt, welche diese Lebenspraxis prägen – »an external field of social forces«, wie Michael Burawoy es nennt (1998, 20).[12] Dies erfordert ebenfalls ethnografische Vertrautheit mit der Situation der Akteure, und zugleich eine auch historische, zum Teil spekulative, in jedem Fall kultur- und gesellschaftstheoretisch voraussetzungsreiche Kontextualisierung. *Drittens* geht es dann – wie gesagt im Feld der popularen jugendkulturellen Kreativität – um eine kulturanalytische Kontextualisierung über den Alltag der Akteure hinaus, die nach den Ressourcen und Bedingungen ästhetischer Praxis fragt, gewissermaßen auf der Ebene des sozialen Raumes im Bourdieu'schen Sinn.

Die Anerkennung solcher Determinierungsverhältnisse bedeutet aber nicht, dass damit schon klar wäre, wie der soziale Prozess verläuft, sondern eröffnet einen Raum für die ethnografische und kulturanalytische Forschung: (a) in einem »naturalistischen« Sinn (so nennt es die Tradition der Chicago School; vgl. auch Willis/Trondman 2000) und (b) im Sinn einer »konsequenten *Kultur*verortung«, die nach eigendynamischen, weder »ableitbaren« noch in jedem Fall unmittelbar empirisch zu »beobachtenden« Prozessen im Kulturellen fragt.[13] Einzuschätzen sind in diesem Zusammen-

---

11 »Generally speaking, both the interpretive and the contextualizing moments are unavoidable in cultural studies« (Hall/Jefferson 2006, xxii). Zur Kontextualisierung (im Gegensatz zu deterministischen Denkfiguren) vgl. auch Willis 2000, 34.

12 Die klassische Manchester-School hat in ihrer Analyse von »Situationen« die Erkundung dieser »Forces« jedoch an die anderen Wissenschaften verwiesen.

13 Rolf Lindner unterscheidet die »Kontextualisierung« (im Sinn der sozialen Determinanten, die hier diskutiert wurden) noch einmal von einer relational-kulturellen Analyse: »Feldforschung in diesem Sinne zu betreiben, bedeutet aber nicht nur das Phänomen zu kontextualisieren, das heißt in Abhängigkeit von systemischen Prozessen zu sehen, sondern es auch als Teil eines komplexen Wirkfeldes mit Antipoden, mit Figurationen, mit Sedimentbildung zu begreifen.« (2001, 15) Er stellt dabei vor allem historische Bezüge

hang zum Beispiel Fragen von sozialem Prestige, die in der ästhetischen Praxis verhandelt werden, und damit Fragen der Diffusion, der Anlehnung an andere Akteursgruppen: »Wo ahmt sie (die Praxis, Anm.) – auf gelungene, missglückte oder missverstehende Weise – ›legitime‹, d.h. von den gesellschaftlichen Führungsschichten anerkannte Ästhetiken nach, wo steht sie ihnen entgegen?« (Warneken 2006, 204)[14] Was also sind die Orientierungspunkte, an denen Prestige festgemacht wird, und wie lässt sich die Logik der kulturellen Diffusion im sozialen Raum beschreiben? Darauf gehe ich am Beispiel von Jeans unten ausführlich ein.

Dabei gehe ich zugleich davon aus, dass das Verständnis dieser Prozesse Begriffe auf mittlerer Ebene erfordert, die zwischen der Erfahrung der Akteure auf der einen Seite und den gesellschaftlichen Verhältnissen und Repräsentationen auf der anderen vermitteln. Genau hier sehe ich auch den Ansatzpunkt für Kulturanalyse (im Gegensatz zum Beispiel zur im engeren Sinn soziologischen Perspektive). Ein solcher Begriff lautet »kulturelle Figur« und wird im folgenden Kapitel theoretisch ausgearbeitet. Figuren dienen den Akteuren zum einen als Medien der Selbst- und Fremddeutung. Zugleich sind sie nicht auf das Handeln der Akteure reduzierbar, sie sind performativ: Gäbe es die Figuren nicht, verliefen die kulturellen Deutungsprozesse und Auseinandersetzungen in anderen Medien und hätten eine andere Gestalt. Deshalb leisten die kulturellen Prozesse der Figurierung ihrerseits einen Beitrag zur Reproduktion und Anfechtung sozialer Ungleichheiten, der nicht vollständig auf andere Faktoren rückführbar ist.[15] Verständlich werden sie

---

heraus (ebd., 15f), aber auch die »synchrone« Ebene hat es, will man »kultural« und nicht nur »sozial« bzw. politisch-ökonomisch kontextualisieren, gewissermaßen in sich.

14 Zur Kontextualisierung über den Alltag der Akteure hinaus: »Dabei geht es erstens um deren Stellung *in* der kulturellen und sozialen Ordnung einer Gesellschaft: Über welche Ressourcen kann diese Kreativität verfügen, was sind ihre Herstellungs- und ihre Wirkungsbedingungen? Welche schichtspezifischen Nach- und möglicherweise Vorteile zeichnen diese Bedingungen aus?« (Warneken 2006, 204). Zugleich betrifft die Kontextualisierung (Warneken spricht hier von »Sozialverortung«) aber auch die nicht-intendierten Rück-Wirkungen des Handelns auf die Akteure selbst, welche zum Beispiel zwischen Ermächtigung und Selbstausschluss changieren können (vgl. Willis 1979, Maase 1990 etc.).

15 Diese These von der Eigenlogik der Figurierung im Kulturellen hat Gemeinsamkeiten mit Jeffrey Alexanders »strong programme« der Kultursoziologie (vgl. Alexander/Smith 2005), wobei es mir durchaus um jene Rückbindung einer »kulturell musikalischen« Analyse an eine Machtanalyse geht, die Alexander zurückweist.

nur, wenn diese Figurierung an verschiedenen Schauplätzen und auf verschiedenen Ebenen untersucht wird.[16]

Erst die Verknüpfung von (hier: motivisch fokussierten) Praktiken und Strukturen auf verschiedenen Ebenen macht eine analytisch fruchtbare Kontextualisierung möglich: »to make connections, to trace the relationships among the everyday activities and expressions of certain groups of young people, broader cultural configurations and changing historical conjunctures«. Solche Analysen begreifen sie als Bedingung, um ihr Erkenntnisziel zu erreichen: »to make sense of (as opposed simply to describe, celebrate or denigrate) *what some young people are making of what is being made of them.*« (Hall/Jefferson 2006, xxxi, f, meine Hervorhebung). Die Formulierung »what some young people are making of what is being made of them« lässt sich in einem diskursiv-kognitiven Sinn als Verweis auf den Umgang mit Fremdbildern verstehen (also »wie sie das entziffern«). Sie meint jedoch auch den *praktischen* Umgang mit semiotischen und materiellen Gegebenheiten: Wie man aus dem, was einem gegeben wird, was man erreichen kann, etwas macht.[17] Jenseits der »Bilder, die Leute von ihnen haben«, verweist »what is being made of them« somit auf soziale und kulturelle *Positionierungen.* Die soziale Kreativität in der Auseinandersetzung mit solchen Positionie-

---

16 Hall und Jefferson argumentieren – mit Blick auf heutige, post-proletarische Jugendsubkulturen –, dass *Zusammenhänge über Felder und Determinationsbereiche* hinweg im Zentrum der Analyse stehen sollten: »Noting *recurrences across social domains* is, we have been arguing, at the heart of the original RTR project.« (2006, xxii) »RTR« steht für das Buch »Resistance through Rituals«. Dies erinnert an die Vorschläge von Rolf Lindner, der vorschlägt, spezifische kulturelle »Motive« oder »Themen« (wie zum Beispiel den Bezug auf kulturelle Figuren) durch verschiedene soziale Felder bzw. auf unterschiedlichen Abstraktionsstufen bzw. Skalen zu verfolgen (2003).

17 Die Formulierung findet sich bei Dick Hebdige, den Hall und Jefferson hier ohne weitere Angaben zitieren. Hebdige fasst sein Vorgehen so zusammen: »I have sought, in Sartre's words, to acknowledge the right of the subordinate class (the young, the black, the working class) to ›make something of what is made of (them)‹ – to embellish, decorate, parody and wherever possible to recognize and rise above a subordinate position which was never of their choosing.« (1979, 139) Er zitiert ein Interview mit Jean-Paul Sartre in der New York Review of Books aus dem Jahr 1970. Sartre sagt dort, ganz im Sinn der existenzialistischen Fassung dessen, was später »agency« heißen wird: »I believe that a man can always make something of what is made of him. This is the limit I would today accord to freedom: the small movement which makes of a totally conditioned social being someone who does not render back completely what his conditioning has given him.«

rungen gilt es zu verstehen, nicht unbedingt »abzufeiern« (celebrate) oder zu verdammen (denigrate).[18] Stuart Hall und Tony Jefferson kritisieren, dass die Subkultur-Ethnografen der letzten zwei Jahrzehnte zwar einiges an ethnografischer Dichte und Welthaltigkeit erreicht haben, die den meisten klassischen Studien aus ihrer eigenen Generation fehlte, dass sie diese Befunde aber nur selten mit einer kritischen Analyse gesellschaftlicher Konstellationen verbinden. Ziel der Cultural Studies, so Hall und Jefferson, war nicht in erster Linie das Verstehen von Subkulturen an sich, es ging vielmehr um »symptomatische Lektüren«, um heuristische Strategien, die eine analytische Vermittlung zwischen Lebenswelten, Repräsentationen, symbolischen Praktiken und systemischen Determinanten ermöglichen sollte, um die gesellschaftliche Konstellation (die oben angesprochene *conjuncture*) ausgehend von kulturellen Phänomenen und ihrer Kontextualisierung zu verstehen und somit mögliche politische Interventionen besser einschätzen zu können. Sie resümieren, dass eine solche kultur- und machtanalytische Herangehensweise, die ethnografisch und gesellschaftstheoretisch arbeitet, in der Jugendsubkulturforschung weiterhin selten bleibt.[19] Die vorliegende Studie soll dazu beitragen, dieses Desiderat zu füllen.

Drei Gruppen von analytischen Fragen konstituieren im Folgenden den Forschungsgegenstand. Die erste (1) ist explorativ und setzt bei den kulturellen Aushandlungen auf der Mikroebene an: Wie sind die »Figurierungsprozesse« unterschichtlich codierter Identitäten zu beschreiben, die sich im jugend(sub)kulturellen Feld abspielen, in dem sich junge Männer wie Cengiz und Tim bewegen? In der Sprache der linguistischen Semantik handelt es sich dabei vorwiegend um eine *onomasiologische* Herangehensweise: Den Ausgangspunkt bildet ein gesellschaftlich-kultureller Prozess, die verschränk-

---

18 Positionierung schließt Passivität und Aktivität mit ein, nicht unbedingt in heroischer Form: »to embellish, decorate, parody and wherever possible to recognize and rise above a subordinate position which was never of their choosing« lautet eine klassische Liste solchen Tuns bei Dick Hebdige (1979, 139), und wir können zu diesen Verben, gut 30 Jahre Jugendkulturgeschichte später, auch akzeptieren, verfestigen und anderes mehr hinzufügen.

19 Als Beispiel für eine solche Studie führen sie die eigene Analyse des Mugging-Phänomens (in »Policing the Crisis«) an. Entsprechende Studien fänden sich inzwischen weniger in der Subkulturforschung als in der Forschungsliteratur zu Männern und Männlichkeitskonzepten, gerade in post-proletarischen Welten, und in der kritischen Kriminologie. Diesen »neuen Kriminologen«, die sehr viel eher an der, wie man es nannte, »Vermittlung« interessiert sind und Impulse des Neomarxismus weitertragen, gestehen Hall und Jefferson zu, die eigentlichen Erben des CCCS zu sein.

te Figurierung des symbolischen und sozialen »Unten« und die Aushandlung von Respekt und Respektabilität in Jugendkulturen; gefragt wird dann nach den kulturellen Figuren, die in diesem Zusammenhang von Bedeutung waren und sind, und nach den Themen und Kontroversen, den Dynamiken, und nicht zuletzt den Akteurinnen und Akteuren und ihren Strategien, die diesen Prozess prägen.[20] Beginnt man in diesem Sinn bei den Aushandlungen, eröffnet sich ein komplexes, letztlich unbegrenztes und unüberschaubares Feld von relevanten Etiketten, Stereotypen und Figuren, die Jugendliche benutzen und die unterschiedliche Konnotationen und Funktionen haben, von »Asis« und »Atzen«, von »Prekariat« und »Unterschicht«, von »Hartzern«, von »Prolls« und »Kanaken«, von »Gangstern«, »Playern« und vielen anderen. Wenn es um junge Männer geht, verdichten sich diese Figurierungsprozesse – in all ihrer Widersprüchlichkeit – in einer Figur, der Proll-Figur, wie gesagt in besonderem Maße.

Die zweite Gruppe von Fragen (2) lautet deshalb spezifischer: Wie ist die gegenwärtige Proll-Figur bestimmt, (a) inhaltlich-semantisch, also im kulturellen Wissen und den populären Erzählungen, Diskursen, Ikonographien und Mythen, und (b) hinsichtlich der diskursiven Verdichtungspunkte und medialen Dispositive, in denen sie erscheint beziehungsweise die sie produzieren? Und (c), wie wird sie von verschiedenen Akteuren im Alltag, auf der Ebene der Interaktion, zur Fremd- und Selbstbezeichnung, verwendet, und wie sind die Bedeutungen solcher Figurierung kontextsensibel und »dicht« beschreibbar? Welchen Stil-Praxen kommt dabei eine besondere Bedeutung zu? Wo sind Konvergenzen, wo Divergenzen zwischen Selbst- und Fremdfigurierung zu beobachten? Inwiefern beziehungsweise in welchen Kontexten sind Ansätze einer »Transkodierung« oder »Resignifizierung« zu beobachten? Wie genau werden dabei Konfigurationen von sozialer Schicht beziehungsweise Klasse (»class«), Geschlecht (vorwiegend Männlichkeit), Ethnizität/Ethnisierung und Sexualität »gestalthaft« oder auch fragmentarisch zusammengefügt?

Hier setze ich also vor allem bei einem spezifischen Etikett beziehungsweise Wort an, das für eine spezifische Figur steht, mittels derer die Akteure die kulturelle Reproduktion sozialer Ungleichheit betreiben und »verhan-

---

20 Ein onomasiologischer Ansatz »asks for any given entity or state of affairs, what range of linguistic expressions may be used to denote it« (Taylor 1995, 262); die »linguistic expressions« übertrage ich ins kulturelle Register. Es geht also um die Frage »how specific linguistic forms participate in (or constitute) such constructs or processes«, wie der Sprachanthropologe Alexander Duranti formuliert (Duranti 2009, 27).

deln«, die aber im Dickicht der gelebten Praxis und der Kommunikation viele andere Aspekte hat, die es zu kontextualisieren gilt. In der Sprache der Linguistik ist dieser Ansatz ein *semasiologischer*: »to start from linguistic forms (e.g. words or parts of words, intensional contours, syntactic constructions, conversational routines) and then try to discover what those forms accomplish in the construction of everyday life« (Duranti 2009, 27).

Im diskursanalytischen Teil gehe ich tendenziell semasiologisch vor; im ethnografischen Teil dagegen eher onomasiologisch. Tatsächlich überschneiden sich die beiden Perspektiven: In der sozialen Interaktion lässt sich, bei allen Festschreibungen, die dort ebenfalls stattfinden, ein dynamisches Spiel von Figurierungen beobachten, bei dem unterschiedliche Etiketten flexibel und kontextabhängig, aber keinesfalls zufällig, zur Fremd- und Selbstpositionierung verwendet werden.

Figuren, Figurierungen, Figurationen

»Welches Spiel wäre vitaler, welches totaler als der symbolische Kampf aller gegen alle, bei dem es um die Macht der *Benennung* geht oder, wenn man lieber will, der Kategorisierung – ein Kampf, bei dem jeder sein Sein, seinen Wert, die Vorstellung, die er von sich selbst hat, aufs Spiel setzte?«

(Bourdieu 2001, 306)

»It is not enough to disprove or dismiss racial stereotypes such as white trash; instead, we have to engage their figurative power.«

(Hartigan 2005, 4)

»Die gesellschaftlichen Felder sind unentwirrbare Knoten, in denen die drei Bewegungen (Territorium / Deterritorialisierung / Reterritorialisierung) sich vermischen; um sie aufzulösen, müssen also *wirkliche Typen oder Personen diagnostiziert* werden. [...] Wir meinen, dass die psychosozialen Typen genau diese Bedeutung haben: bei den unbedeutendsten wie den wichtigsten Gelegenheiten die territorialen Formationen, die Deterritorialisierungsvektoren, die Reterritorialisierungsprozesse wahrnehmbar zu machen.«

(Deleuze/Guattari 1974, 78f)

Der »Proll« ist eine kulturelle *Figur*, das relationale, oftmals hierarchische Gefüge verschiedener Stile bildet eine *Figuration*. Die daran beteiligten Praxen und Dynamiken bezeichne ich als *Figurierungsprozesse*. Die Begriffe *Figuren*, *Figurierung* und *Figuration* vermitteln im Folgenden zwischen den »domains« beziehungsweise Ebenen. Sie sind Teil der skizzierten analytischen Strategie, die Repräsentations- und die Praxisseite zu verbinden. Bisher habe ich die Determinierungen in ihrer Objektivität betont, um eine Abgrenzung gegenüber radikalen Versionen von Entkopplungstheorien mit ihrem Fluiditäts-Bias vorzunehmen, nun möchte ich – in diesem Kapitel weiterhin auf einer allgemeinen, theoretischen Ebene – darlegen, inwiefern ich davon ausgehe, dass Figurierung als *kultureller* Prozess einen wichtigen Beitrag zur Reproduktion sozialer Ungleichheiten leistet, und zwar auf einer erfahrungsnahen, alltäglichen Ebene.

Dieser Zusammenhang wurde in der sozial- und kulturwissenschaftlichen Literatur bislang nur unzureichend aufgezeigt, da die Literatur zum Thema zumeist entweder aus der makrodiagnostischen Vogelperspektive argumentiert oder aber im ethnografischen oder inhalts- und diskursanalytischen Blick die »kleinen Welten« beschreibt, wobei die Wechselwirkungen, Resonanzen und Korrespondenzen zwischen verschiedenen Feldern und Medien und zwischen Phänomenen unterschiedlicher »Größenordnung« (*scale*), unterbelichtet bleiben.

Dabei sind die Sozialwissenschaften in Figurierungsprozessen, die soziale Klassen, Schichten oder Milieus betreffen, nicht passive Beobachter, sondern aktive Akteure. In ihren Reihen wurden viele wirkmächtige Figuren-Benennungen geprägt und popularisiert, vom »Proletariat« und den »undeserving poor« bis zum »abgehängten Prekariat« (vgl. Neckel 2008, zur Wissenschaftsgeschichte insbesondere der Stadtforschung Lindner 2004).[21] Besonders einflussreich, und zugleich umstritten, ist in diesem Zusammenhang seit den siebziger Jahren die US-amerikanische »Underclass«-Forschung. Herbert Gans hat diese Kategorie als *Etikettierung von Abweichung* beschrieben, die von Vertretern der »more fortunate classes« vorgenommen wird, um Verhaltensweisen, mit denen arme und verarmende Bevölkerungsgruppen sich auf ihre Lebensumstände einstellen, als Ursachen dieser Lebensumstände auszugeben. Die Zugehörigkeit zur Kategorie der »Abweichenden« kann

---

21 Konkret stehen die Bilder von »Prolls« als einer abjekten »Unterschicht« nicht in der Tradition des organisierten Proletariats, sondern in der Tradition der Figur der sogenannten »undeserving poor«, von denen die Fürsorge im viktorianischen England sprach, und die in den USA seit den achtziger Jahren vor allem als »underclass« etikettiert wird: eine vermeintliche Gruppe, die der sozialen Anerkennung, der persönlichen Anteilnahme und der Hilfe nicht würdig sei, weil ihre Armut auf das eigene Verhalten, die eigene Einstellung rückführbar scheint. Sie wurde auch als »Subproletariat« geführt, als »Lumpenproletariat«, als »Vulgus« – das »prollige Milieu« oder einfach »die Liederlichen«, die »Zügellosen, Faulpelze, Bettler, Rohlinge und Verschwender«, vgl. Lindner 2008, 13.

im Verständnis der Etikettierungstheorie, der *labeling theory*, wie Gans sie vertritt, nicht allein an der Handlung selbst, am Normen- oder Regelbruch zum Beispiel, festgemacht werden, sondern sie kann nur adäquat verstanden werden, wenn andere Akteure – *moral entrepreneurs* – mit in den Blick geraten, die Regeln in die Welt setzen, ihre Durchsetzung organisieren und dabei bestimmte Fälle von Regelverstößen mit dem Devianzstatus verbinden. Vorgeblich analytische Kategorien wie »underclass« sind demnach unweigerlich moralisch gefärbt (»judgmental and normative words« (59)), sie gelten dem Charakter und menschlichen Wert der Etikettierten und fungieren als wirkmächtige »pejorative labels – that stereotype, stigmatize, and harass the poor by questioning their morality and their values« (1995). Die kulturalisierenden Etikettierungen sind letztlich, so argumentiert Gans (wie viele andere Autoren, zum Beispiel Bude) durch Bedrohungsgefühle der Mittelschichten motiviert, die sich in ihrer Statuspanik rabiat nach unten abgrenzen. Angesichts der vielschichtigen Bedrohtheitsempfindungen und anderer struktureller Widersprüche erfüllt ein »Label« wie »Underclass« eine ganze Reihe von Funktionen.[22] Zugleich haben sie potenziell gefährliche Auswirkungen, weil sie *stigmatisieren*; sie verweigern den Betroffenen in kategorialer Form die kulturelle Anerkennung, und zugleich legen sie, als diskursive Kürzel, bestimmte Formen institutionellen Handelns nahe, die die Lebenssituation der Betroffenen verschlechtern.[23]

Die Einsichten der Etikettierungstheorie sind auch in diesem Zusammenhang relevant, denn die populär-sozialpolitischen »Labels« von »Unterschicht« über »Hartz IV« bis »Prekariat« spielen immer wieder in die verhandelten Figurierungen hinein. Ein grundlegendes Problem des Etikettierungsansatzes – wie auch allein diskursanalytischer Methoden – besteht

---

22 Diese Bedrohungen unterscheidet Gans als »threats to safety«, »cultural safety threats«, »political threats«, »economic threats«, »moral value threats«. Bei den Funktionen führt er auf: (a) »microsocial functions« wie (1) »risk reduction« durch Distanzierung; (2) »supplying objects of revenge and repulsion« (was der Sündenbock-Funktion ähnelt), (b) ökonomische Funktionen: (3) »creating jobs for the better-off population«, (4) »supplying illegal goods«, (5) »staffing the reserve army of labor«, (c) normative Funktionen wie (6) »moral legitimation«, (7) »value reinforcement«, (8) die Bereitstellung von »popular culture villains«, (d) politische Funktionen wie (9) »institutional scapegoating«, (10) »conservative power shifting«, (11) »spatial stigmatization«, (e) makrosoziale Funktionen wie (12) »reproduction of stigma and the stigmatized«, (13) »forcing the poor out of the labor force« (Vgl. Gans 1996, 91ff).

23 Vgl. Gans 1995, 59ff; zur prinzipiellen Kritik von (institutionellen) Klassifikationen vgl. auch Scott 2010. Rolf Lindner und Lutz Musner haben für den Begriff »Unterschicht« im Deutschen eine vergleichbare Analyse begonnen (2008).

jedoch darin, dass die Akteurinnen und Akteure nur sehr einseitig beleuchtet werden. Da es, wie Gans insistiert, keine »underclass« *gibt*, es sie aus epistemologischen Gründen nicht geben *kann*, sind Eigendynamiken des Handelns der so etikettierten Personen aus dieser Perspektive ebensowenig von Belang wie konkurrierende Subjektivierungsprozesse und Verweigerungsstrategien. Damit wird die soziale und kulturelle Wirklichkeit gespalten; allein die Diskursseite und sozial hochstehende Akteure erscheinen als sprachfähig und handlungsmächtig. Ein weiterer Unterschied besteht darin, dass für die »Labels«, um die es in dieser Arbeit vorrangig geht, im Gegensatz zu Worten wie »underclass« und »Unterschicht« gerade nicht wissenschaftliche Plausibilität und Glaubwürdigkeit angestrebt wird. Sie zirkulieren vielmehr vor allem in der Arena des Populären und des Informellen. Auch deshalb wird hier an vielen Stellen in weniger kategorialer Form zwischen Etikettierenden und Etikettierten zu unterscheiden sein.

Um den Begriff der Figur näher zu bestimmen, stelle ich im folgenden Theorie-Kapitel ein heterogenes Bündel theoretischer Ansätze zusammen; ich greife Einsichten der sozialwissenschaftlichen und sozialpsychologischen Identitäts-, Labeling-, Stigmatisierungs- und Stereotypenforschung auf, versuche aber zugleich, einen umfassenderen, kulturalen Blick zu entwickeln, der den Gegenstand anders konstruiert. Dabei rekurriere ich auf den »kritischen Realismus«, aber auch auf poststrukturalistische Ansätze, die damit, streng genommen, nur im Rahmen eines eklektischen Theorieverständnisses vereinbar sind. In den folgenden Abschnitten stelle ich den Forschungsstand zu kulturellen Figuren sozialer Ungleichheit dar. Im zweiten Teil des Kapitels umreiße ich den Begriffskomplex von Figuren, Figurationen und Figurierungen mit einer Reihe von Thesen.

Als analytisches Pseudo-Objekt[24] steht die »Figur« zunächst einmal zwischen zwei grundlegend verschiedenen Begriffsordnungen oder Epistemologien: auf der einen Seite derjenigen des sozialen Typus, das letztlich (auf wissenssoziologischen Umwegen) auf eine reale Typizität der sozialen Welt verweist (wie dies zum Beispiel der Begriff des »Sozialcharakters« behauptet), und auf der anderen Seite derjenigen des Stereotyps, das in der Vorstellungswelt der Beobachter verortet bleibt beziehungsweise auf kulturelle Repräsentationen oder Diskurse verweist und gerade nicht (oder nur hochgradig verzerrt) eine reale Typizität abbildet. Der Kern meiner diesbezügli-

---

24 Zum Begriff »Pseudo-Objekt« (das im Zentrum einer Analyse steht, ohne dass klar wäre, inwiefern es »tatsächlich existiert«) vgl. Rajchman 1985, der den Begriffe im Zusammenhang der Foucault'schen Analysemethoden erklärt.

chen Argumentation lautet: Kulturelle Figuren sind, wie Stereotypen, ganz offensichtlich nicht mit einer beobachterunabhängigen Wirklichkeit identisch (»they cannot be literal and self-identical«, schreibt Donna Haraway (1997, 11)). Sie sind aber auch nicht einfach nur als objektivierte Repräsentationen zu verstehen, da Figurierungs*praxen* Teil der Figuren selbst sind. Der theoetisch mögliche praxistheoretische Weg, Figuren *allein* als Summe solcher Praxen zu verstehen, ist wiederum nicht gangbar, da sie eine vergegenständlichte Seite aufweisen: kulturelle Repräsentationen. Wie Haraway pointiert formuliert, vermitteln Figuren zwischen zwischen Diskursen und Erfahrungen; sie sind »performative images that can be inhabited« (Haraway 1997, 11).[25] Der Begriff der Figur verweist also, jenseits dessen, was mit »Typen« und »Stereotypen« bezeichnet wird, auch auf verschiedene Modi von personaler Verkörperung in der Praxis.

Zugleich ergeben sich Assoziationen mit der Rhetorik. Bedenkenswert ist in diesem Zusammenhang die Bedeutung von »Figur« als Entsprechung von »trope«, also als bedeutungsgenerierender Mechanismus. Narratologisch und semiotisch inspirierte Kulturtheoretiker gehen von der »tropic quality of all material-semiotic processes« (Hartigan 2005, 16) aus, behaupten also eine konstitutive Rhetorizität und Diskursivität der sozialen Welt. Wirklichkeit ist demnach nur als ein Erfahrungsstrom denkbar, in dem immer schon Typisierungen, Analogien und Assoziationen hergestellt worden sind. Das ist ein »tropischer«, kultureller Prozess: »What is involved in the rendering of the unfamiliar into the familiar is a troping that is generally figurative« (ebd., 5).[26]

---

25 Fraglich bleibt aber, in welchem Maße spezifische Figuren tatsächlich »bewohnbar« sind. Bei Hartigan ist »White Trash« letztlich eben *nicht* »bewohnbar«, auch wenn viele Akteurinnen und Akteure mit der Figur kokettieren.

26 Donna Haraway benutzt in ihren Analysen von »techno-science« vielfach Figuren wie die/ den Cyborg, den »Modest Witness«, »FemaleMan« u.a.m. (ähnlich geht z.B. die feministische Theoretikerin Rosi Braidotti mit ihrer »figuration of the nomad« (1994) vor). Sie versteht Figuren nicht zuletzt als Verkörperungen von Erzählungen (1997, 9), schlägt den Bogen zu rhetorischen Figuren, und fügt wichtige Bedeutungsfacetten hinzu: »The ›figure‹ is the French term for the face, a meaning kept in English in the notion of the lineaments of a story. ›To figure‹ means to count or calculate and also to be in a story, to have a role. A figure is also a drawing. Figures pertain to graphic representation a8nd visual forms in general [...]. Figures do not have to be representational and mimetic, but they do have to be tropic; that is, they cannot be literal and self-identical. Figures must involve at least some kind of displacement that can trouble identifications and certainties« (1997, 11). Vgl. auch Ernesto Laclaus grundlegende Überlegungen zur Verknüpfung von »tropes« und sozialem Prozess: »The tropological movement, far from being a mere adornment of a social

Zugleich hilft die Bildung von »sozialen Typen« – sowohl auf der Wahrnehmungs- als auch auf der Handlungsseite – den Akteuren ganz prosaisch beim kognitiven Navigieren durch instabile, dynamische Verhältnisse, wo ständig neue Erscheinungen zu vergegenwärtigen sind, wie der Soziologe Orrin Klapp in seinem klassischen Text zu »sozialen Typen« (in der Tradition der Chicago School of Sociology) argumentierte (1958; vgl. auch 1954, 1962). Soziale Typen werden für Klapp zum Beispiel durch lose (hier: tadelnde) Charakterbeschreibungen wie »the character, the square, the troublemaker, the eager-beaver, the boon-doggler« (der schräge Typ, das Original; der Spießer; der Aufrührer; der Übereifrige; der Betrüger) benannt oder aber durch Funktionsbezeichnungen aus der Welt illegaler Aktivitäten, wie zum Beispiel »call-girl, pimp, pusher« (Prostituierte, Zuhälter, Drogenverkäufer). Beispiele sind zum Zeitpunkt der Veröffentlichung neue Typen wie der »tough guy«, die »sex queen« oder der »egghead« sowie die spezifischeren, sehr unterschiedlich hergeleiteten ethnischen (afroamerikanischen) Typen »cat« und »five-percenter« oder der subkulturelle »hot-rodder« (ein Auto-Fanatiker). Ihnen stellt er ältere soziale Typen wie »Uncle Tom, Lady Bountiful, vamp« gegenüber, die nun am Verschwinden waren.[27]

---

reality which could be described in non-rhetorical terms, can be seen as the very logic of the constitution of political identities« (2005, 18f). Sowohl der Literatur- und Kulturtheoretiker Fredric Jameson, dessen »The Political Unconscious« in meine Überlegungen einfließt, als auch Donna Haraway, bei der wiederum John Hartigan studierte, verweisen auf Erich Auerbach (Jamesons Doktorvater; auch Haraway studierte bei Auerbach). Die dekonstruktivistischen Schlussfolgerungen Laclaus kann ich hier aus verschiedenen Gründen (vgl. »critical realism«) letztlich ebenso wenig teilen wie diejenigen der Narratologen; ich strebe eine eine produktive Entlehnung an.

27 Die Herausbildung von »sozialen Typen« (verstanden hier von der Beobachtungsseite) finde dabei vor allem *innerhalb* von gesellschaftlichen (Groß-)Gruppen statt, wo genügend Vertrautheit herrscht, um jenseits der »more rigid and inaccurate popular images« (Klapp 1958, 675), den Stereotypen, Differenzierungen treffen zu können. Vor allem innerhalb von sich verändernden Verhältnissen erlaube es der Rückgriff auf soziale Typen, Individuen in ein dynamisches System einzuordnen und damit auch Letzteres in seinem Wandel nachvollziehbarer zu gestalten. In der Gesamtbetrachtung seines Abrisses hält Klapp fest, dass jeder gesellschaftliche Moment (bzw. jede »Nation« oder »ethnische Gruppe«) von einem Ensemble, einem spezifischen Repertoire von sozialen Typen, gekennzeichnet sei. Der Konsens, der sich hinsichtlich solcher Repertoires langsam herausbildet, spiegelt sich demnach im Slang wider. Auf dieser Ebene können auch Gesellschaftsvergleiche angestellt werden. Vor allem aber liege die Bedeutung der sozialen Typen in ihrer Funktion im Prozess gesellschaftlichen Wandels. Der Wandel der sozialen Typen habe Teil am Prozess »to define emergent roles and thus to play a role in the development of social structure« (675).

Bevor nun der Übergang von der Typen- zur Figurentheorie skizziert werden kann, muss ein weiterer verwandter Begriff angesprochen werden: die *(kulturelle) Identität.* Mit diesem Begriff rückt die Subjektseite in den Fokus. Literatur, Sozialwissenschaften und Psychologie reflektieren seit langer Zeit insbesondere, in welch unterschiedlicher Art und Weise die negativ Designierten auf ihre »Subjektivierung« reagieren, von der Verinnerlichung von Fremdbildern (vgl. Fanon, Elias) über ein prekäres »Management« von Zuschreibungen (vgl. vor allem Goffman) bis zum kollektiven Widerstand (vgl. Hall 1997, 52f). Die Cultural Studies (vgl. du Gay/Hall 1998) betonten den politisch-konflikthaften Charakter von kollektiven Identitäten, die »politics of identity«, und den irreduzibel hybriden, pluralen Charakter der individuellen.[28] Stereotype Identitäts-Repräsentationen fungieren in dieser Sicht als bedeutsames Herrschaftsmittel; subalterne und hybride Identitäten als ein Medium widerständiger Identitätspolitik, die soziale Anerkennung erkämpft, auch wenn sie Gefahr läuft, Zugehörigkeiten zu verdinglichen. Besonders offensichtlich ist der Zusammenhang, wenn es um »*controlling images*« geht, um stereotype Bilder, die als aufgezwungene Identitäten fungieren (vgl. Hill Collins 1990), und um deren Umdeutung oder Resignifizierung.[29] Kulturelle Identitäten stehen unweigerlich in einem Spannungsfeld von Fremd-Zuschreibungen und Selbst-Positionierungen.[30] Die Konstruktion kultureller Identitäten, in medialen Diskursen und im Alltag der »Identitätsarbeit«, ist Teil des Prozesses, den ich hier als »Figurierung« beschreibe.

---

28 Hall begreift Identitäten in der Tradition der Althusser'schen Anrufungstheorie als »the meeting point, the point of suture, between on the one hand the discourses and practices which attempt to ›interpellate‹, speak to us or hail us into place as the social subjects of particular discourses, and on the other hand, the processes which produce subjectivities, which construct us as subjects which can be ›spoken‹. Identities are thus points of temporary attachment to the subject positions which discursive practice constructs for us« (ebd., 5f) Zugleich betonen Cultural-Studies-Theoretiker wie Hall, dass sie Identität als einen hochgradig problematischen Gegenstand begreifen, der ständig dekonstruiert werden muss, gegen den Strich gelesen (Hall 1996a, 5). Es handelt sich um »an idea which cannot be thought in the old way, but without which certain key questions cannot be thought at all.« (2)

29 »Domination always involves attempts to objectify the subordinate groups« (Hill Collins 1990, 69), wie Collins festhält. Sie betont die ideologische Funktionalität solcher Stereotypen, die Ungleichheiten naturalisieren. Vgl. auch Römhild 2007, 163.

30 Floya Anthias unterscheidet in diesem Sinn, auf die Arbeiten von Hall und anderen gestützt, zwischen »social position« (»concrete position vis-à-vis a range of social resources such as economic, cultural and political«) und »social positioning« (»how we articulate, understand and interact with these positions, e.g. contesting, challenging, defining« (Anthias 2005, 33).

Der Begriff der Figur ist aber im Gegensatz zu dem der Identität nicht auf das Mit-sich-selbst-identisch-sein individueller und kollektiver Akteure fokussiert, und erhebt auch nicht den Anspruch, das tatsächliche Selbstbild und die gelebte Wirklichkeit einer Person erschöpfend zu bezeichnen, sondern verweist auf die Zusammenhänge (und die bleibende Differenz) zwischen zirkulierenden kulturellen Bildern, Diskursen, »Identitätsprojekten« und Personen.[31]

Figuren in der kulturwissenschaftlichen Forschung

Mit Begriffen wie Identität, Etikett und Stereotyp allein ist den Figurierungsphänomenen, um die es hier geht, analytisch nicht beizukommen. Der Figurenbegriff wurde aber bislang für die empirisch-kulturanalytische Arbeit bestenfalls in Umrissen bestimmt. Dennoch schließt die folgende Exploration von Figuren und Figurierungen methodologisch und inhaltlich an eine Reihe von jüngeren Arbeiten aus den Sozial- und Kulturwissenschaften an. Sie orientieren sich oftmals an klassischen Texten, in denen »Sozialfiguren« oder »psychosoziale Typen« im Zentrum gesellschaftsanalytischer Versuche stehen, zum Beispiel bei den klassischen Figuren des späten 19. Jahrhunderts, beim Fremden (Simmel/Schütz), dem Randseiter (Robert E. Park), dem Flaneur (Baudelaire/Benjamin), dem Hochstapler und späteren zeitdiagnostischen Entwürfen wie dem beziehungsweise der Cyborg (Haraway), der Nomadin (Rosi Braidotti) und so weiter.[32]

Im Zusammenhang der soziologischen Unterschichtsforschung werden solche Figuren meist eher en passant erwähnt: Schon seit längerer Zeit spricht zum Beispiel der Exklusions-Soziologe Heinz Bude von »Figuren der Prekarität« (Bude 2008, 84), ohne den Begriff aber genauer zu reflektieren.[33] Kulturwissenschaftliche Explorationen zur »Figur des Dritten«,

31 Die Literatur zu subalternen »Identitätspolitiken« in Deutschland, vor allem im post-migrantischen Kontext, ist umfassend, vgl. u.a. El-Tayeb 2004. Zur Kritik des Identitätsbegriff vgl. u.a. Abrahams 2005, Grossberg 1996.

32 Auch an einigen anderen klassischen Momenten der Sozialwissenschaften hatten soziale Typen zentrale heuristische Bedeutung, zum Beispiel bei Robert E. Parks Phänomenologie urbaner Berufs- und Persönlichkeitstypen in »The City« (1915/1925), die Studien wie Nels Andersons Arbeit zum »Hobo« inspirierte und zur modernen Berufssoziologie überleitete.

33 Eine dieser Figuren nennt er »verwilderte Jungmänner« (Bude 2008, 84, s.o.), und ihre Beschreibung erinnert an die »Proll-« und »Gangsta«-Figuren, von denen hier die Rede

die in einer primär geisteswissenschaftlichen Tradition stehen, interessierten sich vor allem für »theoretische Figuren«.[34] Die Soziologen Stephan Moebius und Markus Schroer dagegen haben in ihrem Band »Diven, Hacker, Spekulanten« (2010) mit größerem zeitdiagnostischem Ehrgeiz, und mit einem explizit Figuren-analytischen Ansatz, einige »Sozialfiguren der Gegenwart« versammelt. Unter »Sozialfiguren« verstehen sie »zeitgebundene historische Gestalten, anhand deren ein spezifischer Blick auf die Gegenwartsgesellschaft geworfen werden kann« (8). Schon Klapp hatte festgestellt: »A changing social structure is marked by both emerging and disappearing types.« (1958, 675) Moebius und Schroer und den Autoren des weitgehend essayistisch gehaltenen Bandes geht es um die »vielfältigen Möglichkeiten der Fremd- und Selbstbeschreibung« in der gegenwärtigen Gesellschaft sowie um »Identifizierungsschemata […] mit denen man sich heute als Subjekt modellieren und ausdrücken kann«, also um kulturelle Repräsentationen, die identitätsrelevant werden, und zugleich um »(Ideal-)Typen, die in ihrer Gesamtheit das Soziale ordnen« (»dabei werden auch die typischen Praktiken, durch die eine Sozialfigur erst ihre spezifischen Charakteristika erfährt, analysiert«, 8f).[35]

Auch eine Reihe von volkskundlich-ethnologischen Arbeiten widmet sich kulturellen Typen und Figuren. Dies betrifft insbesondere das Feld der Unterschichten, das auch im Zentrum dieser Dissertation steht und für die Europäische Ethnologie und Volkskunde konstitutiv war. Auch hier wurden immer wieder *Figurierungsprozesse* verhandelt (und, zum Beispiel in der Konstruktion von Figuren des Volkstümlichen, betrieben), indem spezifische, vor allem ländliche, Figuren aus den Unterschichten und von den »sozialen

---

sein wird. Bude geht häufig nonchalant über die Unterscheidung von Typizität und Etikettierung hinweg, was an dieser Stelle zu einer befremdlichen Wiedergabe von Fremdbildern führt.

34 In den literaturtheoretisch dominierten Kulturwissenschaften wurde zum Beispiel die »Figur des Dritten« (Esslinger u.a. 2010) analysiert, worunter u.a. »Der Bote«, »Der Cyborg«, »Der Parasit«, »Der lachende Dritte«, »Der Trickster« und »Der Rivale« fielen (als »theoretische Figuren«) sowie »Das Dienstmädchen«, »Der Jude« und »die Leihmutter«. Theoretisch problematisiert wird in diesen Arbeiten allerdings eher das »Dritte« als die Figur (vgl. Koschorke 2010, 18f).

35 Möbius und Schroer grenzen (wie schon Klapp) ihren Ansatz ab von einem Fokus auf »Rollen«, die sich einer spezifischen gesellschaftlichen Sphäre zuordnen lassen (wohingegen Sozialfiguren »die verschiedenen Sphären übergreifen« (8)) und von der Analyse von »Sozialcharakteren« (z.B. Adorno zum autoritären Charakter, Riesman zum außengeleiteten). Sie setzen mit ihrem Buch Gerd Steins mehrbändiges Werk zu »Kulturfiguren und Sozialcharaktere des 19. und 20. Jahrhunderts« (1981–85) fort.

Rändern« in den Blick rückten (vgl. Schindler 2001, Rolshoven 2003b). Sie wurden aber kaum je unter einer Figurierungsperspektive betrachtet, sondern sozialgeschichtlich (auf der Seite des typisierten Sozialen) oder kulturgeschichtlich/motivgeschichtlich (auf der Seite der Repräsentationen) analysiert beziehungsweise als Stereotypen »entlarvt«.[36] Deutschsprachige Einzelstudien, die die Entstehung, Zirkulation und Bedeutung populärkultureller Figuren beschreiben, liegen nur in Ansätzen vor: Zum Beispiel analysierte der Volkskundler Jochen Konrad das »Mantafahrerstereotyp« als über Witze und Filme vermitteltes »Unterklassenstereotyp« der späten achtziger und frühen neunziger Jahre (2006, 154ff), allerdings ohne eigene empirische Basis.[37]

Im englischsprachigen Raum wurden dagegen in den letzten Jahren einige wichtige Aufsätze und Studien zu *neueren Figuren unterbürgerlicher Schichten* veröffentlicht, vor allem zum »chav«, die an dieser Stelle sowohl inhaltlich als auch methodologisch hilfreich sind. Die meisten dieser Analysen konzentrieren sich auf die Etikettierungs- und Stigmatisierungsseite und deren soziale Hintergründe und Funktionen. Was ist ein »chav«? In der britischen Populärkultur werden darunter – nun resümiere ich die Inhalte

---

36 Zur volkskundlich-kulturwissenschaftlichen Stereotypenforschung vgl. Konrad 2006, der insbesondere die sozialpsychologische Forschung integrieren möchte (aber die repräsentationskritischen Cultural Studies irritierenderweise fast völlig ignoriert, weshalb er auch schreiben kann, über den Umgang mit »Autostereotypen« sei wenig bekannt) sowie die Beiträge u.a. von Bausinger, Kretzenbacher und Hartinger in Gerndt (Hg.) 1988. Eine Ausnahme in methodologischer Hinsicht bildet Timo Heimerdingers Dissertation »Der Seemann. Ein Berufsstand und seine kulturelle Inszenierung« (2005), wobei auch hier der Fokus vor allem auf historischen Bildern liegt. Heimerdinger betont, ganz im Sinne des hier vertretenen Ansatzes, dass »der Seemann« sich auf verschiedenen Wirklichkeitsebenen betrachten lässt, »als Berufsstand, Politikum, mediale Figur oder Produkt lebensgeschichtlicher Narration«, weshalb die »Wechselwirkungen« (14) zwischen diesen Ebenen in den Fokus rücken: zwischen »Bereichen der lebensweltlichen Realität, der medialen Aufführung, der inhaltlichen Formung und Befrachtung und schließlich der alltäglichen Reproduktion dieser Bilder« (14). Um das Zusammenspiel von Inszenierung und Verkörperung zu verstehen, rekurriert der Autor auf Konzepte der Theatralität und des Performativen, die auch im Folgenden aufgegriffen werden. Eine Methodologie, um die Eigendynamiken von Figuren als kulturellen Artefakten zu verstehen, gerade im Kontext sozialer Ungleichheiten und Konflikte, hat aber auch Heimerdinger letztlich nicht anzubieten.

37 Auf einige Analysebegriffe aus Konrads Arbeit gehe ich unten näher ein. Den »Mantafahrer« versteht Konrad als »Heterostereotyp einer ganzen Gesellschaft, welche sich damit in ihrer sozialen Position bestätigt finden konnte, da das Mantastereotyp in allen Merkmalen – der Bildung, der Position in der Gesellschaft, der Aussichten auf sozialen Aufstieg – stets als Unterliegender erschien.« (158f)

eines Stereotyps – tendenziell gewaltaffin-territoriale, moralisch verwahrloste Jugendliche aus den post-proletarischen Unterschichten verstanden, die sich in Marken-Sportswear kleiden und, grob vereinfachend gesagt, an der Gangsta-Version von Hip-Hop-Mode und -Sprache orientieren. Mit »chavs« sind eher »weiße« als »schwarze« Briten gemeint. Sie werden in verschiedenen Medien persifliert. Die Analysen von Hayward/Yar, Tyler, Skeggs und Nayak, die im Verlauf der Darstellung noch aufgegriffen werden, zeigen, dass solche Figuren ihre Bedeutung letztlich erst in der Interaktion zwischen medialen Diskursen und alltäglichen Praxen gewinnen. Die Texte, die unten zum Abschluss des historischen Teils zusammengefasst werden, problematisieren den Begriff der Figur jedoch kaum, sondern verwenden ihn weitgehend intuitiv oder aber repräsentationszentriert und entwickeln keine Methodologie, um die Wechselwirkungen und Verschränkungen zwischen Etiketten, Repräsentationen, Stilisierungspraxen und Identitätsprojekten tatsächlich systematischer in den Blick zu nehmen.

Dagegen hat der US-amerikanische Ethnologe John Hartigan mit seinen vielschichtigen, theoretisch ehrgeizigen Arbeiten über »white trash« und »whiteness« gezeigt (1999, 2005, 2010), inwiefern der Begriff der kulturellen Figur eine genuin kulturanalytische und ethnografische Perspektivierung der Reproduktion sozialer Ungleichheiten ermöglicht. Deshalb soll seine Herangehensweise hier kurz skizziert werden. Mit Blick auf Bezeichnungen wie »white trash« mit ihrem Beleidigungscharakter und angesichts der analytischen Kategorie »whiteness« mit ihrer politischen Moralisierung stellt Hartigan zunächst einmal eine Frage, die auch mit Blick auf Worte wie »chavs« und »Prolls« im Raum steht: »Is either label appropriate, given that many people are unwilling to be so characterized, whether by the degrading epithet of white trash or linked to the connotation of white supremacy inherent in whiteness?« (Hartigan 2005, 2) Wäre es vor diesem Hintergrund nicht forschungsethisch sehr viel eher angebracht, so fragt er, sich auf stereotype Repräsentationen zu konzentrieren, und diese kritisch-dekonstruktiv zu analysieren? Oder, wie zum Beispiel die Subkulturethnografien Sarah Thornton fordert, klare »*analytical* distinctions between: empirical social groups, representations of these people and estimations of their cultural worth« (1995, 92) zu treffen, anstatt homogenisierende Subkultur-Figuren zu zeichnen und Stereotype über Mädchen aus der Unterschicht (»Sharon and Tracy«) mit »the actual dance culture of working-class girls« zu verwechseln (101).

Hartigan argumentiert nun, dass das Herausarbeiten solcher Unterscheidungen tatsächlich von zentraler Bedeutung ist, dass aber auch die kulturelle

Herstellung von Zusammenhängen zwischen diesen Registern – die ich als Figurierung verstehe – betrachtet werden muss: »Critiques will tell us nothing about how features of these representations relate to the real, daily circumstances of such whites, historically or contemporarily, or about how and why poor whites actively traffic in white trash as a means of self-identification. Deconstructions of stereotypes also too often ignore the critical role such degraded images play in the relational processes of group formation.« (3)

Dagegen will Hartigan, der Cultural Studies als Repräsentationskritik und ethnografische Sozialwissenschaften gleichermaßen betreibt, gewissermaßen *alles auf einmal*: Er betrachtet »white trash« als zu kritisierende, stigmatisierende Repräsentation, als semiotisches Medium sozial-kultureller Prozesse und, provisorisch, auch als (problematischen) Signifikanten für eine lose umrissene soziale Gruppe (vgl. 2005, 4). Für Hartigan konkretisieren die Begriffe »Etikette« (im Sinn von Norbert Elias oder Pierre Bourdieu) und »boundary maintenance« (Mary Douglas) die Figurierungsproblematik auf der Interaktionsebene und in figurierenden Diskursen.[38] »Figurierung« steht in diesem Sinn als Begriff für die Dynamiken zwischen verschiedenen Ebenen. Sie umfasst, wie er mit der Ethnologin Mary Weismantel argumentiert, vor allem drei kulturelle Arenen: (a) stereotyp-klassifizierende Benennungspraktiken, die kategoriale Grenzen zwischen Gruppen ziehen, (b) relativ fluide und variable soziale Interaktionen in der jeweiligen, lokal spezifischen kulturellen Praxis auf der ethnografischen Mikroebene, die unterschiedlich große Aushandlungsspielräume zum Vorschein bringen, sowie (c) ökonomisch-strukturelle Prozesse, die sich (zum Beispiel in der Herleitung des Wortes »Proll« vom Proletariat) historisch akkumulieren und der Fluidität der kulturellen Praxis gewisse Grenzen setzen.

---

38 Die Etikette, also die Regeln, die »the disciplining of bodies and speech« organisieren, ist nicht einfach als ein Oberflächenphänomen zu verstehen, vielmehr betrifft sie »the visceral, bodily dimension of class and gender identities«. Sie ist unmittelbar körperlich. Etikette bildet, wie Norbert Elias, Pierre Bourdieu und andere soziologische Klassiker gezeigt haben, »a mode of naturalizing social classifications, schemes, and hierarchies, making their importance tangible through the series of restrictions on what can be said or done and linking transgressions of these prohibitions to the viability of the social order. [...] The disciplining of bodies and speech through etiquette involves the most basic process of establishing cultural identity: instilling habits that are policed by concepts of disgust and embellished through ideas about pollution and dirt. This process of viscerally encoding perceptions and sentiments via disgust is fundamental to the process of naturalizing a view that unequal relations between groups are immutable.« (Hartigan 2005, 18; vgl. zum Thema »sozialer Ekel« auch Tyler (2008, s.o.) und, besonders differenziert, Sayer 2005, 167)

Hartigan betont, dass eine Analyse von Figurierungsprozessen ihren Gegenstand primär in *kulturellen Dynamiken* findet, die in konkreten, lokal spezifischen Situationen zu beobachten sind, aber zugleich mit anderen »scales« gesellschaftlich-kultureller Organisation interagieren: Das Spiel mit dem Etikett »white trash« im ethnografischen »Feld« ist oft mehr als ein bloßes Reproduzieren der Kategorien des nationalen Diskurses um die ländliche Unterschicht, aber davon keinesfalls unabhängig.[39] Hartigan kennzeichnet die »Figur« als ein Konzept aus der geisteswissenschaftlich-hermeneutischen Tradition »that is currently migrating from literary criticism to the social sciences« (2005, 16), wobei er sich insbesondere auf den Literatur- und Geschichtstheoretiker Hayden White beruft. Der Begriff changiert damit zwischen den Kultur- und Sozialwissenschaften, zwischen Cultural Studies und Soziologie. Der Begriff der Figurierung sei dem des Stereotyps (oder »Label«) vorzuziehen, da er nicht auf der Repräsentationsebene verbleibt: »[It] captures the active way people subjected to certain debasing images are able to inhabit them in complex ways that involve critique and elaboration« (16).[40] Die vielfältige Beschäftigung mit – beziehungsweise Arbeit an – der eigenen Identität, die als »Arbeit« freilich oft irreführend beschrieben ist (Hartigan entlehnt die Metapher des »Bewohnens« bei Donna Haraway), lässt sich in diesem Sinn auch als mehr oder weniger distanzierte Praxis der Selbst-Figurierung verstehen.

Damit ist ein erster Rahmen zu Figuren, Figurierungen und Figurationen umrissen. In den folgenden Abschnitten dieses Kapitels greife ich das bisher erarbeitete Verständnis von Figurierung auf und erweitere es durch eine Reihe von Thesen zum Begriff der kulturellen Figur. Diese Darstellungsform hat fragmentarischen Charakter und betont damit das Ineinandergreifen verschiedener Aspekte und Dynamiken. Der folgende Abschnitt steht für sich,

---

39 In Hartigans Feld, der Stadt Detroit, wo Afroamerikaner eine große Mehrheit darstellen und die Lokalpolitik ebenso dominieren wie viele andere lokale Institutionen, ohne deshalb eine insgesamt herrschende Gruppe zu bilden, stellen sich die Machtverhältnisse anders dar als auf der nationalen Ebene. »The overarching finding of these ethnographies is that local circumstances – racial demographics, popular cultures, political orders, and economic conditions – deeply inflect the significance of race and the processes by which racial matters are perceived and engaged.« (Hartigan 2005, 14) Die Unterscheidung zwischen lokalen und nationalen Machtverhältnissen wird auch im Verlauf dieser Arbeit eine Rolle spielen.

40 Und weiter: »If we cannot catch the figural play of images in the lives of racial subjects, then the vast reservoirs of signification that animate a figure like white trash will remain inaccessible to critical study and thus retain all of its insidious power that is mobilized in its common usage.« (16)

auch in seiner Form, weil er die Resultate einer theoretischen Arbeit darstellt, die den kulturanalytischen Werkzeugkasten auch über das spezifische Figurierungsfeld hinaus bereichern soll. Im Kontext dieser Arbeit dient er dazu, über die zeitdiagnostischen Fragen hinaus einen begrifflich-konzeptuellen, methodologischen Rahmen für die empirische Analyse zu schaffen.

Thesen zur Theorie der kulturellen Figur

»The individuals in question resent any label whatever,
and regard a concern with labelling as basically square.«
(Polsky 1971 (1961), 149)

(1) Die Herausbildung von kulturellen Figuren, ihre Benennungen und der Figurierungsprozess sind, vor allem im jugend-/subkulturellen Kontext, Teil der schöpferisch-kreativen Seite des gesellschaftlichen Prozesses.[41] Aus der Mikroperspektive erweisen sich solche Prozesse häufig als Produkte vernakulärer Kreativität, von Alltagswitz und eigensinnigen Umdeutungen (zum Beispiel bei der Atzen-Figur), sie haben Teil an einer – gelegentlich durchaus grausamen, Hierarchien bejahenden, »fiesen« – Logik des informellen Lebens, wo es eher um Spotten und Necken und um Hackordnungen in der Kleingruppe sowie um tradierte Privilegien geht als um nüchterne Klassifikationen.[42] Dies gilt zunächst einmal für Selbstbenennungen wie für Benennungen von anderen. Klassisch ethnologisch gesprochen sind sie damit zunächst Teil eines dynamischen Systems von »folk classifications« (vgl. Lakoff 1987) und, etwas dichter beschrieben, von einer »public imagery« (vgl. Hannerz 1969), mit der die Akteure innerhalb lebensweltlicher Zusammenhän-

---

41 Zum Begriff der Instituierung vgl. Castoriadis 1984.

42 Nicht nur durch ihre Komplexität, auch mit ihrer Tendenz zur sprachlichen Informalität unterscheiden Figuren sich also von den »Etiketten« der Labeling-Theorie, die zumeist von in stärkerem Maße institutionell *autorisierten*, strategisch handelnden (z.T. staatlichen) Akteuren ausgehen. Dennoch durchdringen sich Figurierungs- und Etikettierungsansätze in vielen Fällen – gerade im Zusammenhang von »Unterschicht«, zum Beispiel bei der Figur des und der »Asozialen« (vgl. Ayaß 1995). Ein Prozessmodell der Figurierung, analog zum »Label-Formation-Process« (vgl. Gans 1996), bleibt kulturwissenschaftlich zu erarbeiten. Von Szenen-spezifischen »argot types« im Unterschied zu »generally familiar types« spricht Klapp (1956, 337).

ge idealtypische Rollen formulieren. Häufig werden sie auch zum Sanktionieren von Abweichungen verwendet.[43]

Viele kulturelle Figuren werden zunächst in Dialekten, Soziolekten, Argots benannt. Auch herabsetzende Bezeichnungen enthalten soziale Kreativität – sie ist nicht per se moralisch »gut«.[44] Oft verbleiben die Figuren-Benennungen in überschaubaren lokalen sozialen Netzwerken; oft sind sie geprägt von verhältnismäßig großer räumlicher Nähe und zugleich sozialer Distanz.[45] Wer genau einen Terminus erfunden hat, bleibt meist offen (oder im Bereich der mythisierenden Laien-Etymologie), aber das Bescheidwissen um die richtigen Namen schließt lokale und translokale Gruppen zusammen. Nicht selten ist die Benennung von Figuren in diesem Stadium eine Frage von »coolem Wissen«, das nur esoterischen Kreisen geläufig ist (vgl. die Karriere der »Hipster«-Figur, Polsky 1967, Stahl 2010, Greif u.a. 2010). Figuren sind fast immer geschlechtlich konturiert, es sind *auch* Figuren von Männlichkeit und von Weiblichkeit, wobei die hier betrachteten kulturellen Zusammenhänge insgesamt differenziertere Männer-Figuren produzieren.[46] Sie basieren auf *konstruktiven* (also nicht nur abbildenden) *Typisierungen,* die wiederum auf einer realen Typizität des Sozialen und Kulturellen beruhen.[47] Eine tendenzielle Typizität des Sozialen, die von den Akteuren immer wieder neu thematisiert wird, ist in solchen Figurierungsprozessen also Vor-

---

43 Hier gilt, was auch für kulturelle Figuren gilt: »Diversity in the real system is glossed over in a simplified public imagery«, wie Ulf Hannerz schreibt (1969, 94f). Sein Beispiel sind Geschlechterrollen. Nach Hannerz bildet sich eine solche »public imagery«als »common sense« (ebd.) in lokalen, kommunikativ und lebenspraktisch vernetzten Welten heraus. Solche Bilder-Galerien entstehen, wenn es um kulturell bedeutsame Themen geht (wie unten am Beispiel des »Möchtegern« deutlich wird).

44 Zu Benennungen als informelle Herrschaftsmittel vgl. Elias 1990, 19ff.

45 Ein Beispiel dafür ist die Entstehung der »Chav«-Figur, die unten beschrieben wird.

46 Zu »hegemonialen«, »komplizenhaften« und »marginalen« Männlichkeiten sowie zu postproletarischen »Protest-Männlichkeiten« vgl. Connell 1995, 71. Letztere definiert Connell als »a marginalized masculinity, which picks up themes of hegemonic masculinity in the society at large but reworks them in a context of poverty.« (114) Vgl. auch Scheibelhofer 2011. Zum Zusammenhang von Männlichkeiten und Milieus vgl. Koppetsch/Maier 2001. Die Autorinnen typisieren ein individualistisches, ein familiales und ein traditionales Milieu. In letzterem gilt demnach eine »patriarchalische« Leitvorstellung, die jedoch ein »gesellschaftlich abgewertetes Muster von Männlichkeit« darstelle (36).

47 Diese Typizität des Sozialen lässt sich als ein Resultat und eine Form von *produktiver, formativer Macht* im Foucault'schen Sinn verstehen, die nicht auf sprachliche Diskurse oder Wahrnehmungsakte reduzibel ist. Nur ein diskurstheoretischer Reduktionismus wird Typisierung allein auf der Beobachtungsseite verorten (auch wenn das, theoriehygienisch betrachtet, sicherlich schlüssig wäre).

aussetzung und Resultat gleichermaßen. Zugleich sind solche Typisierungen beobachterabhängig, sie beruhen auf kontingenten Relevanz-Setzungen.[48] Erst dieses Interesse ermöglicht eine spezifischere Figurierung, und schon die erste Typisierung »verdinglicht« graduelle Differenzen zu einem verhältnismäßig starren Schema.[49]

(2) Das Klassifizieren, ein Grundprozess der Figurierung, besitzt eine besondere Bedeutung im *städtischen* Leben, das zumindest idealtypisch aus einer Ansammlung von Fremden besteht. Urbane Typen, oft – wie in der Chicago School – primär als Berufstypen verstanden, waren auch deshalb das zentrale Darstellungsmedium für frühe Autoren der Stadtforschung.[50] Der Essayist Jonathan Raban fasst den Zusammenhang von Stadt und Typisierung zusammen, indem er die urbane *Funktionalität* von schnellen, stereotypen Klassifikationen betont: »In a community of strangers, we need a quick, easy-to-use set of stereotypes, cartoon outlines, with which to classify the people we encounter. In a village, most of the people you deal with have been known to you (or to someone in your family circle) for a long time; they have matured subtly and slowly as characters, and are painted in varying shades of grey.« In der Stadt dagegen erschließen sich solche Individualitäten nicht auf den ersten Blick, vielmehr ist hier die Fähigkeit zum schnellen Einschätzen gefragt: »All I have to help me is my subjective knowledge of accents, clothes, brands of car, my reactions to endomorphic or ectomorphic figures: external signs and signals from which I construct the character

---

48 Dies betont Pierre Bourdieu in seinen Texten zur Klassifikation: »Die Grundlage des in der Wahrnehmung von sozialer Welt wirkenden Relevanzprinzips, das die Gesamtheit der Merkmale der wahrnehmbaren Sachen und Personen definiert […] Das *Interesse für den wahrgenommenen Aspekt* ist nie ganz unabhängig vom *Interesse, ihn überhaupt wahrzunehmen*.« (Bourdieu 1982, 741)

49 Psychologische und kulturelle Typisierungen (zum Beispiel »ich bin ein Mensch, der…«, zur Analyse vgl. den IV. Teil dieser Studie und Lamont 2000) werden erst zu kulturellen Figuren, wenn sie gestalthaften Charakter erhalten und mit medialen Bildern bzw. Figuren und kulturellen Helden verbunden werden. Man kann von einem Kontinuum zwischen Typisierung und Figurierung sprechen; tendenziell sind kulturelle Figuren als Repräsentationen von sozialen Typen anzusehen, wobei auch Verkörperungen Repräsentationen darstellen.

50 Vgl. Park, The City (1915/1925). Die deutsche Tradition der »charakterologischen« Suche nach dem städtischen »Menschentypus« überhaupt und die daran anschließende, manchmal von Simmel her argumentierende, oft völkisch geprägte (und viel mit dem Begriff der Prägung operierende) Suche nach »Großstadt-Gauschlägen« (Willy Hellpach), nach »dem Berliner« etc. lasse ich hier außen vor; auch sie haben fraglos an Figurierungsprozessen teil; vgl. Schlör 2005, S. 343–417.

with whom I am going to deal.« (Raban 1974, 26f)[51] Solche Klassifikationen und Codierungen, Zuordnungen von Zeichen und Typen einerseits, Typen, Aktivitäten und Territorien andererseits zu beherrschen, ist eine Form von urbaner Kompetenz, wie sowohl in der Tradition des US-amerikanischen symbolischen Interaktionismus, zum Beispiel bei Lyn Lofland, betont wird als auch in den stadtethnologischen Afrika-Studien der Manchester-School. Gerade in Jugendkulturen gehört das schnelle semiotische »Typenwissen« zur »urbanen Kompetenz«.[52] Von besonderer Kompetenz zeugt das Wissen um Städter-Figuren, die das »urbane Charisma« einer Stadt und ihrer Unterwelten verkörpern, wie die Ethnologen Thomas Hansen und Oskar Verkaaik schreiben (2009). Zugleich gehört zur Stadt-Kompetenz auf der Akteurs-Seite ein Sich-Präsentieren (*presentation of self* als *self-fashioning*), das die Sicht eines idealtypischen Kommunikationspartners antizipiert und integriert. Von besonderer Bedeutung ist hier das Sich-Kleiden, das auch als ein Element von Selbst-Figurierung anzusehen ist. Es setzt ein Wissen um verbreitete Figuren-Codes voraus, um falsche Zuordnungen und vielleicht auch Beschämungserlebnisse zu vermeiden. Die Vielzahl der städtischen Milieus und der ästhetisch-kulturellen Codes sowie die Grunddynamiken sozialer Distinktion, die ja gerade nicht allen offensichtlich und verständlich sind, machen es jedoch unmöglich, dass einzelne Akteure tatsächlich einen Überblick über die verschiedenen Wahrnehmungsweisen aller anderen Akteursgruppen erlangen.[53] Gerade dieser partielle Charakter des Wissens um Fremd-Typisierungen und die Unterschiedlichkeit der Bewertungskriterien

---

51 Was sich formal als ein Modus der »Reduktion von Komplexität« darstellt, hat Georg Simmel sozialpsychologisch-kulturphilosophisch als »Blasiertheit« des Großstädters (und der Großstädterin) beschrieben, die nicht selten mit »rücksichtsloser Härte« einher geht (Simmel 1903, S. 229).

52 W. Lindner (2002) spricht in diesem Zusammenhang von »Checking« (den Begriff übernimmt er von Boettner 1989) als urbaner Kompetenz. Auf der Wahrnehmungsseite differenziert Lofland zwischen öffentlichen Typologien, die durch die populäre Kultur zirkulieren, und »restricted coding schemes«, die nur Spezialisten bekannt sind (z. B. die Kunden-Typologie, die Taxifahrer verwenden) und in Netzwerken zirkulieren, die auf persönlicher Interaktion basieren. Diese Unterscheidung ist und bleibt wichtig, wird aber durch die neuen Kommunikationsmedien sehr viel weniger scharf, da sie sehr viel leichter von unten nach oben durchlässig sind. Auch Stadtbewohner beziehen ihre Typologien zu einem guten Teil aus den Massenmedien.

53 »The individual may be able to code the appearances of others quite well, but be uncertain exactly what combination of elements has created the overall presentation. In applying his or her coding knowledge to self, then, there is always the possibility for error.« (Lofland 1973, 108) Vgl. auch die Ausführungen zu »status symbolism in the urban setting« in Karp/Stone/Yoels 1977, 184ff.

und -skalen verschiedener Gruppen stellen den Akteuren jedenfalls vielfache Handlungsaufgaben. Der städtische Raum bietet also eine besondere Bühne für die *presentation of self* durch jugendkulturellen Stil, ähnliches gilt aber auch für die sozialen Netzwerke und Online-Umgebungen.

(3) Kulturelle Figuren stellen trotz ihrer informellen Ursprünge schnell auch mediale Phänomene dar, und diese Medialität (genauer: die Form der Medialität) macht ihren spezifisch postmodern-zeitgenössischen Charakter aus. Bereits die anfängliche Verbreitung von »Labels« ist nicht nur an die *face-to-face*-Interaktion geknüpft, sondern an verschiedene Kommunikationsmedien. Figuren nehmen die Form medialer Repräsentationen an, die wiederum reflexive Identifikationen und Aneignungen ermöglichen; subkulturelle und populärkulturelle Medien – Song-Texte, Band-Namen, Fotos, Videos, Filme, Kommentare aller Art – spielen bei der Entstehung und Verbreitung von jugendsubkulturellen Figuren eine entscheidende Rolle.[54] Das Beispiel der Chav-Figur, die auf verschiedenen Internet-Seiten persifliert wird, zeigt, dass in der Gegenwart vor allem niedrigschwellige, partizipative, weitgehend anonyme, multimediale Online-Medien (zum Zeitpunkt der Forschung zum Beispiel die Website »Urbandictionary«, verschiedene Videos) schnelle Resonanz-Effekte möglich machen, und zwar nicht zwischen vereinzelten Individuen einerseits und Massenmedien andererseits, sondern zwischen spezialisierten Gruppen und spezialisierten Medien.[55] In vielen Fällen sind Pop-Künstler – analog zu den *moral entrepreneurs* der Etikettierungs- und

54 In der wortlastigen Hip-Hop-Subkultur bzw. in deren Rap-Komponente spielen die Figurierung (von »b-boys«, »niggas« usw.) und vor allem deren Benennungskomponente eine besondere Rolle. Auf das Sub-Genre von Gangsta-Rap bezogen hat Eithne Quinn dies in ihrer Studie herausgearbeitet, in der es ausgiebig um die »folklore archetypes« der Rapper-Personae (»badman«, »trickster« usw.) geht (2005). Einen ironischen Kommentar dazu bietet der Rapper Homeboy Sandman mit »Yeah, But I Can Rhyme Though« (auf »The Good Sun«, High Water Music 2010), einem Track, in dem er die Figuren herunterbetet, die derzeit für Rapper bereit stehen, auf die er sich aber nicht reduzieren lassen will: »You're not exactly a backpacker. You're not a gangbanger. You're not a swagger-rapper. You're not a hustler but you're not a slacker. Not a half-stepper […] You're not a pimp, you're not a hipster even though you've got a lot of sneakers you don't fit the box« […].

55 Vgl. zum Resonanzbegriff die sozialpsychologischen Ausführungen von Mosher/Tomkins 1988, 73; auch der Politiktheoretiker William Connolly verwendet den Begriff (2004; 2005, s.u.). Wie Sarah Thornton – noch vor Web 2.0 und den elektronischen »Social Media« – vermerkt, sind Medien im jugendkulturellen Zusammenhang die »leading disseminators of culture«, so dass schwerlich von vor- oder außermedialen Prozessen gesprochen werden kann (Thornton 1995, 164). Lokale Medien – Radio, Stadtzeitschriften, Tageszeitungen – machen ebenfalls einen wichtigen Teil dieses Prozesses aus.

Moralpaniktheorie – die entscheidenden »Figurierungs-Unternehmer«, die Figuren benennen und popularisieren, sowohl abwertend als auch affirmativ, oftmals als selbstironische Auto-Stereotypen, in denen man sich selbst und andere wiedererkennt und wiederfindet, aber in einer etwas klarer und anders konturierten, reflexiveren Form. Durch Figuren-Verstärkung können Pop-Künstler ihren eigenen Status als kulturelle Helden befestigen und ausbauen, indem sie die eigene »Persona« der Figur gemäß stilisieren (vgl. Snoop Dogg als »Pimp«-Figur; die Beispiele der »Atzen« in der Darstellung unten).[56]

Figuren-Benennungen zirkulieren oft zunächst innerhalb von relativ spezialisierten subkulturellen Medien, vor allem dann, wenn Figuren-Benennungen beleidigend wirken und zu weit von der Hochsprache entfernt sind, um zum Beispiel in Zeitungen abgedruckt zu werden.[57] Dennoch werden viele Figuren erst durch ihre Präsenz in klassischen Massenmedien (Radio, Fernsehen, Filme) bekannt und in einem größeren gesellschaftlichen Zusammenhang relevant. In solchen Medien werden die Figuren – oft klischeehaft – präsentiert, popularisiert und gelegentlich auch in neuer Form benannt. »Supplying social type« ist eine selten betrachtete Funktion von Medien, insbesondere der Unterhaltungsindustrie, so schreibt Klapp schon in den fünfziger Jahren (677).[58] Hier erlernen die weitaus meisten Zeitgenossen die Benennungen und das kulturelle Wissen um bestimmte Figuren und deren Charakteristiken; bei dieser Übertragung in die massenmediale Größenordnung steigt (neben der sozialen) die räumliche Distanz, eine Entkontextuali-

---

56 Zu »persona« und »image« im Gangsta-Rap-Kontext vgl. Quinn 2005, 15, 152f. Ihrer Analyse nach sind in der US-amerikanischen Gangsta-Rap-Welt mit ihren Helden wie Ice Cube und Dr. Dre, Geto Boys, Tupac Shakur oder Snoop Dogg, die auch im Berliner Feld präsent sind, vor allem zwei männliche Figuren-Typen zentral, die beide nahweltliche Dominanz ausstrahlen: der »badman« und der »trickster«. Sie spricht von »archetypal protagonists« und stellt diese Figuren in längere Kontinuitätslinien afroamerikanischer Folklore.

57 Zu »culture heroes« vgl. Van Deburg 1997, zu »Volkshelden« Meyer 2010 und (filmisch orientiert und das Beispiel des Gangsters ausführend) Seeßlen 1980.

58 Klapp argumentiert, auf der Seite des Handelns, die von der Beobachtungsseite unterschieden werden kann (was er nur implizit tut), bestehe die Funktion der sozialen Typen darin, Orientierung zu geben, »self-typing« zu ermöglichen. Stars in den Medien, vor allem dem Fernsehen, unterhalten nicht nur, sondern liefern auch »Typen« (Bogart als »tough guy«, Mae West als »sex queen«), die internalisiert werden und damit handlungsleitend wirken (ganz im Sinn der »Subjektivierungsangebote« bei Möbius/Schroer 2010 und in vielen anderen neueren Ansätzen, wobei Möbius/Schroer Klapp nicht zitieren).

sierung findet statt.[59] Eine besondere Rolle spielen an dieser Stelle spezifische Jugend- und Lifestyle-Formate, die sich auf das Trend- und Typen-Spotting spezialisieren und damit zu einem wichtigen Teil des Konstruktionsprozesses werden. Hier gelten andere redaktionale Richtlinien (implizit und oft auch explizit), die eine informellere Sprache erlauben. Ästhetik und Gestus der Informalität sind aber insgesamt zunehmend Teil der großmaßstäblichen Populärkultur geworden, die sich wiederum nicht abseits konkreter Interaktionsräume verstehen lässt. Subkulturelle Figurierungsunternehmer (unten wird es beispielhaft um »Atzen«-Rapper gehen) legen es häufig darauf an, in solchen Formaten thematisiert zu werden, es kommt zu Resonanz- und Rückkopplungseffekten.

(4) Medien stellen nicht nur typisierte Modelle von Subjektivität bereit (identifikationstaugliche und –untaugliche), sie stellen diese häufig, gerade durch die Benennung auch, *als* Typen beziehungsweise Figuren dar – und nicht nur als Menge von Menschen. Damit thematisieren sie die Differenz des »Realen« und des »Fiktiven« oder »Inszenierten«. Der Medienwissenschaftler Lothar Mikos argumentiert zum Beispiel, im mittlerweile klassischen und oft als paradigmatisch verstandenen Reality-TV-Format *Big Brother* würden die Kandidaten zwar auf das je individuell »Authentische« hin inszeniert, zugleich aber auch »fiktionalisiert«, und zwar »über das Rollenspiel der Selbstdarstellung hinaus« (318). Die Präsentation gegenüber dem Publikum wird den Akteuren erleichtert, »je mehr im Rollenspiel nicht nur typisierte Rollen angenommen werden, sondern darüber hinaus auf Rollenmuster Bezug genommen wird, die in der sozialen Zirkulation von Bedeutungen in der populären Kultur eine Rolle spielen.« (322) Damit verwischen solche Formate – und das Reality-TV dient hier nur als Beispiel, unten werden

---

59 »Die Artikulation von Identität in der heutigen Zeit geschieht zunehmend vermittels medial vermittelter Ressourcen« (Hepp/Thomas/Winter 2003, 17; vgl. Wischermann/Thomas 2008, 11). Gelegentlich – wie bei der oben angesprochenen Vicky Pollard – werden Figuren medial als Individuen präsentiert und in der jeweiligen Sendung nur als solche benannt, aber der soziale Typus, den ihre Rolle verkörpert, entspricht einem informell zirkulierenden Figuren-Namen (»chav«), den sich Zeitgenossen dazu denken können – vielleicht nicht alle Zeitgenossen, aber eben spezifische, im jeweiligen Fall genauer zu bestimmende »Interpretationsgemeinschaften«. Ähnlich verhielt es sich zum Beispiel bei Zlatko T., einem Teilnehmer der ersten deutschen Staffel der Reality-Show *Big Brother*, der in den Medien immer wieder als Prototyp des »Prolls« wahrgenommen und bestaunt wurde – so wurde er sowohl in der informellen Kommunikation als auch in kommentierenden Medien genannt, nicht aber in der Sendung selbst.

vergleichbare Prozesse in der Mainstream-Gangsta-Rap-Welt diskutiert – die Differenz von generischer Figur und individueller Person, aber sie lassen sie, und das ist entscheidend für den kulturellen Prozess, zugleich *thematisch* und somit reflexiv werden. Dadurch wird die Frage nach dem Figuren-Charakter von Individuen, und potenziell der eigenen Person, veralltäglicht.

(5) *Benennungen* zirkulierender Figuren sind zentrale Elemente des Figurierungsprozesses. Sie sind damit in eigener Weise *produktiv* und haben performativen Charakter: »Naming something helps bring it into being«, schreibt zum Beispiel Jon Savage über die Teenager-Figur (vgl. unten). Benennungen tragen entscheidend dazu bei, amorphe Bedeutungsfelder zu fixieren und konkrete, distinkte Figuren zu konturieren (vgl. auch Bausinger 1989).[60] Wenn »moral entrepreneurs« einen »folk devil« finden und zur Bedrohung der Gesellschaft stilisieren, wie Stanley Cohen es anhand der Moralpaniken um Mods und Rocker zeigte, benötigen auch sie eine Benennung, die die vermeintliche Bedrohung erkennbar macht. Typisierungen tendieren sowieso, wie die experimentelle Sozialpsychologie immer wieder zeigt, zur Aufwertung der eigenen Gruppe, wenn diese sozial affirmiert werden kann, und zur Abwertung von unterlegenen Gruppen.[61] Wie die kulturellen Identitä-

---

60 Rolf Lindners These lautet, dass »unterschichtsspezifische Jugend-/Subkulturen eher von außen (Erzieher, Polizei, Wissenschaftler), mittelschichtsspezifische Jugend-/Subkulturen eher von innen, von deren Avantgarde, benannt werden, was aus der politisch-ideologischen Form der mittelschichtsspezifischen Gesellung erklärbar ist.« (202) Dies wird sich im folgenden nicht durchgängig als richtig erweisen, sensibilisiert aber für Macht-Logiken und für die Rolle Subkultur-interner Akteure.

61 Differenzen innerhalb der eigenen Gruppe werden heruntergespielt und Gemeinsamkeiten herausgestellt (»assimilation«), während für andere Gruppen das Gegenteil gilt (»contrast«). Den Prozess, in dem sich stereotype Zuordnungen von Eigenschaften und Gruppen verfestigen, haben Linguisten wie Susan Gal und J.T. Irvine (1995) oder Asif Agha (1998) als naturalisierende und personisierende »Ikonisierung« beschrieben. Der von Agha beschriebene Prozess kann auf semiotische Phänomene im allgemeinen (und nicht nur auf »language ideologies«) angewendet werden: semiotische Formen (z.B. dialektale Wendungen) werden in stereotyper Weise mit Akteuren assoziiert, deren sozialer Wert ihnen dann gewissermaßen anhaftet – es scheint, so der ideologische Effekt, als würde dann der »niedere« Charakter der Sprache den »niederen« der Person nur wiederspiegeln (Agha 1998, 178) Im Sprachlichen resultieren aus diesem Prozess Registernamen (wie z.B. »hochsprachlich«, oder auch »prollig«) Die Registernamen werden unpräzise verwendet, »serving to typify not only words but utterances, speech levels, and in many cases, nonlinguistic behavior as well. Thus many kinds of semiotic phenomena may be grouped together under a single metasemiotic description« (180). Zwischen den Registernamen findet »leakage« statt. Dieser Gedanke lässt sich mit dem erwähnten Begriff der *slippages*

ten stehen auch Figurierungsprozesse damit unweigerlich in einem Spannungsfeld von Fremd-Zuschreibungen und Selbst-Positionierungen. Benennungen können gewaltsamen, stigmatisierenden Charakter haben. Unterdrückungsverhältnisse sind immer auch Figurierungsverhältnisse, weil sie subalterne Akteure zu »subjektivieren« (Althusser) und in Stereotypen festzuhalten versuchen, wie dies zum Beispiel Frantz Fanon (1980 [1952]) so eindrucksvoll dargestellt hat. Anhand von Benennungen lassen sich kulturelle Figuren aber auch umdeuten: durch neue Benennungen oder durch die »Resignifizierung« oder »Transkodierung« von bereits bestehenden Wörtern, vor allem von stigmatisierenden Fremdbezeichnungen.[62] Wenn es um die Anwendung solcher Benennungen auf individuelle Subjekte geht, hat die auf Signifikanten fixierte Subjekt- und Diskurstheorie eine Vielzahl von Beispielen für die *Performativität von Benennungen* gefunden. Judith Butler hat sich ausgiebig mit beleidigenden Bezeichnungsakten befasst (»Hate Speech«) und sich dabei auf die politischen Auseinandersetzungen im letzten Viertel des letzten Jahrhunderts in den USA konzentriert: Durch die machtvollen »Anrufungen« werden Menschen gewissermaßen zugleich ins Dasein gerufen und gewaltsam von tatsächlich anerkannter Subjektivität ausgeschlossen. Butler fokusierte einen besonders heroischen Modus des Ineinandergreifens von Gruppenbildung und externer Zuschreibung: die »subversive Resignifizierung«, das »Umdrehen« einer herabsetzenden, diskriminierenden Zuschreibung (Butler 2006, insbesondere 245ff). Wie die Geschichte zeigt, können Worte wie »Nigger«, »queer«, »dyke« oder »fag«, »Schwuler« und gegebenenfalls auch »Kanake«, »Proll«, »Prolet« und »Prollette« in verschiedenen Zusammenhängen von der Beleidigung zur »ermächtigenden« Selbstbeschreibung »umgedreht« werden.[63] Mit dieser »Resignifizierung«

---

zwischen ethischen, ästhetischen und sozialen Zuordnungen verbinden, wie ihn Andrew Sayer (2005) diskutiert.

62 Damit ist die Problematik angesprochen, »the relations between language and social transformation in a non-reductionist way« zu denken (Hall 1996b, 298) und dabei sowohl die soziale Spezifik von Vokabularen zu verstehen als auch ihren übergreifenden Charakter. In den Cultural Studies war dafür insbesondere die Beschäftigung mit Bachtin und Volosinov von Bedeutung: »Class does not coincide with the sign-community, i.e. with the community which is the totality of users of the same sets of signs and ideological communication. Thus various classes will use the same language. As a result, differently oriented accents intersect in every ideological sign. Sign becomes the arena of class struggle« (V.N. Volosinov, zit nach Hall 1996b, 296).

63 Butlers These zur Performativität von Benennungen lautet, dass der »uneigentliche Gebrauch performativer Äußerungen« den »Effekt der Autorität erzeugen [kann], wo kein Rückgriff auf eine vorgängige Autorität möglich ist« (1996, 247; vgl. Moebius 2003, 369).

ändert sich potenziell der Modus des In-der-Welt-Seins individueller und kollektiver Identitäten.[64] Wie sich nun konkrete individuelle und kollektive Identitäten zu spezifischen Figuren verhalten, ist eine wichtige, irreduzibel politische Frage, die sich nicht theoretisch, sondern nur empirisch beantworten lässt. Jugendkulturelle Figuren repräsentieren einen wichtigen, meist weniger ernsthaft »gestimmten« Teilaspekt dieses Prozesses, und sie sind in besonderer Weise dazu geeignet, »makropolitische« Ungleichheitskategorien in der »mikropolitischen« Arena zu bestärken – oder umzudeuten, zu resignifizieren.[65] Figurierungen sind, um die Problematik in das Bourdieu'sche Vokabular zu transponieren, in die *Klassifikationkämpfe* verstrickt, die den sozialen Raum konstituieren (vgl. insbesondere Bourdieu 1982, 727–755, Neckel 2008). Die Klassifikationkämpfe (beziehungsweise Identitätspolitiken) können aus kulturanalytischer Perspektive auch als *Figurierungskämpfe* verstanden werden.

(6) Viele Figuren und Figurierungsprozesse sind, wie oben bereits kurz erwähnt, eng mit institutionellen Klassifikationspraxen und Wissensproduktionen verzahnt. Hier kommen unterschiedliche soziale Akteure und Figurierungs-Unternehmer ins Spiel. Der Staat mit seinen Apparaten und Institutionen stellt eine zentrale Klassifikationsinstanz dar, wie Bourdieu

---

Demnach enthält also die Sprache selbst, verstanden als soziale Praxis, emanzipatorisches Potenzial.

64 Vgl. dazu auch Bourdieu 1982, 750; der weitgehend die Stigma-Forschung resümiert (zur Gegenstrategien auf Stigmatisierung zwischen der »disidentification« und individueller sozialer Mobilität bis zur kollektiven Identitätspolitik, sozialen Wandel und »sozialer Kreativität« im Umdeuten/Resignifizieren von Stigmatisierungen vgl. auch Steinert 1979). Vgl. zu Identitätspolitik und Ressentiment in jüngerer Zeit die Arbeit von Wendy Brown (2001).

65 Für Bourdieu, der damit in der Tradition von Durkheim und Mauss steht, sind Klassifikationssysteme (damit sind symbolische Formen überhaupt gemeint und nicht nur explizites Benennungsvokabular) »Streitobjekte in den Auseinandersetzungen zwischen […] Gruppen« (ebd., 744). Deshalb begreift er den »Kampf der Klassifizierungssysteme« als eine »vergessene Dimension der Klassenkämpfe« (ebd. 755). Die wechselseitigen Benennungen, die Klassifikationen und die damit zusammenhängenden *Bewertungen* von anderen und eigenen, das »percipere« (wahrnehmen) und das »percipi« (wahrgenommen werden), sind demnach als konstitutive Bestandteile von (Groß-)Gruppenbildungsprozessen zu verstehen. Bourdieu geht in seiner Gesellschaftstheorie davon aus, dass »die vom Soziologen klassifizierten sozialen Akteure […] mithin Produzenten nicht nur von klassifizierbaren, sondern auch von klassifizierenden Akten [sind], die ihrerseits klassifiziert sind« (ebd., 728). Diese Doppelseitigkeit klassifizierender und klassifizierter Akte wird auch im Folgenden von zentraler Bedeutung sein.

immer wieder betont. Die staatlichen Apparate unterscheiden zum Beispiel zwischen Bürgern und Nicht-Bürgern, zwischen Sesshaften und Migranten, zwischen Minder- und Volljährigen, zwischen Tauglichen und Untauglichen, zwischen Berechtigten und Nicht-Berechtigten.[66] Diese Klassifikationen bedingen und überlagern viele informelle, auch popkulturelle Figurierungen und interagieren mit ihnen. So ist die Figur des »As(s)i« auch auf staatliche (und wissenschaftliche), juristisch und polizeilich durchgesetzte Klassifikationen des »Asozialen« aus der Zeit des Nationalsozialismus zurückführbar (vgl. Ayaß 1995). Meist sind staatliche Klassifikationsbegriffe jedoch nicht konkret genug, um als kulturelle Figuren zu gelten, aber sie überlagern, wie im Folgenden noch gezeigt wird, die Figurierungsprozesse auf vielfache Weise (der »Hartzer« war in den letzten Jahren auf dem Weg zur kulturellen Figur).[67] Wichtig sind hier, neben den klassischen Disziplinierungsinstitutionen, auch die modernen Sozialwissenschaften (empirische Sozialforschung) und die Psychologie, die mit ihren quantitativen Techniken (dem Typisieren im Sinn der Statistik) und deren figurierenden Darstellung aus unübersichtlichen Mengen von Akteuren und Präferenzen klar umrissene, soziale Typen herauspräparieren. Letztere werden benannt, als Erkenntnisobjekte in die

---

66 Dies haben insbesondere Ethnologen wie Pierre Bourdieu oder James C. Scott herausgestellt, die die Transformationen informell organisierter Gesellschaften hin zu moderner Staatlichkeit untersuchten. Vgl. Bourdieu 1982, 224; zu institutionellen Klassifikationen allgemeiner Bowker/Starr 1999; Herzfeld 1997.

67 Gerade in Krisenzeiten wird damit die mögliche *ideologische*, legitimierende Funktionalität von Figurierungen deutlich (vgl. Gans 1996, siehe auch den Begriff der »affektiven Legitimierung« bei Massumi (1998)). Auch jenseits des Staats in einem engeren Sinn haben moderne, disziplinargesellschaftliche Institutionen – Schulen, Polizei, Arbeitshäuser, Jugendpflege-Einrichtungen, Gefängnisse, Anstalten aller Art – multimediales Typisierungswissen über ihre Klienten und Insassen gesammelt. Sie produzieren Wissen, das sich mit außerstaatlichen, informellen Figurierungsprozessen durchdringt. Solche Konstitutions- und Überformungsprozesse lassen sich im disziplinargesellschaftlichen 19. Jahrhundert vielfach beobachten, wie im historischen Teil der Arbeit weiter auszuführen bleibt, und sie wirken in die Gegenwart fort. Ein augenfälliges Beispiel bieten die typisierenden Definitionen delinquenter Subkulturen durch Polizei und Pädagogik, und die Erfassung und Beobachtung ihrer Mitglieder und deren kultureller Praxis: »Gewinnt eine Jugendbewegung an Bedeutung, ist der Schritt zur systematischen Observation häufig schon getan. Die Namen der Archive, in denen die Fahndungsergebnisse aufbewahrt werden, ändern sich: ›Rockerkartei‹, ›Hausbesetzerkartei‹, ›Skinheadkartei‹, ›Arbeitsgruppe Jugendspezifische Gewaltkriminalität‹, ›Fachkommissariat Straftaten junger Gewalttäter‹ usw. Die Ziele bleiben dennoch dieselben: jugendliche Autonomiebestrebungen sollen systematischer Kontrolle unterworfen werden«, resümieren Klaus Farin und Eberhard Seidel-Pielen (1991, 134).

Welt gesetzt und zum Gegenstand reflexiven institutionellen Handelns gemacht.[68]

Der Milieu-Forschung, die historisch zu einem Zeitpunkt bedeutsam wird, an dem sich einfache klassengesellschaftliche Diagnosen als untauglich erweisen, liegen vorwiegend Daten der Marktforschung zugrunde, wobei diese häufig zu technisch bleiben (oder zu exklusiv), um sich zu gestalthaften kulturellen Figuren zu verdichten, wie bei der – hier thematisch einschlägigen – Erfindung des »abgehängten Prekariats«.[69] In der Gegenwart versuchen diverse neuere *unternehmerisch orientierte Typisierungsagenten* – Marktforscher, Trend-Scouts, Zeitgeist-Journalisten, Milieu-Typisierer, Klick-Statistiker, Kultur-Forscher, Sozial-Agenturen –, in der soziokulturellen Aktivität die Umrisse neuer Typen und Figuren zu identifizieren und als eindeutig und abgegrenzt erscheinen zu lassen, aus vorwiegend kommerzieller Motivation heraus, mit weiter reichenden Resonanzen in den Arenen der Figurierung. Die Datenströme der digitalen Welt bieten dafür eine neuartige, ausschnitthafte, aber quantitativ umfassende und zum Teil extrem detaillierte empirische Grundlage. Mit solchen interessegeleiteten Figurierungen werden Bennungen popularisiert, die an der Schnittstelle von praxisnaher Forschung, Zeitdiagnose und kommerzieller Verwertung entstanden sind, und sie können sich zu handlungsleitenden Subjektivierungsmustern und Selbstauslegungsangeboten auswachsen. Die britische Kulturwissenschaftlerin Rosalind Gill (2003) hat zum Beispiel vorgeführt, wie die Figur des machohaften »New Lad« in den Zielgruppenanalyse von neuen Männerzeitschriften wie *Loaded* und *FHM* als emergenter sozialer Typus entworfen wurde, wie populäre zeitdiagnostische Gebrauchstexte den »New Lad« mit dem sanften, älteren Typus des »New Man« als einer residualen Figur kontrastierten.[70]

---

68 Beispiele aus den fünfziger Jahren wären der »autoritäre Charakter« der kritischen Theorie oder der »organization man« der amerikanischen Soziologie, die sich durchaus mit einer eigenen Ikonografie verbinden. Vor allem aber sind solche Typisierungen und Figurierungen, wie die Geschichte der Wähleranalysen und der modernen Marktforschung mit ihren Zielgruppenanalysen in der Folge zeigt, durch persuasive, letztlich kommerzielle Zielsetzungen motiviert.

69 Der Begriff wurde von einer Studie der Friedrich-Ebert-Stiftung in die Welt gesetzt (vgl. Neckel 2008). Er hat sich nicht zu einer tatsächlichen Figur gemausert, wohl aber zu einem wichtigen Etikett. Auch unter einem Begriff wie »TraLos« können sich nur die Milieuforscher selbst sonderlich viel vorstellen (gemeint sind die »traditionslosen Arbeitermilieus«), vgl. dazu Vester 2001 u.a., 32f.

70 Diese Prozesse benötigen eine Reihe von figurierenden Akteuren – Werbeagenturen und Marktforscher, Stadt- und Life-Style-Magazine, zeitdiagnostische Akademiker (und, wie

(7) Was hier über Benennungen gesagt wurde, gilt auch für andere Aspekte kultureller Figuren: Wie soziale Typen, Stereotypen oder kollektive Identitäten fungieren Figuren nicht einfach als *Träger* kultureller Bedeutungen, sondern *erzeugen* diese in spezifischer Art und Weise, wie sie vorher so nicht bestanden haben. Sie haben also auch in dieser Hinsicht, als kulturelle Repräsentationen, performativen (und nicht nur abbildenden) Charakter. Diese Eigendynamiken, die ich als genuinen Gegenstand von Kulturanalysen betrachte, betonen unterschiedliche Theorie-Traditionen, zum Beispiel die Etikettierungstheorie (vor allem bei Stanley Cohen) und die semiotische Medientheorie (unter anderem bei Brian Massumi). Am Beispiel der »working-class subcultures« der britischen Nachkriegsgesellschaft, deren Mitglieder sich immer wieder an Ferienorten zusammenfanden, wo es auch zu Massenschlägereien kam, stellte Cohen die These auf, dass Massenmedien »folk devils« wie »Mods« als gesellschaftliche Feindbilder kreieren, indem sie »zusammengesetzte« Stereotypen in die Welt setzen, die dann dazu führen, dass diejenigen, die dem Bild entsprechen, oder auch nur einzelne seiner Merkmale besitzen, in Alltagssituationen diskriminiert werden und für die Mehrheitsgesellschaft als identitätsstiftendes Anderes fungieren. An einem Wort, einer Subkultur-Benennung wie »Mod« wurde fortan der Status der Abweichung festgemacht; verschiedene Eigenschaften und Gegenstände (Stilphänomene) wiederum verweisen als »clues« auf den »Mod« und indizieren damit automatisch – und verkürzt – den Status der Abweichung: »A word (i.e. Mod) becomes symbolic of a certain status (delinquent or deviant); objects (hairstyle, clothing) symbolize the word; the objects themselves become symbolic of the status (and the emotions attached to the status)«, so Cohens Stufen- oder Phasenmodell (1972, 40). Ein etwas neueres Beispiel bietet Herbert Gans: »In 1993, the Denver police department compiled a roster of suspected gang members based on ›clothing choices‹, ›flashing of gang signals‹, or associating with known gang members. The list included two-thirds of the city's young black men, of whom only a small percentage were actual gang members.«[71]

---

ich hinzufügen würde, Literatinnen und Satiriker) – die sie als »new cultural intermediaries« bezeichnet. (Gill 2003, o.S.)

71 Häufig überlagern sich Gefährdungsdiskurse bzw. Moralpaniken mit *konsumistisch* gerahmten Typologien, wie sie in Jugend-orientierten Massenmedien erzeugt werden. Dies hebt Dick Hebdige hervor: »In the month of the riots, the Sunday Times ran an article providing a kind of consumer guide to the various rioting contingents. The categorization

Der poststrukturalistische Theoretiker (und Deleuze-Übersetzer[72]) Brian Massumi geht in seinen Ausführungen zu Figuren (1998) über die Assoziations-Theorie, wie sie Cohen entwarf, hinaus: Massumi versteht unter »Figuren« zunächst einmal die Mechanismen der Bedeutungs- und Affektproduktion in Text oder Bild, im Sinne von rhetorischen Figuren, und schließt diese begrifflich mit der personalen »Figur« in den Massenmedien zusammen.[73] Dies führt er am Beispiel des »thug«, des »Schlägertypen« als Problem der inneren wie auch der äußeren Sicherheit aus. Die Bedeutungen dieser spezifischen Figur bestimmen sich durch eine Reihe von diskursiven »Operationen« (semantische »Extraktion« und »Fusionierung«), die dafür sorgen, dass unterschiedlich konturierte Figuren (zum Beispiel Diplomat/ Politiker, Schlägertyp und Berufsverbrecher) gewissermaßen *kopräsent* sind. In der medialisierten Praxis entsteht dann nicht nur eine Reihe klar umgrenzter, sofort wiedererkennbarer Typen, eine Galerie der Figuren oder Stereotypen, sondern es entsteht ein unterdeterminierter Möglichkeitsraum, in dem bestimmte Verbindungen und Plausibilitäten herrschen, die es vorher, also vor der »figurativen Operation«, nicht gab, und die von verschiedenen Akteuren zu verschiedenen Zwecken aktiviert werden können. Auch andere Autoren haben bemerkt, dass Figuren häufig sowohl vage als auch, zumindest ikonografisch, sehr konkret bestimmt sind. Mit Dick Hebdige gesprochen, kann bei der Herausbildung von Figuren von einem Kontinuum zwischen bloßen Assoziationen und »full-fledged connotational codes« (1988, 51) unterschieden werden. Herbert Gans merkt zu Recht an, dass ein »vague

---

was elaborate: rastas, punks, 2-Tone youths, mohawks.« (Hebdige 1988, 34) Angesichts des oben angesprochenen Problems, dass bei Cohen wenig darüber zu lernen ist, inwiefern Subkulturen selbst aktiver Teil solcher Prozesse sein können, weist Sarah Thornton zu Recht darauf hin, dass Cohens formalisierte Stufenmodell die kulturelle Produktion und den kulturellen Konsum von Jugendlichen (durchaus bewusst) außer Acht lässt: »Mass media misunderstanding is often a goal, not just an effect, of youth's cultural pursuits. As a result, ›moral panic‹ has become a routine way of marketing popular music to youth.« (120).

72 Auch bei Deleuze ist, wie im Motto zu diesem Abschnitt, immer wieder von Figuren die Rede, und zwar einerseits als gesellschaftlich geprägte, konventionelle Subjekt-Typen (»psychosoziale Typen«), andererseits als deterritorialisierte »Intensitätsfelder« oder »Strom-Einschnitte«, die auf ein Jenseits konventioneller Signifikation und Personalität verweisen (vgl. Deleuze/Guattari 1974, 111; 310ff; 342ff; 475; Deleuze/Guattari 2000).

73 Im Sinn von rhetorischen Figuren: »blurrings, reversals, repetitions, disappearances, displacements, fusions«, kurz: »Mutual convertibilities« (Massumi 1998, 52). Bedenkenswert ist in diesem Zusammenhang die Bedeutung von »Figur« als Übersetzung von »trope« in der Rhetorik.

label« generell »more popular than an unambiguous one« ist (1996, 19). Gerade der anspielungshafte, nicht-explizite Charakter dieser »eingelagerten« Bedeutungen verleiht dem Figurentypus seine vielseitige Einsetzbarkeit und Mehrdeutigkeit. So wird die Gleichzeitigkeit von diffusen und präzise konturierten Figuren in ihrer Funktionalität erklärbar.

(8) Der Begriff »Figurierung« verweist auf unterschiedliche Prozesse. Zu unterscheiden sind hier: (1) die Entstehung, die relationale Bestimmung von kulturellen Figuren, die neben einer visuellen immer auch (wie oben bei Haraway angemerkt) eine narrative Seite hat, als Repräsentationen, und (2) ihre Anwendung auf reale Akteure und Praxen, oder, vorsichtiger formuliert, die Relevanz von kulturellen Figuren, wenn es um die Praxis konkreter Individuen geht, die sich und andere mit und zu Figuren positionieren (»all social performance reifies people in culturally coded roles or identities«, schreibt Michael Herzfeld (1997, 26)).[74] Bei der Figurierung im Sinn von (2) ist zu unterscheiden zwischen (2a) der Anwendung von Benennungen auf bestimmte Personen und Praxen (durch die Akteure selbst oder durch andere, häufig als verbale Fremd-Figurierung, aber auch als Selbst-Figurierung) und (2b) deren – verbalen, psychischen – Umgang damit (was meist als Identitätspolitik, Stigma-Management, Resignifizierung, Transcodierung oder Ähnliches beschrieben wird). Zugleich findet Selbst-Figurierung auch (2c) in Form anderer Praktiken statt, zum Beispiel bei Stilisierungen, mit denen sich Akteure im Sinn bestimmter medial und/oder nahweltlich zirkulierender Figuren (wie auch immer sie von anderen benannt werden) inszenieren, von deren Gestalt sie sich, im Sinn einer imaginären Identifikation, angesprochen und angezogen fühlen. Von »Figurierung« kann gesprochen werden, insofern diese Praktiken in Zusammenhang mit »Identifizierungsschemata« stehen, »mit denen man sich heute als Subjekt modellieren und ausdrücken kann« (Möbius/Schroer 2010, 8), und auf typische Assoziationen, Episoden und Narrative verweisen (im Sinn des engl. »to figure as«).[75]

---

74 Diese Unterscheidung übernehme ich aus Heinz Steinerts Kritik der Etikettierungstheorie. Steinert betont, »dass unter dem Stichwort ›Etikettierung‹ zwei Prozesse abzuhandeln sind: der der gesellschaftlichen Gewinnung und Festlegung eines Kategoriensystems und der der Anwendung dieses Systems von Begriffen auf eine bestimmte Handlung oder Person. (Dieser zweite Prozess ist wesentlich besser untersucht als der erste). Als weiteres kommt dazu der Umgang der betroffenen Personen mit solchen Kategorisierungen.« (Steinert 1979, 389)

75 Massumi spricht von sich herausbildenden Figuren als »point(s) of subjectification« (und führt aus: »in other words, a gravitational pull around which competing orbits of affect

Die Grenze zwischen unscharf konturierten Typisierungen und eindeutigen, explizit benannten Figurierungen ist fließend. Das diesbezügliche Repertoire der Akteure umfasst oft verschiedene Figuren, auch wenn damit die alltagsethische Frage nach der Einheitlichkeit und inneren Authentizität des Selbst aufgeworfen wird. Wie die Soziologie nach Goffman von »Rollendistanz« (also von der mentalen Distanz des Individuums zur eigenen Rolle) und von »Rollenrepertoires« spricht, ist hier von »Figurendistanz« und »Figurenrepertoires« zu sprechen (vgl. Hannerz 1980, 238).[76]

Um sich zu figurieren, muss man dies nicht unbedingt im Sinn der Benennung tun, die andere damit verbinden. Das Sich-Verhalten zu Etiketten und zu Bildern (was oft schwieriger zu verbalisieren ist), durch mimetische Annäherung oder aber auch durch ironische Brechungen solcher *Performances*, ist also Teil von Figurierung.[77] Niemand »ist« in einem epistemologisch naiven Sinn eine Figur, keine individuelle oder kollektive Identität geht in einer Figur auf, man kann Figuren nur – in wessen Augen auch immer, wie temporär auch immer – verkörpern, sich an sie anschließen, und dadurch die mit ihr verbundenen Affekte spüren, die zwischen Bildern, Tönen, Atmosphären, Subjekten »zirkulieren« (Massumi).[78] Klar benannte Figuren, als vergegenständlichte kulturelle Repräsentationen, ermöglichen dann, wie Hartigan es formuliert, ein mehr oder weniger reflektiertes, oftmals ethisch aufgeladenes *Abgleichen*.[79] Individuelle Akteure haben ein unterschiedlich

---

and thought are organized«), die zugleich, wie mit Deleuze betont wird, mit deterritorialisierender *Ent*subjektivierung – durch das Strömen von Affekten und Intensitäten – einher gehen kann. An dieser Stelle geht es noch nicht um die Frage, inwiefern diese Figurierungspraktiken intentionalen Charakter besitzen.

76 Grundlegende Gedanken zum »Rollenrepertoire« (»the particular series of modes of behavior in which one individual is involved«, im Unterschied zum »Rolleninventar«, das in einer kulturellen Situation vorhanden ist), das in vielen Punkten analog theoretisiert werden kann, finden sich bei Hannerz (1980, Kap. 6 »The City as Theater: Tales of Goffman«, Appendix).

77 Vgl. zu »Praktiken der Bildangleichung« durch Kleidungspraktiken, Styling, Körper-Shaping u.a. Gaugele 2005. Gaugele beschreibt, auf der Grundlage von Interviews und Beobachtungen, das Schönheitshandeln von Jugendlichen. In der Praxis entsteht demnach »ein Begriff von ›Schönheit‹, der sich in der Vermischung, der Aneignung und Uniformität mit medial repräsentierten Körpern konstituiert.« (234)

78 Ähnlich verstehe ich Bourdieus Bemerkungen zum Leib als »Gedächtnisstütze«, »in die man nur einmal wie in eine Bühnenfigur eindringen muss, um sogleich kraft des evokativen Vermögens der körperlichen Mimesis eine Welt vorgefertigter Gefühle und Erfahrungen auftauchen zu sehen.« (Bourdieu 1982, 740)

79 Hier lohnt eine erneute Vergegenwärtigung der oben zierten Stelle: »Figures call attention to the way people come to consider their identities in relation to potent images that

distanziertes Verhältnis zu den Figuren, an denen sie (freiwillig oder unfreiwillig) teilhaben.[80] Die Gegenständlichkeit kultureller Figuren macht sie zu metapragmatischen Objekten, wie der Linguist Asif Agha für die Stereotypen-Theorie formuliert: »They become reportable, discussable, open to dispute; they can be invoked as social standards, or institutionalized as such; they allow (and sometimes require) conscious strategies of self-presentation; they serve as models for some individuals, counter-models for others.« (1998, 152) Insgesamt verweist der Begriff der Figur damit eher auf *Bühnen, Rollen, Ästhetiken, Erzählungen, Performativität* (also ein semantisches Feld des Theatralen wie bei Goffman) als auf Individualität, Identität (im Sinne des Mit-sich-identisch-Seins), personale Innerlichkeit oder ein semantisches Feld der Wesen- und Wahrhaftigkeit. Figuren *treten auf*, sie sind das Personal von typisierten Dramen, alltäglich und massenmedial (vgl. Hannerz 1980, 202–241). Sie verweisen nicht nur auf das Erleben der Welt im Sinn des strikten Realitätsprinzips, sondern auch auf imaginäre Welten, an denen wir teilhaben.[81] In der sozialen Semiosis sind Figuren dann zum Beispiel, wie Erika Fischer-Lichte erläutert, narrativ strukturiert und *episodenhaft*. Ihr sozial-semiotischer Sinn verdichtet sich nicht nur in Bildern, sondern auch

---

circulate within a culture. Figuration is a drastic improvement over stereotypes in that it captures the active way people subjected to certain debasing images are able to inhabit them in complex ways that involve critique and elaboration.« (Hartigan 2005, 16)

80 Hannerz fasst die Problematik der Rollendistanz so zusammen: »It is not just that you either have them or you do not. You can communicate to others, explicitly or in less obvious ways, whether a role is ›really you‹ or something peripheral, perhaps accidental or forced, by showing attachment or distance to it.« (1980, 238)

81 Der Soziologe und Ethnograf James Caughey hat sich in seinem wenig bekannten Buch »Imaginary Social Worlds. A Cultural Approach« (1984) grundsätzlich mit der imaginären Ebene des Erlebens – wie sie vor allem Psychoanalyse und Phänomenologie, nicht aber Behaviorismus und Praxeologie thematisieren – und mit deren sozial- und kulturwissenschaftlichen Erforschung befasst. Eine besondere Rolle spielt dabei die imaginäre Interaktion mit medialen oder auch erfundenen »Figuren« (ebd., 22f): »Media consumption, itself a form of pseudosocial interaction, introduces the individual to a swarming throng of media figures. These figures do not simply remain on the screen or the printed page. On the contrary, they invade the individual's personal imaginary systems. When an individual enters the worlds of dreams or fantasies, he often becomes emotionally involved, through admiration, love, or hatred, with media figures and plays out intense pseudosocial interactions with them.« (243) Er betont, dass dies ein gesellschaftlicher und kein »privater« Prozess ist und resümiert: »Through processes like identification, we play out pseudosocial roles with images of media figures. In the stream of consciousness as well – in memories, anticipations, and fantasies – we typically become entangled in pseudosocial interactions with imaginary replicas of our actual friends and acquaintances. Our imaginary worlds are dominated by social interaction. Our lives are pervaded by imaginary social relationships.« (242)

in stereotypen *Skripten*.[82] Deren Zusammenhang begründet einen wesentlichen Wirkungsmechanismus kultureller Figuren: Kurze, stereotype Episoden (zum Beispiel, im Kontext der Proll-Figur, das »Anpöbeln« als städtische Krisensituation) und gesellschaftliche Metaerzählungen (zum Beispiel der »Sittenverfall«, die »Verrohung«) fügen sich in machtdurchzogenen Repräsentationsprozessen zu *überdeterminierten* Figuren zusammen.[83] Deshalb ist in ihrer Analyse auch der Anschluss an diverse Strukturmerkmale des Fiktionalen, Imaginären und Narrativen erforderlich. Figuren haben Teil an Kultur als »social poetics«.[84]

(9) Die Selbst-Figurierung durch Stil-Praxis kann den Charakter einer bewussten, »intentionalen Kommunikation« (D. Hebdige) aufweisen, aber sie muss es nicht. Die Selbst-Figurierung hängt eng mit habituellem (und insofern indexikalisch-expressivem) Handeln zusammen, sie folgt verschiedenen Dispositionen, die nicht bewusst kontrolliert werden, auch wenn »Stil« einen ästhetischen Schritt über das bloß Notwendige hinaus bezeichnet. In jedem Fall können die Reaktionen der Umwelt den Akteuren nicht im Voraus voll-

---

82 Wie Timo Heimerdinger mit Bezug auf die Theaterwissenschaftlerin Erika Fischer-Lichte schreibt, können Einzelszenen »sich in unterschiedlicher Weise aufeinander beziehen: als Fortführung, als Zitat, als Ironisierung, als Konterkarierung oder als Variation. Erst in der Verflechtung der einzelnen Episoden wird die Gesamtstruktur von Kultur erkennbar.« (Heimerdinger 2005, 12; vgl. allgemein Schütz und Berger/Luckmann zur Typisierung von Handlungsverläufen, z. B. Berger/Luckmann 1980, 76) Auch Hirschauer argumentiert, dass Identitätskonstruktionen – er analysiert die Geschlechtskonstruktion im Handeln – aus »Episoden« bestehen (1994, 677).

83 Den Komplex der »Metaerzählungen« führe ich unten, im diskursanalytischen Teil, weiter aus. Für das Beispiel der Armuts-Bilder hat Gottfried Korff solche Zusammenhänge aufgezeigt. »Armutsdarstellungen zielen also auf eine soziale und kulturelle Sinngebung – entweder sind sie religiös-karitativ oder moralisch-pädagogisch oder sozialkritisch ausgerichtet.« (Korff 1983, 14) Er unterscheidet einen epochalen Aspekt vom künstlerisch-individuellen Aspekt. »Wer von kritischem Engagement, von Anteilnahme für die Armut und die Armen getragen ist, gibt der Darstellung eine andere Kontur als der, der sich dem Thema distanziert-ironisch, sozusagen in burlesk-karikierender Manier nähert, noch einmal eine andere der, der in sentimentalisch-idyllisierender Absicht dem Thema nur heiter-pittoreske Züge abgewinnt.« (14) Vgl. dazu auch Bogdal 1978; Derrida 2003.

84 Mit Michael Herzfeld verstehe ich darunter »not the mystically endowed semiosis of a genre, but the technical analysis of its properties as these appear in all kinds of symbolic expression, including casual talk.« (1997, 22) Die Bühnen-Analogie illustriert, dass Figuren – als Erkenntnisobjekte – nicht »wahr« oder »falsch« sind. »The value of figures as an analytical concept, then, is in directing our view to the representational dynamics involved with invoking collective forms of identity without reductively asserting that these collectives are ›real‹ or ›unreal‹ in an empirical sense.« (Hartigan, 18)

ständig transparent sein. Die Stilisierungspraxis (als Teil von Figurierung) an sich, die eigenen ästhetischen Kriterien folgt (zum Beispiel als »cool« im Sinn von »gut«/»schön«), und die *bewusste* Stilisierung *als* X, zum Beispiel als »Atze«, sind keineswegs identisch und die Stilisierung als *X*, zum Beispiel als »Atze« und die Fremdwahrnehmung als *Y*, zum Beispiel als »Prolet«, sind es ebensowenig.

Dabei geht es nicht allein um die Divergenz von Selbst- und Fremdbildern, sondern darum, dass Identitäten in der kulturellen Praxis performativ hergestellt werden, dieser Prozess sich aber weitgehend jenseits des intentionalen Bewusstseins der Akteurinnen und Akteure abspielt. In der Soziologie und in den Gender Studies wurde diese Performativität sozialer Kategorien vor allem im Zusammenhang der Geschlechtszugehörigkeit ausgeführt, von der es heißt, dass sie als »laufende Produktion, die zusammen mit jeder menschlichen Aktivität vollzogen wird« (Hirschauer 1994, 672f) anzusehen ist, im Sinne des »doing gender« also (vgl. Garfinkel 1967). Klassifikationen und Angemessenheitsurteile sind dabei zumeist als »Hintergrunderwartung« präsent, also nur in geringem Maße intentional beziehungsweise bewusst (vgl. dazu Hirschauer 1994, 672f; Kotthoff 2004). Diese »Omnirelevanz-These« kann jedoch, so der phänomenologisch-wissenssoziologisch argumentierende Stefan Hirschauer, zur Ausblendung der Frage führen, »wann, wie und wo die Hintergrunderwartung in den Vordergrund sozialer Situationen tritt, also zu ihrem Thema wird. Auch wenn sich alles Verhalten als Geschlechtsdarstellung evaluieren lässt, so ist es doch eine empirische Frage, ob und unter welchen Bedingungen diese Ressource tatsächlich aktiviert wird und sich aktivieren lässt.« (Hirschauer 1994, 677)

Ähnliches gilt hier: Wann, wo und wie der Figurierungscharakter von Praxis thematisch wird (und welche Etiketten dabei verwendet werden), ist eine empirische Frage, es lässt sich nicht theoretisch bestimmen. Kulturelle Figuren repräsentieren gestalthafte Modulierungen des performativen Prozesses, in dem die Akteure im Handeln – unter für sie nicht völlig durchsichtigen Bedingungen – die großen sozialen Differenzierungskategorien reproduzieren.[85] Gerade »Männlichkeit« wird zum Beispiel oft mit der Per-

---

85 Dabei handelt es sich – wie Judith Butler mit Bezug auf Derridas Kritik der Sprechakttheorie argumentiert – um einen »iterativen« und deshalb per se instabilen Prozess, dessen Ausgang keinesfalls von Beginn an feststeht (2006). Angesichts der relativen Stabilität gesellschaftlicher Ordnungen habe ich mich für das Verb »reproduzieren« entschieden. Die Feinheiten der Performativitätstheorie zwischen Literaturtheorie und Soziologie handle ich hier nicht ab.

formance des Prolligen hergestellt. Figuren sind aber, im Unterschied zur Performance von Geschlecht, nicht »omnirelevant«.[86]

(10) Figuren der jugendlichen »Unterschicht« stehen in der historischen Linie jener Zweiteilung von Oben und Unten, die Autoren wie Pierre Bourdieu als Grundmatrix unserer Kultur beschreiben, und die in der historisch-materialistischen Traditionslinie ökonomisch beziehungsweise aus der Trennung von Hand- und Kopfarbeit abgeleitet werden: Praktiken werden demnach codiert und klassifiziert »als vulgär oder distinguiert, hoch oder niedrig, leicht oder schwer, usw., d. h. in letzter Instanz als proletarisch oder bourgeois« (1982, 752). Negativ klassifizierte Homologien des »Vulgären« gehören zu den Grundbeständen moderner europäischer Kulturen.[87] Inwiefern der »legitime Geschmack« im klassischen Sinn des Nicht-Vulgären (zum Begriff der »Legitimität« als »anerkannte(r) Sinnhaftigkeit der eigenen Praxis« vgl. auch Maase 2010, S. 79–111) tatsächlich als hegemonial gelten kann, und inwiefern er von nicht-hegemonialen Gruppen internalisiert wird, bleibt gegenwartsdiagnostisch umstritten, unstrittig ist aber, dass die Frage der Anerkennung und Klassifikation von Geschmackspraktiken lebenswelt-

---

86 Damit entfernt man sich kulturtheoretisch »von der Vorstellung eines intentionalen Akteures, der auf der Basis eines bestimmten Wissensbestandes handelt«, wie Hirschauer schreibt, und bewegt sich hin »zur Vorstellung einer Darstellungspraxis, die vor den Augen eines Publikums ein Wissen von sozialen Strukturen reproduziert.« (1994, 675) Darstellungen sind *Personifizierungen*. Helga Kotthoff schlägt in einem Text über Sketch-Komik den Begriff »overdoing culture« vor, um solche Stilisierungen zu bezeichnen, in denen Figuren thematisch werden: »Die immer mitlaufende Form von *doing culture* ist forschungsstrategisch wesentlich schwerer analysierbar als die herausgehobene Form, denn sie ist ähnlich mehrdeutig wie das Konzept des *doing gender* (Hirschauer 1994; Kotthoff 2002). Hier wie dort kann *overdoing* aus der Forschungsperspektive besser gezeigt werden als *doing*, da *doing* nicht unbedingt einer besonderen Kontur bedarf. Es kann im Hintergrund bleiben und muss von den Handelnden nicht bemerkt werden.« (2004, 188)

87 In solchen Klassifikationen findet sich »die Negation des niederen, groben, vulgären, wohlfeilen, sklavischen, mit einem Wort: natürlichen Genusses, diese Negation, in der sich das Heilige der Kultur verdichtet, beinhaltet zugleich die Affirmation der Überlegenheit derjenigen, die sich sublimierte, raffinierte, interesselose, zweckfreie, distinguierte, dem Profanen auf ewig untersagte Vergnügungen zu verschaffen wissen. Dies der Grund, warum Kunst und Kunstkonsum sich – ganz unabhängig vom Willen und Wissen der Beteiligten – so glänzend eignen zur Erfüllung einer gesellschaftlichen Funktion der Legitimierung sozialer Unterschiede.« (ebd., 27) Vgl. zur körperlichen und sexuellen Seite des Vulgären Kipnis 1992.

lich hochgradig relevant bleibt.[88] In solchen Konflikten geht es, mit Norbert Elias gesprochen, um Verschiebungen der Machtbalance.

(11) Figuren sind, bei aller ihrer Widersprüchlichkeit und allem »Pulsieren« latenter und manifester Elemente, tendenziell *gestalthaft*. Der feldtheoretische Begriff der *Gestalthaftigkeit* verweist auf das Wahrnehmungsmuster der Gestaltschließung, wonach sich aus potenziell widersprüchlichen Fragmenten ein scheinbar stimmiges Ganzes zusammenfügt und eine »Figur« sich von einem »Grund« abhebt. Abstrakte Konfigurationen sozialer Ungleichheit, die verschiedene Determinanten (*race, class, gender* etc.) enthalten, verdichten sich, wie die Stereotypenforschung schon lange weiß, in gestalthaft-konkreten Figuren »solcher Leute« (vgl. Hartigan 2005, 21).[89] Sie lassen kulturell-sozial-politische Konfigurationen als fast schon natürlich zusammengehörig erscheinen, sie *artikulieren* sie: als Konkretisierung des Angemessenen (zum Beispiel »ein richtiger Mann«), als affekt-modellierende Präsenzen (»das fühlt sich richtig an«). Damit verweist der Begriff auf zentripetale Tendenzen im kulturellen Handeln, hin zu empfundener innerer Schlüssigkeit und Kohärenz. Die klassische Kulturanthropologie sprach hier von »configuration« (Ruth Benedict, dt. »Gestalt«), Strukturalismus und Cultural Studies benannten die Tendenz zur Gestalthaftigkeit, die kultureller Praxis oftmals innewohnt, beziehungsweise deren Ergebnisse, als »Homologien« (Lucien Goldman, Paul Willis). So erschöpfen sich die semantisch-semiotischen Bedeutungen kultureller Figuren häufig eben nicht in einem kontingenten Bündel von binär strukturierten lexikalischen Merkmalen, sondern hängen mit gestalthaften, visuellen, kinetischen *Beispielen* (*exemplars/prototypes*) zusammen. So argumentiert auch die Prototypensemantik, derzufolge kogniti-

---

88 Vgl. zu Geschmacksnormen, Selbstanerkennung und den »Platz in der symbolischen Ordnung der Gesellschaft« Maase 2010, 85. »Soziale Ungleichheit, sofern sie den Erfahrungsraum unserer Lebenswelt durchzieht, wird maßgeblich erst durch solche kommunikativen Akte der Einstufung erzeugt und nimmt in ihnen eine konkrete Gestalt im Erleben an«, schreibt zum Beispiel der Soziologe Sighard Neckel in einer aktuellen, an Bourdieu angelehnten Studie über deutsch-türkische »Aufsteiger« und deren »deutsche« Nachbarn (Neckel 2003, 163).

89 Die Gestalthaftigkeit von Figuren-Repräsentationen im alltäglichen, verkörperten Handeln gründet in ihrem visuellen Charakter. Der Wissenssoziologe Stefan Hirschauer spricht im Zusammenhang der Geschlechterdifferenz von der »Bildförmigkeit sozialer Wirklichkeit« (1994, 672f). Gerade diese körperliche Gestalthaftigkeit des gestalthaft Wahrgenommenen entfaltet Naturalisierungseffekte (ebd., 675).

ve Einheiten eher »holistic, gestalt configurations« darstellen denn »attribute bundles«. (Taylor 1995, 62)[90]

(12) Gestalthafte Figuren sind aber nicht aus sich selbst heraus, sondern nur im Rahmen von *relationalen* Figurationen und Figurierungsprozessen verständlich (vgl. Lindner 2003a). Figuren sind in Netzen von gegenseitiger Abhängigkeit und Bedingung positioniert, von Abfolgen, Kausalitäten, Genealogien, Differenzen oder Ähnlichkeiten. Kulturanalyse hat nicht zuletzt die Aufgabe, die jeweils relevanten Felder, Feld-Logiken und Relationstypen zu rekonstruieren. In ihrer komplexeren Form wurden solche Zusammenhänge soziologisch insbesondere von Norbert Elias mit seinem Figurationsbegriff theoretisiert, der auf prozesshafte Interdependenzbeziehungen, auf »Spannungsgefüge« abzielt.[91] Figuren erschließen sich in Figurationen, in denen Figurierungen gewissermaßen verstetigt sind. Figurierung ist ein Prozess: Eine Figur (und eine Figuration von Figuren) entsteht im Kontext spezifischer Akteure, Medien und Räume, im Verlauf der Zeit. Deshalb geht es hier nur zum Teil um »die Figur des Prolls«, sondern um *Figurierung als Prozess*, der sich in unterschiedlichen Arenen und Feldern abspielt und zeitweilig zu spezifischen Figurationen von Figuren gerinnt, bevor er wieder in Bewegung gerät.[92] Innerhalb von Figurationen sollten unterschiedliche Typen oder Formen von Relationalität und Interdependenz unterschieden werden, zum Beispiel »Differenzialität« im semiotischen Sinn, gegenseitige historische Bedingtheit, Pluralität oder Antagonismus. Grundlegend muss in diesem Zusammenhang zwischen einer differenziellen Relationalität von *Signifikanten* (also sprachlichen Zeichen beziehungsweise Benennungen wie

---

90 Unter Prototypen in diesem technischen Sinn werden in der linguistischen Semantik mentale Repräsentationen verstanden, die als »good, clear exemplars« eines Begriffs fungieren. Prototypen »serve as reference points for the categorization of non-so-clear instances« (Taylor 1995, 42).

91 Beispiele in Elias' Sinn wären die Figuration von »Etablierten und Außenseitern« in einer Siedlung (1990), von Kartenspielern in einer Spielrunde und in unzähligen weiteren sozialen Situationen (Elias 1971, 139–145). Die Begriffsbildung richtet sich bei Elias gegen den methodologischen Individualismus, die Vorstellung eines »homo clausus« und den Begriff der »Gesellschaft« als leeres Abstraktum. Ähnlich der Begriff des »Stereotypengeflechts«, vgl. Konrad 2006, 147ff.

92 Elias spricht in diesem Sinn von einem »Figurationsstrom«: »Im Zentrum der wechselnden Figurationen oder, anders ausgedrückt, des Figurationsprozesses steht ein fluktuierendes Spannungsgleichgewicht, das Hin und Her einer Machtbalance, die sich bald mehr der einen, bald mehr der anderen Seite zuneigt. Fluktuierende Machtbalancen dieser Art gehören zu den Struktureigentümlichkeiten jedes Figurationsstromes.« (Elias 1970, 143)

/Proll/ oder /chav/) und einer Relationalität von *Signifikaten* (den Vorstellungen, die damit bezeichnet werden, verstanden als Prototypen oder als Seme/Semanteme) differenziert werden. Eine Deckungsgleichheit beider Ebenen kann nicht vorausgesetzt werden. Im Gegenteil: Die Nicht-Kongruenz ist ein wichtiger Motor sprachlichen Wandels.[93] Wenn neue Figuren entstehen, gerät Bewegung in die Netze der Differenzen und damit in die relationale Bedeutung anderer Figuren im selben Figurierungsfeld.[94] So schwierig die Grenzen zu ziehen sind, ist es in diesem Zusammenhang doch heuristisch sinnvoll, gesellschaftsspezifische relationale Felder idealtypisch zu unterscheiden. Das deutsche Feld mit Figuren wie »Prolls«, »Asis« und so weiter unterscheidet sich vom britischen mit den »lads« und »chavs« und »yobs« ebenso wie vom US-amerikanischen mit den »thugs«, »meat-heads«, »guidos«, »white trash« und so weiter. Verschiedene Gesellschaften, Milieus oder Netzwerke haben nicht nur verschiedene Figurationen herausgebildet, sie sind in der Benennung kultureller Figuren auch unterschiedlich innovativ. Zugleich sind diese Felder nur provisorisch und heuristisch regional oder national abgrenzbar; es finden Diffusionsprozesse statt (so dass zum Beispiel der Figuren-Name »Hipster« aus den USA nach Europa wandert) und zugleich bestehen transnationale Felder oder Räume, die regionale oder nationale überlagern (im Sinn der Appadurai'schen »scapes«).

(13) Figuren haben affektive Valenzen. Dies gilt für Abstoßung und Anziehung gleichermaßen. Herbert Gans verweist beispielsweise auf die Bedrohlichkeits*empfindungen*, die Figuren der Abweichung evozieren, und auch bei anderen Soziologinnen und Soziologen ist, wenn es um die Erklärung eskalierender Figurierungen geht, immer wieder von den Abstiegs*ängsten* (insbesondere der Mittelschicht) die Rede, während andererseits die positive, »ergreifende« affektive Kraft von Figuren zu betonen ist: Akteurinnen und Akteure finden sich oft gerade in Emotionen und Affekten wie Gelassenheit/*coolness*, Melancholie, Dominanz, Überschwang oder Wut wieder, die kulturellen Figuren anhaften. Der affektive Charakter kultureller Figuren –

---

93 Oft wurden »schwache« Figuren (noch) nicht mit eigenen Namen etikettiert, haben aber doch eigene Konturen als Unter-Typen entwickelt. Da Figuren in vielerlei Hinsicht dynamisch sind, ist ein eher poststrukturalistisches Verständnis des Differenznetzes angebracht, das dessen Unabgeschlossenheit ebenso betont wie die kulturelle Arbeit, die auf seine Fixierung verwendet wird (vgl. Laclau 1996).

94 Vgl. zur Differenz zwischen der »Ordnung der Wörter« und der »Ordnung der Dinge« sowie zur »relativen Unabhängigkeit der Struktur des Systems der klassifizierenden und klassifizierten Wörter« Bourdieu 1982, 751.

in seiner jeweiligen Rezeptionskonstellation – bestimmt die Art und Weise, wie diese als Muster von Subjektivierung, also von kulturell spezifischer
Herstellung von Individualität, funktionieren, mit. In jenen subkulturellen
Kreisen, in denen die Faustregel »bad is good« gilt, sind es manchmal gerade
diejenigen Figuren, die in den vorherrschenden Diskursen mit Affekten wie
sozialem Ekel behaftet sind, die besonders »charismatisch« sind, die eine
besondere Anziehungskraft ausüben – das gilt sowohl für mediale Repräsentationen als auch für Figuren von Akteuren in der städtischen Nahwelt.[95]

(14) Figurierungen haben eine ethische Seite im Sinn der »lay normativity«,
der alltäglichen »moralischen Ökonomien« (vgl. Sayer 2005). Zum einen
steht der praktisch-funktionale Bedarf nach Figurierungen im kulturellen
Prozess in einem Widerspruch zum aufgeklärten Selbstverständnis von der
Irreduzibilität des Individuums: »It necessitates [...] some continued denial
of the great humanistic urge to obliterate ›categorization‹«, wie Lyn Lofland
über das städtische Klassifizieren schreibt (1973, 176). Figurierungen sind,
für Akteure, praktisch und oft auch *ethisch* relevant, wenn sie die Figurierung
und das als fragwürdig erachtete »Schubladendenken« selbst reflektieren.[96]
Zum anderen werden mittels kultureller Figuren häufig spezifische Muster
der Lebensführung, beziehungsweise Stereotype derselben, veranschaulicht:
Es geht um das Leben in dieser oder einer anderen Form und damit auch
um die Frage nach dem Guten und Richtigen.[97] Gerade durch ihren Gegen-

---

95 Solche Affekte können sich gestalthaft verstetigen, aber in ihrer emergenten Form sind
   sie – wie Raymond Williams' »structures of feeling« – gewissermaßen flüssig, im Prozess
   der Gerinnung begriffen. Wie die »alltäglichen Affekte«, die »ordinary affects«, von denen
   die Ethnologin Kathleen Stewart schreibt, sind sie »immanent, obtuse, and erratic [...].
   They work not through ›meanings‹ per se, but rather in the way that they pick up density
   and texture as they move through bodies, dreams, dramas and social worldings of all kinds.
   Their significance lies in the intensities they build and in what thoughts and feelings they
   make possible.« (Stewart 2007, 2f)
96 Andererseits stellt z. B. der Umstand, dass diffizile semiotische Klassifikationen erlernt
   werden müssen, um andere Stadtbewohner provisorisch einschätzen zu können, durchaus
   auch ein Resultat moderner, demokratischer Freiheiten dar, denn in der vormodernen
   Stadt waren zum Beispiel Kleidungsordnungen ständisch festgelegt und damit der Spiel-
   raum individuellen »Auftretens« nicht nur materiell und habituell, sondern auch rechtlich
   eingeschränkt; »the appearential order was possible only because the linkage of identity to
   appearance was not a matter of individualistic whim but a matter of coercive and traditional power.« (Lofland 1973, 177)
97 Michele Lamont rekurriert in ihrer wichtigen Studie »The Dignity of Working Men«
   (2000) in ihren interviews deshalb auf Fragen zu kulturellen Typen und Figuren, um ethische Prinzipien zu veranschaulichen: »In open-ended interviews, I asked workers to de-

standscharakter als zirkulierende kulturelle Repräsentationen erlauben beziehungsweise ermöglichen Figuren alltagsethische Reflexivität – in verschiedenen Formen, vom »monitoring« der eigenen Fremd-Wahrnehmung bis zur »selbstironischen« Performance, die sich auf Figuren, deren Wahrnehmung durch andere und die Positionalitäten des eigenen Selbst bezieht. Zu klären bleibt, wie sich solche Tendenzen zu den sozialen und symbolischen Polarisierungen verhalten, die ebenfalls zu konstatieren sind, und wie die Akteure individuell und kollektiv durch diese kulturelle Situation navigieren, welche Konfigurationen von Reflexivitäts- und Subjekt-Typen also entstehen. Im empirischen Teil der Arbeit wird sich die Frage der Formen von Reflexivität in der Verkörperung kultureller Figuren als besonders bedeutsam erweisen.

Zwischenfazit: Figuren, Figurierungen, Figurationen

Die Figurierungspraxis markiert, so lässt sich am Ende dieses Abschnitts festhalten, Differenzen zwischen Gruppen und bearbeitet sie in symbolischer Form. Zugleich ist sie – jedoch oftmals in anderer Form – im Inneren von Gruppen und in der Selbstauslegung einzelner Akteure bedeutsam. Sie hat *relationalen* Charakter, da sie Abstände zwischen verschiedenen Positionen in Figurationen bestimmt, auf einer horizontalen Ebene, und zugleich *relationierenden* Charakter, da sie, auf einer vertikalen Ebene, Bezüge und Nähe-Effekte zwischen Subjekten und Repräsentationen herstellt, ein imaginäres Sich-Wiedererkennen. Figurierung findet also in unterschiedlichen Arenen und auf verschiedenen Ebenen statt und bietet deshalb die Chance, diese im Zusammenhang und in ihrer jeweiligen Komplexität in den Blick zu nehmen: Imaginationen und Reflexionen, Fremd- und Selbstbezeichnungen, Benennungen und Körperpraxen, performative und ethische Dimensionen.

Die Thesen sind in diesem Zusammenhang als Denkanstöße zu verstehen. Ihr möglicher Anwendungsbereich geht über das hier zu behandelnde Feld hinaus, sie stellen aber auch einen analytischen Rahmen für das kul-

---

scribe their friends and foes, role models and heroes, and the kinds of people they like and dislike. I also asked whom they feel similar to and different from, and superior and inferior to. I compared the criteria of evaluation behind their responses to create a template of their mental maps – the grammar of evaluation they use. In doing so, I tap the order through which they hierarchize (or differentiate themselves from) others when, for example, they declare that money is not a good indicator of a person's value.« (4)

turanalytische Verständnis dessen bereit, was in den folgenden Kapiteln diskursanalytisch, ethnografisch und historisch dargestellt wird. Die historische Darstellung zeigt nun überblicksartig, was das Figuren-Konzept zum Verständnis der Jugend(sub)kulturgeschichte beitragen kann und arbeitet zentrale Konfliktfelder heraus, die sich auch in der Gegenwart wiederfinden.

3. Schlaglichter: Stationen einer Figurierungsgeschichte

Straßenjungen und Halbstarke, Scuttlers und Hooligans, Apachen, Teds, Mods und Rocker, Biker, Punks, Skinheads, Hip-Hopper, Chavs und viele andere mehr: Die Jugendgeschichte kennt eine ganze Reihe von vorwiegend männlichen Subkultur-Figuren, die aus dem sozialen Unten kommen, mit Konnotationen des Unterschichtlichen assoziiert sind und mit diesen oftmals auch spielen. Heutige Subkulturen mit ihren Stilisierungspraxen stehen in vielfacher Hinsicht in dieser Traditionslinie, und die heutigen gesellschaftlichen Reaktionen auf sie und die sie umgebenden Mythen und Metaerzählungen haben ebenfalls ihre Vorläufer. Welche das jeweils sind, bleibt zu klären.

Im folgenden Kapitel werfe ich deshalb einige Schlaglichter auf die Geschichte der Jugend- und Jugendsubkulturen.[1] Die Subkulturgeschichte wurde bislang nicht als Geschichte von Figurierungsprozessen verstanden, aber dieser Fokus kann die grundlegenden kulturellen Dynamiken dieser Geschichte in konzentrierter Form erhellen. Ziel der folgenden Darstellung ist es deshalb, Kontinuitäten und Brüche zu beleuchten, um die gegenwärtigen Prozesse vor dieser Folie besser einschätzen zu können – realgeschichtlich, diskursgeschichtlich und auch, im Sinn der oben skizzierten Figurierungstheorie, über diese vermeintliche Grenze hinweg. Dazu setze ich Schlaglichter auf besonders relevante Episoden, anstatt eine durchweg chronologisch-lineare Erzählung anzustreben. Die Beispiele stammen aus Deutschland, vielfach aber auch aus Großbritannien, weil die dortigen Entwicklungen für die europäische Jugendkulturgeschichte insgesamt prägend waren (sich von dort aus auch verbreiteten) und weil dort eine einzigartig

---

1 Die Standardwerke zur Geschichte der Jugend sind weiterhin Gillis 1980 und Mitterauer 1986; die Literatur zur Jugendsubkulturgeschichte führe ich an den entsprechenden Stellen der Darstellung an.

differenzierte Forschungslage besteht. Kurze Episoden aus den USA und in einem Fall aus Frankreich werden ebenfalls herangezogen.

Zugleich beleuchte ich in diesem Kapitel einen anderen, mit der Produktion der Subkultur-Figuren verschachtelten Prozess: die Figurierung des »Proletariers« und des »Proletariats«, die an dieser Stelle semasiologisch und onomasiologisch bedeutsam sind und offenkundig der sozialgeschichtlichen Einbettung bedürfen. In den letzten Abschnitten zeige ich dann, erneut schlaglichthaft, wesentliche Neuerungen in der Figurierung von Subkulturen seit den achtziger Jahren auf.

Anfänge: Figuren-Benennungen in Deutschland

Benennungen, die – über die »ständische« Benennung von Altersgruppen hinaus – eine gewisse jugendkulturelle Spezifik aufweisen, entstehen in England seit Mitte des 19. Jahrhunderts.[2] Sowohl die jugendlichen Gruppierungen und Praktiken, die damit gemeint sind, als auch die spezifisch figurierenden Fremdwahrnehmungen bilden sich in städtischen Kontexten und während einer Zeit heraus, in der sich aus den ländlichen Unterschichten ein industrielles Proletariat formiert. Im deutschsprachigen Raum dagegen wird seit dem 17. Jahrhundert von »Straßenjungen« oder (im Süden) »Gassenbuben« gesprochen. Mit »Straßenjunge« ist zum einen ein sozialer Typus gemeint, der etwas genauer konturiert ist als die ländlichen, territorial und zum Teil ständisch organisierten Altersbünde und Burschenschaften des späten Mittelalters und der frühen Neuzeit. Zum anderen ist schon der »Straßenjunge« eine relationale, moralisch aufgeladene Figur: Die Bezeichnung entstammt dem aufsteigenden Bürgertum, das den Straßenjungen als *Gegenfigur* zum neuen Ideal des wohlerzogenen, bürgerlichen Kindes im behüteten Zuhause gewissermaßen erfindet. Das Wort hat von Anfang an,

---

2 Henry Mayews Schilderungen aus dem London der 1840er-Jahre (»London Labour and the London Poor«) führen vor Augen, in welchem Maße unterbürgerliche Jugendliche schon zu dieser Zeit subkulturelle Codes entwickelt hatten und sich in diesem Sinne – ohne größere materielle Mittel, unter Armutsbedingungen – Stil-praktisch »figurierten« (vgl. Mayhew 2003). Die jungen Costermonger waren demnach erkennbar an ihrer typisch breitbeinigen Pose, trugen als Frisur eine kühne Tolle und dazu eine Mütze, unbedingt ein Halstuch und Stiefel, die nach dem Dafürhalten der bürgerlichen Beobachter viel zu teuer waren, nach dem Dafürhalten der Costermonger aber einfach »flash«.

wie Rolf Lindner schreibt, »scheltenden« Charakter, ebenso wie die Bezeichnung »Straßenmädchen«, bei der die Assoziation der Prostitution im Raum steht. Schon in diesen frühen Versionen ist die Unterschichts-Figur an eine kulturelle Topografie – den Gegensatz von Straße und Zuhause, aber auch von Straße und Bildung – und an diskursive Metaerzählungen gebunden und hängt eng mit den Ängsten von etikettierenden »Figurierungsunternehmern« zusammen.[3] Das Wort »Straßenjunge« ist, wie wir unten am Beispiel eines Stücks des Berliner Pop-Rappers Sido sehen werden, auch im heutigen Sprachgebrauch noch relevant.

Immer schon haben sich »spektakuläre« Jugendsubkulturen, wie Dick Hebdige es formuliert, im grellen Licht der voyeuristischen Blicke und der öffentlichen Überwachung sowohl gezeigt als auch verborgen: »Subculture forms up in the space between surveillance and the evasion of surveillance, it translates the fact of being under scrutiny into the pleasure of being watched. It is a hiding in the light.« (Hebdige 1988, 35) Genau dieses Wechselspiel charakterisiert auch die Figurierung der jugendlichen Unterschicht, wie sich am Beispiel der britischen Hooligan-Figur zeigt.

Der Hooligan

Als im August 1898 an einem Feiertag, einem *bank holiday*, ungewöhnlich viele junge Männer wegen Betrunkenheit, Straßenraub, Angriffen auf Polizisten, Schlägereien und provozierendem Verhalten festgesetzt wurden, malte die englische Presse das Bild einer neuen, inneren Bedrohung der Nation an die Wand: den Hooligan (vgl. Pearson 1983). Sie *verstärkte* lokale Ereignisse zu einer landesweiten Moralpanik um die bedrohlichen Unterschichten

---

3 Als pädagogische Figur erfüllt der Straßenjunge eine Vielzahl von Funktionen für materiell und symbolisch aufsteigende Gruppen, er ist narrativ und diskursiv eingebettet (vgl. Lindner 1983). Zudem wird die Figur durch eine eigene Ikonographie bestimmt (vgl. Savage 2007, vgl. Baumeister 2010, Korff 1983). Das Bildungsbürgertum und die ihm zugehörige wissenschaftliche Pädagogik erfinden »den Straßenjungen als Antifigur [...]; als positives Gegenbild, als Idealkind, wird dem Gassen- und Straßenjungen das ›wohlerzogene Kind‹ gegenübergestellt [...]. Das Straßenkind wird als Kontrastfolie gebraucht und zugleich dafür, dem eigenen Kind Abscheu vor frechem, ungehorsamem Verhalten einzuflößen. Der Ausdruck ›Straßenjunge‹ ist eine pädagogische Figur; deshalb ist er ›scheltend‹ gemeint.« (Lindner 1983, 196)

und den Niedergang Großbritanniens, die nur über den Figurencharakter der Bedrohung verständlich wird.[4]

Im Gegensatz zu Bezeichnungen wie Straßenjunge, die außerhalb der Gruppe geprägt wurden und sich aus konkreten semantischen Bestandteilen zusammensetzen, handelte es sich beim Hooligan (wie bei den »Scuttlers« schon einige Jahrzehnte zuvor in Manchester, vgl. Davies 2008) zunächst wohl um eine Selbst-Benennung. Jugendliche prägten einen Neologismus, der dann aus dem lokalen Kontext enthoben und massenmedial in Umlauf gebracht wurde. Ihr Ursprung liegt, wie Geoffrey Pearson es darlegt, weitgehend im Dunklen: Es war »some kind of novel reference to street violence and ruffianism. It seems most likely, however, that it was a word like ›Teddy Boy‹ or ›Mod‹ or ›Skinhead‹ which, coming out of the popular culture of working-class London, had been adopted by youths in some localities in order to describe themselves and what they took for their common identity.« (Pearson 1983, 74). Gewisse Untertöne von Ethnisierung spielen in diese Figurierung hinein, da es sich bei Hooligan um einen ursprünglich irischen Namen handelt – in den Jahrzehnten zuvor hatten die Zeitungen schwierige Jugendliche als »street arabs« oder »hottentots« bezeichnet.[5] Sie selbst spielten mit einem Wort, das zugleich als Fremdbeschreibung fungierte, so lassen es zumindest überlieferte Anekdoten erscheinen: »In one widely publicized incident, members of the Somers Town Boys overturned an ice-cream barrow belonging to an English vendor and assaulted the police. As they ran away, they were heard to shout, ›Look out for the Hooligan gang‹.« (Savage 2007, 44)

---

4 Pearson 1983, 44; zur Moralpanik und zur Theorie der »Amplification« s.o., vgl. Cohen 1972, Hall u.a. 1978, 223.

5 Pearson sieht eine Tradition dieser Externalisierung, eine fortlaufende Nostalgie für eine vermeintlich friedfertige und besonders *britische* Vergangenheit, deren Zerstörung im konservativen Denken nur von Außen kommen kann. Diese Logik ist demnach in den frühen 1980er-Jahren (*mugging* als »black crime«) ebenso am Werk wie um 1900: »Indeed, it is wonderfully apt that in a key moment of this tradition, when late Victorian London christened its own unruly offspring – who were rampaging around the streets, attacking policemen in large numbers, and allegedly engaged in regular armed gang warfare – an ›Irish‹ name was chosen, providing the key term in the discourse: *hooligan*.« (Pearson 1983, X) Ein weiterer, symbolischer Ausschluss überformte und legitimierte damit den sozialen, ganz im Sinn der oben theoretisch beschriebenen semiotischen »Konvergenz« bzw. »Fusion«. Da Jugendliche aus den städtischen Unterschichten dem Ideal einer weißen, bürgerlichen Nation ähnlich fremd schienen wie die kolonialen Subjekte, wurden sie durch solche Benennungen metaphorisch *ethnisiert* und gelegentlich auch ganz unmetaphorisch als fremde »Rasse« verstanden (vgl. Ege 2004).

Zugleich wurde der Hooligan als eine ästhetische Figur bestimmt. Zeitungen bemerkten eine *intentionale* ästhetische Praxis, wie Pearson betont: »the Hooligans all looked alike. But it was not in the way that the poor had always looked alike – it was not, that is, because they were shabby, shoeless and grubby as moles – but because the gangs wished to look alike, and had adopted a uniform dress-style« (92f). Zum typischen Look der jungen Männer gehörten zum Beispiel eine »Donkey-fringe«-Frisur (ein kurzer Pony vorne, ansonsten sehr kurze Haare), Schlaghosen, ein Halstuch, eine Kappe und große, gerne zu groß gekaufte Stiefel. Die »Uniform« machte den Hooligan erkennbar: »The ›Hooligan‹ style was recognisable to their contemporaries (and presumably to themselves) as a distinctive mode of attire« (ebd., 101).

Das Verhalten der Hooligans wird mit Bandengewalt untereinander, mit Pöbeleien gegenüber Unbeteiligten (insbesonderem dem Vom-Bürgersteig-Stoßen) und mit territorialer, auch rassistisch-fremdenfeindlich motivierter Gewalt verbunden, auch mit Straßenraub und Überfallkommandos, gelegentlich mit Messern und Tritten mit Stahlkappen-Stiefeln. All das, heißt es, sei vorher nie dagewesen – eine Aussage, die sich, wie Pearson genüsslich zeigt, schon fünfzig Jahre früher, also Mitte des 19. Jahrhundert in Berichten über jugendliche Gewalttäter findet und bis in die Gegenwart reicht.[6] Die Spezifiken der medialen Figurierung sind also in mancherlei Hinsicht neuartig, zugleich steht das Handeln der jungen Männer in einer längeren Kontinuitätslinie unterbürgerlicher Jugendwelten, zu deren Strukturmerkmalen (a) die homosoziale *peer group* als soziale Einheit zählte, mit ihrer Orientierung am Ruf innerhalb der jugendkulturellen Gegenwelt (und nicht

---

6 Auch jenseits der Fragen von Gewalt und Brutalität unterscheiden sich die Hooligans in vielem wenig von anders etikettierten Gruppen zuvor. Für ganz ähnliche Phänomene waren an anderen Orten aber auch andere Namen gebräuchlich, zum Beispiel »Scuttlers« in Manchester und »Peaky Blinders« oder »Sloggers« (seit den 1880er Jahren) in Birmingham. Auch die Beschreibungen des Aussehens der Scuttlers um 1890 (Davies (2008) nennt sie »Britain's first youth cult«), belegt die Bedeutung von Selbst-Figurierung durch Stil: »Accoding to contemporary reports, the ›professional scuttler‹ wore ›a puncher's cap‹, ›narrow-go-wides‹ trousers, narrow-toed brass-tipped clogs, and heavy customized belts with designs, picked out in metal pins, that included serpents, stars, and pierced hearts. The ›boy expert‹ Charles Russell observed that the Mancunian variant wore ›a loose white scarf‹, with hair ›well plastered down upon his forehead‹, ›a peaked cap rather over one eye‹, and trousers ›cut – like a sailor's – with ›bell bottoms‹‹ His girlfriend ›commonly wore clogs and shawl and a skirt with vertical stripes.« (Savage 2007, 43) Pearson betont stilistische Unterschiede je nach Gang und Ort – »›velvet caps in Battersea or plaid caps in Poplar, for example, as a badge of identity – and there were certainly trend-setters among the Hooligans« (1983, 94).

an der gesellschaftlichen Respektabilität)[7], und (b) das sehr viel ältere Organisationsprinzip der Territorialität: »Jugendbanden, im Alter von vierzehn bis zwanzig, scheinen dasselbe Revierbewusstsein besessen zu haben wie die Jugendgruppierungen auf dem Dorf, mit eben der wilden Feindseligkeit gegen Fremde, vor allem gegen Rivalen im Kampf um die Zuneigung der Mädchen am Ort. Die Banden nahmen den Namen ihres Wohnviertels an oder sie tauften sich selbst auf blumige Namen. In Manchester war das Leben in Banden als ›scuttling‹ bekannt, das ist der Begriff ›für eine besondere Entschlossenheit, die Vorherrschaft des eigenen Wohnviertels gegenüber einem anderen Viertel zu verfechten‹« (Gillis 1980, 74, zu den »Scuttlers« vgl. Pearson 1983 und Davies 2008).[8]

Diese Praktiken erweisen sich, wie es die selbstgewählten »blumigen Namen« (Gillis) von »Bengal Tiger« bis »Peaky Blinders« schon andeuten, bei aller realen Brutalität auch als expressiv und ästhetisch überformt, als Formen von teilautonomer Figurierung. Sie fand in Lebenswelten statt, von deren inneren Bedeutungszusammenhängen leider wenig überliefert ist (vgl. Davies 2008).[9] Die Benennungen der Gangs jedenfalls wurden zum Teil nach den Wohnorten gewählt und zum Teil aus der Trivialliteratur der Zeit übernommen, die häufig in den USA spielte, und waren, ebenso wie die Gesten und Posen, Teil einer gelebten, expressiven Kultur. Überhaupt zählt die Verbindung zur entstehenden Populärkultur, der Besuch der »Penny Gaffs« (also kleiner Varieté-Theater), die Lektüre der »Heftchenliteratur« und so weiter, zu den bestimmenden Merkmalen dieser Lebenswelten, sowohl auf der Praxisseite als auch in den Beschreibungen aus der sozialen Distanz.

Schon zu diesem Zeitpunkt steht die Figurierung darüber hinaus im Kontext einer entstehenden Konsumkultur, die jungen Arbeitern in der Kleidung, aber auch, was zum Beispiel das In-Urlaub-Fahren und Fahrrad-

---

7 Vgl. dazu Mitterauer (1986, 196), der anhand der frühneuzeitlichen »Burschen«-Gruppen bemerkt, dass in der Gruppe zum Teil gegensätzliche Werte zu denen von Eltern und Kirche vermittelt wurden, zum Beispiel Rauflust und »Schneid«. Bei Mädchen war das Mitterauer zufolge anders, was durch die räumliche Ordnung, die Offenheit des Raumes für junge Männer, aber nicht für junge Frauen, verstärkt wurde.

8 Zu den dörflichen Varianten (und vermutlich: Ursprüngen) der Territorialität vgl. auch Mitterauer 1986, 173.

9 Hinsichtlich der sozialen Kontexte ist in diesem Zusammenhang die Frage der »boy labour« bedeutsam; von neuen, unqualifizierten und perspektivarmen Arbeitsplätzen für männliche Jugendliche als Laufbursche, Straßenverkäufer, außer Haus wohnende Hausbedienstete, Träger und Fuhrmannsgehilfe, die ihnen ein (geringes) eigenes Budget verschafften, vgl. Gillis 1980, 131.

fahren angeht, eine gewisse Mobilität ermöglichte: »Many of these fearful criticisms of the working class centred on the feeling that they were getting above their station in life, or that they were encroaching upon previously reserved territories of the middle class.« (ebd., 66) Das Motiv von vermeintlich illegitimen Ansprüchen, das hier anklingt, wird auch in der folgenden Figurierungsgeschichte eine wichtige Rolle spielen.

Unter dem Gesichtspunkt der Figurierung besteht das Bemerkenswerte an der Konstruktion des Hooligans schließlich im neuartigen, genuin modernen Zusammenwirken von informeller Kultur, Stilisierungspraxis, Presse und populären Medien.[10] Als lokales Phänomen wäre das Wort schnell in Vergessenheit geraten, wäre es nicht von Zeitungen und in populärkulturellen Medien wie Music-Hall-Liedern aufgegriffen worden (ebd., 256). Die Karrieren der Figur und des Wortes erklären sich nur über die massenmedialen Repräsentationen, durch die Popularisierung, die weder an lokalen noch an nationalen Grenzen Halt machte – Pearson spricht sogar von einer »Globalisierung« der Figur, da das Wort zum Beispiel in Russland ebenfalls bald verwendet wurde.[11] Benutzt wurde das Wort in der sozialen Distanz, in den Zeitungen und besorgten Debatten, aber auch von den so Bezeichneten selbst, und fungierte damit als Mittel der Figurierung im Sinn der sprachlichen Identifikation, Stilisierung und Subjektivierung. Wie genau die Jugendlichen damit umgingen, lässt sich kaum rekonstruieren; aus fragmen-

---

10 Ähnlich verhält es sich bei den französischen »Apachen«, die erstmals im Dezember 1900 in der dortigen Presse auftauchten (s.o.). Auch hier spielte das extravagante Äußere – schwarze Jacken und bunte Hemden, Schals und die »Bauchwehhosen« – eine große Rolle. »The whole ensemble was topped off with a flat cap, tattoos, and a sarcastic air of bourgeois hauteur« (Savage 2007, 46). Durch die Berichterstattung, vor allem über einen Mord-Prozess im Milieu (gegen Joseph Pleigneur, a.k.a. Manda), wurde aus einer lokalen Benennung eine national und international verbreitete, die eine mediale Figur kreierte: »The term ›Paris Apache‹ came to serve for all youth misdeeds. Apache parodies sprang up in the clubs of Montmartre, speaking pidgin Indian talk: ›Casque a Manda casqua; plaqua Leca, l'apache.‹ By the time the trial of Manda began in late May, the whole affair had become such a circus that Amelie Helie burst out in court, ›Les Apaches! Les Mohicans! Casque d'Or! Tout ca c'est des inventions des journalistes. Entre nous, on s'appele les copains!‹« (47) Wie der Hooligan, so Savage, war auch der Apache »essentially a media creation that amplified the criminal activities of a small section of French youth into a generalized climate of fear« (ebd.).

11 Die weitere Geschichte der Figur zeichne ich hier nicht nach. Wichtig ist an dieser Stelle auch, dass neue Wissenschaften wie die Kriminologie ihre eigenen Gegenstände aus einer ganz ähnlichen Diskursmasse formten, indem sie sich auf »juvenile delinquency« und »juvenile offenders« konzentrierten, damit kursierende Bilder verwissenschaftlichten und beide gewissermaßen überblendeten (vgl. Savage 2007, 41).

tarischen Daten wie der oben zitierten Anekdote wird aber sichtbar, dass die mediale Präsenz *als Figur* für die Selbstdeutung durchaus relevant war.

Zugleich machten verschiedene Diskurse die Hooligan-Figur zum Medium gesellschaftspolitischer Verständigungsprozesse, in denen es in erster Linie gerade nicht um konkrete Konflikt-Episoden wie städtische Pöbeleien ging. Im Prozess dieser diskursiven Figurierung bevölkert der Hooligan eine ganze Reihe von *Metaerzählungen*, die er in seiner stilistischen Performanz und in den Interaktionsepisoden in verdichteter Form gewissermaßen zur Aufführung bringt.

»In the years leading up to the First World War the Hooligan embarked on a remarkable career, appearing in name if not in person before numerous governmental and semi-official bodies of enquiry. He loomed large in the apocalyptic discourse surrounding the fears of racial decline and physical inefficiency. He figured centrally in the Edwardian era's deliberations on the ›boy labour‹ question. He would crop up repeatedly in the anxious preoccupation with the demoralising influence of popular amusements, the collapse of ›fair play‹ sportsmanship, and the allegations of excessive ›freedom‹ and ›affluence‹ that were levelled against the young. The name of the Hooligan, in fact, provided a crystallising focus for any number of overlapping anxieties associated with imperial decline, military incapacity, the erosion of social discipline and moral authority, the eclipse of family life, and what was feared to be the death rattle of ›Old England‹.« (Pearson 1983, 107)

In der Hooligan-Figur verschwammen also zum Beispiel Ängste um die Auflösung beziehungsweise den Wandel ständischer Verhaltensnormen im Zuge der Verstädterung und das Unbehagen angesichts des vermeintlichen Niedergangs des Empire. Erst solche Metaerzählungen erklären, warum konkrete Episoden städtischer Konflikte und das Gewalthandeln von Jugendlichen mit einer solchen Vehemenz debattiert wurden. Die Überdeterminierung aus all diesen Diskursen führte zu einer unterdeterminierten *Kopräsenz* und gegenseitigen *Konvertierbarkeit* von Bedeutungsschichten (in Massumis Sinn).

Vor dem Hintergrund solcher Metaerzählungen wurden die Stil-Elemente und der Figuren-Name als Anzeichen verstanden: Erstmals stellten die Zeitungen, so Jon Savage, »an explicit link between dress and delinquency« her. In den Augen der »besseren Gesellschaft« wurden Individuen aufgrund solcher Anzeichen also zu Verkörperungen der kulturellen Figur mit all ihren kopräsenten Semantiken und Narrativen. Die Stil-Wahrnehmung war, wie Jon Savage zusammenfasst, eine Ursache beziehungsweise ein Element staatlicher Diskriminierung:

»Having been demonized by the press, the scuttlers and the hooligans received condign punishment in the years to come. Once caught, they appeared, as one observer noted, ›in droves before the courts, often to receive savage sentences.‹« (Savage 2007, 45).

Eckensteher, Straßenjungen, Halbstarke

Zeitgenössische Beschreibungen von gewalttätigen Jugendlichen aus Arbeitervierteln, die im späten 19. Jahrhundert in Deutschland entstanden, erinnern in vielem an die britische Situation, sowohl, was die Mutmaßungen über deren kulturelle Orientierungen betrifft, als auch mit Blick auf die Ängste des bürgerlichen Publikums.[12] Zu einer vergleichbaren Figurierung kommt es in Deutschland aber lange Zeit nicht. Anstatt von spezifisch jugendlichen oder gar jugendkulturellen Figuren ist in der dokumentarischen Literatur (außer von Straßenjungen) eher von Vaganten und von jugendlichen oder jung-erwachsenen *Berufstypen* die Rede, zum Beispiel von Laufburschen und Ammen (letztere sind »die stereotypen Figuren der ländlichen Unschuld«, so Sass, zit. nach Gailus 1984, 10), wie solche Typen sich ohnehin durch die Literatur des 19. Jahrhunderts ziehen.[13] Wenn Jugendliche (»junge Burschen«, »Rangen«) polizeilich festgesetzt werden, zum Beispiel bei Brot-und-Kartoffel-Tumulten und »Pöbelexzessen« im April 1847 in Berlin, dann scheinen sie in den Beschreibungen in der wenig differenzierten Masse des »Pöbels« aufzugehen, den das sich als Klassen- und Diskursforma-

---

12 Die deutschsprachige Entsprechung der »Street Arabs«, »Scuttlers«, »Hooligans« und so weiter bilden die bereits erwähnten »Straßenjungen«, »Gassenjungen« und »Gassenbuben«. Für eine Geschichte der Figurierung der jugendlichen Unterschicht in Deutschland muss darüber hinaus die bekannte klassenanalytisch-politische (nicht spezifisch jugendliche) Figur des »Lumpenproletariers« (vgl. Stein 1985, Stallybrass 1990, Michels 1972) angesprochen werden, die nicht im hegemonialen Diskurs geprägt wird, sondern auf der radikalen Linken, von Karl Marx (dem »Etikettierungsunternehmer« in Gans' Sinn, s.o.) als Gegenbild zum klassenbewussten Proletarier, was die Deutung auf der politischen Linken in der zweiten Jahrhunderthälfte dominiert (abgeleitet vom stehenden Begriff der »ragged poor«). Wie Gerd Stein in seiner Typologie der Sozialfigur des Lumpenproletariers zugespitzt formuliert, »beschirmte« Marx gewissermaßen »das Proletariat vor Schimpf und Schande, indem er das Lumpenproletariat erfindet« (1985, 59), an das all die verächtlichen Attribute gehaftet werden, die an den unterbürgerlichen Schichten klebten.
13 Die als Ammen tätigen jungen Frauen werden als »roh und wüst« und unsittlich beschrieben, die Laufburschen als sexuell enthemmt und versoffen, vgl. Gailus 1984, nach F. Sass, Berlin in seiner neuesten Zeit und Entwicklung, Leipzig 1846.

tion konstituierende Bürgertum von sich abspaltet (zur Abspaltungstheorie vgl. Stallybrass/White 1986).[14]

Auch in Deutschland sind territoriale Orientierungen unterbürgerlicher Jugendlicher, wie sie am englischen Beispiel vorgestellt wurden und aus der vorindustriellen Geschichte bekannt sind, vielfach dokumentiert.[15] Im Ruhrgebiet der zweiten Hälfte des 19. Jahrhunderts wurde zum Beispiel vielfach eine starke Zunahme alltäglicher Gewalt zwischen Arbeitern, aber auch von Unterschichtsangehörigen gegen wohlsituierte Bürger beobachtet, wie der Historiker Ralph Jessen konstatiert. Demnach waren »Attacken auf der Straße, Prügeleien in der Gastwirtschaft, Messerstechereien« an der Tagesordnung. So klagte 1874 der Bürgermeister von Hörde mit exotisierend-externalisierenden Formulierungen, »eine ›förmliche Bandenwirtschaft‹ habe sich in den Kohlekreisen entwickelt [...] ›welche sich des italienischen Dolches, des amerikanischen Revolvers und des westfälischen Totschlägers zu ihrer Blutarbeit‹ bediene« (zit. nach Jessen 1992, 226).[16]

Trotz der Gemeinsamkeiten mit der britischen Situation finden sich im unterbürgerlichen Deutschland bis in die letzten Jahre des 19. Jahrhunderts also – so zumindest die Forschungslage – weder spezifisch *jugendsubkulturelle*, überregional verstetigte *Ästhetiken* noch entsprechende Figuren-*Benennungen*. Dieser Umstand ist bemerkenswert.[17] Was die Straßenjungen-Figur

---

14 Letzterer wird in der Presse der 1840er-Jahre typisierend umschrieben als »Menschen der niedrigsten Stände, schlechtes Volk, Weibsgesindel, unterste Volksclassen, niederste Classe der Arbeiter, Gesindel aller Art, müßiges Gesindel, Vermögenslose, Blousenmänner, Hefe des Volkes, Straßenjungen, liederliche Gesellen, Gassenjugend, der schlechtere Teil der Arbeiter, Anarchisten, Terroristen« (Gailus 1984, 1). Zur »Abspaltung« s.o. (Stallybrass/ White etc.). Gailus begreift die Stereotype, die zwanghafte Redeweise »über die Unsittlichkeit, Verrohung, Unmoral der anderen«, als einen »Produktionsprozeß: er erst erzeugt die Guten, produziert ihre Versittlichung, Kultivierung und Rechtschaffenheit.« (37)
15 Zum Politischen vgl. z. B. Reulecke 1987, 14. Zum ländlich-städtischen Vergleich und Übergang vgl. Mitterauer 1986, 173ff, 193ff, 206ff.
16 Auch hier sind viele bürgerliche Projektionen am Werk; die Statistiken zeigen zum Beispiel, dass auch in Fällen, die als »gefährliche Körperverletzung« klassifiziert wurden, nur selten Waffen im Spiel waren (ebd., 238). Zudem zeugt die Zunahme schwerer Gewaltdelikte, wie Jessen argumentiert, wohl eher von einem historisch neuen Durchsetzungsanspruch der Polizei als von einem tatsächlichen Anstieg von Gewalt (ebd.).
17 Gab es tatsächlich nichts, was man hätte benennen können, liegt es also an kulturellen Dynamiken, die die Entstehung (oder aber die Verbreitung) solcher Figuren-Benennungen verhinderten? Oder liegt der vergleichsweise lange Mangel an figurativer Konturierung in den Quellen begründet, in einer in dieser Hinsicht wenig neugierigen Geschichtswissenschaft? Vgl. auch Mitterauer 1986, 248. »Ebenso wie im Mittelalter bleiben alle frühen Jugendbewegungen in der Neuzeit im wesentlichen auf Studenten bzw. junge Gebildete

– nun als ein Überbegriff, als *generic stratum* verstanden – angeht, so rückt
sie im Verlauf des 19. Jahrhunderts zum einen immer stärker in politische
Kontexte, sie wurde Teil der »gefährlichen Klassen« (*classes dangereuses*), vor
denen seit den 1840er-Jahren zunehmend gewarnt wurde, und zum anderen in pädagogische und jugendpflegerische.[18] Auch wenn er nie die Figu-
rierungskraft des Hooligans erreicht, artikulierten sich vergleichbare soziale
Ängste: Man warf den Straßenjungen in Deutschland im späten 19. und
frühen 20. Jahrhundert ebenfalls vor, zu viel Freizeit zu haben, einen unan-
gemessenen Hedonismus, Genuss- und Vergnügungssucht zu pflegen, und
nicht zuletzt, sich traditioneller Autoritätsbildung zu entziehen. Im Kontext
pädagogischer Bemühungen werden die kulturellen Konturen trennschärfer:
»Der Straßenjunge ist verwahrlost, amoralisch, asozial: seine Naturgeschichte erfüllt sich, in den Augen der sozialen Kontrolleure, im Zuhälter, dem in
die Jahre gekommenen, professionellen Straßenjungen.« (Lindner 1983, 192)
   Erst in den letzten Jahren des 19. Jahrhunderts ist dann gelegentlich
spezifischer, in einem lokal-subkulturellen Sinn kultureller Figuren, von
»Halbstarken« oder »Briten« die Rede (vgl. Grotum 1994, 21–30).[19] In der
Weimarer Republik wird von »Buffkes« und »Wilden Cliquen«, vor allem
aus arbeitslosen und ungelernten Arbeiterjugendlichen, gesprochen. Einige Aspekte des Figurierungsprozesses seien herausgehoben: »Halbstarker«
ist offenkundig eine Fremdbezeichnung, die sich Ende des 19. Jahrhunderts
in der »Umgangssprache des Hamburger Bürgertums« (Lindner 1993, 193)
findet, wenn es um »Rüpel« und »Radaubrüder« geht.[20] In einigen literarischen Milieustudien, insbesondere dem Roman »Helmut Haringa« von
Hermann Popert (1905), einem Hamburger Richter, wird der Begriff ebenfalls verwendet (Grotum 1994, 24). Mit der Broschüre »Die Halbstarken«

---

beschränkt. Das gilt für die Vertreter des ›Sturm und Drang‹ genauso wie für die Bur-
schenschaftsbewegung des frühen 19. Jahrhunderts.«

18 Die Formulierung »gefährliche Klassen« geht auf einen Text von Honore-Antoine Fregier
aus dem Jahr 1840 zurück und warnt vor allem vor den wachsenden städtischen Unterschichten.

19 Historiker konstatieren, dass besorgte Bürgerliche im späten 19. Jahrhundert eine zunehmende »Kontroll-Lücke zwischen Schule und Kaserne« (Grotum 1994, 23) wahrnahmen,
die auf das »Entstehen einer großen sozialen Gruppe, die weder der dörflichen Gesinde-
noch der städtischen Handwerkerlehrlings- bzw. –gesellenkontrolle unterlag« (ebd.) zu-
rückgeht – die Zahl jugendlicher Arbeiter unter 16 Jahren habe sich zwischen 1886 und
1908 z.B. verdreifacht.

20 Verwendungen des Wortes, die nicht im engeren Sinn auf eine Figur verweisen, aber doch
eine kulturelle Typisierung vornehmen, finden sich schon Mitte des 19. Jahrhunderts.
Mündliches Gespräch mit Thomas Grotum, 5.11.2011.

(1912), verfasst von Clemens Schultz, dem Gründer des jugendpflegerischen Lehrlingsvereins und evangelischen Pastor aus Hamburg-St. Pauli, ist dann, wie Detlev Peukert betont, »zum erstenmal der subkulturelle Typ eines auffälligen Jugendlichen aus der Unterschicht die Hauptfigur einer jugendkundlichen Schrift« (1986, 391) in Deutschland. Die Figur wird, wie das Beispiel zeigt, zugleich mit den entstehenden jugendpflegerischen Institutionen verknüpft, die ihre eigene Legitimität untermauern, indem sie möglichst dramatische Typisierungen ihrer Klienten zeichnen.[21] Aus dieser Schrift mit ihrer an Hyperbeln reichen Rhetorik ist fraglos mehr über den »Etikettierungsunternehmer« zu lernen als über die Etikettierten, dennoch scheint das Autonomiestreben von unterbürgerlichen, nicht in erster Linie an Respektabilität orientierten Jugendlichen zumindest auf, zum Beispiel, wenn Schultz wortstark erläutert, dass »der Halbstarke« sich in seiner Selbstdarstellung und in seiner ganzen Art *stilisiert*, sich also intentional figuriert: Er »beschönigt« nichts, »er will eben das Gemeine, und das Gemeine ist ihm Lebenslust.« Sein Handeln sei bewusst und gestisch, er setze sich, wie Peukert schreibt, »selbstbewusst und provokativ [...] als Angehöriger einer Subkultur in Szene.« (392) So verfestigt sich eine aus dem lokalen Außen benannte, regional spezifische Figur. In jedem Fall versteht sich bis weit ins 20. Jahrhundert ganz von selbst, dass die genannten Figuren im Wesentlichen *klassenspezifisch* sind, insbesondere in den Städten.[22] Zwar entstanden in den Orten urbanen Vergnügens zunehmend Kontaktzonen zwischen den Klassen beziehungsweise Milieus, aber insgesamt bestanden angesichts schulischer und sozialräumlicher Segregation, ständischen Bewusstseins, unterschiedliche Budgets und divergierender Berufszugänge doch nur geringe lebensweltliche Schnittmengen.

---

21 Schultz, dessen Text die Angst-Lust-Panik eines beschreibenden, klassifizierenden bürgerlichen Subjekts vor Augen führt, betont die potenzielle politische Bedrohlichkeit der Jugendlichen (393) Auch hier gilt die Kleidungspraxis als zutiefst fragwürdig, weil die »Halbstarken« sich als etwas Besseres als das auszugeben scheinen, was sie, im Dafürhalten von Beobachtern wie Schultz, sind: »Der Anblick dieser Menschen ist grauenerregend, zumal wenn sie sich mit einer schäbigen Eleganz kleiden und den feinen Herrn spielen.« (ebd.) Die Bezeichnung »Halbstarke« erlebt nach dem 2. Weltkrieg eine weitere Renaissance und zieht sich bis in die Gegenwart.

22 Mitterauer argumentiert in diesem Sinn: »Die schichtspezifische Differenzierung der Stadt begünstigt insgesamt die Ausbildung milieuspezifischer Jugendgruppierungen.« (1986, 193)

Das Proletariat

Im 19. Jahrhundert wird eine Reihe von spezifischeren Figuren des gefährlichen, männlichen Jugendlichen als Speerspitze jener *classes dangereuses* geprägt. Letztlich stehen sie im Bezug zum Proletariat, der wirkmächtigsten symbolischen Form der sich herausbildenden Arbeiterklasse. Im 19. Jahrhundert nahm in Deutschland »die Bevölkerungszahl […] um mehr als das Doppelte zu, die Arbeits- und Existenzgrundlagen der Bevölkerung veränderten sich grundlegend. Zwischen 1800 und 1914 entstanden eine bürgerliche Gesellschaftsordnung und eine kapitalistische Wirtschaftsordnung. Aus einem Agrarland mit vorherrschend ländlicher Arbeits- und Lebensweise wurde ein Industrieland mit vorherrschend städtischer Arbeits- und Lebensweise.« (Sachße/Tennstedt 1983, 154)

Das Verständnis dieser Figurierungsprozesse erfordert die Vergegenwärtigung zumindest einiger Aspekte des sozialgeschichtlichen Kontexts gewissermaßen unterhalb der politischen Konflikte. Die »proletarische Lebensweise« war zunächst von Mangel und Elend gekennzeichnet.[23] Auch über das Materielle hinaus, und damit eng verbunden, hatte die Ausgeschlossenheit der unterbürgerlichen Schichten im 19. Jahrhundert, einschließlich der Arbeiter (trotz deren Heterogenität und vielfältiger interner Unterscheidungen), nicht graduellen, sondern *kategorialen* Charakter: Sie machte sich nicht an individuellen Eigenheiten fest, sondern an Fragen von Besitz und Zugehörigkeit. Bürgerliches Denken und Institutionen gingen davon aus, »dass soziale und moralische Inferiorität untrennbar miteinander verknüpft seien und […] die soziale einer moralischen Inferiorität entspringe« (Warneken 2006, 106). Mitte des 19. Jahrhunderts (in Deutschland vor 1918) durften besitzlose Arbeiter und andere »Unterbürgerliche« weiterhin weder wählen oder sich politisch betätigen noch, in vielen Ländern, heiraten; sie waren in der Sicht

---

23 Die proletarische Lebensweise, das materielle Elend der »Proletarisierten«, wie es z. B. Friedrich Engels beschrieb, war davon gekennzeichnet, dass sich die materielle Versorgung ständig an der Existenzgrenze befand. Dazu gehörte zugleich eine »für heutige Verhältnisse oft unvorstellbar weitgehende Ausnutzung der knappen Ressourcen. So berichtet z. B. Kuczynski, dass es üblich war, die Kleidung möglichst selten zu waschen, damit sie länger hielt« (ebd., 75), was eine Bedingung für die diskursive Assoziation des Proletariats nicht nur mit materiellem Elend, sondern auch mit Körperlichkeit, Gerüchen und »Schmutz« bietet. Daraus ergab sich ein »auf das spontane Nutzen von Vergnügungsmöglichkeiten ausgerichteter Lebensstil« (Brock 1991, 77).

der dominanten Gruppen weder *gesellschaftsfähig* (vgl. Kaschuba 1990, 24) noch *demokratiefähig*. Sie waren qua Klasse *nicht respektabel*.[24]

Schon das Wort »Proletarier« (und das »Proletariat«) fungierte in bürgerlich-liberalen und konservativen Diskursen als ein verächtlicher Terminus, in dem sich der traditionell-ständische, kategoriale Ausschluss des »Pöbels« und eine neue Furcht vor den expandierenden unteren Schichten des industriellen Zeitalters artikulierten, indem sie den Charakter einer Figur annahmen. Gefasst wurden sie in ein moralisches Idiom, wie auch Werner Conze zusammenfasst: »Demgemäß enthielt der Begriff ›Proletariat‹ nicht nur Elend, Not und objektiv erzwungene Verarmung, sondern auch Sittenverfall, Roheit, Arbeitsscheu und unmoralisches Anspruchsverhalten.« (1984, 42)[25]

Conze verweist beispielhaft auf den prominenten Unternehmer Friedrich Harkort, der in einem offenen Brief die »braven Arbeiter« von den »Proletariern« unterscheidet, ganz im Sinn einer Respektabilitätslinie innerhalb der Arbeiterklasse:

»Einen Proletarier nenne ich den, welchen seine Eltern in der Jugend verwahrlost, nicht gewaschen, nicht gestriegelt, weder zum Guten erzogen noch zur Kirche und Schule angehalten haben. Er hat sein Handwerk nicht erlernt, heiratet ohne Brot und setzt seinesgleichen in die Welt, welche stets bereit sind, über anderer Leute Gut herzufallen und den Krebsschaden der Kommunen bilden.‹ Ferner heiße er Proletarier die Trinker und Wüstlinge, die sich der Ordnung nicht einfügten und ›den blauen Montag heiliger hielten als den Sonntag‹. Diese beiden Arten von Proletariern bildeten ›die echten Hilfsgruppen der Aufwiegler‹, der wurzellosen Intelligenz.« (Conze 1984, 120; ähnlich äußerte sich auch W.H. Riehl, vgl. a.a.O., 59)

---

24 Soziologisch ist unter Respektabilität »anerkannter Status« (Vester nach Gardemin 2006) zu verstehen: Respektabel ist, wer zu den »anständigen Leuten« zählt, den Ehrbaren, auf die »man« nicht herabsieht […]. Dazu zählt *innerhalb* des proletarischen Kontexts zunächst einmal die Arbeit: »wer sichere Arbeit und Einkommen hat, war und ist ›respectable‹ und gehört zu ›the better sort of people‹«, so Friedrich Engels 1845 (Engels 1973, 301, zitiert nach Gardemin 2006, 309). Während Respektabilität und Individualität sich in bürgerlichen Kreisen über die Trennung der Geschlechter herstellte, lebten die proletarischen Männer, Frauen und Kinder meist auf engstem Raum. die Wohnbedingungen, die in den 1830er- und 1840er Jahren vorherrschten, waren schlechter als die vorindustriellen (Brock 1991, 68). Deutlich wird schon hier, in welchem Maße es um Aushandlungen geht und Respektabilität eine kontextabhängige Kategorie darstellt. Der Respektabilitätsbegriff subsumiert aber sehr viel mehr, insbesondere die sexuelle Respektabilität von Frauen, zu der die männlichen Sozialhistoriker seltsam sprachlos bleiben. In komplexen Gesellschaften konkurrieren tendenziell verschiedene Kriterien für Respektabilität und Anerkennung. Vgl. zur Unterscheidung von Respekt- und Respektabilitätsorientierung Sayer 2005, 177.
25 Zur Wortgeschichte und den neuzeitlichen Semantiken vgl. Labica 1987, Conze 1984.

In der zweiten Hälfte des 19. Jahrhunderts stand die Semantik des Proletariers in einem konflikthaften Spannungsfeld von Verächtlichkeit und Selbstermächtigung, insbesondere nach dem »Kommunistischen Manifest« (1842), das den Proletarier zum Protagonisten der Weltgeschichte machte (vgl. Labica 1987, 1077). Damit begannen die Programmatiken und Politiken der proletarischen Selbst-Affirmation, die Umwertung bis hin zum späteren kulturpolitischen »Prolet-Kult«. Vielfach bezogen sich Arbeiter – wohl auch schon vor Marx' figurierender Intervention – mit Stolz auf den Begriff. In anderen Fällen wehrten sich ihresgleichen vehement dagegen, so bezeichnet zu werden, weil dem Begriff die symbolische Gewalt der Verächtlichmachung anhaftete: In einer Berliner Versammlung während der Revolution von 1848 in Berlin »wurde vorgeschlagen, *die Tagelöhner möchten sich zu einem Proletarierbunde vereinigen*. Als spontane Reaktion darauf wird berichtet: *Es entsteht ein Lärm in der Versammlung; die Versammlung bestimmt den Redner, das Wort ›Proletarier‹ zurückzunehmen.*« (Conze 1984, 45)

Solche Ausbrüche verweisen auf eine zentrale Frage des 19. und 20. Jahrhunderts, die Gruppenidentität der Arbeiter und deren politische und kulturelle Orientierungspunkte zwischen Verbürgerlichung und proletarischem Klassenbewusstsein.[26] Im Verständnis der marxistischen Arbeiterbewegung gehörte eine antagonistische Beziehung, die Dichotomie von Kapital und Arbeit und ihre dialektische Dynamik, *zum Begriff* des Proletariats. Unübersehbar ist der Figurencharakter dieses Antagonismus: Das Proletariat wurde im Zuge der Arbeiterbewegung *zu einem realhistorischen Subjekt*, also alles anderem als einem Hirngespinst; zugleich handelte es sich immer auch um eine *narrative und performative Figur*, wie Labica festhält, wenn er sagt, das Manifest der Kommunisten bedeute nichts weniger als den »Auftritt des Proletariats als Hauptdarsteller auf der historischen Bühne« (1987, 1077, vgl. auch Deleuze/Guattari 2000, 77).

Mit der politischen Organisation und den Erfolgen von Sozialdemokraten und Kommunisten, vor allem dann mit der russischen Revolution, gewinnt das Bekenntnis zum Proletarischen unter vielen Arbeitern an Bedeutung, wie auch bürgerliche Zeitdiagnostiker wie Theodor Geiger mit Blick auf die zwanziger Jahre konstatieren, der von »proletarische(m) Gruppenstolz, ja Gruppendünkel« spricht (1962 [1930], 251). Der sozialdemokratische Autor Karl Bednarik schreibt 1953 rückblickend, dass die Jugend der

---

26 Zur Figurierungspolitik zwischen der Repräsentationspolitik der sozialistischen Arbeiterbewegung und naturalistischer Literatur und »Kunstideologie« um die Jahrhundertwende vgl. Bogdal 1978, insbesondere S. 17ff. Zu Arbeiter-Stereotypen auch Hartinger 1998.

Zwischenkriegszeit (hier geht es um Österreich) begann, einen »Klassenstil«
herauszubilden, dass sie »bewusst einen eigenen ›arbeiterlichen‹ Lebensstil zu
erstreben und zu kultivieren« schien, »wobei sie mit Unterstützung der sozialistischen Ideologie neue bürgerliche Formen ins Proletarische umarbeitete
[…]. Da sie sich gleichzeitig schon als Sozial- und Kultur-Rebellen fühlte,
verschmolzen für ihr Stilgefühl das kulturell Neue und das ideologisch Klas-
senhafte zum proletarischen Eigenstil.« (Bednarik 1953, 28) Unter der Oberfläche waren aber auch in dieser Zeit, wie am Beispiel der Wilden Cliquen
und der Jugendorganisationen angedeutet wurde, viele Bruchlinien sichtbar.

Zur sozialwissenschaftlichen Figurierung: die »focal concerns« der Unterschichtsjugendkultur

Während die sozialdemokratische, sozialistische und kommunistische (Kul-
tur-)Politik also den verächtlichen Arbeiter in einen stolzen Proletarier zu
verwandeln versuchten, und ihnen dies vor allem in gewerkschaftlich und
parteipolitisch organisierten Kreisen auch gelang, wurden Figuren der *jugendlichen* Unterschicht, über soziale Abstufungen und Respektabilitätslini-
en hinweg, im späten 19. und frühen 20. Jahrhundert von einer Reihe von
sozialen Institutionen und wissenschaftlichen Disziplinen gezeichnet, vor allem von Jugendfürsorge, Kriminologie und Soziologie. Figurierungsrelevant
waren in diesem Zusammenhang verschiedene Methoden von Wissenspro-
duktion (vgl. Lindner 2004). Herauszuheben sind ab den dreißiger Jahren
insbesondere jene Formen, die den Anspruch erheben, die *kulturellen Muster*, die in den angeführten Repräsentationen bereits sichtbar wurden, zum
Beispiel die territoriale Gewalt, zu erklären. Mit der Chicago School der Soziologie, vor allem mit Fredrick Thrashers Gang-Studie (1936), wird das Bild
von »youth as trouble« institutionalisiert. In den fünfziger Jahren boomt
dann vor allem in den USA die Delinquenzforschung. Besondere methodologische Bedeutung besitzt in diesem Zusammenhang die kulturelle, quasi-
kulturanthropologische *Typisierung* anhand einer Zusammenstellung von
»Merkmalen« (*traits*) und »Foki« (»focal concerns«/»Kristallisationspunkte«).
Damit wird der Versuch unternommen, subkulturelle Verhaltensweisen, die
den akademischen Beobachtern als problematisch erscheinen, als Bestandteil
von in sich konsistenten Kulturen verständlich zu machen, die wiederum auf
»sozialökologische« Situationen zurückzuführen seien.

Der US-amerikanische Soziologe Walter B. Miller attestierte den männlichen Jugendlichen aus der »lower-class-culture« 1958, ihr Leben organisiere sich um »a set of focal concerns«, um kulturelle Orientierungen, Wertkomplexe oder Kristallisationspunkte (»areas or issues which command widespread and persistent attention and a high degree of emotional involvement« (1958, 7)), nämlich »trouble«, »toughness«, »smartness«, »excitement«, »fate«, »autonomy«.[27] Noch 2007 übernimmt der bekannte deutsche Soziologe Heinz Bude weite Teile diese Analyse, wenn es um die »wirkliche Kultur der Unterschicht« in der Gegenwart geht.[28]

Solche kulturellen Erklärungen standen allerdings spätestens seit den sechziger Jahren unter Ideologieverdacht, weil sie strukturelle Erklärungen ausblendeten und die Verknüpfung von dominanter Kultur und Subkulturen zu wenig reflektierten (vgl. Gans 1968, Hannerz 1969). Die Birmingham-Schule arbeitete mit ihrer Subkulturtheorie in den siebziger Jahren explizit an einer kultur-materialistischen Umdeutung der Ansätze von Miller

---

27 Solche »traits« zu isolieren, die ein gemeinsames »pattern« bilden, war typisch für das Vorgehen der US-amerikanischen Kulturanthopologie der Zeit. Zur Kritik vgl. schon Herbert Gans' Texte aus den sechziger Jahren, die Miller eine naive Anthropologie vorwerfen und »Werte« in Bezug zu dominanten »aspirations« (u.a. Konsumzielen, wie sie die dominante Kultur/Dominanzkultur vorgibt). Im Kontext der kulturellen »traits« muss auch Oscar Lewis erwähnt werden: Er bestimmte ca. 70 »interrelated social, economic, and psychological traits« (188) der »culture of poverty« als eines »way of life« (vgl. Lewis 1968), der jedoch klar von der Lebensweise der industriellen Arbeiterklasse zu unterscheiden sei. Zu diesen »traits« einer ethnische Gruppen übergreifenden »Kultur der Armut« gehörten u.a. ein geringer Grad von sozialer Organisation, »lack of impulse control; strong present-time orientation, with relatively little ability to defer gratification and to plan for the future; sense of resignation and fatalism; widespread belief in male superiority; and high tolerance for psychological pathology of all sorts.« (192) Wichtig sei auch eine territoriale Sichtweise und Praxis: »In spite of the generally low level of organization, there may be a sense of community and *esprit de corps* in urban slums and in slum neighborhoods«, »a sense of terrioriality develops that sets off the slum neighborhoods from the rest of the city.« Es herrsche eine provinzielle, lokale Orientierung vor, ohne Geschichtsbewusstsein und ein Wissen um größere Zusammenhänge.

28 Bude schreibt, auf Miller gestützt: »So zeigt sich die Unterschicht als eine Kultur eigener Art, die sich der Dominanzkultur der Mittelschicht gegenüberstellt: Wo jene auf Leistung fixiert ist, hat diese die Vermeidung von Schwierigkeiten im Auge, wo jene auf Kommunikation und Kompromiss aus ist, pflegt diese einen Stil der furchtlosen Härte, wo jene Bildung erstrebt, setzt diese auf Cleverness, wo jene Erbauung will, sucht diese Erregung, wo jene an die Selbstverwirklichung glaubt, überlässt sich diese dem Schicksal, wo jene sich zur Autonomie zwingt, überantwortet sich diese der Autorität.« (127) Auch in vielen anderen neueren Studien, zum Beispiel bei Winlow (2001), sind diese »Foki« präsent (2001, 20), auch wenn der »kulturalistische« Blick insgesamt in Verruf geraten ist.

und anderen US-amerikanischen Delinquenzforschern wie Albert Cohen, der die These von subkulturellen »Lösungen« für Statusprobleme ressourcenarmer Jugendlicher geprägt hatte (vgl. auch Clarke/Hall/Jefferson 1979, 46, 67). Vor allem forderten sie eine präzisere Analyse jener »Foki« oder »Kristallisationspunkte« vor dem Hintergrund von Arbeiter-»Stammkultur« (*parent culture*) und dominanten gesamtgesellschaftlichen Codes unter bürgerlicher Hegemonie ein.[29]

So oder so begegnen uns in den Birmingham-Studien die aus dem 19. Jahrhundert und von der Jahrhundertwende vertrauten kulturellen Muster: John Clarke zum Beispiel bestimmte für die damalige Skinhead-Subkultur »Territorialität«, »kollektive Solidarität« und »Männlichkeit« als wichtige Werte (»focal concerns«), betonte aber zugleich, dass sie nicht einfach tradiert wurden, sondern spezifische Ausdrucksformen darstellten, mit denen die Skinheads in einem Zeitalter, in dem traditionelle Arbeitermilieus sich durch Stadterneuerungsprogramme und materielle Ver(klein)bürgerungstendenzen auflösten, »das tradierte Bild der Gemeinschaft wiederzubeleben versuchten, in der die Erfahrung wachsender Unterdrückung Formen wechselseitiger Hilfe und Verteidigung verlangte.« (1979, 175).[30] Den »focal concerns« war in diesem Kontext also ein stilisierter, reflexiver Charakter und eine gewisse subkulturelle Intentionalität gemeinsam. Paul Willis zeigte in seiner wegweisenden Studie »Learning to Labour« in den späten siebziger Jahren dann, wie eine Gruppe von antikonformistischen proletarischen Jugendlichen (»lads«), die sich der Schule verweigerten, damit auf ihre strukturelle Lage durchaus angemessen reagieren. Ihr widersetzlicher Stil (nicht nur in der Kleidung, sondern vor allem in der Sprache und in der Sozialität) »durchdringt« demnach ein System, das ihnen letztlich wenig zu bieten hat und Offenheit und Durchlässigkeit nur simuliert; aber zugleich betrieben sie

---

29 Auf gemeinsame Merkmale der hier diskutierten Gruppen, Orientierungen dieses Strebens gehe ich unten näher ein.

30 Zur Diskussion um Territorialität als symbolische Raumaneignung vgl. Lindner 1983, 200ff, Sack 1986. In einem Text mit dem Titel »Here We Rule« (1979) interpretierte Stuart Hall die jugendkulturelle Territorialität in der »working class« anhand der, wie er meint, am weitesten verbreiteten Graffiti-Spruch-Formel der Welt, »This group rules here« (also z. B. »West Side Boys rule here«). Hall betont, dass sich die Bedeutung solcher territorialer Dominanzbekundungen (die in erster Linie von jungen Männern stammen) nur vor dem Hintergrund gesamtgesellschaftlicher Machtlosigkeit entschlüsseln, als Form von Kompensation. Vervollständigt müsste das Statement lauten: »Other people rule everywhere else, but we rule here«.

damit eine »Selbstverdammung« zu unbefriedigenden, besonders ausgebeuteten Arbeitsverhältnissen.

Die Realschullinie: Teenager und Halbstarke

Eine Reihe weiterer Gestalten wäre für eine jugendkulturelle Figurengalerie der Zeit zu skizzieren: die nationalsozialistischen Jugend-Figuren der »Volksgemeinschaft«, die bürgerlich-nonkonformen »Jazz-Freunde« und »Swing-Kids«, deren Verhältnis zu unterbürgerlichen »Swing-Heinis«, die »Schlurfs« der österreichischen dreißiger bis fünfziger Jahre und andere mehr. Auch die staatliche Verfolgung von »Gemeinschaftsfremden« und »asozialen Jugendlichen« schließt Figurierungsprozesse ein und stützt sich auf sie; der »Asoziale« stellt eine folgenreiche institutionelle Typisierung dar.[31] Nicht eine solche Bestandsaufnahme ist aber wie gesagt Ziel dieses Abschnitts, sondern die Darstellung einiger wesentlicher Dynamiken, Kontinuitäten und Transformationen des Figurierungsprozesses. Für die Nachkriegsjahrzehnte mit ihrem Wohlstandsschub ist in diesem Zusammenhang das widersprüchliche Verhältnis der Teenager- und der Halbstarken-Figur von besonderem Interesse. Das »teen age« als Zeitalter einer sozial vermeintlich indifferenten Jugendkultur (vgl. Clarke u.a. 1979, Savage 2007), in dem das Bild der »nivellierten Mittelschichtsgesellschaft« an Bedeutung gewinnt, stellt die Figuren einer jugendlichen Unterschicht in weniger antagonistische Relationen.[32]

---

31 Sehr viel eindeutiger als die bisher angeführten Figuren wird der »Asoziale« von einem Dispositiv institutioneller Klassifikationspraktiken im Foucault'schen Sinn konstituiert, als ein zu kontrollierendes Wissensobjekt. Vielfach galten auch die Mitglieder »wilder Cliquen«, die »Edelweißpiraten«, als »asozial« (vgl. Kenkmann 1996, 356). Zur Geschichte der Kategorie des bzw. der »Asozialen« und zur Verfolgung der so etikettierten »Menschen aus den gesellschaftlichen Unterschichten« in der Weimarer Republik und im Nationalsozialismus vgl. Ayaß 1995, zur Spezifik ihrer Verwendung in der DDR Markovits 1997. Kenkmann betont aber auch »Komplementaritäten zwischen nationalsozialistischer Stärkephilosopie und subkulturellem Habitus« (363), denn manche »vom Nationalsozialismus hochangesiedelte Werte wie Männlichkeit, Härte und Gewalt (waren) [...] seit jeher im Alltagsleben von subkulturellen Arbeiterjugendlichen fest verankert«.

32 Die unterbürgerliche Jugend bildet nun weniger das kategoriale Außen einer bürgerlichen Gesellschaft oder ein Organ im volksgemeinschaftlichen *body politic* als vielmehr einen Schauplatz, an dem sich die Diagnose einer sozialen Nivellierung bewahrheiten soll. Vgl. zur Generalogie der »Gesellschaftsbild«-Forschung und zu Fragen der sozialen Selbsteinschätzung Neckel 2008; Popitz u.a. 1977, Scharmann/Roth 1976, Mooser 1984. Damit

In den USA wird mit der Figur des »Teenagers« seit Mitte der vierziger Jahre eine *klassenlose* Variante von Jugendkultur (nicht von Subkultur)
entworfen, die den kommerziell-produktiven Aspekt von Figurierungsprozessen ebenso paradigmatisch vor Augen führt wie ihre Relevanz für die zeitdiagnostische Reflexivität der *contemporaries*. (Den Begriff »youth culture«
hatte der US-amerikanische Soziologe Talcott Parsons kurz zuvor, 1942, eingeführt (Savage, 452); im Deutschen ist schon sehr viel länger von »Jugendkultur« die Rede (vgl. Ferchhoff 1999)). Die Teenager-Figur wurde nicht aus
einer bestehenden, subkulturellen Benennungspraxis übernommen und re-
sultierte auch nicht aus einer sozial-disziplinierenden Überwachungspraxis,
sondern wurde auf Marketing-Seite als Kundentypus geprägt, als benennbare Zielgruppe. Von Anfang an wurde sie – im Gegensatz zu anderen zirkulierenden Jugend-Bildern, zum Beispiel von nicht-weißen »Zoot-Suiters« und
promisken »Victory-Girls«[33] – als harmlos-hedonistisch charakterisiert.[34]
Gerade darin ist die Neuerung zu sehen: »In der Teenager-Industrie begegnen wir zum ersten Mal einem Zusammenspiel verschiedener Branchen der
Konsum- und Vergnügungsindustrie. Gecoacht von Marktforschungsinsti-
tuten – für deutsche Lande ebenso ein Importphänomen wie der Teenager
– verkaufen sie nicht einzelne Waren, sondern eine komplette Jugendkultur.«
(Lindner 1986a, 278)

Kulturkritische Zeitgenossen beschrieben die Teenager als »Typen aus der
Retorte, erdacht in den Reklame-Laboratorien psycho-technischer Bedürf-
nislenker« (Lamprecht 1960, S. 33, zit. nach Lindner, ebd.). Der Begriff traf
ohne Zweifel einen Nerv bei vielen Jugendlichen, die diese Anrufung annahmen, sich *als Teenager* verstanden und entsprechend subjektivierten beziehungsweise figurierten: »Naming something helps to bring it into being«,
resümiert Jon Savage (2007, 453). Die vielfach beklagte Auflösung der alt-

---

ändern sich tendenziell auch die negativen Beschreibungen weg von Gewalt, Territorialität und Verkommenheit hin zu einem orientierungslosen Konsum-Typen (vgl. Bednarik
1953).

33 Insbesondere die Zeitschrift *Seventeen* definierte die Figur des Teenagers als »wholesome«.
Zu den anderen hier genannten Typen vgl. den Überblick bei Savage (2007).

34 Vgl. Palladino 1996, xv. Der Subjekt-Entwurf richtete sich gleichermaßen an die Jugendlichen selbst und an die Werbekunden: Weil erstere, vor allem dann im Zuge der
Nachkriegs-Prosperität, zunehmend über *disposable income* verfügten, figurierten Jugendliche *als Teenager* (vgl. Siegfried 2006, 33–50; zur Etablierung des Jugend-Marktes in den
zwanziger Jahren vgl. Savage 2007, 200ff). In kulturgeschichtlich bemerkenswerter Weise
werden Teenager zum »center of commercial attention« (xviii) und zum Zentrum kultureller Innovationen, den Erwachsene nachahmten (vgl. Palladino 1996, xviii).

hergebrachten Sozialmilieus (die in Deutschland auch mit Kriegserfahrung und Volksgemeinschaftsideologie zusammenhängt) und zugleich der mit den USA assoziierte Übergang vom Spar- zum (fordistischen) Konsumkapitalismus, »vom moralischen zum kommerziellen Code« (Lindner 1986a, 282), stellte sich für viele Akteure als eine Befreiung dar, gerade im Nachkriegsdeutschland.[35]

Trotzdem konnte die Figur des Teenagers die sozialen Gegensätze keinesfalls völlig in sich aufnehmen. Auch wenn der Teenager als Verkörperung einer klassenlosen, integrativen Konsumkultur fungierte, hatte die Figur implizit sehr wohl einen sozialen Ort. In den USA waren Teenager zunächst einmal Jungen und Mädchen aus der weißen Mittelschicht. Das zeigt auch die Ikonographie. Mitte der vierziger Jahre war die Kaufkraft der sozial niedrigeren Milieus, der Schwarzen und vieler Einwanderer nicht ausreichend, um als Zielgruppe interessant zu sein. Rock'n'Roll-Hörer, Jazz-Fans und Schlager-Freunde kamen zumeist aus unterschiedlichen Milieus und blieben auch in unterschiedlichen Milieus. Kaspar Maase argumentiert in diesem Zusammenhang pointiert, dass die Grenze zwischen Rock'n'Roll-Fans (den »Halbstarken«) und Jazz-Fans im Wesentlichen »entlang der Realschullinie« verlaufen sei (1992, 177).[36]

Unter figurierungsanalytischem Gesichtspunkt ist der relationale Charakter des Teenagers von besonderem Interesse. In Deutschland, wo vom Teenager nachhaltig erst in den fünfziger Jahren die Rede war, stellte die Figur »bereits die kommerzielle Antwort auf den ›folk devil‹ der Fünfziger, den Halbstarken« (Lindner 1986a, 282) dar, also die neue, und, wie wir sehen werden, zum Teil transformierte Fassung des »harten«, männlichen Unterschichtsjugendlichen als Rock'n'Roller.[37] Die Wiederaufnahme des Wortes »Halbstarke« zeugt von der (im Vergleich insbesondere mit Großbritannien und den

---

35 Solche Konstellationen werden als Demokratisierung, als Gleichzeitigkeit von materieller »Verbürgerlichung« und behavioraler »Proletarisierung«, als kulturelle Widersprüche des Konsum-Kapitalismus diskutiert (s.u., vgl. Bednarik 1953; dazu auch Kaschuba 1991). Signifikanterweise wird der »Teenager« im Deutschen mit der Zeit zu einem Synonym für weibliche Jugendliche, was eine geschlechtsspezifische Veränderung der Machtbalance *zwischen* Jugendlichen anzeigt (vgl. Lindner 1986a, 282; Maase 1992).

36 In den frühen fünfziger Jahren besuchten 80 Prozent der 13-jährigen Schülerinnen und Schüler eine Volksschuloberstufe; dieser Anteil sank aber zunehmend (1989 waren nur noch 35 Prozent der Schüler an der Nachfolgeschule, der Hauptschule; vgl. Führ/Furck 1998, 294).

37 Vgl. zu den »aus heutiger Sicht teilweise grotesk(en)« Aufgeregtheiten der Zeitgenossen in Wissenschaft und Presse – eben zur Produktion einer Figur als »folk devil« – die Einschätzungen von Grotum 1994, 144ff und 151ff; Maase 2008, 154.

USA) relativen Benennungsträgheit im deutschen Kontext: »Als im Herbst 1956 Jugendliche, die sogenannten Halbstarken, in spontanen Demonstrationen durch westdeutsche Innenstädte zogen und enthusiastisch ›Rock'n'Roll‹ skandierten, da beendeten sie endgültig die Sprachlosigkeit derer, denen man als Populärkunstkonsumenten soziokulturelle Gleichberechtigung verweigerte. Die Halbstarken verkündeten mit ihrer öffentlichen Begeisterung für angeblich ›vulgäre amerikanische Massenkultur‹ unüberhörbar die Weigerung, sich dem Maßstab der Hochkultur zu unterwerfen und sich weiterhin, mit schlechtem Gewissen wegen des eigenen schundigen Geschmacks, kulturell wegzuducken«, wie Kaspar Maase schreibt (2010, 109).[38] Berichtet wird auch von Ressentiments und Neid unter »halbstarken« Rock'n'Rollern gegenüber der »Wohlstandsjugend« (1996, 204). Die Figuration von Teenagern, Jazz-Fans und »Halbstarken« im Deutschland der fünfziger Jahre hat darüber hinaus eine körpergeschichtliche Seite, die zum Verständnis von kulturellen Figuren als körperlich-gestalthaften beiträgt: Die Jugendkultur dieser Zeit markiert demnach über die Milieus hinweg den Abschied vom männlichen Körperideal deutscher »Zackigkeit« und die Orientierung am – US-amerikanisch codierten – »Lässigen«.[39] Bei näherem Hinsehen unterschieden sich die Körperbilder von Jazz-hörenden Existenzialisten und »Halbstarken« ganz erheblich, wie Maase herausarbeitet: Die »Exis« saßen zum Beispiel tendenziell »hingegossen« und sie trugen eher »schlabbrige« Kleidung. »Die überwiegend proletarischen Halbstarken kultivierten im Vergleich dazu ausgeprägt raue und aggressionsbereite Züge, betonten stärker die Inszenierung physischer Kraft und dominanter Körperlichkeit. Jeans und Cowboystiefel (so man sich welche leisten konnte) zitierten den Westerner, der sich mittels Faustrecht behauptet, schwarze Lederjacken die rebellische Motorradgang wie im Marlon-Brando-Film ›Der Wilde‹. Die Arbeiterjugendlichen setzten sich damit einmal mehr ab von den ›Muttersöhnchen‹ der Mittelschicht, aber sie hatten ebenso wenig gemein mit dem soldatischen Ideal des Strammstehens und des zackigen Gleichschritts« (Maase 1996, 198), das in der Vätergeneration verbreitet war. Junge Frauen führten »transsexuelle« Tendenzen aus den zwan-

---

38 In dieser Traditionslinie stehen auch die späteren Mods und Teds (vor allem in England) und schließlich die Rocker.

39 Lässigkeit als Haltung »meint hier die Einheit von körperlicher Erscheinung und geistiger Einstellung: Posen, Gesten, Bewegungen, Kleidung – so interpretierten besonders die Kritiker in aller Schärfe – führten eine besondere Attitüde zur Umwelt vor Augen.« (Maase 1996, 194)

ziger Jahren fort: Hosen, kurze Haare, sie eigneten »sich kulturelle Ressourcen an [...], die dem anderen Geschlecht zugeschrieben wurden«.[40]

Insgesamt bleibt eine Gleichzeitigkeit von Auflösung und kontinuierlichen Binaritäten zu konstatieren: Die jugendkulturelle Figuration der fünfziger Jahre ist gekennzeichnet vom sozial vereinheitlichenden Charisma der Teenager-Figur, von der Expansion einer strukturell ›vulgären‹ Populärkultur, von Autonomiegewinnen von Jugendlichen, jungen Frauen und unteren Schichten, und zugleich durch neue Entgegensetzungen von »anständig« und »vulgär«, die sich an popkulturellen Symbolen festmachen, moralischen Charakter haben und zugleich sozialstrukturell überdeterminiert sind. Gerhard Froboess, Manager und Vater von Conny Froboess, formulierte anlässlich von Song-Texten, die als fragwürdig galten: »Das ist doch etwas für Halbstarke und nicht für Teenager.« (zitiert nach Lindner 1986a, 283) Die Angst vor den Halbstarken war – wie Maases Analyse zeigt – auch die Angst vor einer neuen, vorrangig kulturellen Macht der unterbürgerlichen Schichten.[41]

Populäre Kultur und Figuren des Vulgären

In modernen Gesellschaften steht spätestens seit dem mittleren 19. Jahrhundert die Frage im Raum, inwiefern unterbürgerliche Figuren – als Figuren des Vulgären – in den Formen der Populärkultur eine gesamtgesellschaftliche Normalität und eventuell sogar Normativität erlangen. Diese Frage gewinnt im Deutschland der Nachkriegszeit – vor allem unter US-amerikanischer Besatzung und Hegemonie – enorm an Bedeutung, wie oben bereits kurz angedeutet wurde.[42] Aus bürgerlicher Warte findet in dieser Zeit ein Sieges-

---

40 Insgesamt konstatiert Maase mit Blick auf Mädchen und junge Frauen die zunehmende Absetzung vom Leitbild des »deutschen Mädels«. An Bedeutung gewinnen ein »bürgerliches Backfischideal«, die Figur der »jungen Dame« und ein selbstbewußterer, weiblicher proletarischer Hedonismus (207ff).

41 Vgl. auch Maase 2008. Krüger betont an den Halbstarken die Kontinuität: »Trotz der durch Faschismus und Krieg bedingten Auflösung politisch homogener proletarischer Sozialmilieus existierten in den 50er Jahren noch Restelemente einer alltäglichen Arbeiterkultur, die sich in informell-solidarischen Bezügen in Betrieb und Nachbarschaft und in einem männlichen, auf körperliche Arbeit stolzen Verhalten ausdrückte« (1986, 272).

42 Kaspar Maase hat diese Zusammenhänge in seinem Buch über die fünfziger Jahre, »BRAVO Amerika«, auf den Punkt gebracht. In diesem Sinn argumentiert auch Warneken, dass die mit Rock'n'Roll verbundene »Jugendrebellion« der fünfziger und sechziger Jahre zu-

zug der Vulgarität statt, den US-Amerikaner, einheimische »Unterschicht« (deren ländliche Fraktionen die nationalistischen Volkskundler noch als »Mutterboden« des Volkes verherrlichten) und insbesondere die Jugendlichen vorantreiben. Die Kategorie der Vulgarität verbindet in einzigartiger Form das Soziale und Ästhetische, wie Maase mit Norbert Elias argumentiert, bildet sie doch seit der römischen Antike den »Inbegriff für alles, was laut, direkt, grell, triebhaft, unsublimiert, schamlos erscheint und damit im Gegensatz zu Kultur als Verfeinerung und Selbstbeherrschung steht« (1996, 220). Der Rock'n'Roll und die Körperlichkeit seiner Fans scheinen solche Attribute zu verkörpern.

Die steigende Bedeutung von marktförmig handelnden Akteuren in den Kulturindustrien, die bei massenhafter Nachfrage und nicht bei Bildungsidealen (oder bürgerlichen Vorurteilen) ansetzen, bildet den ökonomisch-strukturellen Rückenwind einer kulturellen Entbürgerlichungsbewegung, zumindest bei den oberflächlich sichtbaren Phänomenen.[43] Szenisch-anschaulichen Charakter entwickeln diese Entwicklungstendenzen in der Arena des ritualisierten Verhaltens: im Wandel von Umgangsformen und ständischen Respektbekundungen. Soziale Hierarchien werden in den Ritualen des Kontakts performativ aufgeführt. »Unterwerfungsrituale Schwächerer gegenüber Vertretern gesellschaftlicher Autorität – Vorgesetzte, Lehrer, Eltern« (Maase 1996, 223) lösten sich im Zuge allgemeiner Informalisierungstendenzen zunehmend auf, ohne freilich zu verschwinden.

Populäre Kultur war ein entscheidendes Medium und eine entscheidende Arena dieses Prozesses. Als Sache des *populus* ist »Pop« notwendig und strukturell »prollig«.[44] Maase argumentiert überzeugend, dass der Siegeszug der Populärkultur auch so etwas wie eine Autonomisierung bedeutete, eine Entkopplung von althergebrachten Quellen ästhetischer Legitimität: »Amerikanisierte‹ Populärkunst trat nicht länger als Stiefschwester der legitimen

---

mindest insofern »erfolgreich« war, als sie bürgerlich geprägte Alltagsnormen abzuschwächen vermochte: Sie hatte »nachhaltigen Einfluss auf spätere Jugendkulturen sowie auf das kulturelle Klima insgesamt. Autonome Freizeiträume für Jugendliche wurden zum Standard, der expressive und oft aggressive Stil, wie ihn der Rock'n'Roll pflegte, fand – meist gemäßigt, manchmal gesteigert – Eingang in die Körperkultur anderer sozialer Gruppen. [...] Man kann durchaus sagen, dass Unterschichtjugendliche hier die kulturelle Ordnung zu ihren Gunsten verändert haben.« (Warneken 2006, 282f)

43 Zur Angst vor der kulturellen »Proletarisierung« einige Jahrzehnte später vgl. Noelle-Neumanns »Werden wir alle Proletarier?« (1975)

44 ...auch wenn »Popkultur« es nicht ist, vgl u.a. Bonz (2007). Dieser Zusammenhang wird unten anhand einiger Aspekte von Fernsehen und Rap-Musik beispielhaft ausgeführt.

Werke auf; selbstbewusst verzichtete sie auf den Versuch, noch einen Hauch von deren Aura zu ergattern. [...] Rock'n'Roll und Jazz verzichteten auf Respektabilität und Aura von ›Kunst‹. Damit nicht genug: Sie bestritten, dass allein solche Qualitäten als legitim und legitimierend gelten sollten.« (Maase 1996, 225)[45] Mit der Tendenz zur kulturellen »Selbstanerkennung« (Maase) der unterbürgerlichen Schichten sank, zumindest tendenziell, das soziale Prestige einer distinktionsbasierten Kultur und des Bürgertums, das sie verkörpert.

Soziale, politische und symbolische Entproletarisierung

Während also Figuren wie Buffkes, Wilde-Cliquen-Jugendliche, sozialistisch organisierte junge Arbeiter, Hitlerjungen, Teenager und Halbstarke vorüberziehen, verändern Worte wie »Proletarier« und »Prolet« ihre Bedeutung. Wie oben kurz angerissen, war »Proletarier« ein hochgradig umstrittenes Wort, der Schauplatz eines Benennungs- und Anrufungskampfes, von Identitätspolitik im prä-identitätspolitischen Sinn. Zu klären bleibt, wie sich die Bedeutungen des Wortes und seiner Ableitungen sowie seine symbolische Form verändern, während das industrielle Proletariat als soziale Gruppe immer weiter schrumpft. Mit der deutschen Teilung in der Nachkriegszeit stand das Wort in der BRD unter besonderem Ideologieverdacht, während die herrschenden Kommunisten in der DDR dezidiert eine »Diktatur des Proletariats« errichteten. War die Figur des Proletariers Anfang der dreißiger Jahre unter Arbeitern und »Arbeiterjugendlichen« noch allgegenwärtig, so stößt der Hamburger Soziologe Helmut Kluth, ein Schüler Helmut Schelskys, 20 Jahre später auf Unwissen und unfreiwillige Komik, als er junge Arbeiterinnen und Arbeiter nach den Semantiken des Proletarischen befragt. Geradezu triumphierend führt der liberal-konservative Soziologe auf, dass die Befragungen, die seine Mitarbeiter unter Berufsschülern in Hamburg anstellten, sehr viel Ahnungslosigkeit zutage förderten. Zur Untersuchung »Arbeiterjugend gestern und heute« (1955) wurde Berufsschülerinnen und Berufsschülern unter anderem folgende Frage gestellt: »Was verstehen Sie

---

45 Vgl. zum Wandel der Legitimitätskriterien, zur »Durchsetzung nachbürgerlicher Kulturverhältnisse« und einer *common culture* (Gemeinkultur/gemeinsame Kultur) im Sinn von Raymond Williams auch Maase 2000.

eigentlich unter einem Proletarier?« Kluth erklärt, dass 67 Prozent der Jungs und 89 Prozent der Mädchen sich darunter nichts vorstellen können. Nur 3 Prozent der Jungs und 1 Prozent der Mädchen verbinden klassentheoretische Vorstellungen mit dem Wort, wie es die Kommunisten von ihnen erwarten würden. Immerhin 7 Prozent beziehungsweise 3 Prozent setzen »Proletarier« mit »Arbeiter« gleich. Kluth und seine Mitarbeiter fragten die Berufsschüler weiter, ob sie »sich selbst als Proletarier bezeichnen« würden. Direkt »nein« sagten 30 Prozent, mit »ja« antworteten nur 20 Prozent der Jungen, wobei einige von ihnen wiederum nicht wussten, was das Wort bedeutet, so Kluth. Nur noch eine kleine Minderheit habe also eine halbwegs zutreffende Vorstellung vom »Proletarier«, der Begriff verschwindet aus dem Sprachschatz der Bevölkerung und bildet nunmehr, so Kluth, ein bildungssprachliches und spezialsprachliches Relikt der in Gewerkschaften oder Parteien organisierten Sozialdemokraten und Sozialisten.[46]

Beim näheren Blick auf die Sprachpraxis beobachten Kluth und seine Kollegen, dass *negative* Assoziationen bedeutsam werden, wenn vom »Proletarier« die Rede ist, die ihn nicht etwa an den »stolzen Proleten« der Arbeiterbewegungsdiskurses erinnern, sondern an die Figur des Lumpenproletariers: »Bei 12 Prozent beziehungsweise 4 Prozent aber sind Proletarier und Lumpenprolet auf eine Stufe gestellt: die unterste Schicht des Volkes – ein Mensch ohne geistige Interessen – ein Mensch ohne Benehmen – ein gewöhnlicher Mensch – ein Mensch von niedrigster Herkunft – ein gemeiner Mensch – ein Mensch ohne Selbsterhaltungstrieb – ein Mann, der nichts hat außer der Fähigkeit, Kinder zu erzeugen usw.« (147)[47] In diesem Zusammenhang stoßen die feldforschenden Soziologen darauf, dass nicht nur bürgerliche Zeitgenossen, sondern auch die Arbeiterjugendlichen, die sie beforschen, in alltagssprachlichen Situationen das Wort »Prolet« gelegentlich despektierlich und pejorativ verwenden (was, wie gezeigt, schon im 19. Jahrhundert vorkam). Ein Mitarbeiter berichtet: »Man hört diesen Ausdruck schon einmal am Arbeitsplatz oder während der Pause. In der Regel wird er dann gebraucht, wenn der eine den anderen verulken oder hochbringen

---

46 Gegen die einfache These der »Verbürgerlichung« wendet sich eine ganze Literaturtradition, seit den 1970er Jahren nicht zuletzt aus der reformierten Volkskunde/Europäische Ethnologie; diese bildet eine Hauptproblematik der Kulturanalyse in EKW und Cultural Studies im Kontext der Neuen Linken.

47 Letzteres ist allerdings eine etymologisch korrekte Wörterbuchdefinition, was dem Soziologen offenbar entgeht. Eine Methodenkritik unternehme ich an dieser Stelle nicht, auch wenn einige Kritikpunkte (insbesondere das Fehlen einer Reflexion der Feldforschungsdynamiken) auf der Hand liegen.

will. Eine kleine Auswahl: ›Prolet‹, ›du staubiger Prolet‹, ›Proletenjunge‹ usw. Ein Junge berichtet, dass bei einem Handballspiel seines Vereins gegen einen anderen Verein desselben Ortes Reibereien unter den Zuschauern vorgekommen seien. Die Anhänger des anderen Vereins, die sich hauptsächlich aus Geschäftsleuten zusammensetzten, hätten beim Nachhausegehen immer gerufen: ›Proletenverein‹, ja, und sein Verein wäre doch ein Arbeiter-Verein.« (Kluth, 148)

Hier scheint von der Proletarier-Figur nur der kulturelle Nicht-Wert geblieben zu sein.[48] Insgesamt zeigt der semantische Wandel, also das Verschwinden der symbolischen Form des Proletariats, für Kluth und sein Forscherteam vor allem einen Bedeutungsverlust von arbeiterlichem Klassenbewusstsein an (vom »Proletarierstolz«, wie er Engels zitiert). Diese Bedeutungswandlungen sind offenkundig nicht abgekoppelt von der politischen wie sozialen »Deproletarisierung«, die in Westdeutschland in diesen Jahren stattfand. Sozialhistoriker sehen gerade die fünfziger und sechziger Jahre als eine Zäsur, als eine Phase, in der die »individualisierte Lebensführung« auch unter Arbeiterinnen und Arbeitern zunehmend hegemonial wird und die marxistische Gesellschaftsdeutung auch deshalb an Bedeutung verliert (vgl. Mooser 1984). Neben den Wachstumsdynamiken und Produktivitätssteigerungen, der politischen Polarisierung (das abschreckende Beispiel des Ostens), den Zugeständnissen des Kapitals (»Klassenkompromiss«) und vielem anderen mehr war dabei auch die »Unterschichtung« durch Arbeitsmigration eine entscheidende Voraussetzung für die materielle Verbürgerlichung und symbolische Abkehr vom Proletarischen und seinem »Prestige«.[49]

---

48 In einem abwertend-spöttischen Sinn war schon in den 1880er-Jahren z.B. vom Pfandleihhaus als »Proletenbank« die Rede. Solche Komposita verweisen auf einen schlechten (im Sinn von: sozial weniger anerkannten, weniger knappen und nicht selten auch intrinsisch weniger wertvollen) Ersatz für bestimmte Güter, die für die unteren Schichten nicht erschwinglich waren. Symbolisch basieren sie auf der Gleichsetzung des Feinen mit dem Guten und des »Gemeinen« mit dem Schlechten, einer »conflation of the posh and the good and the common and the bad« (Sayer 2005, 177). Die Bemerkungen zur historischen Semantik machten allerdings deutlich, dass an diesen Bedeutungen sehr viel weniger Neues ist, als Kluth vermutet: Aller Wahrscheinlichkeit waren diese Ambivalenzen auch im »Arbeiterbewusstsein« nie verschwunden.

49 Genannt werden meist folgende Tendenzen: (1) Anstieg der Reallöhne (bei Brock 1991, 193: zwischen 1950 und 1980), (2) erhebliche Verkürzung der Jahresarbeitszeit, (3) ca. zwei Jahrzehnte Vollbeschäftigung, (4) Rationalisierung und Technisierung. Die »Unterschichtung« durch Migration ermöglichte den Aufstieg vieler »deutscher« Arbeiter in höher qualifizierte und besser bezahlte Tätigkeiten innerhalb ihrer Betriebe. Gerade die übrig bleibenden ungelernten und angelernten ArbeiterInnen, die zuvor oft als die »eigentlichen

In der DDR dagegen fungierte das Proletarische – in der respektabilitäts-orientierten Variante, nicht aber in der unterschichtlich verstandenen – als Quelle symbolischen Kapitals.

Einige Jahre später fügt Ralf Dahrendorf, sich auf Kluth stützend, in einer Zeitdiagnose hinzu: »Die Wörter ›Prolet‹ und ›Proletarier‹ haben in der Sprache derer, die sich einst stolz mit ihnen schmückten, so sehr an Kurs verloren, dass sie nur als Schimpfwörter allenfalls noch gebraucht werden« (Dahrendorf 1961, 134). Im Gegensatz zu Kluth, dafür aber im Einklang mit vielen anderen empirischen Soziologen der Zeit (insbesondere Popitz u.a. 1957), konstatiert Dahrendorf allerdings das Fortbestehen eines »dichotomi-schen Arbeiterbewusstseins«, das nicht vom Vokabular abhängig ist.[50]

Dennoch wirkten junge Arbeiter, vor allem, wenn sie als »Halbstarke« und (in Österreich) als »Schlurfs« auftraten, auf viele ältere und insbesondere milieufremde Beobachter weiterhin bedrohlich, fremd und konfrontativ. Sie schienen sich weiterhin zu etwas ihnen Eigenem zu bekennen, das nicht das Eigene des deutschen, bürgerlichen Anstands war. Bednarik, der kulturpessi-mistische Sozialdemokrat aus Wien, klagte in diesem Sinn zum Beispiel über die Bildungsverweigerung, die Respektlosigkeit und das radikale Missachten von Höflichkeitskonventionen, die er – wie viele Beobachter in Jahrzehnten vor ihm – bei den Jugendlichen beobachtete. Ihre Mode, von der bildungs-fernen, aber kapitalreichen »Lumpenbourgeoisie« abgeschaut, werde nun-mehr »gewissermaßen unbewusst ins milieuhaft Proletarische umgeschmol-zen«, anstatt dass man diese Assoziation bewusst anstreben würde.[51]

Proletarier« geführt worden waren, waren nunmehr häufig »Ausländer«, die jedoch gerade nicht als Teil der Gesellschaft verstanden wurden.

50 Zur Arbeiterbewusstseinsforschung vgl. Popitz u.a. 1957. Seit den neunziger Jahren hat sich die Industriesoziologie eher am Begriff der Lebensführung als an dem des Bewusst-seins orientiert, vgl. Brock 1991, der konstatiert, dass in den ersten ca. 30 Jahren der Bun-desrepublik sich unter Arbeiterinnen und Arbeitern ein »Muster individueller Lebensfüh-rung« durchsetzte, das u.a. ein »Prinzip von Selbstverantwortlichkeit« an die Stelle älterer »Kollegialitätsnormen« treten ließ.

51 Über den »Schlurf« schreibt Bednarik: »Die Hosen werden jeweils noch kürzer, die Stul-pen betonter, die Schuhsohlen dicker, die Krawatten greller, die Hutkrempen breiter ge-tragen, als es die Mode vorschreibt. Trägt man etwa den Sakko so weit geschnitten, dass zwei Pistolen im Achselhalfter darunter Platz finden können, dann macht der Schlurf den Eindruck, als ob er bequem zwei Maschinenpistolen darunter versteckt hätte. Als die sogenannten Busch- und Samba-Hemden modern wurden, sah man an den Peripherien großgeblumte Vorhangstoffe dafür verwendet.« (1953, 34)

Zwischenfazit

Was haben die Schlaglichter bislang deutlich gemacht? Spätestens seit Mitte des 19. Jahrhunderts sind unterbürgerliche Jugendkulturen immer auch als verdichtete stilistische und diskursive Figuren präsent, und diese Figuren, beziehungsweise der Figurencharakter der Subkulturen, entwickeln kulturelle Eigendynamiken. Dieser Prozess wurde in Großbritannien früher und differenzierter als in Deutschland als ein subkulturell-gestalthafter erkennbar. Von den Hooligans und Scuttlers an waren solche Figurierungen an wiedererkennbare Namen und an mediale und populärkulturelle Formen gebunden: Letzteres zum einen, weil Medien (Zeitungen, Romane, Filme und so weiter) als Figurierungsunternehmer fungierten und unscharfe Konfigurationen von Zeichen, Gesten, Praktiken und Bedeutungen verdichteten und verstärkten, was dann in die jugendlichen Lebenswelten zurückwirkte.[52] Zum anderen waren Jugendkulturen an populärkulturelle Medien gebunden, weil Jugendliche von Anfang an als besonders begeisterte Konsumenten von populärer Literatur und Filmen in Erscheinung traten. Durch ihre Stil-Praxis oder auch durch Selbst-Benennungen stellten sie Bezüge zwischen Alltag und Fiktivem her. Diese Praktiken waren, wie gezeigt, mit den kulturellen Kristallisationspunkten und Orientierungen verwoben, die die männlich dominierten Straßen-Subkulturen relativ konstant über die Jahrzehnte hinweg charakterisierten, zum Beispiel mit der Orientierung am Territorialen, an einem durchsetzungsstarken Modell von Männlichkeit und an der Sozialität der *peer group*, wo Verhaltensmuster zelebriert werden, die von außen dann als »proletenhaft« und später dann als »prolo« und »prollig« etikettiert wurden und werden.

Angesichts all dessen wurde in dominanten Diskursen und Institutionen die Frage nach den Haltungen und Einstellungen der Jugendlichen virulent, die dem Stil zugrunde liegen – die Frage der Intentionalität. Dominanten Diskursen zufolge bekannten sich die Jugendlichen mit ihrer stilistischen Figurierung bewusst zu devianten und delinquenten Haltungen und damit letztlich zu den gefährlichen Klassen.

Auf der Seite der Metaerzählungen wurden damit häufig Niedergangserzählungen und Paniken um eine kulturelle (und schließlich auch politische) Entmachtung des Bürgertums verbunden. Deren andere Seite sind die

---

52 »What the press had seen as a juicy scandal, the disaffected young saw as a rallying cry«, wie Jon Savage die Rezeption der Moralpaniken unter Scuttlers und Hooligans deutet (2007, 47).

Selbstanerkennungsprozesse, die Maase für die fünfziger Jahre beschreibt. Im subjektiven Sinn der jugendlichen Akteure waren solche gestisch-stilistischen Bekenntnisse häufig durchaus als ein Bekenntnis zum (»stammkulturell«) Eigenen zu verstehen, im Gegensatz zu (klein)bürgerlichen Respektabilitätsvorstellungen und zu den Herrschenden, ihrem konventionellen Prestige und den idealisierten Aufstiegspfaden.

Hier wären nun weitere Schlaglichter auf jugendkulturelle Figuren möglich, zum Beispiel auf die Rocker der sechziger und siebziger Jahre, stellt der »Rocker« doch, neben dem Hooligan, eine der kontinuierlichsten stereotypen Figuren unterschichtlicher Jugenddelinquenz dar, die all die einschlägigen jugendkulturellen »Kristallisationspunkte« in sich vereint.[53] Möglich wäre ein Exkurs zu Figuren der migrantischen Jugend seit den siebziger Jahren und dann, in den achtziger Jahren, zur Herausbildung der Hip-Hop-Subkultur und zur Figur des Rappers, auf die ich unten immer wieder eingehe. Die kulturellen Orientierungspunkte der »Gruppengemeinschaftstradition« (dominante Männlichkeit, Territorialität und anderes mehr) werden auch unter den Berliner Jugendlichen, von denen der ethnografische Teil handelt, eine wichtige Rolle spielen, jedoch – wie ich vor allem am Beispiel der Territorialität herausarbeite – in einer besonderen, in mehrfachem Sinne reflexiven Form, weshalb ich dieser Reflexivität besondere Aufmerksamkeit widme.

Anstelle von weiteren Schlaglichtern soll hier nun ein exemplarischer Fall einer solchen Transformation hin zum Reflexiven beleuchtet werden: die Bedeutungsverschiebung des »Proletarischen«, von »workingclassness« als semiotisch-kulturellem Komplex, innerhalb des Subkultur-Diskurses an der Schwelle zur Postmoderne.

---

53 Die Rocker stehen in der Kontinuität der als »Halbstarke« bezeichneten Jugendgruppen (Krüger 1986, 274) und waren sozial ähnlich verortet. Was die *Innenperspektive* betrifft, so wird die Benennung »Rocker« weithin akzeptiert, nicht aber alle mit ihr verbundenen Assoziationen. Belegt ist darüber hinaus, dass sich einige »Rocker« gegen ihre pauschale Stigmatisierung als kriminelle Gruppe wendeten, und belegt ist auch, dass es im Ruhrgebiet eine »Rockerdemonstration« gab, in der unter anderem gefordert wurde: »Nennt uns nicht Rocker!« (Adam (Dissertation über Rocker im Ruhrgebiet) 1972, S. 64, zit. nach Simon 1996).

Punk und die Schwelle zur Postmoderne: Zur symbolischen Transformation von »workingclassness«

In Dick Hebdiges paradigmatischer Punk-Analyse von 1979, die von einer Kunsthochschul-nahen Szene handelt, erscheint »workingclassness« als *residuale symbolische Form* und als *Ressource* im semiotischen Spiel der Subkultur-Protagonisten. Auch die Stil-Elemente von Punk wurden demnach »deliberately *used to signify workingclassness*« (meine Hervorhebung), sie verwiesen auf ein Jenseits der Respektabilität, ganz in der Tradition älterer avantgardistischer Bohemes.[54] Ein Beispiel dafür sind die Sicherheitsnadeln oder die zerrissenen Kleidungsstücke. Dabei handelte es sich jedoch um symbolische Prozesse *ohne* klare soziale Referenten und ohne den Rekurs auf eine idealisierte Vergangenheit, wie das bei den alten Skinheads (Clarke u.a. zufolge) und den zeitgenössischen Teddy-Boy-Revivalists der Fall war. Mehr noch, die Punks entkoppelten mit ihrer grundlegend postmodernen Geste das semiotische Spiel vom Prinzip der realistischen Bedeutungshaftigkeit insgesamt:

This workingclassness therefore tended to retain, *even in practice, even in its concretized forms*, the dimensions of an idea. It was abstract, disembodied, decontextualized. Bereft of the necessary details – a name, a home, a history – it refused to make sense, to be grounded, ›read back‹ to its origins. [...] The punk ensembles, for instance, did not so much magically resolve experienced contradictions as *represent* the experience of contradiction itself in the form of visual puns (bondage, the ripped teeshirt, etc.). (121f)

Frühere Subkultur-Theorien gingen davon aus, dass (a) die Arbeiterklassen-herkunft (somebody's *workingclassness*) als strukturierende *Determinante* für die Etablierung von Subkulturen wie Teds und Rockern wirkte (vgl. auch Willis 1977, 1978) und dass (b), auf der symbolisch-stilistischen Ebene, zum Beispiel die Skinheads die eigene »working-class-ness« als *Wert* affirmierten: Nicht in einem politisch-revolutionären Sinn (wie es beim »Proletkult« der Fall wäre), sondern auf einer lebensweltlich-symbolischen Ebene, mit Blick

---

54 ...und weckten dabei vermutlich eher »lumpenproletarische« denn proletarische Assozia-tionen, weshalb es hier tatsächlich wohl eher um »lower-class-ness« geht als um »working-class-ness« im strikteren Sinn. Stärker als andere Subkulturen vermischten die Punks dabei soziale und sexuelle »Devianz« (kinkiness), die sich im konventionellen Sinn widerspre-chen, und die Geschlechtergrenzen. Zur Unterschichtsverehrung der Boheme-Tradition vgl. Matza 1961 und Lindner 1997.

auf das, was als »Eigenes« erlebt wird, durch die Zuschreibungen und Herabsetzungen hegemonialer Ordnungen hindurch.

Erst vor diesem Hintergrund wird das Spiel mit Zeichen des »Proletariertums« (so heißt es in der deutschen Übersetzung) – beziehungsweise des »Prolligen« – verständlich. Zu unterscheiden sind drei Schritte, die historisch aufeinander folgen, aber auch als in unterschiedlicher Form kopräsente Strukturmerkmale zu verstehen sind: Im *ersten Schritt* stellt sich »workingclassness« primär als eine soziale Position dar. Im *zweiten Schritt* ist darunter das semiotische Signifikat einer Sammlung von »ikonischen« Attributen der Gruppe zu verstehen, die diese Position bekleidet, welche in der subkulturellen Praxis – ihrem geringen sozialen Prestige zum Trotz – symbolisch affirmiert werden.[55] Der Springerstiefel als stilistischer Signifikant bezeichnet zum Beispiel nicht nur die Vorstellung des Stiefels, sondern zugleich ein sekundäres Signifikat (eine Konnotation) im Sinn des Barthes'schen »Mythos«, eben die »workingclassness« (vgl. Barthes 1981). Hier nun, bei den semiotisch versierten Punks der späten siebziger Jahre, ist die sekundäre »workingclassness« in einem *dritten Schritt* als ein abgekoppeltes Signifikat zu verstehen, das in der *signifying practice* erneut zum Signifikant gerät, und zwar zum Signifikant einer semiotischen Unernsthaftigkeit: der Signifikant verweist auf dieser dritten Ebene auf die spielerische Geste, die ihn einsetzt. Hebdige beschreibt diese Geste als »essentially dislocated, ironic and self-aware« (123), also als in besonderem Maße reflexiv.

Damit entstehen neue Differenzen und Antagonismen zwischen Jugendsubkulturen, und zwar in den Modi der stilistischen Kommunikation: Während die Punks Zeichen von Armut und Verwahrlosung zur Schau stellten, ohne damit direkt auf etwas zu verweisen, das ihnen heilig war, kehrten zum Beispiel die »teddy boy revivalists« – die häufiger als die Punks selbst aus

---

55 »Ikonisch« meint hier, dass die Attribute der Gruppe essentiell zugehörig scheinen. (s.u.) Nicht zuletzt dieser Prozess ist in der Birmingham-Schule mit »Stil« gemeint (s.o.): Dabei handelt es sich immer schon nicht einfach um eine Affirmation, sondern um eine symbolische *Transformation*. Bei Clarke, Hall u.a. (1979) werden zum Beispiel die Stil-Elemente der Skinheads als Ausdruck der »Werte« verstanden, welche die Subkultur als begehrenswert betrachtet und in denen sie ein idealisiertes Selbstbild formuliert: »Wenn die Skinheads sich schwere Stiefel, kurze Jeans und rasierte Kopfhaut zulegen, so war dies bezüglich der Subkultur nur deswegen ›sinnvoll‹, weil diese äußeren Manifestationen den Vorstellungen der Skinheads von Maskulinität, Härte und ›Proletariertum‹ (*im Original: workingclass-ness, Anm.*) entsprachen und sie artikulierten.« (Clarke/Hall/Jefferson/Roberts 1979, 108) Die subkulturelle Symboltransformation hat dabei strukturell nostalgischen Charakter, da eben diese »community« (nicht zuletzt davon handeln die frühen Cultural Studies, vgl. Hoggart 1957 etc.) sozialgeschichtlich im Verschwinden begriffen ist.

dem Arbeitermilieu kamen – zurück zu älteren Ästhetiken und Bedeutungsmustern.[56] (Die Sicherheitsnadel und zerrissenen Kleidung verwiesen gerade nicht auf respektable *workingclassness*). Dass die Punks bei den Neo-Teds auf wenig Sympathie stießen, führt Hebdige auf die Unterschiede in der stilistischen Kommunikation zurück:

As such, punk style was perhaps interpreted by the teddy boys as an affront to the traditional working-class values of forthrightness, plain speech and sexual puritanism which they had endorsed and revived. Like the reaction of the rockers to the mods and the skinheads to the hippies, the teddy boy revival seems to have represented an ›authentic‹ working-class backlash to the proletarian posturings of the new wave. *The way in which it signified*, via a magical return to the past, to the narrow confines of the community and the parent culture, to the familiar and the legible, was perfectly in tune with its inherent conservatism. Not only did the teds react aggressively to punk objects and ›meanings‹, they also reacted to the way in which those objects were presented, those meanings constructed and dismantled. They did so by resorting to an altogether more primitive ›language‹: by turning back, in George Melly's words (1972), to a ›then‹ which was superior to ›now‹ which, as Melly goes on to say, is ›a very anti-pop concept‹. (124f)

In den Augen der tonangebenden Subkulturen und ihrer Denker wie Hebdige scheint also die tatsächliche Praxis von vielen dezidiert proletarischen beziehungsweise post-proletarischen Jugendlichen zu Beginn der achtziger Jahre (ähnlich den bei Ferchhoff aufgeführten »Action-orientierten« Gruppen) als veraltet, primitiv, statisch, vergangenheitsverhaftet, konservativ, wenn nicht reaktionär, während Gruppen, die an popkulturellen Kriterien gemessen als fortschrittlicher gelten, das Unterschichtliche zum Gegenstand ironischer Aneignungen machen.[57] Auch das »Rotzige« im Punk-Stil referiert auf das soziale Unten, doch es ist als *intentionale* Geste ohne habituelle Zwangsläufigkeit erkennbar. Solche Transformationen bilden einen wichtigen Rahmen für die Figurierung der jugendlichen »Unterschicht« in der Gegenwart.

Freilich: Dies sind von theoretischen Erkenntniszielen mitbestimmte Diagnosen, keine unvermittelten Blicke in die Wirklichkeit. Die Diagnose,

---

56 Vgl. Hebdige, 1979 123.

57 »We can express the difference between the two practices in the following formula: one (i.e. the punks') is kinetic, transitive and concentrates attention on *the act of transformation* performed upon the object: the other (i.e. the teds') is static, expressive, and concentrates attention on the *objects-in-themselves*.« (ebd., 124) Zur Kennzeichnung als »veraltet«, zur »Allochronisierung« (die häufig zum Diskurs um das »Prollige« gehört), vgl. Glaeser 2000, 145. (Dieser Aspekt wird in der Analyse der Zeitungstexte wieder aufgegriffen)

dass Zeichen sich von ihren Referenten lösen, dass die Praxis der symboli-schen Bricolage von der Erfahrungsebe abstrahiert und Widersprüche eher ausdrückt als auflöst, fügt sich in theoretischere Zeitanalysen der frühen Postmoderne (zum Beispiel bei Baudrillard, Jameson, Lash/Urry, Featherstone). So wichtig die Betonung dieser Bedeutungsverschiebungen ist, so bleibt doch eine gewisse Skepsis gegenüber Hebdiges linearem Ersetzungsmodell angebracht, oder zumindest die Frage, inwiefern sie selbst in Figurierungs-kämpfe verstrickt ist. So ist angesichts der gegenwärtigen Chav- und Proll-Figuren gerade nach der *fortlaufenden* Bedeutung von »workingclassness« auch im Sinn der sozialen Herkunft und der stilisierten Affirmation eines als traditionell verstandenen Habitus ((a) und (b) in der Darstellung oben) zu fragen. Dies soll im Folgenden geschehen, ohne Diagnosen aus dem Blick zu verlieren, die – wie bei Hebdige – eine zunehmende Entkopplung und Reflexivierung kultureller Prozesse behaupten, denn auch diese Aspekte er-weisen sich als relevant. Es geht also nicht um eine Rückkehr zu verhältnis-mäßig einfachen, mehr oder minder klassendeterministischen Wahrheiten, sondern darum, die Relationen zu bestimmen, die zwischen verschiedenen Bedeutungen von »workingclassness« (und anderen relevanten Bezugspunk-ten) hergestellt werden. Inwiefern eine solche Perspektive weiterhin ein De-siderat bleibt, erläutert der folgende Überblick über den Forschungsstand zu Jugend/sub/kulturen.

4. Forschungsstand: Jugend/sub/kulturen

Wenn es nun gegenwärtig um soziale Ungleichheiten im Kontext von Ju-
gend(sub)kulturen geht, sind sowohl der öffentliche Diskurs als auch der
wissenschaftliche Blick von einer seltsamen Doppelseitigkeit geprägt: Einerseits sind vielfach Diagnosen sozialer *Polarisierung* zu finden, die den Anschein erwecken, als bestehe eine tiefe Kluft zwischen »Oben« und »Unten«,
zwischen »Innen« und »Außen«, zwischen »Inländern« und »Ausländern«, als
schwele in Deutschland ein Bürgerkrieg zwischen den Kindern der prekären Unterschichten und denen der Flexibilisierungsgewinner.[1] Empirische
Befunde zur Einkommens- und Vermögensverteilung und deren Entwicklung, zur sozialen Ungleichheit im Sinn der empirischen Sozialforschung,
bestärken solche Diagnosen.[2] Andererseits ist in der Forschungsliteratur,
wenn konkrete Jugendsubkulturen als ästhetisch-soziale Formationen in den
Blick rücken, vor allem von der *Entkopplung* von ästhetischen Praxen und
Stilen einerseits und sozialen Schichten oder Milieus andererseits zu lesen,
von zunehmender Individualisierung, von der Entvertikalisierung ästhetischer Vergemeinschaftungsformen und von der Multiplizierung, und damit
auch einem gewissen Diffus-Werden, der identitätspolitischen Konflikte.[3]

---

1 Vom »Krieg in den Städten« sprachen zum Beispiel Klaus Farin und Eberhard Seidel-Pielen in besonders reißerischer Form schon in den frühen neunziger Jahren (1991). Zum Begriff »Prekarität«, der auch andere, höher qualifizierte Formen von Arbeit mit einschließt,
vgl. Bourdieu 1998b, Götz/Lemberger 2009. Für einen globalen Blick auf Konfigurationen von Klasse, ethnisch-»rassischen« Kategorien und städtischen Räumen vgl. Wacquant
2009. Neuere Versuche, Arbeit und politische Subjektivität aus der postfordistischen Produktionsweise heraus zu verstehen, gruppieren sich um den Begriff der Multitude bzw.
Vielheit (vgl. z. B. Virno 2005; Hardt/Negri 2004).

2 Für einen erhellenden und insbesondere in seinen internationalen Vergleichen urteilssi-
cheren Blick auf die deutsche Entwicklung der letzten 20 Jahre aus der polit-ökonomi-
schen und geistesgeschichtlichen Vogelperspektive vgl. Anderson 2009.

3 Auf den Punkt bringt diese Sicht Wilfried Ferchhoff mit seinem Buchtitel »Jugendkulturen im 20. Jahrhundert. Von den sozialmilieuspezifischen Jugendsubkulturen zu den individualitätsbezogenen Jugendkulturen« (1990).

Dieser offenkundige Widerspruch verweist sowohl auf Ungereimtheiten und ideologische Momente in den Sozial- und Kulturwissenschaften selbst, die ich in dieser Arbeit kritisiere, als auch auf Entwicklungstendenzen innerhalb des jugendkulturellen Feldes, die mit gutem Grund als gegenläufig und widersprüchlich erscheinen.

Jugendsubkulturen heute

Tatsächlich ist das Spektrum zeitgenössischer jugendsubkultureller Szenen groß und unübersichtlich und erschwert einfache Diagnosen. Immer wieder entstehen neue musikbasierte Szenen und subkulturelle Typen oder Figuren (Emos, Sneaker-Heads, Visus, Hipster…), neue, zunehmend ephemere und translokal organisierte Vergemeinschaftungsformen, und die alten musikbasierten Subkulturen (Hip-Hop, Metal, Goth/schwarze Szene, Punk, Indie, »Alternativkultur« und so weiter), verschwinden nicht einfach, sondern bestehen fort, in Figurationen fortgesetzter Ungleichzeitigkeit. Die Landschaft der Jugendsubkulturen und ihrer Differenzierungsmuster scheinen von einem pluralistischen Nebeneinander gekennzeichnet; auch die »neue Unübersichtlichkeit« (vgl. Baacke 2007 [1999], 41) ist längst nicht mehr neu.[4] Komplexität lässt sich in unterschiedlichen Registern konstatieren: Die Akteure zum Beispiel erscheinen nicht als Repräsenten bereits bestehender sozialer Gruppen, sondern sind benennbar nur mehr als »socio-/discursively constructed subject(s) differentially positioned in a nebulous network of power relations« (McCarthy/Logue 2008, 38) oder, wenn das Soziale noch gewisse Konturen erlaubt, durch »multiple Marginalitäten« (Stuart Hall).[5]

---

4 Wilfried Ferchhoff (1999) zum Beispiel führt in der ihm eigenen Sprache einundzwanzig Ausdifferenzierungen von Jugendkultur-Typen auf, darunter (4) »überangepasste ›Schicki Mickis‹ oder ›Proller‹, mega-cool, exhibitionistisch, sich in einschlägigen Szene-Kneipen und Szene-Discos präsentierend mit bestimmtem Konsumstil vor allem über Kleidungsmoden«; (41f) oder »(16) die Speed-Fixierten, zwischen Aufschneiderei, Größenwahn und Selbstüberschätzung hin- und herpendelnden Ecstasy-Fans« (42).

5 Das ist fraglos nicht falsch: Reale Subjekte sind vielfach positioniert, gemäß Geschlecht und Sexualität, Alter, Klasse/Milieu und Ethnizität, etwaigen Behinderungen, körperlicher Attraktivität und kulturellem Kapital, Region und Staatsbürgerschaft usw. usf.: »We are all complexly constructed through different categories, of different antagonisms, and these may have the effect of locating us socially in multiple positions of marginality and subordination, but which do not yet operate on us in exactly the same way« (Hall 1997, 57).

Medialiät und Kommerzialität, vormals die Totengräber »authentischer« Subkulturen (vgl. Clarke 1979, Hebdige 1979), bilden, zugespitzt formuliert, Strukturmerkmale sozialen Handelns in Jugendsubkulturen und nicht länger ihr bedrohliches Außen (vgl. Lindner 1981a, 1998a; Thornton 1995; Bonz 2007). Vielfach sind – vormals? – subkulturelle und (in einem weiteren Sinn) popkulturelle Idiome, Ästhetiken und Netzwerke zu festen Bestandteilen der dominanten Kultur, vielleicht sogar der Hochkultur, geworden. War es immer schon schwierig, »Subkulturen« und »Mainstream« sauber zu unterscheiden, durchdringen sie sich heute in vielen Fällen gegenseitig oder fließen ineinander, wie zum Beispiel Tom Holert und Mark Terkessidis mit ihrer vielzitierten Formel vom »Mainstream der Minderheiten« betonten.[6] Eine ganze Reihe von Forschern und Autoren verabschieden sich vor diesem Hintergrund vom Subkulturbegriff, sowohl im deutschen Kontext, wo er – akademisch – ohnehin nur in kleinen Kreisen »kritischer« Forscher wirklich bedeutsam war, als auch im britischen, wo einflussreiche Werke der neueren Forschung Titel wie »From Subculture to Clubculture« (Redhead 1997), »The Post-Subcultures Reader« (Weinzierl/Muggleton 2003) oder »After Subculture« (Bennett/Kahn-Harris 2004) tragen.[7]

Was für Subkulturen gilt, gilt auch für die Jugend, jenes immer schon ausnehmend instabile Objekt. Roland Hitzler konstatiert:

»Das Phänomen ›Jugend‹ entstrukturiert sich in nahezu jeder Hinsicht. Herkömmliche sozialwissenschaftliche Analysemodelle, die sich zumeist an Vorstellungen von gesellschaftlichen Großgruppen anlehnen, sind hier dementsprechend allenfalls noch von beschränktem Nutzen.« (Hitzler/Bucher/Niederbacher 2005, 9)

Solche Diagnosen haben aber, auch wenn sie zutreffen, bestimmte Antagonismen unsichtbar gemacht; Machtverhältnisse lassen sich klarer beschreiben denn als »nebulous networks« (McCarthy/Logue 2008, s.o.).

6 Vgl. Thornton 1995 zur Unterscheidung von »Subkultur« und »Mainstream« als »subcultural ideology«. Diese Einheiten sind auch in den klassischen Aufsätzen der Birmingham-Schule nicht so klar unterschieden, vgl. Clarke u.a. 1979, 46; Frith 1993, 220, zit. nach Bennett/Kahn-Harris 2004, 8.

7 Dazu passt, dass »Szene« als analytischer Begriff weitgehend die Kategorie der »Subkultur« ersetzt hat (vgl. Straw 1991, Blum 2001, Hitzler 2001 usw.), auch wenn einige wenige ethnografische Analysen die fortlaufende Relevanz letzterer Kategorie betonen (vgl. zur Diskussion Schwanhäußer 2010), und andere Autoren die Politisierung mancher Szenen, bzw. den jugendkulturellen Charakter mancher sozialer Bewegungen betonen (vgl. Bennett/Kahn-Harris 2004, Marchart 2008). Insgesamt hat die »Szenenforschung« keine wirklich starken Begriffe geprägt, was am Verschwinden des »subkulturellen Heroismus« insgesamt liegen mag (vgl. Weinzierl/Muggleton 2003, kritisch Hall/Jefferson 2006).

Auch in diesem Feld scheinen also Diagnosen von Entkopplung und Entvertikalisierung bestätigt, wie sie Gerhard Schulze, Ulrich Beck und andere Individualisierungstheoretiker in den achtziger Jahren für die Gesamtgesellschaft gestellt hatten (vgl. auch Baacke 2007).

Ob nun von Subkulturen, Jugendkultur oder Szenen gesprochen wird: Es fällt nicht weiter schwer, in der weiten Welt der Jugendkulturen empirisches Material zu finden, das solche Diagnosen stützt (die Rave-Kulturen dienten lange Zeit als paradigmatischer Fall), und es gibt auch in den hier zu beschreibenden jugendsubkulturellen Welten eine Reihe von Entwicklungstendenzen, die tatsächlich im Sinn von Entstrukturierungsbewegungen zu verstehen sind. Trotzdem sind solche Diagnosen, wie diese Arbeit zeigt, bestenfalls einseitig. Ich plädiere dafür, die als »modernistisch« verschmähten Großkategorien – zum Beispiel Klasse und Schicht – weiterhin ernst zu nehmen: sowohl als strukturierende Determinanten jugend(sub)kultureller Prozesse, die den Akteuren unterschiedlich deutlich bewusst sind, als auch als Gegenstand, der in kulturellen Auseinandersetzungen thematisiert und in reflexiver Art und Weise »verhandelt« wird.[8]

Geht es um die Benennung von sozialen Milieus und Klassen, haben die Sozialwissenschaften ganz allgemein keinen festen Boden unter den Füßen, wie in den letzten Jahren zum Beispiel die geradezu hysterisch geführte Diskussion um ein »abgehängtes Prekariat« vor Augen führte, das die Friedrich-Ebert-Stiftung typisiert und damit erkannt zu haben meinte.[9] Besonders offensichtlich ist dies beim Klassenbegriff, der im Deutschen als ideologisch gilt, andererseits aber doch grundlegende ökonomische Zusammenhänge benennt, die – wie auch der liberal-konservative Historiker Paul Nolte argumentiert (2004, 34–45, vgl. auch Rehberg 2006) – anderweitig unter den Tisch fallen. Auch die Weber'sche Kategorie der sozialen »Schichten«

---

8 Die Entthematisierung von Klassenverhältnissen in der Jugendkulturforschung liegt, wie Bernd-Jürgen Warneken zeigt, nicht zuletzt darin begründet, »dass die Arbeitnehmerschaft und vor allem die Arbeiterschaft (die heute noch immerhin etwa 30 Prozent der Erwerbstätigen stellt) als ›Symbolsubjekt‹ entwertet ist, dass sie in den Augen der Intelligenz kein Machtfaktor mehr darstellt, der als Bündnispartner attraktiv wäre, und über keine Agenda verfügt, die anderen gesellschaftlichen Gruppen als innovativ und wegweisend erscheint.« (Warneken 2006, 326) Für England hat diesen Abschied aus der Erfahrung antirassistisch-postkolonialen Denkens z. B. Paul Gilroy formuliert (1991 [1987], 18).

9 Vgl. die polemische Verwirrung von Thien (2010), allgemein Lindner 2008. Der damalige SPD-Generalsekretär Franz Müntefering sagte: »Es gibt keine Schichten in Deutschland. Es gibt Menschen, die es schwer haben, die schwächer sind.« (zit. nach Lindner/Musner 2008, 7)

(einschließlich »untere Unterschicht« und »obere Unterschicht«), die in den fünfziger Jahren an Popularität gewann, steht nicht außerhalb ideologischer Einbindungen.[10] Die sehr viel beliebtere Rede von den Milieus verspricht gewissermaßen Rettung, indem sie das Terrain der Analyse verschiebt und den Lebenswelten größere Theorie-generierende Bedeutung zumisst, bleibt aber gesellschaftstheoretisch dünn, da sie eine zweite Theorie braucht, um den Zusammenhang mit ökonomischen Prozesse zu analysieren. In der volkskundlichen und historisch-anthropologischen Traditionslinie wird, spezifischer, von den »unterbürgerlichen Schichten« gesprochen, die in die vorindustrialisierte Zeit reichen, aber dieser Begriff setzt ein klar umrissenes »Bürgertum« voraus, das heute schwer auszumachen scheint. Deshalb werde ich, wenn es um die sozialstrukturell verstandenen Korrelate beziehungsweise Substrate der kulturellen Figuren geht, keinen neuen Begriff in die Welt setzen, sondern – über den Begriff der post-proletarischen Formation hinaus – vorhandene Kategorien wie »Klasse«, »Schicht« (»Arbeiterschicht«, »Unterschicht(en)«, »Unterschichtung«), »ethnische Gruppe« oder »Milieu« vorsichtig und je nach analytischem Kontext verwenden.

Eine vollständige Rekonstruktion des klassischen Subkultur-Begriffs möchte ich hier nicht unternehmen (vgl. dazu Clarke u.a. 1979 [1976], Willis 1978, Hebdige 1979, Lindner 1997, Moser 2000, Bennett/Kahn-Harris 2004, Marchart 2008, Hall/Jefferson 2006, Schwanhäußer 2010), ebensowenig eine Rekapitulation der Kritik an diesem Modell. Stattdessen stelle ich im folgenden Abschnitt anhand von drei Aspekten verdichtet dar, wie sich klassische und neuere Subkultur-Begriffe (beziehungsweise Jugendkultur- und Szenen-Begriffe) unterscheiden: anhand des Aspekts des subkulturellen Stils und dessen gestalthafter Kohärenz, anhand der Frage des Zusammenhangs von Herkunftsmilieu und subkulturellen Kreisen und anhand der Frage nach den typischen Formen von Sozialität. Diese Fragen sind nicht nur von theoretischem Interesse, sondern finden sich auch in den empirischen Teilen dieser Studie wieder. Es soll dabei nicht einfach darum gehen, am klassischen Modell von klassenspezifischen Jugendsubkulturen festzuhalten, vielmehr müssen Konfigurationen von bereits bekannten und neuartigen Prozessen gezeichnet werden. Damit schließe ich an die Programmatik eines

---

10 Zum Sechs-Schichten-Stratifikationsschema von Unterer Unterschicht bis Oberer Oberschicht und seinen Vorläufern vgl. Lindner 2008, 9f. »Freilich ist mit einem solchen Stratifikationsmodell auch die Unterstellung verbunden, dass der, der ›unten‹ ist, und vor allem dort verbleibt, seine soziale Lagerung selbst verschuldet hat, insbesondere wegen mangelndem Arbeits- und Aufstiegs*willen*.« (ebd.)

neueren Textes von Stuart Hall und Tony Jefferson (2006) an; sie fordern, genau die »double-sidedness« (xii) von Entkopplung und Persistenzen zum Ausgangspunkt künftiger Forschungen zu machen. Dazu soll dann auch der Fokus auf kulturelle Figuren beitragen.

Stil: Kohärenz und Fragmentarität

Der Begriff der Stilisierung, wissenssoziologisch verstanden, benennt die wissende Orientierung an einem sozialen Typus: »Stilisieren bedeutet, sich selbst oder eine fiktionale Figur als Mitglied einer sozialen Kategorie zu präsentieren und zu diesem Zweck spezifische sprachliche und sonstige semiotische Mittel einzusetzen.« (Androutsopoulos 2001, 322; vgl. auch Kotthoff 2004).[11] Als Alltagsbegriff meint »Stil« dagegen die Verschönerung, das Jenseits des Notwendigen (vgl. Willis 1990, 10).[12] Um Stil geht es offenbar sowohl den Manga-Fans (»Visus«) mit ihren barocken und futuristischen Kostümen als auch den Crustie-Punks mit ihren verfilzten, bunten Haaren oder den »Gangstas« und »Jungs von der Straße« mit ihrer Streetwear-Uniform von Cordon und Picaldi.

Im kulturwissenschaftlichen Zusammenhang dient »Stil« zugleich als analytischer Begriff, der auf ein Prinzip abhebt, das jenes »Styling« – wie auch andere kulturelle Praktiken – strukturiert. Im klassischen Verständnis der Subkulturtheorie – das am Beispiel von britischen Subkulturen der fünfziger bis siebziger Jahre (Mods, Bike-Rocker, Skinheads, Teds) erarbeitet wurde – fügen Jugendsubkulturen Stil-Merkmale (im Sinn des Alltagsbegriffs) und Ausdrucksformen, in denen sie sich wiedererkennen, zu *Homologien* zusammen, die eine von den Akteurinnen und Akteuren gestaltete,

---

11 Das so verstandene »Stilisieren« hat deshalb mit einer Abweichung von der »natürlichen Einstellung« zu tun, wie der Soziolinguist Jannis Androutsopoulos betont. Er versteht Stilisierung als »Repräsentation von sozial typisierten Sinnstrukturen in der Interaktion« (2001, 322; die Begriffe stammen von Selting/Hinnenkamp). Dieser Gedanke setzt ein bewusstes »Sich-Stilisieren-als« voraus, was aber ebenso wenig vorausgesetzt werden kann wie die Beobachterunabhängigkeit dessen, als was man sich stilisiert – diese Problematik greife ich unten wieder auf.

12 Der Begriff hat damit immer schon eine Komponente der sozialen Distinktion: Im klassischen, vor-postmodernen Verständnis von Pierre Bourdieu ist die kulturelle Praxis »mit steigender sozialer Stufenleiter immer entschiedener durch die von Max Weber so genannte ›Stilisierung des Lebens‹ charakterisiert« (1982, 283).

gewissermaßen kontrollierte Welt konstituieren, mit der sie sich innerhalb der fremdbestimmten Umgebung »Raum verschaffen« (Clarke u.a. 1979 [1976], 94). Paul Willis hat den Begriff der »socio symbolic homologies« in »Profane Culture« (1978) ausgearbeitet und später (2000) noch einmal aufgegriffen. Er definiert den Begriff als »a type of relation *between* subjectivity and external form, rather than solely within the latter« (Willis 2000, 128)). Klassisch ist Willis' Analyse des Motorrads für die Rocker-Cliquen, die er in »Profane Culture« beobachtet: In der Erfahrung des Motorradfahrens kristallisieren die kulturellen »Werte« der Jugendlichen. »There developed a *homology* between their bedecked machines and their rough, self-confident, raw, nature-defying, masculine identity. [...] Generally, oppressed or subordinate groups are more likely than other groups to find meaning in hidden, unexplored or newly stressed ›objective possibilities‹, or meaning in new, as yet uncolonized or ›meaning-sedimented‹ items, or meaning in jarring, dynamic use-functions, interrupting the cultural stillness of received forms.« (Willis 2000, 26) Solche Homologien schaffen eine bedeutungsvolle, »eigene« Welt.[13] In der spezifischen Gestalt des Stils (im Sinn des analytischen Begriffs) bringen sie die – impliziten oder expliziten – Einstellungen und »Werte« der Akteure zum Ausdruck: subkultureller Stil ist zu verstehen als das nach Außen verlegte Selbstbild der Gruppe (vgl. Clarke 1979, Clarke 1979b, Willis 1978). Der Stil fungiert in diesem Sinn als kultureller Code, als geregeltes System von Signifikaten und Signifikanten. Zugleich ist Stil aber auch als die Praxis zu verstehen, die dieses Selbstbild für die Akteure selbst überhaupt erst greifbar und spürbar macht – wenn auch nicht unbedingt sprachlich sagbar: eine »Vergegenständlichung« als performatives »Artefakt« (vgl. Molotch 2003; vgl. Willis 2000, 27f).[14] Die einzelnen Stil-Elemente (von den Springerstiefeln der Skinheads über die zerrissenen T-Shirts der Punks zu den Karottenjeans von Berliner »Gangstern«) werden dabei der Konsumkultur gewissermaßen entwendet und, im Rahmen ihrer jeweiligen

---

13 Vgl. Clarke u.a. 1979, Clarke 1979: »Diese Wechselwirkung zwischen den Dingen, die eine Gruppe verwendet, und den Ansichten und Aktivitäten, welche ihren Gebrauch strukturieren und definieren, ist aber das kreative Prinzip der Stilschöpfung in einer Subkultur.« (Clarke u.a. 1979, 107)

14 Gerade dieser vor- oder neben-sprachliche Charakter der symbolischen Kreativität subkulturellen Stils begründet seine vielseitige Funktionalität, vor allem für unterbürgerliche soziale Gruppen, deren Vertreter die diskursiv-reflektierende Sprache häufig nicht als das ihnen eigene Ausdrucksmedium erfahren und beherrschen (vgl. Willis 1977, 124f; vgl. auch Skeggs 2005; zum »Leitmotiv Kreativität« in der »Unterschichtsethnografie« vgl. Warneken 2006).

materiellen und symbolischen »objective possibilities«, aktiv umgedeutet und den eigenen Bedürfnissen angepasst.[15] Der so verstandene subkulturelle Stil umfasst aber nicht nur die Stil-Merkmale im Sinn des »Styling«, sondern auch und vor allem die spezifische Färbung der Sprache, den körperlichen Gestus, die Art des Gehens und Lachens, die Ästhetik der informellen Gruppe, zum Beispiel die raue Kumpeligkeit der »lads«, die Willis in seiner Studie »Learning to Labour« ethnografisch beschrieb.[16] Man könnte mit Pierre Bourdieu von einem Habitus sprechen, zielte der Begriff nicht so stark auf Herkunft ab und ließe mehr Raum für Umdeutungen und Stilisierungen.

Inwiefern Subkulturen tatsächlich solche verhältnismäßig geschlossenen, kohärenten Symbolsysteme oder »Welten« schaffen können und wollen, und inwiefern dies in der Gegenwart der Fall ist, bleibt allerdings umstritten (vgl. Schwanhäußer 2010). Dick Hebdige jedenfalls sah bereits mit der Punk-Kultur das Ende der sozial-symbolisch »expressiven« Subkulturen gekommen; er begriff Stil zwar ebenfalls als »intentionale Kommunikation« (im Gegensatz zur bloß »expressiven« Kommunikation konventioneller Stil-Praxen) und maß dieser ein grundlegend subversives Potenzial bei, betonte dabei aber den spielerischen und ironischen Charakter des Punk-Stils als »signifying practice«, die eher auf Sinnverweigerung und Kommunikationsverwirrung abziele als auf den homologen Ausdruck kultureller Werte einer sozial bestimmbaren Gruppe.[17] Die Hebdige'sche Deutung der »semiotischen Guerilla« fand vielfach Eingang in Subkulturen selbst, und verschiedene Prozesse bestätigten seine Diagnose, darunter die Herausbildung der Popkultur der achtziger Jahre mit ihrem spielerischen Umgang mit Stil-Elementen und Identitätsentwürfen, vor allem mit Blick auf Geschlecht und Sexualität – und ganz allgemein jene »New Times« (Hall 1984) von Postmoderne, postindustrieller Gesellschaft, Postfordismus, Poststrukturalismus und Postkolonialismus, die einen Bezug auf »proletarisches« Gruppen-, wenn schon nicht Klassenbewusstsein, auf das Hall, Clarke und Willis ja letztlich rekurrierten, als anachronistisch erscheinen ließen.[18] Genauere ethnografische Blicke machten

---

15 Zur »bricolage« als Schlüsselbegriff für das Verständnis solcher Neu-Kontextualisierungen und Umdeutungen vgl. Clarke 1979, 137ff; Hebdige 1979; Willis 2000, 27.

16 Vgl. Willis 1977; 2000, 37.

17 Vgl. Hebdige 1979, 127. Vgl. auch Clifford Geertz' klassisches Beispiel des »Zwinkerers«, der sich »absichtlich« an eine andere Person richtet, 1983, 10.

18 Das klassische Modell subkulturellen Stils hatte vor allem für weiße, (post-)proletarische, männlich dominierte proletarische Gruppen funktioniert, und an genau dieser Gruppe verloren Intellektuelle und Kulturproduzenten zunehmend das Interesse (vgl. dazu Warneken 2006; Comaroff/Comaroff 2001, 15).

die Differenz zwischen subkultureller »Vorderbühne« und privaten »Hinterbühnen« besser sichtbar; deutlicher wurde nun zum Beispiel, inwiefern Subkulturen von den Lebenswelten der beteiligten Akteurinnen und Akteure und von individuellen Identitätsprojekten zu unterscheiden sind (vgl. Hall/Jefferson 2006, 13f; Wilkins 2008, 3ff). Zudem verschwammen mit der »Popkulturalisierung« der medial durchdrungenen Lebenswelten tendenziell die Grenzen zwischen vielen Subkulturen sowie zwischen Subkultur und Nicht-Subkultur, so dass unwahrscheinlich scheint, dass eine »organisierte Gruppen-Identität in Form einer kohärenten und eigenständigen Daseinsweise in der Welt« (Clarke u.a. 1979, 105) weiterhin als Grundlage und Resultat stilistischer Homologien fungieren kann.[19] Die Rekontextualisierung und Umfunktionierung von Gebrauchsgegenständen hat als »after-market customizing« längst Eingang in den Standardablauf der Warenproduktion gefunden (vgl. Molotch 2003, Willis 2003, Jenß 2005, Moore 2008, Walker 2008, Voss/Rieder 2005). Neuere Jugend-Protestkulturen (in der Tradition der Gegenkulturen) mit ihrer diskursiv durchdachten Symbolpolitik, die explizit politische Positionierungen begleitete, ließen sich mit dem Modell der »sprachlosen« Homologien ebenfalls kaum fassen (vgl. Weinzierl/Muggleton 2004, 13ff; Marchart 2008). Betont wurde nun jedenfalls vorwiegend der fragmentarische, heterogene, hybride Charakter von subkulturellen Stilen (vgl. Hall 1997), die auf ebensolche Identitäten verwiesen.

Zur Karikatur überzeichnet findet sich diese Position in Ted Polhemus' Modell eines »Supermarket of Style« (1996), in dem sich die Konsumenten nach Lust und Laune bedienen, ohne ästhetisches »commitment« gegenüber einer Subkultur mit ihren sozialen und ästhetischen Verbindlichkeiten.[20] Solche Diagnosen passen nur zu gut zu Individualisierungstheorien, in denen

---

19 Wobei auch hier beachtet werden sollte, dass auch Clarke/Hall/Jefferson (1979) zwischen festen und losen Bindungen an Subkulturen unterschieden (s.o.)

20 Polhemus wurde in den »Post-Subcultural Studies« (Redhead, Muggleton, Bennett u.a.) insgesamt zustimmend rezipiert, vgl. Bennett/Kahn-Harris 2004, 11. Die Tendenz zur entkontextualisierenden Kombinatorik entspricht einer globalisiert-postmodernen Welt kultureller »Ströme« (im Sinn von Arjun Appadurai, vgl. dazu auch Roberts 2005). »Dress influences travel in all directions, across class lines, between urban and rural areas, and around the globe. A proliferation of styles is simultaneously available, facilitating eclectic mixing if not idiosyncratic dress presentations«, wie die Ethnologin Karen Hansen den Forschungsstand resümiert (Hansen 2004, 372). Eine kritische Zusammenschau der soziologischen und kulturwissenschaftlichen Diskussion zum Thema findet sich im Kapitel zu »alten und neuen Ungleichheiten« bei Warneken 2006 (S. 331–337).

die Akteure als aus allen Bindungen entlassen oder befreit erscheinen[21], und fraglos stimmen sie auch mit vielen Selbstdeutungen von Jugendlichen überein, vor allem von jenen, die nicht zum engeren Kreis einer musikbasierten Subkultur gehören, nun aber angesichts der allgemeinen Popkulturalisierung als Teil eines »Mainstreams der Minderheiten« erscheinen: Wenn sie über eigene Zugehörigkeiten sprechen, herrschen, so halten es viele empirische Analysen fest, individualistische Rhetoriken weithin vor. »Geschlechter- und klassenübergreifend nehmen Jugendliche Mode in erster Linie als individuelle Ästhetisierungsstrategie wahr«, als Lebensstil- und nicht als Subkultur-Phänomen, schreibt zum Beispiel Elke Gaugele nach einer entsprechenden Untersuchung (Gaugele 2005, 222).

Hinter diese hier nur kurz und kursorisch skizzierten Einsichten führt kein Weg zurück. Trotzdem hat subkultureller Stil unter manchen Jugendlichen weiterhin mit weltschaffenden Homologien im »klassischen« Sinn zu tun, wie ich im Verlauf dieser Arbeit ausführen werde, wie aber auch vereinzelte andere Subkultur-Studien zeigen (Schwanhäußer 2010). Bei allen Individualitätsbekundungen herrscht in der Gegenwart kein Mangel an »spektakulären« Stil-Elementen – schief sitzende Nike-Caps, in die Socken gesteckte Hosenbeine, ein als »prollig« etikettiertes symbolisches Ganzes –, die auf subkulturelle Homologien verweisen, auch wenn Form und Maß der subkulturellen »Kohärenz« zu klären bleiben.

»Double Articulation«

Ein zweiter zentraler Aspekt des Subkulturmodells ist im behaupteten Zusammenhang von Subkulturen und sozialen Herkunftsmilieus zu sehen. In den klassischen Studien aus den siebziger Jahren, vor allem in »Resistance through Rituals« (Clarke u.a.), argumentierten die Autoren, dass Subkulturen »doppelt artikuliert« sind: Sie entstehen in Auseinandersetzung mit der dominanten – bürgerlich geprägten – Kultur, aber auch in Auseinanderset-

---

21 Diese wiederum vertragen sich in vielen Fällen mit einer von Foucault oder Deleuze inspirierten Macht-Analyse, die die Mikro-Politik der Macht gegenüber den »molekularen« Trennungslinien zwischen Klassen und Milieus privilegiert. Lawrence Grossberg zum Beispiel, einer der einflussreichsten Cultural-Studies-Autoren der achtziger und neunziger Jahre, versteht »the mass audience of pop« als »postmodern subculture« (nach Thornton 1995, 97, vgl. die Kritik ebenda).

zung mit ihrer jeweiligen *parent culture* (zu verstehen als »Kultur der Eltern«, aber auch als diejenige Kultur, die Nachkommen hervorbringt, nämlich Subkulturen, deshalb als »Stammkultur« übersetzt, wie »Stammzelle«), deren objektive soziale Lage sie in generationsspezifischer Weise kulturell »bearbeiten« und für deren Probleme und Widersprüche sie »magische«, ästhetisch-symbolische »Lösungen« kreieren.[22] Bei den meisten Subkulturen der britischen Nachkriegsgeschichte war die *parent culture* die »working class«, die in Form lokal verwurzelter, verhältnismäßig geschlossener, historisch gewachsener Nachbarschaften (»Milieus«) erlebt wurde – oder zumindest als nostalgisch Sehnsucht nach einer solchen Gemeinschaft.[23] Subkulturen waren letztlich nur als klassenspezifisch zu verstehen. Damit wandten sich die neomarxistischen Vertreter der Cultural Studies gegen die in den fünfziger Jahren vielfach diskutierte Vorstellung einer sozial indifferenten »Jugendkultur« (vgl. 1979, 49ff), die – so zum Beispiel Talcott Parsons – im Zuge von zunehmenden Wohlstand und zunehmender »Verbürgerlichung« die traditionelle Orientierung an der sozialen Klasse zu ersetzen beginne.

Der Birmingham-Diagnose zufolge, die auch von vielen Historikern weitgehend geteilt wird (vgl. Gillis 1980, Mitterauer 1986, Maase 1993), standen sich in der »Geschichte der Jugend« idealtypisch zwei große historische Traditionslinien von männerdominierten Subkultur-Gruppentypen gegenüber: einerseits die romantischen Boheme-Kulturen, deren Eltern- beziehungsweise Stammkultur die Mittelschichten bilden, und andererseits die territorialen Jungs-Straßen-Banden-Kulturen aus der Arbeiterklasse beziehungsweise den Arbeitermilieus und Unterschichten. Mit ihrer Elternkultur teilte die mittelschichtsbasierte Boheme (was zu dieser Zeit vorrangig die Hippies (in Deutschland auch »Gammler«) und auch allgemeiner die linksintellektuelle Szenerie meinte) demnach zum Beispiel »a modernising outlook, standards of education, a privileged position vis-à-vis productive labour, and so on« (Clarke u.a., zit. nach Schwanhäußer 2010, 293), und sie versuchten sich an einer Auflösung von Geschlechterpolaritäten, von starren Männer- und Frauenrollen. Die Arbeitersubkulturen zeichneten sich dage-

---

22 Vgl. Clarke/Hall/Jefferson 1979, 45.

23 Die Birminghamer Autoren sprechen von einer klassenspezifischen »Grundproblematik«: »Ihre Erfahrungen und Reaktionen basieren auf der gleichen *Grundproblematik* wie die der anderen Mitglieder ihrer Klasse auch, die kulturell gesehen nicht so eigenständig und herausgehoben sind. Besonder gegenüber der *dominanten* Kultur bleibt ihre Subkultur, wie andere Elemente ihrer Klassenkultur auch untergeordnet und unterdrückt.« (Clarke/Hall/Jefferson 1979, 47)

gen durch eine territorial basierte »Gruppengemeinschaftstradition« aus, die sich um das »*street-wise*«-Sein drehte. Es waren von jungen Männern dominierte Gruppen, deren Praxis sich um die Performance einer »harten« und abenteuerlustigen Männlichkeit drehte.[24]

Vieles wurde an diesem Modell seither kritisiert. *Theoriegeschichtlich* konfrontierte man insbesondere das Modell der »doppelten Artikulation« der Subkulturen (mit einer hegemonialen Kultur einerseits und einer proletarischen Eltern-/Stammkultur andererseits) mit der theoretischen Kritik, es verdingliche Kulturen zu »coherent and homogeneous formations that can be clearly demarcated« (Weinzierl/Muggleton 2003, S. 7; vgl. Muggleton 2000, S. 9ff; Bennett 1999; 2005; Redhead 1997). Damit habe es essenzialistisch-normalisierende Tendenzen (weil es zum Beispiel eine »queere« Arbeiterin nicht anders denn als Außenseiterin denken kann) und werde den komplexen, widersprüchlichen Machtstrukturen spätmoderner oder postfordistischer Gesellschaften weniger gerecht als ein Foucault'scher Blick auf die mikropolitischen Kapillaren von Machtbeziehungen oder eine Analyse performativer Praktiken, die keine »primordialen« Identitäten voraussetzen. *Empirisch-zeitdiagnostisch* gehen die meisten Jugendkulturforscher nunmehr davon aus, dass zwischen Herkunftskulturen und subkulturellen Milieus höchstens ephemere Verbindungen bestehen. Die meisten Gruppen, die sich selbst als Subkulturen begreifen, stützen solche Diagnosen, gerade in Deutschland.[25] Geht der Blick ins Detail, finden sich gelegentlich auch differenziertere Diagnosen, die »gemeinsamen Lebenslagen« eine größere Bedeutung in vielen »Jugend-Szenen« zumessen (Ferchhoff 1999, 265f). Insgesamt aber schrecken die Forscher vor »essenzialistischen Festschreibungen« zurück (vgl. McCarthy/Logue 2008).

---

24 Vgl. Brake 1981, Lindner 1981a, zu den Merkmalen der »Gruppengemeinschaftstradition« vgl. den Abschnitt zu historischen Jugendkulturen.

25 Bei Roland Hitzler u.a. heißt es über Jugend-Szenen: »Ihre vergemeinschaftende Kraft gründet nicht, jedenfalls nicht essentiell, auf gemeinsamen Lebenslagen – und eben darin besteht ihre Attraktivität (nicht nur) für Jugendliche.« (Hitzler 2005, 30) Auch Hall und Jefferson resümieren über das mittlerweile in weiten Teilen postindustrielle Europa seit den achtziger Jahren: »Contemporary post-industrial societies have certainly become much more individualistic, socially fragmented and pluralistic since the 1960s and 70s with the result that class and culture are much more disarticulated than they were, and the whole subcultural field has become much more diffuse than it once was.« (2006, xv) Der Wissenssoziologe Hitzler nimmt dies zum Anlass, solche Fragen als abgehandelt zu betrachten, Hall und Jefferson fragen nach Differenzierungen und neuen Formationen.

Die Figur des »Prolls« und die hier beschriebenen Stile und Distinktionen in ihrer Verwendung in der kulturellen Praxis belegen solche Entkopplungen, sie zeigen aber auch, wie sich soziale Lagen weiterhin in jugendkulturelle Lebenswelten und auch in subkulturelle Symbolsysteme einschreiben. Insofern scheint die zeitgenössische Jugendkulturforschung mit ihren Pluralisierungs- und Enthierarchisierungsdiagnosen einerseits auf der richtigen Spur zu sein, sie scheint aber andererseits den Wald – die fortbestehenden sozialen Ungleichheiten, die Besitz- und Klassenverhältnisse, die auch die Lebenswelten von Jugendlichen mit-konstituieren – vor lauter Bäumen nicht zu sehen. Inwiefern der »Picaldi-Style« für starke Versionen der Entkopplungsthese einen Falsifikationsfall ausmacht, bleibt darzustellen. Insgesamt bleibt mit Hall und Jefferson also zu konstatieren, dass »Klasse« zwar nicht einfach als vorrangiges Explanans fungieren kann (»class can no longer be predicated as primary in the production« or explanation of stylistic ›solutions‹«, Hall/ Jefferson 2006, xvi), die Kategorie aber weiterhin eine »meaningful category in thinking about the social order« (xvi) darstellt, wenn es um Subkulturen geht.[26] Mit Paul Willis kann die Aufgabe dann so skizziert werden: »The elements of a cultural practice mutely ›speak‹ – clothes, body, style, demeanour, interaction, the use of commodities – of many things, but importantly of the actual social and physical locations of the cultural participants. Part of the ethnographic imagination is to fill in the missing blanks in what is being referred to.« (Willis 2000, 12)

Sozialität/Vergemeinschaftung

Ist Fragmentierung und Bricolage die Kerndiagnose auf der *ästhetischen* Ebene, und Entkopplung auf der *sozialstrukturellen*, so wird die Veränderung dominanter Formen von »sociality«, von *Sozialität* und *Soziabilität* im subkulturellen Kontext häufig mit dem Schlagwort der »posttraditionalen Vergemeinschaftung« gefasst (vgl. Lash 1996, 135ff, 245ff): Subkulturen werden klassisch als verhältnismäßig stabile soziale Netzwerke verstanden, und das sind sie häufig weiterhin; »commitment« im Sinn von Howard S. Becker und dauerhafte Zugehörigkeit charakterisieren subkulturelle Existenzen und Karrieren.

---

26 Vgl. Hall/Jefferson 2006, xv.

Zugleich entsteht vielfach eine fluide Sozialität jenseits fester, dauerhafter, verbindlicher sozialer Bindungen, wie sie der französische Soziologe Michel Maffesoli in »le temps des tribus« beschrieb (1996), die zum Bild flexibler, am Imaginären orientierter postmoderner Subjekte (vgl. Bonz 2007) passen. Solche »postmodernen Stämme« sind, wie auch Zygmunt Bauman schrieb, beständig *in statu nascendi* statt *essendi*, sie werden »fortwährend durch wiederholte symbolische Rituale ihrer Mitglieder« ins Leben gerufen, halten sich aber nie länger »als die Anziehungskraft dieser Rituale« und schaffen keine stabilen sozialen Zusammenhänge und auch nur temporär geteilte Bedeutungen.[27] Die »Flash-Mobs« bilden eine extreme Form solch temporärer, fluider räumlicher Zusammenkünfte (vgl. Bauer 2010); die Rave-Szenen und an elektronischer Tanzmusik orientierten Club-Kulturen der letzten Jahrzehnte illustrieren die Diagnosen von ephemerer, posttraditionaler Vergemeinschaftung (Hitzler u.a. 2005, Redhead 1997, Bonz 2007). Durch die Herausbildung von »social media« als Internet-Kommunikationsräume haben sich die Möglichkeiten solcher ortsungebundenen und tendenziell unverbindlichen Sozialität noch einmal potenziert. Eine, wenn nicht sogar *die* zeitdiagnostische Hauptthese der Jugendkulturforschung der jüngeren Zeit lautet dann auch, dass Jugendkulturen paradigmatisch die *Fluidität* und den ephemeren, flexiblen Charakter von Sozialität und auch Identität in der Post- oder Spätmoderne verkörpern. Die Stil-Elemente, die Signifikanten subkultureller ästhetischer Praxis, sind nicht nur vieldeutig und uneinheitlich, sie signalisieren ephemere, situative Zugehörigkeiten über die Trennungslinien von »class«, Milieu, gender, Sexualität, Ethnizität und so weiter hinweg – anstatt dauerhafter, milieuverhafteter Gruppenidentitäten (vgl. auch Bennett 1999, Bennett/Kahn-Harris 2004).[28]

Unklar bleibt aber, wie sich reale soziale Netzwerke, ästhetische Affinitäten und einzelne, vergemeinschaftende Ereignisse zueinander verhalten; es wäre offenkundig zum Beispiel unsinnig zu behaupten, ähnlich »subkulturell« gekleidete Menschen bildeten eine »Gruppe« im starken soziologischen

---

27 Vgl. Bauman 1995, 234. Scott Lash führt bezeichnenderweise Dick Hebdiges Beschreibung subkultureller Bricolage als Beispiel für solche »reflexiven Gemeinschaften« an (1996, 252).

28 Damit verändert sich auch der Charakter der *Räume*, die Subkulturen schaffen: »Such is the fluidity and fragmentation of youth culture that there are only barely identifiable and transitory spaces to whose vagueness terms such as a lifestyle, neo-tribe and scene provide an appropriately opaque and ambiguously spatial response.« (Bennett/Kahn-Harris 2004, 15)

Sinn.[29] Aber auch der Diagnose, »youth culture« sei in all ihren Ausprägungen »fluide« und »fragmentiert«, liegt ein theoretischer »bias« zugrunde, sind doch, um nur ein Argument zu nennen, lokale, verhältnismäßig dauerhafte *face-to-face*-Kontakte für städtische Szenen unabdingbar.

Auch hier ergeben die neueren ethnografischen Nahaufnahmen einen doppelten Befund: Zum einen bleiben dauerhafte Präsenz, regelmäßige face-to-face-Kontakte an bestimmten Orten und persönliches »commitment« sehr viel wichtiger für Sub- und Gegenkulturen, zumindest in deren inneren Zirkeln, als es angesichts von Formulierungen wie denen von Bennett und Kahn-Harris scheinen mag (vgl. Thornton 1996, Bonz 2007, Schwanhäußer 2010); zum anderen erlauben subkulturelle Ästhetiken – auch über tatsächlich primär als »neo-tribes« fungierende Szenen hinaus – einer sehr viel größeren Gruppe von Jugendlichen »am Rande der Szenen« tatsächlich eine verhältnismäßig unverbindliche Teilhabe. Damit wird aber die Frage nach Kriterien für Zugehörigkeit, Akzeptanz und Authentizität eher aufgeworfen als beantwortet.

Damit, so bleibt am Ende dieses Abschnitts zum gegenwärtigen Jugendsubkultur-Forschungsstand festzuhalten, ist uns in drei unterschiedlichen Aspekten (Stil-Kohärenz, »doppelte Artikulation« von Subkulturen, Milieus und Gesellschaft sowie dominante Formen von Sozialität) eine ähnliche Konstellation von Altem und Neuem, von Kohärenz und Auflösung begegnet. Jugend(sub)kulturelle Formationen bewegen sich, so die leitende Annahme für die weitere Studie, zwischen einem Pol der Kohärenz, für den der Begriff der Homologien steht, und einem Pol der Fragmentierung (vgl. Hall/Jefferson 2006, xii).

Dabei haben sich die vorangegangenen Absätze vor allem mit der Jugensubkulturforschung im engeren Sinn auseinandergesetzt. Zum Abschluss dieses Überblicks über den Forschungsstand sollen nun zwei weitere Themenkomplexe vorgestellt werden, die (zumindest zum Teil) über den Diskurs der Jugend/sub/kulturforschung in diesem engeren Sinn hinausgehen und genauere Hinweise auf die Beantwortung der die Frage nach der Figurierung sozialer Ungleichheiten versprechen: Zum einen die Untersuchung neuerer, popkulturinterner Distinktionsmechanismen, zum anderen Analy-

---

29 Klassische Definitionen einer Gruppe schließen ein gewisses Wir-Gefühl (»subjektiv gefühlte Zugehörigkeit«, Weber 1921, 21 (Par. 8)) sowie eine gewisse soziale Vernetztheit oder gar Kohäsion, und gemeinsame »Institutionen« voraus (s.o.). Funktionierende Subkulturen sind Gruppen in diesem Sinn, eine allein im Sinn ihrer äußeren Merkmale beschriebene »Kategorie« oder »Menge« (Geiger 1962 [1930]) ist es nicht.

sen der britischen Chav-Figur als neue konsumkultureller Figurierung von Unterschichtlichkeit.

»Techno-Tracys« und die Hipness-Ökonomie

Viele Zeitdiagnostiker der letzten Jahrzehnte beobachten, dass die großen, sozial klar codierten Oben-Unten-Unterscheidungen von ästhetischem Wert und Unwert (distinguiert/vulgär, High Culture/Low Culture, E-/U-Musik etc.) im Lauf des 20. Jahrhunderts immens an Bedeutung und Verbindlichkeit verloren haben.[30] Die Hierarchien im Kulturellen, die für die kulturellen Bedeutungen von Figuren des sozialen Unten ausschlaggebend sind, sind dadurch keinesfalls verschwunden – sie wurden jedoch vielfältiger und mehrdimensionaler. Autorinnen und Autoren wie Simon Frith, erneut Kaspar Maase, Sarah Thornton oder, mit anderer Schlagseite, Richard Peterson haben gezeigt, inwiefern *innerhalb* populärkultureller Felder neue Unterscheidungslinien entstehen, die die alten sowohl destruieren als auch überformen. Diese Unterscheidungen konfigurieren das Verhältnis von »Oben« und »Unten« neu. So fällt das Wort »prollig« häufig, wenn es um ästhetischen (Un-)Wert geht. Es löst die Spannung zwischen sozialer, behavioraler und ästhetischer Semantik (und der Semantik der Masse) nicht auf, sondern trägt sie in sich.

Der Kultursoziologe Richard Peterson (vgl. Peterson/Kern 1996) zum Beispiel hat mit seinen Studien zum »kulturellen Allesfressertum« gezeigt, dass Vertreter von oberen Schichten oft ausgeprägte Popkulturkompetenzen ausbilden. Nicht allein das hochkulturelle Wissen, sondern die Switching-Kompetenz in der Rezeption begründet, zugespitzt gesagt, einen neuen Habitus der Distinktion; die populären Rezeptionspraktiken erscheinen im Vergleich damit einseitig und »beschränkt«. Im Zusammenhang der Überformung alter Hierarchien gehört auch die zunehmende Bedeutung von »subkulturellem Kapital« (Sarah Thornton), das sich nicht einfach von der Schichtszugehörigkeit herleitet. Es beruht auf drei »principal, overarching distinctions«: »hip« vs. »Mainstream«; »authentisch« vs. »inauthentisch« (»phoney«, »fake«), und »underground« vs. »Massenmedien« (vgl. Thornton 1995, 3f). Für In- und Exklusion sind nicht allein materielle Ressourcen, sondern vor

---

30 Zum Beispiel Leslie Fiedler und Hans Magnus Enzensberger.

allem knappes Wissen und Symbolkompetenz entscheidend. Die Kulturwissenschaftlerin Sarah Thornton zeigte in ihrer mittlerweile klassischen Studie, dass auch das subkulturelle Kapital, das Anerkennung in Subkulturen sichert, weiterhin mit herkömmlichen Klassenunterschieden verbunden ist und diese zugleich aus dem Bewusstsein drängt. Obwohl sich solche Kapitalien nicht einfach und unvermittelt in Unterscheidungen zwischen sozialen Klassen und Milieus, zwischen Männern und Frauen, zwischen »schwul« und »straight« auflösen lassen, sind es insbesondere (a) Frauen und (b) Angehörige der populären Schichten, die in jugendkulturellen Feldern von zentralen, tonangebenden Akteuren auf der minder kapitalisierten Seite solcher Oppositionen verortet werden.[31]

Solche Zuordnungen funktionieren nicht zuletzt mittels negativ klassifizierter Figuren: In ihrem Feld, der Club-Szene Londons Anfang der neunziger Jahre, sind dies zum Beispiel die vermeintlich ahnungslosen, konsumorientierten »Techno-Tracys«, die unweigerlich aus der »working class« stammen.[32] Ihre Präsenz, so Thorntons Analyse, »entwertet« exklusive Subkulturen. In der jüngeren deutschen Jugendkulturgeschichte wird an solchen Stellen vorwiegend von »Prolos«, »Prolls« und »Prolletten« gesprochen. Diese Bezeichnungen werden auch auf Genres übertragen, wenn zum Beispiel von Proll-Techno (vs. »minimal« oder »intelligent«), von Proll-Rap (vs. politisch linksorientiertem »conscious«-Rap oder »Spaß-Rap«), von Proll-Hardcore (vs. zum Beispiel das introspektivere »Emo«-Genre) und so weiter die Rede ist.[33] Verbreitet sind in diesem Zusammenhang auch Kennzeichnungen als

---

31 Thorntons Ausführungen sind weiterhin grundlegend: »Although it converts into economic capital, subcultural capital is not as class-bound as cultural capital. This is not to say that class is irrelevant, simply that it does not correlate in any one-to-one way with levels of youth subcultural capital. In fact, class is wilfully obfuscated by subcultural distinctions. For instance, it is not uncommon for public-school-educated youth to adopt working-class accents during their clubbing years. [...] The assertion of subcultural distinction relies, in part, on a fantasy of classlessness.« (Thornton 1995, 12)

32 Im typischen argumentativen Gestus der Ethnografin kritisiert Thornton die Subkulturforschung in der CCCS-Tradition als ungenügend, weil sie sich in ihrer Themenwahl und Gegenstandskonstruktion häufig auf Typen (bzw. Figuren) konzentriert habe (Mods, Skinheads, Hippies, Rocker...) und nicht auf Felder.

33 Als weitere Unterscheidungskriterien innerhalb des Populären wären zum Beispiel spezifische Konstellationen von Esoterik und Exoterik zu nennen, von geschmackssicheren Kennerinnen und Kennern und »bloßen« Konformisten, von unterschiedlich »reflektierten« Aneignungsstilen, von Präsentismus und Historismus, von verkörperter Ironie (*knowingness*) etc.. Simon Frith argumentiert in diesem Sinn, dass die Oben/Unten-Unterscheidung sich auf einer ästhetischen Ebene von Schichtunterscheidungen weitgehend abgekoppelt hat (1991, 109). Für Frith ist die abgewertete Seite immer weiblich codiert (110).

»trash« oder »trashig«, wobei sich formal-ästhetische und soziale Attribute erneut überlagern. Die Übergänge von Figuren wie den »Tracys« zu Ästhetiken des selbstbewusst »Neureichen« und zu einem popkulturellen Mainstream, für den die großen Pop-Celebrities ästhetisch Pate stehen, sind nicht einfach zu definieren, weder für die Akteure noch in der Analyse.[34]

Die negativ klassifizierten Worte und die Figuren, die sie bezeichnen, dienen besser kapitalisierten Akteurinnen und Akteuren also zur Abgrenzung *innerhalb* von Popkultur (so sehr diese auch strukturell »proletarisiert« sein mag), und zwar durch Verweise auf soziale Positionen und zugleich auf einen vermeintlichen Mangel an symbolischer Verfeinerung.

»Chavs« als konsumgesellschaftliche Figur der Prekarität

Aber auch die in einem körperlichen und zugleich gesellschaftsdiagnostischen Sinn als bedrohlich wahrgenommenen Stile, die mit territorialen Verhaltensweisen und dominanten Männlichkeitsentwürfen verbunden werden, bestehen weiter, freilich in neuen Konstellationen. Im letzten Jahrzehnt betrat eine neue Figur die (britische) Bühne, der »chav«, der von Außen, aus der sozialen Distanz, besonders feindselig und verächtlich als Unterschichtsfigur etikettiert wird. Jenseits aller feinen Verästelungen und neuer Hierarchien, drängte sich das Themenfeld sozialer Ungleichheiten (und binärer Codierungen) der Jugend/sub/kulturforschung damit ein weiteres Mal auf, nun jedoch in Form einer besonders stark als spezifisch konsumgesellschaftlich gezeichneten Figur. Bezeichnenderweise waren es jetzt aber vor allem Forscherinnen und Forscher aus Soziologie und kritischer Kriminologie (und nicht aus der Subkulturtheorie), die sich mit diesem Phänomen auf verschiedenen Ebenen auseinandersetzten.

Die kritischen Kriminologen Keith Hayward und Majid Yar argumentieren in ihrer Analyse des »›chav‹ phenomenon« (2006), die »chav«-Figur

---

34 Inbegriff dieses ästhetisch-sozialen Übergangs, der in vielen Subkulturen und unter »Alternativen« tatsächlichen Ekel verursacht, ist der französisch-amerikanische Designer Christian Audigier, der den Tattoo-Künstler Ed Hardy u.a. durch gezielte Pop-Celebrity-Auftritte zur Riesen-Marke machte (vgl. dazu eine ausführliche Reportage: Devin Friedman, Emperor Du Fromage, GQ, October 2009). Auch bei den Interviews war oft von der Ed-Hardy-Ästhetik die Rede, die von vielen Jugendlichen vor allem (aber nicht nur) mit »Möchtegern-Reichen« assoziiert wurde.

sei just zu einem Zeitpunkt im öffentlichen Diskurses erschienen (zu Beginn der Nullerjahre), als die Debatte um eine »underclass« an Bedeutung verlor.[35] Zuerst nur in einer Region Nordenglands verwendet, wurde das Etikett schnell massenmedial aufgegriffen. Die Entstehung der Figur markiere insofern einen Epochenbruch hin zur einer Gesellschaft, die die eigene Struktur primär im Idiom der Konsumkultur reflektiert: »If contemporary fascination with the ›chav‹ is about anything it is about a reconfiguration of the ›underclass‹ idea through the lens of an unmediated consumer society.« (2006, 18) Die »chav«-Figur in der populären Kultur (sowohl in der informellen Kommunikation als auch in popkulturellen Texten) sei insbesondere an pathologisierte Konsum-Praxen gekoppelt (»unsinnige« Ausgaben für Sportbekleidung, Schmuck, Turnschuhe und Flachbildfernseher und so weiter), im Gegensatz zur Debatte um die »Unterklasse«, die primär immer noch – wenn auch negativ – mit der Sphäre der Produktion und einem Vokabular sozialer Schichtung verbunden war. Insbesondere das Herausstellen von Markenkleidung seitens der Jugendlichen signalisiere eine konsumgesellschaftliche Partizipation trotz sozialen Ausschlusses.[36] Gerade die letztlich kompensatorische Orientierung vieler post-proletarischer Jugendlicher an konventionellen Statussymbolen wie berühmten Marken werde in den Augen sozial überlegener Akteure aber zum entscheidenden Stigma, zum Zeichen von Gefährlichkeit und Wertlosigkeit und damit zum Anhaltspunkt für Manipulationsdiagnosen und für unterschiedliche Formen von Repression gleichermaßen, zum Beispiel durch das Verbot bestimmter, als »typisch«

---

35 Die Ausschreitungen und Plünderungen in Großbritannien im Sommer 2011 haben die Figur noch einmal ins Licht der Öffentlichkeit gerückt. Als Quasi-Synonyme für »chav« führen Hayward/Yar zum Beispiel diverse Klassifikationsbegriffe an, die meisten von ihnen aus lokalen Dialekten: »Scallies« (Merseyside), »Neds« (Glasgow), »Townies« (Oxford/Cambridge and most university towns), »Rarfies«, »Charvers« (Newcastle/North East), »Kevs« (London/Bristol), »Janners« (Plymouth), »Spides« (Belfast), »Hood Rats«, »Rat Boys«, »Bazzas«, »Kappa Slappas«, »Skangers«, »Scutters«, Stigs«, »Sengas«, »Yarcos« (2006, 15).

36 Der Zusammenhang von relativer Armut, Scham, Konsum und Anerkennung ist bekannt – so argumentiert der Sozialphilosoph Andrew Sayer (ähnlich wie schon Richard Sennett und Jonathan Cobb), dass untere Schichten in Konsumgesellschaften einer »strukturellen Erniedrigung« unterliegen, weil sozialer Wert ideologisch an Konsumfähigkeit geknüpft ist (2004, 161; vgl. auch Wellgraf 2012). Dass dies nicht rundum neu ist, sollte der historische Abriss jedoch verdeutlicht haben. Fraglos ist die Betonung übermäßiger Konsum-Orientierung bei der »jugendlichen Unterschicht«, die bürgerliche Beobachter empört, sehr viel älter (vgl. schon Henry Mayhew über die teuren Schuhe der Costermonger-Jungs um 1840; vgl. Maase zur Klage über die »Putzsucht« von Frauen aus den Unterschichten (2000, 179ff)).

geltender Markenbekleidungsartikel in Pubs, Diskotheken oder Einkaufszentren. Hayward und Yar resümieren, dass die gleichermaßen moralische und ästhetische Kritik, die der spöttischen Figurierung von »chavs« als »Konsum-Opfern« innewohnt, auf einer Logik basiert, die Verlierer der postindustriellen Ökonomie im Symbolischen für deren Festhalten an gesamtgesellschaftlich dominanten Werten bestraft:

> »The current discourse on the ›chavs‹ finds its ideological mode of articulation by attributing to *individual cultural choices* what can in fact be seen as the outcome of a cruel capitalist perversity: the production, on the one hand, of a social strata excluded from full productive participation in the neoliberal economy, and on the other the relentless dissemination of messages that link social worth and well-being to one's ability to consume at all costs. It is precisely this dissimulation at the heart of the ›chav‹ discourse that, we hold, needs to be exposed and critiqued.« (ebd., 24f)

In ihren Ausführungen über »class digust in contemporary Britain« (unter der Überschrift »chav mum, chav scum«) konzentriert sich die Soziologin Imogen Tyler auf weibliche Figuren und beleuchtet dabei insbesondere die mediale Form ihrer Verbreitung. Sie argumentiert, dass die Figur der verantwortungslosen jugendlichen »chav«-Mutter sich nicht vorrangig in der informellen Kommunikation verbreitet habe, sondern mittels TV-Comedy, in Internetforen und in Zeitungen. Die fiktionale Figur Vicky Pollard aus der satirischen Fernsehsendung *Little Britain* verkörpert die »chav mum«: »The chav mum or pramface, with her hoop earrings, sports clothes, pony tail (›Croydon facelift‹) and gaggle of mixed race children, is the quintessential sexually excessive, single mother: an immoral, filthy, ignorant, vulgar, tasteless, working-class whore. This figure of chav mum circulates within a wide range of media, celebrity media, reality television, comedy programming on British television, consumer culture, print media, literature, news media, films, and ›chav hate‹ websites.« (26) In britischen Zeitungen seien die immergleichen Bilder (letztlich tatsächlich via Cut-and-Paste) aufgerufen worden, wenn es um junge Mütter aus post-proletarischen Milieus ging: »Sullen, hooded, loitering, unemployed, pram-pushing, intoxicated youths« (Tyler 2008, 22); »Chavs are white, live on council estates, eat junk food, steal your phones, wear crap sports wear, drink cheap cider, they are the absolute dregs of modern civilization; a social underclass par excellence, chavs are disgusting.« (24) Die Motive sind weitgehend mit denen des deutschen Proll-Diskurses austauschbar; es werden offenbar ähnliche Entwicklungen und ein ähnliches Unbehagen »figuriert«.

Im kulturellen »Wissen« der Zeitgenossen ist »chav« also ein mit Eigenschaftslisten beschreibbarer sozialer Typus; Tyler analysiert ihn beziehungsweise sie in erster Linie als Figur im Sinn einer medialen Repräsentation, die soziale Krisen und Paniken zum Ausdruck bringt. Sie entwickelt die These, dass Figuren als »highly condensed figurative forms« (18) aus *Affekten* wie sozialem Ekel entstehen, und dass sich in dieser speziellen »intensely affective figure« ein gesellschaftliches Unbehagen mit einer Konstellation von Klassengegensätzen, weiblicher Sexualität, Reproduktion, Fruchtbarkeit und »racial mixing« verdichtet. Die populärkulturellen Figurierungen legitimieren vor diesem Hintergrund sozialpolitische Steuerungsversuche und Repressalien.[37] Tyler verbleibt für ihre Analyse weitgehend im Register massenmedialer Diskurse und stellt heraus, in welchem Maße Online-Medien, Diskussionsforen, Blogs und Kommentarspalten an der Verbreitung der Chav-Figur und an den sie bestimmenden Kommunikationsmodi teilhaben. Ohne partizipative Internet-Seiten wie »urbandictionary«, in denen anonyme Autorinnen und Autoren neue jugendsprachliche Wörter selbstironisch kommentieren, oder speziellere thematische Blogs wie »chavscum«, so ihre einleuchtende These, hätte die Chav-Figur kaum derartig schnell ihre massenmediale Resonanz entfaltet.

Der Soziologe Anook Nayak wiederum, der einzige Ethnograf unter den hier zitierten Autorinnen und Autoren, beschreibt die Figur des (männlichen) »charvers« in Newcastle als lokale Variante der »chavs« und hebt die Bedeutung von *Respektabilitätslinien* hervor, die nicht nur im Medialen, sondern auch in der alltäglichen Interaktion und Figurierung gezogen werden. Er beschreibt, wie sich »respektablere«, ebenfalls hedonistische postproletarische Jugendcliquen von den »charvers« abgrenzend, basierend auf traditionellen Unterscheidung von »rough« und »respectable working class«. Auch Nayak betont dabei die historischen Kontinuitäten: »I would contend that *Charvers* represent modern day anxieties concerning fear of crime, economic displacement and loss of class respectability. [...] Like black youth, *Charvers* are represented as ›gangstas‹, ›rogues‹, ›apes‹, society's evolutionary

---

37 In vielen Beispielen von »chav hate« wird vor allem darauf abgehoben, dass die jungen Frauen schlechte Mütter sind und sich der Emanzipation verweigern, da sie – so die stereotype Darstellung – lieber Kinder bekommen und Sozialhilfe beziehen als »auf eigenen Beinen« zu stehen. Tyler stellt diese Sicht in den Zusammenhang neuer hegemonialer Normen von Weiblichkeit (Helen Wilson/Annette Huntington 2005, 59) und sozialer Panik um eine anderen Figur im Zusammenhang: die »infertile white middle-class middle-aged woman« (2008, 30), die eigentlich die respektable Fraktion der Nation reproduzieren sollte.

›missing link‹ in the chain of human order.« (2006, 824) Auch hier ist die (aus der diskursiven Außenperspektive betrachtete) Chav-Figur also mit einem schwer fassbaren, vielfach überdeterminierten kollektiven Unbehagen (»anxieties«) verbunden.

Die Chav-Figur verweist auf die Art und Weise, wie »Klasse« erlebt und in der kulturellen Praxis städtischen Lebens thematisiert wird, auch wenn dort nur selten explizit von Schichten oder Klassen die Rede ist: anhand von scheinbar ephemeren Zeichen, die sich an Konsumprodukten und Körpern festmachen, und kulturellen Geografien. »As an unspoken category in young men's lives, social class is rendered visible through a mobile economy of signs, discursively mapped onto the cartography of the post-industrial city and the working and non-working bodies that lie therein.« (827) Ganz unterschiedliche ästhetische Grenzziehungen reproduzieren althergebrachte Unterscheidungen von oben und unten, von drinnen und draußen, ohne dass diese für die Handelnden selbst als solche benannt würden.

Am Ende des Überblicks über den Forschungsstand steht also die Herausforderung, altbekannte Motive, wie sie im historischen Teil vorgestellt wurden, in neuen gesellschaftlichen Konstellationen, unter neuen Namen und medialen Inszenierungen zu begreifen. Wie die Ethnologen Jean und John Comaroff in ihren Überlegungen zu Globalisierung und »millennial capitalism« schreiben, ziehen sich solche Figuren von Bedrohung, Exzess und Prekarität gegenwärtig durch sehr viele Gesellschaften (vgl. auch Silverstein 2006). Sie fragen, ob es angesichts einer Entwicklung, in der junge Generationen oft weniger Wohlstand erwarten können als ihre Eltern, Zufall sein könne, dass »the standardized nightmare of the genteel mainstream is an increasingly universal image of the adolescent, a larger-than-life figure wearing absurdly expensive sports shoes, headphones blaring gangsta rap, beeper tied to a global underground economy—in short, a sinister caricature of the corporate mogul? Is this not a dramatic embodiment of the dark side of consumerism, of a riotous return of the repressed, of a parallel politics of class, social reproduction, and civil society?« (Comaroff/Comaroff 2001).

II. Teil: Berliner Figuren:
Ein jugendsubkulturelles Figurierungsfeld

»[…] this city hunger for quick ways of classifying people.«

(Jonathan Raban, The Soft City, 27)

»Die prolligsten, die Underdogs innerhalb der Szene, wurden anfangs als Picaldis abgetan.«

(*die tageszeitung*, 16.10.2006 über rechte Jugendliche in Ostdeutschland, die als eine »bestimmte Art von Hip-Hop-Cliquen« beschrieben werden)

1. Eine post-proletarische Stadt

Der folgende zweite Teil beschreibt eine lokale Situation, einen Ausschnitt des jugendkulturellen Feldes in Berlin (die Besonderheiten des *städtischen* Klassifizierens wurden im Theorieteil bereits angedeutet). Vor allem wird es um die kulturellen Bedeutungen einer Hip-Hop-nahen Ästhetik gehen, die von Jugendlichen auch als »Berlin-Style« bezeichnet wird und eng mit der örtlichen Modemarke Picaldi verbunden ist. Die mit diesem Stil verbundene Szene schließt sowohl hinsichtlich der Stilisierungs- als auch der Etikettierungsebene in vielen Punkten an die bisherige Darstellung an. Der zeitliche Rahmen liegt ungefähr zwischen 1997 (als Picaldi in Berlin ihre Jeans zu verkaufen begannen) und 2008 (dem Zeitpunkt der Feldforschung).

Zunächst ist ein Exkurs zum strukturellen Kontext der lokalen Situation vonnöten. Berlin stellt einen spezifischen Fall dar: Die historisch relativ junge, seit nunmehr über 20 Jahren »wiedervereinigte« Metropole, bietet ein klar konturiertes – aber aufgrund der Vereinigung auch atypisches – Fallbeispiel für sozialwissenschaftliche Diagnosen von sozialer Polarisierung im Zeichen von Deindustrialisierung und Postfordismus in der sogenannten Wissensgesellschaft.[1] Wie die Arbeiten der Stadtsoziologen Hartmut Häußermann und Andreas Kapphan (2002) oder der Wirtschaftsgeografen Stefan Krätke und Renate Borst (vgl. Krätke/Borst 2000) gezeigt haben, sind entscheidende strukturelle Entwicklungstendenzen der Stadt seit der Krise des Fordismus in den siebziger Jahren (im damaligen Westteil), spätestens aber seit der Wiedervereinigung von 1990, in (a) wachsender Einkommensungleichheit

---

1 »Im Zuge des Arbeitsplatzabbaus im produzierenden Gewerbe und dem Wandel von der Industrie- zur Dienstleistungsgesellschaft nimmt Arbeitslosigkeit und die soziale Ungleichheit in den Städten zu. [...] (So) polarisiert sich die soziale Struktur der Großstädte zwischen Arbeitslosen und prekär Beschäftigten einerseits und den Dienstleistungseliten andererseits.« (Kapphan 2003, 12) Vgl. zur Exklusions- und Unterschichtsdiskussion resümierend, vor allem auf der Makroebene, Wacquant 2009. Vgl. darüber hinaus die Bibliothek der politisch-ökonomischen kritischen Geografie um Autoren wie David Harvey und Neil Brenner.

(im Zuge von »Globalisierung« und postfordistischer »Tertiarisierung«), (b) ethnisch-kultureller Heterogenisierung, (c) einer (»neoliberalen«) Privatisierung und Ökonomisierung städtischer Raum- und Sozialpolitik und (d) in sozialräumlicher Entmischung zu sehen. Sie strukturieren auch das jugendkulturelle Feld.[2]

Vor allem markieren die neunziger Jahre, die Zeit nach der Wiedervereinigung, tiefgreifende Brüche: »Die soziale Entwicklung Berlins ist in den 1990er-Jahren durch den ökonomischen Strukturwandel der Stadt bestimmt, der sich in einem De-Industrialisierungsschub und hohen Arbeitslosenzahlen niederschlägt. Die in Teilen der Stadt um sich greifenden Verarmungsprozesse sind Konsequenz einer Beschäftigungskrise in der Gesamtstadt, und durch veränderte sozio-ökonomische Chancenstrukturen verschiedener Einwohnergruppen ist die überkommene soziale Differenzierung der Berliner Stadtquartiere in Bewegung geraten«, wie Krätke und Borst zusammenfassen (2000, 292).[3] Die Arbeitslosenquote stieg in diesem Jahrzehnt und in den darauf folgenden fünf Jahren, also in dem Zeitraum, in dem die Jugendlichen, um die es hier geht, aufgewachsen sind, rapide an. 2005 lag die offi-

---

2 Die »Entwicklungstendenzen« passen zu den Schwerpunkten der internationalen (stadt-) ethnologischen Diskussion, darunter die »Heterogenisierung«, die Tendenz zur Transnationalität von städtischen Lebenswelten. Für einen spekulativ-theoretischen Blick auf Deindustrialisierung und Neoliberalismus vgl. Comaroff/Comaroff 2001. Häußermann u.a. argumentieren folgendermaßen: Deindustrialisierung und »Tertiarisierung« sorgen im Kontext des Postfordismus für wachsende Einkommensungleichheit. Durch Migrationsprozesse wächst die ethnisch-kulturelle Heterogenität. Im Zuge von Individualisierungsprozessen verläuft die Wahrnehmung der meisten Menschen aber nicht entlang »relativ eindeutiger Klassen- und Schichtungsstrukturen«, vielmehr wird die Stadt-Gesellschaft nunmehr als »Gebilde aus kulturell differenzierten Milieus« wahrgenommen. Unterfüttert werden diese Prozesse durch eine »zunehmende Ökonomisierung der technischen Grundversorgung und eine fortschreitende Privatisierung der Wohnungsversorgung« (Häußermann 2009)

3 Fraglos traf die Deindustrialisierung die subventionierte Industriestadt und viele ihrer Bewohnerinnen und Bewohner besonders hart: Der Verlust an Industriearbeitsplätzen zwischen 1989 und 1998 betrug nach einer Schätzung 67 Prozent (Krätke/Borst 2000, 7). Nach anderen Statistiken wurden in den 1990er Jahren in Berlin ungefähr 200.000 Industrie-Arbeitsplätze zerstört (d.h. über die Hälfte), davon ca. 130.000 im ehemaligen Ostteil der Stadt. »In West-Berlin wurden zwischen 1989 und 1997 30 Prozent der industriellen Arbeitsplätze abgebaut, in Ost-Berlin zwischen 1989 und 1992 knapp zwei Drittel und zwischen 1992 und 1997 noch einmal 38 Prozent.« (Kapphan 2002, 85) Seit 1997 hat sich diese Tendenz fortgesetzt; im verarbeitenden Gewerbe sank zum Beispiel die Zahl der Beschäftigten von ca. 265.000 im Jahr 1997 auf 99.000 im Jahr 2005. Der Arbeitsplatzabbau traf aber auch andere wichtige, stadtprägende Sektoren, so wurde die öffentliche Verwaltung personell um insgesamt ca. 50 Prozent »geschrumpft«.

zielle Quote dann bei 19 Prozent (circa 319.000 Menschen; 1995 waren es 213.000); inzwischen ist sie wieder auf 12,3 Prozent (2012) gesunken.[4] Dennoch leben nach einer Studie der Hans-Böckler-Stiftung (2011) weiterhin 21 Prozent der Bevölkerung unterhalb der Armutsgrenze (bundesweit sind es 15 Prozent); die Quote für Kinder und Jugendliche liegt bei 27 Prozent; die Quote bei denjenigen mit Migrationshintergrund liegt in manchen Erhebungen um mehr als zehn Prozentpunkte höher.[5] Im Jahr 2006 lebten in Berlin 700.000 Menschen von staatlichen Sozialleistungen, davon waren 180.000 unter 18 Jahre alt (Sozialstrukturatlas 2008). Nur ca. 1,2 Millionen waren zu diesem Zeitpunkt (abhängig) erwerbstätig. Circa 37 Prozent der Berliner 16-Jährigen waren Teil von Haushalten, die von staatlichen Sozialleistungen lebten. Die Entwicklung traf Migranten in besonderem Maße. »Durch die Deindustrialisierung Berlins reduzierten sich währenddessen auch sozialversicherungspflichtige Beschäftigungen bei Migranten der ersten und zweiten Generation sprunghaft, weil diese fast doppelt so häufig in der Industrie arbeiteten wie Einheimische, über niedrige Ausbildungsquoten verfügten und von der Mehrheitsgesellschaft diskriminiert wurden.« (Ohliger/Raiser 2005: 24)[6]

Polarisierung als relationaler Vorgang bedeutet zugleich, dass in anderen Ecken des sozialen Raumes materielle und symbolische Zugewinne entstehen. Gesamtgesellschaftlich steht dem Arbeitsplatzabbau in der Industrie das Wachsen des Dienstleistungssektors gegenüber, der bekanntermaßen eine andere Struktur von Beschäftigungsverhältnissen enthält, und kulturell ein neues Prestige der »Postmaterialisten«. Auch in ihrer Gesamtheit kompensieren Dienstleistungsökonomie und forschungsnahe »wissensbasierte Produktion« den Arbeitsplatzverlust in der Industrie freilich nicht. Krätke und

---

4 Vgl. die Berlin-Daten bei der Bundesagentur für Arbeit (statistik.arbeitsagentur.de/; letzter Abruf 20.3.2013); Regionaldirektion Berlin-Brandenburg der Bundesagentur für Arbeit (2012): Zahl der Arbeitslosen in Berlin seit 1995; http://www.berlin.de/imperia/md/content/sen-wirtschaft/konjunkturdaten/c_01.pdf?start&ts=1357568024&file=c_01.pdf (20.3.2013).

5 Zitiert nach: »Hohes Armutsrisiko in Berlin«, Der Tagesspiegel, 15.11.2012, http://www.tagesspiegel.de/berlin/studie-hohes-armutsrisiko-in-berlin/7390326.html (20.3.2013); http://www.boeckler.de/28607_41904.htm (20.3.2013).

6 Häufig wurden frühere ›Gastarbeiter‹ durch die anfangs billigeren und gewerkschaftlich kaum organisierten Arbeitskräfte aus Ostdeutschland ersetzt. »Im Kontext derartiger Ethnisierungsformen des Arbeitsmarktes stieg die Arbeitslosigkeit der Nichtdeutschen von 20,4 Prozent im Jahr 1992 über 31,9 in 1997 auf 38,8 Prozent in 2003 an und verfestigte sich meist langfristig, während die Vergleichszahlen für deutsche Staatsangehörige 11,3, 15,8 und 18,4 Prozent betrugen.« (Lanz 2007, 127; Zahlen nach Ohliger/Raiser 2005; 27).

Borst spotteten, Berlin habe sich, anstatt einen erfolgreichen Strukturwandel hin zu einer »Dienstleistungsmetropole« zu absolvieren, bestenfalls zu einer »Hauptstadt der Putzkolonnen und Privat-Sheriffs« (2000, 286) entwickelt. Sie verweisen damit auf die prekären und verhältnismäßig schlecht bezahlten unteren Berufsgruppen in der Dienstleistungsökonomie, die uns im Laufe der Arbeit immer wieder begegnen werden. Ihnen steht das Prestige »emergenter« Branchen und höherer Berufsgruppen gegenüber, aus denen sich die vielbeschworenen neuen »Stadtbürger« rekrutieren sollen.[7] Die Wirtschaftsförderung konzentrierte sich in den neunziger Jahren vorrangig auf den Umbau – den vermeintlichen »nachholenden Strukturwandel« – Berlins zu einer »Dienstleistungsmetropole«, auf »innovative Technologiefelder« (vgl. Krätke/Borst 2000, 71f) und die »Kreativindustrie« und danach etwas stärker auf die (verbleibende) Gesamtindustrie.

An diese mit den Stichworten Dienstleistung, Forschung und Kreativität gekoppelten Ökonomien (und an die Immobilienspekulation sowie die politische Verwaltung und ihr Umfeld) ist die vieldiagnostizierte »Renaissance der Innenstädte« gekoppelt und mit ihr die Gentrifizierung.[8] Die entsprechenden Milieus prägen in ihrer Gesamtheit auch die Gestaltung der Konsumlandschaften, an denen der sozialräumliche Wandel der Stadt vielfach festgemacht wird.[9] Gewinner sind sowohl klassische Oberschichten als auch die nicht zuletzt »postmaterialistisch« orientierte, alternativkulturell geprägte

7 Zur ideologischen Figur des Stadtbürgers vgl. Lanz (2007), der auf den Begriff der »revanchistischen Stadt« (Neil Brenner) rekurriert: Mittelschichten, die sich als »Stadtbürger« verstehen, versuchen, »die verloren geglaubte Kontrolle und sozial-kulturelle Hegemonie über zentrale städtische Räume wiederzuerlangen« (142).

8 Die vieldiskutierten »Culturepreneurs« werden, so Stephan Lanz, im dominanten Diskurs vorwiegend gedeutet als »avantgardistische Eliten eines neoliberalen gesellschaftlichen Umbaus« (192), sind aber zugleich als Prekariat vorstellbar. Sie können, und das ist hier eher der Punkt, mit ihrem kulturellen Kapital renommieren, das in gewisser Weise wenn nicht konvertierbar, dann doch anerkennungsträchtig ist. Die Politik hat mit ihrer Förderung einen Trend verstärkt und dem symbolischen Kapital der emergenten Milieus gewissermaßen einen amtlichen Stempel des Zeitgenössischen und Zukunftsträchtigen gegeben.

9 Bei der Gentrifizierung geht es nicht nur um »die staatlich geförderte, durch das Immobilienkapital produzierte Aneignung einzelner Wohnorte durch gesellschaftliche Funktionseliten«, sondern auch »um die räumliche Expansion und ökonomische Verwertung der metropolitanen Kultur«, wobei sich darin auch »der Machtanspruch der Mittelklassen [artikuliert], sich urbane Lebensformen anzueignen und durch ihren Konsum ihren ökonomischen und symbolischen Wert zu steigern (vgl. Zukin 1991: 186).« (Lanz 2007, 143; vgl. zu den »postmaterialistischen Mittelschichten« als Trägergruppe auch Reckwitz 2009).

Gruppierungen, die sich in der Wählerschaft von »Bündnis 90/Die Grünen« besonders konzentrieren – oder zumindest die »Gewinner« innerhalb derselben.

Die Polarisierungsthese lässt sich auch auf der Ebene des Schul- und Ausbildungssystems, in dem die Hauptschule zunehmend zur »Restschule« wurde, erzählen (vgl. dazu Wellgraf 2012). Sie läuft allerdings – zumindest in ihrer vereinfachten populären Rezeption – Gefahr, mit ihrer Betonung der divergierenden Extreme die *Kontinuität relativ stabiler Formationen in der »Mitte«* auszublenden. Das gilt besonders mit Blick auf die unterbürgerlichen Schichten. Die einseitige Fokussierung einer »Unterschicht« von »Ausgeschlossenen«, die primär als soziales Problem erscheinen, macht »respektable« kleinbürgerliche, (post-)proletarische Milieus, die sowohl nach ihrem Selbstverständnis als auch nach objektivistischen Kriterien weder der »Unterschicht« noch einer (neuen) bürgerlichen Mittelschicht zugehören, tendenziell weniger sichtbar, wenn nicht gar unsichtbar. Zwar mögen auch sie in sozialem Abstieg begriffen sein, mit geringeren Löhnen, längeren Arbeitszeiten und schwierigeren Arbeitsbedingungen zu kämpfen haben, aber das ist nicht identisch mit Arbeitslosigkeit oder einem Absinken in die »Unterschicht«, insbesondere nicht für sie selbst. Das gilt für die »working poor«, die Geringverdiener und Prekären, für viele »Aufstocker«, aber auch für kleine Selbständige, viele qualifizierte Handwerker und so weiter. Gerade hier wirken klassifizierende Zuschreibungen wie »Unterschicht« oder »Prekariat« beleidigend, weil sie eine Respektabilitätsgrenze ignorieren, die vielen Akteuren wichtig ist.

Seit dem 19. Jahrhundert war Berlin eine Industriestadt, die *auch in ihrer Alltagskultur* – als »Geschmackslandschaft« – vor allem von den Arbeiterinnen und Arbeitern geprägt wurde: »Die tonangebende, geschmacksbildende Schicht der Stadt wurde vom Berliner Industrieproletariat (Bau-, Maschinenbau- und Elektroindustrie) gestellt, das sich, auch dies eine Parallele zum Ruhrgebiet, vor allem aus Zuwanderern aus den ostelbischen Provinzen sowie aus Polen rekrutierte«, formuliert Rolf Lindner (2006, 966). Werner Schiffauer hebt hervor, dass schon das Vorkriegsberlin wenig durch »individualistische« Berufsgruppen geprägt war[10]: »Die Identifikation mit der Stadt entwickelte sich langsam aus der Distanz heraus; sie war verbunden mit der Erfahrung, sich mit dem Ellbogen in einer zunächst feindlichen Umgebung

---

10 Schiffauer unterscheidet in seiner stadttheoretischen Skizze zwischen der »Berufskultur des Kollektivs«, der »hierarchischen Berufskultur« und der »individualistischen Berufskultur« (1997).

durchsetzen zu müssen. Man wird wohl nicht völlig fehlgehen, wenn man in der Ruppigkeit, die den sogenannten Berliner Witz auszeichnet, das Lebensgefühl von Immigranten wiederentdeckt.« (Schiffauer 1997, 121)

Ohne deshalb marginal zu sein, kam den politisch und ökonomisch herrschenden Klassen von Aristokratie und Bürgertum im städtischen Interaktions- und Normengefüge doch eine sehr viel weniger dominante Rolle zu als zum Beispiel in München oder Paris: »Berlin ist, wie vielleicht nur noch das alte Ruhrgebiet, eine Lokalität ohne Bürgertum, zumindest ohne eine stilprägende Bourgeoisie.« (2006, 966), so Lindner. »Tonangebend« und »geschmacksbildend« in diesem mentalitätsgeschichtlichen Sinn bedeutet eben auch, dass das soziale »Oben« *in seinen alltagsästhetischen Formen* verhältnismäßig wenig stilistische Strahlkraft, wenig alltagskulturelle Dominanz, wenig kulturelles Charisma entwickelte. Statt für eine etablierte bürgerliche Klasse mit eingeschliffenem Selbstbewusstsein war für Berlin »der Parvenü charakteristisch, berüchtigt für seine Stil- und Geschmacklosigkeit. Als Verkörperung steht hier der sprichwörtliche ›Bauer‹, der während der Gründerjahre rasch zu Geld, aber nicht zur Lebensart gekommen war. Das Berliner Bürgertum hat selbst einen plebejischen Zug, wo sich die Berliner ›Madamm‹ kaum von ihrem Dienstmädchen unterscheidet.« (Lindner 2006, 966)

Die Grundkonfiguration einer starken *popularen* Präsenz und eines stilistisch wenig prägsamen oder charismatischen klassischen Bürgertums im westeuropäischen Sinn ist über die Jahrzehnte weitgehend stabil geblieben. Fraglos haben sich die die kulturellen Konfigurationen mit den politischen, ökonomischen und kulturellen Umbrüchen des 20. Jahrhunderts ebenso geändert wie die Ausdrucksformen.[11] Im Ostteil der Stadt, unter sowjetischer Besatzung, wurden diejenigen Aspekte der proletarischen Kultur, die im kommunistischen Sinn als respektabel galten, symbolisch in Ehren gesetzt. Auch in vielen Sphären der informellen Kultur etablierte sich hier ein Prestige des im weiteren Sinne Proletarischen.[12] Der Westteil der Stadt, un-

---

11 Zu nennen ist der Nationalsozialismus, der die Juden – und damit auch das jüdische Bürgertum – vertrieb und ermordete und zugleich eine neue Formation von Aufsteigern, Tätern und Zuschauern an prestigeträchtige Schaltpositionen gelangen ließ. Die Massenmorde des Holocaust, die Kriegswirren und Zerstörungen und dann die Flüchtlingsströme prägten auch die kulturelle Struktur der Stadt.

12 Vgl. Bogusz 2007. Schiffauer argumentiert, in der Ostberliner Entwicklung habe die hierarchische Kultur der Bürokratie ihre Bedeutung eher noch ausgebaut, während die kollektive Berufskultur der Arbeiterschaft weniger »verbürgerlichte« als im Westen. »Nach der Öffnung der Mauer wurden die Westberliner so zu ihrer Überraschung mit einer Klasse

ter alliierter Besatzung, erlebte wie alle anderen Landesteile eine materielle und wohl auch ideelle »Verbürgerlichung« des (mittlerweile) einheimischen Proletariats, zugleich aber auch die Einwanderung von hunderttausenden Arbeitern zuerst aus Westdeutschland und dann, ab Mitte der sechziger Jahre, aus Südeuropa (vgl. Schiffauer 1997, Lanz 2007, 59–73) und damit eine rekurrierende migrantische »Unterschichtung«, die zur Grundlage einer neuen, heterogeneren städtischen Konfiguration wurde.[13] Im Zuge dieses migrantischen Zuzugs in Arbeiterviertel fürchteten große Teile der an Mehrheitsgesellschaft nicht nur die Migranten selbst, sondern eine zunehmende nahweltliche Dominanz von »Ausländern«, insbesondere von männlichen Jugendlichen an Schulen und im öffentlichen Raum, die sich in einigen Nischen auch herstellte und die Stadtlandschaft heterogenisierte. Der Zuzug von Studierenden, Wehrdienstverweigerern und »Randseitern« trieb wiederum eine zunehmende »alternative« Informalisierung der Stadtkultur voran (vgl. Lindner 1993, Schiffauer 1997[14]), die vielfach ebenfalls als Entbürgerlichung erlebt und beschrieben wurde.

Die politische Revolution von 1989, die Entmachtung weiter Teile der alten Eliten, der plötzliche Strukturwandel, die Privatisierung von Volkseigentum bedeuteten im Ostteil der Stadt einen Zusammenbruch von historischen Ausmaßen. Zuwanderung und Abwanderung sorgten für einen substantiellen Austausch der Bevölkerung, insbesondere in den Innenstadtvierteln; zugleich brachte der Regierungsumzug neue politische, kulturelle und finanzielle Eliten in die Stadt (vgl. Binder 2009). Für neue Zuwanderung sorgten darüber hinaus verschiedene Gruppen von Flüchtlingen sowie, meist in anderen, privilegierteren Positionen, Besucher und Kurzzeitmigranten im jungen Erwachsenenalter, nicht zuletzt im Zusammenhang mit dem Boom der Club- und Subkulturen (vgl. Rapp 2009). Trotz solcher Umbrüche fand, sieht man von einzelnen Vierteln wie Mitte und Prenzlauer Berg ab, kein Rundum-Austausch der Bevölkerung statt, und erst zu klären wäre, in welchem Maße die diversen Neuankömmlinge sich an das Berlinerische assimilier-

---

konfrontiert, die sie bereits für untergegangen gehalten hatten – dem waschechten Proletariat.« (Schiffauer 1997, 122)

13 Ein Faktor in der West-Berliner Entwicklung, der die historische Prägung verstärkte, war das Schrumpfen der Bevölkerung zwischen den fünfziger und achtziger Jahren um 380.000 Menschen. Insbesondere verließen »aufstiegsorientierte Funktionseliten« die Stadt, wie Häußermann und Kapphan argumentieren (zit. nach Lanz 2007, 60).

14 »Im Kontext einer proletaroiden Stadt führte das Verkünden der Konsumaskese zur Entfaltung des Lebensstils von Schmuddelkindern.« (Schiffauer 1997, 122; vgl. auch Lindner 1993b, »Zone In Transition«).

ten. Den dominanten Klang der Stadtatmosphäre jedenfalls prägt durchaus kontinuierlich, wie der kulturbürgerlich-ironische Feuilleton-Autor Gustav Seibt formuliert, »das Berliner Volk« (zit. nach Lindner 2006, 966).[15]

Insbesondere im Zuge des Regierungsumzugs der späten neunziger Jahre und der Debatten um eine »Berliner Republik« der nächsten Jahre wurden Fragen lokaler kultureller Dominanz und Hegemonie und deren historische Herleitung in Berlin vielfach thematisiert, sowohl in öffentlichen Foren als auch informell, im Privaten. Sie konnten sie in der Hauptstadt schnell als Metonymie nationaler Konstellationen verstanden werden. Auf der Ebene von Zeitungstexten lässt sich mit Rolf Lindner leicht zeigen, wie der postproletarische Berliner Habitus in diesem Zusammenhang beschworen wurde: Bekannte Feuilleton-Autoren wie Harald Martenstein und Gustav Seibt präsentieren Anfang des Jahrtausends das Wissen um eine *proletarische Vorherrschaft* (im Alltagskulturellen, nicht im Politischen) als städtischen Common Sense: Martenstein gilt der »Berliner Ton« zum Beispiel als »Sound eines selbstbewussten, die Stadt *beherrschenden* Proletariats,« (967, Zus. Lindner, Hervorhebung ME), und »für Seibt hat das ›gleichmütige, maulende, faule Berliner Volk‹ den Habitus des Berliners bis heute geprägt: ›Der Proll [...] strotzt noch immer von Saft und Kraft, läuft mit Hund durch sein Viertel und lässt die häufig geübte Kritik an seinem verwahrlosten Aussehen an der berüchtigten Fallschirmseide seiner Trainingshose abtropfen.‹« (Zit. nach Lindner 2006, 867).[16] Solche Quellen sind nicht ohne ihren ironischen Tonfall und ihre diskursive Einbettung zu verstehen. Die Diskussionen um Habitus und Zukunft der neuen alten deutschen Hauptstadt finden

---

15 Zur volkskundlichen und »geopsychologischen« Suche nach dem »Berliner Volk« zwischen 1880 und 1945, das zu einem guten Teil auf stammesgeschichtlichen Spekulationen basierte, vgl. Schlör 2005.

16 Martenstein erklärt die städtische Konstellation so: »›Die Berliner Proletarier haben sich als Sieger der Geschichte gefühlt. Im Osten wurde ihnen das sogar offiziell mitgeteilt: das Proletariat, die herrschende Klasse. Und im Westen, wo die qualifizierteren und gebildeteren Berliner in großer Zahl gen Westdeutschland verschwunden waren, empfanden der Prolet und die Proletin ein starkes Überlegenheitsgefühl denen gegenüber, die als Neusiedler in ihre Stadt strömten: Studenten und Türken. Aber jetzt kommen andere. Siegertypen. Mit Geld. Jebildet. Zum ersten Mal taucht am Horizont des Berliner Proleten eine finstere Möglichkeit auf: Ist er etwa nicht die Krone der Schöpfung?‹« (Martenstein, in: Journal zum Ausstellungs- und Veranstaltungsprogramm »Das Neue Berlin«, Heft 3, 2000, zit. nach Lindner 2006, 967). Der Autor verortet dieses Überlegenheitsgefühl der »Proleten« aber tendenziell in der Vergangenheit (als residualen Habitus), »weil er der Auffassung ist, das sich das Berliner Proletariat, eine in erster Linie kulturelle Kategorie, auf dem Rückzug befindet« (Lindner 2006, 967).

sich nicht nur im Zusammenhang von Stadtentwicklungsfragen, sondern gerade auch bei AutorInnen, die eine »neue Bürgerlichkeit« und ein »neues Bürgertum« für ein vermeintlich identitätsschwaches wiedervereinigtes Land in der wirtschaftlichen Krise beschwören, besonders prominent der Berliner Historiker Paul Nolte. Auch Seibt ist ein erklärter Parteigänger des Bürgerlichen. Verknüpft mit konkreten stadtentwicklungspolitischen Fragen und alltäglichen Beobachtungen, stellten die Evokationen des »prolligen Berlin«, des »hässlichen Berlin« und so weiter Fragen des städtischen Schicksals in einen interdiskursiven Zusammenhang mit Debatten und Moralpaniken wie der »Unterschichtsdebatte«. Hier wird also, im Kontrast zu vielen anderen Zeitdiagnosen, gerade nicht die »Verbürgerlichung« oder eine individualisierende Pluralisierung zum Kennzeichen der Nachkriegsentwicklung ernannt, sondern, in spöttisch-ironischem Modus – eine Kontinuität des Proletarischen, auch wenn diese Formation nunmehr in der Krise ist. »Proletarisch« wird dabei freilich explizit als eine sozialgeschichtlich nur mehr lose verankerte *ästhetisch-kulturelle* Kategorie verstanden: Auch die Berliner Oberschicht ist in diesem Sinn proletarisch (im Sinn von »proletenhaft«) geprägt, so Martenstein und Lindner, und der Berliner »Prolet«, der sich den strengen Blicken der zugezogenen Bonner und Münchner Bürger ausgesetzt sieht, ist häufig selbst Teil (im strukturellen Sinn genuin) bürgerlicher Wirtschafts- und Funktionseliten, auch wenn sein (und ihr) Habitus nicht dem von traditionsreicheren bürgerlichen Milieus anderswo entspricht.[17]

Das strukturell post-proletarische Berlin, das kulturell ein proletarisch geprägtes bleibt, zeigt, worauf die Rede von einem »Habitus der Stadt« abzielt: die Logik des Ortes setzt sich gewissermaßen hinter dem Rücken der individuellen Akteurinnen und Akteure durch, die ein Gespür für das richtige, plausible Verhalten (zum Beispiel für die richtigen Idiome und Motive) auf ihrem kulturellen Feld entwickelt haben.[18] Zugleich ist diese Konstellation (mitsamt ihren Negativ-Stereotypen von »schlechtem Geschmack«, »schlechtem Stil« und »schlechten Manieren«) längst zur Folklore gewor-

---

17 Die Autoren differenzieren zum Teil wenig zwischen »proletarisch« und »informell« (auch alternativ – was ich hier auch auseinander halten möchte). Wie sich Konfigurationen von lokalem kulturellen Prestige und gesamtgesellschaftlicher »kultureller Hegemonie« zueinander verhalten, bleibt zu klären.

18 Zum städtischen Habitus als »System der Dispositionen und Vorlieben, Produkt der gesamten biographischen, d.h. historischen Erfahrung« einer Stadt vgl. Lindner 2003b, 50. Der Begriff zielt ab auf »etwas Gewordenes […] das das Handeln nach der Kausalität des Wahrscheinlichen leitet, indem es etwas Bestimmtes aufgrund von Geschmack, Neigungen und Vorlieben, kurz: Dispositionen, ›nahe legt‹.« (52)

den, also Gegenstand von Autostereotypen und Bestandteil reflexiver Prozesse, die die städtische Geschmackslandschaft sowohl verfestigen als auch, durch ihren Inszenierungscharakter, infrage stellen. Beim »proletenhaften Berlin« handelt es sich also nicht einfach um das Fortleben von objektiven sozialen Kräften, sondern auch um ein zum Teil selbstironisch gestimmtes, absichtliches, kalkuliertes *doing tradition*, an dem benennbare Akteure mitwirken. Das »Prollige« wirkt somit sowohl als reale historische Disposition im Bourdieu'schen Sinn als auch, analog zur postmodernen »*workingclassness*« bei Hebdige, als ein Fundus von Zeichen, Motiven und Themen, in dem sich verschiedene Akteure (sowohl »unterbürgerliche« als auch sozial höherstehende) gewissermaßen bedienen und mit dessen Hilfe sie die Stadt in besonders authentischer Art und Weise zu repräsentieren beanspruchen.

Proll-Sein: Eine Stilfrage?

Vor diesem Hintergrund von Traditionen von unterbürgerlichem Prestige, von Post-Proletarität als symbolischer Form, von sozialer Polarisierung und zugleich (ethnischer, kultureller) Heterogenität steht die Konstruktion eines spezifisch »Berliner« Stils in der jugendkulturellen Straßenmode.

Zunächst einmal, auf der phänomenologischen Ebene alltäglichen »Wissens«, ist »Prolligkeit« im städtischen, jugendkulturellen Zusammenhang, wie eingangs gezeigt, schlicht eine *Stilfrage*. In einem kleinen Text über Kleidungs-Marken und Stil-Typen, den drei Gymnasiastinnen aus einer achten Klasse in der Schüler-schreiben-Seite einer Berliner Tageszeitung veröffentlichten, kann es deshalb plausiblerweise heißen: »Was die Kleidung betrifft, sehen Jugendliche oft ziemlich ähnlich aus. Man kann sie in vier Gruppen einteilen: Die ›teuren Prolls‹ tragen teure Marken wie Gucci, Dolce & Gabbana, Prada, Versace oder Armani. Die Lieblingslabels der ›Prolls‹ sind Fila, Nike, Adidas, Miss Sixty und Picaldi. ›Die Billigen‹ bevorzugen meist die Marken Buffalo, Orsay, Pimkie, H&M und Mango. Und dann sind da die ›No-Name‹-Träger, die ihre Kleidung secondhand kaufen oder weniger bekannte Labels tragen.«[19] »Die Prolls« haben, so das weit verbreitete Verständnis derjenigen Jugendlichen und jungen Erwachsenen, die das Wort verwenden,

---

19 Mareike S. P., Karla F. und Luisa K. M., Klasse 8, Schadow-Gymnasium, Zehlendorf in ›Schüler machen Zeitung‹ in der Berliner Morgenpost 2005.

um damit andere zu bezeichnen, zunächst einmal einen ähnlichen Stil, der sie identifizierbar macht. Sie bilden eine Reihe von distinkten, kategorialen klassifizierten, unterschiedlich scharf konturierten Stil-Figuren (zu den »teuren Prolls«, die mit Markenartikeln »raushängen lassen«, über wie viel Geld sie verfügen, vgl. die Einleitung und die Anmerkungen zu »Ed Hardy« oben). Bei den nicht als »teuer« markierten »Prolls« wird die Marke »Picaldi« angeführt, um die es im Folgenden ausführlich gehen soll.

Ziel des ethnografischen Teils der Arbeit ist es nun, die »Figurierung« dieser Stile und ihr Zusammenspiel mit unterschiedlichen sozialen Strukturkategorien aus der Logik der alltäglichen Klassifikations- und Stilisierungspraxis unter Berliner Jugendlichen heraus explorativ und ethnografisch zu beschreiben. Der Ansatzpunkt für die Figuren-Analyse ist hier nun ausgesprochen konkret: Es sind die bei Jugendlichen heiß umstrittenen »Karottenjeans« der örtlichen Firma Picaldi Jeans und es ist, etwas weiter gefasst, ein in verschiedenen Teilen der Stadt präsenter »Picaldi-Style«, der bei vielen Jugendlichen – im Sinn eines Fremd- und oft auch eines Selbstbildes – als »prollig« gilt, zudem vielfach als spezifisch für jugendliche Migranten, aber auch für post-proletarische Jugendliche aus dem ehemaligen Ostberlin. Dieses Figurierungsfeld wird zuerst anhand der Entwicklung des Stils und anhand der Geschichte der Firma Picaldi vorgestellt und dann anhand ethnografischer Explorationen verschiedener Figuren- und Subkultur-Benennungen, wie sie Berliner Jugendliche, vor allem Kunden jener Firma, verstehen. Dabei kehre ich immer wieder zur Frage nach dem Verhältnis von subkulturellen Formen und Milieu-Zuordnungen zurück; aber auch auf Fragen von Anerkennung und kulturellem Prestige in den skizzierten postfordistischen und postmodernen Verhältnissen.

2. Methoden: Eine *ethnografische* Kulturanalyse

Die empirisch-ethnografische Forschung, die diesem Teil der Studie zugrunde liegt, hat zwei Bestandteile: (1) eine kleine Firmen- oder Marken-Ethnografie und (2) eine Ethnografie beziehungsweise qualitative Erforschung informeller Gruppen von Jugendlichen, die sich vor allem auf Gespräche mit Mitgliedern zweier solcher Gruppen stützt.[1] Mit beiden Zugängen beobachte ich, wie die relationale Fremd- und Selbst-Figurierung durch Stil, Etikettierung und Erzählung auf der Mikroebene funktioniert. In den folgenden Absätzen dieses Methoden-Kapitels stelle ich den konkreten Verlauf der Forschung vor, insbesondere den der ethnografischen Feldforschung.[2] Gedanken zur Rolle der Subjektivität und Positionalität des Forschers im Forschungsprozess finden sich in einem Anhang am Ende der Arbeit.

---

1 Ethnografische Feldforschung ist zu verstehen als »Methodenbündel zur mikroskopischen Untersuchung mehr oder weniger überschaubarer sozio-kultureller Einheiten, bei dem kulturelle und soziale Daten an Ort und Stelle ihres Vorkommens erhoben werden« (Schmidt-Lauber 2007, 220), mit dem Ziel, »Einblick in und Verständnis für die Komplexität des gelebten Alltags zu erhalten und sich der ›Innensicht‹ der Untersuchten anzunähern, also einen *emischen* Zugang zur Realität zu erlangen.« (221) Oben habe ich bereits dargelegt, warum das Verständnis der »mehr oder weniger überschaubaren sozio-kulturellen Einheiten« hier in eine Kulturanalyse auf einer höheren Abstraktionsebene eingebettet ist. Von tatsächlich teilnehmender Beobachtung (der »aktiven, beobachtenden Teilnahme am alltäglichen Leben der Beforschten«, ebd.) kann hier allerdings nur in einem eingeschränkten Sinn die Rede sein.

2 Methodologische Anmerkungen zum inhalts- und diskursanalytischen Teil, zur »Figurierung aus der Distanz«, finden sich im entsprechenden Kapitel. Um das Zirkulieren der Figuren zu beobachten, habe ich zum anderen fortlaufend diverse populärkulturelle Quellen (Musik, Videos, Literatur, Zeitungsartikel, Internet-Foren...) gesammelt, die immer wieder in die Analyse einfließen.

Bei/mit Picaldi

Mit der Feldstudie rund um die Jeans-Firma und -Marke Picaldi verfolgte ich die konkreten Ziele, Einblicke in die »emische«, informelle Klassifikations- und Figurierungspraxis in sozialen Welten zu erhalten, in die ich selbst in meinem sonstigen Leben nicht eingebunden bin; ein Sozial-Profil der Kunden der Firma, und damit, zumindest tendenziell, derjenigen, die den Stil verkörpern, zu umreißen sowie die Seite der kommerziellen Produktion kultureller Figuren, zum Beispiel durch Werbung, Sponsoring und Marktforschung, zu erkunden. Der Feldzugang begann mit einem Schreiben an die Firma, das der Pressesprecher, ein freier Mitarbeiter, im Auftrag der Geschäftsleitung der kleinen Firmengruppe – das sind vor allem der Geschäftsführer, seine Frau, sein Schwager (ihr Bruder) und der Finanzfachmann – beantwortete. Der Pressesprecher stand mir zu Beginn der Forschung als klassischer »gatekeeper« in einem institutionellen Setting zur Seite, der mir viele Türen öffnete, mich dabei zugleich in bestimmte Richtungen zu lenken versuchte, indem er mir zunächst zum Beispiel die neuste »Vorzeigefiliale« präsentierte und bestimmte Gesprächspartner innerhalb des Unternehmens auswählte, aber auch, indem er mir seine eigene Auffassung des Marken-Images gegenüber anderen Vorstellungen in der Geschäftsleitung nahezulegen versuchte[3], und zugleich ganz offensichtlich die Funktion hatte, meine Tätigkeit zu überwachen (vgl. zur Problematik des »gatekeepers« zum Beispiel die Einträge zu »access« und zu »field relations« in Lewis-Beck/Bryman/Liao 2004). Die Firma hatte den Pressesprecher, einen Mitdreißiger und ehemaligen Moderator einer Black-Music-Sendung in einem Berliner Privatradiosender, eingestellt, nachdem einige Artikel in Zeitschriften und Zeitungen erschienen waren, die im Unternehmen als unfair, geschäftsschädigend und diskriminierend eingestuft wurden.[4] Er kam zu einem Zeitpunkt

---

3 Vor allem der Pressesprecher wollte die Marke stärker in die Hip-Hop-/Deutsch-Rap-Richtung lenken; andere sahen die Zukunft der Marke eher in einem subkulturell weniger klar markierten »Image« und wollten die (post)migrantischen Jugendlichen stärker im Blick behalten.

4 Vor allem war dies ein Artikel im *Stern*, der unter dem Titel »Auf dicke Hose« erschien. Zu den Artikeln: Es erschienen zunächst folgende Berichte und Artikel: Cornelius Tittel, »Der Fake als Original. Der echte Berliner Street-Style ist Lichtjahre vom Fashion-Epizentrum in Mitte entfernt und kommt von Picaldi: Mit Kopien der legendär prolligen Diesel-Saddler-Karottenjeans hat der Kreuzberger Cemal C. ein sehr florierendes Modeimperium geschaffen«, *die tageszeitung*, 5.10.2002, S. 37; Radiobericht: Picaldi und Konsorten – Mode unter Migrantenkids in Berlin, *DeutschlandRadio* 9/4/2003; Johannes Gernert, »Die eine oder

in die Firma, als diese stark expandierte und, so zumindest die Erzählung der meisten Beteiligten, die Struktur des Familienunternehmens nicht länger haltbar war. Während die Geschäftsleitung aus Deutsch-Türken besteht, ist der Pressesprecher wohl nicht zufällig ein »deutscher Deutscher«, der gerade zu Vertretern der sogenannten Mehrheitsgesellschaft einen besseren Draht haben sollte, um eine ähnlich herablassende Berichterstattung künftig abzuwenden.

Mein Interesse stand, so denke ich, aus der Sicht der Firma in der Kontinuität des journalistischen Interesses aus der deutschen, mittelschichtlichen Mehrheitsgesellschaft. Das trifft auch insofern zu, als zumindest einige der Kultur-Journalisten, die über Picaldi schrieben, aus einem ähnlichen, popkulturell interessierten, post-studentischen Milieu kommen wie ich beziehungsweise sich in einem ähnlichen Milieu bewegen (einige von ihnen sind auch »um ein oder zwei Ecken« entfernte Bekannte, ehemalige Kommilitonen oder Ähnliches). Ihnen begegnete der Picaldi-Style zunächst vermutlich ähnlich wie mir, nämlich als für sie selbst neue Ästhetik im Straßenbild, unter Jugendlichen, die sie nicht persönlich kannten. Als studentisch-intellektueller Stadtbewohner war ich also kein unbeteiligter Beobachter, sondern von Anfang an Teil des städtisch-stilistischen Feldes.[5]

---

keine. Mit dem Slogan ›Nix Aldi, Picaldi‹ und Karottenjeans trifft ein Berliner Billiglabel den Geschmack junger Migranten, Hartz-IV-Empfänger und Rapper«, in: *die tageszeitung*, 19.10.2006, S. 13; Viola Keeve, »Picaldi: Auf dicke Hose. Erst kopierten sie Designerjeans, dann wurde das Plagiat selbst zum Markenzeichen: Das Billiglabel Picaldi aus Berlin macht Glamour für Ghettokids«, *Stern*, 4/10/2007. Ein Artikel und ein Interview in der Zeitschrift *Spex*, das die Vertreter der Firma als sehr positiv wahrnahmen, erschien während meiner Forschung – der dort interviewte Ahmet A. rekurrierte in diesem Gespräch auch die von mir durchgeführte Kundenbefragung, um zu zeigen, dass es sich nicht länger um eine primär »türkische« Marke handle. Schon dies war ein Beispiel für die ständigen Transfers und reflexiven Beziehungen zwischen Selbst- und Fremdbeschreibungen, Presse, Kulturwissenschaften, Pop-Texten, die in solchen Figurierungsprozessen zutage treten.

5 …noch dazu als gebürtiger Schwabe, ein in Berlin nicht immer gern gesehener sozialer Typus, der in den städtischen Figurierungen (wohl nicht ganz zu Unrecht) eine ländlich-kleinstädtische Mittelschichtlichkeit verkörpert (mit Hang zu naiver Alternativität, vgl. Bürk/Goetz 2010). Diese soziale Distanz nicht nur meiner Person, sondern auch des eigenen Milieus, bestätigte auch das vielfache Interesse, das aus dem Bekannten- und Kollegenkreis kam, wenn ich von meiner Forschung erzählte: In vielen Fällen lautete die erste Frage, wie es denn sei, mit »solchen Jugendlichen« zu reden, und wie ich mit ihnen in Kontakt käme – da man sich das selbst nur schlecht vorstellen konnte (ich selbst hätte, das muss ich eingestehen, vermutlich Ähnliches gefragt). In erster Linie wurde mir durch diese Reaktionen die verhältnismäßige soziale und ethnische Homogenität des eigenen Freundes- und Bekanntenkreises vor Augen geführt. Die zunehmende Sensibilisierung für

Zunächst besuchte ich zusammen mit dem Pressesprecher einige Geschäfte und unterhielt mich dort mit Verkäuferinnen und Verkäufern. In diesen ersten Gesprächen wurden einige zentrale Themen und Kontroversen, die unter den Mitarbeitern diskutiert wurden, schnell sichtbar, darunter die Frage der Fremdwahrnehmung in der Öffentlichkeit, das »Gangster-Image« der Firma, die heterogene Kundenstruktur zwischen West und Ost und die Bedeutung von Deutsch-Rap für die Kundschaft – und zugleich der nicht immer spannende Alltag des Jugendmodehandels in Einkaufszentren und die Betonung der eigenen Normalität, des Nicht-Exotisch-Seins. Ich machte der Geschäftsleitung den Vorschlag, als ethnografischer Praktikant in der Zentrale zu arbeiten, erhielt aber eine Absage. Stattdessen einigten wir uns darauf, dass ich, in Absprache mit dem Pressesprecher, über einige Wochen hin eine Kundenbefragung durchführen sollte, zu der die Firma eigene Fragen beisteuern würde, und mich in dieser Zeit mit allen Mitarbeiterinnen und Mitarbeitern unterhalten könne.

Abbildungen 1 und 2: Picaldi Store, Berlin-Wedding (eigene Aufnahmen, 2008)

die eigene Positionierung und den Blick auf mich als »Markiertem« illustriert auch eine Szenerie an »meinem« U-Bahnhof an der Grenze zwischen Mitte und Wedding: drei offenbar betrunkene männliche Jugendliche, die Picaldi-Sachen trugen und im Picaldi-Style gekleidet waren, »grölten« auf dem U-Bahnhof herum und meinten abfällig: Das seien doch sicher sowieso »alles Schwaben« hier.

Die Kundenbefragung lag meines Erachtens vor allem deshalb im Interesse der Firma (und baute auf ihren eigenen Vorarbeiten auf, zum Beispiel einer Befragung nach bevorzugten Radiosendungen), weil die Geschäftsleitung mit neuen, »deutschen« Kundengruppen vor allem im Osten der Stadt nicht vertraut war. Deshalb war sowohl statistisches als auch ethnografisches Typisierungs-Wissen gefragt, über die informellen Figurierungen hinaus, auf die man sich zuvor verließ. Zudem gab es intern unterschiedliche Vorstellungen über das zukünftige Marken-Management, so dass einige Beteiligte auf empirisch fundierte Entscheidungs- beziehungsweise Schützenhilfe hofften.

Bei der Kundenbefragung (Dezember 2007/Januar 2008; zweite Phase Februar/März 2008) sprach ich mit insgesamt 90 Kunden über ihre Vorstellungen von der Marke und vom eigenen Stil, ihre Sicht der jugendkulturellen Szenerie und über ihre Musik-, Medien- und Konsumpräferenzen. Zudem fragte ich sie nach beruflicher Tätigkeit oder besuchten Schulen und nach den Berufen ihrer Eltern. Oft waren auch Eltern in die Gespräche eingebunden. (Die Firma fügte zu meinem Fragebogen-Entwurf noch Fragen nach Lieblings-Sportarten und Computerspielen hinzu). Ich stellte mich den Befragten als jemand vor, der eine Kundenbefragung für Picaldi durchführt und zugleich eine Abschlussarbeit an der Humboldt-Universität über Jugendkulturen und Mode in Berlin schreibt. Subjektiv, so notierte ich es im Forschungstagebuch, war es mir sehr recht, auf die Kunden als jemand zugehen zu können, der im Auftrag der Firma Picaldi (die von ihnen offenbar geschätzt wird) »forscht«, anstatt sie als Doktorand und Universitätsangehöriger anzusprechen.[6] Die Gespräche wurden mit Schokoriegeln bezahlt. Manche dauerten einige wenige Minuten und verliefen als nüchterne und geschäftsmäßige Transaktion. Einige andere Gespräche dauerten dagegen bis zu einer halben Stunde oder mehr und hatten den Charakter von Diskussionen. Insgesamt ließ sich ungefähr jeder Zweite auf ein Gespräch ein. Das ist für eine Umfrage eine gute Quote, aber sie sorgt für eine gewisse Schlagseite: Ablehnungen kamen vor allem, aber auch nicht ausschließlich, aus der Gruppe der, schätzungshalber, 17- bis 25-Jährigen, und häufiger von »Ausländern« als von »Deutschen«.[7]

---

6 Das »Ausweichen auf objektivierende Methoden« wie Umfragen wird in der Ethnopsychoanalyse oft als psychische Abwehrstrategie verstanden – eine solche mag sie hier dargestellt haben, aber m.E. eine insgesamt produktive (vgl. Schmidt-Lauber 2007, 234). Zum Interaktionsprozess s.u.

7 Die Jugendlichen, mit denen ich unabhängig von der Picaldi-Forschung sprach, gehören dagegen zu dieser hier unterrepräsentierten Altersgruppe.

Die Kundenbefragung, die Interviews mit den Verkäuferinnen und die teilnehmende Beobachtung in drei Geschäften wurden von drei ausführlichen Besuchen in der Firmenzentrale ergänzt, bei denen ich mit den Designerinnen (später auch noch einem Designer) sprach, mit Angestellten im Lagerbereich, mit dem Finanzexperten, dem Werbe-Fachmann, dem Finanzchef. Vor allem die Gespräche mit den Designerinnen Margot, einer Mit-Vierzigerin aus dem Schwäbischen, und Mandy, einer Endzwanzigerin aus Mecklenburg, erwiesen sich als aufschlussreich. Beide (Margot war beim zweiten Besuch nicht mehr für die Firma tätig) gingen ihrem Beruf mit viel Engagement, aber auch mit einiger Distanz nach, da die Produkte dem eigenen Geschmack und dem ihres Umfelds letztlich nicht entsprachen. Schließlich präsentierte ich die Ergebnisse der Umfrage dem Pressesprecher und zwei weiteren Angestellten, ließ mir von ihnen weitere Anregungen geben, führte eine zweite Runde von Befragungen durch, bei der ich auch Fotos von einigen Kunden machte, die sich gern fotografieren ließen, und präsentierte das Gesamtergebnis dann einer anderen Runde, einschließlich dem Inhaber der Firma. Die Fotos verwendete ich in der weiteren Forschung als Diskussionsauslöser in Interviews und Gruppendiskussionen, bei denen es um Stil- und Raum-Zuordnungen ging.

Da in der Darstellung immer wieder die Verkäuferinnen und Verkäufer zitiert werden, möchte ich die Form der Gespräche und die Rolle dieser Gruppe von Picaldi-Mitarbeitern kurz etwas genauer darstellen. Häufig war in den Geschäften nicht viel Betrieb, so dass viel Zeit blieb, mich mit ihnen zu unterhalten und mehr über ihren Alltag zu erfahren. Über das einfache Sich-Unterhalten hinaus geschah dies in Form von leitfadengestützten Interviews, die im Pausenraum, auf der räumlichen »Hinterbühne« der Geschäfte, stattfanden.[8] Zum anderen ergaben sich immer wieder Gelegenheiten zu informellen

---

8 Für einige der Mitarbeiterinnen war das auch deshalb angenehm, weil sie diese Gespräche – die zwischen einer halben Stunde und eineinhalb Stunden dauerten – in ihrer Arbeitszeit führen konnten, zusätzlich zur normalen Pause, sofern im Geschäft kein größerer Andrang herrschte. Zum Leitfaden: Nach einigen Versuchen und Anpassungen umfasste er meist folgende Fragen: (a) Einleitend: Wie bist du zu Picaldi gekommen? Wie würdest du das Image von Picaldi beschreiben? Wie hast du das anfangs gesehen, wie jetzt? Wie hat es sich verändert? (Was für unterschiedliche Kundentypen würdest du bei Picaldi beschreiben? Was für unterschiedliche Kunden gibt es? (Genauer beschreiben)) (b) Besonderheiten vor Ort: Wie unterscheiden sich die verschiedenen Geschäfte? [Worin unterscheiden sich die Kunden? Worin unterscheidet sich ihr Geschmack? Was ist überall gleich? (Kannst du das mit Beispielgeschichten illustrieren?)] Gibt es zum Beispiel (bei Interviews in Wedding) einen speziellen »Weddinger« Stil unter Jugendlichen? Merkst du den Leuten vom Aussehen her an, ob sie Geld haben oder eher nicht so viel? Stichwort »Markenzwang« – was fällt

Gesprächen, in denen vorher angesprochene Punkte im Licht der Beobachtungen der letzten Tage neu diskutiert werden konnten. Anfangs waren viele Gespräche von Rechtfertigungen und Normalisierungen geprägt: Picaldi sei

---

dir dazu ein? (c) Komplex »eigener Stil«: Wie beschreibst du deinen eigenen Stil? [Was ist dir bei Kleidung wichtig? Was willst du »rüberbringen«?] Wie hat sich dein eigener Stil in den letzten Jahren verändert? Entspricht dein eigener Stil dem der meisten Jugendlichen, die hier einkaufen? (Ggf.: Was ist anders?)Was ist dir beim Einkaufen wichtig, was macht daran Spaß? [Wie oft gehst du einkaufen? Immer in dieselben Geschäfte? Immer wieder woanders hin? Mit wem zusammen?] Beschreibe mal deinen Kleiderschrank [...] Kannst du deine drei Lieblingskleidungsstücke beschreiben? (a) Beschreiben; wann und wo gekauft, (b) Warum dieses Stück; warum fühlt man sich darin besser? Schmuck, Frisuren – was ist da wichtig, was wird heute vor allem getragen? Gehörst du zu einer bestimmten Gruppe, mit einem bestimmten Stil? Identifizierst du dich mit einer bestimmten Gruppe? Dein Freundeskreis? Zu welchen Gelegenheiten ziehst du dich »besonders« an? Wie oft kommt das vor? Was machst du dann anders? Wie ziehst du dich an, wenn du [...]. gehst?? [Einkaufen, in die Schule, Ausgehen [...]]. Welche Streitpunkte gibt es da, mit wem? Wie sehen das deine Eltern – gab oder gibt es da Konflikte um Klamotten? Welche? (d) Einschätzungen über Stil allgemein: Kann man, unter Jugendlichen in Berlin, Gruppen nach ihrem Stil unterscheiden? Was gibt es da? (z.B. Hip-Hop etc.) Woran macht sich das fest? Bisschen genauer beschreiben [...] [Jungs/Mädels] Ziehen sich Jugendliche in verschiedenen Berliner Bezirken deiner Erfahrung nach anders an? Inwiefern? Was gibt es da für feine Unterschiede? Inwiefern? Wieso? Woran liegt das?] Was ist »durchschnittlich«? »Normal«? [Was hältst du von Leuten, die sich »alternativ« anziehen?] Gibt es Leute, die sich zuviel um ihr Aussehen kümmern? Inwiefern? Was ist deren Problem? Gibt es einen Stil, denn du wirklich unangenehm findest? Gibt es eine Grenze zwischen dem, was sexy ist, und dem, was unanständig ist? Wo liegt die? Wenn du mal vergleichst – Leute, die sich gut (cool) anziehen, und Leute, die sich nicht so gut (nicht cool) anziehen, welche Rolle spielt das für die dann? Also, was ändert sich für einen selbst, wenn man cooler oder weniger cool gekleidet ist? (e) Soziale Beziehungen und Medien. Mit wem redest du über Mode und Style und so was? Erzähl mal ein bisschen, wie das so läuft [...] (Wie viele Freundinnen/Freunde? Welches Geschlecht?) Mit wem zusammen gehst du einkaufen? Was sind für dich die wichtigsten Medien? (Musik, Kino, Internet, Fernsehen, Handy...) Was für Musik hörst du? Was sind deine Top 5? Bei welchen Gelegenheiten – zuhause im Zimmer, unterwegs, mit anderen Leuten zusammen, etc.? Wie viel Zeit verbringst du mit Musikhören? Andersrum gefragt: Was gefällt dir gar nicht? Hast du *einen* besonderen Lieblingsrapper, eine Lieblingsband, so etwas? Wer ist das? Beschreiben und erklären, warum... Welche Radiosender hörst du? Welche Sportarten gefallen dir? Was machst du selbst, was siehst du im Fernsehen? Was guckst du am liebsten im Fernsehen? Wie viel Zeit verbringst du damit? Hast du zur Zeit eine besondere Lieblingssendung? Was gefällt dir daran so gut? Welche Figur? Am Computer? Spiele? Welche Internetseiten benutzt du häufig? Wie viel Geld gibst du so etwa für Musik aus? Wie viel Geld für Klamotten? Schmuck? Ausgehen? Diese Fragen entsprechen im Wesentlichen denen bei der Kundenbefragung. Dazu kamen Fragen nach Alter, Geschlecht, ausgeübter Tätigkeit/Beruf, Schulabschluss, Geburtsort/-bezirk, Wohnort/-bezirk, Beruf(en) der Eltern und nationaler Herkunft der Eltern.

eine ganz normale Marke, eine Firma wie jede andere Bekleidungsfirma auch und so weiter. Sie ließen darauf schließen, dass meine Gesprächspartner davon ausgingen, dass ich ein negatives und stereotypes Bild von der Firma und ihren Kunden mitbrächte.[9] In jedem Fall hatte ich es mit interessierten Selbstdarstellungen zu tun, nicht einfach mit ungefilterten Übermittlungen von Beobachtungen, Praktiken und inneren Zuständen; aber gerade diese Selbstdarstellungen erwiesen sich als aufschlussreich, weil sie implizite kommunikative und kulturelle Normen sichtbar machten.[10] Nicht alle wollten mit mir sprechen, einige wenige lehnten die Anfrage generell ab, manche zierten sich zunächst. Steffi zum Beispiel sagte zuerst, »*Ich kann das nicht*«, dann: »*Wenn's sein muss*«, versteckte sich spielerisch unter dem Tisch, um von mir nicht gesehen zu werden, dann aber sprach sie gern und ausführlich; als eine Kollegin nach einer halben Stunde in den Pausenraum kam, wies sie sie zurecht, sie werde gerade interviewt.

Die Verkäuferinnen und Verkäufer, die tagtäglich viele Stunden mit Kunden sprechen, sie beraten und ihnen zu Diensten sind, sind Alltagsexperten für die Stil-Praxis der Jugendlichen, mit denen sie zu tun haben. Viele schienen an der eigenen Expertenrolle in Sachen Jugendkultur durchaus Gefallen zu finden. Und auch sie werden auch außerhalb diese Forschung als Picaldi-Beschäftigte klassifiziert, im Guten wie im Schlechten: Zum einen ist die Arbeit für manche Verkäufer mit einem besonderen Status verbunden, der ihnen (vor allem von sehr jungen Kunden) zuerkannt wird[11], zum anderen

---

9 So erzählte eine Designerin ausführlich von einem Arzt in ihrem Bekanntenkreis, der immer weiße Picaldi-Jeans kauft; Ulrike in Marzahn erzählte: »*Ja, viele, muss man auch dazu sagen, kommen aus Brandenburg, wiederum. Mit Einfamilienhaus. Also man hat hier auch wirklich normale Leute, kann man sagen.*«

10 Viele Verkäufer bemühten im Gespräch wie gesagt um eine rhetorische Normalisierung der Marke, was, schematisch gesagt, für eine Orientierung an gesamtgesellschaftlicher Respektabilität spricht, während andere, eine Minderheit, selbstbewusst gerade das Verwegene und »Harte« herausstellten. In einigen Gesprächen wurde schnell deutlich, dass die Gesprächspartner sich auch deshalb vorsichtig ausdrückten, weil sie davon ausgingen, dass ich ihre Aussagen an ihre Kollegen und Vorgesetzten weiter geben würde. Die meisten schienen mir jedoch die Zusicherung von Anonymität – auch gegenüber Kolleginnen und Kollegen und der Geschäftsleitung – abzunehmen.

11 Allerdings sind sie darauf in unterschiedlichem Maße stolz. Maik, der Filialleiter in Marzahn, sieht die Picaldi-Mitarbeiter als »*Helden der Nation*« im Eastgate, dem großen Einkaufszentrum (Maik: »*Also [...] Picaldi rules, so, gloob ich. Det ist wirklich so hier.*« Seine Kollegin Ulrike sagt einschränkend: »*Bei den ganz Kleenen gerade, sag ick mal.*« Maik: »*Mhm. Die reden ja nur drüber. Also, ich erleb das auch oft, wenn ich hier draußen am Center bin, ›Mutti, Mutti, kuck mal, da ist der Mann von Picaldi!‹ Und dann denke ich schon [lachen: M, I...][...] Ich will jetzt mal eine halbe Stunde meine Ruhe, so...*«. Ulrike: »*Du,*

sind sie in ihrem persönlichen Umfeld, und oft auch über die Eltern der Kunden, mit negativen Fremdwahrnehmungen der Marke konfrontiert. Angesichts dessen versuchte ich, eine Position der »akzeptablen Inkompetenz« zu erreichen (dazu unten mehr) und zu vermitteln, dass ich mich für die Klischees interessiere und sie kenne, sie aber mit der Wirklichkeit konfrontieren will, die ich dazu zunächst einmal kennen lernen muss.

Während die Kunden ganz überwiegend männlich sind, sind etwa die Hälfte der Angestellten in den Geschäften weiblich. Viele der Verkäuferinnen und Verkäufer – aber keinesfalls alle – tragen die Produkte selbst, bei vielen weiblichen Beschäftigten sind oft die Freunde, Brüder oder Cousins Picaldi-Kunden. Viele trugen Picaldi eher in einer etwas früheren Phase der eigenen Geschmacksbiografie und sind inzwischen zumindest aus dem dezidierten Picaldi-Stil »rausgewachsen«, wie sie es selbst sagen. Wieder andere wollten mit dem Stil überhaupt nicht in Verbindung gebracht werden. Die Verkäuferinnen und Verkäufer betrachten ihre meist etwas jüngeren Kunden jedenfalls mit Sympathie und Interesse und einer gewissen kulturellen Vertrautheit, und sie verteidigen sie gegenüber Zuschreibungen, die sie als ungerecht wahrnehmen.[12] Zugleich ist oft eine Distanz im Spiel, die über das Professionelle hinausgeht. Manchmal geht sie auch explizit mit Besorgnis über einzelne (Stamm-)Kunden einher, über ein stilistisches Spiel mit dem »Harten« und »Delinquenten«, das manche Kunden betreiben, in einigen Fällen auch mit Ärger über deren Überheblichkeiten. Einige haben Angst vor Ladendieben, die gewalttätig werden könnten, wenn man sie erwischt und stellt.

Insgesamt lässt sich die Perspektive der Verkäuferinnen und Verkäufer als Perspektive aus der sozialen Nah- oder Halbdistanz beschreiben: Die Maßstäbe von Ästhetik, respektabler Lebensführung, die in den Fremdzuschreibungen zum Ausdruck kommen (und oft auch den Rassismus), nehmen sie in »ausgehandelter« Form (Stuart Hall) auf: Sie übernehmen nicht einfach die Fremdzuschreibungen, wie das bei der Figurierung aus der Distanz oftmals der Fall ist, aber ihre Kriterien stammen auch nicht, um ein anderes idealtypisches Extrem anzuführen, aus dem »Inneren« einer subkulturellen Gruppe.

---

icke, ick werd auch äh Hohenschönhausen, S-Bahnhof Hohenschönhausen angesprochen, ob wir neue Hosen haben. Also […]« [Der S-Bahnhof Hohenschönhausen liegt in einem benachbarten, aber einige Kilometer entfernten Stadtteil, die Wiedererkennung der Picaldi-Verkäuferin an einem anderen Ort ist also bemerkenswert, so die Botschaft]).

12 Viele Verkäuferinnen sind zwischen 20 und 25 Jahre alt, Azubis und Praktikanten einige Jahre jünger.

Eiertanz und Einverständnis

Im ersten Anschreiben und auch im folgenden Interaktionsprozess präsentierte ich mein Forschungsvorhaben als Teil einer Dissertation über soziale Milieus und Vorurteile in der Berliner Jugendkultur (mit einer Vergleichsstudie in den USA, die im Lauf der Forschung aus forschungsökonomischen Gründen aufgegeben wurde), vor allem im Kontext von Deutsch-Rap und Hip-Hop. Für Picaldi interessiere ich mich, so sagte ich, weil die Marke meinen Beobachtungen nach besonders starke positive und negative Assoziationen bei Jugendlichen wecke und weil sie als lokale Marke in unterschiedlichen »ethnischen« Milieus beliebt ist. Diese Darstellung entsprach meinem tatsächlichen Vorhaben; ich sprach jedoch nicht an, dass mich die kulturelle Figur des Prolls und des Prolligen in besonderem Maße interessierte und vermied auch Worte wie »Unterschicht«. Zur ethischen Norm der Feldforschung, der »gleichwertige(n) und gegenseitige(n) Kommunikation« (vgl. Lindner 1981b, 62), stand diese etwas selektive und auch unkonkrete Selbstdarstellung in einem gewissen Widerspruch.[13] Daraus ergaben sich einige Schwierigkeiten, die mit den Befangenheiten zusammenhängen, von denen anlässlich der Kundenbefragung schon kurz die Rede war. Ich vermutete, wie ich im Tagebuch festhielt, dass die meisten Beteiligten bei Picaldi mir den gewissermaßen fehlenden Teil unterstellten. Zugleich wussten viele nicht genau, worum es mir nun eigentlich geht. Vor allem aber führte die Präsentation meiner selbst, so merkte ich schnell, zu wechselseitigen kommunikativen Vermeidungsstrategien, was gelegentlich einem fast komischem Eiertanz glich, einem »Reden um den heißen Brei herum«: In einigen Interviews schien es, als würden beide Gesprächspartner vermeiden, das Negativ-Image direkt anzusprechen, sowohl in der Sache als auch im Vokabular, und die Figuren-Assoziationen zu benennen – ich vermied es, um das Gespräch nicht über die Maßen zu lenken, aber auch, weil ich das Gefühl hatte, sonst Höflichkeitsnormen zu verletzen oder soziale Überlegenheit signalisieren zu wollen, der Gesprächspartner wiederum – so meinte ich – um das positive Firmen-Image zu wahren und die stereotype Fremdwahrnehmung nicht zu unterstützen. Der Subtext schien mir jedoch zu sein, dass beide einander jeweils unterstellten, das vermiedene, medial verbreitete Bild – wie auch immer es genau aussieht, ob primär sozial oder ethnisch oder

---

13 Meines Erachtens jedoch nicht zu der Forderung, das Forschungsinteresse solle sich »mit dem Interesse der Erforschten annäherungsweise decken, darf diesem zumindest nicht explizit zuwiderlaufen« (63).

stilistisch bestimmt – im Kopf zu haben. Dabei handelt es sich zunächst einmal um so etwas wie eine Projektion meinerseits, jedoch meines Erachtens keine zufällige: Ich hatte so etwas wie ein schlechtes Gewissen aufgrund der eigenen stereotypen Wahrnehmung und der selektiven Selbstdarstellung.[14] Von der Seite der Picaldi-Beschäftigten stellte sich meines Erachtens vor allem die Frage, warum ich denn sonst ausgerechnet auf ihre Firma komme (und welche anderen Firmen ich untersuche), was ich auch immer wieder gefragt wurde.

In einigen Gesprächen beendeten die Gesprächsparter den »Eiertanz«, indem sie zum Beispiel nach einer vorsichtig abwägenden Beschreibung der Picaldi-Kunden resümierten: »Ach, weißte doch!« (so zum Beispiel eine Mitarbeiterin im Design)[15] Damit postulierten sie ein gemeinsames stereotypes »Alltagswissen« um städtische kulturelle Typen oder Figuren, sie stellten kommunikatives Einverständnis her. Wenig überraschend ist, dass solche Gesten sich häuften, wenn die positionale soziale Distanz zwischen den Sprechern eher gering war und die beider Seiten gegenüber den klassifizierten Kundentypen eher groß. Vor allem, aber nicht ausschließlich, wurde solches Einverständnis in diesem Fall »unter Deutschen« hergestellt.[16] An-

---

14 Die »Fehleinschätzungen« des Forschers hinsichtlich seiner Wahrnehmung durch die anderen sind nicht zufällig, »denn in ihnen kristallisieren sich soziale und kulturelle Erfahrungsgehalte«, wie Rolf Lindner in seinem klassischen Aufsatz zur »Angst des Forschers vor dem Feld« schreibt (1981b, 58). »Diese Ängste sind m.E. Ausdruck der Metaperspektive des Forschers im Laing'schen Sinne, ›my view of the others' [...] view of me‹ (Laing 1966, S. 4). Sie sind, mit anderen Worten, *Ausdruck von dem Bild, das sich der Forscher von dem Bild macht, das sich die designierten Forschungsobjekte vom Forscher machen*. Damit kommt aber in diesen Ängsten etwas zum Ausdruck, was im Forschungsdesign in der Regel nicht vorgesehen ist: die Symmetrie der Beziehung zwischen Beobachter und Beobachtetem als wechselseitige Beobachtung.« (54)

15 Auch mit dem Pressesprecher gab es einen solchen Moment, bei der ersten Kundenbefragung. Als ich mit einem 19-jährigen Gebäudereiniger spreche, der angibt, drei- bis vierhundert Euro im Monat für Kleidung auszugeben, meinte der Pressesprecher angesichts des offenbaren Missverhältnisses von Einkommen und Ausgaben augenzwinkernd, aber auch mit einer gewissen Ernsthaftigkeit, das sei dann wohl der typische Picaldi-Kunde. Zuvor hatte er solche Klischees m.E. bewusst vermieden und betont, wie unterschiedlich die Kunden seien. Später ging er mit den Klischees eher spielerisch um.

16 Gelegentlich fand hier also ein »ethnic bonding« statt, da sich zum Beispiel auch der Pressesprecher bei mir als »Deutschem« über die »türkischen« Sitten mokieren konnte – die er nicht rundum ablehnte, die ihn auch faszinierten und denen er sich (auch wegen seiner türkischstämmigen Freundin) manchmal auch zugehörig fühlte, die er aber doch immer wieder als Hindernis für seine Arbeit empfand. Vgl. zum Konzept des »white talk« Hartigan 2010, S. 46ff. Mir wurde zudem von »untypischen« Kunden immer wieder gesagt, bei mir sei ja klar, dass ich nicht wirklich bei Picaldi arbeite. Lukas zum Beispiel, ein Prakti-

dere konnten mich und mein »Wissen« weniger klar »einschätzen«; zudem herrschte unter »türkischen« Angestellten zum Beispiel ein differenzierteres und stärker von sozialer Nähe geprägtes Kundenbild vor, wenn es um die »eigenen« Jugendlichen ging; ähnlich bei den »Ostberlinern« in Marzahn. Trotzdem wurde auch hier in »wissendem«, zum Teil auch psychologisierenden Ton von »typischen« Kunden gesprochen, von deren sozialer Situation, ihrem stilistischen Gestus und ihrem persönlichen Auftreten.[17]

Trotz der Komplikationen, die ich hier beschrieben habe, erlaubte die Forschung bei und mit Picaldi einen fokussierten Blick auf die »emische« Klassifikationspraxis, wie er an anderen Orten kaum möglich wäre – sowohl unter den Kunden als auch in der sozialen Nahdistanz der Verkäufer/innen. Zudem konnte ich hier ein marktforschungsähnliches Geschmacks- und Sozialprofil der Kunden jener »kontroversen« Marke erstellen. Beides resümiere ich im empirischen Teil der Arbeit.

Informelle Gruppen: Tempelhof und Pankow

Den zweiten empirischen Hauptteil dieser Studie bildet eine qualitativ-ethnografische Forschung mit Jugendlichen in weitgehend informellen Settings, also außerhalb von Schule, Jugendzentren, Firmen oder Ähnlichem (zur informellen Jungs-Gruppe vgl. Willis 1977). Dem ging eine explorative Phase voraus, in der ich mit einigen Jugendlichen und jungen Erwachsenen in meinem eigenen Bekannten- und Verwandtenkreis über Jugendkulturen und soziale Ungleichheiten sprach; in diesen und anderen Gesprächen wurde immer wieder der Picaldi-Style thematisiert, der sich auch in anderen kulturellen Texten als relevantes kulturelles Motiv herauskristallisierte. Später lernte ich über Freunde und Bekannte andere Jugendliche und junge Erwachsene kennen, die, wie Jörg, viel zu einzelnen Aspekten (wie Picaldi-

---

kant in einer Jugendhilfeeinrichtung, der mit einem von ihm betreuten palästinensischen Flüchtling bei Picaldi einkaufen ging, meinte später, es sei ja klar gewesen, dass ich nicht wirklich für Picaldi arbeite (29.2.08); ähnlich eine junge Frau, die eine Kundenbefragung in einem Einkaufscenter durchführte und nicht glauben wollte, dass ich etwas mit »dieser Proll-Marke« zu tun habe.

17 Dazu gehört auch, mehr oder weniger klar artikuliert, die »Möchtegern«-Figur. Vgl. dazu das Picaldi-Kapitel (und insbesondere die Anmerkungen zur Rolle von Peinlichkeit in der Herstellung kultureller Intimität), aber auch den Exkurs im IV. Teil.

Jeans) zu erzählen hatten. Außerdem war ich nun so für das Thema sensibilisiert, dass ich entsprechende Gesprächsfetzen und kleine Interaktionen registrierte, die mir im städtischen Alltag begegneten, im Bus und in der S- und U-Bahn (zum Beispiel, wenn sich Jugendliche über dort hängende Picaldi-Werbeplakate unterhielten), im öffentlichen Raum, beim Einkaufen, in Bars und Cafés und so weiter. Eine erste Gruppendiskussion führte ich mit Jugendlichen in einem Übergangsheim in Berlin-Adlershof, das ein befreundeter Sozialarbeiter zu diesem Zweck organisierte.

Den Kernbestand der empirischen Forschung jenseits von Picaldi bilden Gespräche und Beobachtungen in zwei informellen, heterogenen Gruppen beziehungsweise Freundeskreisen (außerhalb meiner eigenen Zirkel), die zum Teil jenen Stil verkörpern, sich zum Teil aber auch bewusst von ihm abgrenzen oder ihn »hinter sich« haben. Hier – in den folgenden Absätzen schildere ich die Begegnungen genauer – habe ich lange, meist wiederholte Interviews geführt, gemeinsame Stadtwahrnehmungsspaziergänge unternommen, Stadt-Karten gezeichnet, Gruppendiskussionen abgehalten, mit den Forschungssubjekten zusammen Fotos, Videos, Fernsehsendungen, Internetseiten und Musik »rezipiert« und besprochen. Mit einigen Jugendlichen, mit denen ich mich persönlich gut verstand, verbrachte ich »unstrukturiert« Zeit, vor allem abends, sowohl zuhause als auch an Ausgehorten.[18] Im Zentrum meines Interesses stand die jugendkulturelle Praxis, das Sich-Stilisieren, aber auch die Fremd-Klassifikationen, beides im Kontext des gelebten Alltags mit seiner praktischen Logik. Dadurch multiplizierten sich natürlich die möglichen Kontextualisierungen, dieser zeitweilige Fokusverlust war aber notwendig, um die Festschreibungen durch das eigene Forschungsinteresse zumindest zu relativieren.

So entstand durch wiederholte Gespräche innerhalb zusammenhängender sozialer Kreise und durch Treffen, bei denen ich eher am Rand stand, ein Grad von ethnografischer Dichte, der deutlich über diejenige hinausgeht, die mit isolierten Interviews erzielt wird.[19] Diese Forschung schloss sich zeitlich

---

18 Wie ich unten ausführe, waren privates und instrumentell-forschendes Zeit-Verbringen in den meisten Fällen einfach zu trennen, in einigen Fällen (bei Tarek, Tim und Yusuf) aber auch nicht, so dass die Frage des instrumentellen Charakters von sich entwickelnden Freundschaftsbeziehungen im Raum steht (vgl. Moser 2000).

19 Bachmann und Wittel würden dies als »akkumulierte ethnographische Miniaturen« klassifizieren. An die Stelle der langen Anwesenheit treten bei dieser Forschungsform »viele Kurzaufenthalte, die im Extremfall nur ein bis zwei Stunden andauern können. Mehr als pure Interviews werden solche Kurzaufenthalte dann, wenn sie (a) in der Lebenswelt der erforschten Menschen stattfinden, (b) durch Beobachtung zusätzliche Daten über diese

an die Picaldi-Studie an und überlappte sich zum Teil mit ihr. Sie fand im Frühjahr, Sommer und Herbst 2008 und im Frühjahr und Herbst 2009 statt. Am Anfang der Kontaktaufnahme zu diesen Gruppen standen Erkundungen des Felds der Berliner »Straßenmode«. Ich sprach mit verschiedenen, oft eher marginalen Akteuren in diesem Feld; ging – »nosing around« (Robert E. Park) – durch verschiedene Einkaufszentren und –straßen und stellte mich den Ladeninhabern und/oder Verkäufern von Geschäften, die mir vor dem Hintergrund der Recherchen für die Straßenmode »einschlägig« schienen, als Doktorand vor, der sich mit Berliner Jugendkulturen und Jugendmode befasst, und befragte sie nach ihren Eindrücken, nach der eigenen Kundschaft, nach dem »Image« der jeweiligen Marke, nach anderen Stil-Optionen unter Jugendlichen, die sie kennen, nach dazu passender Musik und so weiter (vgl. die Zitate aus den Gesprächen bei »Casa«, »Blucino« und »Foreign Flavour«, die sich an verschiedenen Stellen der Arbeit finden). Im Stil offener Interviews fragte ich nach, wenn die Gesprächspartner zum Beispiel soziale, ethnische und andere Kriterien nannte, ohne diese selbst vorzugeben.

Zu diesem Zeitpunkt galt mein Interesse vor allem den, wie mir schien, unterschiedlichen Fraktionen in der Berliner Hip-Hop und Deutsch-Rap-Welt beziehungsweise der vestimentären und figurative Seite einer Kluft innerhalb dieses Feldes, wie sie sich aus der Perspektive von subkulturell eher peripheren Akteuren darstellte, die ja eine sehr viel größere Gruppe bilden als die inneren Zirkel von musikbasierten oder musikproduzierenden Subkulturen. Für diese Kluft spielte die Einschätzung des »Gangster-Styles« offenbar eine wichtige Rolle.

Zwei dieser Gespräche liefen besonders gut, erweckten in besonderem Maße die Neugier der Gesprächspartner und schienen mir auf relevante soziale Kreise zu verweisen. Das erste fand bei Blucino statt, einer kleinen Jeans-Firma im Berliner Wedding, die von einem Mitgründer von »Unplugged« beziehungsweise Picaldi (Berlin) betrieben wird, der die ältere Firma im Streit verlassen hatte. Hier begegnete ich auch einer jungen Frau, Mona Ibrahim, die in diesem Geschäft Jogginganzüge ihrer eigenen Marke, »Kop Killa«, anbot, und meine Fragen mit Interesse, Erfahrungsreichtum und mit

---

Lebenswelt erheben und (c) diese Lebenswelt wiederum Thema des Interviews ist (und diese Daten daher mehr als nur illustrativen Zwecken dienen).«'(2006, 191) Diese »Bedingungen« sind hier erfüllt. Die Kombination von Methoden hat das Potenzial, dass Fragen »spezifischer und alltagsnaher« werden, Antworten »tendenziell ehrlicher, konkreter und genauer« (208), was wiederum ein besseres Einordnen eigener Erfahrungen ermöglichen sollte.

Humor beantwortete. (Sie arbeitete hauptberuflich als Verkäuferin in der Filiale einer großen Jugendmodekette, wohnte zuhause, hatte das Abitur nachgeholt und angefangen, Modetechnik zu studieren). Sie war der Ansicht, dass ich vieles nicht richtig verstehe, und kokettierte, wie ich fand, mit ihrem »Straßenwissen«.[20]

Ausführlich und konzentriert erzählte sie von ihren Cousins und Brüdern, deren subkulturelle Identitätsprojekte an den »Gangsta-Style« geknüpft sind, und führte mich in deren Kreis ein – mit dem offen ausgesprochenen Hintergedanken, dass ich dazu beitragen würde, Blucino und Kop Killa bekannter zu machen, zum Beispiel indem ich einen Presseartikel schreiben würde, aber auch, wie mir schien, motiviert von der eigenen Freude an der Kommunikation und am Nachdenken über Mode und Jugendkulturen. Sie hatte eine gewisse Übung in der Rolle als Kontakt-Managerin und »stranger handler«, versuchte sie doch zum Beispiel ihren Cousin, einen aufstrebenden Rapper, mit zu »managen« und hatte einen anderen Cousin an einen Dokumentarfilm »*über Immigranten*« vermittelt.

Über Mona lernte ich ihren Bruder Tarek kennen, einen ruhigen jungen Mann, der zu diesem Zeitpunkt 19 Jahre alt und arbeitslos war. Mit beiden unternahm ich zwei lange Stadtspaziergänge, und über Tarek lernte ich – bei weiteren Stadtspaziergängen, Interviews und Gruppendiskussionen – Daniel (16), Meli (19), Mehmet (20), Yassin (17), Onur (17) und Tim (18) kennen, über Tim, der sich dann neben Tarek zu einem weiteren Haupt-Informanten entwickelte (er wurde bereits in einem Schlaglicht in der Einleitung kurz vorgestellt), wiederum Mesut (17), Jean (18), Michael (22), Nino (20) und Pascal (24) und andere. Vor allem Mona, Tarek, Mesut und Tim, aber auch Onur, Mehmet, Yassin und Daniel, kommen im vierten Teil ausführlich zu Wort.

Tim, der ein Privatgymnasium abgebrochen hatte und zur Zeit arbeitslos war, wurde mir von Tarek als besonders beobachtungs-, meinungs- und redefreudiger Zeitgenosse vorgestellt; er sticht aus dem Kreis durch die etwas gehobenen Verhältnisse, in denen er aufgewachsen ist, ein wenig heraus – seine Mutter ist Bibliothekarin, sein Vater betreibt eine kleine Hausverwaltungsfirma. Die meisten von ihnen kennen sich aus Berlin-Tempelhof, einem als »kleinbürgerlich« und »ruhig« bekannten Bezirk in Südwest-Berlin, der zunehmend – so wurde mir immer wieder erzählt – durch inner-

---

20 Ihre Verbindungen zur »Straße« deutete sie unter anderem an, indem sie über ihren Freund sprach, der momentan im Gefängnis einsitze.

städtische Migration von türkisch- und arabischstämmigen Berlinern aus Kreuzberg und Neukölln geprägt wird. Die Gruppe ist ethnisch heterogen (Tarek ist »Deutsch-Libanese«, Daniel »Deutsch-Pole« (gilt aber mit seiner hellen Haut und seinen blonden Haaren, also aufgrund seines phänotypisch klassifizierten »Weißseins«, oft als »Deutscher«), Mehmet, Yassin und Mesut sind »Deutsch-Türken«, Meli und Tim sind im allgemeinen Verständnis »Deutsche«) und auch sozial heterogen, setzt sich also aus Jugendlichen aus Familien mit unterschiedlichen finanziellen Mitteln zusammen. Insgesamt kommen die Jugendlichen aber aus der »populären« Berliner Normalität, aus – um die Wissenschaftssprache zu benutzen – »unterbürgerlichen«, post-proletarischen Milieus. Tarek war zur Zeit arbeitslos und hat einen Hauptschulabschluss, die Eltern von Mona und Tarek betreiben einen Gemüseladen, Mesut besuchte die Realschule, seine Eltern betreiben einen »Spätverkauf«, Daniel begann gerade eine Lehre im Klempnerbetrieb eines Onkels, Yassin, Kind einer Arbeiterfamilie, geht aufs Gymnasium, Mehmet absolviert eine Lehre zum Bürokaufmann in einem Handy-Geschäft. Hier gab es keinen gemeinsamen Treffpunkt, alle Treffen mussten irgendwie vereinbart werden, wir trafen uns in Cafés, in einer Shisha-Bar, bei Tim, Mesut und Nino zuhause.[21]

Ein anderes Geschäft, eine Hip-Hop-Wear-Boutique an der Grenze von Prenzlauer Berg und Pankow, hatte ich zunächst als Treffpunkt einer Kontrollgruppe ins Auge gefasst. Hier schien man den meines Erachtens konventionelleren Hip-Hop-Streetwear-Urban-Wear-Stil zu verkörpern, der häufig vom Picaldi-Gangster-Style unterschieden wird. Auch hier traf ich, als ich meine Fragen stellte, auf jemanden, der an der Mittler-Rolle Gefallen fand: Yusuf, einen zwanzigjährigen Deutsch-Griechen mit ethnisch türkischem Hintergrund, der ebenfalls mit seinem Wissen um »die Straße« kokettierte und sich als »Proll mit Klasse« stilisierte.[22] Yusuf, der in Neukölln aufwuchs und in Pankow auf die Schule ging, wo er das Gymnasium früh mit einem

---

21 Näheres zu den Schul-, Ausbildungs- und Arbeitspfaden der Befragten findet sich in den jeweiligen Darstellungen.

22 In diesem Kreis wurde immer wieder, in unverblümt rassistischer Sprache, thematisiert, dass Yusuf als »Ausländer« und »Moslem« aus der Gruppe der »Deutschen« – und »Ostler« – herausstach (vgl. Teil IV). Zugleich betonte Yusuf mir und anderen gegenüber sowohl seine Überlegenheit gegenüber den »*kleinen Banger-Kanaken*«, den postmigrantischen »Möchtegern-Gangstern«, die ein Feindbild dieser – territorial-rassistisch grundierten – Gruppe darstellten, was Yusuf zum Teil reproduzierte. Zudem betonte er seine familiären Kontakte zu Mitgliedern von »libanesisch-kurdischen« Familien bzw. Banden, die in der kriminellen Unterwelt, vor allem im Drogenhandel, eine wichtige Rolle spielen und so-

Hauptschulabschluss verließ, hatte über seine Familie früh Erfahrungen mit der Streetwear-Welt gesammelt, und sich mit Freunden selbständig gemacht, war damit aber gescheitert, so dass er nun, nach einer Privatinsolvenz, in einem Geschäft arbeitete, das Chris, einem gleichaltrigen Freund, und dessen Eltern gehörte. Er ist mit der Schwester dieses Freundes verheiratet. Er ist zu diesem Zeitpunkt 21 Jahre alt. Im Geschäft lernte ich andere aus seinem Bekannten- und Kollegenkreis kennen, die dort gelegentlich vorbeischauten, darunter die etwa gleichaltrigen Mace, Crep und Chris (die beiden ersteren Namen sind Graffiti-Writer-Künstlernamen, die meist als Rufnamen verwendet wurden), die zu seinem Freundeskreis zählten, Robbie, der etwas jünger war, aber auch zum erweiterten Kreis gehörte und als Praktikant im Laden arbeitete sowie andere Angestellte wie Jonez (ein weiterer Künstlername, der als Rufname diente), die erst über die Arbeit mit diesem Kreis in Kontakt kamen. Ein Teil des Freundeskreises kultivierte das »*Prollen und Pöbeln*«: Man sprach viel über Schlägereien und den »Pöbel-Club-Pankow«, den die eigene »Meute« bildet, einige handelten mit weichen Drogen und kokettierten damit, dass sie bestehende Kontakte ins örtliche Rocker- und Hooligan-Milieu nutzen und zu Geschäftskontakten ausbauen wollten. Auf auf sie komme ich unten ausführlicher zu sprechen.

Der »HipShop« bildete für mich, solange Yusuf dort arbeitete, einen Anlaufpunkt, bei dem ich immer wieder vorbei kommen, »abhängen« und beobachten konnte, da Yusuf meine Forschung unterstützen wollte. Das tat ich in zwei Phasen von je einigen Wochen, im Abstand von etwa einem Jahr. Dazu kamen einige Interviews an anderen Orten, unter anderem bei Yusuf zuhause. Über diese Zeit hinweg lernte ich vor allem Yusuf gut kennen und konnte auch in dieser Gruppe die Aussagen in den wiederholten Gesprächen mit der (stilistischen, schulischen, beruflichen) Entwicklung der Jugendlichen vergleichen und damit, zumindest tendenziell, assoziativ zitierte Diskursfragmente und situative Selbststilisierungen von längerfristig relevanten Deutungsmustern und Entwicklungspfaden unterscheiden. Einige von ihnen traf ich auch bei Konzerten und anderen Veranstaltungen.

Was die Sozialverortung angeht, ist auch diese Gruppe unterbürgerlich geprägt, gehört aber ebenfalls (bis auf einige Ausnahmen) nicht zu einer enger definierten Unterschicht, also der »unteren Unterschicht« im Schichtungsmodell. Die Eltern gehen Tätigkeiten mit unterschiedlichem Sozialprestige

---

wohl in der Boulevard-Presse als auch im lokalen Gangster-Rap den Status des Berühmt-Berüchtigten besitzen.

und unterschiedlicher Entlohnung nach; hier finden sich Handwerksmeister (die Väter von Mace und Chris), kleine Selbständige mit ständiger Geldnot (bei Yusuf), eine alleinerziehende Kassiererin mit einem arbeitslosen Freund und einem alkoholkranken und mittellosen Ex-Mann (bei Robbie und Crep). Beim weiteren Kreis konnte ich diese Informationen nicht sammeln. Bis auf Yusuf sind fast alle in ihrem Kreis »ethnische Deutsche« beziehungsweise »Bio-Deutsche«.

Auch für diesen subkulturellen Zusammenhang gilt, dass er nicht einfach ein Milieu abbildet, sich aber auch nicht losgelöst von sozialen, ethnischen, lokalen und geschlechtsspezifischen Faktoren zusammensetzt: Mit ihrem unterbürgerlichen Grundton, der grundlegenden »Normalität« ihres Sozialprofils und der gleichzeitigen sozialen Marginalität mancher ihrer Mitglieder sowie der symbolischen Koketterie der Gruppen mit spezifischen Figuren des Unterschichtlichen bilden diese Freundes- und Bekanntenkreise soziale Interaktionsräume, in denen sich die hier diskutierten Figurierungsprozesse auf der Erfahrungsebene verdichten und wo sie sich zugleich besonders gut beobachten und reflektieren lassen: Gerade in solchen Grenzzonen steigt der Einsatz, wenn die Akteure Kriterien kultureller Anerkennung verhandeln.

Auch hier seien die forschungspraktischen Schwierigkeiten nicht verschwiegen, die eine tatsächlich langfristige teilnehmende Beobachtung (die zunächst, in der Anlage der Studie, nicht vorgesehen war, mir dann aber vorschwebte) verhinderten. Ich konnte mich zwar immer wieder mit Yusuf treffen und mit vielen anderen Jugendlichen sprechen, aber der Kontakt zu letzteren verlief sich in den meisten Fällen nach ein oder zwei Interviews im Sande, auch wenn ich die Jugendlichen immer wieder zu Gesicht bekam und wir uns kurz unterhielten.[23] Auch in der Interaktion mit Yusuf ergaben sich Komplikationen; ich merkte nach einer Weile (in der ersten Phase), dass er mich für eine Art von Spion hielt, der von einem Gläubiger geschickt wurde, um seine Finanzen und Geschäftsverbindungen auszukundschaften.

---

23 So schlugen meine Versuche, mich mit Robbie per Handy zu verabreden, um mir von ihm – was er nach zwei langen und intensiven Interviews in Aussicht gestellt hatte – seine Freunde und seine Gegend vorstellen zu lassen – immer wieder fehl (s.u.). Mehrmals war ich an einem vereinbarten Treffpunkt, um dann keine Antwort zu bekommen. Als ich zum zweiten Mal innerhalb von zwei Tagen bei »Mace« anrief, um mich mit ihm zu treffen, was er scheinbar gerne zugesagt hatte, wie ich fand, gab er das Telefon an einen Freund weiter, der mich mit dem Nazi-Spruch »Heil Hitler! Vergasungszentrale! Wie viele Tote brauchen Sie denn?« begrüßte, in schneidiger Stimme, was mich, nicht gerade geistesgegenwärtig, zum Auflegen brachte. (Als wir uns später wieder im Laden begegneten, taten wir beide, als sei nichts geschehen).

Mit der Zeit habe er dann gemerkt, dass das wohl nicht der Fall sei, meinte er später rückblickend. Sein Bruder, der ebenfalls im Streetwear-Geschäft tätig ist und wohl nicht gänzlich gesetzestreu arbeitet, wollte auf keinen Fall mit mir reden, da er in mir einen Polizisten sah.[24] Diese Einschätzungen zeigen, dass die Jugendlichen im HipShop meine Feld-Rolle nicht wirklich durchschaubar fanden. Die Befragung folgte einem vertrauten Format, unter dem man sich etwas vorstellen konnte, nicht aber das längere »Dableiben«.[25] Zum anderen dokumentieren sie die Selbstwahrnehmung, potenzielles Ziel einer verdeckten polizeilichen Ermittlung zu sein, die, wie ich fand und finde, allen Gesetzesverstößen zum Trotz, von einer (sub)kulturellen Tendenz zum Paranoiden zeugen.[26] Bei einigen in diesem Kreis, wie Mace und Crep, denke ich auch, dass ich ihnen mit meiner »Art« (was nicht nur eine individuelle, sondern auch eine soziale Kategorie ist) unsympathisch oder »nicht

24 Auch von Mace erzählte er, dass er mich als Polizist ansah – das habe er zumindest gesagt (ich glaube aber nicht, dass das der Hauptgrund für Maces Verhalten mir gegenüber war, sondern eher eine nachgeschobene Rechtfertigung).

25 Auch wenn die meisten mit dieser spezifische Form des narrativ-ethnografischen, offenen Interviews keine Erfahrungen hatten, waren sie mit kulturellen Konventionen des Sich-Präsentierens in einem Interview meines Erachtens wohlvertraut, weil sie unzählige Fernsehsendungen usw. gesehen hatten, in denen Menschen, nicht zuletzt Jugendliche und insbesondere medial als problematisch erachtete Jugendliche, Auskunft über sich gaben; auch das Pop- bzw. Subkultur-Genre Rap-Musik ist bekanntermaßen voll von autobiografischen Konstruktionen, sowohl in den Tracks als auch in den Sekundärtexten, in Interviews, Erklärungen usw. (vgl. Quinn 2005). Einmal begegnete ich sogar einem Privatsender-Team im HipShop, weil eine Kandidatin einer Reality-Sendung, in der als schwer vermittelbar geltende Jugendliche sich um Ausbildungsplätze bewarben, dort ein Praktikum als Mode-Designerin machen sollte (s.u.). (Sie sollte auch »Underground-Mode« recherchieren, in der Stadt. Die Verkäufer wollten sie in den Wedding schicken, die Kamera-Crew wollte dort aber, so wurde mir erzählt, aus Angst vor der Ausrüstung nicht hin. Deshalb gingen sie in den Prenzlauer Berg).

26 Der passende jugendsprachliche Ausdruck, der mit gelegentlich begegnete, lautet »Paras schieben«. Die Schwierigkeit der Zuordnung hängt auch damit zusammen, dass die Möglichkeit, von einem Doktorandenstipendium zu leben, den meisten Jugendlichen, die wenige Studierende kennen, nicht bekannt ist. Für mich stellte sich in diesem Zusammenhang immer wieder die praktische Frage, ob ich meine eigenen akademischen Errungenschaften, auf die ich durchaus stolz war (Buchveröffentlichung, Stipendium), erwähnen sollte oder nicht: in manchen Situationen schien mir das angebracht, um mich damit als ernsthafter, ernstzunehmender Gesprächspartner zu präsentieren, als jemand, der etwas aus sich macht, kein »Hänger« ist; andererseits betonte ich damit in vielen Fällen unweigerlich Bildungsdifferenzen. Andere Rollen-Wahrnehmungen waren die des »Professors« (Mesut aus der anderen Gruppe); Sarah (eine Freundin Tims) meinte, ich würde, so wie ich aussehe, doch sicher ein Instrument spielen (sie selbst spielt eines und spricht, »auch wenn ich nicht so aussehe«, zwei Fremdsprachen).

geheuer« war beziehungsweise sie keinen Nutzen für sich darin sahen, mit mir zu sprechen. Einen unmittelbaren Nutzen versprach sich dagegen Chris, der Ladenbesitzer, der ebenfalls meine Forschung für seine Expansionspläne in Sachen Modehandel nutzen wollte; Jonez, ein ehrgeiziger und umtriebiger Angestellter, der sich als Hip-Hop-Party-Veranstalter versuchte und wie ich aus Baden-Württemberg kam, war auskunftsfreudig; er war der einzige, dem ich praktisch mit etwas helfen konnte, nämlich dem Schreiben einer Pressemitteilung für eine Benefizveranstaltung, eine Hip-Hop-Party, mit der er Geld für ein Sozialprojekt in Ostafrika sammeln wollte, wo er geboren wurde.

Dennoch: Insgesamt konnte ich auch hier mit ethnografischen Interviews, längerem »Herumhängen« und einem guten Verhältnis zu einzelnen Informanten zunehmend ein Gespür für die Stilisierungspraktiken und die emischen Typologien sowie für deren soziale, ästhetische und biografische Kontexte entwickeln, für das Hin und Her zwischen spielerischen und ernsthaften Figurierungsmodi zum Beispiel. Angesichts der eingeschränkten ethnografischen Immersion, aber auch vor dem Hintergrund der Problematik ethnografischer Hermeneutik und Reflexivität im Allgemeinen (vgl. Clifford 1986), bleibt die Darstellungsform aber eine vorsichtige und explorative.

Stadt-, medien- und kleidungsethnografische Methoden

Vier thematische und methodische Ansätze erwiesen sich als besonders produktiv: Zunächst einmal (a) die Gruppendiskussionen. Ob sie nun als solche arrangiert wurden oder eher zufällig zustande kamen, weil Freunde von Interviewpartnern »vorbeischauten«: Sie erwiesen sich vor allem deshalb als hilfreich, weil der »Flow« der informellen Kommunikation in vertrauten, eingespielten Gruppen manchen Jugendlichen eine andere Sprech-Sicherheit zu erlauben schien als das klassische Gespräch (vgl. dazu Bohnsack u.a. 2006, Loos/Schäffer 2001). So entsteht eine »Performance«, die auch an den Forscher gerichtet ist, aber zugleich vieles über die Relevanzen, Rhetoriken, Selbst-Figurierungen und Aneignungsstile zu erkennen gibt. Aus zwei Gruppendiskussionen unter anderem mit Tarek, Mehmet und Daniel (die in einer Neuköllner Shisha-Bar stattfand) und mit Tarek, Tim und Onur (in einem Café in Steglitz) zitiere ich unten ausführlich.

Mit Tarek und Mona (aber auch mit Roman und mit Tim) unternahm ich (b) einige Stadtspaziergänge und –fahrten: Wir liefen und fuhren durch Berlin, stellten uns vor Schul-Zentren, an große Plätze, Einkaufszentren und belebte Straßen und sprachen über modische Typen, die wir sahen. Da Tarek wie viele andere sich in einem Diskurs bewegte, in dem subkulturelle Stile in besonderem Maße auf Bezirke beziehungsweise Territorien verweisen, konnte hier, wie ich unten ausführe, das praktische Wissen etwas selbstverständlicher in Worte gefasst und gelegentlich auch in kurzen Gesprächen mit Passanten gewissermaßen getestet werden, begleitet von der Evidenz des Gesehenen und Gezeigten im städtischen Raum.[27]

Ähnliches gilt (c) für kleidungsbiografische Gespräche zuhause, bei denen die Jugendlichen mir einzelne Kleidungsstücke zeigten und erläuterten, welche Erfahrungen, Episoden und Bezugspersonen sie damit verbanden. Solche Gespräche führte ich mit Mesut, Tim, Nino, Tarek, Meli und Yusuf.[28]

In allen Stufen der Forschung erwiesen sich (d) medienethnografische Ansätze als besonders produktiv, weshalb ich auf sie etwas ausführlicher eingehen möchte. »Lebenswelten sind Medienwelten vor allem in der Vielfalt von Mediennutzungen«, schreiben Götz Bachmann und Andreas Wittel in einem Beitrag zur Medienethnografie (2006, 213), und sowohl dieser medialen Durchdringung als auch der Vielzahl von Medientypen versuche ich hier Rechnung zu tragen. Musik, Musiktexte, Filme, Computerspiele, Videos beziehungsweise Video-Schnipsel, Radio-Sendungen, Fernsehsendungen unterschiedlicher Herkunft, Zeitungstexte, Internet-Chats, Abläufe auf sozialen Netzwerkseiten – all dies war unter den Jugendlichen andauernd präsent, und vieles davon war, in den Kommunikationsmedien, gespeichert und abrufbar, wenn ich es schon nicht im konkreten Vollzug beobachten konnte.

Einen Teil dieser medialen Produkte habe ich bewust als Diskussionsauslöser ausgewählt, zum Beispiel die Fotos von anderen Jugendlichen, die einen bestimmten Stil verkörpern, oder von Stars, andere kamen ins Spiel, weil sie Teil des Alltags der Forschungssubjekte sind, sie wurden z.B in Gesprächen

---

27 Vgl. zu solchen Spaziergängen, die in der Stadtforschung schon lange praktiziert werden (es lässt sich auch eine Linie zur Stadtexploration der Situationisten ziehen), Kusenbach 2003, insb. 463.

28 Vgl. auch Woodward 2007. Zur methodologischen Problematik der Biografisierung s.u.; positiv nahm ich an dieser Methode wahr, dass die Akteure in der erzählenden und zeigenden Selbst-Biografisierung in besonderem Maße das Geschehen zu kontrollieren schienen – was methodologisch (angesichts der »autobiografischen Illusion« (Bourdieu)) kontextualisiert sein will, aber die Reflexivität der Jugendlichen betont, die ihnen oft abgesprochen wird.

oder Gruppendiskussionen in Anspielungen zitiert und dann später gemeinsam betrachtet, sie wurden mir zum Beispiel auf meine Frage nach besonders lustigen oder interessanten Videos oder Tracks hin vorgeführt oder, in einigen Fällen, von Jugendlichen in meiner Anwesenheit einander vorgeführt, ohne dass das auf meine Initiative zurück gegangen wäre.[29] Dieser Zugang trägt dazu bei, die Textzentrierung vieler Arbeiten aus den Cultural Studies zu überwinden, da die kulturellen Texte mit konkreten Lesarten und Rezeptionspraktiken in Bezug gesetzt werden können. Da die Medienaneignung ein hochgradig reflexiver Prozess ist und die Jugendliche über vielschichtige Medienkompetenzen verfügen (zum Beispiel, indem sie bestimmte Formate, deren Realitätsansprüche etc. auseinanderhalten), müssen die in diesem Zusammenhang getroffenen Aussagen vor dem Hintergrund der jeweiligen Rezeptionssituation, des spezifischen Aneignungsstils und der Format-Reflexivität der Akteure interpretiert werden.[30]

Die Rezeption medialer Produkte ist zumindest idealtypisch von der Nutzung partizipativer Kommunikationsmedien zu unterscheiden, wie sie auf sozialen Netzwerkseiten und Chats im Internet stattfindet. Für viele Jugendliche, mit denen ich hier sprach, spielen soziale Netzwerkseiten wie Jap-

---

29 Die Betonung medialer Produkte in der Subkultur-Ethnografie ist nicht neu; auch Paul Willis zum Beispiel verbrachte einen wesentlichen Teil seiner Feldforschung unter den Rockern und Hippies mit gemeinsamem Musikhören (1978). Vgl. zur methodischen Herausforderung des Sprechens über medial evozierte Erfahrung (das ja nicht im naturalistischen Sinn »natürlich« ist, weil es den Praktiken der Rezeption im Alltag entspricht) Hepp 1998; Bachmann/Wittel 2006, 210.

30 Einige Beispiele illustrieren diese Reflexivität: Als ich mit Tim und Michael zusammensaß, zeigte Tim uns online einen Pro-7-Beitrag über weibliche Bushido-Fans und kommentierte: »Warum interviewen die immer so ne Kandidaten? So ne richtig Dummen [...]« Diese Medienkritik zeugte sowohl vom eigenen Überlegenheitsbewusstsein als auch vom distanzierten Aneignungsstil. Später äußerte er die Befürchtung, ich würde die Tonaufnahmen unserer Gespräche bei YouTube veröffentlichen, was aber auch zeigte, dass er das Gespräch spielerisch als Fernseh-analoge Performance auffasste. An einem anderen Abend meinte Jean, er habe das Gefühl, als würdes ich »so eine Dokumentation über uns drehen«, woraufhin er sich spielerisch hinter einem Pfeiler im U-Bahnhof versteckte; Tim kommentierte gleich, sie würden jetzt ihre Waffen abgeben, »wie bei ›Mädchengang‹« (einer Pseudo-Dokumentations-Fernsehsendung) einige Abende zuvor, was aber inszeniert gewesen sei. Mein sozial-kultur-wissenschaftliches Interesse wurde also – wie auch von der anderen Gruppe – als Fortsetzung eines medialen Interesses wahrgenommen, das vor allem den spektakulären und krisenhaften Themen galt. Tim ironisierte dies einmal mehr, indem er meinen Status als Doktorand in Europäischer Ethnologie mit dem (charakteristisch »rechtslastigen«) Satz kommentierte, das sei ja toll, Ethnologie, Schädelvermessung, Rassenkunde, da sei er auch »*voll dafür*«.

py, Netlog, Myspace oder Schüler/Studie-VZ oder auch der MSN-Chat eine große Rolle im Alltag. Auf diesen Seiten findet ein guter Teil des geselligen Lebens und auch der Stilisierungspraxis statt. Tarek und Meli lernten sich zum Beispiel über Netlog kennen, Mesut und seine Ex-Freundin über Jappy. Auch hier spielen sich soziale und kulturelle Differenzierungsprozesse ab. So sind die hier bevorzugten Seiten nicht durchweg identisch mit denen, die zum Beispiel von Studierenden und vielen Gymnasiasten vorrangig genutzt werden; Facebook spielte (zu diesem Zeitpunkt) eine im Vergleich sehr viel geringere Rolle. Bestimmte Anbieter, die für manche Jugendliche als »normal« galten, als unmarkiert, die also selbstverständlich genutzt wurden, waren für andere klar sozial und ethnisch markiert, insbesondere Jappy und Netlog. Diese kulturellen Markierungen nutzte zum Beispiel Meli zu gewissermaßen funktionalen Differenzierungen, indem sie das eine Netzwerk (Schüler-VZ) verwendete, um mit ihrem Offline-Freundeskreis zu kommunizieren, der vor allem aus »Deutschen« besteht, und ein anderes (Netlog), um mit Jungs außerhalb ihres sozialen Kreises – vor allem mit »Ausländern«, die einem Typus oder Figur entsprechen, auf den sie »steht« – zu kommunizieren und mit ihnen zu flirten. Für das Nachvollziehen der Figurierungsprozesse waren vor allem drei Aspekte dieser medialisierten Kommunikationen von Interesse: Zum einen die Praxen der Selbst-Repräsentation auf den Profilseiten, zum Beispiel durch die Wahl von Nicknames und Avataren, die oft auf zirkulierende Figuren anspielten, durch die Nutzung von Fotos zur Selbstdarstellung, die bestimmten Konventionen folgten, durch selbst ausgewählte Zitate und anderes mehr. Zweitens geben die Freundeslisten einen Einblick in die sozialen Netzwerke der Akteure, was dann in Interviews als Anlass für Erläuterungen und Beschreibungen diente; drittens geben die Kommentare unter Fotos, die »Shouts« und so weiter, einen plastischen Eindruck des (schriftlichen) Kommunikationsstils.[31]

---

31 Ausführliche Gespräche über die eigenen Aktivitäten auf sozialen Netzwerkseiten, bei denen wir zugleich diese Seiten durchsahen, führte ich mit Yusuf, Tim, Mesut, Nino, Tarek und Meli. Einige Seiten hielt ich dokumentarisch mit Screenshots fest. Vgl. zu methodischen Herausforderungen der Internetethnografie Garcia u.a. 2009.

Gender-Fokus: junge Männer und Männlichkeiten

Dies sollte eigentlich eine Arbeit über Jugendliche werden. Es ist aber, wie so viele Studien in diesem Feld und in der Traditionslinie, auf die ich mich berufe, ein Text über junge Männer geworden. Im Verlauf der Forschung, im Lauf des Vertraut-Werdens mit den Stilen, im Prozess, in dem ich die Gesprächspartnerinnen und Gesprächspartner besser kennen lernte, wurde immer deutlicher, wie viel die Figurierungsprozesse mit »Gender«, mit der Figurierung von Männlichkeit zu tun hatte. Zugleich verfestigte sich die Ahnung, dass mir eine ähnlich spezifische Analyse der Selbst-Figurierungen junger Frauen, und damit annähernd symmetrische Darstellung, nicht möglich sein würde. Dabei sprach ich viel mit jungen Frauen – aber vor allem über junge Männer. Wenn wir über die Stil-Praxis von anderen Frauen sprachen, kamen die Gespräche schnell ins Stocken, die Beobachtungen wurden weniger präzise und sie bewegten sich weg von den Bezügen zu kulturellen Figuren. Das hatte, so mein Eindruck, unterschiedliche Gründe: Zum einen offenkundig meine eigene Geschlechtszugehörigkeit, mein Erfahrungshintergrund und meine Fragestellung, die mir bestimmte Aspekte – und zwar »männlich« codierte – relevanter erscheinen ließen als andere und die mich zugleich für manche Themen zu einem akzeptableren Gesprächspartner machte als für andere. Zum anderen lag es wohl daran, dass es sich in diesen jugend/subkulturellen Szenen um weitgehend Jungs-dominierte soziale Welten handelt und ich den symbolischen Machtverhältnissen in diesem Feld gewissermaßen folgte.[32] Drittens scheinen stereotype, popkulturell zirkulierende Figuren als Gegenstand alltäglicher kultureller Thematisierung und Reflexion gewissermaßen geschlechtlich markiert zu sein. Eine Beschränkung des Untersuchungsgegenstandes auf junge Männer und spezifische Figuren des Männlichen und damit keine oder nur sehr geringe Berücksichtigung von jungen Frauen und von Weiblichkeit, war dann angesichts der knappen Zeit eine bessere Konsequenz als eine unausgegorene, nur vermeintlich geschlechtersensible Mischung.

---

32 Die Unterschiede zwischen sozialer Respektabilität und Devianz einerseits und der Problematik der sexuellen Respektabilität andererseits greife ich weiter unten noch einmal auf.

3. Picaldi-Style: kontroverse Hosen und Figuren

Die Marke Picaldi wird vielfach als Inbegriff eines »kontroversen«, vielfach als »prollig« etikettierten jugendkulturellen Stils wahrgenommen, aus der Innenperspektive wie aus der Außenperspektive. Dieser Stil wird oft auch als »Berlin-Style« bezeichnet: nicht nur, weil er hier besonders verbreitet ist, sondern auch, weil er auf einige hiesige Szene verweist. Dieses Kapitel stellt, ausgehend von der Firma Picaldi, die Entwicklung und die kulturellen Bedeutungen des sogenannten »Picaldi-Styles« als Figurierungsgeschichte unter den oben skizzierten Bedingungen der postfordistischen, post-proletarischen Stadt Berlin dar. Es schließt damit auch an den historischen Teil, der Figurierungsgeschichte »unterbürgerlicher« Jugendsubkulturen, an und setzt ihn in die Gegenwart fort.

»Von Kreuzberg in die Charts: Die Picaldi-Story«

Picaldi (beziehungsweise ein Arm der Firma) unterhielt, als ich mich dem Thema 2007 zu nähern begann, in Berlin neun Ladengeschäfte. Seit 1997 verkaufte das Unternehmen eigene Jeans im Karottenschnitt. Wenn in der Picaldi-Zentrale an der Ullsteinstraße in Berlin-Tempelhof der jährliche Lagerverkauf abgehalten wird, drängen sich dort innerhalb von drei Tagen bis zu 10.000 Jugendliche und kaufen sich Hosen, Shirts und Jacken, die zum Teil auf unter 20 Euro heruntergesetzt wurden. Die Picaldi-Jeans GmbH hatte 2006 laut Bundesanzeiger einen Umsatz von 5,6 Millionen Euro, die Unplugged GmbH (die die meisten Ladengeschäfte betreibt) von 6,2 Millionen Euro. Zehntausende Jugendliche in Berlin, zu etwa 90 Prozent Jungs und junge Männer, tragen Produkte der Firma, vor allem die »Karottenjeans« – viele sprechen von einer »Uniform« in Nachbarschaft und Schule. Manche tun das, ohne den Kleidungsstücken eine besondere Bedeutung zu-

zumessen, aber viele andere verbinden mit ihnen und mit der Marke erhebliche emotionale Valenzen.

Tarek zum Beispiel, der lange Zeit Picaldi trug, erzählt, dass das einfach die Ausstattung *für Leute wie ihn war* – Sachen, in denen man sich wohlfühlte, weil sie so gut geschnitten sind, aber auch, weil man darin jemand war; jemand, der man sein wollte. Als die Firma mit einem anderen Typus von Models warb, in denen er und seine Freunde sich nicht wiederfanden, war er fast persönlich verstimmt. Für den 17-jährigen Realschüler Mesut aus Tempelhof war die Hose der Inbegriff von Coolness und Zugehörigkeit: Ab einem bestimmten Zeitpunkt *»hat jeder angefangen, sich die ganzen Picaldi-Hosen zu holen.«* Seine erste war »babyblau«, er kaufte sie mit seiner Mutter bei Picaldi in der Gneisenaustraße. Auch bei ihm stehen sie für einen fast schon euphorischen Zustand: *»Ja, so ein Feeling so, weil man gedacht hat, also ganz ehrlich, jeder hat Picaldi-Sachen und so, ich gehöre auch jetzt zu denen und ich finde das voll cool, jetzt bin ich auch einer von denen, ich bin kein Außenseiter, und so dachte man auch dann, dass man cool ist, obwohl es eigentlich gar keinen Sinn hat.«*[1] Für Mesut steht die Hose also einerseits für Normalität im eigenen Umfeld, versprach aber andererseits auch eine Zugehörigkeit zum Kreis der »Coolen«, auch wenn er solche Mechanismen rückblickend belächelt. Ein anderer, jüngerer Teenager erzählte mir bei einer Kundenbefragung, dass er sich nahezu komplett bei Picaldi einkleidet. Seine Mutter schmunzelte bestätigend: Sie freute sich, weil diese Kleidungsstücke bezahlbar sind und zugleich als Markensachen gelten – in einer Schulkultur, die auf Marken großen Wert legt. Eine weitere Mutter war von Picaldi angetan, weil ihr Sohn, seit er die Sachen entdeckt hat, etwas mehr »auf sich achtet« und an Selbstvertrauen gewinnt. Für eine große Zahl von Jugendlichen sind die Jeans – wie andere Kleidungsstücke für andere Jugendliche – in besonderem Maße identitätsrelevant. Ihre *persönlichen, biografischen* Bedeutungen sind dabei eng mit *subkulturellen Bedeutungen* verbunden und bilden eine Grundlage der Selbst-Figurierungen.

---

1 Hier und im Folgenden sind Interview-Zitate weitgehend wortgetreu wiedergegeben, wurden jedoch, wie das in ethnografischen Darstellungen üblich ist, an einigen Stellen zugunsten der Lesbarkeit ein wenig geglättet (mit Blick auf Wortstellung, dialektale Aussprache etc.). Mündliche Sprache enthält fast immer Redundanzen, formale Fehler und andere Eigenheiten, die in einem schriftsprachlichen Kontext dann eventuell irritieren. Auf eine noch stärkere Glättung wurde aber verzichtet, weil die sprachliche Form ein Teil der jugend/sub/kulturellen Stile und Ästhetiken ist, um die es hier geht.

Karottenjeans und Männer-Körper

Für den »Picaldi-Style« war vor allem eine spezifische Hosenform charakteristisch, das Modell »Zicco«. Diese soll nun etwas genauer beschrieben werden – und damit zugleich die verschiedenen Weisen, die Hose zu tragen, die damit zusammenhängenden Körperbilder.[2] Die Zicco – die der Diesel-Jeans »Saddle« nachempfunden wurde – hat einen »Karottenschnitt«[3]: Die Hose soll »auf Taille« sitzen, also höher als die meisten heute verbreiteten Jeans (die klassisch »Hüfthosen« sind), ist dort etwas enger, wodurch eine schmale Taille betont wird. An den Oberschenkeln ist sie etwas weiter geschnitten und sitzt lockerer, und unten, vom Knie bis zum Saum, wieder etwas enger.[4] Im Vergleich mit anderen Hosen im Herren-Karottenschnitt sind diese Merkmale

---

2 Jeans-Mode(n) als Indikator(en) für soziokulturelle Prozesse anzusehen, hat mittlerweile eine eigene kulturwissenschaftliche Tradition. An dieser Stelle geht es im Unterschied zu den meisten dieser Diskussionen aber nicht um die Abgrenzung zwischen Jeans und anderen Hosen bzw. Stoffen; Ansatzpunkt sind vielmehr Unterschiede zwischen *verschiedenen* Jeans-Modellen und Marken. Vgl. zur volkskundlichen Jeans-Aneignung die Beiträge von Heike Offen, Wolfgang Brückner, Hermann Bausinger, Elke Dettmer und Wolf-Dieter Könenkamp in Scharfe (Hg.) (1985), in denen sich die fachpolitischen Polemiken der späten siebziger und frühen achtziger Jahre verdichten; zu heutigen Forschungsfragen in verschiedenen sozialwissenschaftlichen Disziplinen vgl. Miller/Woodward 2010.

3 Verbreiteter sind Hosen im Karotten-Schnitt seit langer Zeit für Frauen; die »Damen-Karotte« hat aber mit der Semiotik der »Saddle« und der »Zicco« aber nicht viel gemeinsam. Die »Zicco« wird gelegentlich auch von Mädchen und jungen Frauen getragen, was dann z. B. von den Verkäuferinnen meistens als Ausnahme von der Regel und als Merkwürdigkeit empfunden wird – es passt nicht zu den hier dominanten Weiblichkeitsvorstellungen. Eine junge Frau erzählte mir, dass sie Picaldi-tragende Mädchen mit einer pubertären Phase verbindet, in der Mädchen ihre Weiblichkeit hinter »männlichen« Härte verbergen wollen, um die Anerkennung von Jungs zu erfahren. Bemerkenswert an solchen psychologischen Spekulationen ist, in welchem Maße die Hose in der Wahrnehmung vieler Beteiligter nicht nur für Jungs gedacht ist, sondern in einem besonderen Maße und in einem besonderen Sinne Männlichkeit verkörpert, weshalb es dann auch nicht verwundert, wenn Verkäuferinnen und Verkäufer weibliche Zicco-Trägerinnen (ähnliches gilt mit Blick auf die Pullover und Jacken) als »Mannsweiber« titulieren und/oder als Lesben klassifizieren (vgl. zur Problematik weiblicher Subjekt-Entwürfe im Hip-Hop die Beiträge in Schischmanjan/Wünsch 2008, z.B. denjenigen der Rapperin Piranha). Einige Jungs nannten eine Ausnahme von derartigen Zuordnungen: die Verwendung der Sachen als »Schlägereiklamotten«, die von »harten« (aber nicht unbedingt habituell »männlichen«) Mädchen im entsprechenden Fall von Brüdern oder Freunden ausgeliehen werden.

4 Die Konsumbiografien sind bei vielen etwas älteren Kunden (d.h. hier jenseits der 20) an den Schnitt und weniger an die Marke gebunden. Ein Zicco-Träger konnte z.b. aufzählen, wann welche Firmen die billigsten Jeans im Karottenschnitt anboten. Eine Zeitlang hatte auch die Kette H&M eine Karottenjeans im Sortiment. Inzwischen versuchen sich

Abbildung 3: Picaldi-Werbeplakate (ca. 2006, fotografiert im Marzahner Büro, 2007). Der im mittleren Bild rechts abgebildete Mann trägt die Hose auf Taille, die »klassische« Variante.

bei der »Zicco« besonders deutlich ausgeprägt: vergleichsweise weit an den Oberschenkeln, vergleichsweise eng am Saum. Das Fremdbild als »Proll-Hosen« hängt eng mit dem implizierten Körperschema dieser Figur zusammen, das vor allem das mittlere Bild auf der folgenden Abbildung illustriert.

Die meisten Verkäufer sind sich einig, dass die »Zicco« relativ weit oben sitzen sollte, auf der Taille, um den Look, das Körperbild, zu erreichen, für den die Hose gemacht ist. Dieser Look sieht je nach Körperbau und je nach Zusammenstellung mit den anderen Kleidungsstücken ein wenig anders aus: Viele »Große«, vor allem diejenigen mit muskulöseren, stärker definierten oder einfach massigeren Körpern tragen die Hose auf der Taille und kombinieren sie zum Beispiel mit einem Strick-Pullover oder mit Sweatshirts, die einen Bund haben, oder mit einer Bomberjacke oder einer College-/Baseball-Lederjacke, die ebenfalls auf Taille geschnitten sind, so dass der Y- oder V-Effekt am Oberkörper, die Betonung von schmaler Taille und breiten Schultern, unterstützt wird.

---

auch einige andere Firmen an solchen Modellen, sowohl größere wie New Yorker als auch kleinere Picaldi-Konkurrenten.

Das »pumpt auf«. Sie sehen dann »breit gebaut« aus, die Hose wirkt »sportlich«, »männlich« und »figurbetont«, wie es in Kundengesprächen meistens genannt wird, »wie Michelin-Männchen«, oder »Schneemänner«, wie »8en«, wie eine Picaldi-Designerin spöttisch sagt.[5] Entfernt ähnelt sie dann einer Jogginghose oder auch einer Stoffhose, wie sie unter Bodybuildern eine zeitlang sehr beliebt waren (»Pumperhosen«). Eine Picaldi-Designerin erklärt: »*Na, der Adonis. Man hat dann manchmal diese Comicbilder im Kopf. Von irgendwelchen Superhelden, die dann halt echt so geschnitten sind. Also so ne Oberschenkel, so ne Taille* (sie malt mit den Händen breite Oberschenkel und eine schmale Taille, Anm.), *und dann aber obenrum Brustkorb schön ausgeprägt.*« Andere sprechen in diesem Zusammenhang von der »*Fitnessfraktion*« und heben damit wiederum auf das Fitness-Studio und das »Pumpen« ab.

Die Form unterstützt zudem, gemäß des kulturell imaginierten und erfahrenen Körperschemas, ein bestimmtes *Auftreten*, das zu den stereotyp mit der Hose verbundenen kulturellen Figuren gehört: »*Man ist in der Hose automatisch eine imposante Erscheinung: muskulöse Schenkel, guter Hintern, stattlicher Schritt. Das hebt das Maskuline hervor*«, sagt ein Picaldi-Sprecher in einem Presse-Interview.[6] Damit ist an dieser Stelle die Gesamtheit von Auftreten, körperlicher »Hexis« (in Bourdieus Sinn) und vestimentärer Erscheinung gemeint, zugleich gehört zum »Maskulinen« fraglos auch das männliche Geschlechtsteil, das in einer Hose, die an dieser Stelle des Körpers eng sitzt, eher erahnbar ist als in einer weiten oder sehr tief sitzenden.[7] In jedem Fall hängt der charakteristische Look mit der körperlichen Seite von Männlichkeitsprojekten zusammen.

Zugleich ist die Zicco weiter geschnitten als die meisten »geraden« Jeans und erlaubt mehr Bewegungsfreiheit. Das Tragegefühl, nicht zuletzt durch

---

5 Der oben erwähnte Rapper Massiv zum Beispiel, der als Werbeträger im Gespräch war, ist »gut gebaut«: Der Presse sprecher kommentierte zum Beispiel einmal skeptisch, nach Blick auf CD-Cover »*Was, so fett ist der? Sieht ja nicht so gut aus.*« Sedat, ein Verkäufer und Fan, der sich zum erweiterten Bekanntenkreis des Rappers zählt, entgegnete: »*Ach was, der ist gut gebaut halt*«. Vgl. zu Körperbildern männlicher Jugendlicher die Analyse von Star-Fotos und Leser-Fotos in der *Bravo* von Richard (2005).

6 Ahmet A., Finanzfachmann und Mitglied der Geschäftsführung, in: *Spex* Nr. 313, 3/4, 2008. Die Frage lautete, ob der Erfolg von Picaldi auch etwas mit einem bestimmten Männlichkeitsideal zu tun habe. Die »Hauptperson« der Firma, Zeki Özürk, gibt kaum je Interviews (ich sprach mit ihm am Ende der Forschung, nachdem ich die Ergebnisse der Befragung schon anderen Mitarbeitern vorgestellt hatte). Er spricht deutlich besser türkisch als deutsch und lässt sich die Fragen und Antworten deshalb übersetzen.

7 Vgl. Richard 2005, 257.

eher leichten Denim-Stoff, finden viele besonders angehnehm.[8] Wer an Karottenjeans gewöhnt ist, empfindet andere Schnitte dann oft als einengend, wie Mesut sagt: »*Es gibt's einmal, also Karottenschnitt finde ich besser in dem Sinne, die sind, so, wie soll ich das sagen, es gibt einmal Hosen, die gehen einfach so gerade so runter.* (Fährt mit den Händen das Hosenbein entlang) *So. Einfach so schnurstracks runter. Und ich finde die so voll komisch so. Ich fühl mich voll eng da drinne. Aber Hosen, die so breit sind wie die hier, ich fühl mich hier drin viel wohler, so.*«

Zudem kann der Karottenschnit helfen, breitere Oberschenkel (die ja sowohl von ausgeprägter Muskelbildung als auch von Fettleibigkeit zeugen können) oder einen massigen Hintern zu kaschieren, was mit einem »geraden Schnitt« weniger leicht fällt. Deshalb zählt auch der Picaldi-Sprecher das »Kaschieren« als einen von mehreren Vorteilen der Hose auf: »*Die Karotte ist halt in vielen [...] Äh, ist sehr funktionell. Wie gesagt, bei den korpulenten Kunden kaschiert das, weil sie die dicken Beine verstecken können. Und dadurch, dass die Hose sehr tailliert, hoch geschnitten ist, verdeckt das auch so ein bisschen den Arsch.*«

Vor allem die »Kleinen«, die häufig eher dünne Beine und schmale Schultern haben, tragen die Hose ebenfalls recht weit oben, haben aber nicht die Körperform, um sie auszufüllen. Die Hose »schlackert« dann stärker um die Beine, sie ist weiter als bei den muskulöseren »Großen« und ergibt deshalb ein anderes Körperbild, das aber an der ersteren Variante angelehnt ist und ebenfalls, so wird es zumindest wahrgenommen, »aufpumpt«. So sagt eine der Designerinnen, Margot: »*Und andererseits wiederum trägt das ja auch auf, ganz dolle. Also, so ne schmächtigen Typen, die so was tragen, die sehen halt nicht mehr ganz so schmächtig aus, ne? Also, speziell jetzt auch bei College-Jacken oder so. Da gehst du ja schon teilweise automatisch [lacht] so, weißte – das ist nun mal so [...]*« Moritz: »*Mit abgespreizten Armen [...]*« [...] Margot: »*Dann aber trotzdem die Taille so [...]*« [sie zeigt eine schmale Taille an][9] Auch ein ande-

---

8 Ähnliches sagt z. B. Tim in einer Gruppen Gruppendiskussion, er vergleicht die »leichte« Picaldi-Jeans mit der »schweren« JetLag-Hose; Doreen, eine Verkäuferin in Marzahn, betont an der Karottenjeans vor allem die Bewegungsfreiheit für tobende, kickende »Kiddies«.

9 Ganz ähnlich beschreibt Robbie, auch ein Picaldi-Kunde, das Körperschema selbstbewusster »Möchtegern-Prolls«, wie er sie nennt: »*Oder manche, die, wenn die laufen, die schwingen mit den Armen, so, als wären sie wirklich überbreit, und sind dabei gar nicht so breit, sozusagen, das sind halt nur die Klamotten, manchmal, die sie breit machen. Da denke ich mir auch, naja, okay.*« M: »*Was denkst du da?*« R: »*Nimm die Rasierklingen unter die Arme weg, sozusagen. So, weißte?*« (Vgl. dazu die Haltung der Arme bzw. Hände auf dem Bild aus

Abbildung 4: Karottenjeans-Präsentation eines Verkäufers auf einem Online-Portal, auf Taille getragen (eigener Screenshot, 2008)

rer Mitarbeiter in der Firmenzentrale, Ahmet A., führt aus: »*Halt, durch ein starkes Auftreten sind sie selbstbewusster. Es fördert schon auch, wie, irgendwie das Gefühl eines Menschen, nicht schlecht zu sein und etwas Besonderes zu sein, stärker zu sein.*« Und weiter: »*Bei denen, die halt sehr dünn sind, schmächtig sind, wirkt das maskuliner [...]*« Moritz: »*Bisschen mehr so...*« [Gestik] Ahmet: »*Ja... Und, bringt mehr das, äh das Männliche heraus. Und die, die jetzt sehr modebewusst sind in Bezug auf ihre Schuhe und so weiter, halt, dass sie ihre Schuhe zeigen können, was sie gerade an den Füßen tragen. Also es ist schon sehr vielseitig, die Hose.*«

»Das Männliche« entspricht in dieser Lesart einer muskulösen Körperform, aber auch einem bestimmten Auftreten, deren Kombination sich mit Bourdieu als raumdominante Hexis bezeichnen lässt. So lautet zumindest die idealtypische, typisierende Beschreibung einer stilistischen Figur. Freilich: Viele tragen die Hosen auch in einer Art und Weise, die dieser Figur weniger oder auch gar nicht entspricht, zum Beispiel zu T-Shirts, die über dem Gürtel getragen werden, oder zu Pullovern und Jacken ohne Bund, was einen weniger offensichtlichen, weniger »*aufgepumpten*« Look ergibt.[10]

---

dem Internet-Verkaufsportal oben). Diese raumdominanten Körperpraktiken beschreibe ich unten als territoriale Gesten.

10 Es geht hier also um einen Stil, die Hose ist nur ein – allerdings wichtiger – Bestandteil davon, ein Standard, mit dem »auffälligere« und gelegentlich teurere und prestigeträchtigere

Abbildung 5: Zicco, »baggy« auf der Hüfte getragen; Picaldi-Katalog Spring/ Summer 2008, S. 6.

Zudem gibt es verschiedene Varianten, die Hose am unteren Ende zu tragen: Man kann den Saum einfach auf die Schuhe fallen lassen, man kann aber auch – wieder im Sinn der idealtypischen Figur – die Hose in die Socken stecken oder den Saum mit einem Haar-Gummi oder ähnlichem befestigen und umschlagen, wie Abbildung 4 demonstriert. Das unterstützt das »sportliche«, männliche Körperbild; zugleich kann man so die eigenen Sneakers gewissermaßen zur Schau stellen, wie von Ahmet A. angesprochen.[11]

Produkte kombiniert werden. Auf die anderen Elemente, die spezifischen Pullover, deren Marken, die Käppis, Schuhe, Frisuren, den Schmuck und so weiter gehe ich an dieser Stelle nicht ein. Dazu kommen natürlich auch viele andere Merkmale von subkulturellem Stil die nicht direkt mit Kleidungsstücken zu tun haben.

11 »*Hier aber ziehen alle ihre Karottenjeans an und laufen dann rum wie kleine Gangster – Socken über die Hosen, Bomberjacken von Cordon-Sport, das volle Programm. Das sieht schrecklich aus. Aber warum sollte ich denen erklären, dass man sich die Hosen nicht in die Socken stopft?*« So der damalige Picaldi-Mitarbeiter Cemal Cinar, zitiert in der *tageszeitung* (2002). Diese Praxis wird häufig dem Picaldi-Style zugeschrieben, und viele Beobachter rätseln, wie man auf die Idee kommen kann, das zu tun. Wie bei allen ästhetischen Praktiken gibt es darauf keine eindeutige Antwort – zum einen unterstützt diese Praxis das »aufgepumpte« Körper-Schema und verleiht ihm einen homologen Ausdruck. Auch die Blouson-Jacken werden häufig sehr kurz getragen, was für den Oberkörper einen ähnlichen Effekt ergibt wie die Sache mit der Hose in den Socken für Beine und Füße. Zudem kann man auf diese Weise die Sneakers besonders präsentieren, die für viele Jungs besonders wichtig sind, wie Ahmet A. oben sagte. Und schließlich handelt es schlicht um eine subkulturelle

Die zweite Haupt-Variante, die Zicco zu tragen, besteht darin, die Hose eher zu groß zu kaufen. Wie das Foto in einem Picaldi-Katalog (Abb. 5) deutlich macht, ist sie dann offenkundig weiter, und man kann sie auch weiter unten tragen, so dass sie auf der Hüfte sitzt. So erinnert sie an die tief hängenden Baggy-Pants, wie sie aus der Hip-Hop-Mode kommen, ohne aber wirklich so weit und lang zu sein. Außerdem läuft die Hose, im Unterschied zu »Baggies«, nicht Gefahr, auf dem Boden zu schleifen. Viele Jugendliche tragen die Hose in dieser Weise, die sehr viel weniger mit dem oben beschriebenen Körperbild zu tun hat, auch wenn das starke Marken-Image bei vielen dennoch für Assoziationen mit diesem Bild sorgt.

Die Karottenjeans ist also, wie der Picaldi-Sprecher sagte, »vielseitig«, gleichzeitig scheint sie in der Wahrnehmung häufig auf eine idealtypische körperliche Figur zu verweisen, wie sie die Designerinnen, aber auch viele Jugendliche beschrieben. In diesem Sinn getragen, modelliert sie eine Version von kraftvoller, muskulärer männlicher Körperlichkeit, die von vielen als »prollig« angesehen wird. Dieser Körper wird mit einem selbstbewusst, vielleicht auch dominant wirkenden Auftreten assoziiert, mit projizierten »Territorien des Selbst« (Goffman), die – wie das Zitat von Ahmet A. zeigt – zugleich als gestische Verkörperung einer bestimmten Form von Männlichkeit und männlicher Schönheit und Attraktivität zu verstehen sind. Im Raum steht damit auch die psychologisch konturierte Figur des »Macho« in verschiedenen Ausprägungen, die auch gelegentlich angesprochen wird. »*Proll kann man schon so ein klein bisschen, nicht extrem, aber minimal, mit einem Macho vergleichen*«, sagt zum Beispiel eine Picaldi-Verkäuferin, und auch darüber hinaus ist die Proll-Figur als Form von Macho-Männlichkeit codiert: als habituell-performativer Modus von Männlichkeit.[12]

---

modische Konvention. Auch wenn die Verkäufer häufig den Kopf schütteln, wenn sie das sehen, und die Zeit der in die Socken gestopften Jeans inzwischen weitgehend vorbei zu sein scheint, hat man diese Praxis bei Picaldi auch ein wenig unterstützt, indem man den Kunden bei einem Einkauf von über 50 Euro ein kleines Geschenk mit in die Tüte packte: weiße Socken mit Picaldi-Schriftzug.

12 Mosher/Tomkins (1988) beschreiben die »kulturelle Ideologie des Machismo« kulturübergreifend als »a system of ideas forming a world view that chauvinistically exalts male dominance by assuming masculinity, virility, and physicality to be the ideal essence of real men who are adversarial warriors competing for scarce resources (including women as chattel) in a dangerous world.« (64). Ich vertiefe diese kontextunspezifische Analyse hier nicht, weil sie mir zu voraussetzungsreich ist (sie wurde insbesondere von lateinamerikanischen Ethnologinnen und Ethnologen ausführlich kritisiert), erwähnt sei aber, das den Autoren zufolge »members of the underclasses should be overrepresented in macho scripts of phy-

Eine solche dominante Hexis wird von vielen jungen Männern zunächst einmal als nachahmenswert erlebt und mit körperlicher Durchsetzungsfähigkeit assoziiert, wie zum Beispiel Mehmet in einer Gruppendiskussion erläutert, in der er über andere Jugendliche, dann aber auch bald über sich selbst spricht: »*Die sehen das von den Älteren. Zum Beispiel, ein 18jähriger, er sieht zum Beispiel einen 18-Jährigen, der schlägt einen anderen. Und der hat eine Alpha-Jacke* [eine »Bomberjacke« von Alpha Industries, Anm.]*, und in der Alpha-Jacke sieht man halt ein bisschen breiter aus, weil die Jacke so luftig ist... Hat noch eine schwarze Hose an, dadrunter einen schönen Pullover, eine dicke Kette, und dann Reebok Classic-Schuhe, und die Schuhe, äh, die Hose ist in den Schuhen drin. Dann sagt er: Ah, das sieht klasse aus. Geht um die Ecke, da ist noch so ein harter Kerl, so, hat das gleiche an. Die denken so, weil... Das war bei uns auch so. Ich dachte auch immer, so: Wenn ich mich so anziehe wie die, dann komme ich auch so hart rüber. Ist jetzt... Interessiert mich nicht wirklich, ob es mir gefällt oder nicht. Hauptsache, ich sehe hart aus.*«[13]

Diese Assoziation mit Figuren der Dominanz ist auch an die eigene Körper- und Selbsterfahrung gekoppelt. So schreibt der Soziologe Simon Winlow nicht ohne Spott in seiner Ethnografie über Männer aus dem Türstehermilieu im nordenglischen Sunderland, deren Körper-Schemata dem hier beschriebenen Idealtyp ähneln, dass Ausbuchtungen (»bulges«) in ihrem Kreis offenbar ein besonderer Wert beigemessen wird, »from bulging wallets to bulging muscles to bulging crotches«. (Winlow 2001, 99) Mit der Männlichkeitssoziologin R.W. Connell spricht er von »body-reflexive practices«, von Arten und Weisen, den eigenen Körper durch Körpertechniken wie Sport (oder Nicht-Sport), Haltung, Sich-Kleiden zu modellieren, die ein spezifisches Geschlechter-Körper-Bild erlebbar machen und ihm damit eine »evidente« Wirklichkeit geben. Ein solches Bild oder Schema ist, wie die »bulges«, sowohl als materiell-körperlich als auch als symbolisch-diskursiv anzusehen; der Körper ist Subjekt und Objekt gleichermaßen; zwischen den

---

sicality« (83), im Gegensatz zu mittelschichtstypischen Ausprägungen, die auf »the skillful uses of symbolic power and organizational power« rekurrieren (ebd.).

13 Auch wenn solche Dominanzdarstellungen wichtig sind, geht es offensichtlich nicht nur darum, wie Yassin ausführt: »*Das ist auch genau so, äh, sagen wir mal: Einer fängt mit Fußball an, der ist vielleicht acht Jahre alt oder so, und sieht dann halt nur im Fernsehen, ja, zum Beispiel sagen wir mal Ballack oder so, hat jetzt diese Schuhe, obwohl die sozusagen von der Qualität nicht gut ist, aber der sagt, ja, der ist mein Vorbild, ich will genau so ausziehen wie der, und dann holt er sich die Schuhe.*«

Ebenen besteht ein rekursiver Zusammenhang.[14] Loic Wacquant spricht in diesem Zusammenhang (1995a) mit einem etwas anderen Akzent, der hier aber auch relevant ist, vom »Körperkapital«, das der Muskelaufbau akkumuliert; der Einsatz dieses Kapitals erfolgt im Feld der sexuellen Attraktivität, steht aber auch im Kontext von potenzieller Durchsetzungsfähigkeit in Gewaltsituationen.[15] Vieles an diesen Beschreibungen ähnelt dem vorliegenden Fall, wo unter Jugendlichen immer wieder respektvoll von »richtigen Nacken« oder »breit gebauten« Zeitgenossen die Rede ist, die sich durchzusetzen wissen. Für Jugendliche wie Mehmet ist das zunächst einmal etwas Beobachtetes und Imaginiertes. Die Kleidung erlaubt ihm aber eine stilisierte Aneignung, eine Simulation solcher Dominanz-Imaginationen.

Picaldi und Prestige: Zwischen Kopie und Original

Die skizzierten kulturellen Bedeutungen der Jeans in Sachen Körper- und Geschlechterästhetik hängen eng mit sozioökonomischen und symbolischen Hierarchien zusammen. Die Zicco-Jeans basierte, wie gesagt, auf dem älteren Modell »Saddle« des italienisch-globalen Modekonzerns Diesel Industries. Mit den Picaldi-Jeans konnten die Kreuzberger Geschäftsmänner den Diesel-Preis deutlich unterbieten: Eine »Zicco« kostete damals regulär 59,90 DM (30 Euro; inzwischen bis zu 55 Euro); meist gab und gibt es auch Sonderangebote für ca. 20 Euro. Die »Saddle« wurde Ende der neunziger Jahre dagegen für ca. 60 Euro (120 DM) verkauft. Im Rückblick erklärt der Finanzchef der Firma Picaldi das sofortige Interesse der Kunden an der »Zicco« mit der Rezession in den neunziger Jahren und mit dem Strukturwandel hin zur postindustriellen Stadt: In Berlin habe es immer weniger Arbeitsplätze gegeben (wir können ergänzen: Migranten waren häufig die ersten, die ihre Ar-

---

14 Der Begriff »body-reflexive practices« bei Connell (1995) soll also betonen, dass Körper nicht einfach nur als biologische Tatsachen gegeben sind, aber auch nicht als immaterielle kulturelle »Konstruktionen« verstanden werden sollten. Bei Winlow ist damit mit Blick auf die Körper der Türsteher in Sunderland die These verbunden, dass hier eine traditionelle, industriegesellschaftliche »shop floor masculinity« in übersteigerter und transformierter Form wieder aufgeführt wird, in einer selektiven Reproduktion des kraftvollen Körpers, die zugleich eine Aushandlung von Vergangenheit (industrielle Arbeit, Kohlebergbau usw.), Gegenwart (Schönheitsideale, Gewaltproblematik im Nachtleben und im kriminellen Straßen-Milieu) und Zukunft (Identitätsprojekte als Körperprojekte) bedeutet (vgl. Nayak).
15 Vgl. Wacquant 1995a (Pugs at Work).

beitsplätze verloren, vgl. Lanz), und da die Menschen weniger Geld zur Verfügung hatten, waren günstige Angebote wie die Zicco besonders attraktiv. Aus der Sicht von Menschen, die am Marken-Prestige des Originals orientiert sind, handelte es sich dabei dann schlicht um ein »fake«, eine schlechtere, billigere Kopie. Die Picaldi-Hosen ähnelten dem Vorbild von Diesel tatsächlich bis hin zur Platzierung, den Farben und der Schrifttype des Markennamen-Einnähers in der »fünften Tasche«, die über der beziehungsweise in der rechten Hosentasche sitzt.[16] Es mag tatsächlich vielfach eine Hose gewesen sein, die sich kaufte, wer sich »das Original« nicht leisten konnte. Andererseits sind Originalitätsfragen und Eigentumsansprüche bei Jeans-Schnitten ohnehin umstritten und gerade solche Details lassen sich als fast schon schelmischer Kommentar zu einer pragmatischen Entlehnung und Anpassung deuten: Nicht einfach als Ausdrucks eines Mangels (an Geld), sondern als *Stilisierung* eines Unterschieds. Die Grenze zwischen Entlehnungen und Nachahmungen ist objektiv kaum zu bestimmen. Politischer gesagt: Angesichts der globalen Wertschöpfungsketten, die das Design und »branding« über die materielle Produktion stellen, und der internationalen Arbeitsteilung stellt das tatsächliche »fake« eine Form da, in der verhältnismäßig kapitalarme Akteure – deren Landes- und Klassengenossen ja tendenziell für die materielle Produktion zuständig sind – sich einen Teil des Mehrwerts, den (vorwiegend) westliche Konzerne durch die Ideologie der Marke monopolisieren, symbolisch »wiederaneignen« können.[17]

Aber auch in einem zweiten Sinn war die »Picaldi-Story« als Figurierungsgeschichte mit Fragen sozialer Hierarchien verknüpft. Nachahmungsprozesse, das resümierte schon Georg Simmel (1905), verweisen oftmals auf ein hohes soziales Prestige der Nachgeahmten. Auch außerhalb der Modetheorie gehen viele Akteurinnen und Akteure davon aus, dass im Nachahmen soziale

---

16 Mit dem Erfolg dieser Strategie wurde »Unplugged« nun gewissermaßen zu »Picaldi«; man gründete eine Import- und Großhandels-Firma und vertrieb die Sachen auf dem deutschen Markt, und zugleich kümmerten sich die Berliner zunehmend um das Design, das den hiesigen Kunden gefallen sollte. Bei Picaldi betont man inzwischen, dass der Schnitt nicht identisch mit dem der Diesel-»Saddle«-Jeans sei, sondern leicht modifiziert.

17 Sowohl das Produzieren von Textilien als auch ihr Verkauf versprechen offenkundig sehr viel größere Verwertungsmöglichkeiten, wenn es sich um »Markenprodukte« handelt und die Marke keiner dritten oder vierten Partei gehört. Vgl. zu »Nobeljeans« Sullivan 2006, 241ff. Vgl. spezifisch zur politischen Ökonomie der Textil-Industrie in Istanbul Tokatli/ Kızılgün/Cho 2010, zu »Branding«-Prozessen in der türkischen Jeans-Industrie Tokatli/ Kızılgün 2004. Zur »Soziologie der Marke« allgemein Hellmann 2003 und der populäre Text von Klein (2000) in der Tradition von kritischer Theorie im weiteren Sinne.

Orientierungen zum Ausdruck kommen. Nun war der Karottenschnitt Mitte der neunziger Jahre gründlich aus der Mode geraten – zumindest, wenn Mode als das definiert wird, was sich in größeren Maßstäben herstellt. Die Karottenjeans waren in Deutschland in den frühen achtziger Jahren weit verbreitet, galten aber auch, etwas spezifischer, als Uniform der »Popper«, einer jugendkulturellen Strömung, die sich zu Markenkleidung und Konsum-Materialismus bekannte, auch zur eigenen Mittel- und Oberschichtsherkunft, und die sich in besonderem Maße von der politisch links orientierten Alternativ- und Punkkultur der Zeit abgrenzte.[18]

Mitte der neunziger Jahre dagegen trugen auch die Betreiber von »Unplugged« und ihre Freunde diese Jeans nicht mehr, und in der Türkei, wo sie hergestellt wurden, war ebenfalls keine größere Karotten-Jeans-Welle zu beobachten. Aus einer allgemeinen Jeans-Mode war zu diesem Zeitpunkt also ein lokaler ästhetischer Sonderweg geworden. Bei Unplugged wurde man von der Kundschaft geradezu darauf gestoßen, dass viele Jugendliche, vor allem solche mit einem türkischen oder arabischen Migrationshintergrund, an den Diesel-Jeans gewissermaßen festhielten, die zu ihrem sonstigen stilistischen Auftritt, zu ihren Vorstellungen von gutem Aussehen und einer erstrebenswerten Darstellung der eigenen Körperformen zu passen schienen, und dass die Kunden auf dem Markt keine große Auswahl hatten.

Die Kunde von den billigen Picaldi-Karottenjeans verbreitete sich in Berlin weitgehend ohne teure Marketing-Anstrengungen, durch »Mundpropaganda«, zuerst in Kreuzberg, dann immer weiter, vor allem unter männlichen migrantischen Jugendlichen und in ihrem Umfeld (vgl. zu solchen Prozessen Storper/Venables 2003). Bis circa 2003 bediente »Unplugged« erfolgreich einen klassischen Nischenmarkt, eine stilistische, aber auch ethnisch und sozial definierbare Gruppe, deren Präferenzen vielen anderen Händlern nicht bekannt waren. Zugleich aber, und hier kommen wieder Fragen von Prestige, Hierarchien und Anerkennung ins Spiel, wurden die (vorwiegend migrantischen) Picaldi-Kunden vielfach auch nicht als erstrebenswerte Kundschaft

---

18 Anfang der Nullerjahre beschrieb ein Journalist die »Saddle« im Sinn ihrer alternativen Gegner als »legendär prollig«. Im Song »mein Bruder ist ein Popper« der Punk-Band »Artless« von 1980 ist es dagegen noch der Popper, der den Punk-Bruder als Proll beschimpft – und selbst Karottenjeans trägt (»Mein Bruder ist ein Popper – ›Karottenjeans for everyone‹ – für ihn bin ich ein Proll – denn ich hab immer kaputte Jeans an«). In diesem Song hebt das Wort also eher auf Verwahrlosung und das Pöbelhafte ab, die (in stilisierter Form) mit dem Punk-Gestus verbunden werden; aus dem (retrospektiven) Blick des zitierten *taz*-Autors, für den die Karotte »prollig« ist, wird dagegen der Gestus des »Zeigens, was man hat« als »prollig« etikettiert.

betrachtet. Die kontinuierliche Nachfrage von Seiten der jugendlichen Migranten sprach in der Logik des konventionellen Markenmanagements einer Marke wie Diesel, das sich am sozialen und symbolisch-kulturellen Oben und zugleich am zeitlichen Vorne orientiert, eher gegen als für die Karotte. In der *tageszeitung* wird 2002 eine Diesel-Sprecherin zitiert, vielleicht journalistisch zugespitzt, die erklärt: »Wir sind ein High-End Fashion-Label und können auf *solche Kundschaft* verzichten« (meine Hervorhebung). Deshalb habe Diesel die Produktion der »Saddle« schließlich eingestellt. Mit klassischen Vorstellungen von Exklusivität und Prestige war das Stereotyp der Picaldi-Kundschaft aus dieser Perspektive also nicht vereinbar; mehr noch, offenbar stand die Gefahr eines negativen Image-Transfers im Raum, einer Entwertung oder Ansteckung durch Vertreter einer in der Logik der modischen Exklusivität, und wohl auch einer allgemeineren Logik, nicht anerkennungswürdigen ethnisch-sozial-ästhetischen Gruppe.[19]

Auf der Seite von »Unplugged« führte der Erfolg der Jeans dann zu neuen und zunehmend größeren Bestellungen bei Picaldi in der Türkei und schließlich zu einer neuen Firmenstruktur. Gewünscht wurde nun ein breiteres Spektrum an Farben, Waschungen, Mustern, Stoffen (zum Beispiel Cord), Applikationen, an Schnitt-Varianten und so weiter. Die jeweils aktuellen Trend-Waschungen wurden dann »auf die Karotte übertragen«, wie ein Sprecher schildert. Vor allem aber wollten die Berliner Geschäftsleute Picaldi von einer Verlegenheitsmarke, deren Gestaltung wie gezeigt fast schon selbstironisch an das Diesel-Logo angelehnt war, zu einer tatsächlichen, eigenen umbauen. Die Hosen sollten nicht als bloße »Fakes« getragen werden, sondern gerade, weil sie von Picaldi sind, was der Firma ganz neue Absatz- und Gewinnmöglichkeiten schaffen würde. Im Zuge dessen wurde der Straßen-Stil (post)migrantischer junger Männer zunehmend zum »Picaldi-Style« umetikettiert. Den Stil selbst ließen aber nicht die Marketing-Anstrengungen der Firma entstehen, sondern die kulturelle Kreativität der Jugendlichen.[20]

---

19 Bei Picaldi heißt es dagegen, man habe die »Zicco« auf den Markt gebracht, nachdem Diesel sie vom Markt nahm.

20 Sichtbare Zeichen dieser »Branding«-Anstrengungen bestanden zum Beispiel darin, dass 2000 ein großes »Picaldi«-Schild vor das Geschäft gehängt wurde. Mit der Zeit wurden auch andere Kleidungsstücke, die Verpackungen und so weiter mit dem Markennamen bedruckt. Man stellte eine Mode-Designerin ein, die der türkischen Produktionsseite mit ihren Entwürfen die Richtung vorgeben sollte. Einige Produkte wurden ebenfalls an Kleidungsstücke angelehnt, die sich in der Zielgruppe größerer Beliebtheit erfreuten, zum Beispiel College- oder Bomber-Jacken, die denjenigen der ebenfalls Berliner Firma »Cordon Sport« ähnelten, die sich u.a. mit teuren Leder-Modellen einen Namen gemacht hatten.

Für den Erfolg ihrer Firma war, so sagen Inhaber Zeki Özürk und andere, in erster Linie der Preis entscheidend. Darüber hinaus scheint mit ausschlaggebend gewesen zu sein, dass die Kunden von Leuten bedient wurden, die in mancherlei Hinsicht »ihresgleichen« waren, sowohl was die Herkunft angeht (in den Geschäften wurde und wird häufig türkisch gesprochen) als auch mit Blick auf die Lebenswelten und die popkulturellen Präferenzen: Die Ladenbetreiber beherrschten zwar nicht jede Wendung der neueren Jugendsprache, aber doch den Slang der »Straße« im weiteren Sinne. Dieses Wort ist als Selbstbeschreibung zentral: Wie das englische Wort »street« im Zusammenhang der Hip-Hop-Kultur steht »Straße« hier, wie oben schon hergeleitet, für den symbolischen Gegenpol zur Welt häuslicher Respektabilität (der US-amerikanische Soziologe Elijah Anderson unterscheidet in diesem Sinn zwischen »street« und »decent« als kulturellen Orienterungen), aber auch für eine lokale Öffentlichkeit und die Gesamtheit der dort präsenten Akteure (»die Straße«). Zugleich dient das Wort aber auch als Inbegriff für das Wissen um städtische Unterwelten. In Filmen, Musik und alltäglichem Erzählen ist »die Straße« ästhetisch, popkulturell-mythologisch vielfach überformt; zugleich steht der Topos für ein besonderes, ein für besonders realistisch erachtetes Wissen um eine Welt, in der man sich durchsetzen muss.[21]

Ein Mitarbeiter dekorierte das Geschäft in der Gneisenaustraße mit Bildern aus dem Gangster-Epos *Scarface*, dessen Protagonist Toni Montana (Al Pacino) längst zur globalen Ikone geworden war und in dutzenden von Rap-Tracks beschworen wird (vgl. Leibnitz/Dietrich 2012). Durch Nachbarschaft, Schule, Ausbildung und Familie bestanden häufiger als bei den meisten Jugendmodegeschäften lose persönliche Verbindungen zwischen Eigentümern, Angestellten und Kunden.[22] Jugendliche aus verschiedenen Berliner Bezirken pilgerten geradezu in die Gneisenaustraße und begaben sich aus »ruhigeren Vierteln« auf Exkursionen in das mythenumrankte Kreuzberg, wie mir zum Beispiel Tim aus Tempelhof und Roman aus Mitte erzählten.

---

21 Vgl. zur »Straße« die Anmerkungen zum »Straßenjungen« unten; vgl. historisch Lindner 1983, soziologisch Anderson 2000, kulturwissenschaftlich und mit Blick auf Hip-Hop (allerdings nur in Ansätzen) Schröer 2009. Als ein Beispiel von vielen für die »Straße« im Berliner Gangsta-Rap sei der oben zitierte Track von Massiv zitiert, »Wir sind Kanacken«, der mit den Zeilen »Wir sind anders, denn die Straße hat uns groß gemacht/Schau mich an, denn die Straße hat mich groß gemacht« (auf »Ein Mann – ein Wort«, Columbia/Sony 2008).

22 In einem Bericht im Deutschlandradio (2003) heißt es zum Beispiel, dass viele türkischstämmige Kunden »ihr Geld lieber zum Türken tragen«, wo sie Sprache und Gepflogenheiten, zum Beispiel in Sachen Rückgabe, besser einschätzen können. Das hält man bei Picaldi für übertrieben; es gehe letztlich nur um den Preis.

Innerhalb weniger Jahre, so erzählt einer der Betreiber der ersten Unplugged/Picaldi-Geschäfte, Zeki Öztürk, hatte sich das Publikum verjüngt; waren es zunächst eher die Jungs im Alter zwischen 16 und 21 Jahren, also die »Großen«, kamen bald auch die 14- und 15-Jährigen ins Geschäft. Waren die Diesel-Karottenjeans noch Teil einer allgemeineren, weniger klar definierten modischen Ästhetik gewesen, die auch auf zur Ästhetik der migrantischen »Straße« gehörte, wurden die Zicco-Hose und die Marke Picaldi zunehmend zum Identitätszeichen, vorrangig unter Jugendlichen mit Migrationshintergrund. Das führt gelegentlich dazu, dass Jugendliche meinen, das Tragen der Hose und des damit verbunden Stils sei ausschließlich »Ausländern« vorbehalten (dazu unten mehr).[23] So meinte zum Beispiel ein 16jähriger, im Libanon geborener Kunde bei Picaldi im Wedding, dass er »etwas dagegen hat«, wenn »Deutsche« Picaldi tragen. Die Picaldi-Produkte wurden also, in deutlich stärkerem Maße und in anderer Art und Weise als Artikel vieler anderer Hersteller, zu einem *Unterscheidungsmerkmal* im Rahmen des vestimentären Codes. Bald wurden die ersten Werbungen im öffentlichen Raum platziert; in U-Bahnen warb man mit dem Spruch »Nix Aldi, Picaldi!« – offensichtlich eine Anspielung auf den verhältnismäßig günstigen Preis, aber auch ein Spiel mit dem zugleich »restringierten« und stilisierten verbalen Ausdrucksstil vieler Kunden.[24] Ein anderer Slogan lautete, ganz im Sinn der oben skizzierten Verbindung von Karottenjeans und Körperbild, »Mehr Muskeln!«.

Zu jenem Stil, den viele Picaldi-Kunden verkörpern, gehören neben jenen Jeans im Karottenschnitt (außer Picaldi auch von kleineren Firmen wie Daggio Romanzo, Casa, Blucino, später Zerava; alternativ dazu Cargo-Pants von Jet Lag oder Jogginghosen, die unterschiedlich weit getragen werden) idealtypisch bestimmte Sportschuhe/Sneakers (zum Beispiel Reebok Clas-

---

23 Die Begrifflichkeiten folgen an dieser Stelle (wie oben bereits gelegentlich) dem »emischen«, alltäglichen Sprachgebrauch der Gesprächspartnerinnen und Gesprächspartner und stehen deshalb in Anführungszeichen. Dass mit »Ausländern« auch deutsche Staatsbürger gemeint sein können und dass das Wort problematische Zuordnungen enthält, sollte klar sein; neuere Terminologien wie »(Post-)Migranten« sind präziser, aber hier selten oder gar nicht in Gebrauch.

24 Vgl. zur stilisierten »Kanak Sprak« und den verschiedenen Formen und Phasen ihrer Nachahmung und des Nachäffens Androutsopoulos 2001, 2010. Basil Bernstein führte den umstrittenen Gedanken eines »restringierten Codes« der Unterschichten, der sich von der Arbeitsteilung und der Struktur der Arbeiterfamilie herleite (im Gegensatz zum »elaborierten Code« der Mittelschichten), in die Sprachwissenschaften ein. Welche Formen von Reflexivität dabei auch im Spiel sein können, wird unten diskutiert.

sic, Nike Shox, Nike Air Max) und Blouson-hafte Pullover von bestimmten Marken, die selten über die Taille gehen oder übermäßig lang sind (zum Beispiel von Picaldi, Cordon, Nike, Adidas, Lacoste, Carlo Colucci). Im Blouson-Schnitt sind häufig auch die passenden Jacken von Cordon (idealtypisch die Lederjacke) oder Alpha Industries (die Bomberjacke). Dazu passt eine ganz bestimmte One-Size-Basecap von Nike (erhältlich in Weiß, Schwarz oder Rot), vorne mit einer kleinen silbernen Swoosh-Applikation und hinten mit einer Metall-Lasche, die die Größenverstellung erlaubt und oft sehr locker auf dem Kopf sitzt (was die Frisur schont). Dazu kommen Accessoires wie Silberketten, zum Beispiel die »Königskette«.

Wie auch immer die Beschreibung im Detail aussehen mag: Ähnliche Beschreibungen zirkulieren vielfach, auch außerhalb ethnografischer Texte, sie sind kulturell präsent. Sie zirkulieren unter Jugendlichen, im Reden über sich selbst und andere, und sie sind, anders akzentuiert, in Reportagen und in Rap-Texten zu finden, die jugendkulturelle Typen figurieren. Dabei geht es schnell um sehr viel mehr als um Bekleidung, diese wird vielmehr als Anzeichen einer ganzen Lebensweise verwendet. Die persönlichen Bedeutungsaufladungen, wie sie in den Aussagen einiger Picaldi-Kunden sichtbar wurden, treten dabei in den Hintergrund; repräsentiert wird dann eine stereotype Version (sub)kultureller Darstellungen.

Häufig figurieren solche Beschreibungen – in stereotyper Form – junge Männer mit türkischem oder arabischem Migrationshintergrund, die am Rande der Kriminalität zu stehen scheinen, und sie koppeln – artikulieren – stilistische Merkmale mit Assoziationen von psychologischen und sozialen Pathologien. Das gilt gerade für das popkulturelle Feld, in dem lebensweltliche Figurierungen (und der Spaß am Genre-Spiel) sich mit textlichen und bildlichen Konventionen des dominanten Diskurses verbinden. Sie werden aufgegriffen und umgedeutet. Der Berliner Gangsta-Rapper Massiv, der bei einem großen Musikkonzern unter Vertrag ist (Sony/BMG), beschrieb »seine« Gruppe im Track »Wir sind Kanacken« (2008) zum Beispiel unter anderem – mit seiner rauhen Rap-Stimme (die in einem merkwürdigen Kontrast zu seiner weichen Sprechstimme steht) – so: »*die mit fetten Silberketten, voll verchromten Autofelgen, die mit Rambo-Messern stechen, die Kanacken mit Aufwärtshaken und Lederjacken, die mit den Picaldi-Sachen*«.[25]

---

25 Solche Eigenschafts- und Markenlisten gehören schon lange zum Genre, auch im amerikanischen Rap. Massiv, der aus einer palästinensischen Flüchtlingsfamilie kommt (und die Beziehung zu seinem »Volk« und zum Islam betont), hat aufgrund seines Umzugs von Pirmasens, einer Kleinstadt in Rheinland-Pfalz, in der er aufwuchs, nach Berlin-Wedding

Ein anderes Beispiel bieten spöttisch gehaltene Tracks wie der folgende (»Du Opfer, was willst du machen«), in dem die »multiethnische«, Abiturienten-geprägte, zur uneindeutigen Selbstironie neigende Kreuzberger Rap-Gruppe K.I.Z. die Ausstattungsstücke, Einstellungen und Verhaltensweisen einer karikaturenhaft gezeichneten Figur aufzählt, zwischen Ich- und Er-Perspektive wechselnd: *Die Hosen in meinen Socken / Im Solarium gebacken / Der BMW ist gemietet / Refrain: Du Opfer was willst du machen? / Überall sind Kanaken / Deine Mama soll losgehn und die Wertsachen wegpacken / Wir ziehen Koks, E und Speed / Das Leben eines G's / Wir boxen dich zu Kartoffelbrei / Ali Murat Rachid / Stich stich stich stich stich stich stich stich stich stich stich stich / (Aah, Hilfe!) / Cordon Picaldi, Versace Colucci (killer!) / Diesel, Armani, Jacke von Alpha Industries (Best'-Marke) / Er kommt und er fickt dich (ist ein) Sozialhilfeempfänger / Er macht den ganzen Tag Fitness und ist der Psycho-Gangbanger / Also mach keine Faxen / Deine Freunde sind Spasten / Er hat Vorstrafenregister / 23 Geschwister / Er ist bewaffnet, ein Schlitzer / Refrain [...] / Pitbullterrier ohne Maulkorb und Leine / Königskette am Hals, im Portemonnaie deine Scheine / Er hat keinen Schulabschluß (na und?) In seim Problembezirk / Benimmt er sich wie Gott, wenn er durch den Block marschiert / Sein Vorbild ist Tupac / mit seinen starken Armen / bringt er jeden Deutschen in die Notaufnahme. [...]* An diese Strophen, die ich hier nur in Ausschnitten zitiere, schließt sich ein Teil über »Kartoffeln« an, also das komplementäre Stereotyp des Deutschen (*Stefan, Markus, Gregor und Rolf*), die dann auch »Prolls« genannt werden.[26]

einerseits (einem klassischen Beispiel von »kultureller Migration«), und seiner konsequenten Stilisierung als »Kanake« von der »Straße«, aus dem »Ghetto«, andererseits, gewissermaßen besonders viel zu beweisen. Er ist bei einer Tochterfirma von Sony/BMG unter Vertrag, Bushido bei einer Tochter von Universal. Vgl. Massiv, »Wir sind Kanacken«, auf dem Album »Ein Mann – ein Wort«, Columbia/Sony 2008.

26 ...die sich allerdings bei vielen YouTube-Versionen (mit Klick-Zahlen im Millionenbereich) nicht findet. Vgl. http://www.youtube.com/watch?v=hfYl1qv2w28. Der Track wurde 2006 auf »Böhse Enkelz« (Royal Bunker Records) und auch als Download auf der Label-Seite veröffentlicht und kursierte vor allem im Internet. Im Original heißt es: *Du Opfer, wen willst du boxen/Überall sind Kartoffeln/Jedes Jahr auf Mallorca/von der Sonne verbrannt und besoffen/Wir fressen Schwein, fahren Golf/Saufen Bier, wir sind Prolls/Wir boxen dich jetzt zu Couscous/Stefan, Markus, Gregor und Rolf [...].* Vgl. zu solcher Rollenprosa die soziolinguistische Analyse von Androutsopoulos (2001) und Wiese (2006) und das Buch von Loh/Güngör, die sich in einem Abschnitt auf die Frage konzentrieren, wie innerhalb der Hip-Hop-Welt, vor allem unter Migranten, auf »Comedians« zwischen »Mundstuhl« und Kaya Yaner reagiert wurde, was letztere unterscheidet und welche Formen von Herablassung und verborgener Ethnisierung in der Rede von den »Assis« steckt, vor allem, wenn sie von deutschstämmigen »Mittelschichtsrappern« kommt (2002, S. 162–170).

Der Text beginnt mit der Beschreibung von distinkten Stil-Praktiken (die in die Socken gesteckte Hose, die Bräune aus dem Solarium), streift Auto-Marken und Drogen-Sorten (alles sogenannte »uppers«, also eher aufputschend), und er zitiert formelhafte Interaktionskonflikte und Bedrohungsszenarien, »Abziehen«, Mord und Totschlag. Aufs Korn genommen wird das Verhalten des Cordon- und Picaldi-Trägers, der als völlig unreflektiert gezeichnet wird, mit seinen Dominanzansprüchen (»Was willst du machen? Überall sind Kanaken!«), und zugleich das, was der Text für sein Selbstverständnis hält, ein Wort wie »Psycho-Gangbanger« und die Orientierung an einem der bekanntesten US-amerikanischen Gangsta-Rapper, Tupac Shakur. Mit dem Vorstrafenregister und dem Status als Sozialhilfeempfänger werden zwei staatliche Klassifikationskriterien angeführt, die den kriminellen Schläger an seinen »eigentlichen« sozialen Platz zurück zu verweisen scheinen. Sprachlich changiert das Stück zwischen spöttischer Rollenprosa (in der dritten Person) im Vokabular der Figur (»also mach keine Faxen«, »er hat Vorstrafenregister«); distanzierter, soziologisierter Beschreibung (»in seinem Problembezirk«) und spöttischem Ressentiment (»benimmt er sich wie Gott«). Wie auch immer der Text im Detail zu deuten sein mag: In jedem Fall dokumentiert er ein klassifikatorisches »Bescheidwissen« in popkultureller Form: für viele Beobachter liegt auf der Hand, dass »man diese Typen doch einfach kennt«, aus der Erfahrung.[27] Offensichtlich konstruiert der Text ein ethnisch konturiertes Fremdbild und auf der performativen Ebene, im Kontext dessen, was öffentlich gesagt werden kann, zugleich einen »Tabubruch« in Sachen stereotyp-rassistische Repräsentationen, durch die distanzierte Rapper-Erzähler-Figur und das implizerten Autorensubjekt.[28]

---

27 Vgl. zur »medialen Stilisierung und Aneignung von ›Türkendeutsch‹« den einschlägigen Text des Soziolinguisten Jannis Androutsopoulos (2001), der eine Reihe von popkulturellen Sprach-Nachahmungs-Texten seit 1997 auflistet. Er unterscheidet typologisch zwischen (a) Nachahmungen innerhalb von »multikulturellen Kreisen«, (b) von weiter entfernten »deutschen« Jugendlichen und dann (c) in medialen Repräsentationen, die wieder (d) zurück in den Sprachgebrauch auf allen Ebenen wirken. Betont wird, hier, dass die »medienspezifische Funktionalisierung ethnolektaler Sprache […] mit einer Reduktion der tatsächlichen Sprachvariation« einhergeht (ebd.). Dies trifft auch auf den K.I.Z.-Track zu, wobei die Rapper selbst irgendwo zwischen (a) und (b) angesiedelt sind.

28 Zur kulturellen Produktion des Stereotyps vom gefährlichen migrantischen jungen Mann vgl. Wacquant 2009 xii, 243; zu deutschen Ghetto-Diskursen, in denen diese Figuren sich bewegen, vgl. Lanz 2007 und Ronneberger/Tsianos 2009; zum Aspekt der Islamismus-Beschwörung vgl. Schiffauer 1999; zur Inszenierung des »türkischen Machos« in Talkshows und anderen Fernsehformaten vgl. Schorb/Echtermeyer/Lauber/Eggert 2003 – deren Haupt-Beispiel »Playboy 51« wird unten noch einmal auftauchen.

Mit ihrem Fokus auf vermeintliche »Kanaken« bildet diese Figurierung nur einen – wenn auch wichtigen – Teil des Spektrums ab, um das es hier geht. Picaldi hat sehr viele »deutsche« Kunden, die einen ähnlichen Stil tragen, und offenkundig sowieso viele Kunden, die in das hier gemalte Bild nicht passen. Zu konstatieren ist in jedem Fall aber das Faktum einer doppelten, aber nicht unbedingt kongruenten Typizität: der Umstand, dass (a) Jugendliche in Berlin ähnlich aussehen, stilistische Typen bilden, und (b) diese Typizität im alltäglichen, »laientheoretischen« klassifikatorischen Wissen von Beobachtern mit sozialer, ethnischer Herkunft einerseits und mit unterschiedlichen Geschmacksentscheidungen, Interaktionssituationen, Einstellungen, Delinquenzneigungen und Lebensführungtypen andererseits verbunden wird, die in der (zunächst lokalen) Popkultur thematisiert und figuriert werden.

Relationen/Relationalität:
Karotten vs. Baggies und »gerade Jeans«

Kulturelle Zeichen beziehen ihre Bedeutung nicht aus sich selbst heraus, sondern aus Relationen, aus ihrer Position in einem System, einer Figuration, von Verweisungen und semantischen Oppositionen (Lindner 2003). Welche Bedeutungen mit der »Zicco« (und damit allgemeiner mit dem »Picaldi-Style«) verbunden sind, erschließt sich deshalb nur, wenn man sie mit anderen Optionen in einem gemeinsamen »Feld der Stellungnahmen« vergleicht, mit denen sie eine Figuration bilden.[29] Hier sind zwei konkrete materiell-symbolische Gegenstücke besonders relevant: erstens die »Baggies«, die für den internationalen, in den USA wurzelnden Hip-Hop-Stil stehen (vgl. Sullivan 2006, S. 224f; Fleetwood 2005), und zweitens die »geraden« Jeans, ein »emischer« Begriff, unter den Denim-Hosen im Stile zum Beispiel einer Levi's 501 oder auch engere Modelle von Designer-Marken fallen können. Der ers-

---

29 Neben »Baggies« und »geraden Schnitten« bestehen natürlich auch weitere Optionen, wie zum Beispiel die abgenähten Hosen der Firma G-Star. Diese sind hier nicht in diesem Maße semantisch aufgeladen und distinktionsträchtig. Sie sind auch teurer. Viele Picaldi-Kunden tragen auch die Cargo-Hosen der texanischen Firma JetLag (die bei meiner Kundenbefragung häufig als bevorzugte Marke genannt wurde). Enge Jeans waren zum Zeitpunkt der Befragung noch nicht so sehr in Mode wie (klischeehaft auch im »Hipster-Rap«) einige Jahre später.

te Gegensatz wird oftmals thematisiert: Viele Picaldi-Fans setzten ihren Kleidungsstil von Anfang an dem von »Skatern« und Hip-Hop-Hörern entgegen, zu dem oft jene Baggies, also weitere, tiefer hängende Hosen gehörten.
In einer zugespitzten Selbst- und Fremd-Deutung verbanden selbstbewusste
Zicco-Träger die Baggy-Pants (a) mit »deutschen« Mitschülern und (b) mit
bürgerlichen Stadtbezirken wie Zehlendorf, auf der musikalischen Ebene (c)
verbanden sie sie mit US-amerikanischem Rap und deutschem Spaß-Rap,
nicht aber mit dem Gangsta-Rap und den Werten der »Straße«.[30] Das um-
gangssprachliche Urteil dazu lautet häufig, dass Baggies eben »schwul« aussehen.[31] Bei Gesprächen in der Weddinger Picaldi-Filiale begegnete mir ein
ungleiches Duo, das in zugespitzter Form illustrierte, dass diese Jugendkul-
tur-Figuration sich, ganz im Sinn solcher stereotyper Zuordnungen, homolog zu strukturellen Hierarchien verhalten kann: Ein junger Mann aus Pa-
lästina, der in einer betreuten Jugend-WG wohnt und sich im Gangsta-Style
mit Picaldi-Hosen kleidet, und ein nur drei Jahre älterer, weiß-deutscher
»Betreuer«, Praktikant in der sozialen Einrichtung, der sich im klassischen
Hip-Hop-Style mit Baggy-Pants kleidet. Eine umgekehrte Kombination von
Kleidungsstil und Position in diesem pädagogisch-disziplinarischen Verhältnis wäre denkbar, aber gegenwärtig kulturell unwahrscheinlich. Zu stark ist
die symbolische Bindung des Picaldi-Stils an die »Straße«.

Aufschlussreich ist darüber hinaus erneut der Vergleich der Körperbilder und -schemata, die mit den Hosenschnitten zusammenhängen. Bei den
übergroßen, meist »gerade« geschnittenen Baggies sitzt die Hose weit unten
auf der Hüfte oder auf dem Hintern, der in der »unförmigen« Stoffmasse
kaum zu erahnen ist, dafür wird der Bund der Boxershorts sichtbar.[32] Un-

---

30 In diesem Sinn skizzierten zum Beispiel einige in Kreuzberg interviewte Jugendliche ihre
Szenerie in einem Deutschlandradio-Beitrag über Picaldi aus dem Jahr 2003 (9.4.).
31 Der Rapper Sentino erläutert die Slang-Vokabel »schwul« in seinem Berlin-Erklärungs-
Stück »Gehobene Klasse« (s.u.) so: »Für den Fall, dass man Sie in Berlin als Schwuchtel
beschimpft/So ist es nicht für die vom anderen Ufer des Flusses bestimmt/Sondern gemeint ist damit eigentlich, dass Ihre Art peinlich ist« (auf »Ich bin deutscher Hip-Hop,
5 vor 12 Records, 2006). Auch wenn sie nicht wörtlich zu nehmen ist, hat diese Negativ-
Etikettierung offenkundig (selbstbewusst-kokett) homophobe Aspekte; in der Alltagspra-
che rekurriert sie oft auf ein recht striktes (in der Sprache der Gender Studies: heteronor-
matives) Bild von »richtiger« Männlichkeit. Inzwischen ist »Picaldi-Style« aber auch in
einigen Ecken der Berliner Schwulen-Szene ein stehender, positiver Begriff. Das zeigte ein
Flyer, den mir ein Picaldi-Mitarbeiter zusteckte. Dort wird »Picaldi-Style« als möglicher
Dresscode für eine »Gay-Party« genannt.
32 Der »Ursprungsmythos« lautet, dass damit den Gefängnisinsassen eine Reverenz erwiesen
wird, die ihre Hosen nicht mit Gürteln zusammen halten dürfen, da sie sich an diesen

ten, an den Schuhen, hängt die Hose oft weit herunter, geht an der Ferse über die Schuhe und schleift auf dem Boden. Die Silhouette von Schultern bis Schuhen, wie sie zum Beispiel auch von vielen Graffiti-»Characters« (gezeichneten beziehungsweise gesprühten Figuren) präsentiert wird, entspricht häufig eher einem »A«, im Gegensatz zum »Y« oder »V« zwischen Gürtel und Schultern beim »Gangsta-Style«[33], und der »Karottenform« zwischen Schuhen und Taille: Beim »Karottenschnitt« hat man »immer noch einen Arsch in der Hose«, wie man sagt – zumindest, wenn man ihn konventionell trägt.[34]

Doch welcher Art ist diese Relation, abgesehen von der bloßen Unterschiedenheit? Und was besagt das über die Figurierungsprozesse, um die es hier geht? In den Vorstellungswelten der jugendlichen Akteure ist das Verhältnis zwischen diesen beiden Stilen nicht in erster Linie durch eine gewissermaßen neutrale Unterschiedenheit geprägt, im Sinn eines liberalen Pluralismus, sondern durch eine agonale oder antagonistische Beziehung, ein Verhältnis des Widerstreits auf verschiedenen Ebenen. Es geht in dieser Beziehung, wie viele Jugendliche sie sich vorstellen und erleben, nicht nur um eine »Vielfalt« von Subkulturen oder Jugendkulturen, sondern auch um Konflikt und Gewalt.[35] Dieses *agonale* (kampfartige) Verhältnis verweist auf *agonistische* (stilisiert agonale) und *antagonistische* (feindselige) Motive im subkulturellen Stil und zugleich auf erlebte, erzählte und stilistisch zitierte Interaktionskonflikte im öffentlichen und halböffentlichen Raum, zum Beispiel »Interaktionsvandalismus« (Molotch/Duneier 1999) wie Bedrohung, »Anpöbeln«, Raub und so weiter. Ganz in diesem Sinn definierte ein junger Mann, der sich selbst eher im Stil der klassischen Hip-Hop-Schiene kleidet,

---

aufhängen könnten. Zunächst wurden einfach zu weite Hosen getragen, bis um 1991 die ersten »baggy pants« designt wurden, nicht zuletzt von Carl Williams a.k.a. Karl Kani. Hier waren viele frühe Anbieter – wie die Mehrzahl der anfänglichen Kunden – Afroamerikaner und kamen aus der Hip-Hop-Szene, der Markenname »Fubu« wird zum Beispiel auch als Akronym für »For Us By Us« gelesen; vgl. Sullivan 2006, 225. Während man dort mit einem Slogan wie »true brothers from the 'hood« die eigene Herkunft betonte, war die Selbstdarstellung bei Picaldi ambivalenter, s.u.

33 Auch in der Hip-Hop-Ästhetik geht es fraglos häufig um durchtrainierte Männerkörper, sie werden aber anders gekleidet und präsentiert.

34 In den Geschäften, z. B. in den Wilmersdorfer Arkaden, fiel mir auf, dass die Schaufensterpuppen bei Picaldi im Vergleich zu denen in anderen Geschäften im Einkaufszentrum sehr breite Schultern hatten. Eine solche Puppe ist auf dem Foto des Charlottenburger Stores zu sehen.

35 Zur Theorie eines »Untilgbarkeit des Antagonismus« im Politisch-Gesellschaftlichen vgl. Mouffe 2007, 17ff. Zum Begriff des »Agonismus« vgl. Foucault 2005, 287f.

Abbildung 6: Picaldi-Werbung, 2007

den Unterschied zwischen seinesgleichen (beziehungsweise unsereinem, da er mich mit einschloss) und den Picaldi-Trägern so: Die Picaldi-Träger, das seien typischerweise diejenigen, die einen anrempeln, wenn man in einem engen Gang im Club an ihnen vorbeigeht, und einem dann noch »hinterher pöbeln«, warum man denn nicht Platz mache und ob man Streit suche.

Die Abbildung zeigt, dass auch einige Picaldi-Werbemotive solche Assoziationen evozieren, bestätigen oder erzeugen. Die Verantwortlichen meinen (nicht ohne Grund, wie wir unten sehen werden), dass sie bei der jugendlichen Kundschaft, oder zumindest einer wichtigen Fraktion derselben, auf große Resonanz stoßen, wollen aber andererseits nicht, dass Picaldi nur unter diesem Gesichtspunkt wahrgenommen wird.[36] Solche Bilder entsprechen der – sowohl bei vielen Picaldi-Kunden als auch im Sinn eines Fremdbildes – verbreiteten Assoziation, dass idealtypische Picaldi-Träger solche agonistischen Interaktionssequenzen, wie sie schon sehr lange mit kulturellen Figuren der jugendlichen Unterschicht verbunden werden, fast schon genießen oder sogar habituelle »Pöbler« sind. Inwiefern solche Sequenzen und Szenen auch als Allegorien für gesellschaftliche Dominanzverhältnisse und Antago-

---

36 Dieses Werbemotiv wird intern als eines der »harten« Motive beschrieben und ist bei vielen Mitarbeitern umstritten, wie ich in einer Diskussion in der Zentrale erfuhr, weil es stereotype Bilder bestätigt. Nicht die gesamte Kampagne ist auf das Territoriale ausgelegt, aber eben doch einige wichtige Bilder, deren Bedeutung vor allem der Geschäftsführer betont – aufgrund seines Verständnisses der Erwartungshaltung und Präferenzen der Stammkundschaft.

nismen fungieren, bleibt herauszuarbeiten, an historischen Vorläufern dafür mangelt es wie gesehen nicht.

Während die kulturelle Relation zu den »Baggies« also mit eindeutiger *Abgrenzung* verbunden ist, es sich also zumindest der Tendenz nach um eine antagonistisch codierte Relation handelt, hat die Entgegensetzung zum »geraden Schnitt« mehr mit biographischen Phasen und Übergängen zu tun: In etwas fortgeschrittenerem jugendlichem Alter, oft zwischen 17 und 22, wenden sich viele Picaldi-Kunden vom Picaldi-Style ab und den »geraden Schnitten« zu, Marken wie Jack & Jones, Cipo & Baxx, H&M sowie die großen Jeans-Firmen und Designer-Namen treten an die Stelle der lokalen Marke. Man »wächst raus«, wie der Spandauer Picaldi-Verkäufer und -Kunde Sedat sagt. In autobiografischen Erzählungen wird Picaldi dann oftmals mit einem vergangenen, zum Teil auch von einem Mangel an Reife geprägten Lebensabschnitt verbunden. In den letzten Jahren wurde diese Tendenz zunehmend zum Problem für die Absatzbemühungen der Firma und setzte häufig in jüngeren Jahren ein, weshalb Picaldi sich besonders darum bemühte, ein eigenes Sortiment für ältere Kunden aufzubauen. Picaldi lief insofern eine Zeit lang Gefahr, gewissermaßen als Kinderbekleidung in Verruf zu geraten – »unangenehm« sei das, dass »so viele Kleine« die Sachen tragen, sagte zum Beispiel ein Befragter in Charlottenburg (Interview 15).[37]

Andererseits machte die Jeans aber natürlich nicht nur ein gewissermaßen hypersemiotiertes Zeichen aus, das ethnisch-soziale Konflikte und subkulturelle Identitätsentwürfe zum Ausdruck bringt, sondern war weiterhin eine Hose, die anziehen konnte, wer sie kaufen und anziehen wollte – ohne unbedingt zu wissen, in welche Zuordnungen man sich damit begeben mochte. Auch manche Väter trugen die Picaldi-Jeans, auf die sie ihre Söhne aufmerksam gemacht hatten (oder die sie sie für sich hatten kaufen lassen); und während einige ganz genau zu wissen meinten, dass Picaldi für einen bestimmten »Look« und eine ethnisch-sozial-stilistisch bestimmte Gruppe steht, verschwendeten andere Kunden an solche Fragen nicht viele Gedanken.

---

37 Wie groß die Gruppe der Kunden unter 13 Jahren war, konnte ich nicht genau zählen, sie war unterschiedlich (auch abhängig von der Tageszeit), im Weddinger Laden schätzte ich den Anteil auf 40 bis 50 Prozent. Sedat, ein Verkäufer, behauptete gar, nur noch »Deutsche« würden Picaldi-Karottenjeans tragen; »die Ausländer« dagegen inzwischen alle gerade Hosen. Er meinte damit die »coolen« migrantischen Jugendlichen in seinem Umfeld. Die Bemerkungen von Mehmet zum »Kleinen«, der »Große« beobachtet, illustrieren einen Teil der »Kleidungskarrieren«, in denen zu einem späteren Zeitpunkt eine Wende stattfindet.

Aussagekräftig sind aber auch Attribute gewissermaßen unterhalb der Schwelle subkultureller Namen, die in der diskursiven Praxis verwendet werden, um Stile zu typisieren, zu charakterisieren und um Zugehörigkeiten zu klassifizieren. Besonders wichtig ist hier der Gestus des »Auffallen-Wollens«. Sie stehen, wie die folgenden Beispiele zeigen, in unterschiedlichen Zusammenhängen. Ein Befragter in Wedding erklärte: »*Bei mir in der Schule gibt es auch so ne richtige... äh Denker, die auch sagen, ey, ich trag Picaldi, ich bin jetzt der Coolste, ich bin der, der am meisten Geld besitzt und so. [...] Die denken, die wären die Besten überhaupt. [...] In der Pause dürfen halt nur manche bei denen in der Nähe stehen, die Picaldi tragen.*« [...] M: »*Was meinst du mit Denker?*« K: »*Ja, dass die denken, die denken dann halt zu doll, ja, ich... kuck mal, wie auffällig ich bin, ich bin der Coolste und so auf der ganzen Straße, in der ganzen Stadt von mir aus auch... Und dann rempeln die anderen einen an und sagen [andere Sprache] ›ey, pass mal auf‹ [...]*« Der Befragte selbst, ein bedächtig wirkender 17-jähriger Berufsschüler in Holztechnik aus Berlin-Wedding, ein Deutschstämmiger, trägt ebenfalls viel von Picaldi. Was Kleidung angeht, ist ihm aber wichtig, *nicht* aufzufallen: aus ästhetischen und aus praktischen Gründen. Er will in der Masse aufgehen, um unangenehme Situationen zu vermeiden, und um zur Gruppe der akzeptablen, zumindest nicht völlig »uncoolen« (oder gar: wehrlosen) Schüler zu gehören. Seit etwa fünf Jahren, also seit er 12 Jahre alt ist, trägt er Picaldi: »*Damit mich andere auch respektieren. Weil manche Türken sagen, uh, der hat Scheißklamotten an und kommen dann gleich an und schlagen einen kaputt*«. Seine – ebenfalls türkischen – Kumpels hätten ihn deshalb schon gewarnt.[38] Er selbst ist, was das Sich-Kleiden betrifft, durchaus wählerisch, achtet stark auf die Bequemlichkeit und auch auf passende Farben, er möchte nicht als Angeber wahrgenommen werden. In seinem Fall kommen die Anstöße für die Auswahl der Marken und des Stils aber in stärkerem Maße von außen, die Kleidung hat fast schon den Charakter einer Tarnung: Er trägt das, was – wie er sagt – fast alle Jugendlichen in der Gegend tragen, was also als »normal« und, analytisch

---

38 »*Das hatte ich schon mal, aber... Da sie, da die mich kannten, haben sie mich halt nicht kaputt geschlagen. Aber sie haben gesagt, kauf dir lieber das und das, das habe ich halt mir dann geholt, und das sieht auch ganz gut aus.*« M: »*Ja.*« K: »*Deswegen habe ich's mir geholt.*« M: »*Also... um, also der Sicherheit halber*« [lacht]. K: »*Um Schlägereien zu vermeiden, genau. Kann man so sagen* [lacht].« [...] M: »*Und was hattest du damals an?*« K: »*Damals hatte ich einfach nur irgendwelche Sachen an, die mir meine Mutter mal mitgebracht hat. Aber... Man... Das ist halt nicht so richtiger Style gewesen, deswegen haben mir halt meine Kumpels auch gesagt, such dir mal das aus, hol dir mal die Sachen, probier die an und mal kucken, wie es dir, wie es bei dir passt.*«

gesprochen, im Rahmen des Kleidungs-Codes in seinem lokalen Kontext verhältnismäßig unmarkiert gilt, am Interviewtag schwarze Nike-Schuhe, eine
helle Picaldi-Jeans mit stark abgesetzten Flicken und Nähten, eine schwarze
Kapuzenjacke von H&M, ein Nike-Sweatshirt, eine dunkelblaue Nike-Cap
und eine Brille. Er erzählt, dass er, seitdem er diesen Stil adaptiert hat, tatsächlich keine derartigen Schwierigkeiten in der Schule und auf der Straße, im
öffentlichen Raum, hatte. Ich fragte, ob sein Style »etwas über ihn aussagt«:
»*Zu mir sagt es einfach nur aus, äh, ich bin ein ganz normaler Junge, guckt
mich an oder lasst es sein, mir egal, aber redet nicht mit mir.*« [...] »*Ich habe
keine Lust, dass mich irgendwelche auf der Straße einfach sagen, ey du, komm
mal her, oder so...*« [...] »*Ja, genau, dann macht man nicht so auf auffällig.
Weil, wenn man so grün oder so trägt, das sieht man ja auf der Straße, wenn
man zwischen 10.000 Leuten sieht, das sieht man einfach.*« M: »*Ja.*« K: »*Aber
wenn man, wenn man hier so blau hat, das sieht man halt nicht so unbedingt.*«[39]
Aufzufallen ist hier also mit dem unmittelbaren Risiko verbunden,
sich angreifbar zu machen. Die behelfsmäßigen Klassifikationen gelten in
diesem Beispiel weniger subkulturellen Stilen und deren Bedeutungen als
der Pragmatik der Problemvermeidung und Ethiken einer »ordentlichen«

---

39 Außerdem – und solche Gründe sind ebenfalls wichtig – geht es, wie oben bei den Jeans
kurz angesprochen, um die Haptik der Kleidung: Er mag es nicht, wie sich die schweren
Buchstaben an den bedruckten Stellen auf der Haut anfühlen. Im Interview stellt er sich
u.a. so vor: Er geht ins Fitness-Studio (wirkt aber eher schmächtig) und spielt häufig Fußball und Tischtennis. Im Fernsehen verfolgt er daneben auch gern Basketball, sieht aber
insgesamt wenig fern. Am Computer spielt er Counter-Strike und World of Warcraft, aber
er verbringt damit selten sehr viel Zeit, auch nicht vor dem Fernseher. Er hört Hip-Hop,
zum Beispiel Eminem und Tupac, auch mal so etwas wie Linkin Park (Mainstream-Rock).
Deutschen Rap mag er nicht so sehr, weil ihm die meisten Rapper zu »schnöselhaft« sind
und die Sängerinnen nicht singen können, wie er sagt. Seine Kleidung kauft er bei Picaldi
(er hat acht Hosen von PCL), bei H&M und New Yorker, zusammen mit seinen Kumpels.
Das Geld dafür, etwa 175 Euro im Monat, wie er sagt, kommt von den Eltern, allerdings ist
das nicht immer einfach, denn der Mutter gefallen die Sachen nicht, die er haben möchte,
während der Vater »geizig« ist und deshalb nichts gibt. Im Zweifelsfall gibt aber die Großmutter Geld für Kleidung. Sein Vater ist KfZ-Mechaniker und arbeitslos, seine Mutter
arbeitet als Kellnerin. Die Summe scheint vor diesem Hintergrund unwahrscheinlich. Seine
Zeit verbringt er »chillend« vor allem am Alexanderplatz und am Gesundbrunnen, er ist viel
unterwegs und nicht viel zuhause. Er und seine Kumpels machen manchmal »ein bisschen
Ärger«, indem sie zum Beispiel absichtlich in Geschäften zu laut Musik hören, wofür sie
auch schon einige Male ein Hausverbot bekommen haben. Sie suchen aber, wie er sagt, auf
keinen Fall Stress mit anderen und würden auch nie größeren Sachschaden anrichten. Seine
typisierende (aber nicht figurierende) Unterscheidung: »Ich würde einfach nur unterscheiden: Manche, die zu viel angeben, dann welche, die zu ruhig sind, und dann halt die in der
Mitte. Das sind die einzigsten drei Gruppen, die ich unterscheiden würde.«

Lebensführung. In einem nahweltlichen Umfeld, in dem einzelne kleine Tyrannen (»bullies«) und Cliquen starker Jungs Dominanz beanspruchen, wo Jugendliche ohne größere Ressourcen als besonders schwach und uncharismatisch gelten, und wo Gewalt befürchtet wird (diese Szenarien wurden immer wieder erzählt), rührt der Klassifizierungsbedarf nicht nur von einer handlungsentlasteten Situation her, sondern auch von Situationen und Akteuren, zu denen man sich praktisch verhalten muss, gegenüber denen man sich vielleicht auch verteidigen muss. Dass er sich als »Deutscher« auf dem Schulhof und auf der Straße im Weddinger Brunnenviertel gegenüber »Türken« unterlegen fühlt und die »Bullies« als »Türken« identifiziert, hängt mit tatsächlicher Dominanz (in dieser lokalen Arena, nicht aber in größeren institutionellen Zusammenhängen) zusammen; zugleich unterscheidet er nicht in erster Linie zwischen nationalen Herkunftsbezeichnungen, sondern ethnisch-national unspezifisch zwischen »Denkern« und »Angebern« einerseits und »Ruhigen« und denjenigen »in der Mitte« andererseits.[40] Auf diese Konstellation werde ich unten noch eingehen.

Die Frage, wie auffällig sie sich kleiden sollen und wollen, stellt sich, unabhängig von solchen Bedrohungserzählungen, vielen Jugendlichen. Hier kommen persönlicher Ausdrucksstil und kulturelle Codes und Konventionen zusammen.[41] Für den gerade vorgestellten jungen Mann bedeuten weniger auffällige Kleidungsstücke eine, wie er sagt, »ein bisschen vornehmere« Ästhetik, die zugleich aber auch eine gewisse Bescheidenheit kommuniziert, im Gegensatz zum »Angeberischen«, von dem für ihn ein direkter Weg zum Aggressiven führt. Auch die Picaldi-Designerinnen mokieren sich über Kleidungsstücke, die »schreien« und »knallig« sind, zum Beispiel dunkelblaue Jeans mit weißen, durch Bleiche entstandenen Mustern (vgl. Abbildung 7; in der Kundenbefragung wurden sie gelegentlich »Kuh-Hosen« genannt). Eine der Designerinnen, Mandy, betont, zum Beispiel, dass es Produkte der Firma gibt, die »cool«, ein »bisschen klassischer« seien – »mit denen man sich nicht gleich irgendwie blamiert«.[42] Das »Auffällige« gilt den einen als »prollig«

---

40 Seine typisierende (aber nicht figurierende) Unterscheidung: »*Ich würde einfach nur unterscheiden: Manche, die zu viel angeben, dann welche, die zu ruhig sind, und dann halt die in der Mitte. Das sind die einzigsten drei Gruppen, die ich unterscheiden würde.*«

41 Die Frage des Auffallen-Wollens ist in vielen Diskursen hochgradig moralisiert, nicht nur in der Berliner Straßenmode, vgl. dazu kulturhistorisch Donald 1998; weiteres Material bei W. Lindner 2002, 233.

42 Eine Picaldi-Designerin meint zum Beispiel, manche der von der eigenen Firma produzierten Produkte seien »*so furchtbar, schlimmer geht es nicht mehr*«, würden sich aber sehr gut verkaufen. »*Halt äh wirklich irgendein Joker-Face drauf oder es ist richtig, richtig – ich möchte's*

Abbildung 7: »Auffällige« Picaldi-Jeans mit starken Kontrasten (eigene Aufnahme, Picaldi-Lager Tempelhof, 2008).

in einem kategorialen und negativen Sinn, es ist im schlechten Sinn »vulgär«, eine Ästhetik der Zurschaustellung. Für viele andere hat das »Auffällige« eine direkte, positive Funktion – man wird wahrgenommen und sticht aus der Masse heraus, was zum Beispiel gewollt sein kann, wenn es darum geht, Mädchen kennen zu lernen, aber auch als bewusst stilisierter ästhetischer Gestus.

Ein Beispiel für Ersteres gibt ein 21-Jähriger, von Beruf Fachlagerist, der kürzlich in Berlin Arbeit gefunden hat und deshalb aus einem Dorf in Mecklenburg-Vorpommern in den Wedding gezogen ist. Er hat hier bislang wenig soziale Kontakte außerhalb der Arbeit. Er beschreibt seinen Stil als die Befolgung eines Mottos: »*vor allem auffällig*«. Es geht ihm darum, »*dass die Leute dann einen angucken*«, vor allem die Frauen, die ihn bemerken sollen. Er trägt eine Hose der Hip-Hop-Marke Pelle Pelle, eine weiße Jacke von

---

nie so sagen, aber das ist ja fast, das ist ja richtig Prollo. Also, weil, wer so was anzieht, möchte ja auffallen. Das ist einfach so.« Die Ästhetik »Prollo« zu nennen, scheint der Sprecherin also nicht sozial erwünscht (vor allem in dieser Interviewsituation), sei aber begründet, weil die sich so Kleidenden damit auffallen wollen, also den »Prollo« tatsächlich verkörpern.

Picaldi und eine sogenannte Königskette. Tatsächlich ist seine Erscheinung damit, so scheint mir, durchaus auffällig, auch wenn natürlich überhaupt nicht zufällig ist, für welche Spielarten auffälliger Kleidung er sich entscheidet.[43] Etwa die Hälfte der von mir befragten Kunden finden »auffällig« eher attraktiv.[44]

Die Frage des »Auffallens« zeigt persönliche, pragmatische Überlegungen rund um das Sich-Kleiden auf, die mit den subkulturellen Bedeutungsaufladungen, wie sie oben skizziert wurden, in Beziehung stehen, in ihnen aber nicht aufgehen. Diese Ambivalenz oder Polyvalenz, die Zeichen im Allgemeinen und Mode im Besonderen eigen ist, ist auch deshalb wichtig, weil sie

---

43 Sein Wissen um die Marke ist gering und über Musikvideos und Hip-Hop allgemein vermittelt, aber sein konsumdefinierter Lebensstil (was sicherlich eine oberflächliche Betrachtungsweise ist, aber auch eine notwendige und in diesem Zusammenhang eine wirkmächtige) ist in vielerlei Hinsicht denjenigen von vielen Jugendlichen mit Migrationshintergrund im Berlin verwandt. An Musik mag er in erster Linie Fler, aber auch Kool Savas und Massiv, er hört eigentlich nur Hip-Hop. Seit etwa einem Jahr trägt er Sachen von Picaldi, die er im Internet bestellt oder bei Ausflügen nach Berlin gekauft hat, als er noch nicht hier wohnte. Er kennt die Marke aus Musikvideos. Seinen Stil will er aber nicht auf Hip-Hop festlegen, er sieht sich als sehr individuell in seinen Kombinationen. Er orientiert sich stark an dem, was er bei Jugendlichen auf der Straße sieht, vor allem bei den »ausländischen«, und an Musikvideos, und er versucht sich innerhalb von einigen Wochen an neue Trends anzupassen. Er gibt etwa 130 Euro im Monat für Kleidung aus. Ihm ist nicht bekannt, dass die Marke Picaldi aus der Türkei kommt. Picaldi steht für ihn für »Straßenmode«, was er sehr positiv sieht. Er macht Kraftsport, spielt am Computer World of Warcraft sowie Egoshooter- und Fußball-Spiele. Mit Fernsehen und Videospielen verbringt er insgesamt durchschnittlich fünf Stunden. Mit Internetshops wie 77-Store und MZEE kennt er sich gut aus. In seinen Lieblingsfilmen geht es vor allem um schnelle Autos: Fast & Furious, Taxi Taxi.

44 In Interviews lauten einige Antworten auf meine Frage, ob Kleidung eher auffällig sein sollte oder eher nicht, sie solle auffällig sein, gerade der Markenname solle gut sichtbar sein (vgl. dazu auch die Aussage des Casa-Verkäufers in der Einleitung: Man strebe »das Prollige« an, gerade durch Markennamen in großen, glänzenden Lettern). Eine Picaldi-Designerin sieht die Orientierung am »Auffallen« als typisch für eine Kundengruppe, die sie als problematisch wahrnimmt – im Gegensatz zu den sich dezent Kleidenden. Sie spricht von einem »Widerspruch im Sozialen«: »Ja. Also, dieser, dieser Widerspruch im Sozialen, den versuchen wir halt auch in der Mode irgendwie zu bestätigen. Ist ja so. Also, das Bunte, Knallige, gegen das etwas Sportlichere, Klassische. Ist ja so.« Das absichtlich Auffällige gehört bei beiden Geschlechtern zum semantischen Kernbestand des »Prolligen«. Gefragt nach der weiblichen Entsprechung zu »Prolls«, sagt zum Beispiel die Picaldi-Verkäuferin Steffi, die aus Köpenick kommt und in Charlottenburg arbeitet, das seien »Divas«: »Ja so, also ick globe, da fallen immer so Mädels runter, die so überkandidelt auffallen wollen.« In dieser Wahrnehmung ist das, was die männliche und die weibliche Figur (bzw. deren Ästhetik) gemeinsam haben, also das selbstbewusste Auffallen-Wollen.

die Grundlage bildet, auf der Jugendliche den moralischen Anspruch erheben, nicht festgelegt, stereotypisiert und in Schubladen gesteckt zu werden. Letzteres geschieht aber andauernd, denn während die Jeans und der zugehörige Stil, aus der idealtypischen Innenperspektive betrachtet, letztlich auch für die Normalität der eigenen Alltagskleidung steht (vgl. Miller/Woodward 2010), erfahren sie aus der sozialen und kulturellen Distanz durch die Assoziation mit dem »Prolligen« eine sehr viel radikalere und kategoriale symbolische Entwertung.

Picaldi-Hass

In den Augen von anderen – vor allem »deutschen« und an respektableren (oder aber in der Tradition der Gegenkulturen »alternativen«) Ästhetiken orientierten – Zeitgenossen wurden Hose und Marke mit der Zeit zu einer Art von anachronistischem Kuriosum im »Muskel-Look«, über das sich ein fasziniert-verachtungsvoller Spott ergoss, der an denjenigen erinnert, mit dem die Sprache türkisch- und arabischstämmiger Jugendlicher beziehungsweise das »Kiezdeutsch« parodiert wird. Die Tonlage, in der andere Jugendliche sich über Picaldi lustig machen, lässt häufig nicht nur ästhetische Abneigung anklingen, sondern – wie schon beim K.I.Z.-Track deutlich wurde – eine Mischung aus Verachtung, Rassismus, sozialem Ekel und Mitleid. Im Diskurs, an dem solche Äußerungen Teil haben, ist Picaldi der Inbegriff eines »prolligen« Stils, zugleich wird die Marke aber auch einem »Gangster-Image« (oder auch »Gangsta-Image«) zugeordnet, was mal positiv, mal negativ verstanden wird.[45]

In jedem Fall sind der Stil und seine Bedeutungen nicht ausreichend beschrieben, wenn man die Gruppe umreißt, die ihn trägt und deren subjektive Bedeutungen skizziert (das geschieht unten ausführlicher); es geht auch um Relationen, um Distanz und um Bewertung, und dabei eben, in der Fremdwahrnehmung, häufig auch um heftige Abneigung. An Diskothe-

---

45 Unten führe ich weiter aus, was die Benennungen implizieren und von wem sie wie verwendet werden. Ein Picaldi-Verkäufer, Sedat, erklärt: »*Weil, die meisten Kunden, die kommen auch zu mir und sagen, ›Ey, wie heißt denn die Hose, die immer Bushido anhat, die echt so cool ist, die so gangstermäßig, -haft aussieht‹, und… Ich sage, ›oh, äh, hä? Wie jetzt? [lacht] Naja, meinst du die Hose, den Karottenschnitt?‹ ›Ja genau, die hätte isch mal in der Farbe und mit dem Muster und bla und bla‹ halt…*«

ken und Clubs wurden Picaldi-Verbotsschilder gesichtet (das erzählten mir mehrere Mitarbeiterinnen), ein Artikel im *Tagesspiegel* bespöttelte die Marke als Knast-Uniform, und in einer Reportage über Hartz-IV-Empfänger in der FAZ wurden Picaldi-Jeans als Milieu-typisches Konsumziel vorgeführt.[46] Eine Verkäuferin in Marzahn erzählte mir von einem Picaldi-Verbot an einer Schule, von dem ihr Kunden erzählten. Das konnte ich zwar nicht verifizieren – aber aussagekräftig genug scheint mir, dass es für sie sehr gut vorstellbar ist. Eine andere Mitarbeiterin berichtete aus dem eigenen Umfeld, dass respektabilitätsorientierte migrantische Eltern die mit der Marke verbundenen Assoziationen scheuen: *»Mein Sohn geht in Wedding zur Schule, und da habe ich jetzt von einer Mutter, von einer türkischen Mutter gehört, sie möchte nicht, dass ihr Sohn Picaldi trägt, weil man da gleich in dieses Image verfällt. Sie möchte nicht, dass er da mit den anderen unter einen, mit den Prolos und Pöbel... Ja, so – asozial und so, dass er da mit zu gezählt wird. Und deshalb darf er kein Picaldi tragen.«*

Die Assoziation mit Picaldi kann eine folgenreiche symbolische Entwertung bedeuten.[47] »Die Opfer der Gesellschaft« sprühte eine unbekannte Person 2008 an ein Picaldi-Plakat in einem Kreuzberger U-Bahnhof. Ein *»komplett schmutziges Image«* habe das Label gehabt, sagt eine Picaldi-Angestellte rückblickend. Dieses Bild basiert auf der Assoziation mit einem als »schmutzig« geltenden sozialen Typus:[48] Die Zielgruppe bestehe eben letztlich doch aus *»Leute(n), denen man nachts nicht in Marzahn begegnen will«*, führt sie aus (die Zielgruppe auf ihren Ostberliner Bestandteil zuspitzend):

46 »Wenn Armut die Hoffnung besiegt.« *Frankfurter Allgemeine Zeitung* vom 20.9.2007.

47 Als ich einige Tage in einem Picaldi-Geschäft in Berlin-Charlottenburg verbrachte und dort mit Verkäuferinnen und Verkäufern sowie einigen Dutzend Kunden sprach, lief ich mit dem Picaldi-Pressesprecher durch das Center, um einen Steh-Tisch für die Interviews zu besorgen. Im Untergeschoss des Einkaufszentrums trafen wir auf eine junge Frau, eine »Hostess«, die im Auftrag des Center-Managements eine Kundenbefragung durchführte. Im Laufe der Befragung wurde deutlich, dass der Pressesprecher für Picaldi arbeitet. Sie sagte darauf, eher distanziert: »Oh.« Eine der Fragen in ihrer Befragung lautete, was die Kunden am Center stört. Recht häufig würde da »dass ein Picaldi-Store im Center ist« genannt. Vor allem Jugendliche und Leute zwischen 20 und 30 würden sich an Picaldi stören, erzählte sie. Nicht so sehr die älteren Leute, die bekämen das gar nicht mit, was für ein »*Proll- und Gangster-Laden«* das ist.

48 Die Verkäuferin konnte hier »freier« sprechen und sich unverblümt negativ über das Marken-Image äußern, weil die Berliner Firma in Markenrechtsstreitigkeiten mit der Istanbuler Firma steckte, die dazu führten, dass die Berliner neue, gewissermaßen unbelastete Marken einführten (Zerava, Eeynim) und der Markenname »Picaldi« für Deutschland an andere Unternehmer ging.

Das sei einfach so und das sehe ihr gesamter Freundeskreis so, da brauche man auch nicht lange drumrum reden, auch wenn man das bei der Firma nicht so darstellen wolle (vgl. die Anmerkungen zum kommunikativen »Eiertanz« oben). »*Die*«, also die eigenen Freunde, finden das alle »*schlimm*« – und ich doch sicherlich auch, so der Appell an das allgemein Gewusste unter »normalen« Leuten – unter respektablen, und vermutlich auch unter »Deutschen«, so die Logik in diesem Moment. Auch in einigen Berichten in Massenmedien wie zum Beispiel einem Artikel im »Stern« kam die Firma schlecht weg.[49] Bei Polizei-Meldungen werde mindestens dreimal im Monat »*Picaldi-Schriftzug auf der Bekleidung*« in der Täterbeschreibung genannt, das sei doch schrecklich, beschwert sich die Designerin weiter und greift damit einen weiteren Topos der Zeitungs-Berichterstattung auf. Die typischen Picaldi-Kunden mit dem Picaldi-Stil, das seien »*Halt so richtig typische prollige Türken [...] oder [...] die Marzahner [...] so blonde Jungs mit bleichen Gesichtern und so hochrasierten Haaren*«.

Der Abneigung gegenüber Picaldi liegen verschiedene Kriterien zugrunde: ästhetische, ethnizistisch-rassistische, sozial-klassenrassistische, geschlechterpolitische, alltagsethisch-zeitdiagnostische. Sie sind nicht klar voneinander getrennt, zwischen ihnen finden ständig Übergänge und Assoziationen, *slippages*, statt.[50]

---

49 Der Artikel im »Stern« (»Auf dicke Hose«) sorgte innerhalb der Firma für Empörung. Zwar erklärten mir einige bei Picaldi abgeklärt, das sei ja auch Publicity, und als langweilige, »normale« Firma hätte man es nie in den redaktionellen Teil des »Stern« geschafft, aber die Zuspitzungen und Verzerrungen in diesem Artikel missfielen den namentlich genannten und als dumm dargestellten Mitarbeitern doch sehr. Auch ein unter der Hand stattfindendes religiös-ethnisches »Othering« wurde kritisiert – eine vermeintliche »Gebetskette« war demnach tatsächlich ein Schlüsselanhänger. Eine Folge des Artikels war, dass der Pressesprecher engagiert wurde.

50 Ein Beispiel für die unmittelbar rassistische Version: »*Meine Mom ist gegen Picaldi, weil das Türken erfunden haben*«, sagt ein junger Kunde (Marzahn Nr. 38). Aber auch Leute mit Thor-Steinar-Klamotten, die in der rechten Szene beliebt sind, kommen gelegentlich in die Läden, meiner Beobachtung nach.

»Authentische Kommodifizierung«: Bushido und die Frage der »Realness«

Um das Jahr 2000 konvergierte die Firmengeschichte von Picaldi, und damit die des Picaldi-Styles, mit einer anderen, bis dahin eher parallel verlaufenden Entwicklung, der Entwicklung von Hip-Hop und Rap in Berlin hin zum viel diskutierten Battle- und dann Gangsta-Deutsch-Rap, der in den großen massenmedialen Zusammenhängen dann vor allem von Bushido, dem kommerziell erfolgreichsten deutschen Rapper überhaupt, verkörpert wurde. Ein kurzer Exkurs zu diesem Thema macht die kulturellen Dynamiken rund um den Picaldi-Style besser verständlich.[51] Während die klassische Hip-Hop-Kultur sich in weiten Teilen gerade als *Alternative* zur Welt der Drogen- und Gewaltkriminalität versteht (der B-Boy als Leitfigur engagierter Hip-Hop-Kultur figuriert als respektierter Nicht-Gangster), ist das – hier besonders einschlägige – Genre des Gangsta-Rap mit der Persona des gewaltbereiten (und –erfahrenen) Kriminellen aus der Unterschicht der postindustriellen Städte verbunden, der gewissermaßen ständig mit einem Bein im Rap-Geschäft und mit einem Bein in den Angelegenheiten »der Straße« steht.[52] Das Genre

---

51 Schon der Name »Deutsch-Rap« ist allerdings kontrovers: dass es »Deutsch-Rap« gibt, suggeriert, dass dieser sich von der Hip-Hop-Kultur unterscheidet (die bekanntlich neben dem MCing und dem DJing weitere »Säulen« hat, Graffiti und Breakdancing) und oft eine progressivere Ideologie. Ich gehe davon aus, dass der mit dem »Prolligen« assoziierte Deutsch-Rap tatsächlich nicht durchgängig Bestandteil des Hip-Hop-Universums ist, zumindest dann nicht, wenn die emphatischeren, politisch anspruchsvollen Maßstäbe angelegt werden. Wenn hier in einem sehr reduzierten Sinn von »Deutschrap« die Rede ist, geht es um einen Ausschnitt, der vielen tatsächlichen Szene-Akteurinnen und -Akteuren unangenehm ist und nicht als typisch oder repräsentativ für die Subkultur Hip-Hop gelten sollte (anders gesagt: Ziel dieser Arbeit kann es nicht sein, der Subkultur Hip-Hop gerecht zu werden).

52 Zum US-amerikanischen Hip-Hop und der Herausbildung von Gangsta-Rap vgl. George 1998; akademischer und spezifischer zu »gangsta« Quinn 2005; kulturkritisch die Nihilismus-Diagnose von West (1993). Eine herausragende ethnografische »Rezeptionsstudie« hat Dimitriadis geschrieben (2001). Vgl. zu einem Berliner Beispiel (Shok-Muzik) Kleiner/Nieland 2007. Die Berliner Rap-Lokalgeschichte um »Royal Bunker« wurde von Inez Templeton (2006, unveröffentlichte Dissertation, Sterling U.) und in diversen Presse-Artikeln beschrieben. Vgl. jetzt auch die Beiträge in Dietrich/Seeliger 2012. Zu nennen ist auch das »Update« der Hip-Hop-Geschichte von Verlan/Loh (2006) und die frühe, problemorientierte Darstellung bei Loh/Güngör 2002, wo von einem emanzipatorisch-kritischen Ideal minoritärer Selbstermächtigung und einem normativen Subkulturverständnis aus argumentiert wird. Seit dem Erscheinen der meisten dieser Texte hat sich die Szene wiederum sehr stark verändert.

bezieht seine ästhetische Faszination (für ganz unterschiedliche Akteursgruppen) nicht zuletzt aus der nie ganz beantworteten und nie ganz zu beantwortenden Frage, wie »echt« diese Inszenierungen – insbesondere im Fall von Auseinandersetzungen – sind, aus dem Schillern der Realitätseffekte.[53]

Ende der neunziger Jahre bildeten sich nun in Berlin eine Reihe von Spielarten von Battle-Rap (dem Wettstreit-Genre), Porno-Rap und Gangsta-Rap heraus, aus denen im folgenden Jahrzehnt einige jugendkulturelle Idiome und Ökonomien entstehen sollten, die die Popkultur im deutschsprachigen Raum nachhaltig prägten. Die ersten Stars der Szene um das Café Royal Bunker, vor allen anderen Kool Savas, machten sich durch eine Kombination von Rap-technischer Qualität und Vulgarität einen Namen. Mit Tracks wie »LMS – Lutsch mein' Schwanz«, die sich »viral« (also ohne größeres Massenmedien-Marketing) verbreiteten, gefiel er sich im Gestus des Tabubruchs, brachte die Prinzipien von Spaß und Trash gegen politische Korrektheit und *sophistication* in Stellung.[54] Innerhalb der deutschsprachigen Hip-Hop-Welt positionierten sich Kool Savas und seine Zeitgenossen sehr stark als Berliner – was vorher kein besonders starker Ortsname in der deutschen Rap-Szene gewesen war – und rekurrierten auf die Passförmigkeit eigener lebensweltlicher Erfahrungen mit den Topoi des städtischen kulturellen Gedächtnisses: »Berlin bleibt hart«, wie ein Slogan lautete. Ihre Position bestimmten sie insbesondere durch die Abgrenzung von spielerischeren, ironischeren, politischeren Entwürfen von deutschsprachigem Hip-Hop, die mit eher gymnasialen und studentischen Akteuren und mit anderen Städte-Szenen (Hamburg, Heidelberg, Stuttgart) verbunden werden. Insgesamt präsentierte die Szene sich als eine Szene »der Straße«: eine Szene der unterbürgerlichen städtischen Normalität, außerhalb der pädagogischen Institutionen, mit Anklängen von Unterwelt, Delinquenz und sozialdarwinistischer Härte. Eine größere Öffentlichkeit jedenfalls wurde in erster Linie über ihre Tabubrüche auf diese Szene aufmerksam, die sich schlecht in progressive Narrative von emanzipatorischer Jugendkultur integrieren ließen, da

---

53 Inwiefern damit eine komplexe Anerkennungsproblematik unterschiedlicher sozialer Erfahrungswelten im Rap-Kosmos zusammenhängt, haben Loh und Güngör 2002 für den deutschen Kontext zugespitzt herausgearbeitet. Ayse Caglar (2001) entmystifizierte Berliner Hip-Hop als in besonderem Maße sozialarbeiterisch angeleitet, bezog sich dabei aber auf eine frühere Phase (vgl. dazu auch Kaya 2001).

54 Vgl. zur Geschichte der Szene die Ethnografie von »Royal Bunker«, einem zentralen Ort (und einem Label), von Inez Templeton (2006). »Battle-Rap« schließt an verschiedene Traditionen von spielerischen Beleidigungsritualen an, vgl. Warneken 2006, 188; Schmidt 2002, 218ff.

die Rhetorik der Szene insgesamt einen frauenfeindlichen Grundton hatte, die Verherrlichung von Gewalt und Kriminalität sich schwerlich als »nur ironisch« decodieren ließ und gelegentlich auch Beispiele von Homophobie sowie (weniger häufig) anti-schwarzem Rassismus und Antisemitismus ans Tageslicht kamen. Der kulturindustrielle Erfolg, die Verträge bei den großen Medienkonzernen und so weiter, gelang dann eine Zeit lang vor allem Künstlern wie Bushido, die das Genre des vermeintlich sozialrealistischen Gangsta-Rap mit einer klischeehaften durchsetzungsstarken Männlichkeit verbanden und ihr Wissen um die örtliche Unterwelt betonten.

Dieser besondere Erfolg des Gangsta-Idioms entspricht einer Entwicklung in der globalen Pop-Rap-Kultur, die in den USA deutlich früher begann, und ist nicht zuletzt aus den Interessen eines sozial distanzierten Publikums zu erklären: Wie zum Beispiel Tricia Rose herausgestellt hat, wurde Rap-Musik in den USA seit den frühen neunziger Jahren vorwiegend auf eine Kundengruppe hin vermarktet: »weiße« Jungen im Alter zwischen zehn und zwölf Jahren (Rose 2008, 16).[55] Gerade im Berliner Rap meinen Spötter hinter der Rhetorik von »Ghetto« und Unterschicht oftmals eher die Realität von gelebter Kleinbürgerlichkeit zu erkennen.[56]

Rap-Musik »spiegelt« offenkundig nicht einfach eine soziale Wirklichkeit wider, sondern ist eine populär-ästhetische Form mit eigenen Genre-Konventionen, deren populärste Vertreter zumeist in kommerziellen Kontexten zu reüssieren versuchen (vgl. Quinn 2005; Asante 2008, 73). Trotzdem wurden und werden im Berliner Rap von Anfang an auch soziale Verwerfungen artikuliert, freilich selten dezidiert politisch-klassenkämpferisch, sondern eher im Idiom des Ressentiments (»Rap braucht kein Abitur« heißt zum Beispiel ein Album von Bass Sultan Hengzt) oder in Form von Rechtfertigungen oder Erklärungen (zum Beispiel von Savas mit »Haus und Boot«, einem Track, auf dem er seine Ästhetik auf die eigene soziale Herkunft zurückführt und über die privilegierte Perspektive der vermeintlich aufgeklärten Beobachter spottet; oder

---

55 Auch wenn fraglich bleibt, ob »die« Industrie tatsächlich so systematisch planen kann, ist das ein wichtiger Hinweis. Die Frage ist aus dieser Perspektive also, wessen kommerzielle Kalkulationen das Geschäft antreiben, wer von diesen Erfolgsgeschichten letztlich profitiert und welche repräsentationspolitischen Kosten entstehen, zum Beispiel mit Blick auf Rassismus (vgl. Rose 2008; Asante 2008, 21f.; für Deutschland vgl. Aikins 2005). In den USA stoßen diese Bilder aber auch bei vielen »schwarzen« Jugendlichen auf Resonanz, und nicht nur in der größeren Zielgruppe (vgl. Rose 2008, 73). Ähnliche Wechselwirkungen bestehen in Deutschland. Vgl. auch die Diskussion zum Berliner Rapper Massiv.

56 Vgl. Tobias Timm, Die Hauptstadt hat den Hip-Hop, den sie vermutlich verdient, in: *Süddeutsche Zeitung am Wochenende*, 16.7.2005, S. 4.

von Sentino mit seinem Track »Die gehobene Klasse«, der den besorgten Beobachtern aus dem sozialen Oben das Straßen-Vokabular der »Arbeiterstadt«
in seiner Rap-Variante erklärt; oder durch Tracks wie »Ausländer« von Alpa
Gun, die die Situation des ethnisierten Ausschlusses reflektieren).[57] Die Milieus, aus denen sich die Picaldi-Kundschaft vorwiegend rekrutierte, vor allem
die migrantische »Straße«, spielte in dieser Entwicklung jedenfalls eine besondere Rolle: Sie erhielten eine neue Sichtbarkeit und damit auch eine gewisse,
fraglos ambivalente, Wertschätzung, gekoppelt mit Rap-spezifischen Genre-

---

57 Savas spricht in diesem Track andere Rapper an, die sich Subkultur-puristisch geben: »Du
meinst ich bin nicht mehr down und dope/aber deine Eltern haben ein Haus und Boot./
Du brauchst weder Fame noch dir ein Auto zu holen« (EP »Haus und Boot«, DefJam/Uni-
versal 2001, vgl. dazu Verlan/Loh 2006). Sentino führt »Gehobene Klasse« mit den Worten »Das ist ein Ratgeber für die Eltern da draußen, die sich Sorgen um ihre Kinder machen« ein (auf »Ich bin deutscher Hip-Hop, 5 vor 12 Records, 2006)). Dort gibt er allerlei
Slang-Definitionen und rappt: »Ich beherrsch doch nur die Sprache/der die Herrschenden
nicht mächtig sind./Sage Fick dies, fick das weil es sexy klingt!/ [...] In dem Milieu, in
dem ich mich bewege,/ist das Jargon, eine Melange zwischen Friteusenfett und Frisöse/Ein
Produkt dieser Arbeiterstadt/und ich hoff, dass ich Ihnen hier etwas Klarheit verschaff.«
Das Ende lautet: »Ich bin ein Hustler heißt ich mache mein Geld!/Und damit Basta! denn
mir ist egal ob es der gehobenen Klasse gefällt!« Der Text verdeutlicht, wie kundig solche
Künstler mit vermuteten Fremdbildern (»die gehobene Klasse hört uns reden und denkt,
wir hätten Tourette-Syndrom und wären ein bisschen beschränkt«) und den erwähnten
Stadt-Folklorismen spielen (zur Angst von bürgerlichen Eltern angesichts der kulturellen
Orientierungen ihrer Kinder vgl. Maase 1996a); mit dem kämpferischen Vokabular, wenn
es um »Herrschende« geht, ist er in dieser Szene aber eher allein (zugleich spielt er, was
allzu einfache »linke« Lesarten verunmöglicht, auch mit Nazi-Jargon (»und der Führer
sagte ›Arbeit macht frei‹«)). Weniger auf die Sprache fokussiert ist der Erklärungs-Track
»Ihr habt uns so gemacht« von Sido und Massiv, der seine eigene sozio-deterministische
Theorie gleich mit liefert (auf »Ich«, Aggro Berlin 2006). Diese Tracks bestätigen Eithne
Quinns These, dass Gangsta-Rap von der Kommentierung der selbst geschaffenen Perso-
nae bzw. Figuren lebt: »The power and pleasure of the gangsta phenomenon – aside from
its seductive music – stemmed from its dramatization of immediate and shocking characters, coupled paradoxically with its equally compelling impulse toward reflecting on and
explaining such characterization.« (2005, 14) Vgl. zum Annehmen und Umdeuten der
»Ausländer«-Zuschreibung inkl. migrantischer Geschichtsschreibung mit klassenkämpfe-
rischen Untertönen (»Euch geht es gut da oben/doch wir haben's hier unten schwer« etc.)
und typischen Ghetto-Diskurs-Bildern), im Rap-Kontext Alpa Guns »(Ich bin ein) Ausländer« (Single, Sektenmusik/Groove Attack 2007). Szene-nahe Intellektuelle wie Marcus
Staiger, der Betreiber von »Royal Bunker« stellten vielfach das Thema demokratisierter
Artikulation und Sichtbarkeit heraus: Auch wenn die Inhalte schwer verdaulich seien,
kämen jetzt andere Akteure zu Wort, zum Beispiel ein Lackierer-Lehrling (B-Tight), dem
sonst kaum ein Kulturinteressierter zuhören würde (vgl. Templeton 2006).

Regeln von Ausdruck, Repräsentation, Thematisierung, Selbstverherrlichung (»boasting«), selbstironischer Übertreibung und Selbstermächtigung.[58]

Vor allem Bushido (und der kommerziell nicht ganz so erfolgreiche, aber in der Szene ebenfalls sehr präsente Eko Fresh), der schon seit längerer Zeit Picaldi-Kunde war, machte dabei Picaldi und Cordon weit jenseits von Rap-Szene-Kreisen bekannt. Zum einen tat er das dadurch, dass er die Sachen in Videos und bei anderen Auftritten trug und präsentierte und zum anderen dadurch, dass er sie in seinen Texten thematisierte.[59]

Nachdem Bushido schon 2002 »Cordon Sport«, eine andere Firma aus dem Tempelhofer Ullsteinhaus, auf »Massenmord« gereimt und seine Cordon-Lederjacke demonstrativ gegen die typische Hip-Hop-Kleidung gestellt hatte[60], veröffentlichte er 2005 zusammen mit Baba Saad den Track »Nie ein Rapper« (auf »Carlo Cokxx Nutten II« von 2005 und auf dem Live-Album »Deutschland, gib mir ein Mic« von 2006), in dem er die Abgrenzung zwischen »echten« Gangstern wie ihm und den vermeintlich »faken« Rappern, die nur *reden* können, auf die Spitze treibt: »Denn ich war nie ein Rapper/ ich bin auf dem Boden geblieben/Ich bin ein Mann/und bin bei meinen Hosen geblieben«. In den Zeilen davor und danach wird die eigene Straßen-

---

58 Die »Charismatisierungen« von Marginalität und Exklusion stehen im Gangsta-Genre allgemein selten im Rahmen eines politisch kämpferischen Diskurses der kollektiven Emanzipation. Die »ghettozentrische« (Nelson George) Welt des Gangsta-Rap beschwört individuellen Erfolg und ist (auch im Deutschen) oft explizit gegen »linke« Rhetoriken gerichtet, weshalb sie Kritikern wie Cornel West (und auch vielen kritischen Rappern und anderen Hip-Hoppern) als konsumistisch, manipuliert/manipulativ und »nihilistisch« erscheint (West 1993, vgl. auch Kleiner/Nieland 2007). Als lokale Version eines zuerst US-amerikanischen und dann zunehmend globalen Trends verkörpert das Gangsta-Genre die Widersprüche einer postindustriellen Welt, die im US-amerikanischen Kontext zugleich einer »Post-Soul-Ära« entspricht, in der die humanistischen Gemeinschaftsrhetoriken der Bürgerrechtsbewegung unzeitgemäß zu sein scheinen.

59 Die Picaldi-Sprecher versichern, dass dafür nicht gezahlt wurde, was ich nicht nachprüfen kann. Allgemein wandern für derartiges Product Placement schnell größer Summen über den Tisch; während der Feldforschung bekam ich zum Beispiel Verhandlungen mit einem Rapper mit, der eine Summe im mittleren fünfstelligen Bereich forderte (und den Bogen damit offenbar überspannte). Zur Verflechtungsgeschichte von Mode, Hip-Hop und Sponsoring in den USA vgl. den kurzen Überblick in Fleetwood 2005, S. 329ff.

60 Bushidos damaliger Kompagnon Fler a.k.a. Frank White bediente den Anti-»Rapper«-Topos z.B. mit den Reimen »Ihr seid Fake, ich scheiß' auf eure Baggy Pants / Ich erschieß die Kelly-Fans und bange im Mercedes Benz« (auf »Carlo, Cokxxx, Nutten«, Aggro Berlin 2002). Das heißt wiederum nicht, dass keiner »dieser Leute« jemals Baggy-Pants trägt (und auch nicht, dass niemand von ihnen an einer Hochschule eingeschrieben ist; Fler studierte laut Wikipedia Mathematik).

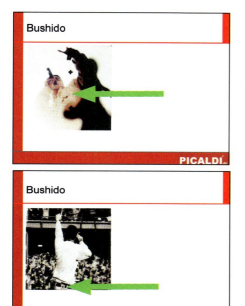

Abbildung 8 (oben): Bushido in Karottenjeans und Alpha-Industries-Jacke, Foto aus CD-Booklet; Von der Skyline zum Bordstein zurück, Ersguterjunge/Universal 2007.
Abbildung 9 (unten): Bushido in Picaldi-Jacke. Aus einer Powerpoint-Präsentation des Picaldi-Pressesprechers (2007).

Glaubwürdigkeit beschworen und von der Welt der »kleinen Kiffer« und »faken« Mittelschichts-Rapper unterschieden. Auf »Abschaum« (auf »7«) rappt Bushido, »ich hab die Picaldi-Jeans voller Cash«. Baba Saad sagt auf Bushidos »Wir regieren Deutschland« einfach »Scheiß auf eure Baggy-Pants, ich rappe in Picaldi-Jeans«.[61] Die oben skizzierte relationale Abgrenzung haben diese Rapper jedoch nicht erfunden, sie war schon da, aber sie haben sie zugespitzt, popularisiert und an popkulturelle Figuren gebunden. Publicity-Fotos (vgl. Abbildung 8) und auch Videos dokumentieren, wie der fragliche Stil-Typus (mit bestimmten Kleidungsstücken und auch einer stilisierten Körperhaltung) hier präsentiert wird.

Bushido war der Expansion der Marke Picaldi also ungemein förderlich, weil er ihr zu größerer Bekanntheit verhalf und sie den eigenen Fans näherbrachte, und zwar im massenmedialen Maßstab. So verwundert es dann auch nicht, wenn sich die Firma in der eigenen Außendarstellung auf den promi-

---

61 Viele Verkäuferinnen und Verkäufer bei Picaldi erzählen von den Kunden, die mit den Worten »Ich will die Jacke von Bushido« in den Laden kamen und kommen. Eko Fresh aus Köln schließlich, der eine Zeitlang mit Bushido zusammenarbeitete, zeigte sich im Booklet zu seinem Album »Hart(z) IV« in Picaldi-Kleidung.

nenten Kunden beruft, wie aus Abbildung 9 ersichtlich wird. Zugleich stellten Marken wie Cordon und Picaldi für Rapper wie Bushido nicht irgendwelche austauschbaren Product-Placement-Requisiten dar, sondern dienten ihnen als zentrale textile, vestimentäre Symbole der eigenen Herkunft, von »street credibility« und »realness«, wie die einschlägigen Hip-Hop-Vokabeln lauten.[62] Mittels der Kleidungs-Codes rief Bushido Assoziationen von Delinquenz und »Straße« auf und konnte damit eine zentrale inhaltliche Aussage seines Auftritts symbolisch untermauern, dass er nämlich kein Baggy-Pants-tragender »Rapper« (und auch kein »schwuler Student«) ist, sondern ein Junge mit kleinkrimineller Vergangenheit und »gefährlichen« Freunden im mehr oder weniger organisierten Verbrechen, »von der Straße« eben, der aus dem harten, wahren Leben erzählt.[63] Genau diese Geste, die Abgrenzung vom (idealtypisch in diesem binären Diskurs: deutschen, mittelschichtlichen, intellektuellen, albernen, zimperlichen, »schwulen« etc.) bloßen Rapper, die Bushido nicht erfunden hat, aber mit besonderer Hartnäckigkeit vorträgt, konstituiert das Gangsta-Genre. In Kleidungsstücken wie der Hose findet sie eine so anschauliche wie tragbare Materialisierung. Letztere verhält sich also, im Sinn der oben skizzierten Stil-Theorie, *homolog* zu den »focal concerns, activities, and collective self-image of the working-class subculture from which the music sprang. [...] It became [...] one of those ›objects in which (the subcultural members) could see their central values held and reflected‹«, wie Eithne Quinn es – anhand eines anderen Beispiels – für den US-amerikanischen Gangsta-Rap formuliert (Quinn 2005, 3; das Zitat stammt von Stuart Hall u.a.).[64] Als gestische (und nicht linguistisch-diskursive) Ausdrucksformen evozieren solche Homologien gefühlte Zugehörigkeiten und Intensitäten, »they are held sensuously and practically and therefore relatively outside and resistant to dominant linguistic meaning«

---

62 »Authentizität« bzw. »Realness« ist in diesem Zusammenhang als kultureller Code und als eine Darstellungsstrategie zu verstehen, die eine bestimmte Art von Erfahrungshintergrund behaupten und in Wert setzen soll. Vgl. zur Problematik von Authentizität und Darstellung in diesem Zusammenhang theoretisch z. B. Menrath 2001, Klein/Friedrich 2004, Quinn 2005. Eine Auseinandersetzung mit den Kurzschlüssen von »realness« findet sich in vielen neueren Texten über Hip-Hop und Rap, vgl. z.B. besonders kritisch Asante 2008.

63 So sieht das z.B. auch der Finanzfachmann bei Picaldi, der sagt, es kursierten in seinem Umfeld zwei Theorien: Die erste lautet, Bushido habe Picaldi groß gemacht. Die zweite lautet, dass Picaldi Bushido groß (weil glaubwürdig und »real«) gemacht hat. Die Wahrheit liege in der Mitte.

64 Vgl. die Anmerkungen zur Homologie oben.

(Willis 2000, 36). Diese Passförmigkeit entspringt einem kulturellen Prozess, einer Konvergenz, die Picaldi nicht steuerte, die man aber unterstützte. Wichtiger als die Beantwortung der Frage, wie kriminell und »krass« Bushido oder Massiv als Individuen nun tatsächlich sein mögen (eine Frage, die viele Fans beschäftigte[65]), ist an dieser Stelle, wenn wir die Konstruktion von subkulturellen Homologien und Stile am Beispiel des Marken-Images betrachten, der Umstand, dass hunderttausende Fans und auch besorgte Beobachterinnen und Beobachter somit »lernten«, dass Picaldi für die fraglichen Eigenschaften »steht« (und nicht nur, zum Beispiel, die US-amerikanische Marke »Alpha Industries« mit ihren Bomberjacken) und sie zugänglich macht, in der Form von Konsumgütern. Die Symbolik wurde in diesen Kommunikationsprozessen nicht nur aufgerufen, sondern – auf massenmedialer Ebene – überhaupt erst artikuliert. So wurde die Marke bekannter, sie wurde aber auch an ein ganz bestimmtes Verständnis einer musikbasierten Subkultur, oder eine Mainstream-orientierte (und sich zum Teil als Underground verstehende) Fraktion derselben, gebunden.[66]

Die kommerzielle Verwertung dieser »homologen« Stil-Elemente setzte nun aber weniger, wie das wohl in manchen eher »alternativen« Subkulturen der Fall gewesen wäre, eine moralische Debatte über »Ausverkauf« und »Vereinnahmung« in Gang, vielmehr kann der kommerzielle Charakter hier »the ›realness‹ of the rapper« (und hier eben: the jeans) legitimieren, wie Eithne Quinn ausführt. Im Kontext, in der »Ideologie« von Gangsta-Rap geht es ja gerade darum, es zu »schaffen«, so dass der materielle Erfolg (des Rappers wie der Hosen) für viele gerade für die jeweilige »Authentizität« spricht: »The shift in emphasis can be summarized as the superseding of commodified authenticity with a new subcultural articulation of authentic commodification.« (2005, 7).

---

65 Dazu kursiert im Hip-Hop die Merkregel: »Real thugs don't rap« – wer tatsächlich kriminelle Geschäfte tätigt, hat anderes zu tun.

66 Für das ökonomisch-symbolische Gebilde Picaldi bedeutete diese plötzliche überregionale Sichtbarkeit zweierlei: Erstens kam es, wenig überraschend, zu einer neuerlichen Absatzsteigerung und Expansion, mit der zugleich die Bindung an tendenziell überschaubare Netzwerke gesprengt wurde, zweitens wurde das »Image« der Firma »vereindeutigt« und »subkulturalisiert«, vor allem in Bezug auf stilisierte Delinquenz. Gerade dadurch, dass Picaldi auf der Ebene des »self-fashioning« für »Straße« stand (und eben nicht für Hip-Hop als musikbasierte Subkultur, für die »Rapper«, von denen sich z. B. ein Bushido absetzen wollte), wurde es zum Hip-Hop-Label, da die Unterscheidung Rapper vs. Straße *innerhalb* der Hip-Hop-Diskurs-Welt getroffen wurde.

Von Zuckerfest bis Jugendweihe

Aus vielen Teilen Deutschland riefen nun Kunden an, reisten gelegentlich sogar zum Einkaufen nach Berlin oder ließen sich von Verwandten und Bekannten mit Picaldi-Sachen versorgen. Stammten die Kunden bislang in der Mehrheit aus Familien mit türkischer Migrationsgeschichte, von denen zum Beispiel viele zum Zuckerfest am Ende des Ramadan Geschenke kaufen gingen, waren nun ganz neue, vorwiegend »deutsche« Kunden-Gruppen entstanden, deren Motive, Merkmale und Lebenswelten die Firma nicht sofort durchschauen konnte, aber zunächst einmal auch nicht unbedingt durchschauen musste. Die damit einhergehende De- und Rekontextualisierung ermöglichte neue Deutungen. Neue Kunden kamen gerade aus Ost-Berliner Bezirken wie Marzahn[67]; auch aus Dresden und Leipzig oder dem ländlichen Mecklenburg bezog die Firma immer mehr Anfragen, und auch hier zogen sich viele Kunden nicht einfach die Hosen an, sondern gaben so etwas wie einen Picaldi-Stil zu erkennen. Auch hier kleideten sich viele in einem Stil, der stark an den der vor allem (post)migrantischen Kunden aus dem ehemaligen Westteil der Stadt erinnert: mit Picaldi- und Cordon-Kleidung, mit »Carlos« (bunten Strick-Pullovern von der fränkischen Herrenmode-Marke Carlo Colucci), mit Nike-Schuhen und -Caps und anderem mehr.[68] Bei Picaldi geht man davon aus, dass diese Gruppe in erster Linie über Bushido von der Firma erfahren hat. In der Marzahner Filiale wurden jedenfalls eher zur Jugendweihe (und natürlich zu Weihnachten) Geschenke eingekauft als zum Zuckerfest, wie der Filialleiter erzählte.

Sowohl durch Verbreitung durch *face-to-face*-Kontakte im öffentlichen Raum als auch durch die Werbeoffensive – unter anderem auf U-Bahnhöfen und auf Bussen – und, mittels der Werbeträger, die Präsenz auf Viva und MTV, gewann Picaldi also tausende neuer Kunden hinzu, die nicht, wie viele Kunden zuvor, in das kommunikative Gedächtnis eines sozial vernetzten urbanen Raumes eingebunden waren, sich aber von der Ästhetik angesprochen

---

67 Auch dort gibt es viele, die schon lange Hosen im Karottenschnitt tragen, also eine gewisse alltagsästhetische Basis, und eben eine nachwachsende Generation von Rap-Hörern.

68 Die bunten »Carlos« erinnern ein wenig an die (popkulturell berühmten) »Altherrenpullover« von Bill Cosby aus der Fernseh-Sitcom *The Cosby Show*, die Anfang der neunziger Jahre in Deutschland ausgestrahlt wurde (vgl. http://www.thecosbysweaterproject.com); zugleich erinnert die hier beschriebene Ästhetik mit den bunten Oberteilen, den hoch sitzenden Hosen und den Caps auch an Outfits, die Will Smith im *Prinz von Bel Air* trägt, einer anderen (vorwiegend) unter Afroamerikanern angesiedelten Fernsehserie, die zu dieser Zeit produziert und etwas später in Deutschland ausgestrahlt wurde.

Abbildung 10: Picaldi-Werbung auf einem Bus der Berliner Verkehrsbetriebe (BVG) 2006 (Foto: Jörg Wachsmuth)

fühlten, die mit den kulturellen Helden und Figuren verbunden ist, für die Picaldi steht.[69] Viele von ihnen wissen nicht, dass die Marke für andere Zeitgenossen eindeutig als »ethnisch« und »türkisch« markiert und codiert ist, in einem positiven oder negativen Sinne. Manche Jugendliche halten Picaldi auch für eine große multinationale Firma.

Territoriale Wahrnehmungsästhetiken: Ort, Herkunft, Anspruch

Viele der hier befragten Jugendlichen ordnen bestimmte »Typen« bestimmten Orten/Territorien (Stadt, Bezirk), einer bestimmten Ethnizität/Herkunft (damit eng verbunden) und, wie bereits kurz angesprochen, einem bestimm-

---

69 Manche Jugendliche halten Picaldi auch für eine große multinationale Firma. In Marzahn begegnete mir die Meinung, Picaldi habe die Firma Diesel aufgekauft und übernommen. In Adlershof erzählten mir zwei Mädchen, Picaldi komme aus Amerika.

ten Delinquenz-Status zu (»kriminell«), auch wenn sie keine explizit subkulturellen Figuren benennen.[70]

Häufig werden Kleidungspraxis und Stil-Figuren mit bestimmten Stadtbezirken verbunden. Dabei handelt es sich nicht um einfache Zuordnungen, sondern um komplexe, normativ grundierte kulturelle Semantiken, denen spontane Theorien städtischer Milieus zugrunde liegen: Ganz im Sinn von Pierre Bourdieus Thesen zur Homologie von angeeignetem Raum und Sozialraum, denen zufolge »die im physischen Raum objektivierten großen sozialen Gegensätze« dazu tendieren, »sich im Denken und Reden in Gestalt konstitutiver Oppositionen von Wahrnehmungs- und Unterscheidungsprinzipien niederzuschlagen« (2005, 119). Diese Wahrnehmungen sind einerseits binär codiert (Ausländer/Deutsche, Ost/West, Oben/Unten, kriminell/anständig und so weiter), präsentieren sich hier jedoch in einer größeren Komplexität, als Bourdieus idealtypische Darstellung glauben macht, und eben in gestalthafter Form.

Solche Zuordnungen treffen keinesfalls alle: manche sagen, dass sie das nicht wissen, oder dass sie derartige Unterschiede nicht interessieren. Andere sprechen auf das Thema sofort an. »Ja!«, sagten zum Beispiel drei junge Erwachsene zwischen 19 und 21 Jahren, zwei Maurer und ein Holztechniker, in Berlin-Marzahn auf die Frage nach den Stil-Unterschieden zwischen Jugendlichen aus verschiedenen Berliner Bezirken. K1: *»Also man sieht das auf alle Fälle, wenn man nach Köpenick geht, wie die Leute da gekleidet sind, und wenn man wieder nach Hellersdorf oder Marzahn kommt, ist ein ganz anderer Kleidungsstil. Hier sehen sie alle gleich aus.«* M: *»Hier?«* [also in Marzahn, Anm.] K: *»Hier sieht eigentlich fast jeder gleich aus.«* M: *»Ihr eingeschlossen, oder...«* [lacht] K: *»Auch, ja, klar! [...] In Kreuzberg kann man schon wieder ganz anderes sehen. Die Türken sehen ja auch gleich aus, von ihrer Kleidung her.«* Sie selbst sehen auch »gleich« aus wie die anderen Hohenschönhausener und geben dem eigenen Stil keinen Namen.

Solche Zuordnungen von Stil und territorial bestimmten Gruppen sind immer wieder zu hören.[71] Hier verweisen sie auf Bezirke (Marzahn/Hellers-

---

70 Dazu kommen viele andere Kriterien (neben Geschlecht und Alter – die weitgehend vorausgesetzt werden). Häufig folgen auf die Frage nach Gruppen von Jugendlichen, die ähnlich aussehen, Listen mit Subkulturen: Skater, Goths, Punks, Hip-Hopper. In offenen Interviews wurden besonders häufig Kriterien wie Ost/West, Bezirke, Ethnizität genannt. Deshalb habe ich in späteren Leitfaden-Befragungen vor allem nach dem Bezirkskriterium gefragt.

71 All dies passt offenkundig zur klassischen Theorie der territorial organisierten und orientierten unterbürgerlichen Jungs-Jugendkulturen.

dorf vs. Köpenick), auf für sie typische Milieus (»markiert« sind hier die Studenten, unmarkiert »die« Marzahner und Hellersdorfer mit ihren Picaldi-Sachen) und auf für sie typische ethnische Gruppen (»markiert« sind hier »die Türken«). Die erste und an dieser Stelle offenbar unmittelbar relevanteste Unterscheidung verläuft in diesem Beispiel innerhalb des ehemaligen Ost-Berlin, zwischen zwei sozialgeschichtlich sehr unterschiedlichen Bezirken, den baulich relativ homogenen DDR-Neubaugebieten und der ehemaligen Kleinstadt, die auch größere Villenviertel enthält.[72]

Ich hatte in den Kundenbefragungen zuerst nach Unterschieden zwischen Ost und West gefragt. Das stellte sich als falsche Herangehensweise heraus: die Frage nach Unterschieden zwischen den Bezirken erwies sich als ein besserer Gesprächsanlass, wobei im Gespräch dann häufig vorrangig Ost-West-Unterschiede thematisiert wurden. Letztere bilden eine Grundstruktur der innerstädtischen Stil-Klassifikationen; häufig werden diese Differenzen wertend, im Gestus der eigenen ästhetischen Überlegenheit, konstatiert. So werden die Räume und ihre Bewohner mit Wertungen aufgeladen, die ihnen unmittelbar anzuhaften scheinen. Zwei Charlottenburger Realschüler zum Beispiel sagen: »*Ich find, die Ossis ziehen sich ein bisschen altdeutsch an*« (Interview Charlottenburg 10b, Nr. 13, Realschüler, 14). Steffi, die bereits zitierte Verkäuferin, die in Marzahn arbeitet und aus Köpenick (also dem Ostteil) kommt, erklärt: »*Naja, man kann det schon so unterscheiden, finde ich, zwischen West- und Ost-Berlin. Die Ost-Mädels, die laufen schon anders rum als die West-Mädels. Also im Osten, finde ich, ähm, gibt es kaum, oder weniger, Mädels die, die so Röhrenjeans und so was tragen, mit diesen äh Ballerinas dazu…*« Im Osten seien die jungen Frauen stärker auf angesagte Marken fixiert, was sie als ein stärkeres Um-sich-Kümmern, als ein Mehr an Stil-Willen, interpretiert. Auch Mona und ihr 19-jähriger Bruder Tarek betonen, als wir vor einer Berufsschule stehen, einige junge Männer und Frauen seien »*hundertprozentig*« aus Ostberlin. Sie machen das an der ganzen gestalthaften Figur fest, die sie dann analytisch auseinandernehmen: bestimmte Marken und Produkte, aber auch eine, in ihrer Sicht, mindere Qualität von Jeans: »*Die haben dann diese, keine normale hellblaue, sondern, Jeans an, sondern noch so mit so komischen weißen Streifen und so drin.*« Die Frisuren junger Frauen typisiert sie spöttisch als Resultat von ästhetischer Inkompetenz und Nachlässigkeit: »*Dann dreimal überfärbt, dann wollten sie wieder blond sein, dann hat's nicht*

---

72 Vgl. zu räumlich-ästhetisch-politischen Ost-West-Zuordnungen in Berlin auch Glaeser 2000.

geklappt, dann gehen wir ins Schwarz, dann wollten sie den Ansatz wieder fär-
ben, und der ist dann orange geworden.«. Verwandte Unterscheidungen werden auch von Picaldi-Mitarbeiterinnen und -Mitarbeitern getroffen, in den
Geschäften wie auch im Lager, die beobachten, welche Kleidungsstücke sich
wo besonders gut verkaufen – viele sagen, die Jeans mit besonders kontrast-
reichen Waschungen würden zum Beispiel vor allem von Jugendlichen unter
15 Jahren und von Jugendlichen und jungen Erwachsenen im ehemaligen
Ostteil der Stadt bevorzugt. Reale Unterschiede in ästhetischen Orientierungen, wie sie an den Bewertungen des Auffälligen schon deutlich wurden,
werden stark vereinfacht auf soziale Räume abgebildet. Solcher Wertungen
und Zuordnungen zeigen, dass die Akteure den städtischen Raum als eine
»spontane Symbolisierung des Sozialraums« (Bourdieu 2005, 118) betrachten, in dessen Figurierungskämpfe sie verstrickt sind.[73]

Die Ost-West-Dichotomie überlappt sich auf der grobkörnigsten Wahr-
nehmungsstufe häufig, aber wie gesagt nicht immer, mit der Deutsche-Aus-
länder-Dichotomie.[74] Für »Mace« aus Pankow steht der Westen pauschal
für »die Ausländer«; auch Picaldi-Verkäuferin Steffi spricht, wenn sie über
den Westen spricht, schnell nur noch über »türkische Mädels«.[75] Der oben
zitierte Weddinger Gangster-Styler wiederum sagt zum Beispiel, zwischen
den Bezirken, in denen viele »Ausländer« leben, gebe es in Sachen Kleidung
kaum Unterschiede, dafür aber große Unterschiede zwischen den Ostbezir-
ken und dem Westen, den er vor allem als Wohnort von »Ausländern« wie
ihm selbst ansieht. Schematisch formuliert er seine Wahrnehmung so: »*Aber
halt, wo viele Ausländer wohnen, zum Beispiel Neukölln, Kreuzberg, Reinicken-
dorf, Wedding und so, da denke ich mal, sind alle Jugendlichen, alle Ausländer
gleich. Ja, vom Charakter her nicht, aber halt vom Aussehen her. Weil, wie Sie
sehen, sind ja hier sehr viele Ausländer, die bei Picaldi oder so einkaufen. Und*

---

73 Vgl. zu sozialem Raum und »Naturalisierungseffekten« ebd.

74 Und, wie bereits gesehen, werden die (lokalen, ethnischen, devianten, subkulturellen) Typen sehr häufig an bestimmten identitätsrelevanten Marken festgemacht: Picaldi, Cordon,
   Daven, Daggio Romanzo, Blucino, Jet Lag, Alpha Industries, Fila, Nike, Lacoste, Carlo
   Colucci und diverse Designer-Marken wie Dolce & Gabbana und Emporio Armani; East-
   pak-Gürteltaschen usw.; z.T. weiter Milieu-differenziert (zum Beispiel »New Balance«-
   Schuhe im Ostteil der Stadt, oft auch Nike Air Maxx; häufiger Nike Shoxx im Westen, wie
   mehrere Jugendliche erzählen).

75 Den Hintergrund bilden die Bewegungsmuster in der Stadt. Jüngere Jugendliche kommen
   oft sehr viel weniger aus dem eigenen Stadtbezirk heraus; das Bescheidwissen ist ein Zeichen von Weltläufigkeit.

dadurch trägt jeder Ausländer das gleiche. Und dadurch hat man auch alle den gleichen Style.«[76]

Andere beobachten aus der Halbdistanz und unterteilen das Personal innerhalb eines Bezirks nach ethnischen Typen, die der eigenen Beobachtung zufolge weitgehend mit stilistischen Typen kongruent sind. Tim, ein aktiver Hip-Hop-Head mit sozialen und geschäftlichen Ambitionen – ein Berliner mit kroatischen Eltern, selbstbewusster »Ausländer« und politisch sensibler Zeitgenosse – erklärt die Weddinger Jugend-Ästhetiken zum Beispiel so: Seiner Beobachtung nach hängen »Türken und Araber« allgemein dem Gangsta-Style und Picaldi-Style an, was er mit einer Tendenz zur Delinquenz verbindet, welche er wiederum aus der schwierigen sozialen Lage herleitet. Etwas offener für die von der US-amerikanischen Westküste inspirierte »Latino-Gang-Wear«, die er selbst in seinem Geschäft verkauft, sind »Zigeuner und Rumänen«, weil diese den Latinos ähnelten. »Jugos« wie er selbst neigen demnach zu »schlichterem« Auftreten und Lederjacken, und »Schwarze« tragen vor allem Hip-Hop-Urban-Wear – mit Ausnahmen, aber dennoch. Solche Annahmen einer Kongruenz von national, regional und auch »rassisch« bestimmten Einwanderergruppen und Stiltypen sind weit verbreitet. Manchmal werden sie in die einfachste Dichotomie von »Ausländern« und »Deutschen« gekleidet: »*Ich hab noch nie einen Ausländer in Karl-Kani-Klamotten gesehen*«, sagt zum Beispiel ein Verkäufer bei Casa ganz selbstverständlich, als wäre das eine absurde Vorstellung (Karl Kani ist eine Hip-Hop/Urban-Wear-Marke, die vor allem für *baggy* Kleidung bekannt ist). Solche Stereotypisierungen sind, wenn man sie wörtlich nimmt, meistens fraglos *falsch*, aber sie ermöglichen für viele Akteure ein *Mapping* der Stadt und ihrer Bewohner-Struktur im Rahmen eines territorial-ethnisch-stilistischen Common Sense. Umgekehrt bedeuten diese Figurierungen aber auch, dass im Alltagswissen häufig nicht ethnische oder territoriale Gruppen an sich wahrgenommen werden, sondern lokal spezifische stilistisch-kulturelle Figuren, in denen sich verschiedene Differenzierungskategorien und Diskurse verdichten.

Die Typisierungen machen sich an unterschiedlichen Signifikanten fest, nicht nur an ganzen Stilen. Hier, in geringerer sozialer Distanz, sind es nicht

---

76 Wenn »Deutsche«, zum Beispiel in Wedding, auch Picaldi-Sachen tragen, findet er das nicht unbedingt gut: »*Ich weiß nicht, es steht ihnen irgendwie gar nicht so.*« Ich frage nach, warum es ihnen nicht stehe. Er antwortet: »*Weil man ist so gewohnt, dass jeder Ausländer das gleiche trägt, und dann wenn ein Deutscher kommt zwischen tausend Ausländer und trägt auch die gleiche Kleidung, dann ist das schon komisch. Kommt komisch rüber halt.*«

die aggressiven Interaktionssequenzen wie oben (und wie zum Beispiel in der Einleitung), die spezifische Figuren aus der sozialen Distanz heraus bestimmen, sondern es sind sehr viel feinere Unterscheidungen, an denen man zum Beispiel einzelne Passanten den Berliner Bezirken zuordnet. Bei genaueren Beschreibungen rekurrieren Jugendliche dann auf einen bestimmten Soziolekt/Ethnolekt, eine Kleidungspraxis, eine körperliche Hexis (»*An der Art, wie sie reden, wie sie stehen und wie sie sich bewegen*« (Tarek)), die sowohl auf Lokalität, auf Ethnizität, als auch auf einen bestimmten subkulturellen Stil verweisen. Im Gespräch mit Murat, einem Praktikanten in Wedding, merke ich an, *dass manche Leute sagen, dass es zwischen den Bezirken große Unterschiede gibt. Da stimmt er zu, das sei auf jeden Fall so, auf jeden Fall. Während wir sprechen, gehen zwei schwarz gekleidete »Gangsta«-Typen an uns vorbei und in den Laden. Die zum Beispiel, sagt er, sind auf jeden Fall hier aus der Gegend. Er selbst ist aus Kreuzberg [...]. Warum, frage ich. Woran macht sich das fest? Wie sie gehen, wie sie reden, wie sie dastehen, sagt er. Das sei einfach so. Das könne man schlecht beschreiben. Ich frage, ob es an einzelnen Kleidungsstücken liegt. Eher nicht, sagt er, es gehe um das Outfit, sozusagen. Ich frage mich, was genau er damit meint und frage es auch ihn, er nennt Haltung, Gangart und so weiter. (FN)*[77]

In dieser Wahrnehmung wird die Zugehörigkeit also mittels geradezu holistischer Betonungen von Stil-Gestalt und körperlicher Hexis bestimmt.[78] Ganz ähnlich – und fraglos nicht ohne Beeindruckungsstrategien mir gegenüber – erklären sich auch Tarek und Mona: »*Das ist schwer zu erklären. Man sieht das einfach. Wenn man mit diesen, in dem ganzen Umfeld aufgewachsen ist. Ich kenne ja überall, von überall eigentlich ein paar Leute. Wie man sich verhält, und wie man ist, wenn man mit den anderen ist aus einem anderen Bezirk, das ist schon was ganz anderes. Das ist schwer zu erklären, aber wirklich, das ist was anderes.*« Auch Onur, ein weiterer Freund Tareks, der in Tempelhof und Steglitz aufgewachsen ist, spricht in einer Gruppendiskussionsrunde von einer bezirksspezifischen Art und Weise, das Käppi aufzusetzen oder die Alpha-Industries-Jacke zu tragen, wobei er vor allem auf das Umdrehen des Logos (das mit einem Klettverschluss befestigt ist) abhebt, das als lokales Er-

---

77 Die Anmerkung »FN« verweist auf Zitate aus meinen Forschungsnotizen (so gekennzeichnete Aussagen von Gesprächspartnerinnen und Gesprächspartnern sind also nicht in jedem Fall wortgemäß zitiert).

78 Ganz ähnlich äußerten sich schon Clarke u.a. zur relativen Irrelevanz von einzelnen Stil-Merkmalen – im Gegensatz zum gestalthaften, homologen Ganzen – aus der subkulturellen Innenperspektive.

kennungszeichen diene (was aus der Schwulenszene stammt, wie ein anderer meint). Mesut aus Tempelhof stellt Kleidungsstücke in den Zusammenhang von Straßen-Banden-Erkennungszeichen. Er berichtet, dass *»so ne krassen Gangs so in Anführungsstrichen sag ich mal«* in seiner frühen Jugend mit bestimmten Marken und Farben assoziiert waren, mit bestimmten Jacken und Hosen.[79] Oft ist es die Gesamt-Gestalt von körperlichem Gestus, Physis und Auftreten, die territorial-soziale Zuordnungen nahezulegen scheint: Bei einem Spaziergang durch Neukölln zum Beispiel, bei dem Tarek und Mona dabei waren, kam uns *eine Gruppe von etwa fünf breitschultrigen Typen* (FN) entgegen, die den Gehsteig gewissermaßen einnahm, so dass wir ausweichen und hintereinander laufen mussten. *Da kommt ja wieder so eine Gang, sagt Mona. Aber eine echte, sagt Tarek. Wir lassen sie vorbei. Das ist jetzt so die deutsche Neuköllner Gang, sagt Tarek* (FN). Mona meinte, die kämen aus dem Osten und seien hier bestimmt, um ein Kampfsportstudio zu besuchen, sie kämen aus Schöneweide oder so – und tatsächlich fuhren sie dort hin, wie ich in der S-Bahn zufällig bemerkte.[80]

Die Figuren-Raum-Zuordnungen verstehe ich als Bestandteil einer *territorial-lokalistischen Wahrnehmungsästhetik.* In all diesen Fällen ist nicht unbedingt davon auszugehen, dass die Zuordnungen sich als inhaltlich tatsächlich präzise erweisen – bei einem Stadtspaziergang mit Tarek, bei dem er vorbeilaufende Jugendliche den Bezirken zuordnete und wir sie dann danach fragten, scheiterte die Probe aufs Exempel häufig.[81] Entscheidend, kulturell funktional, sind die selbstzugeschriebenen Kompetenzen, das städtische Wissen, die ausgestellte urbane Kompetenz. Lokalismus und Territorialität

---

79 »Gangs« in diesem Sinn sind zunächst einmal, bei allen Assoziationen von Delinquenz, organisierte Freundeskreise. *»Und die haben immer so eine bestimmte Marke. Zum Beispiel, die GIs hatten zum Beispiel immer so ne schwarze Jacke, also so ne Strickjacke, die hat schwarze Ärmel, und es war komplett alles rot. Halt nur die Ärmel waren schwarz, und der Rest war alles rot, so. Und dazu hat man gesagt: Das ist eine GIs-Jacke. Dann, keine Ahnung, dann gab es mal eine Hose, da hat man gesagt, das ist von NHB [einer »Gang«, Anm.], das sind NHB-Hosen, und die ganzen Leute aus NHB tragen so einen Scheiß.«* Vgl. auch die Anmerkungen zur Territorialität.

80 In der S-Bahn hörte ich dann, dass sie sich, auf der Fahrt nach Schöneweide, tatsächlich über ihr Kampfsportstudio und über eine Schlägerei am zurückliegenden Wochenende austauschten.

81 Solche städtischen Kompetenzen stehen in der Tradition des Stadt-kundigen Flaneurs, der die Berufe, Herkunftsorte und Charaktere der Passanten sofort zu erkennen meint, wenn er »auf dem Asphalt botanisieren« geht, wie es in Walter Benjamin klassischer Formulierung heißt – sie werden jedoch, das ist der Flaneur-Literatur-Industrie entgegen zu halten, bei weitem nicht nur von den spazierenden Feuilletonisten verkörpert.

verschmelzen zu einem Amalgam, in das klassische Erfahrungen jugendkultureller Raumaneignung (vgl. Moser 2000, 40ff) ebenso einfließen wie
mediale Repräsentationen territorialer Orientierungen, wie sie aus der Hip-
Hop-Pop-Welt bestens bekannt sind (vgl. Forman 2002).[82] Der Picaldi- oder
Gangsta-Style ist eingebettet in eine Ästhetik des Territorialen verstehen, in
der sich die klassischen Bestimmungen unterbürgerlicher jugendkultureller
Territorialität hochgradig symbolisch überformt wiederfinden – in einer Gegenwart, in der die »Straße« längst nicht mehr in derselben Art und Weise
als Sozialisationsraum fungiert wie vor zwei Generationen.[83] Im sozio-sym-
bolischen Universum Hip-Hop, das sich wie gezeigt mit vielen Lebenswelten
überlappt, ist das Bekenntnis zu Nachbarschaft und Territorium jedenfalls
allgegenwärtig, es bildet ein transterritoriales Format der Bezugnahme auf
das Lokale. Auch in der Mode wird das Prinzip unterstützt, zum Beispiel
durch T-Shirts mit den Kennzahlen der alten Berliner Postzustellbezirke (36,
44, 61, 65 und so weiter).[84]

Im Jahr 2007 brachte auch Picaldi einige T-Shirts mit großen Zahlenauf-
drucken wie »36« und »65« auf den Markt, wie das Katalog-Foto demonstriert: Die Zahlen repräsentieren Postleitzahlen beziehungsweise historische

---

82 Im Gangsta-Rap spielt die Koppelung von Ort und Identität auch deshalb eine besonders
   wichtige Rolle, da sich das Genre nicht zuletzt durch den Bezug auf die Welt von Straßen-
   gangs US-amerikanischen Zuschnitts und auf den Drogenhandel definiert. Für letztere ist
   das Prinzip der Territorialität und des »turf« offenkundig von zentraler Bedeutung.
83 Vgl. die Anmerkungen zu Territorialität, widerständiger Raumaneignung und der Benennung von Jungs-Banden mit lokalistischen Namen im historischen Teil sowie bei Lindner
   1983, 200. Während die sozial- und kulturwissenschaftliche Literatur seit den neunziger
   Jahren ausgiebig die spätmodernen Bedeutungstransformationen von Lokalität, also der
   Orte und Ortsbezüge, thematisierte (vgl. die Zusammenfassung im Kontext der Europäischen Ethnologie bei Rolshoven 2003a; Becker/Binder 2005), wurde der Frage der
   Territorialität zumindest im deutschsprachigen Raum deutlich weniger Aufmerksamkeit
   gewidmet – ganz im Gegensatz zur Diskussion in den siebziger Jahren, als Autorinnen wie
   Ina-Maria Greverus die Territorialität zu einem zentralen Begriff erhoben, vgl. auch Welz
   1991.
84 Zu den Eigenarten populärer Mode der Gegenwart zählt die weit verbreitete Praxis, die
   eigene Herkunft, den eigenen Wohnort und damit den eigenen Lokalpatriotismus in
   Form von bedruckten Textilien herauszustellen: Eine Vielzahl von Kleidungsherstellern
   und -händlern verkauft Kleidungsstücke wie T-Shirts, Sweatshirts und Jogging-Jacken mit
   Stadtnamen, mit den Namen von Stadtbezirken, mit Wappen, Postleitzahlen, Vorwahlen
   und anderen Insignien des Lokalen, als wollten sie die Diagnose von den verunsicher-
   ten Subjekten der Spätmoderne bestätigen, die sich ihres Ortes, den vorige Generationen
   noch für selbstverständlich gehalten haben mögen, ständig reflexiv vergewissern müssen
   (in Berlin u.a. bei den Firmen »Look 54«; »Mellowear«).

Abbildung 11: Picaldi-Katalog, 2007

Postzustellbezirke, die seit der Einführung der fünfstelligen Postleitzahlen 1993 nicht mehr in Gebrauch sind, sich in der Berliner Stadt-Folklore aber nicht nur erhalten, sondern zu markanten Identitätszeichen ausgewachsen haben: 36 steht bekanntermaßen für den östlichen Teil Kreuzbergs (der einige Straßenzüge des heutigen Bezirks Mitte einschließt), 65 steht für Wedding, 44 steht für Neukölln.[85] Damit stützen Kleidungspraktiken und popu-

---

85 Zumindest in einem Fall gerieten Verkäuferinnen und Verkäufer mit diesen T-Shirts in Schwierigkeiten. Die Firma bot nur einige Postleitzahlen an, betreibt aber Geschäfte in vielen Teilen Berlins. Der umsatzstärkste Laden der kleinen Kette ist derjenige in Berlin-Marzahn, in einem großen Einkaufszentrum weit im Osten der Stadt gelegen. Dort, so erzählte eine der Verkäuferinnen, beschwerte sich eine Gruppe von Kunden lautstark: Was dort, in »ihrem« Bezirk, auslag, das war nicht »ihre« Postleitzahl. Ganz im Gegenteil, die verfügbaren Zahlen standen für West-Berliner Kieze und für ethnische Gruppen, mit denen man sich nicht identifizieren wollte; für »Kreuzberg«, »Scheiß-Türken« [sic], wie die jungen Männer sagten. Die jungen Männer – »Russen« in Carolins Erinnerung, »arisch orientiert« in der Beschreibung eines anderen Mitarbeiters – beschwerten sich nicht einfach, sondern warfen die T-Shirts zu Boden und verhielten sich aggressiv, bis sie aus dem Laden geworfen wurden. [...] Andere Jugendliche erzählen, mit sichtbaren Bezirks-Zahlen auf der Kleidung käme man in vielen Berliner Clubs am Türsteher nicht vorbei, weil die darin einen Anlass zum Streit zwischen lokalpatriotisch-territorial gesinnten Jugendlichen sähen. Nicht nur das klassische »Anpöbeln«, auch das kleine Stück alltäglichen sozialen Dramas in der Marzahner Picaldi-Filiale lässt sich als eine Geste der Territorialität in-

läre Medien beziehungsweise Genres die Charismatisierung des Lokalen und schaffen Resonanzen zwischen Räumen und Bildern (vgl. Forman 2002, 23). In deutschen Varianten von härterem Rap haben viele Rapper mit der ihnen jeweils eigenen Konfiguration von Humorlosigkeit und Ironie (über Sidos »Mein Block« hinaus) das Territoriale beschworen und benachteiligte Stadtgebiete damit symbolisch aufgewertet.[86] Viele bemühen Imaginationen von territorialem Konflikt: »Wedding 65, komm doch her, wenn du Streit suchst.« (Massiv, »Ghettolied«, »Kennst du Berlin?«, Frauenarzt – auf DVD; »in seinem Problembezirk«, K.I.Z.).[87] Auf solchen Topoi basiert ein besonders wirkmächtiges, sowohl subkulturell als auch massenmedial präsentes und objektiviertes *Format* von Territorialität, das sich den Akteuren als Ressource, als Quelle von Bedeutungen, Affekten und Intensitäten anbietet.[88] Solche territorialen Bilder können eine gefühlte lokale Dominanz verstärken, von der oben die Rede war. Die lokalistische Territorialität dieser Ästhetik bedeutet nicht, dass die städtischem Bezirke tatsächlich den einzigen bestimmenden räumlichen Horizont der sie aufgreifenden jugendlichen Akteure bilden würden – der ist, offenkundig, oft auch transterritorial und transnational, gerade bei Jugendlichen mit Migrationshintergrund, die sich als »postnationale Subjekte« verstehen lassen (vgl. Albrow u.a. 1997; Pieper/Panagiotidis/Tsianos 2011; Caglar 2001, 238; Hess 2007). Mesut zum Beispiel berichtet in diesem Sinn von einer verbreiteten Praxis bei einigen seiner Freunde, die den nahweltlichen Lokalismus, die transnationale Orientierung und das transterritoriale Format von Lokalismus zusammenbringt: den eigenen »Nickname« bei sozialen Netzwerken so zusammenzusetzen, dass man zuerst die Berliner Postleitzahl nimmt, dann den eigenen Namen, dann zwei Ziffern aus der Vorwahl des Heimatortes der Eltern in der Türkei.

Das alltägliche Sich-Kleiden und seine Wahrnehmung haben, um einen anderen Begriff zu bemühen, an der territorialen *Charismatisierung* des Lokalen teil. Die Charismatisierung meint, im Sinn der Ethnologen Thomas Blom Hansen und Oskar Verkaaik, »the vaguely magical power of pres-

---

terpretieren: als performativ-symbolische »Reinhaltung« eines Raumes, der nicht zuletzt durch solche Gesten als eigener konstituiert und begrenzt wird.

86 Beispiele dafür finden sich u. a. auf den beiden »Rap City Berlin«-DVDs zuhauf; die zweite, 2008 erschienene DVD, wurde von Picaldi gesponsert.

87 Massiv wirbt inzwischen für die Karottenjeans und T-Shirts der Berliner Firma Casa, die in der Einleitung kurz erwähnt wurde.

88 Zum Zusammenspiel und der »Artikulation« von Bedeutungen, Affekten und Intensitäten vgl. methodologisch Grossberg 1992. Dabei handelt es sich um ein gewissermaßen globales Format des Terrorialen.

ence, style, seduction and performance« in spezifischen städtischen Räumen (2009, 6), die häufig aus der Assoziation mit sowohl bedrohlichen als auch glamourösen Unterwelten und mit Figuren wie dem umtriebigen und wissenden »hustler« oder »big man« hervorgeht.[89] Geografische Zuordnungen, wie sie oben skizziert wurden, stehen in einem engen Zusammenhang mit dem städtischen Charisma, mit einer eigenen symbolischen Ökonomie der Stadt, die die hegemonialen oder »orthodoxen« (Bourdieu) Bedeutungen und Hierarchien zwischen Zentrum und Peripherie beziehungsweise Marginalität zumindest teilweise umkehrt.[90] Dieser Aspekt wird in einem Kommentar deutlich, den Mona, die ältere Schwester von Tarek, einige Wochen vorher während eines Stadtspaziergangs äußerte. Dabei ging es um einen besonders augenfälligen, bereits mehrfach erwähnten Aspekt des Gangster-Styles, nämlich die Sache mit den Socken: Viele Jugendliche stecken den Saum der Hosenbeine (insbesondere Jogginghosen, Cargo-Pants der Firma JetLag oder Karottenjeans von Picaldi) in die Socken. Oft heißt es, dass das »*sportlicher*« aussieht, von außen und aus der Halbdistanz wird diese Praxis dagegen als besonders »peinlich« empfunden. »*Aber an sich ist es auch lustig, als nämlich diese... diese* [lacht] *Sache mit den Hosen in den Socken raus kam, hat man gesehen – obwohl der Typ dieselbe Hose anhatte, dieselben Schuhe und dieselbe Jacke, ja? Ich sag mal Alpha-Jacke, JetLag-Hose, also scheiß mal auf den Pulli jetzt, aber* [lacht] *Alpha-Jacke, JetLag-Hose, Nike Shox. Der daneben hat dieselben Farben, dieselben Sachen an. Aber trotzdem hast du gesehen, dass er aus Tempelhof kam. Weil, je weiter du in Richtung Kreuzberg, Neukölln gegangen bist, desto höher wurden die Socken rein gesteckt, die Hosen wurden höher angesetzt, und die Alpha-Jacken wurden kürzer, ja? Das ist zum Beispiel auch so eine Sache. Also man hat auch gesehen, weil... halt mehr Body oder was auch immer. Und in Tempelhof, die wollten halt einfach nur die Sachen. Zum Beispiel, ja? Ich sag jetzt nicht, [...] dass es jetzt in Tempelhof genau war. Ich kann das jetzt nur so von dem, was ich ungefähr gesehen habe. Kann auch, weiß ich nicht, Rudow gewesen sein: Ja okay, er hat gesehen, in Neukölln, der eine Kumpel von seinem Cousin, oder was auch immer, hat diese Sachen getragen. Er hat aber nicht diesen Mut, das so aufgepumpt zu tragen, ja? Die Socken so weit hoch, die*

---

89 Zum Weber'schen Charisma-Begriff vgl. auch Norbert Elias' klassische Ausführungen zu »Gruppencharisma« und »Gruppenschande« (1990/1965).

90 Kreuzberg, Tempelhof und Neukölln sind (von ihren Unterschieden einmal abgesehen) offenkundig nicht im Sinn von tatsächlichen »Ghettos« marginal und peripher. Die Akteure greifen eskalierende Zuschreibungen, die von verschiedenen Seiten kommen, auf und spitzen sie in der Umdeutung noch einmal zu.

Hose so weit hoch, diese kurze Jacke. Er hat einfach nur die Jacke geholt, hat gepasst, angezogen. Hat die Hose geholt, hat gepasst, und einfach nur ein bisschen rein gesteckt. Also da hat man auch gesehen, so, von wo das eigentlich kommt, wer hat eigentlich was nachgemacht oder auch nicht.«

Solche Muster zu durchschauen, den Sozialraum zu symbolisieren, kann, mit Bourdieu gesprochen, zur Reproduktion und Legitimierung von dessen hierarchischer Ordnung beitragen und sie, wie hier, spielerisch und vielleicht auch nur oberflächlich, infragestellen. Angesichts der verbreiteten Angst vor rassistischen Angriffen, die für viele Jugendliche insbesondere in den frühen neunziger Jahren den Bewegungsradius einschränkte, erhalten solche Umdeutungen eine besondere Qualität (vgl. Partridge 2012; viele der türkischstämmigen Verkäufer wollten auch hier zum Beispiel nicht in Marzahn arbeiten; viele jugendliche »Ostberliner« fühlen sich auch in Bezirken mit starker migrantischer Präsenz unwohl, wie unten deutlich wird). Zugleich verschafft eine solche Kompetenz Überblick und macht Spaß, es ist nicht zuletzt schlicht »*lustig*«, wie Mona kommentiert. Auf der Wahrnehmungsseite bedeutet die Fähigkeit zur gleichermaßen ethnisch-sozialen wie stilistischen Zuordnung eine besondere urbane Kompetenz; sie verschafft demjenigen, der zu klassifizieren und zu decodieren versteht, ein besonderes Orientierungswissen (vgl. Hansen/Verkaaik 2009; weiterhin klassisch Lofland 1973: 96ff.), das, wie die Gesprächspassagen zeigen, eben auch eine spielerisch-genüssliche Komponente aufweisen kann.[91] Die unübersichtliche Welt der

---

91 Zum Begriff der urbanen Kompetenz(en), der einen übermäßig einheitlich-normativen Begriff von Urbanität ebenso ersetzen soll wie das Etikett der jugendlichen Devianz, vgl. u.a. W. Lindner 2002; Ipsen 1997. Im Kern geht es um ein kreatives Nutzen der Potenziale des Städtischen. Lindner fasst zusammen: »Hier treten die spezifischen urbanen Kompetenzen in den Vordergrund, die erforderlich sind, um sich in der Stadt, inmitten der Turbulenz ihrer Phänomene, Signale und Symbole zurechtzufinden: ›Checking‹ – der rasch taxierende Blick an vorbeihuschenden Objekten, der bereits ein ausgearbeitetes Setting von Codes voraussetzt, sozusagen ›Haken, an denen der Betreffende seine Vorkenntnisse, sein Typenwissen aufhängen kann‹ (Boettner 1989, S. 51) Schärfung und prompte Löschung von Wahrnehmungen, das Bewältigen punktueller und transistorischer (sic!) Begegnungen im ›Kontaktieren‹, das Dechiffrieren der Zeichen und Gesten, die in der Stadt als ›soziale Ampelanlage‹ (Boettner 1989, S. 65) fungieren. Im ›Schalten‹ (Boettner 1989, S. 69) und im ›Zapping‹ verlaufen mediale und urbane Reaktionen ineinander: Schnelles Abchecken von rasant wechselnden Oberflächen, Fragmentierung, Switch, Schnitt, Zoom, Überblendung, Schärfung und prompte Löschung der Wahrnehmung korrespondieren mit der Beschleunigung der Erlebniszeitmaße, welche den Kategorien Tempo, Plötzlichkeit und Kontrast folgen.« (233) Jugendliche haben demnach »intuitiv« erfasst, dass Aufmerksamkeit »der entscheidende Rohstoff der modernen Informationsgesellschaft ist« (233). Mit D. Diederichsen unterscheidet Lindner zwischen Atmosphäre und Situation:

Stadt wird in kognitiven Karten geordnet – ohne größere Ernsthaftigkeit, aber mit einer gewissen Theorie des Sozialen im Hinterkopf. Die Orte der symbolischen und (relativen) strukturellen Marginalität und Exklusion, wie das Kreuzberg der Gastarbeiter-Kinder, erfahren innerhalb dieser Ökonomie eine grundlegende Aufwertung: über die Körper- und Raumpraxen ihrer Bewohner, über ihre symbolische Kreativität, über die Lebensweise, auf die diese Praxen zu verweisen scheinen, und auch über ihre sinnlich-erotischen Qualitäten. Solche Ordnungen überlagern die sozialstrukturellen Klassifikationen und die diskursiven Paniken um gefährliche Räume und »Ghettos« (vgl. Ronneberger/Tsianos 2009). In dieser symbolischen Ökonomie bilden Neukölln und Kreuzberg die tatsächlichen Mittelpunkte der Stadt. Das ändert allerdings nichts daran, dass keiner der hier zitierten Gesprächspartner dort hin ziehen möchte: Sie bleiben lieber im kleinbürgerlich geprägten Tempelhof. Die Lesbarkeit der Kleidungspraxis macht sich dabei nicht an expliziten, konventionellen Symbolen wie den Postzustellzahlen fest, oder eben an Cliquen-spezifischen Codes wie dem umgedrehten Logo oder den Erkennungszeichen von »Gangs«, sondern vor allem an unabsichtlich kommunizierten Indizes, die in diesem speziellen Fall gewissermaßen mit Eskalationsstufen muskulöser männlicher Körperlichkeit, genauer: ihrer Modellierung durch Textilien, in Verbindung stehen. Die Oberfläche der Kleidungssignifikanten verweist für die Akteure also auf einen Subkultur-Code und auf die bekannten sozialen Verwerfungen, sie bezeichnet zugleich aber auch Fragen der zeitlichen Priorität und Originalität, des stilistischen Gelingensgrades, der Attraktivität von Körpern und männlichen Erscheinungen. Die Coolness von als authentisch geltenden Figuren-Verkörperungen und der Ruf und das Charisma städtischer Räume werden zusammengebracht. Manchen Gegenden mangelt es in mehrfachem Sinn an Charisma: Sie stellen sich als verwässerte Orte dar, als Orte minderer Originalität und Intensität.

Kontingenz (Atmosphäre) wird in Bestimmtheit (Situation) überführt, durch jugendliche Praxis. »An dieser Schwelle von Erkenntnis und Handeln, die immer auch eine von spezifisch urbanen Kompetenzen ist, vergewissern sich Jugendliche der Möglichkeiten in der Stadt, sie werden zu ›Helden der Heuristik‹ (ebd.).« (235)

Sozialstruktur der Picaldi-Kundschaft: Unterschicht oder vergessene Mitte?

Die Picaldi-Kundschaft ist also offenkundig nicht homogen, und bildet für sich genommen weder eine Gruppe noch eine Szene, sondern setzt sich durch *Geschmackspräferenzen* zusammen, die allerdings eng mit subkulturellen Bedeutungen, Szenen und Ästhetiken zusammenhängen. Die soziale Zusammensetzung der Kundschaft bildet aber nicht einfach die der Gesamtgesellschaft ab, sondern weist eine gewisse Spezifik auf, die ich in diesem Abschnitt kurz darstelle. Hier geht es also um eine kursorische Sozialverortung, bevor dann die kulturellen Bedeutungen und Praktiken der Akteure in den Blick rücken.

Aus dem in der Kundenbefragung gesammelten Material lassen sich einige Schlussfolgerungen ziehen, auch wenn eine nähere, im strengeren Sinne statistische Auswertung mehr Befragungen und einen präziseren Fragebogen erfordern würde.[92] Für die Überlegungen der Geschäftsleitung ist meines Erachtens die Altersstruktur der Kundschaft mindestens so wichtig wie das Sozialprofil; darauf kann hier aber nicht weiter eingegangen werden. Circa 90 Prozent der Kunden sind männlichen Geschlechts.

Die meisten Kunden sind im Schulalter und nicht berufstätig. Dabei sind alle Schularten vertreten. Haupt- und Realschüler sind überrepräsentiert, Gymnasiasten unterrepräsentiert (in Marzahn zum Beispiel fünf von 29 Befragten Gymnasiasten, also knapp 15 Prozent – während es in der Berliner Statistik (für die Mittelstufe) ca. 35 Prozent sind; 26 Prozent der dortigen Kunden sind Hauptschüler – in Berlin 12 Prozent, vgl. allgemeine Statistik).[93] Unter den befragten Kunden, die keine Schüler sind, waren

---

92 Ich habe insgesamt ca. 90 Kunden in drei Picaldi-Geschäften befragt, und zwar in Charlottenburg (Wilmersdorfer Arkaden), Marzahn (Eastgate) und Wedding (Badstraße), u.a. nach den Berufen der Eltern, der eigenen Tätigkeit, und der Herkunft der Familie. Diese Auswahl wurde von den Betreibern vorgeschlagen. Die Geschäfte in Charlottenburg und Marzahn sind sowohl »vorzeigbarer« als die anderen, sie sind mit ihrer relativ großen Fläche auch geeigneter für Befragungen als die engen Geschäfte z.B. in Tegel und Neukölln-Süd. Die Befragung hatte auch einen stärker qualitativen Teil, in dem es um Geschmackspräferenzen und –abneigungen usw. ging. Zu einigen Problemen und Auswahl-Effekt vgl. die Anmerkungen im Methoden-Teil.

93 Zahlen laut Statistisches Landesamt Berlin, »Schüler der allgemeinbildenden Schulen in Berlin im Schuljahr 2005/2006«, Mittelstufe (7.–10. Klasse, ausschließlich Waldorfschulen), www.statistik-in-berlin.destatistiken/SchuleBerufAusbild/As-Jahr.htm, abgerufen am 20.4.2009.

zum Beispiel in Marzahn drei Maurer, ein Holztechniker, ein Kaufmann im Einzelhandel, ein KfZ-Mechatroniker, ein Zerspanungsmechaniker, ein Fleischverkäufer und in Charlottenburg drei Arbeitslose, ein Student (der allerdings für einen Bekannten einkaufte), ein Marketing-Berater (der über die Bus-Werbung auf die Firma aufmerksam geworden war und nichts über sie wusste), ein KfZ-Mechaniker, ein Versorgungstechniker, ein Gebäudereiniger, ein Anlagenmechaniker und ein Bauhelfer.[94] Insgesamt waren also fast durchweg Ausbildungsberufe vertreten, von denen die meisten mit relativ geringem Verdienst verbunden sind; im Vergleich zu den Berufen der Eltern war die Bandbreite hinsichtlich des Berufsprestiges der jungen Erwachsenen unter den Picaldi-Kunden zumindest in diesem kleinen Sample insgesamt geringer. Sie kommen vorwiegend aus den unteren Schichten, aber nicht unbedingt aus einer Unterschicht im Sinne des Wortes *underclass* in der englischsprachigen Diskussion. Sehr viele Picaldi-Kunden sind also zum Beispiel erwerbsbiografisch durchaus »integriert« und bei den Schülern handelt es sich auch nicht in erster Linie um Hauptschüler, deren besondere Schwierigkeiten auf dem Ausbildungsmarkt hinreichend bekannt sind, sondern um eine relativ heterogene Gruppe. Dennoch lässt sich die Relevanz von Armut und problematischen Erwerbsperspektiven einerseits und von Kriminalität und Jugendgewalt andererseits, von »Stress« im umgangssprachlichen Sinne des Wortes, in diesem Zusammenhang nicht einfach wegdefinieren.

Viele Kunden kommen aus Haushalten, in denen die Väter in Handwerksberufen oder im Dienstleistungsbereich arbeiten oder kleine Selbständige sind und die Mütter ihr Geld in Erziehungs-, Dienstleistungs- und Verwaltungsberufen verdienen. Auch akademische Berufe sind vertreten, allerdings nicht häufig. Die Befragung legt die Annahme nahe, dass gewisse Unterschiede zwischen der Kundenstruktur in den Stadtbezirken bestehen: In Charlottenburg scheint die soziale Spannbreite der Kundschaft deutlich größer zu sein als in den anderen Geschäften, was mit der Einwohnerstruktur des Bezirks korrespondiert.[95] Ein weiterer Unterschied zwischen den Bezirken betrifft die Herkunft der Familien: Im Wedding hatten 80 Prozent der

---

94 Die Befragungen fanden an Wochentagen (bis 20 Uhr) und Samstagen statt. Der Effekt, dass Schüler und Arbeitslose besonders stark vertreten sind, weil sie früher frei haben, sollte damit minimiert sein.

95 In Marzahn schien dagegen die »stilistische« Bandbreite größer zu sein (mehr Kunden hörten z.B. Techno und nicht Hip-Hop bzw. nannten Hip-Hop unter den Abneigungen), wobei die »Ausländer« häufig – zusätzlich zu Rap – türkische oder arabische populäre Musik nannten (vgl. dazu auch Wurm 2006).

Kunden (beziehungsweise ihre Eltern) einen Migrationshintergrund (in den beiden anderen Geschäften nur ca. 30 Prozent, aber vgl. die Bemerkung zu den Auswahleffekten[96]); die Schularten, Ausbildungstypen und Berufe der Kunden sowie die Berufe der Eltern entsprechen im Wesentlichen denen aus den anderen Befragungen (vor allem Haupt- und Realschule sowie Berufsschulen, bei den Berufen Handwerker, Arbeiter, kleine Selbstständige), wobei in Wedding sehr viel mehr Mütter Hausfrauen zu sein scheinen als in den anderen Bezirken.[97] Insgesamt war die Gruppe der Kunden in Wedding sozial und in Sachen Bildungsstand homogener als in den anderen hier betrachteten Filialen.

Viele Kunden kommen also aus (post-)migrantischen Milieus, ihre familiären »Wurzeln« (und oft auch ihre weiterhin relevanten Netzwerke) liegen in der Türkei, in arabischen Ländern wie dem Libanon und den palästinensischen Territorien, manche aus afrikanischen Ländern wie Nigeria oder Ghana, aus Italien, dem ehemaligen Jugoslawien und anderen Ländern; auch hier wiederum – bei allen Ausnahmen, die es gibt – idealtypisch eher aus den »unteren«, popularen Schichten. Die Kundenstruktur unterscheidet sich je nach Filiale beträchtlich, hier spiegelt sich im Wesentlichen die Sozialstruktur der jeweiligen Bezirke und ihres Einzugsgebietes wider.

In sozialer Hinsicht ist insgesamt eine eingeschränkte Heterogenität zu konstatieren: Verschiedene Gruppen sind vertreten, aber die große Mehrheit der Kunden gehört, über »ethnische« Grenzen hinweg, den popularen oder unterbürgerlichen Schichten zu, selten dem gehobenen Bürgertum oder den »kreativen« Bereichen der wissensintensiven Produktion. Insgesamt findet sich hier, schichtungssoziologisch gesprochen, sowohl die Unterschicht als auch die häufig vergessene untere Mitte der Gesellschaft. Die Begeisterung von Kindern aus der »weißen« Mittel- und Oberschicht zum Beispiel für Gangsta-Rap ist hinreichend dokumentiert, hier jedoch sind es nicht primär sie, die diesen Stil, und auch die damit verbundenen identitären Positionierungen beziehungsweise Figurierungen, verkörpern. Was besagt das nun mit Blick auf die oben herausgearbeitete Frage nach den Kopplungen von Milieus und jugend/sub/kulturellen Ästhetiken? Auch wenn hier keine repräsentative Befragung vorliegt, spricht doch alles dafür, dass der Picaldi-

---

96 Die Geschäftsleitung ist der Ansicht, dass der Anteil türkischstämmiger Kunden höher ist als in meiner Befragung.

97 Inwiefern Hausfrauen in den anderen Bezirken eher als »arbeitslos« eingestuft werden, kann hier nicht abgeschätzt werden.

Style für starke Versionen der individualisierungstheoretischen These von der Entkopplung von Lagen und Stilen einen Falsifikationsfall darstellt.

»Früher eher baggy, jetzt normal Gangster«: Das Spiel der Benennungen

Der vorangegangene Abschnitt stellte die Entwicklung des »Picaldi-Styles« als städtische Figurierungsgeschichte dar und zeigte sowohl typische persönlich-pragmatische als auch subkulturelle Bedeutungsdimensionen des Stils auf. Gezeigt wurde dabei, wie aus einem abgewerteten »Fake« eine selbstbewusste Geste der *Stilisierung* entstand, und wie dieser Stil mit bestimmten Raumwahrnehmungen und -zuordnungen zusammenhängt. Dazu kam ein Exkurs zur sozialstrukturellen Einordnung. Im Folgenden soll es nun wieder um die Bedeutungen und Benennungen der jugendlichen Akteure gehen. In den folgenden Abschnitten wird nun die Picaldi-Fallstudie fortgeführt. Gezeigt wird, wie die Konturen des »Wir« und des »Die« unter Picaldi-Kunden verlaufen, wie die Grenzen von Drinnen und Draußen rhetorisch gezogen werden, woran sie sich – in der sozialen Praxis, im gelebten Leben – festmachen.[98]

Welche (expliziten und impliziten) Klassifikationen verwenden also, zugespitzt gesagt, diejenigen, die im Berliner jugendkulturellen Feld von anderen selbst als »prollig« klassifiziert werden, wenn sie über die eigene Gruppe sprechen? Viele Befragte nennen ihren Stil selbst »Picaldi-Style«, weshalb diese Formulierung auch bislang zumeist verwendet wurde. Den *einen* Namen, der den Picaldi-Stil als Subkultur identifizierbar macht, gibt es jedoch nicht. Die jugendlichen Akteure verwenden zur Selbst-Beschreibung, über die allgegenwärtige Individualitäts- und Normalitätsbeteuerung hinaus, verschiedene Figuren-Stil-Namen (Picaldi-Style, Gangsta-Style, Kanaken-Style, Player-Style, Atzen-Style, Proll-Style). Besonders dann, wenn man den eigenen Stil mit der Zeit bewusst geändert hat, scheint ein Figuren-Vokabular

---

98 Damit folge ich wie in den Ausführungen zum Forschungsstand und im Theoriekapitel dargelegt sozial- und kulturwissenschaftlichen Ansätzen, die (a) in alltagssprachlichen Kategorisierungen eine besondere Relevanz für das Erleben sozialer Verhältnisse erkennen (vgl. die Thesen zur Theorie der »kulturellen Figur« oben) sowie (b) kulturelle Identität vor allem in Jugendkulturen im Sinn situativ-flexibler, zum Teil widersprüchlicher Positionierungen verstehen (vgl. Hall 1997, Devine 2005, Saar 2008, Anthias 2005).

präsent und nützlich zu sein: »*Früher eher baggy, jetzt normal Gangster*«, sagte zum Beispiel ein 18-jähriger Arbeitsloser aus Spandau über den Wandel seines Kleidungsstils und wiederholte damit die Unterscheidung, die oben skizziert wurde.

Vorab gilt es zu betonen, dass die Gleichsetzung von Marken- und Stilname und ihre häufige Gleichsetzung mit der »Normalität«, wie im Zitat, von ihrer Verbreitung zeugen, aber auch von einer subjektiv empfundenen lokalen Selbstverständlichkeit oder sogar Dominanz in Schule, Nachbarschaft und als relevant empfundenen städtischen Jugend-Szenen. Zu dieser Annahme von Normalität passt die verbreitete Darstellung, an der eigenen Schule würden inzwischen die meisten Mitschüler Picaldi tragen, es gebe die Gruppe der Picaldi-Träger und dann eben noch die Braven, die Streber. Viele der Jugendlichen ordnen sich zunächst einmal selbst *keinen* subkulturellen Klassifikationsbegriff zu, sondern sehen sich (a) als Individuen, die sich stilisieren, wie es ihnen eben gefällt, und (b) als Teil einer *lokalen und ethnischen Normalität*.[99] Unbefangener spricht man über »typische Exemplare« kultureller Figuren, oft mit spöttischem Unterton, wenn es um andere geht. Im Verlauf der Interviews, und vor allem im Kontext der kleidungsbiografischen Gespräche und Diskussionsrunden mit Jugendlichen, die ich besser kennen lernte, ging man dann offenherziger mit Stil-Benennungen um. Deshalb binde ich auch einige Passagen aus diesen Gesprächen in die Darstellung ein.

Die folgenden Abschnitte sind nach verbreiteten Stil- und Figuren-Namen geordnet, die das Spiel der Selbst-Benennungen, der Selbst-Etikettierungen und damit der verbalen Selbst-Figurierungen illustrieren. Darauf folgt dann eine Analyse von Klassifikationen und Zuordnungen anhand von

---

99 Dafür stehen Antworten wie »*eigener Stil*« bzw. »*individuell*« oder eben »*ganz normal*«; »*ganz normal, neutral*«, manchmal um weitergehende Wertungen erweitert: »*Normal, eigener Stil. Wichtig: gepflegt, sauber*«. Die Kategorie der Normalität ist offenkundig relativ, sie rekurriert hier auf das im semiotischen Sinn »Unmarkierte«, das im lokalen, nahweltlich dominanten Code für respektabel gehalten wird. In diesem Sinn wurde mir von Picaldi-Mitarbeiterinnen immer wieder versichert, dass es auch »normale« Leute wie Ärzte gibt, die Picaldi tragen. Hier bestätigt sich eventuell auch die These, dass »unterschichtsbasierte« Jugend-/Subkulturen sich im Gegensatz zu mittelschichtsaffinen Jugend-/Subkulturen tendenziell *nicht* selbst als spezifische Subkulturen benennen (Lindner 1983). Zugleich dokumentieren solche Annahmen persönliche Entwicklungsgeschichten. Mit der Zeit, mit der Erweiterung des Bewegungsradius und mit einer zunehmenden Heterogenität von Interaktionspartnern, aber auch durch zunehmende Begegnung mit Unterordnungserfahrungen und »positionierenden« Anrufungen, wird diese Sicht von »Normalität« relativiert, und die Normalitätsbehauptung, so sie denn bestehen bleibt, verändert ihren Charakter, wird reflexiv.

städtischen Räumen und ethnisierten Gruppen, die die Figurierungsprozesse ebenfalls besonders relevant sind. Schließlich wird noch einmal die Bedeutung der Wörter »Proll«/»prollig« und der Proll-Figur in diesem spezifischen Kontext herausgearbeitet.

Gangsters und Gangstas

Wie bereits angesprochen wird der Picaldi-Style sehr häufig »Gangster-Style« oder »Gangsta-Style« genannt, vor allem unter (post-)migrantischen Jugendlichen. Die Schreibweisen »Gangster« und »Gangsta« reflektieren das Schillern zwischen zugeschriebener – häufig auch selbstzugeschriebener – Delinquenz/Kriminalität (-er) und einer spezifischeren ästhetischen Form, einem Set von stilistischen Konventionen (-a), wie sie sich in der Genre-Bezeichnung »Gangsta Rap« und im Attribut »gangsta« (»that's gangsta«) finden, das genau auf diese Form oder Einstellung abhebt. Wie oben bereits ausgeführt, ist ein »Gangsta«, ein »G«, in diesem Sinn kein Krimineller, sondern eine ästhetische Figur, wie sie zum Beispiel Bushido verkörpert.[100] In Berlin wird der Gangster-Style häufig als das symbolische Eigentum von »ausländischen« Jugendlichen angesehen.[101] Der Kundenbefragung zufolge hören etwa 80 Prozent der Picaldi-Kunden vor allem Deutsch-Rap, insbesondere deutschen Gangsta-Rap, also dasjenige Genre, in dem die Gangsta-

---

100 Als Attribut wird »gangsta«, vor allem im Englischen, noch flexibler verwendet, auf einer höheren Ebene semiotischer Abstraktion – die Rapperin Queen Latifah würdigte den Auftritt der hochschwangeren Pop-Künstlerin M.I.A. (die mit Gangsta-Kultur nichts zu tun hat) bei der Grammy-Verleihung 2009 zum Beispiel mit den selbstironischen Worten »that's gangsta«. Vgl. Lynn Hirschberg, »M.I.A.'s Agitprop Pop«, New York Times (30.5.2010), abrufbar unter http://www.nytimes.com/2010/05/30/magazine/30mia-t. html?pagewanted=all.

101 Zugleich steht die Assoziation mit dem Wort »Gang« im Raum. Wenn die große Zeit der Berliner »Streetgangs« auch vorbei ist, gibt es weiterhin viele Jungs-»Banden« (meist einfach Freundeskreise), die ebenfalls mit dem Gang-Gangster-Bild schmücken. So sprachen einige Picaldi-Kunden von sich, gefragt nach den Gruppen, zu denen sie sich zählen, spöttisch von »West Side Boys«. Vgl. zu »Gangs« zwischen Freundeskreisen, »Banden« und gelegentlich kleinmaßstäblicher Delinquenz auch Mesut im IV. Teil. Vgl. dazu auch Wellgraf 2012.

Figur zirkuliert und vielfach thematisiert und erklärt wird, zum Beispiel von Mainstream-Rappern wie Bushido und Massiv.[102]

Das Gangsta-Genre lebt von autobiografischen Authentisierungen. In der Selbstdarstellung der einschlägigen Rapper steht ihre spektakuläre, genre-bedingte Dominanz-Darstellung als Männer, die sich durchzusetzen wissen und die Welt gefügig zu machen verstehen, im Kontext struktureller Marginalität, die als Quelle von Authentizität und Charisma umgedeutet wird. Die musikalisch-textuelle »Persona« der Rap-Stars und ihr »Publicity Image«, die über sie zirkulierenden und in Zirkulation gebrachten Bilder und Geschichten, fallen dabei, das ist die Genre-Logik, tendenziell ineinander.[103]

An solchen Figuren haben Jugendliche durch ihre stilistische Figurierungspraxis teil. Deutlich wird die ästhetische Grundierung der Gangster-Semantik am Beispiel eines 16-jährigen Realschülers. Er sticht mir bei der Kundenbefragung in Wedding als überdurchschnittlich gut gestylt ins Auge, und er sieht sich selbst auch als in besonderem Maße ästhetisch kompetent an.[104] Der junge Mann, den ich bei der Befragung nicht nach seinem Namen frage, hat ein auffälliges »Babyface« mit großen Augen. Er ist im Wesentlichen schwarz gekleidet; er trägt schwarze Nike-Shox-Schuhe, eine schwarze Picaldi-Hose, einen in grau, weiß und schwarz gestreiften Strick-

---

102 Bei der Umfrage stellte ich u.a. die Frage »Was für Musik hörst Du?« 100 Prozent der Befragten in Charlottenburg gaben entweder Hip-Hop, Rap oder Namen von Rappern an. In Marzahn waren es 82,5 Prozent (hier gab es einige Techno-Hörer mehr). In Wedding hörte ebenfalls eine große Mehrheit Rap-Musik, wobei hier mehr türkische und arabische Musik gehört wird; genannt wurden Pop, »Volksmusik« und gelegentlich auch einzelne Rapper. Nach ihren Lieblings-Artists befragt, geben sie dann meist eine Liste von bekannten und weniger bekannten lokalen Rappern.

103 Hier folge ich erneut den Definitionen der Amerikanistik Eithne Quinn: »The star image of any celebrity comprises their music/screen persona (gangsta's archetypal portrayal of pimp-hustler, badman etc.), and their publicity image (made up of press reports, interviews, publicity materials, etc.). In gangsta rap, the latter came increasingly to subsume musical personas, driving creative decisions about thematic and narrative priorities of songs and videos. More and more, ›individual biographies‹ (part fact, part fiction) dominated popular perceptions of artists like Snoop, as they became national figures of fear and adulation.« (152f) Quinn spricht in diesem Zusammenhang von den »twin ›autobiographical‹ thrusts of ghettocentric authenticity (›I used to be poor‹) and survivalist individualism (›I used to deal drugs‹)« (152). Vgl. zur »Gangsta«-Figur auch Downey 2006, zum (vorwiegend filmischen) Gangster als »Volksheld« vgl. Seeßlen 1980.

104 Seine Eltern kommen aus der Türkei und sind Alewiten, wie er erklärt, als er das kleine, silberne »Alewiten-Schwert« präsentiert, das an seiner Halskette hängt. Sein Vater betreibt ein Bistro, seine Mutter ist Hausfrau.

pullover, eine Kapuzenjacke, einen strich-dünnen Oberlippenbart, eine silberne Kette und ein schwarzes Nike-Cap. Sein Deutsch ist nicht perfekt und ein bisschen schüchtern ausgesprochen, aber er wirkt in seiner ganzen Art selbstbewusst, gibt gerne Auskunft und hat nichts dagegen, sich für die Dokumentation meiner Arbeit fotografieren zu lassen.

Ausführlich und präzise erläutert er, welche Stilmittel zum Gangster/a-Style gehören. Er erklärt mir die zwei – wie er meint – präzise festgelegten Möglichkeiten, das Nike-Cap mit dem richtigen Stil zu tragen: Nach vorn, gerade, recht weit heruntergezogen, aber nicht vollständig; oder rückwärts. Er sagt, dass er bei Picaldi, H&M, Daggio, Lacoste und bei Giorgio Armani einkauft und im Monat etwa 180 Euro für Kleidung ausgibt – er wolle, dass seine Sachen teuer sind. Seine Frisur wechselt zwischen »Boxerschnitt« (also kurze Haare oben auf dem Kopf und sehr kurze oder keine Haare an den Seiten und am Hinterkopf, auch »Tyson« genannt; vgl. zum »Boxer-Stil« Wellgraf 2012) und »Spanier« (wie der »Boxer«, aber die Haare bleiben auch auf dem Hinterkopf stehen, was dann an einen Irokesenschnitt mit kurzen Haaren erinnert). Orientierungspunkte in Sachen Mode sind seine Freunde und Cousins, von seinen Cousins »leiht« er sich auch häufig Klamotten, ohne sie aber zurückgeben zu müssen. Mit Rap/Hip-Hop hat er viel zu tun: seine Cousins und Onkel sind seit langem aktiv, zum Beispiel bei den »36 Boys«, der Kreuzberger Hip-Hop-Crew und »Bande«, die vor allem Anfang der neunziger Jahre stadtbekannt wurde. Er selbst ist Breakdancer. Seine Lieblingsrapper sind Eko, Killa Hakan, 36 Boys, Massaka, aber er hört auch türkische Volksmusik, die seine Eltern hören.[105] Das, was er trägt, die Art und Weise, wie er sich stylt, *gilt* als Gangster-Style, sagt er, auch für ihn. Zugleich betont er, dass es Gangster wie in den USA in Deutschland nicht gibt: »*Hier sieht man so was als Gangster halt*«, man »*klaut*« es, wie er sagt – der Name sei ein bisschen unangebracht, aber das ist auch nicht weiter schlimm.

Auch wenn der Gangsta in diesem Kontext also eine ästhetische Figur darstellt, hat sich diese Figur nicht völlig von Assoziationen des tatsächlichen Kriminellen und Gewalttätigen losgelöst, sondern bezieht aus diesen Assoziationen gerade einen guten Teil ihrer Authentizitätsansprüche und ihrer

---

105 Er mag Action- und Horrorfilme oder auch den Street-Dance-Film *Street Style*. Im Fernsehen verfolgt er politische Sendungen aus der Türkei, aktuell über die PKK, ansonsten schaut er Pro 7, Sat 1, RTL und MTV. Am Tag verbringt er damit durchschnittlich eineinhalb Stunden. Fußball ist neben Breakdance seine Lieblingssportart. Am Computer verbringt er in erster Linie mit MSN-Chat seine Zeit – und mit dem Fifa-Fußball-Spiel sowie mit dem Ego-Shooter Counter-Strike.

semiotischen Energie. Es überrascht deshalb nicht, dass kulturell distanzierte Zeitgenossen die Bezeichnung »Gangster« häufig eher wörtlich verstehen, was dann zum Beispiel die Picaldi-Verkäuferin Ulrike, die in Marzahn arbeitet, dazu bringt, sich zu beschweren, es sei ein Unding, dass die Firma als Gangster-Marke wahrgenommen werde, hier sei schließlich niemand kriminell. Dieser Beschwerde liegt ein zumindest teilweise beabsichtigtes Missverständnis zugrunde.

Kanaken-Style

Das Wort »Kanake« fungiert weiterhin als ethnisches beziehungsweise rassistisches Schimpfwort, zugleich wurde es längst zur Selbstbezeichnung transcodiert oder resignifiziert: innerhalb postmigrantischer Kreise »auf der Straße« und im intellektuellen Feld gleichermaßen.[106] Was die Picaldi-Sachen angeht, ist jedenfalls die selbstbewusste Rede vom »Kanaken-Style« weit verbreitet, gerade unter türkischstämmigen Jugendlichen: »*Das ist Kanaken-Style, sag ich mal*«, so zum Beispiel Mehmet. In Sachen Kleidung und Gestus ist damit meist derselbe Stil gemeint wie mit der Bezeichung »Gangsta-Style«. Für Mona, die Streetwear-Kleinunternehmerin aus Tempelhof und Tareks ältere Schwester – und für viele andere – sind diese Jungs nicht einfach ein Typus unter vielen anderen, sondern *vorherrschend*: »*normale Türken und Araber*«, zumindest in den Berliner Verhältnissen.

Die informelle Figurierungslogik setzt nicht nur bei der Kleidung und den vestimentären Codes an, sondern auch beim Stil des Gehens und Sich-Bewegens: *Mona:* »*Aber Kanaken sind halt einfach die – guck dir den Typen drüben links an. Das ist so ein Klassiker, so weißte? [jüngerer Mann mit Bomberjacke, Nike-Mütze, Handy am Ohr auf der anderen Straßenseite] Wie er läuft, er telefoniert...*« *Moritz:* »*Er hat so einen Boxerschnitt, so etwa...*« *Mona:* »*Hat einen Boxerschnitt, wie er sich bewegt, so als ob er Musik in den Knochen hat. So, weißte? Das ist so hin und her. So diese Coolness kommt dann auf einmal raus. Die laufen dann halt so...*« *[Sie macht die Schritte mit den Händen nach, die sie nacheinander verschiebt, so ein bisschen groovend] [...]* Die Evidenz dessen, was wir sehen, begründet die apodiktisch festgestellte Typizität (»*alle*«,

---

106 Vgl. Feridun Zaimoglu »Kanak Sprak« (1996), die Literatur der aktivistisch-intellektuellen Gruppe »Kanak Attak« und dazu insbesondere El-Tayeb 2004 etc.

»der große prozentuale Anteil«), über die man im »unideologischen«, »realistischen«, »politisch inkorrekten« Alltagswissen eben Bescheid weiß und als
Insiderin auch, im Sinn der Alltagsethik, sprechen *darf: »Diese ganzen kleinen Jugendlichen, die diesen Haarschnitt haben, dieses, diesen Boxerschnitt, diese
Sachen tragen, das sind für mich einfach das typische Bild von, von so einem
Kanake, weißt du? Aber ich kann's auch sagen, so, weil ich ja selber irgendwie
zum Teil dazugehöre…«* [lacht] Dieses »typische Street-Bild« (Mona) verweist
wiederum nicht nur auf eine ethnische Klassifikation, sondern auf eine – in
einem losen Sinn – subkulturelle, mit Beiklängen von Devianz/Delinquenz,
die nicht zufällig durch eine englische Vokabel evoziert werden, die an die
popkulturelle Seite erinnert (»*Street*«).[107]

Ihre Schilderung führt aber zugleich vor Augen, inwiefern das typologische »Straßenwissen« mit seiner Nomenklatur zugleich ein *populärkulturelles*
Wissen darstellt. Mona erläutert den »Kanaken-Typus« nicht nur anhand von
lebensweltlichen Erfahrungen (zum Beispiel mit ihren Brüdern), sondern
weist mich auf den oben angesprochenen Track von Massiv hin (»Wir sind
Kanacken« (sic)), in dem das alles erklärt werde. Mit seiner Schilderung in der
ersten Person plural fungiert Massiv als Figurierungsunternehmer, der eine
zirkulierende, transcodierte Benennung aufgreift, popularisiert, mit spezifischen Bedeutungen füllt und sich selbst als prototypischen Repräsentanten
setzt. Aus der medialen Sphäre findet die Figur dann wieder den Weg in die
Deutung der eigenen Umgebung. Die Kontroversen um Massiv begegneten
mir in diesen Wochen bei vielen Jugendlichen; sein »Ghetto-Lied« war ein
Lieblingstrack von vielen.[108] Mona erwähnt den Track im Gespräch, weil
Massiv das Bild vom »Kanaken« unter anderem mittels einer Reihe von Stil-
Attributen (einschließlich Picaldi-Jeans) evoziert, und durch eine Reihe von
Delinquenzbehauptungen, die eine Straßen-Figur »abbilden« und damit, in
selektiv-stereotyper, kommerziell-strategisch angeleiteter Form, massenmedi-
al konstituieren. Sie selbst findet Massivs einschlägige Stücke »*kontrovers*« und

---

107 Mona sagt von sich selbst u.a.: *»Ich bin ja auch Straße, ich gehöre auch zu dem normalen
Volk, mehr oder weniger«.*

108 Sedat zum Beispiel, der als Aushilfe in einem Picaldi-Laden arbeitet, erklärt mir stolz,
dass er als Teil der »Al-Massiva« auf der Bühne stand, zusammen mit Verwandten, und
er wollte das Management davon überzeugen, ihn als Werbeträger zu bezahlen (letztlich
wurde er Werbeträger für Casa, eine konkurrierende Firma, die von einem ehemaligen
PCL-Mitarbeiter betrieben wird). In Massivs Text sind auch humanistisch-universalisti-
sche Fragmente enthalten – »Kanacke heißt Mensch!«, heißt es am Ende – die einen Bezug
zu antirassistischen Argumentationen – über Minderheiten-Nationalismus und Gangsta-
Ideologie hinaus – erahnen lassen.

»*nicht positiv*«, da er ethnisierte Klischees zuspitzt und ein ethnisierendes Bild entwirft, das (im Sinne eines »controlling image«) einengt und festlegt, das Fremdbilder und Zuschreibungen bestätigt: »*Ich find das einfach, ich meine, das, was er sagt, hat er auch in gewisser Hinsicht irgendwo recht, ja, es, so dieses Bild stimmt schon, aber er verdramatisiert es und er stiftet eigentlich mit dem Track nur noch an, so.*« In einer späteren Gruppendiskussion mit ihrem Bruder (Tarek) und seinen Freunden (hier vor allem dem 17-jährigen Gymnasiasten Yassin, der den Gangsta-Style trägt und auch so nennt) spricht sie den Track erneut an. M: »*Dieses, bei Massiv, ich meine, es ist ja einerseits, keine Ahnung: die mit den Silberketten, aber andererseits sagt er damit ja auch so mehr oder weniger, wie… Jeder von uns ist irgendwie…*« Yassin: »*Kriminell!*« M: »*Kriminell.*« Tarek: »*Das ist auch nicht richtig.*« Y: »*Das ist auch nicht richtig.*« […] T: »*Es stimmt ja auch in dem Lied einerseits, aber…*« Y: »*Er macht ja…*« T: »*Das soll so bleiben. Dass die Ausländer so bleiben sollen. Weil, sonst wären sie ja keine Kanaken mehr.*« Den Jugendlichen in dieser Gruppe ist die Problematik der Figurierung von Authentizität und deren alltagsweltliche Normativität, ihr Aufforderungscharakter, also präsent und, ihrer Anziehung zum Trotz, auch durchsichtig. Tarek führt aus, dagegen könne man nichts sagen, weil Massiv damit »*die Leute anspricht*« und es damit versteht, kommerziell erfolgreich zu sein.

Der Umgang mit dem Etikett »Kanake« führt somit sowohl die Umcodierung und die Rolle medialer Repräsentationen vor Augen als auch die Problematik, dass eine charismatische, populäre Figur offenbar bestimmte Repräsentationen einer Figur als »authentisch« setzen kann. Zugleich bleibt zu betonen, dass das Wort auch hier immer wieder schlicht als abschätzige Benennung verwendet wird, wenn zum Beispiel Tim von »*übelsten Kanaken*« spricht und damit eine tatsächlich tiefgehende Verachtung zum Ausdruck bringt.

Player und Playboys

Der Player oder Playboy gilt in einem allgemeineren, milieuübergreifenden Sinn als Inbegriff männlicher Attraktivität, Promiskuität und Souveränität.[109] Mona: »*Also Player… Player kommt in dem Fall von Playboy, das sind*

---

109 Subkulturelle, herkunftsmilieuspezifische, pop-mediale und aus dominanten Diskursen stammende Bedeutungen wirken offenkundig in all diesen Fällen zusammen.

dann halt die, die so dauernd irgendwie so auf Frauenjagd sind, und dann so auf à la Don Juan, oder, keine Ahnung, so machen möchten. Das sind die Player. ›Ey, was machst du so auf Player?‹«. Im Feld, um das es hier geht, ist dieses maskuline Leitbild zugleich »subkulturalisiert«, also an eine spezifische Figur mit spezifischen Stil-Merkmalen gebunden, wobei diese Bindung immer wieder in eine Typisierung eines Verhaltensgestus und einer Lebensweise übergeht. Diese Ambivalenz ist charakteristisch für die Funktionsweise von Figurierung in jugendkulturellen Welten.

So wird »Player« auch zum Namen für eine Kleidungs- und Körperästhetik. Ein 17-Jähriger aus Marzahn erläuterte den eigenen Wandel vom (Hip-)»Hopper« zum »Playboy« so: Als »Hopper« hatte er *»Schlabberklamotten«* an, also zum Beispiel »baggy«-Jeans, er hatte nicht sonderlich *»auf sich selber geachtet«*, die Klamotten *»hingen nur runter«*, was *»nicht schön«* war. Jetzt, als stilistischer Playboy, trägt er stärker *»körperbetonte«* Kleidung, in gewagteren Farben, *»auch mal rosa und weiß«*. Dazu gehören für ihn insbesondere die Artikel von Picaldi. Er fällt gerne auf, sticht aus der Masse heraus. Jetzt, so erklärt er weiter, trägt er Farben und Sachen, von denen man denken würde, dass sie nicht zusammenpassen, die aber tatsächlich doch sehr gut passen. In diesem Sinn ein Playboy zu sein heißt für ihn nicht zuletzt, zu wissen, wie man sich stylen muss, und sich dazu zu bekennen, in solchen Dingen kompetent zu sein. Auf der Ebene des Sich-Kleidens steht »Playboy« also für einen selbstbewussten, offensiven Umgang mit der eigenen Körperlichkeit und sexuellen Attraktivität, für Mut in Sachen männlicher Selbstsexualisierung.

Von weiblicher (heterosexueller) Seite werden solche Assoziationen häufig bestätigt, was auch in der Kundenbefragung deutlich wird. Zwei 15-jährige Gymnasiastinnen aus Strausberg, die bei Picaldi in Marzahn nach Sachen für sich suchten (und enttäuscht waren, weil für Mädchen wenig erhältlich war), nannten, gefragt nach typischen Gruppen von Jugendlichen, neben Poppern, Punks und Emos auch die Gruppe der *»Player, die dann besonders auf ihre Figur achten, Picaldi tragen,* (lachen) *gut aussehen…«* (PCL Marzahn 17). Das seien diejenigen, die ins Fitness-Studio gehen und sich modisch kleiden: Sie haben, so sagten sie, Style und Geschmack und achten auf ihr Äußeres – es seien eben die Leute, die in diesem Laden einkaufen. Auf diesen Typ von Jungs »stehen« sie auch. In Berlin, so beobachten sie, gibt es davon sehr viel mehr als in Strausberg, der Kleinstadt am Rand der Metropole, wo sie wohnen. Die Player sind gepflegt und haben gute Klamotten, »*irgendwelche Marken, welche auch immer*«.[110]

Bei Robbie aus Pankow steht ebenfalls das Ästhetische im Vordergrund: *Player, naja, ein Sunnyboy, wa, also einer, der sich schön anzieht, fein anzieht, dicke Ketten, dicke Ohrringe halt, und so, und denke ick mal ist ein Player.* Tarek sagt auf meine Frage, was ein Player ist, erst einmal nur: »*braungebrannt*«. Für ihn gibt es unterschiedliche Typen von Playern, was sich an der jeweiligen Kombination von Stil, Person und Authentizität/Realness festmacht. »*Es gibt unterschiedliche Player. Es gibt einmal Player von der Straße... [Lacht] Ehrlich! [...]....und sonst gibt's einfach Player, die in der Disco einfach sind. So gesehen. Und dann gibt's auch Player-Styler natürlich.*« Sein Freund Burak ist in diesem Sinn ein Street-Player: »*Er ist einfach so. Er ist einfach so, wie er ist. Automatisch ist seine Art so sympathisch, automatisch findet äh das Mädchen zum Beispiel findet ihn viel charmanter als wenn einer einen auf große Welle macht und irgendwas von, ich bin der beste, wie wär's mit uns beiden, irgendwas erzählt.*« Ein anderer Freund dagegen, Dennis, sei ein »*Showmaker*«, kein natürlicher Charmeur, auch kein Street-Player, weil ihm die Straßen-(Gangsta-)Schiene abgeht – er ist jemand, der »*auf Player macht*« und damit Frauen beeindruckt. In vielen Fällen hat die Identifikation mit der Player-Figur also etwas von einem Ehrentitel: Subkultur-Zugehörigkeit hin oder her ist ein Player schlicht auch ein Mann, der bei Frauen gut ankommt. Auch Tarek betont aber den Zusammenhang mit Stil-Konventionen, wenn er die Benennung als anerkennende Benennung durch junge Frauen kennzeichnet: »*Braun gebrannt ist äh der Haupt-, Hauptgrund für ein Mädchen, um zu ihm Player zu sagen*«. Davon abgesehen geht es aber nicht so sehr um einzelne Stil-Elemente, sondern um ein »*Gesamtbild*«, zu dem auch die kulturelle Deutung einer Physiognomie gehört. *T:* »*Aber meistens, der Grundbegriff wirklich, bei einem Player, wenn man wirklich sagt, er ist ein Player, die sind meistens alle braun gebrannt.*« *M:* »*Ja.*« *T:* »*Das stimmt wirklich. Braun gebrannt und haben sogar leichtes, äh, äh Babyface, meistens.*« *M:* »*Aha.*« *T:* »*Viele. Nicht alle, aber viele.*« *M:* »*Also Babyface, meinst du jetzt, irgendwie total glatt rasiert und oder auch...*« *T:* »*Und äh weiche Züge*«. *M:* »*Weiche Züge.*« *T:* »*Weiche Züge.*« *M:* »*Nicht superdünn, so...*« *T:* »*Ja, genau. Aber es*

110 Bei den meisten Jugendlichen ist der Begriff ethnisch nicht markiert. Diese beiden befragten Mädchen gingen aber davon aus, dass Player prinzipiell keine »Türken« sind, sondern »Deutsche«. »Türken« sehen ihrer Ansicht nach zwar ähnlich aus, was den Style angeht, verhalten sich aber, so sind sie überzeugt, grundlegend anders und schlechter – und seien per se abzulehnen.

*gibt's auch welche, die haben ernste Züge und sind trotzdem ein Player.« M:
»Ja.« Mona:»Aber dann ist es wieder dieses Gespielte.«*

Das Wort bildet also im Klassifikations- und Figurierungswissen eine Art
Ehrentitel, der aufgrund von Eroberungen vergeben wird, nicht zuletzt durch
Mädchen/Frauen, es fungiert als Etikett für einen subkulturell-ästhetische-
nen Typus, es verweist auf Buraks natürliches Charisma, auf ein vereinzeltes
ästhetisches Merkmal wie das »Braungebrannte«, das bewusste Anstrengungen in Sachen Schönheitshandeln dokumentiert, auf das physiognomische
»Babyface« im Gegensatz zum Beispiel zu einem kantigeren Gesicht, zum
Dreitagebart, wie ihn Bushido trägt, auf ein schwer zu beschreibendes »Gesamtbild« einer Persönlichkeit.[111] Widersprüchlich sind die Verwendungen
im Blick auf das Verhältnis von Innen und Außen: Es ist nicht geklärt, sondern präsentiert sich als praktisches Problem. In all diesen Semantiken geht
es um ästhetisch-erotische Kompetenz (und Performanz).

Zugleich konvergieren in der Player-Figur zwei populärkulturelle Refe-
renzpunkte: Die Männlichkeitsfigur des »Playboys«, den der zeitgenössische
Porno-Chic weiter verherrlicht (in Anlehnung an die Playboy-Magazin-Iko-
nografie), und (davon nicht strikt getrennt, aber doch unterscheidbar) der
Player/Playa in der primär afroamerikanische Hip-Hop-Welt seit den neun-
ziger Jahren. Auch hier geht es um eine erotisch attraktive und umtriebige
Person. Ein so verstandener Player verkörpert in einem allgemeineren Sinn
Aktivität als Spieler (gegenüber Spielfiguren), im Gegensatz zur passiven
Form, zum »being played«, und im Gegensatz zum ressentimentgesteuer-
ten Neider, dem »player-hater«. Der US-amerikanische Hip-Hop-Ethnograf
Greg Dimitriadis definiert das Player-Sein, genauer gesagt das Player-Ver-
ständnis der Jugendlichen in einem Jugendzentrum, in dem er lange Zeit
arbeitete, als »being able to manipulate the opposite sex for sexual and economic capital« (2001, 46), und er verweist auf Stars wie Biggie Smalls und
Tupac, auf Master P., Too Short, Mase und Puff Daddy (wie P.Diddy sich
damals nannte), die diese Figur in Rap-Tracks, Videos und anderen kulturelle Repräsentationen bestimmten.[112] Ein Player zu sein bedeutet im Kontext

---

111 Ein Picaldi-Mitarbeiter erklärte mir, bei einer Werbekampagne sei wichtig gewesen, dass
   die männlichen Models einen Dreitagebart tragen, wie Bushido, um nicht als »Babyface«
   zu wirken. Diese Anekdote belegt, dass solche Zuordnungen nicht allein aus individuellen
   Präferenzen hervorgehen, sondern aus geteilten kulturellen Zeichenordnungen.

112 Zwischen den lebensweltlichen Verhaltensregeln und –strategien einerseits und popkulturellen Texten andererseits herrschten hier vielfach Korrespondenzen und Resonanzeffek-
   te. Bei Dimitriadis wird deutlich, dass das »player-hating« konkret nicht zuletzt für das
   Eifersüchtig-Sein steht. »This notion of playing and player-hating is very much a part of

dieser stilisierten Figur vor allem, keine emotionale Verwundbarkeit zu kennen. In dieser spezifischen Konturierung handelt es sich beim Player um ein subkulturelles Konstrukt, das ein spezifisches »public image« von souveräner und attraktiver Männlichkeit verkörpert, zugleich hat die Figur offenkundig Teil an gesamtgesellschaftlichen Semantiken, ist ein Player doch allgemein ein aktiver Teilnehmer an (nicht zuletzt ökonomischen) »Spielen«, ein wichtiger Akteur in bestimmten Feldern.

Auch Tareks Freundin Melanie fand und findet Player als Typus attraktiv, sie sind der Gegenstand ihres erotischen Interesses, und zugleich schmückt sie sich selbst mit Playboy-Logos, stilisiert sich also spielerisch zu ihrem weiblichen Gegenpart. Und sie betont den eigenen hedonistischen und auch romantischen Anspruch, zum Beispiel mit einem Zitat, das sie auf ihrer Myspace-Seite angebracht hat: »Playa heißt nicht, Mädchen zu verarschen und mit ihnen zu spielen, Playa heißt, Mädchen zu verwöhnen und sie zu lieben.« (»*Habe ich einfach von der Playboy-Seite übernommen*«, sagt sie – sie mag das Logo und besitzt einige Kleidungsstücke und Kissen mit Playboy-Logo-Aufdruck).[113] In diesem Zusammenhang würde ich ihre Aneignung und Rekontextualisierung der Player-Figur als weiblich-hedonistische Domestizierung einschätzen, die ambivalent bleibt, weil sie das erotische Charisma starker männlicher Typen nicht völlig einzuhegen gedenkt.[114]

---

popular culture, in the work of Master P, Mase, Puff Daddy, and others. It is indicative of a kind of distrust that is evident in all areas of teens' lives, in the notion that ›self‹ comes first and one can only really trust oneself. It indicates the degree to which friendship and trust are paramount in the lives of these young people, yet, in turn, how fragile these constructs truly can be.« (47)

113 Der Spruch wird auf recht vielen Social-Media-Profil-Seiten verwendet, wie eine kurze Google-Recherche zeigt (1050 Treffer für die vollständige Wortfolge, Mai 2010) und findet sich auf privaten Seiten mit Spruch-Sammlungen für junge Frauen mit Playboy-Ästhetik-Affinität wie http://www.superweb.de/maren_7/love/sprueche.htm. Auf der Seite von »Playboy« selbst findet er sich nicht.

114 Und sie sorgt für sanften Streit, weil Tarek spöttelt, die Playboy-Ästhetik sei eine typische Ost-Sache – worauf sie nicht festgelegt werden will (bei den »Ost-Mädchen« an seiner Schule sei das üblich gewesen, erklärt er). Allerdings gehört die Playboy-Decke, auf der sein Pitbull schläft, eigentlich Tareks (ebenfalls westdeutscher) Schwester, so dass die Zuordnung sich einmal mehr in letzter Instanz als instabil erweist.

Styler

Eine Reihe von Picaldi-Kunden legte eine Rhetorik an den Tag, die sich von den anderen unterscheidet und bezeichneten ihren Stil als »stylish«, »modegemäß«, oder »modern«.[115] Diese Selbstbeschreibungen entsprechen der Fremdzuschreibung »Styler« oben. Hier fallen auch Worte wie »fein«, die bei den anderen nicht vorkommen, und die eigene Attraktivität und Kompetenz werden betont: »*Stylisch fein, sportlich, gutaussehend, attraktiv*« (Anlagenmechaniker, Charlottenburg), oder einfach »*Style. Wir haben ziemlich viel Style*« (Hauptschüler, Marzahn). Ein derart ausgeprägtes offensives Bekenntnis zur stilistischen Anstrengung, eine derartige Selbstsicherheit und Stil-Orientierung, war hier wie gesagt nur für eine Minderheit der Befragten charakteristisch; anderen gilt eine solche Orientierung als fragwürdig und als Verstoß gegen das männliche Selbstverständnis. Mehmet, Yassin, Tarek und Daniel sehen sich mit ihrem Gangsta-Style gegenüber den Stylern zunehmend in der Minderheit. Mehmet: »*Aber bei den, bei sehr vielen Ausländern in Berlin heutzutage ist es so, die ziehen sich so eher stylisch an. So, ähm, hier, Schlaghosen, und da drunter diese Chucks, All-Star-Schuhe oder wie die heißen, Chucks, oder…*« Daniel: »*Ja, so welche, und dann, die Hosen sind zerrissen – so Styler halt. Auch bei sehr vielen Ausländern.*« Mona: »*Warum heißen die Styler?*« Yassin: »*Ja, die Haare und so sind ja jeweils so… Und dann so richtig Schmuck…*« Daniel: »*Ja, genau, und Irokese und…*« […] Mehmet: »*Genau. Also die, das sind so Leute, die würden nicht mal zum Bäcker gehen, ohne die Haare zu machen. Das finde ich zu übertrieben. Das finde ich übertrieben.*« Die Jungs im »Gangsta-Style« verteidigen ihre eigene Ästhetik rhetorisch durch den Rekurs auf klassische Bilder von Männlichkeit (im Gegensatz zu Männer-Ästhetiken, die sie als »schwul« und »metrosexuell« abwerten) und Kultur: »*Zum Beispiel, es kommt auch auf die Eltern an. Zum Beispiel, hätte ich jetzt so einen Irokese, würde mein Vater was dagegen haben. Würde sagen: Wat, wat soll das sein? Das passt doch gar nicht zu unserer Kultur, so*«.[116] Der Verweis auf die als statisch und ethnisch verstandene eigene Kultur scheint an dieser Stelle auf Männlichkeits-

---

115 Diejenigen, die die eigene Kleidungspraxis so klassifizieren, gaben bei der Kundenbefragung meist auch an, dass sie mehr Geld für Kleidung ausgeben als diejenigen im »Gangsta-Style«.

116 Zum »Metrosexuellen« als heterosexuellem Mann, der sich und seinen Körper ähnlich selbstbewusst »stylt« wie das viele schwule Männer tun (also ohne auf Zuschreibungen von Verweiblichung Rücksicht zu nehmen – beispielhaft sind das Zupfen der Augenbrauen, die Enthaarung der Brust, das Tragen von Schmuck usw.) und zur medialen Entstehung der Figur vgl. Richard 2005. Diese Abgrenzung erinnert an diejenige, die Paul Willis in

bilder abzuzielen – die Gangsta-Ästhetik ist für Mehmet diesbezüglich mit den Erwartungen des Vaters eher vereinbar, und insofern konservativer, als die Pop-Styler-Ästhetik mit ihren modischen, spielerischen Elementen (wie dem unter anderem von David Beckham popularisierten »Irokesen«, also der Pop-Fassung des Punk-Schnitts) und ihren »metrosexuellen« Assoziationen.[117] Manchmal werden auch Mischformen benannt und figuriert, meist abschätzig, wenn Tarek aus Tempelhof zum Beispiel – tendenziell verächtlich – von »Gangster-Stylern« oder »Weekend-Stylern« spricht, die mit ihrem Stil – wie er meint – übermäßig den Erfordernissen von Discos und Dating zu entsprechen versuchen, die sich, wie Tim sagt, »devot« gegenüber Mädchen und »anständigen Leuten« benehmen.

Atzen-Style

Für den »Atzen-Style« ist Picaldi nicht die zentrale Marke, trotzdem taucht die Benennung in diesem Figurierungsfeld immer wieder prominent auf, vor allem unter den »Deutschen«. Atze ist nicht allein ein Wort für einen kleinen Bruder (und ein »Urberliner« Kosename für Arthur), sondern ein Slangwort, das sowohl in der Straßensprache als auch im Hip-Hop viel verwendet wird.[118] Die Figur des beziehungsweise der Atze fungiert als ein loses Syn-

---

seiner klassischen Studie (1978) darstellt: die Selbststilisierung der »lads« und ihre Fremd-
figur der den Lehrern gegenüber devoten »ear'oles«.

117 Von anderen Jugendlichen wird dieser Stil, in dem das Sich-Inszenieren bewusst kenntlich gemacht wird, mit »Möchtegern-Reichen« assoziiert. Darauf gehe ich unten ein. Die
»Styler« wurden zu diesem Zeitpunkt gelegentlich auch »Hollywoods« oder »Hollywood-
Türken« genannt, die für das Dafürhalten ihrer Kritiker zu stark an Äußerlichkeiten orientiert sind, die sich zu dezidiert und erkennbar »stylen«. Hollywood« evoziert hier eine
Reihe von spezifischen intertextuellen Verweisen: Der Berliner Rapper Fler beschimpfte
den Kölner Rapper Eko Fresh in einem bekannten Battle-Track als »Hollywood-Türken«
(keine Jahresangabe verfügbar). Tupac, die bereits mehrfach angeführte Über-Figur des
Gangsta-Rap, sprach in seinem Track »Thug Mansion« von etwas ähnlichem: Er klagt, viele seiner Zeitgenossen würden sich verstellen: »niggas being all hollywood« – sie »machen
auf« Hollywood. Im utopischen »Thug Mansion« wäre das nicht notwendig, dort könne
ein »thug« ein »thug« bleiben (posthum veröffentlicht als Single, Amaru Records 2001).

118 Das Brandenburgisch-Berlinische Wörterbuch erklärt: »Atze, f., nur selten m., berl. (1)
Kurzform des Vornamens Arthur […] Auch verallgemeinert als vertrauliche Anrede, ohne
dass der Angeredete Arthur heißen muss: ›du, Atze, er (der Zug) muss gleich kommen‹,
[…] (2) Verwandtschaftsbezeichnung (a) Bruder ›ich […] muss auf meine kleine Atze

onym für »Kumpel« oder auch »verlässlicher, authentischer Typ«, verweist aber auch auf das »Asoziale«. Innerhalb von Hip-Hop oder Deutsch-Rap wird das Wort vor allem von deutschen Rappern wie den zitiertern Porno-Elektro-Rappern Frauenarzt, Manny Marc, King Orgasmus oder dem eher härteren MC Bogy benutzt, die sich als Atzen-Rapper titulieren, Atzen-Rap performen und sich seit längerem Beinahmen wie »der Atzen-Keeper« verleihen (Bogy, jener »Atzen-Keeper«, trägt eine Gürtelschnalle mit der Aufschrift »WHITE TRASH« und stellt damit einen Bezug zu einer weiteren Unterschichtsfigur heraus). Damit haben sie eine popkulturelle Figur geschaffen, zu der ein bestimmtes Outfit ebenso gehört – zum Beispiel die »Pornobrille« (Ray-Ban-Pilotenbrille) und der Jogginganzug, aber auch ein wissender, »selbstironischer« Gestus.

Auf der ersten Rap-City-Berlin-DVD hatten zwei sehr unterschiedlich wirkende Mitglieder der Graffiti-und-Rap-Crew Berlin Crime, »Jope«, der »Atzenking«, und »Atzenkeeper« MC Bogy, die Figur definiert. Jope wandte sich direkt ans Publikum der DVD: »*Jungs, ich sag euch, ne Atze ist jemand, der hinter dir steht, der mit dir geht, egal, durch dick und dünn, auf jeden Fall, und det is ne Atze. Freundschaft ist ne andere Definition auf jeden Fall. Aber Atzen sind sehr wichtig auf jeden Fall, die müssen dich begleiten und auf die musst du dich auch verlassen können*«, so Jope, ein dünner Mann offenbar Anfang dreißig, der eine Art Vokuhila trägt, einen Oberlippenflaum, ein beiges Graffiti-T-Shirt, und der seine Zeit im Gefängnis betont.[119] Der »*breit gebaute*«, in Unterhemd und Jeans gekleidete und über und über tätowierte MC Bogy führt aus: »*So, ja selbst, Atze ist auch so zweideutig, so. Wenn jetzt so ein durchgeknallter, hängengebliebener Atze irgendwie so, weiß ich nicht, wenn man sagt, so, einer geht jetzt einfach zum Streifenwagen und pisst dagegen, dann sagt man* (amüsiert, Anm.)*, ja, das ist ein hängengebliebener Atze. Und wenn man hört, so, ja, der eine hat dem und dem aufs Maul gehauen, deswegen, und man sagt, die Aktion war cool, dann sagt man auch, das war ein cooler Atze. Also, Atze ist so ein universales Wort. Ein Atze braucht auch seine Kohle, aber bei den Atzen kommt der Respekt zuerst, dann die Kohle, würde ich sagen.*« Jope: »*Ja, auf jeden Fall, Respekt ist sehr wichtig. Du kannst keine Atze sein, wenn du kei-*

aufpassen‹, ›wat macht'n deine Atze?‹, (b) Erweitert ›Freund(in)‹: ›du kannst ja deine Atze mal mitbringen‹. (c) In jüngster Zeit auch ›Schwester‹, ›meine Atze hat'n schicket Kleed an‹. Dazu als Weiterbildung ›Atzeline‹.« (Brandenburg-Berlinisches Wörterbuch (1. Band A-E), Berlin: Akademie, 1976)

119 DVD »Rap City Berlin«, Berlin: Mantikor Entertainment, 2005.

Abbildung 12:
Atze-Style mit Hawaiihemd und »Pornobrille« (Ausschnitt des Covers der Rap-City-Berlin-II-DVD, Mantikor 2009)

nen Respekt hast.« Bogy: *»Auch genannt ›Atzenfaktor‹.«*[120] Dann lächeln beide. Schon dieses Lächeln demonstriert ein Wissen um den reflexiv-künstlichen Charakter solcher Figuren und parodiert die eigene Figurierungspraxis. Die Betonung von »Respekt« ist nicht einfach der »Straße« entwachsen, sondern gehört zum Inventar und zum Vokabular der weltweiten Hip-Hop-Kultur. Zu beobachten sind hier also sowohl authentizitätsorientierte Idiome als auch Selbstironie und Rückkopplungsprozesse. Innerhalb kurzer Zeit war die Figur sehr viel bekannter geworden. Wie Abbildung 12 zeigt, ist auf dem Cover der zweiten Ausgabe der Rap-City-Berlin-DVD, die 2008 erschien, ein junger Mann im Atzen-Outfit zu sehen: diese Figur hatte nun offenkundig einen gewissen Wiedererkennungswert und gehörte zum Inventar der Berliner Szene. Auf der DVD kommt auch Jope wieder zu Wort: *»Auf der letzten DVD auf jeden Fall, klar, das mit dem Wort Atze oder die Definition von Atze, die scheint ja ziemlich ringehauen zu haben, und okay, ick feier det. Ick hab da keine Probleme damit, dass das irgendwie benutzt wird jetzt das Wort, ick bin auch nicht irgendwie der Vorreiter oder der Erfinder von dem Wort. Det ist ein Wort, det ist aus der Altberliner Sprache, det heeßt einfach kleiner Bruder, und det ist, det gibt's ja noch det andere Wort, Keule – übrigens, jetzt kommt als nächstes: Keule. Nicht mehr Atze«* [grinst].[121] Er betont also die Wurzeln der Figur im »*vernacular*« der lokalen Kultur und macht glaubhaft, dass er mit der Figur aus der städtischen Umgangssprache vertraut ist und sie nicht nur aus dem Wörterbuch kennt. Es gehe, so erläutert er, die »public imagery« der lokalen Subkultur, um ein »*Lebens-Feeling*«: darum, zu unterhalten, darum zu »*sein, wie man ist*« und »*sich nicht immer irgendwelche Etiketten auf(zu)setzen*«, sowie darum, nicht darüber nachzudenken, was man sagen dürfe oder nicht. In diesem ironischen Gestus wird »Atze« also als eine Anti-Figur präsentiert.

---

120 Die Unterscheidung zwischen der primären Orientierung an »Kohle« oder an »Respekt« (dem »Atzenfaktor«) entspricht weitgehend derjenigen, die William F. Whyte in seiner klassischen Studie zwischen »college boys« und »corner boys« und deren jeweiligen Orientierungen an persönlicher und institutioneller Anerkennung aufzeigt.
121 DVD »Rap City Berlin DVD II«, Berlin: Mantikor Entertainment 2008.

Abbildung 13: Website »Atzen-Style-Shop« u.a. mit T-Shirt-Motiven »Atze!« und »Vertrau keiner Schlampe«, betrieben von »Die Atzen«, 2009.

Mit ähnlichen Techniken der Ironisierung und mit ähnlichen Motiven von Authentizität präsentieren sich zum Beispiel Atzen-Rapper wie Frauenarzt und Manny Marc, die ehemaligen Porno-Rapper alias »Die Atzen« und unterstreichen damit zugleich einen selbstbewussten Chauvinismus. Er ist *self-aware* (und insofern reflexiv), aber deswegen nicht weniger chauvinistisch. Dieser Gestus lässt sich mit Chuck Kleinhans (1994) als absichtlicher postmoderner »trash« (1994) beschreiben, als Zelebrieren des »schlechten Geschmacks« im Sinn einer (im Unterschied zum Beispiel zur schwulen/ queeren Camp-Ästhetik) »nicht-subversiven Ironie« (Leibetseder 2010, 33), die einerseits sozial codierte Geschmackshierarchien infrage stellt und das »Vulgäre« umarmt, und zugleich althergebrachte Geschlechterverhältnisse bejaht. Mit ihren Party-Atzen-Rap-Hits mit »Ghetto-Bass«- und Schlager-Anleihen war die Atzen-Figur um 2009 im Zentrum der deutschen Popkultur angekommen (viele Fußball-Nationalspieler nannten Atzen-Tracks wie »Was geht ab« vor der WM 2010 zum Beispiel als Lieblingsmusik), nun eher als hedonistische Neon-Pop-Figur denn als Figur der »Straße«.[122] Der »At-

---

122 »Das geht ab« von »Die Atzen« wurde u.a. im Berliner Olympiastadion bei Hertha-BSC-Spielen häufig gespielt. Die Fußball-Nationalspieler waren u.a. Marcell Jansen, Piotr Trochowski, Jerome Boateng, Dennis Aogo (vgl. http://www.welt.de/kultur/article8001057/Die-Lieblingslieder-der-deutschen-WM-Spieler.html, abgerufen 15.10.11), was unterstreicht,

zen-Style-Shop«, den die Musiker im Internet betreiben (vgl. Abbildung 13), dokumentiert mit seinen Merchandising-Artikeln (T-Shirts, Mützen, Unterhosen) nicht nur die Verbindung von Party-Ästhetik und selbstbewusstem Sexismus, er zeigt auch, wie hier in einem doppelten Sinn Figurierungsunternehmer am Werk sind, ganz im Sinn der im Theorieteil beschriebenen Prozesse: »Die Atzen« repräsentieren eine popkulturelle Figur, die es ohne sie nicht in dieser Form gäbe, und sie betreiben zugleich deren kommerzielle Verwertung.

Die Atzen-Benennung soll das Ungekünstelte und Selbstbestimmte evozieren, gerade im Kontext der postproletarischen Stadt Berlin: Besonders deutlich werden der städtisch-sozialräumliche Charakter und die politischen Ressentiments und Affekte, die mit dem beziehungsweise der Atze verbunden sind, in der folkloristischen Figur des »Imbiss-Bronko« (2007), die der Rapper King Orgasmus geschaffen hat.[123] Bronkos Rap-Rollenprosa präsentiert »stilisierte Deftigkeit« (Ulf Matthiesen) in Extremform, einen enthemmten Grobianismus mit Fressen, Saufen, Ficken (»ich will ficken wie ein Schwein«), der wohlüberlegt gegen zunehmend hegemoniale Lebensstil- und Körperlichkeitsverständnisse in Stellung gebracht wird. Gelegentlich, wie im folgenden Text, wird die Zeitdiagnose explizit: *A: Na Bronko, Alter, wat los, mach mal Bulette klar hier oder wat! B: Na, logisch, Ecke [?], wie geht's dir? A: Naa, hör bloß uff, Alter. Ick hab so ein' Hals. B: Wat isn los? A: Berlin ist so zu nem, nem 24-7, 360 Grad 3D-vollanimierten Lifestyle-Magazine* (engl. ausgesprochen) *verkommen, Alter, ick seh nur noch schöne, gestylte Menschen... Ick frag mich, wo se die... Ick möcht mal wieder hässliche Menschen sehen! Verstehste? Ganz normale, hässliche Penner, Alter. Weißte, so? Dann... Dann zeigt man wieder, dass das noch normal ist, so weißte. Jeder Penner, der hier ein T-Shirt bedruckt, der schimpft sich Designer! Det kann doch nicht wahr sein! Wat ist denn dit hier, Alter? Immer so... Das reicht denen auch nicht mehr, weißte, Friedrichshain, Mitte, Prenzlberg, ja gut, jetzt noch Kreuzberg, Alter, wenn de hier langflanierst, Alter, det is... Mää, wie wie äh wie Köln Innenstadt, Alter! Weißte? Latte Macchiato saufen, Lachsbagel fressen, Alter, det ist doch nicht wahr, Alter. Wat ist denn hier los, Mann?* Die Passage spielte mir ein Jugendlicher vor, der sich selbst als Atze stilisiert und sich sowohl im Gestus als auch

---

wie wenig es sich zu diesem Zeitpunkt um ein subkulturelles Phänomen im strikten Sinn handelte.

123 Folklorismus verstehe ich als behauptete Folklore, wobei die Behauptung hier mit einem wissenden Augenzwinkern um die Künstlichkeit der Inszenierung einhergeht (vgl. zur kulturwissenschaftlichen Fachdiskussion Bausinger 1984).

in den Aussagen wiederfindet.[124] Die stilisierte Volkstümlichkeit wird bei »Bronko« grotesk überzeichnet und zugleich als die eigentliche hiesige »Normalität« gesetzt: Typisch für Berlin sei der *»ganz normale, hässliche Penner.* *[…] Dann zeigt man wieder, dass das noch normal ist«.* Die Nostalgie steckt im »noch«, das auf eine bessere Vergangenheit verweist, als die Atzen in der Stadt »noch« den Ton angaben, bevor sie zu einer reflexiv-popkulturellen Figur geworden waren.[125] Die Kritik der stadtpolitischen Aufwertung und Gentrifizierung wird nicht im politisch-ökonomischen Register formuliert, sondern sehr viel konkreter, anhand von Figuren, die Milieus verkörpern.[126]

---

124 Tim, der sich selbst als »Atze« figuriert, leitete den Track u.a. damit ein: »Das sind wirklich Atzen! So mit Furzen und Rülpsen und so, das ist… Er macht's einfach!« Zu Folklorisierung von Imbiss und Wurst in der Berliner Stadtkultur vgl. Lindner 2006, 960. Im Klappentext der CD ist zu lesen: »Imbiss Bronko chillt mit Atzen und Millionären. Er betreibt seinen Imbiss aus Spaß an der Freude, und natürlich wegen dem Atzenfaktor. Wenn Bronko Feierabend hat, schlüpft er in sein Millionärsoutfit und nennt sich dann unter Artgenossen Jack Cognac. Zusammen mit Laurent und Eve Cartier testen sie nun Berlins teuerste und beste Restaurants. Wie jeden Tag macht Bronko pünktlich um 9:20 Uhr früh das Fett warm und setzt Kaffee auf. Meistens steht Atze Braunah vorm Laden und hat Kaffeedurst.« (etc., King Orgasmus One, »Imbiss Broko Currywurst im mit Darm«, ILM Records 2007, Booklet.

125 Zum Topos des »hässlichen Berlin« vgl. Timm 2003, Lindner 2006. Material für einen historischen Vergleich mit der Zeit um 1900 findet sich bei Gottfried Korff (1985): Er beschreibt en passant den »Urbanisierungs-Folklorismus« von Autoren wie Heinrich Zille, der »Erinnerungen ans Alt-Berlin in vielfältiger Weise wachhalten will und gefällig arrangiert: Das Interesse wendet sich den Berliner Originalen zu, in den Kneipen und Destillen wird der Duft der alten, engen Welt kondensiert und es entsteht eine Kiez- und Quartiersromantik, die sich übrigens bis heute als Orientierungssystem gehalten und in den letzten Jahren sogar eine auffällige Renaissance erfahren hat.« (353) Korff argumentiert, dass der »teils heimliche, teils offene Folklore-Effekt« bei Zille entscheidend beim Aufbau des »Berlin-Klischees« war: »Schon um die Jahrhundertwende boten die Zilleschen Witzzeichnungen nicht selten die Zuschnittslinien für das Selbstbild des Berliners: Zille war stets auch Anleitung zum berlinischen Rollenspiel.« (ebd.)

126 Mit den Möchtegern-»Designern« zeichnet »Bronko«, einen größeren Diskurs aufgreifend, ein unvorteilhaftes Porträt der »creative class«, den – figurierend gesprochen – selbstverwirklichungsorientierten Zöglingen des westdeutschen (Klein-)Bürgertums – und der Stadtentwicklungspolitik (s.u.). »Köln Innenstadt« verweist nicht nur auf das Rheinland, die Medienmetropole, sondern vielleicht auch auf die Schwulen-Hochburg. Die Stadtentwicklung wird in Bronkos Brandrede also eher als Verdrängungskampf mehrfach codierter sozialer Milieus und der für sie typischen Figuren vorgestellt denn im Sinne von ökonomischen Verhältnissen gedeutet. Tatsächlich treffen sich auch einige Reiche bei Bronkos Imbiss, aber deren Habitus ist Milieu-gemäß: Bronkos Alter Ego, der Millionär »Jack Cognac«, würde sich vermutlich nicht mit einem Lachsbagel in der Hand erwischen lassen. So wenig es also um so etwas wie (sub-)proletarischen Klassenkampf gegen die tatsächlichen Eigentümer von Immobilien, Produktionsmitteln und Staatsgewalt geht, so

»Atze« ist die zugleich abjekteste und postmodern-reflexivste der Figuren innerhalb dieses Feldes. Typisch für die popularisierte Verwendung der Atzen-Figur sind Veranstaltungsformate wie »Atzenparties«: Atze ist einerseits der Inbegriff des Selbstbestimmten und Ungekünstelten, andererseits kann man sich als Atze – im Sinn der popkulturellen Figur – auch verkleiden. Auch wenn andere scharf zwischen Gangstern und Atzen unterscheiden würden, können die Elemente des »Straßen-Looks« hier auch als Material für ein spielerisches, selbstironisches Ausprobieren verwendet werden.[127]

»Prollig« und »Prolls«

Wie wird nun das Proll-Etikett in diesem Kontext verwendet? Bei der Kundenbefragung wurde es wie bereits erwähnt nicht oft genutzt, in den Gesprächen mit den Verkäuferinnen und Verkäufern schon häufiger. Dabei war es zumeist mit einer gewissen Unsicherheit belegt, die sich zum Beispiel in stockendem Sprechen äußerte, das in meinen Augen auf den ungeklärten Status des Wortes verweist, zumindest in der Kommunikation mit Fremden. In

---

wenig geht es auch einfach um Kritik an Konsum-Landschaften: die Einkaufs-Hochburg Charlottenburg, durch das sich der Ku'damm zieht, fehlt zum Beispiel in der Liste. Tim, der »Atze«, sagt an anderer Stelle eines Interviews, der Bergmannstraßen-Kiez im verhältnismäßig bürgerlichen Kreuzberg 61 sei ihm zu »zeckig« (also zu links-alternativ). Solche politischen Konnotationen sind m.E. nicht weit entfernt von Bronkos Topografie der »verlorenen« Bezirke: Friedrichshain, Mitte, Prenzlauer Berg und Kreuzberg sind die Hochburgen der Grünen, der postmaterialistischen Milieus, der studentischen Kultur, der radikalen Linken und der Alternativkultur. Gerade Friedrichshain ist mindestens so sehr ein alternativ-kultureller Ort, wie es tatsächlich einer hochpreisigen Konsumlandschaft wie »Köln Innenstadt« ähnelte. Die prolligen »Atzen« werden nicht nur hier als politisch anti-alternativ und kulturell konservativ positioniert; sie würden in dieser Logik wohl eher CDU als Grüne wählen.

127 Zur Unterscheidung vgl. einen Abschnitt auf der Rap-City-Berlin-DVD (Nr. 2), in dem »Jope« den Spott von Kollegen (und z.T. alten Freunden) erklärt, die sich im Nachbar-Genre (Gangsta) bewegen: »*Die jetzt halt mehr die Gewalt-Texte machen, so, die sagen alle: Ja, das ist, Atzen-Rap ist Penner-Rap oder so was.*« Diese Lesart der Atze-Figur entspricht an dieser Stelle nicht dem Selbstverständnis. Er betont die Figurendistanz: »*Also, wir machen halt keinen Penner-Rap, nur weil wir vom Saufen labern, sondern einfach, das ist halt Unterhaltung. Dass die Leute abgehen.*« Er fährt fort: »*Und ick sag dir ganz ehrlich: Auch ein Penner kann ein kaufkräftiger Typ sein, der deine Alben kauft, also ein Penner sieht anders aus als eine Atze.*« Die Passage ist, denke ich, widersprüchlich, in jedem Fall soll die Atze-Figur hier nicht mit der abjekten Zuschreibung »Penner« in eins fallen.

einigen Fällen gehörte es auch nicht zum Wortschatz der Befragten, was vor allem bei jungen (Post-)Migranten der Fall zu sein scheint, deren Deutsch-Kenntnisse jenseits des »Kiezdeutsch« eingeschränkt sind.[128]

Gelegentlich »rutschte« das Wort gewissermaßen raus, wenn Stil-Praxen verbalisiert und eingeschätzt wurden. Hier spricht ein 17-jähriger Fachabitur-Schüler aus Strausberg, der Picaldi trägt (und sich selbst eher am »Dezenten« orientiert).

M: »*Dein Freundeskreis, haben da die Leute relativ ähnliche Sachen an oder geht das total bunt durcheinander, was die tragen?*«

Kunde: »*Also, die Hosen ist halt auch verstärkt Picaldi, und dann die Oberbekleidung ist dann immer unterschiedlich. Also manchmal finden sie dann hier auch mal, ja, coole Sachen, die sie sich dann holen, und sonst... Ist halt auch wieder gemischt. Viele halt, die dann mehr so ein bisschen prolliger und Hip-Hop, so.*«

M: »*Was heißt prolliger?*«

K: »*Ja, hm, ja, das hat dann auch, weiß ick, mit, mit Cap, oder halt...*«

M: »*Mit Cap, also so...*«

K: »*So, komisch, so ein bisschen seltsam aufgesetzt, oder dann halt total solariumverbräunt und mit vielen Ketten und so.*«

M: »*Und, wie findest du das, den Stil so?*«

K: »*Jo, ist in Ordnung, wenn sie es nicht übertreiben, dann ist es schon in Ordnung.*«

Bezeichnend ist zum einen erneut die lose Assoziation des Attributs mit Hip-Hop als Subkultur.[129] Zum anderen: Wenn es um das Prollige geht, wird die Wortverwendung hier spezifischer (im Vergleich mit Blicken aus der sozialen Distanz), und sie hebt eher auf Codierungen von Performanzen ab als dass sie kategorial klassifizieren beziehungsweise figurieren würde. Das Attribut »prollig« charakterisiert für den Gesprächspartner dann weniger eine Marke als eine bestimmte Art und Weise, die Sachen zu kombinieren, einen kultu-

---

128 Als ich das Wort zum Beispiel in einem Gespräch mit einem jungen Mann, der als Aushilfe arbeitete (Sedat), in den Raum warf, es ging um das Image von Picaldi, sagte er, dass ihm dieses Wort nicht geläufig sei. Für ihn ist das Image mit Gangsta-Style und »richtigen Kanaken« verbunden. Andere Verkäufer sprachen vom »Proll« im Sinne eines Klischee-Bildes, das der Marke ungerechtfertigter Weise anhaftet.

129 Die Stil-Merkmale entsprechen weitgehend dem, was oben als typisch für Player genannt wurde.

rellen Code.[130] Für ihn – der auf manch studentisch-alternativen Beobachter mit seinen Picaldi-Sachen ebenfalls prollig wirken mag, obwohl er auf Ketten und, wie er sagt, »*solariumverbräunte*« Haut verzichtet – ist das Prollige als ein intentionaler Code erkennbar: Die Art und Weise, die Nike-Cap aufzusetzen, hat den Charakter einer subkulturellen Konvention; sie ist Teil der homologen Stil-Praxis, die mit dem Prolligen als einem sehr viel größeren Komplex von Einstellungen und Assoziationen spielt. Sie kann dann auch im Selbstverständnis der Akteure »prollig« genannt werden. Die vielen Ketten und die stark gebräunte Haut fungieren als sozio-symbolische Homologien eines wahrgenommenen Stil-*Prinzips* des selbstbewussten »Zurschaustellens« (ganz ähnlich Picaldi-Verkäufer Stefan, gefragt nach der Bedeutung von »Proll«: »*Naja, halt... Keine Ahnung, Lederjacke, Kragen hoch. [...] Halt wirklich diesen, diesen Bushido-Stil halt, wirklich diese Proll-Schiene so ein bisschen. Goldkettchen um, oder Silberkettchen, Armbändchen...*« [Lachen]). Zugleich aber bleiben negative Konnotationen erhalten: das Risiko des »Übertreibens«, die spöttische Formulierung »*verbräunt*« (statt »gebräunt«), die Kennzeichnung des Mützen-Stils, wie ihn auch der Weddinger Gangster-Styler vorführte, als »*seltsam*«.

Gerade aus der sozialen Halbdistanz wird nun die *Intentionalität* solcher Stil-Praxen betont. Das verdeutlicht auch das folgende Gesprächssegment. Es wurde mit einer Frage nach den Unterschieden zwischen den Kunden in den verschiedenen Picaldi-Geschäften eingeleitet. Steffi ist Verkäuferin bei Picaldi, zugleich ist ihr das Milieu der Kunden in ihrem sonstigen Leben nicht fremd.[131] Das wird zum Beispiel deutlich, als ihr kleiner Bruder – in Picaldi-Sachen – in den Laden kommt und sie ihm sorgfältig das Outfit zurechtzupft und sicher geht, dass die Kapuze gleichmäßig über der Jacke sitzt. Sie beschreibt die verschiedenen Hosen-Vorlieben und die damit zusammenhängenden »Typen«. [Dialekt geglättet] »*Ahem, ich glaube, im [Marzahner] Eastgate* [vorsichtig] *da sind mehr so Kunden, ja, wie soll man sie beschreiben, halt so diese typischen Ost-Jungs.* [Lachen] *Sag ich immer. Die Ost-Jungs die wollen immer so ein, so dieses Proll-Image bewahren, finde ich.*« M: *Mhm.* S: »*Dafür ist ja eigentlich auch schon so der Osten bekannt, dass die*

130 Bezeichnend ist, dass das Gespräch ein wenig stockt, als der Befragte das Wort »prollig« verwendet und, auf meine Nachfrage hin, weiter ausführt.

131 Steffi ist Anfang 20 und kommt aus einer Ost-Berliner Arbeiterfamilie. Sie berlinert mehr, als dies im Zitat sichtbar wird. Auf mich wirkte sie in ihrer Aufmachung beeindruckend, sie hat lange, schwarze Haare, die vorne eine Tolle bilden, ist mit starken Kontrasten geschminkt, trägt große Kreolen und enge Kleidung.

mehr so dieses Proll-Image haben wollen, dieses ähm, dieses breite sein… dieset…« [gestikuliert, zeigt ein Sich-Vorschieben der Schultern beim Laufen] M: *»Breitschultrig…«* S: *»Breitschultiger, mit Lederjacke oder irgendwas, und ähm, bei den Türken, finde ich, kommt das auch langsam immer mehr durch, aber die Mentalität ist einfach ganz anders.«* […] M: *Was, was ist prollig so für dich?* S: *»Na, prollig ist für mich wirklich äh diese Männer die äh so breit sind wie hoch… Mit diesen Lederjacken, typisch, braungebrannt… Das ist so für mich dieses Proll-Image schlechthin überhaupt, ja.«* M: *»Ist das für dich was Negatives, oder irgendwie was Gutes…«* S: *»Nnee. Negativ jetzt nicht unbedingt. Ich meine, schlecht aussehen tut's ja nicht, sag ich mal, manche sind nett, manche sind wieder nicht nett.«* Später, auf meine Nachfrage hin, betont sie den Aspekt des Absichtlichen: *»Gibt's ganz, ganz viele, die sagen, ich bin ein Proll, ich steht dazu«.* Auch hier handelt es sich beim Proll-Image nicht um eine irgendwie inkompetente Zusammenstellung, sondern um ein in sich stimmiges Bild, um stilistische Homologien von Körper, Geste und Textil. Steffi entscheidet sich für die Formulierung, die *»Ost-Jungs […] wollen […] dieses Proll-Image bewahren«,* beim *»Breiten«* handelt es sich in ihrer Sicht also um einen willentlichen Akt in Sachen stilisierte Lebensführung qua Männlichkeit beziehungsweise umgekehrt. Diejenigen, die sich dafür entscheiden, hätten also auch Alternativen, sie wollen aber so sein, es fehlt ihnen nicht einfach an etwas. Sie gibt das populäre Wissen in ihrem Kreis wieder, wonach das Prollige eine besonders große Bedeutung im Zusammenhang mit Ost-Berliner, und allgemeiner ostdeutscher, männlicher Identität besitzt: *»Dafür ist ja eigentlich auch schon so der Osten bekannt«.* Dass das Proll-Sein mit dem Macho-Sein assoziiert ist, lässt die Figur als spezifisch männliches Projekt erscheinen, als einen habituell-performativen Modus von Männlichkeit. Das Zitat suggeriert zudem eine klare Distanz zwischen den Subjekten/Individuen und dem Image, dem man sich annähert, mit dem man sich vielleicht identifiziert, das einen aber nicht vollends definiert. Umgekehrt bleibt die Entscheidung über den Sympathiewert abhängig von der jeweiligen Person (nett/nicht nett), die in diesem Image nicht aufgeht.

Das Verb *»bewahren«* transportiert darüber hinaus eine Semantik der Tradierung, es impliziert also (wie schon die Atze-Figur), dass diese Akte auf kulturelle Traditionsbestände verweisen, die im eigenen Verständnis über die Zeit gerettet werden, gegen die Widerstände des Zeitgeists. Von einer Identitätsbedrohung von Außen oder vom *»Leben«* handeln auch viele Rap-Texte, zum Beispiel bei Frauenarzt und Co., die beteuern, dass sie *»immer noch die alten«* sind; dabei handelt es sich gewissermaßen um eine positiv gedeutete, an Authentizität orientierte Version dessen, was Bourdieu »Hysteresis« nennt, die Tendenz zur Starre unterbürgerlicher Habitus in sich verändernden Verhältnissen.

In Steffis Sprachgebrauch fehlt die Milieu-Semantik an dieser Stelle völlig; zwischen selbstbewusst sich stilisierenden Prolls und Nicht-Prolls unterscheidet sie *innerhalb* ihres eigenen sozialen Netzwerks, innerhalb ihres sozialen Milieus. Wenn sie betont, dass viele ihrer Freunde stolz von sich als Prolls sprechen, bleibt aber auch hier ein Moment von sozialer Verletzung erhalten: Die Formulierung »ich steh dazu« impliziert meines Erachtens doch, dass man zum Proll-Sein im Dafürhalten vieler anderer Leute eigentlich nicht stehen sollte.

Berliner Figuren: Picaldi-Style, Subkultur und das Proll-Etikett (Zwischenfazit)

Die vorangegangenen Abschnitte haben nun eine Reihe von Figuren-Benennungen vorgeführt und popkulturelle Referenzen aufgezeigt. Solche Benennungen stehen für kulturelle Figuren. Sie stellen eine verdichtete, gestalthafte kulturelle Form bereit, in der ästhetische und soziale Differenzkategorien wie selbstverständlich miteinander verbunden werden. Ziel dieser Darstellung war es jedoch nicht in erster Linie, eine bunte Galerie von Figuren zu zeichnen, sondern zu zeigen, wie verschiedene Akteurinnen und Akteure solche Figuren-Benennungen tatsächlich einsetzen. Im Gegensatz zu kategorialen Zuschreibungen von »prolliger« Undifferenziertheit zeigte das Kapitel einen komplexen, vielfach spielerischen Umgang mit Selbst- und Fremdbenennungen auf. Das Spiel der Benennungen hat insbesondere an einem Prozess der Charismatisierung von (»ethnischer« und sozialer) Marginalität teil, wie es bei der Kanaken-, Gangsta- und Atzen-Figur besonders eindrücklich sichtbar wurde. Er ist lokalistisch und translokal zugleich.

Hinsichtlich der subkulturtheoretischen Fragestellung (nach (a) Stil-Kohärenz, (b) der »doppelten Artikulation« von Subkultur, Herkunftsmilieus und dominanter Kultur; (c) dem Grad der Kohäsion sozialer Netzwerke sowie neueren Formen von popkultureller Distinktion) sind nun, am Ende dieses ersten Durchgangs durch das ethnografische Feld, verschiedene Schlussfolgerungen zu ziehen. Die Relevanz stilistischer »Homologien«, aber auch die Herauslösung einzelner Stil-Merkmale und die Neuzusammensetzung wurden bereits diskutiert. Der »Picaldi-Style« und damit auch die Firma Picaldi stehen auf jeden Fall im Zusammenhang mit Deutsch-Rap, vor allem in seinen Berliner Spielarten; die Firma ist mit dem Erfolg des Berliner Rap und seiner Stars gewachsen. Der Picaldi-Style steht für viele Jugendliche, gerade im Osten der Stadt, über die nahweltlichen Cliquen und das jeweilige lokale Eigene hinaus, für diejenige Gruppe, die diese Musik hört und sich zugleich an der dortigen »Straße« zu orientieren versteht. Zugleich gehören viele Jugendliche, sowohl beim Gangsta- und Picaldi- als auch beim Atzen-Style, den im engeren Sinn subkulturellen Kreisen nur unverbindlich an, manchmal auch nur im Sinn einer kurzfristigen Kostümierung. Auch hier fransen die subkulturellen Szenen an den Rändern aus.[132]

Obwohl der Picaldi-Stil also eng an Spielarten von Rap-Musik gebunden ist, wurde diese Assoziation in der Kundenbefragung, was die Selbst-Benennungen angeht, nur bedingt in musikbasierte subkulturelle Zuordnungen (wie »Hip-Hop« oder »Deutsch-Rap«) übersetzt: Die Jugendlichen bezeichneten sich meist nicht primär als Teil einer Hip-Hop-Subkultur. Dies überrascht angesichts der hier vorgestellten Konstellation von gemeinsamer ästhetisch-stilistischer Praxis und der Abwesenheit einer Wir-Vorstellung nicht. In vielen Gesprächen fragte ich dennoch nach, ob der eigene Stil in die Hip-Hop-Richtung geht, was zu meinen Vorannahmen (und denen der Firma) gehört hatte. Gelegentlich war die Antwort darauf ein wenig defensiv, wie das bei Antworten auf Suggestivfragen oft ist: »*ein bisschen Hip-Hop*« (Marzahn), »*vielleicht ein bisschen*« (Marzahn, Schüler, 17), »*hat mit Hip-Hop zu tun*« (Charlottenburg, Oberschüler, 14), »*Hip-Hop, eigentlich schon*« (Marzahn, Oberschüler, 16). Die Frage nach einem Namen für den eigenen Stil wurde in den Interviews oft also nicht also Subkultur-spezifisch beantwortet und die Nachfrage nach Hip-Hop verneint, wobei bei Fragen zum Musikgeschmack dann doch sehr viel Hip-Hop/Rap genannt wurde, der aber offenbar nicht für primär identitätsrelevant erachtet wurde, im Gegensatz zur den jeweiligen Cliquen, deren Präsenz und Sozialität sehr viel greifbarer waren.[133]

---

132 Oben wurde darauf hingewiesen, dass dies nichts Neues ist; Clarke u.a. konstatierten ähnliches auch bei den klassischen britischen Jungs-Subkulturen.

133 Beispielhaft das Interview mit einem 20-jährigen Elektriker aus Hellersdorf, der seinen Stil als »lässig« beschreibt und die Frage nach der Zugehörigkeit zu einer bestimmten Gruppe mit einem lauten »Nein« beantwortet. Er hört »*alles mögliche; Hip-Hop bis RnB*«, englisch und deutsch, Rihanna bis Kool Savas, also »Black-Music«-Pop/RnB und Rap/Hip-Hop. Das ist dann ein recht klarer Schwerpunkt und tatsächlich nicht »alles Mögliche«. Ähnliche Aussagen und Präferenzen fanden sich bei vielen Befragten. Auf die Frage

Das bedeutet allerdings nicht, wie es in den »*post-subcultural studies*« oft behauptet wird, dass diese fluidere Form von Zugehörigkeit mit den ihr entsprechenden Formen von Stil-Praxis und Sozialität den Kern des Phänomens bildet. Beide laufen nebeneinander her, denn auch die Forderung nach dauerhafterem subkulturellem »Commitment« – im Gegensatz zum spielerischen, fluiden Umgang mit Zugehörigkeit – bleibt relevant.

Auf der sozialstrukturellen Ebene zeigte die Kundenbefragung, dass diese Szenen oder subkulturellen Formationen mit Blick auf die Frage der Milieuspezifik von Jugendsubkulturen, einen Falsifikationsfall für radikale Entkopplungstheorien darstellen. Sie erstrecken sich, was die ästhetischen Praktiken anbelangt, über ethnisch unterschiedlich, aber sozial ähnlich positionierte Milieus. Ihr symbolischer und sozialer Kern, der Gangster/ Gangsta-Style beziehungsweise der Picaldi-Style, weist Merkmale klassischer Jungs-Subkulturen auf, wie sie vor allem in den siebziger Jahren beschrieben wurden: symbolisch kreative, ästhetisch innovative Praktiken, die neue Stile schaffen; semiotische und städtische Kompetenzen; eine stilistische Praxis verkörperter und praktisch-reflexiver »Homologien«; der Wille zum Sich-Präsentieren und Auffallen; eine tendenziell milieu- und schichtspezifische (und zum Teil über den Migrationshintergrund bestimmte) Zusammensetzung; ein lokal-territorialer, agonal-antagonistischer Gestus und das Spiel mit »harter« und zugleich attraktiver Männlichkeit und männlicher Körperlichkeit; Distinktionen gegenüber dem »Weichen« und »Verweichlichten« und weniger eindeutiger Gender-Ästhetik; eine nostalgisch getönte Betonung des Authentischen; die Bindung an und das Wissen um eine Welt der »Straße« und der Delinquenz. Darin finden sich sowohl einige Anklänge an die Welt der Eltern und des Herkunftsmilieus (wir das Mehmet mit seinem Verweis auf Urteile seines Vaters über Männlichkeiten illustrierte) als auch an die dominante Kultur mit ihren individualistischen und konsumgesellschaftlichen Werten. Diese subkulturellen Zusammenhänge werden von vielen jungen Männern eher als diejenige soziale Welt erlebt, in die man nun einmal hineinwächst, denn als musikbasierte Subkultur, für die man sich

---

»Was für Musik hörst du?« gaben alle Befragten in Charlottenburg entweder Hip-Hop, Rap oder Namen von Rappern an. In Marzahn waren es 82,5 Prozent. Eine weitere Frage galt den Top-5 Musikern/Artists/Rappern. Bushido erhielt 32 Nennungen, 50 Cent und Sido erhielten 10 Nennungen, Timbaland 9, Frauenarzt 5. […] 4 Nennungen: Justin Timberlake, Tupac. Drei: Rihanna, Kool Savas, Azad, Eminem. Zwei: Snoop Dogg, Eko Fresh, Scooter, Böhse Onkelz, Bass Sultan Hengzt, Akon, Berlin Crime, Bogy, Smoky, Jacuza, Massiv, Dr. Dre. Einmal u.a. Fler, DJ Tomekk usw.

absichtlich entscheidet. Deshalb wird der Gruppen-Name auch nicht sofort als Thema bedeutsam, sondern erst bei einem Wechsel des eigenen Stils oder dann, wenn es um Vergleiche mit anderen Gruppen geht.

Verweise auf die traditionellen kulturellen Kristallisationspunkte (»terrioriality«, dominante »masculinity«, auch »trouble« und »excitement«) der Gruppengemeinschaftstradition, wie sie im historischen Kapitel beschrieben wurden, finden sich hier vielfach; sie leben fort. Das wird im zweiten Durchgang durch das ethnografische Feld, im vierten Teil der Studie, noch deutlicher werden. Schon hier bleibt aber festzuhalten, dass im Unterschied zu älteren Formationen an dieser Stelle der hyperreale und reflexive Charakter solcher »Foki« besonders ausgeprägt ist: Das Wissen um die »Straße« zum Beispiel ist immer auch ein populärkulturelles. »Hyperreal« ist es, weil dabei eine Durchdringung von medialen Bildern und Erfahrungen stattfindet, in denen diejenigen Erfahrungen als besonders präsent und real erscheinen, die in besonderem Maße den zirkulierenden Bildern entsprechen; die lokalistisch-territoriale Wahrnehmungsästhetik erweist sich *auch* als ein kultureller Import aus der Hip-Hop-Welt. Zugleich erzeugt das Wissen um kulturelle Figuren, um ihren Figurencharakter (im Unterschied zur »tatsächlichen« Realität) und um die einschlägigen massenmedialen Repräsentationen eine besondere Form von Reflexivität, gerade im Umgang mit umgedeuteten Fremdzuschreibungen wie dem »Prolligen«, vor allem unter etwas älteren Jugendlichen.

Charakteristisch ist auf der Interaktionebene nun eine Gleichzeitigkeit von (scheinbarer?) Ernsthaftigkeit im Klassifizieren und einem spielerischen Modus. Einerseits haben die ethnografischen Ausführungen gezeigt, wie flexibel solche Klassifizierungen auf der Interaktionsebene oftmals sind: So zum Beispiel, wenn manch ein selbsternannter »Gangster« sich in einer anderen Situation als »Styler« entpuppt; oder wenn die »Atzen«-Figur als mediale Konstruktion ironisiert wird. Den spielerischen Aspekt verdeutlicht auch Meli, Tareks Freundin, die auf einem Foto auf ihrer Netlog-Profilseite mit einer Freundin gewissermaßen »in drag« zu sehen war, mit Jogginghosen und breiten Cordon-Lederjacken (»*Jungenjacken*«, wie sie sagt); das Bild war mit »Atzen-Power« (FN) beschriftet. Hinsichtlich von Ost-West-Unterschieden zeigt das Tareks Spott über die vermeintlich »typisch ostdeutsche« Vorliebe seiner Freundin für das Playboy-Logo (er musste sich korrigieren lassen; der von ihm als exemplarisch dargestellte Gegenstand stammte von seiner (»westdeutschen«/migrantischen) Schwester).

Andererseits: Auch innerhalb dieses Feldes wird oftmals »kategorial« klassifiziert und figuriert, zum Beispiel wenn »Gangster« sich über »Styler« und »Player« mokieren, oder wenn der ernsthafte Kontext der »Straße« rhetorisch gegen diejenigen ins Feld geführt wird, die nur nachahmen und schauspielern. Auch bei den Ost-West-Zuordnungen wurden solch »ernsthafte« Zuordnungen und ihr Anteil an der Figurierung ästhetischer Differenzen und sozialer Ungleichheiten sichtbar. Gerade die Beispiele für »Picaldi-Hate« haben kategoriale Fremd-Klassifikationen vorgeführt und gezeigt, wie dabei oftmals auch soziale und ethnische Zuschreibungen reproduziert werden; beispielhaft sind Aussagen wie die von Yusuf, einem 22-jährigen Deutsch-Griechen, der meinte: »*Picaldi? Eher würde ich mir die Eier abschneiden!*«. Oft ist in diesem Zusammenhang, bewundernd oder verächtlich, dann von »so richtigen« und »typischen« Vertretern eines Typus die Rede: als »*richtige Kanaken*« bezeichnete Sedat diejenigen, die (wie er) den Gangster-Style tragen, Tim präsentiert mit YouTube-Filmchen, wie »*so ein richtiger Atze*« aussieht; Yusuf kommentiert seine Mütze, damit sei er »*so ein richtiger Kanake, wie er im Buche steht*« (»*so ausländermäßig*« sei das; bei »*richtiger Kanake*« ändert sich die Stimme, wird im selbstironischer Art und Weise »kernig«). Eine Picaldi-Designerin sprach von »*so richtigen Proll-Türken*«, als es um das Klischee der Picaldi-Kunden ging; gerade im letzteren Fall stellt sich besonders deutlich die alltagsethische Frage nach Schubladendenken, Stereotypisierung und Rassismus. Im vierten Teil werden weitere Komplikationen dieser Dynamik unter der Überschrift »Recht auf Ambivalenz« diskutiert. Im Kontext der stilisierten Straßenmode, im »Innen« sozusagen, verkörpert im Verständnis vieler Akteure aber tatsächlich oft gerade derjenige Typus, der mit Delinquenz assoziiert ist, eine besondere »Authentizität« – »Echtheit« in einem nicht unbedingt statistisch-repräsentativen, sondern eher ideellen, alltagsethischen wie -ästhetischen Sinn von Anerkennung, Charisma, Ruf und Zugehörigkeit.[134]

Die Relevanz kategorialer, rigider Klassifikationen verdeutlicht auch der Umgang mit dem Proll-Etikett unter den leitenden Personen bei Picaldi.

---

134 Derartige Ausdrücke sind nicht als Eigenheit dieses Feldes anzusehen – in anderen Zusammenhängen könnte es auch heißen »so ein typischer Student«, »ein richtiger Ethnologe«, »ein klassischer Punk«. Auch von Jungs-Subkultur-Figuren der zwanziger Jahre wurde ähnlich gesprochen (s.o.). Nicht nur in derart kontroversen, diskriminierungsrelevanten Fällen, sondern ganz allgemein sind kulturelle Figuren als »Prototypen« organisiert (s.o.), und in diesem Anspruch des »Richtigen« und »Echten« steckt ein Teil ihrer Anziehungskraft. Die Idee einer prototypischen und damit authentischen Figur steht zugleich im Widerspruch zur individualistischen Alltagsmoral mit Blick auf die eigene Gruppe und zur respektabilitätsorientierten Repräsentationspolitik.

Deshalb soll dieser Aspekt nun noch einmal vertieft werden. »*Ist Picaldi eine Proll-Marke?*«, fragt mich der Finanzchef der Firma, ein Mann Anfang 40, interessiert, nachdem ich das Wort vorsichtig verwendet hatte, in einer Reihe anderer Klassifikationen (ähnlich wie in dieser Darstellung), als ich die Ergebnisse meiner Kundenbefragung präsentierte (FN). Offenkundig war das nicht das erste Mal, dass in der Zentrale über diese Frage gesprochen wurde; hier nun stand das Wort vor allem im Kontext einer negativen Fremd-Wahrnehmung durch Leute, die »Proll« und »Gangster« eher mit realer Gewaltanwendung und Delinquenz verbanden als mit popkulturellen Ästhetiken. *Ich wand mich. Naja, was ist ein Proll... Proletarisch schon, das stimmt von der Sozialstruktur her tendenziell und darauf geht das Wort ja auch zurück, aber alles Schlägertypen – nein; ich würde »prollig« auf Verhalten zuspitzen, das haben schon viele, aber bei weitem nicht alle, gerade jetzt, wo Picaldi so populär wird, tragen es auch viele eher schüchterne Typen. Aber Picaldi steht schon dafür. Er stimmt irgendwie zu, lächelt, für mich undurchsichtig, was genau er gerade denkt und von mir will.* (FN) Er fragt mich: Ich würde die Sachen nicht tragen, oder? Ich sage nein und berichte schmunzelnd von meiner Anprobe im Laden – von den Verkäuferinnen war ich freundlich ausgelacht worden – ich sei einfach »*nicht der Typ Mensch*«. *Picaldi ist eben eine »freche Marke«, sagt der Werbe-Mensch. Sein Vorgesetzter widerspricht energisch: Also nein, frech ist doch schon was anderes, Alik. Er bleibt kurz dabei: doch, frech. Dann: Picaldi ist für coole Kids. Das tragen eben die Coolen. Und die anderen wollen dazugehören, die tragen das, dann gehören sie eher dazu. Das ist ja so bei den Kids: man muss so etwas haben, um dazu zu gehören.* (FN)[135]

Fraglos kokettierte Picaldi in der Werbung und im Marken-Management immer wieder mit der kulturellen Figur, die oft Proll genannt wird; das Wort jedoch nimmt man in der Picaldi-Zentrale mir gegenüber ungern in den Mund, wohl auch deshalb, weil man schlechte Erfahrung damit gemacht hat, in der Presse als Proll-Marke abqualifiziert zu werden. So sehen das auch Verkäuferinnen und Verkäufer, vor allem die deutschstämmigen, so zum Beispiel Stefan (22), der aus Brandenburg kommt. Er berichtet, seine Freunde hätten angesichts seines neuen Arbeitgebers gesagt: »*Ja, oh Gott, hier, türkische Firma und so, bestimmt nur Prolls da, und keine Ahnung, alles so*

---

135 Er fährt fort: *Die sagen ja auch, wenn einer gerade Jeans hat, »Das sieht schwul aus«. Sein Vorgesetzter sagt, dass er auch gerade Jeans trägt. Plötzlich verändert sich die Miene des anderen, er ist total ernst und sagt, dass das natürlich nicht so gemeint hat.* (Ebd.)

ne Gangster.«[136] Einmal mehr werden das Ethnisch-Nationale und die Proll-Figur hier gleichgesetzt. Juliane (23), die Charlottenburger Filialleiterin, sagt an anderer Stelle: »*Ah, das ist dann wieder dieses Klischee, denke ich mal, dieses Klischeedenken, was Picaldi ja, dadurch, was zum Beispiel auch im Stern und alles drinstand, wo wir ja richtig schön abgestempelt worden sind*«; und die Marzahner Verkäuferin Ulrike (22) betont, dass sie gerne für die Firma arbeitet: »*Und ick steh eigentlich auch dazu. Also... Det, was die Leute einfach sagen, in welches Klischee die Picaldi rin stecken... Also da verteidige ick auch immer wieder.*« [lacht] M: Mhm. »*Werd ick dann auch manchmal richtig...* (M: [lacht]) *Ja... naja, ich weiß nicht. Nur weil das so ne Leute tragen, heißt das doch nicht, dass die Firma schlecht ist.*« M: Mhm. Ja... Weil die Leute, die hier arbeiten, und so, und die Geschäftsleitung und so... J: »*Ja, aber auch... Ich find's eine Frechheit, es als Türkenfirma zu be-, zu beschimpfen. Und äh, auch als Gangsterfirma, und so einen, so einen Mist, einfach. Und dass det dann auch noch aus der Öffentlichkeit kommt.*«

Solche Abwertungen führen vor Augen, dass negative Bedeutungen des Wortes (ähnliches gilt für »Kanake«) allen Resignifizierungen zum Trotz auch im näheren Umfeld der ästhetischen Subkultur erhalten bleiben. Die Transcodierung ist nicht hegemonial, sie ist instabil.

Die moralische Bewertung von Lebensführung, die mit dem Proll-Etikett figuriert werden kann, spielt auch hier häufig weiterhin eine wichtige Rolle. Solche Etikettierungen können, das zeigt am Ende dieses Kapitels noch einmal Ulrike (22), eine Verkäuferin in Marzahn, mit einer Besorgnis verbunden sein, die zeitdiagnostisch aufgeladen ist, aber auch auch aus einer recht unmittelbaren lebensweltlichen Frustration in der »sozialen Halbdistanz« entsteht. Ulrike empörte sich oben über die Stigmatisierung der Firma und ihrer Mitarbeiter empörte. Später im Gespräch teilt sue ihre Kunden im Wesentlichen in zwei Gruppen ein: die »verwahrlosten Kinder«, deren Lebensumstände sie mit Ensetzen beobachtet, und die »arroganten Jugendlichen«.[137] Sie selbst kommt aus einem Facharbeiterhaushalt in Pankow und beschreibt ihre Er-

---

136 Da es verhältnismäßig wenige männliche, »bio-deutsche« Verkäufer gibt (der einzige in Marzahn, von dem die Kolleginnen sagten, dass er »auf Atze macht«, wollte nicht mit mir sprechen), entsprechen wenige von ihnen dieser Zielgruppe. Die türkischstämmigen Verkäufer sind dagegen häufig auch selbst Picaldi-Träger seit früher Jugend. Sie sind mit der Marke aufgewachsen.

137 Diese sind, so sagt sie, »*häufig kleine Assis*« – sie distanziert sich sogleich ein wenig von diesem Wort (»*Ick hab ooch meine Ausdrücke!*«), nicht aber von ihrer Einschätzung dieser Kundengruppe, von Jugendlichen, deren Eltern »Hartz-IV-Empfänger« sind und ihrer Typisierung zufolge häufig Alkoholiker.

ziehung als streng und an Disziplin orientiert. Auf die »*wirklich normalen Leute*« (als eine dritte Gruppe), die in ihren Augen rundum Respektablen, von denen viele aus Brandenburg (»*mit Einfamilienhaus*«) zum Einkaufen nach Marzahn kommen, und die mit den »*geraden Schnitten*« zunehmend an Picaldi gebunden werden sollen, kommt sie erst, als sie von den anderen zwei Gruppen erzählt hatte. Die »*arroganten*« Jugendlichen etikettiert sie als »*Proleten*«, wobei diese Etikettierung sehr viel eindeutiger negativ konnotiert ist als bei den oben zitierten Befragten. Sie identifiziert diese als die Haupt-Zielgruppe von Picaldi: Jugendliche, vor allem Jungs, zwischen 15 und 25, die auch sie als »*Solariumgänger*« bezeichnet.[138] Sie macht sich über die Solarium-Bräune lustig, vor allem aber beschwert sie sich über den ruppigen Ton, die herrische Art und die Selbstüberschätzung dieser Jugendlichen, die in Marzahn besonders stark vertreten seien, wie nicht nur sie – sondern auch viele andere Verkäuferinnen – meint. »*Also, ick sage mal, die Jungs, die hier her herkommen, oder auch manche Mädchen… sind echt eingebildet! Also halten sich echt für… den Größten. Det ist mir bei so nen Leuten auch aufgefallen. Das sind wirklich so ne… […] Ick kenn's auch, ähm, jetzt nicht nur hier, auch die, die Freunde von meinem Freund! […] Alle die… Ick sage mal so, wenn du bräuner bist, macht dich vielleicht einen Tick attraktiver, aber… allet so ne Proleten manchmal! Also da frage ich mich… Ja einfach An… Angeber, denn ooch, ja, die sich halt für wat besseret halten. Die ähm hier rin kommen und so machen, praktisch, von oben auf dich herabkucken. […] Oder auch… Ja, die nicht, nicht mal ›Bitte‹ gibt es hier; und ›Hier, kannst mal det raussuchen, kannst mal det raussuchen, kannst mal det.‹ Du wirst vielleicht noch her gepfiffen, und…*« [sie zuckt fast traurig mit den Schultern].

Proleten sind für Ulrike also letztlich »*Angeber […] die sich halt für wat besseret halten. Die ähm hier rin kommen und so machen, praktisch, von oben auf dich herabkucken.*«[139] Dieser psychosoziale Typus findet sich vor allem unter denjenigen, die eine bestimmte Stil-Figur verkörpern, aber es ist der *Verhaltens*-Typus, den sie als proletenhaft bezeichnet. Sie nennt einen Erklärungsversuch für die eingebildete Art (ohne ihn notwendigerweise als zentral zu betrachten), nämlich die Bräune, die die jungen Männer zumindest glauben lässt, besonders attraktiv zu sein (im Sinn der oben beschriebenen

---

138 Deren Geschmack sei anders als der der Kleinen: Während jene alles kaufen, was dick mit Aufschriften und Mustern bedruckt ist, also auf das »Auffällige« stehen, wählen die älteren Jugendlichen »eher schlichter« (50).

139 Auch andere sprechen von Arroganz.; Deutsch-Rap hört sich »schnöselhaft« an, meinte zum Beispiel der oben zitierte Befragte bei Picaldi im Wedding.

»Player«) und sich deshalb etwas herausnehmen zu können. Das Selbstbewusstsein der ästhetischen Zurschaustellung, das oben als eine Form von symbolisch-kreativer praktischer Reflexivität beschrieben wurde, wird hier, sicherlich ebenfalls mit guten Gründen, als chauvinistische Dominanz erlebt. Ein zentrales Interaktionssymbol ist das Pfeifen gegenüber der Verkäuferin, das letztere (in ihrer Wahrnehmung) zum Hund degradiert, der seinem Herrchen zu gehorchen hat. (»*Ich meine, Katharina hat es richtig gemacht. Die hat ihn angekuckt:* ›*Wuff!*‹« (39)) In dieser Verhaltensweise, dem herrischen Kommandieren mittels eines nichtverbalen Signals, manifestiert sich demnach eine Respektlosigkeit, eine fehlende Anerkennungsbereitschaft gegenüber dem nicht zufällig weiblichen Gegenüber, der Verkäuferin, die sie als typisch für diese Gruppe wahrnimmt.

Obwohl Ulrike diese Kunden als Gruppe begreift (»*so ne Leute*«), und im Arbeitsalltag immer wieder ihre Würde gegen sie behauptet, unterscheidet sie nicht durchgängig kategorial zwischen den »*Proleten*« (»*manchmal*«!) und dem eigenen Kreis. Das hängt auch mit ihrer Familie und ihren Freunden zusammen, denn dort beobachtet sie ebenfalls verschiedene Muster, die sie ablehnt, insbesondere das in ihren Augen übersteigerte Selbstbewusstsein. Vor allem einen »*Kumpel*« hat sie dabei im Kopf. Er ist häufig mit einer Gruppe unterwegs, die beim Ausgehen in großen Discos immer wieder Sachschaden anrichtet, wie sie zur Illustration erzählt.[140] Vor allem aber, darauf kommt es in diesem Zusammenhang an, halten diese Jungs, und der eine im Besonderen, sich selbst für »*etwas besseres*«, für besser oder höherstehend als Ulrike und ihr Freund. »*Ist ein Kumpel von uns. Und den muss man wirklich wieder runterholen. Weil der wird irgendwann richtig abjehoben. Also auch, ist auch Krankenpfleger, hält sich für wat besseret, und... trägt auch halt... Also den muss ich öfter mal auf den Teppich holen. Deswegen, ich bin so ein Mensch, ick sag det dann.*« M: »*Was, wie machst du das dann?*« S: »*Naja, ich sag, komm mal bitte runter von deinem hohen Ross, du kannst mit uns auch normal reden. Also, der wird manchmal richtig eklig. Und ick bin dann so...*« M: »*Also zum Beispiel, was sagt er, oder was, was ist seine Tour dann?*« S: »*Naja, dann fängt er erstmal an, anzugeben. Wir sind nix und er ist der Tollste. So mit seinem Geld, Auto, wo er wohnt, und immer det Beste vom Besten, und dann ist er auch immer ganz sprunghaft... Eine Minute sagt er dit, eine Minute sagt er*

---

140 Als ich sie nach möglichen Interviewpartnern aus ihrem Bekanntenkreis frage, sagt sie, »*von meinem Freund die Jungs*«, die werde sie nicht nehmen. M: »*Warum nicht?*« S: »*Weil die... scheiße sind! [lacht] Weil die scheiße sind... also ick versteh mich super mit denen, aber die bauen nur Müll.*«

dit, also... Ja, wie soll ick ihn beschreiben? Er ist so... naja, ist eingebildet, von sich ziemlich eingenommen«.[141]

In diesem Zusammenhang verweist die Semantik des Prolls (oder hier: des Proleten) also sowohl auf einen Ausstattungsstil als auch – vor allem – auf einen Verhaltensmodus, letztlich auf einen (psychologisch bestimmten) narzisstischen, eingebildeten, arroganten Subjekt-Typus. Die Trennung zwischen den problematischen Prolls (sowohl den arroganten Angebern als auch den Verwahrlosten, den Gewalttätern und allgemeiner, vielleicht, den moralisch Verwahrlosten) und der eigenen Person andererseits stellt sich hier aber nicht als vollständige Trennung sozialer Kreise dar, sondern in letzter Instanz als eine individuelle Charakterfrage, die sich zugleich – übertragen in kulturwissenschaftliche Sprache – in kulturellen Formen und Subjektivitätstypen verstetigt.

Die in der Einleitung, am Anfang dieses Kapitels und auf den letzten Seiten diskutierten Beispiele legen einige provisorische Schlussfolgerung hinsichtlich der sprachpragmatischen Verwendung des Proll-Etiketts nahe, die über die subkulturelle Figuration hinaus weisen.

Die erste Schlussfolgerung betrifft die soziale Verteilung des Sprachgebrauchs: Wenig überraschend ist, dass zunächst einmal (wie im zitierten Diskussionsforum) insbesondere sozial Höherstehende von »Prolls« und »Proleten« sprechen, wenn sie über das soziale Unten in einem weiteren Sinn (und zugleich ein stilistisches Anderes) sprechen, und dass solche Sprechakte häufig zugleich beschreibenden und bewertenden Charakter haben. Zugleich aber findet, wie einige der Interviews bei Picaldi verdeutlicht haben, eine Umdeutung der negativen Wertungen statt. Sie resultiert in einer Aneignung von Zuschreibungen wie »prollig« und der Proll-Figur insgesamt, funktioniert jedoch nur in manchen kommunikativen Kontexten und bleibt insgesamt prekär.

Im Kontext semiotischer Stil-Zuordnungen aus der sozialen Distanz haben die Klassifikationen zumeist *kategorialen Charakter*: Sie bezeichnen *einen Typ Mensch*, jenseits aller spezifischen biografischen, individuellen Prägungen, wie dies in der Aussage einer jungen Frau in Berlin-Wilmersdorf über die »Prolls« in Ost und West beispielhaft zum Ausdruck kommt, die zugleich den

---

141 Zum anderen beobachtet sie das Abrutschen in Drogen, Kriminalität und eine »*schlechte Einstellung*« bei ihrer Schwester, die sich eine Zeit lang in einem »schlimmen« (41) Freundeskreis bewegt habe; ihr Freund starb an einer Überdosis Drogen. Einen anderen, für sie schockierenden Vorfall musste sie bei Bekannten beobachten, bei »*Rechtsradikalen*«, wie sie sagt, die in betrunkenem Zustand einen ihnen lose bekannten Passanten erstachen und deshalb inzwischen im Gefängnis sitzen.

evaluativen Charakter der Typen-Benennung verdeutlicht: *Die sind bestimmt total gleich, die Leute. [...] wenn die sich kennen würden, würden sie sich sicher total gut verstehen, das sind doch die gleichen Typen, die gleichen Prolls.* (FN) »Proll« fungiert *immer auch* als generische, abqualifizierende Bezeichnung: »Solche Proleten«, »die schlimmsten Prolls«, »die gleichen Prolls«, das bewertet eher in einem moralischen und ästhetischen Sinn, als dass es schlicht klassifiziert. In der zitierten Bemerkung fallen psychologische und soziale Charakterisierung letztlich in eins. Allen Umdeutungen und Aneignungen zum Trotz stellt »Proll« weiterhin, das lässt sich festhalten, auch unter Jugendlichen eine potenziell schmerzhafte Bezeichnung dar. Viele Sprecher tätigen solche Aussagen, mit ihren *slippages*, dem Verrutschen zwischen verschiedenen Formen von Zuordnung und Bewertung (vor allem zwischen ästhetischen und »moralischen« Urteilen) in der informellen Kommunikation tendenziell nur dann, wenn ein gewisses Einverständnis mit dem Gesprächspartner etabliert ist – man spricht, so meine Erfahrung, über »Prolls« mit einem Common-Sense-Wissen um soziale Typen, das auch als »politisch inkorrekt« gelten kann.

Aus dem Interview-Material und den ethnografischen Beobachtungen heraus bleibt zu konstatieren, dass (allen Gemeinsamkeiten zum Trotz) subtile Zusammenhänge zwischen unterschiedlichen Schwerpunkten des Sprachgebrauchs einerseits und Sprecherpositionen, *interpretative communities* und kommunikativen Situationen (Kontexten) andererseits bestehen: Wenn kein Risiko besteht, selbst in einem existenziellen Sinn als Proll oder Prolet zu gelten, also (verhältnismäßig) im sozialen Oben, werden diese Worte häufiger auf andere *kategorial* angewendet, von Indizien ausgehend, auf das eigene Selbst und die eigenen Kreise hingegen eher *performativ*. Wenn ein solches Beleidigungspotenzial gegeben ist, werden die P-Worte dagegen tendenziell stärker auf Psycho-Subjekt-Typen bezogen (»Angeber«, »Macho«), denen sozialstrukturelle Positionierungen im Wesentlichen abgehen, zumindest auf der manifesten Ebene. Diese Semantiken sind durchaus allgemein verbreitet, aber die Akzentuierung des Kategorialen ist unterschiedlich.

Einschub: Methodenfragen

Die vorsichtigen Antworten vieler Jugendlicher weisen aber auch auf ein methodologisches und zugleich forschungsethisches Problem hin, das in auch in meinen eigenen Hemmungen spürte: Die Befragten brachten anfangs zunächst einmal die weithin dokumentierte, allgemeine Abneigung gegen Zuordnungen zu festen Stil-Gruppen zum Ausdruck. Meine Fragen zielen auf Kategorisierungen ab, sie bringen ein Schubladendenken zum Ausdruck, das sozial tendenziell unerwünscht ist, weil es verbreiteten Individualitäts- und Egalitätspostulaten widerspricht – dem prototypisierenden, figurieren- den Denken, das auch in den Antworten vielfach zum Ausdruck kam, zum Trotz.[142]

Einige Befragte gaben offensichtlich falsche Antworten auf die von mir als besonders heikel empfundene Frage nach den Berufen der Eltern: »Ge- heimagent« und »Superheldin«. Das war eine Form von Widersetzlichkeit gegen einen objektivierenden akademischen Wissens-Sammler, die mich theoretisch freute und praktisch ärgerte.

In einer ganzen Reihe von Gesprächen, vor allem in den ersten, hatte ich das Gefühl, den Ton nicht zu treffen und ein Subkultur-Wissen abfragen zu wollen, das man lieber für sich behält (was viele dann auch einfach taten). Darüber hinaus war es mir gelegentlich unangenehm, Fragen zu Konsum, Geld, Bildung und sozialer Herkunft zu stellen, vor allem dann, wenn ich den Eindruck hatte, damit an mögliche Verletzlichkeiten zu rühren. Auf die Gründe für solche angesichts von forschungsethischen Fachdebatten nicht überraschenden Empfindungen (vgl. Mecheril/Scherschel/Schrödter 2003), und was daraus jenseits einer »narzisstischen Reflexivität« (Pierre Bourdieu) zu folgern ist, komme ich unten noch einmal zu sprechen.[143] Zunächst ein- mal war, so denke ich, in einem dreifachen Sinn meine »Positionalität« im

---

142 Da Deutsch-Rap unter Erwachsenen (und unter vielen ablehnenden Gleichaltrigen) weit- hin als vulgär, gewaltverherrlichend und pornografisch verschrien ist (was eine grobe Ver- einfachung darstellt, aber auch nicht völlig aus der Luft gegriffen ist), liegt die Annahme nahe, dass viele Befragte entsprechende Selbstklassifikationen im Gespräch mit mir als besonders »sozial unerwünscht« erachteten. Zudem sind Außendarstellungen im Kontext »negativer Klassifikationen« besonders heikel: Die Darstellung von Jugendlichen (und, insbesondere, Migranten, Ostberlinern, Marzahnern) in Medien und Öffentlichkeit emp- finden viele als bestenfalls einseitig.

143 In dieser Zeit führte ich auch eine kürzere Studie in einer US-amerikanischen Großstadt durch. Ich entschied mich gegen eine weitere, vergleichende Auswertung dieser Forschung für die vorliegende Arbeit. Dennoch ist der Vergleich des eigenen Empfindens an dieser Stelle aussagekräftig: Die amerikanische Forschung fiel mir subjektiv sehr viel einfacher und war von weniger anfänglicher Befangenheit geprägt: Dortige Befragte, so nahm ich es wahr, ordneten mich weniger eindeutig einem vertrauten sozialen Typus zu und es schien ihnen selbstverständlicher, einem Ausländer die eigene Praxis zu erklären. In Berlin hingegen repräsentierte ich tendenziell einen vertrauten Fremd-Typus innerhalb eines re- lationalen Feldes.

Weg: (a) die des »Deutschen« (was konkret mit meinem kaum vorhandenen Türkisch und am fehlendem oder soziolektalen Deutsch mancher Kunden und ihrer Eltern zusammenhängen mag), (b) die des »handlungsentlasteten« Beobachters überhaupt, der aus der Stil- und Einkaufspraxis anderer Leute kulturellen Sinn zu schlagen versucht, sowie (c) als jemand, dessen Interesse möglicherweise in der Kontinuität anderer Beobachter und Erzieher steht, von Lehrern, Erziehern, Sozialarbeitern, Marktforschern oder Promotern, so dass einige solche Gespräche als eine lästige Übung, als eine Art von Prüfung und vielleicht auch als eine Herabsetzung erleben mochten.

Insgesamt liegt auch die Annahme nahe, dass die soziale und habituelle Distanz zwischen vielen Befragten und mir die Gesprächsdynamiken prägte und die Jugendlichen häufig davon abhielt, das eigene Vokabular zu verwenden. Bei einigen Fragen sind diese Hierarchien auch mit struktureller Scham verbunden – zum Beispiel bei Schülern der weithin als abgewertet bekannten Hauptschule, oder bei eigener oder elterlicher Arbeitslosigkeit.[144] Auffällig war bei der Umfrage außerdem, dass Jugendliche, die zwischen 17 und 22 Jahre alt zu sein schienen, sich besonders selbstbewusst durch den Laden bewegten und in Gruppen unterwegs waren, häufiger als Jüngere und Zurückhaltendere die Interviewanfrage ablehnten. Deshalb gehe ich später bei dieser Altersgruppe stärker ins Detail und beleuchte die Praxis des Sich-Kleidens und Sich-Stilisierens, von Figuren-Projekten, aus der Akteursperspektive und im Kontext verschiedener Lebenssituationen.

---

144 »Scham wird dabei zu einer Emotion, die nicht gezeigt werden darf, da sie den sozialen Normalitätserwartungen hinsichtlich der Gestaltung der eigenen Biografie und dem Glauben an die Machbarkeit der eigenen Lebensgeschichte zuwiderläuft«, schreibt Gerlinde Malli (2010, 176) über den Bezug von Sozialleistungen. Aus dieser Gemengelage erklärt sich auch, warum ich den Umgang mit dem Proll-Label (im Gegensatz zu weniger normativ aufgeladenen Begriffen wie Hip-Hop etc.) nicht direkt erfragte: Es erschien mir als unhöflich und potenziell verletzend, weshalb ich wartete, bis es genannt wurde, was, wie gezeigt, nicht so häufig vorkam (bei den Verkäuferinnen und Verkäufern und in längeren Interviews aber eher). Als Intellektueller meinte ich sowieso, eine Art stilistisches Gegenbild zu repräsentieren. Allerdings wäre es auch zu einfach, anzunehmen, dass ich als Doktorand die Jugendlichen automatisch einschüchterte oder mit sozialer »Überlegenheit« konfrontierte – inwiefern sie nicht gerade mit nach außen getragenen Selbstbewusstsein kokettieren (als wie kompensatorisch man das dann auch bewerten mag – voreilige Schlussfolgerungen diesbezüglich halte ich für fragwürdig), bleibt zu diskutieren.

Transversale Diffusion und gespenstische Affinität

Zum Abschluss des Kapitels wird nun noch einmal die Vogelperspektive eingenommen und die Frage von sozialem Prestige aufgegriffen. Die Verbreitung des Picaldi-Styles innerhalb von Berlin, zwischen 1998 und 2008, lässt
sich als Diffusionsprozess rekonstruieren[145]: Diffusion meint ganz allgemein,
dass Produkte oder bestimmte Kleidungspraktiken sich in sozialen Räumen,
Kontexten, Gruppen verbreiteten.[146] Die Diffusionsfrage ist aus kulturanalytischer Perspektive vor allem von Interesse, weil Diffusionsphänomene mit
Status- und Distributionsfragen verbunden sind: Diffusion sollte sowohl real-
räumlich als auch sozialräumlich gedacht werden. Im Wandel der Diffusionsmuster kommt, so die These der klassischen Soziologie der Mode (vgl. Simmel 1905; Schnierer 1995), der Wandel der darin sichtbaren Statusreferenzen
zum Ausdruck, und dieser verweist auf gesellschaftliche Veränderungen.

Seit dem Aufkommen von Jugendkultur als Massenphänomen und von
Subkulturen als vielfältiger Menge, seit dem »Wertewandel« der siebziger Jahre, angesichts sichtbarer Individualisierungsphänomene etc. wird diagnostiziert, dass die »Top-Down-Diffusion«, also das Nachahmen »von unten nach
oben«, stark an Bedeutung verliert. Diese Entwicklung wird als Indikator
für Veränderungen des gesellschaftlichen Statussystems interpretiert (Crane
1999): für die schwindende Attraktivität und Strahlkraft bürgerlicher Lebensformen und eine Pluralisierung legitimer Identitäten – eben für Prozesse der
kulturellen Selbstanerkennung »breiter Schichten« der Bevölkerung. So ist es
auch hier. Tatsächlich nehmen Innovationen im Bereich von Mode und Stil
in der Gegenwart (vor allem in der Jugendmode), wie immer wieder herausgestellt wurde, vor allem »unten«, »am Rand« oder »außen« ihren Anfang (in
Subkulturen, unter Einwanderern, unter Afroamerikanern, unter Schwulen,
Lesben und anderen »Queeren«, evtl. unter Prostituierten, Zuhältern und so
weiter), um sich dann in die dominanten Gruppen, die Mittel- und Ober-

---

145 Der Stil wurde auch angepasst und rekontextualisiert, was an diesem Punkt der Darstellung aber nicht von primärem Interesse ist.

146 Die Forschung spricht von vertikaler Diffusion, die in »Top-Down« (»herabsinkendes Kulturgut« in volkskundlicher Sprache) und »Bottom-Up« (»aufsteigendes Kulturgut«) unter-
teilt wird, und horizontaler Diffusion zwischen statusgleichen oder -ähnlichen Gruppen
andererseits. Diffusionsfragen gerieten in den letzten Jahren weitgehend aus dem Blick-
feld, sie waren jedoch – freilich in einem anderen Verständnis – über lange Zeit hinweg
prägend für die akademischen Disziplinen Anthropologie/Ethnologie, Volkskunde und
Kultursoziologie (vgl. z.B. Gerndt 1986, 117–126; Wiegelmann 1991; Schnierer 1995;
Katz 1999).

schicht, in das soziale und symbolische »Zentrum«, wenn man so will, hinein zu verbreiten. Das Simmel'sche Modell des »Absinkens« ist in vielerlei Hinsicht obsolet.

Die Expansion der Picaldi-Verkaufsstellen innerhalb Berlins, die wie gezeigt eine Expansion in neue Milieus hinein bedeutete, verlief nun im physischen Raum der Stadt im Wesentlichen spiralförmig[147], ausgehend vom »charismatischen« Mittelpunkt, Kreuzberg, in diverse Bezirke hinein, von West nach Ost, über die Innenstadtbezirke in die Randbezirke, wobei neun von elf Geschäften, die zum Zeitpunkt der Forschung existierten, im ehemaligen Westteil der Stadt anzutreffen sind.

Vergleicht man diese Karte mit dem »Sozialstrukturatlas« und den populären Visualisierungen der sozialen Verhältnisse in der Stadt, wird deutlich, dass Picaldi einerseits weite Teile der Stadt abdeckt, andererseits in den »dunkelroten«, das heißt »sozial schwachen« Gegenden besonders stark vertreten ist.[148] Bezieht man die anderen Firmen, die in den letzten Jahren entstanden, und ebenfalls vorwiegend Jeans im »Karottenschnitt« verkaufen, mit ein, dann wird diese Korrespondenz – zumindest mit Blick auf den ehemaligen Westteil der Stadt – um so deutlicher: »Daggio Romanzo« hatte zum Erhebungszeitraum (Mitte 2008) Geschäfte in Neukölln (Kottbusser Damm) und Moabit (Turmstraße) sowie zuletzt auch am Alexanderplatz (Mitte), »Casa« verkaufte im Wedding (Heinz-Galinski-Straße), »Blucino« in Schöneberg (Goebenstr.) und ebenfalls im Wedding (Koloniestraße, unweit von Picaldi) sowie in anderen Geschäften in diversen Einkaufszentren.

Die kleinen Firmen, deren Betreiber sich aus ehemaligen Mitarbeitern und einem Bekannten des Inhabers rekrutieren, haben sich also vorwiegend an den Punkten der Stadt niedergelassen, an denen viele Migranten wohnen und die zugleich als soziale Brennpunkte bekannt sind. Was Picaldi betrifft, so decken die Geschäfte unterschiedlichere Bezirke ab, die spiralförmige Expansion steuerte aber ebenfalls bevorzugt verhältnismäßig sozial schwache Gegenden (Wedding, Neukölln, Marzahn) an.[149]

---

147 So die Illustration von Zeki Öztürk, dem Haupt-Eigentümer der Firma zum Zeitpunkt des Gesprächs, in einem Interview, Februar 2009.

148 Die Politik dieser Visualisierungen, die tendenziöse Semiotik der Farben usw. – das sei hier ausgeklammert (vgl. Lindner 2004, 144), aber ins kritische Bewusstsein gerufen.

149 Dieses Bild entspricht, was die sozialstrukturellen Positionen angeht, weitgehend den Erkenntnissen der Umfrage. Wie gezeigt kokettiert der Stil mit globalen Ghetto-Bildern und dem Charisma von städtischen, postindustriellen Unterwelten; es sei daran erinnert, dass die Jugendlichen, die sich so kleiden, aber nicht unmittelbar die »untere Unterschicht«

Abbildung 14: Picaldi-Filialen in Berlin, nach Eröffnungsdatum nummeriert (eigene Darstellung).

Der Blick auf die Expansionsgeschichte der Firma Picaldi und der anderen Karottenjeans-Geschäfte, die Verteilung der Geschäfte in der Stadt und auf das Sozialprofil der Kunden zeigen, dass das hier zu beobachtende »Diffusionsmuster« unter keinen der beschriebenen Typen (top-down, bottom-up, horizontal) subsumiert werden kann. Hier verläuft der Diffusionsprozess weder von oben nach unten, wie dies für Simmels Modell und Naumanns volkskundliches Theorem vom »gesunkenen Kulturgut« (1922) charakteristisch wäre, noch im Sinne der »Bottom-Up-Diffusion« von Unten nach Oben. Stadträumliche und sozialräumliche Verbreitung verhalten sich homolog, auch was die Auslassungen abgeht: Die meisten männlichen, wei-

---

repräsentieren, sondern in ihrer Gesamtheit eher die untere Mitte, die Normalität der unterbürgerlichen Stadt.

ßen, deutschen Jugendlichen auf »guten« Gymnasien tragen keine Picaldi-Sachen. Von Subkultur-Angehörigen und »Repertoirisierern«, die ich unten beschreiben werde, abgesehen meiden die symbolisch dominante Mittelschicht und diejenigen im Oben des sozialen Raumes die Marke weitgehend, wenn sie ihr nicht sogar mit aktiver Verachtung begegnen. Und was den Stadtraum betrifft, so gibt es bislang an keinem der beiden prestigeträchtigen Haupt-Einkaufsgegenden der Stadt, Berlin-Mitte um Friedrichstraße und Hackeschen Markt einerseits und »City-West« um Ku'damm und Tauentzien andererseits, einen Picaldi-Store.[150] Die statushohen Gruppen tragen diese Sachen nicht (oder nur in Einzelfällen), und sie werden sie meines Erachtens auch in den nächsten Jahren nicht tragen. Diese Mode wird trotz ihres symbolischen Kapitals in den hier beschriebenen subkulturellen Welten nicht zum »next big thing«. Somit lassen sich auch neuere ethnologische Modelle, welche die Entstehung und Verbreitung »ethnischer« Formen in »world cities« beschreiben, hier nur eingeschränkt. Ulf Hannerz skizziert beispielsweise einen Prozess, der innerhalb einer »Community« als Form von nichtkommerzieller, kleinmaßstäblicher Arbeitsteilung beginnt und gewissermaßen im »Slumming« einer metropolitanen Mittelschicht mündet, welche die Differenzen des »Anderen« und »Niederen« ästhetisch genießt und konsumiert – eine Beobachtung, die bestens zu Großdiagnosen spätmodernen Konsumgesellschaft passt, nicht jedoch auf den hier untersuchten Fall.[151] Die bürgerliche Mitte wird umgangen, in der Stadt wie im sozialen Raum, wie es eine Picaldi-Angestellte mit Blick auf die Laden-Standorte formuliert: »*Also, Mitte würde auch nicht zu Picaldi passen. Würde ich jetzt einfach mal behaupten. Oder umgekehrt, Picaldi passt nicht zu Mitte.*«[152]

---

150 In Alt-Mitte befindet sich nur Nr. 14, ein Daggio-Romanzo-Geschäft am Alexanderplatz (bzw. in der Dircksenstraße), das – als letztes der hier aufgeführten Geschäfte – 2008 eröffnet wurde. All dies hat offenkundig auch viel mit unterschiedlichen Mietpreisen für Ladenflächen zu tun. Die Firma Brando 4 wiederum, die die deutlich teureren Produkte der Firma Cordon verkauft, hat die Berliner Geschäfte auch am Potsdamer Platz, im Einkaufszentrum Alexa am Alexanderplatz in Mitte und an der Tauentzienstraße.

151 Vgl. zur Verbreitung einer Praktik in verschiedenen Milieus in einer Stadt am Beispiel des Shisha-Rauchens Färber/Gdaniec (2004), in deren Analyse sich unterschiedliche soziale und ästhetische Konsum-Modelle an den Bezirken Neukölln, Kreuzberg und Mitte und den dort in Erscheinung tretenden Milieus festmachen.

152 Interview mit Mandy, Designerin bei PCL, – sie grenzte die Marke damit von Fashionnäherer Streetwear ab, die in Mitte verkauft und von der »Mitte-Fraktion« getragen wird; diese Distanz betonte auch der erste Presse-Text über Picaldi in der *tageszeitung*, in dem es hieß: »Mitte ist Lichtjahre entfernt« (5.10.2002, S. 37).

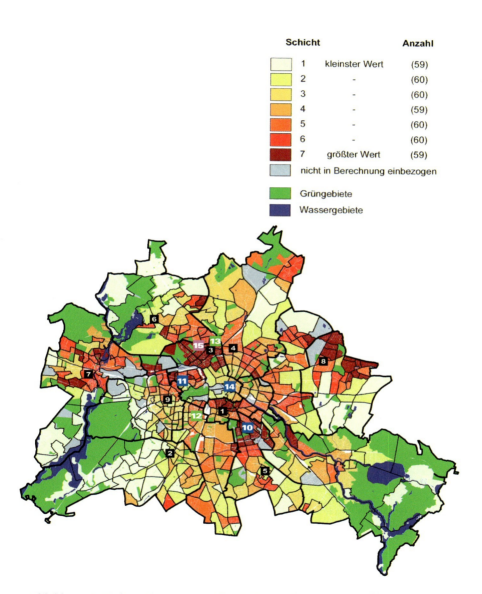

Abbildung 15: Berliner Karottenjeans-Geschäfte mit Gangsta-Style-Affinitäten (Stand 2008) auf der Arbeitslosenquoten-Karte des Berliner Sozialstrukturatlas (2008, Daten von 2006): Picaldi (schwarz), Blucino (blau), Daggio Romanzo (blau), Casa (lila), eigene Grafik.

Die Ausbreitung der Picaldi-Jeans und von so etwas wie einem »Picaldi-Stil« stellt vielmehr ein Beispiel für einen Diffusionstypus dar, der sich als *transversale Diffusion* begreifen lässt: die Verbreitung von einem Ort in der symbolischen Peripherie innerhalb einer Stadt (was hier nahe beim realräumlichen Zentrum liegt). im sozialen Unten, zu einem *anderen* Ort in der Peripherie, ohne den Umweg über ein hegemoniales symbolisches Zentrum, wie es durch Begriffe wie »die Mode« angezeigt wird. Es handelt sich auch nicht um eine »horizontale« Diffusion zwischen statusgleichen Gruppen, weil die Frage von Ethnizität und Migrationsgeschichte nicht so einfach in das Status-Schema des Modells vom sozialen Raum zu integrieren ist. Die Diffusion ist »transversal«, weil der soziale Raum mehrdimensional ist.[153]

In der ästhetischen Praxis stellt sich also eine stilistische Gruppe her. Im Prozess der transversalen Diffusion findet eine Kommunikation zwischen Milieus oder Netzwerken statt, doch die Affinität auf der stilistischen Ebene bedeutet nicht, dass die Jugendlichen sich als Gruppe im starken Sinn des Wortes verstehen. Die Stilpraxis wirft in ihrer Parallelität vielmehr den Schatten einer latenten, vielleicht sogar verleugneten Verbindung und eines nicht etablierten, nicht artikulierten Potenzials. Die Affinität ist also sowohl sichtbar (im Stilistischen) als auch unsichtbar (im Sozialen). Sie bleibt, somit, zumindest bislang, gewissermaßen gespenstisch.

---

153 An dieser Stelle spreche ich von »transversal«, um damit auf das Durchqueren eines komplexen sozialen Raumes zu verweisen und zugleich die relative oder zumindest potenzielle Instabilität von Identitäten, Identifikationsbewegungen und »Affektströmen« zu betonen. Die räumliche bzw. geometrische Metapher der Transversalität geht im kulturwissenschaftlichen Zusammenhang auf einige verstreute Äußerungen bekannter französischer Theoretiker zurück (M. Foucault, G. Deleuze, F. Guattari). Ihnen ging es vor allem um soziale Kämpfe, Koalitionen und die Position von Intellektuellen darin bzw. um neue Denkfiguren und Praxen gleichermaßen (vgl. die Ausgabe 12/1999 der Zeitschrift *Soundings*, herausgegeben von Hall u.a. und Yuval-Davis 1999). Heinz Bude etablierte den Begriff der »Überflüssigen« als »transversale«, nicht auf klassische Schicht- und Klassentopographien rückführbare, Kategorie (1998). Von einem wohldefinierten Begriff kann angesichts der unterschiedlichen Verwendungsweisen (vgl. auch Raunig 2002) kaum gesprochen werden, aber von einem intellektuell wie politisch herausfordernden.

III. Teil: Proll-Figuren
in gesellschaftlichen Diskursen

1. What is being made of some people

An dieser Stelle gibt es nun einen weiteren Bruch in der Darstellung, einen Szenenwechsel. Oder, um in der eingangs gewählten Metaphorik des Gewebes zu bleiben: Ein Faden wird fallengelassen, ein anderer aufgegriffen. Das folgende Kapitel ist wieder einem größeren Figurierungsfeld gewidmet: Es untersucht den medialen Diskurs um das sprachliche Etikett »Proll«, das auf eine kulturelle Figur, im Sinn eines kontroversen Stereotyps, verweist – weit über das bisher behandelte Feld hinaus. Es thematisiert kulturelle Bedeutungsstrukturen und zugleich Prozesse und Praktiken, die diese Strukturen dynamisieren.

Damit wird zum einen eine Kontextualisierung des jugendkulturellen Figurierungsfeldes unternommen, das bisher dargestellt wurde: Konkrete Stilisierungs- und Etikettierungspraktiken sind immer auch in solche übergreifenden Prozesse eingebettet. Wir werden sehen, dass hier tatsächlich mehrere Berührungspunkte bestehen und das Verständnis dieses Diskurses einiges zum Verständnis des Feldes beiträgt. Aber: Weite Strecken des folgenden Text-Teils stehen, wie schon das Theorie-Kapitel, für sich und stellen eine *eigene* Annäherung an die Figurierung des sozialen »Unten« in der Gegenwart dar. Damit sollen (auch bei der Leserin oder beim Leser) eigene Assoziationen und Verknüpfungen zu dieser Problematik angeregt werden. Dieser Bruch unterläuft die Konventionen der ethnografischen Darstellung mit ihrer realistisch-humanistischen Orientierung an einzelnen Akteuren und Orten und an der Dichte von kulturellen Bedeutungszusammenhängen. (Im folgenden Kapitel wird der ethnografische Teil jedoch fortgesetzt). Damit folgt die Studie kulturwissenschaftlichen Postulaten, den Bezug der alltagsästhetischen Praxis zur sozialen und kulturellen Ordnung herzustellen und ihre »Stellung *in* der kulturellen und sozialen Ordnung einer Gesellschaft« zu thematisieren (Warneken 2006, 203f; Lindner 2003). Dabei wird schnell deutlich werden, dass die Kontextualisierung hier nicht »aus dem Feld selbst« kommt (die meisten befragten Jugendlichen kennen die hier behandelten Texte nicht, und sie haben auch nicht viel mit ihrem Leben zu tun). Wie eingangs betont, geht es hier nicht um eine klassische Ethnografie, sondern um eine ethnografische Kulturanalyse; um eine gesellschaftlich-kulturelle Konstellation als Gedankenobjekt, dessen innere Spannungen und Widersprüche die Analyse aufzeigen soll.

2. Figurierungs-Komplexe: Zeitungen und Popkultur

Der erste Abschnitt des Kapitels (»Zeitungen: Diskurs- und Inhaltsanalyse«) fokussiert die Bedeutungsfacetten und den Bedeutungswandel der Worte »Prolet« und »Proll« in Zeitungstexten in der überregionalen Presse in der zweiten Hälfte des 20. Jahrhunderts, also in spezifischen Textgattungen, in denen ein tendenziell »hegemonialer« oder zumindest dominanter Sprachgebrauch zum Ausdruck kommt. Die folgenden Teile beleuchten zwei Aspekte, die, wie die Diskursanalyse zeigt, in besonderem Maße mit zeitdiagnostischen »Metaerzählungen« verbunden sind. Der zweite Abschnitt thematisiert spezifischer und zum Teil mit anderen Quellen das vielfach als prollig beschriebene »Trash-TV«. Der dritte Abschnitt des Kapitels knüpft an die vorangehenden Absätze an, in denen die Verbindung zwischen Hip-Hop-Kultur und dem Picaldi-Stil thematisiert wurde, und analysiert die Verwendung des Proll-Etiketts in Rap-Musik-Texten, die wiederum auch vielen Jugendlichen, mit denen ich gesprochen habe, präsent sind. Damit wird also der Strang der Medien-Analyse mit dem ethnografischen Feld der Feld-Forschung verknüpft.[1]

---

1 Medien sind »einflussreiche Agenturen der Sinngenerierung und Bedeutungsvermittlung« (Müller-Doohm/Neumann-Braun 1995, 11, zit. nach Becker 2001, 27). Franziska Becker resümiert: »Der Mediendiskurs ist ein öffentlich zugänglicher Diskurs, der unsere Wirklichkeitssicht prägt und Wahrnehmungsmuster nahe legt, deren Rezeption wiederum von sozialer Position und lebensgeschichtlicher Erfahrung abhängt.« (ebd.) Vgl. zum Diskursbegriff der Diskursanalyse Keller 2007. In der Ethnologie werden vergleichbare Ansätze im Rahmen der *linguistic anthropology* verfolgt.

Zeitungen: Inhalts- und Diskursanalyse

Ein Proll ist laut *Duden*, wie einleitend angemerkt, ein »ungehobelter, ungebildeter, ordinärer Mensch«. Im folgenden Kapitel soll geklärt werden, welche Bedeutungselemente mit den Benennungen »Prolet«, »Prolo« und »Proll« jenseits der dürren lexikalischen Definitionen im kulturellen Wissen verbunden sind, und an welchen Diskursen oder »Metaerzählungen« die Figuren in welcher Form teilhaben.

In diesem Abschnitt betrachte ich ein spezifisches Segment der diskursiven Arena, nämlich den schriftlich-hochsprachlichen Diskurs der letzten Jahrzehnte, anhand eines Korpus von Zeitungstexten. Im Kontrast zum »onomasiologischen« Ansatz bei »der Sache selbst« beschreite ich nun einen »semasiologischen« Weg und vollziehe die Bedeutung und diskursive Funktionalität einer Gruppe von Worten nach: von »Prolet«, »Prolo«, »Proll« und deren adjektivischen Ableitungen.[2]

Die Darstellung beruht auf einer aufwändigen Analyse, deren zentrale Resultate ich hier in geraffter Form vorstelle. Die inhalts- und diskursanalytische Methode verstehe ich im Sinn eines Werkzeugkastens, der hilft, bestimmte Aufgaben zu erledigen: die Figuren semantisch zu charakterisieren; zu rekonstruieren, in welchen sozialen und kulturellen Typologien sie auftauchen; wie sie sich mit der Zeit verändern; welche Attribute, welche Felder und welche Einstellungen mit ihnen im zirkulierenden gesellschaftlichen »Wissen« verbunden werden; zugleich aber auch, wie die Autoren-Subjekte sich zu ihnen positionieren und in welchen Spezialdiskursen (politischer Diskurs, popkultureller Diskurs etc.) die Etiketten verwendet werden und welche zeitdiagnostischen Narrative sie figurieren.

Das Datenmaterial, das zu diesem Zweck ausgewertet wurde, besteht aus Artikeln aus großen westdeutschen Zeitungen, den großen Wochenzeitungen *Die Zeit* (1947–2009) und *Der Spiegel* (1947–2009, ab 1994 einschließlich *Spiegel Online*) sowie, insbesondere für die neueren Verwendungen, zwei Tageszeitungen aus Berlin, der *Berliner Zeitung* und dem *Tagesspiegel* (zwischen 1998 und 2009). Hinzugezogen wurden einige weitere individuell

---

2 Semasiologische Ansätze konzentrieren sich auf spezifische Signifikanten, z.B. Worte wie »Proll« und »Prolet«; onomasiologische Ansätze setzen bei den Signifikaten an, zum Beispiel bei einer losen Definition kultureller Figuren der jugendlichen Unterschicht. Ein solcher Ansatz »asks for any given entity or state of affairs, what range of linguistic expressions may be used to denote it« (Taylor 1995, 262).

gesammelte Artikel sowie der Online-Korpus des Digitalen Wörterbuchs der deutschen Sprache des 20. Jahrhunderts.

Der erste Arbeitsschritt bestand in einer Assoziationsanalyse: Erstellt wurde eine Liste der Worte und Wortgruppen, die mehr oder minder synonym mit den fraglichen Worten verwendet werden beziehungsweise diese im Sinne des Alltagsverständnisses spezifizieren oder mit ihnen in »semantischer Sympathie« stehen. Zu diesem Zweck wurden Kollokationen zusammengestellt, in denen Worte wie »Prolet«, »proletarisch«, »proletenhaft«, »Prol«, »Proll«, »prollig« vorkommen, und Formulierungen aufgeführt, die in den Texten als Synonyme und Implikationen dieser Figuren erscheinen. Diese Sammlung gibt einen ersten Eindruck von der sozialen Semantik. Hier wie insgesamt wurde für diese Darstellung auf einzelne Quellenangabe zugunsten der Lesbarkeit (weitgehend) verzichtet; so entsteht das (fraglos vereinfachte, aber doch aussagekräftige) Bild zusammenhängender Diskurse, an denen die einzelnen Textstellen teilhaben.

Der zweite Arbeitsschritt bestand in der Codierung aller Fundstellen im Sinne einer »grounded theory«: die Fundstellen wurden durchgesehen und mit inhaltlichen, heterogenen »Codes« versehen (mithilfe des Computerprogramms »Atlas.ti«). Viele der Codes wurden aus den anfänglichen Forschungsfragen hergeleitet, ohne dass diese die Auswertung komplett bestimmten (Codes waren dann zum Beispiel »Typologien«; »Antonyme«; »Orte«; »Personen«; »Konflikte«; »Kommunismus«; »Einstellungen«; »Anachronismus«; »Metaerzählungen«; »Popkultur«; »Fußball«; »Deutsch-Rap«; »Performance«). In einem zweiten Durchgang habe ich den Korpus noch einmal auf die so erarbeitete Liste von Codes oder Kategorien hin durchgesehen und die Codierungen erweitert und spezifiziert. Die Codes bildeten die Grundlage der weiteren Auswertungen. Die Ergebnisse der Analyse werden im Folgenden anhand der Analyseschritte und der wichtigsten Codes dargestellt: Assoziationen/Sympathien, Einstellungen, Gegenbegriffe (Antonyme), Typologien, Metaerzählungen. Aus Gründen der Forschungsökonomie wurden diese Daten selektiv ausgewertet, wenn eindeutige Tendenzen erkennbar wurden und sich beim weiteren Lesen bestätigten (»Sättigung«). Bei der Bildung des Korpus ging es um Tendenzen, nicht um quantitative Bestimmungen.

Quellen aus der (oft insbesondere bildungsbürgerlich geprägten) »Qualitätspresse« repräsentieren nicht einfach einen Mittelwert der Sprachpraxis oder »den gesellschaftlichen Diskurs« an sich. Es handelt sich um Texte *aus den* und *für die* Mittel- und Oberschichten. Somit ist ihr sozialer Ort von

Anfang an von Distanz zu denjenigen gekennzeichnet, die als »Proleten« und »Prolls« designiert werden. Zugleich kommt diesen Medien aber eine gewisse, tendenziell schwindende, Form von gesellschaftlicher Normativität zu. Was in diesen Printmedien »sagbar« ist und was nicht, folgt dabei spezifischen Regeln, die sich im Laufe der Jahrzehnte stark wandeln. Worte wie »Prolet« und vor allem »Proll« sind vorwiegend Teil der *Umgangssprache*. Sie gelten in vielen Zusammenhängen als herabsetzend und zugleich als unhöflich; ihre Verwendung markiert eine Äußerung als informell. Der vorliegende Zeitungs-Korpus entstammt dagegen einem besonderen Bereich der *Schriftsprache*. Das Verhältnis von Schrift- und Umgangsprache wandelt sich historisch; es ist Teil der Auseinandersetzungen, um die es hier geht.

Assoziationen/Sympathien

In welchen Bedeutungsverkettungen werden nun der »Prolet« und seine Abwandlungen »Prolo« und »Proll« im Corpus verwendet? Welche Assoziationsketten und semantischen »Sympathien« sind damit verknüpft?

Zunächst einmal handelt es sich in Fällen, in denen Wertungen eindeutig festzumachen sind, überwiegend um *negative* Klassifikationen. Die Zahl der Verwendungen in der »Zeit« nimmt mit den Jahrzehnten rapide zu. Dazu kommen die Ableitungen »Prolo« (hier seit den achtziger Jahren) und »Proll« (in den Neunzigern).[3] Zunächst ist – und die folgende, selektive Auflistung konzentriert sich auf markante Fundstellen, die jeweils neue Tendenzen betonen – vom »Schweiß des Proleten«, vom »Henker der Proleten« und von »Arbeitstieren« die Rede (vor 1950, das sind im Archiv der »Zeit« für diese Jahre die einzigen Fundstellen), dann vom Proleten als »allegorischer Figur«, einem »von Schweiß, Blut und Tränen triefende(n) Vulcanus, der sich in das Inferno der Fabriken begibt, um der Literatur einen neuen und enormen Kitzel zu verschaffen«; von »derben Proleten« und vom »Prolet(en) mit Heiligenschein«; es heißt (spöttisch), »der Prolet trägt das Herz auf dem rechten Fleck« (vor 1970), die Rede ist von »mordenden«, »poweren« (also armen) und immer wieder »dumpfen« Proleten; Proleten, heißt es, »fühlen sich öko-

---

3 Der *Spiegel* bzw. *Spiegel Online* wurden nur nach »Prolo*«, »Proll*« und »prollig*« durchsucht; für »Prolet«* gibt es für diesen Zeitraum 2800 Einträge. Das hätte den Rahmen der Untersuchung gesprengt.

nomisch unterdrückt und ausgebeutet«, der Prolet trägt »Plebejermütze«
oder »Schiebermütze«, es gibt die »guten« Proleten des Sozialistischen Realismus, den »Systemfeind«, er »erarbeitet Gewinn«, ist gelegentlich »zum Streik
entschlossen«, aber auch von »kleinbürgerlichen Sittengesetzen bestimmt«.
Es gibt freilich auch den »uniformierte(n) Prolet(en)« und »bullige Proleten
in Uniform«. In den achtziger Jahren wird der Prolet in der »Zeit« auch als
»ruppig« und »Bollerjan« beschrieben, ein »fetter, angetrunkener Prolet« tritt
auf, auch ein »Grobian, ungehobelter Prolet«, der sein Herz (weiterhin) »genau dort« hat, »wo es hingehört«. Die Rede ist gelegentlich von Figuren wie
einem »intellektuell beschlagene(n) Prolet(en)« und vom »sensiblen Pro-
let(en)«. Weiterhin, in den neunziger Jahren, gibt es »streikende Proleten aus
dem Ruhrgebiet« und »ausgepumpte« und »ausgepowerte« und »treue« Proleten«, es gibt aber auch »Proleten, die ›Ausländer raus‹ schreien« und »am
ehesten zu Gewalt neigen«.[4]

Der Prolet ist in den folgenden Jahren dann in sehr viel mehr Texten
zu finden und wird häufiger unverhohlener mit Verachtung charakterisiert:
Er präsentiert sich als »ein unziviliertes, ein affektgesteuertes Wesen«, es
gibt »kulturlose, anmaßende Proleten, noch dazu in Uniform«, »Knochen-
brecher«, »besoffene Emporkömmlinge«, den »auf halbstark getrimmte(n)
Prolet(en)«, »braune Proleten«, »Nazis« und »Gruppentiere«, »fiese Dumpf-
backen«, »pöbelnde Fußballfans« oder »studiogebräunte Zuhälter, die sich in
Limousinen räkeln«; zu finden sind Reihungen wie »als Säufer, als Dumm-
kopf, als Prolet«. Oft werden lokale Typen und Milieus beziehungsweise Stereotypen derselben evoziert, die konkreter gezeichnet sind als in den Jahrzehnten zuvor – »der Berliner Prolet [...] schlurft in seinen Filzpantoffeln
in seine Eckkneipe«, Proleten »haben deutsche Schlager gegrölt und Sangria

---

4 Die Zitate wurden der Lesbarkeit halber nicht durchweg wörtlich gehalten; gelegentlich
  wurden Verben etc. ergänzt und Worte ausgelassen, aber die relevanten Formulierungen
  sind durchweg aus den Fundstellen übernommen. Voraussetzung für die Analyse ist eine
  heuristische Unterscheidung von semantischen *Explikationen*, Assoziationen und Sympathien einerseits und bloßer *Addition* von Semantemen andererseits: Wenn z.B. von einem »tumben Proll« oder einem »vitalen Proleten« die Rede ist, dann bringt das Adjektiv
  Bedeutungsfacetten zum Ausdruck, die in semantischer Sympathie zum so spezifizierten
  Hauptwort stehen; das Adjektiv hat explikativen Charakter: Es überrascht nicht, dass ein
  »Proll« »tumb« oder »vital« ist: genau dies kann vielmehr erwartet werden. Wenn dagegen
  von einem »Proll mit braunen Augen« gesprochen wird, dann ist die Formulierung additiv
  zu verstehen, er könnte ebenso gut blaue oder grüne Augen haben. Viele in diesem Sinn
  additive Formulierungen geben allerdings stereotype kulturelle Bilder und Erzählungen
  wieder, die Grenzen sind oft schwierig zu ziehen. Auf typischen weitergehende Narrative
  gehe ich weiter unten ein.

aus Plastikeimern getrunken«. Auch diese Figuren bleiben »derb« und »vital«. In den Massenmedien finden sich jetzt zum Beispiel »deutsche Proleten, die [...] bei Hans Meiser (einem RTL-Nachmittags-Talkshow-Moderator, Anm.) so nerven« und »Proleten« figurieren immer wieder in zeitdiagnostischen Erzählungen, wenn zum Beispiel, in einer spöttisch Karl Marx aufgreifenden Formulierung, vom »dreifach freien Proleten« die Rede ist: »frei von Leibeigenschaft und von Produktionsmitteln, frei, seine Tage im Schatten der Bushaltestelle zu verdösen«, oder vom multikulturellen »Prolet International [...] Ohne Rücksichtnahme auf Benimm- und Duden-Regel, ohne das Schamgefühl einer erodierenden Bürgerklasse«.[5]

---

5 In der *Berliner Zeitung* (ab 1994) und im *Tagesspiegel* (ab 1996) steht er in folgenden Kollokationen (dies zur Illustration): Verarmter Prolet; laut und schweinisch; wild und kommunistisch; ernsthafter Prolet; ruchloser Prolet mit engen Beziehungen zur Mafia; derb und ungehobelt; tumb; unmanierlicher Prolet; ein vom Leben Gebeutelter wie du und ich [...] kleiner Mann [...], der sich selbst rechtschaffen mit den Widrigkeiten des Alltags plagt; der auf halbstark getrimmte Prolet; pöbelnde Proleten; ein Kneipengänger, ein Biertrinker aus dem Prenzlauer Berg; der präpotente Prolet, dem man jede Demütigung gönnt; bullige Proleten Landsberger Allee/Ecke Danziger Straße; im Blaumann; der alte Prolet Ecki verscherbelt Teile von Autowracks, bastelt selbst an einem Rennwagen und weiß, dass man Autos mit Liebe und aus der Hüfte fahren muss; tumbe, dosenbiertrinkende Horde; Eisbären-Fans; der sympathische Prolet, dessen krudes Schottisch selbst Engländern Rätsel aufgibt; erholungsbedürftige Prolet; schlägt, prügelt und trinkt; Ich bin ein Prolet, ich komme aus der Arbeiterschicht; betrunkener Prolet; primitiven Proleten; den rohen Umgangsformen; muskelbepackter Prolet im Unterhemd; fröhliche Proleten wie MOP und Fat Joe; Prolet im Unterhemd; wuchtig, derb; nennen Kinder Kevin und Jacqueline; aufrechte Proleten; Banause; neureiche Proleten; Prolet mit der Sehnsucht nach einem angenehmeren Leben; darf seine Perversionen im Nachmittagsfernsehen ausbreiten; hässliche Proleten; ätzende Proleten; Proleten mit Hirn und mit Macho-Allüren; naiv-brutaler Prolet; Grobe und unbeherrschte Proleten vom Schlage eines Lorant oder Geenen; Bier trinkende Proleten, die sich in der Kurve immer dann zum Affen machen, wenn ein schwarzer Spieler unten auf dem Spielfeld den Ball berührt; mürrische Proleten; sentimentaler Prolet; Nur Proleten lassen heute noch die Muskeln spielen, um den Stärksten zu definieren; braver Prolet; Proleten, breitbeinig; Bier saufende Proleten, die ihre leeren Dosen, begleitet von einem fetten Rülpser, mit der Hand platt drücken und dann fallen lassen; aggressiver Prolet, einer, der lieber schreit als zuhört; Proleten im Osten; Prolet, ein Primitivling; gruselige Proleten mokieren sich über den Reichtum oder die Schönheit oder Berühmtheit ihrer glücklicheren Mitmenschen; ein Prolet trug verwegene Mütze, Bart und schlechte Zähne, was ihn als Agenten Moskaus auswies (jedenfalls für aufrechte Bürgerliche); Außerdem war der Prolet in der gesetzlichen Krankenkasse versichert; Ein Riesenmoloch, bevölkert von fetten, aggressiven, mürrischen Proleten ohne jede Eleganz (Berlin); alkoholisierte Proleten, die gleich noch gegen Ausländer wettern; arbeitslos, fettige Haare, Bierflasche in der Hand; unbeherrschter Prolet.

Auf der diachronen Ebene ist eine starke Zunahme der Verwendungen zu konstatieren und, bei aller verwirrenden Vielfalt, eine Reihe von Bedeutungsinnovationen und -verschiebungen. Vor allem nehmen – das wird anhand des Wortes »Proll« noch deutlicher – popkulturell reflexive Verwendungen zu. Als klassenbewusster Proletarier figuriert der »Prolet« mit der Zeit kaum noch. Insgesamt wird, auf der synchronen Ebene, eine Reihe von wiederkehrenden Semantiken und Assoziationen kenntlich: die sozialstrukturell-sozialhistorische Zuordnung zur Arbeiter- beziehungsweise Unterschicht und deren politischen (sozialdemokratische und kommunistische Parteien) und ästhetischen Formen (sozialistischer Realismus, Proletkult und so weiter), Verhaltensmerkmale wie das Angeberische und Laute, das Über-die-Stränge-Schlagen, die Verbindung mit schlechtem Benehmen, Gewalt, Frauenverachtung und Rassismus, mit spezifischen Einstellungen, mit Orten und ästhetischen Praxen, auch mit Fußball, Alkohol und Stil-Merkmalen wie einem aggressiven Fahrstil. Stärker noch als bei der Proll-Figur finden sich beim »Proleten« Schlüsselattribute der Einfachheit und des Mangels (an Verfeinerung, Reflektiertheit und anderem) wie *tumb, grob, schlicht, unmanierlich, brutal, ausgepowert*, gelegentlich positiv gewendet, wie *mit Herz, vital, direkt, unverbildet*.

Solche Semantiken speisen sich aus einer basalen kulturellen Dynamik. Pierre Bourdieu hat nachgezeichnet, wie solche Attribute mit homologen Oppositionen des sozialen, des körperlichen und des (im Sinne von Norbert Elias) zivilisationsgeschichtlichen »Oben« und »Unten« zusammenhängen. Bourdieu argumentiert, dass Klassifikationen »als vulgär oder distinguiert, hoch oder niedrig, leicht oder schwer, usw., d. h. in letzter Instanz als proletarisch oder bourgeois« (Bourdieu 1982, 752) codiert werden; Klassifikationen als »Prolet«, als »proletenhaft« und »prollig« machen diese basal-binären Zuordnungen, die sonst in ihren Homologien gewissermaßen versteckt sind, explizit.[6] Die »Proleten« und »Prolls« sind notwendigerweise die vie-

6 Viele scheinbar neutral-deskriptive Klassifikationsbegriffe (»fein«, »leicht«, »anspruchsvoll«) verweisen auf soziale Zuordnungen, sie reflektieren die »praktischen Äquivalenzen zwischen den verschiedenen Teilungen der Sozialwelt [...] nach Bedeutungen und Werten, die mit den Individuen assoziiert werden, die in den durch diese Teilungen determinierten Räumen praktisch äquivalente Plätze einnehmen.« (Bourdieu 1987, 132). In solchen Klassifikationen findet sich »die Negation des niederen, groben, vulgären, wohlfeilen, sklavischen, mit einem Wort: natürlichen Genusses, diese Negation, in der sich das Heilige der Kultur verdichtet, beinhaltet zugleich die Affirmation der Überlegenheit derjenigen, die sich sublimierte, raffinierte, interesselose, zweckfreie, distinguierte, dem Profanen auf ewig untersagte Vergnügungen zu verschaffen wissen.« (ebd., 27)

len, nicht die Verfeinerten mit den knappen symbolischen Gütern. Die hier zitierten Verwendungen dokumentieren das Fortlaufen dieser Homologien und verweisen zugleich auf sich wandelnde, zunehmend ambivalente kulturelle Rahmungen.

Die Verwendungen des Wortes »Proll« sind, im Vergleich zum Wort »Prolet«, in vielen Fällen direkter und wortreicher als pejorativ markiert und sie rekurrieren häufiger, und in einer »wissenden« Art und Weise, auf spezifische soziale Typen sowie auf eine reflexive »Prollkultur«, wie die folgende Auflistung zeigt. Sie gibt, im Sinn einer Collage, einen konkreten Eindruck von den semantischen Feldern und Assoziationen, die hier von Bedeutung sind (sie kann auch überflogen werden; die Analyse folgt). Die semantischen Verkettungen beziehungsweise Sympathien, in denen in *Tagesspiegel* und *Berliner Zeitung* die Worte »Proll« und »prollig« zu finden sind, lauten:

Prolls brüllen auf der Straße herum; bierbäuchig; versoffen; reinster Proll; absoluter Proll; intolerante Prolls; Prolls mit vollgemülltem Ford Taunus, Vokuhila, prügelndes Sport-As; ungehobelt; selbstbewusst und unverdorben; Berliner Proll; stinkender Proll; nette Prolls; Berliner Prolls; Bier trinkender Proll; Fußball-Spieler; Cowboystiefel-Träger; Macker mit Goldkette und Glatze; Pariser Proll; Proll mit kurzem Feinripp-T-Shirt und enormem Bier-Konsum; Proll im Fußball-Stadion; RTL-2-Casting-Pop; britische Prolls; Köpenicker Prolls; aggressiver Proll, der gern mit Waffen herumfuchtelt; der goldkettenbehangene Proll; Macho, der sagt: Ich bin der Supermann; macht sich im Fernsehen breit; glaubt, sich alles erlauben zu dürfen (im Urlaub im Ausland); Prolls von der übelsten Sorte; Prolls, die man gern hat; feiert mit Flaschbier und Randale, muss draußen bleiben (Fußball); der schönste Proll des RTL-Fernsehens; sympathischer Proll mit Herz; eitle Prolls; Prolls mit Bierdose und Schlüppi; Proll auf Stütze, der nie ohne Bierflasche angetroffen wird; prolliger Hardrock von den »Promille Boys«; mit geistigen Defiziten und einem vorsintflutlichen Frauenbild, mit altersschwachem Opel Ascona, den er mit derselben Hingabe pflegt wie seinen Alkoholkonsum; bewußt prollige Protestfrau; prollige Gestalten, die saufen, motzen und eine große Lippe riskieren; die prolligen, prügelnden und permanent betrunkenen Toten Hosen; prollige, aggressive, angeberische und sexsüchtige Figuren; betrunken vor dem Fernseher zubringt und sich dabei die Fußnägel anmalt; prollig, spießig, dämlich, gutgläubig wie bei Reitz; Bier trinken, mit Gleichgesinnten vor der Glotze fluchen und lachen, weinen und strahlen. Das wird ziemlich prollig; Berlin: arm, prollig, unästhetisch: echte Realität; (Kontext Fußball): bunt-folkloristisch, prollig, ›lustisch‹–Fun und Saufen ohne Ende; prollig-protzend; prollig, derb; prolliger Charme; Kräftemessen prolliger Halbstarker; mit Handy und Zigarette und im zu kurzen Unterhemd; laut; »Kämpf um deine Frau« als »prolligste Sendung des Jahres«; prollige berlinernde Blondine; rau und prollig; prolliger, nassforscher, axelprahliger; eine Horde prolliger uckermärkischer Camper. Berlin: primitiv, wenn nicht prollig; versoffene Prolls; bierbäuchiger Proll; intolerante Prolls, liebenswerter

Proll, pöbelnde Prolls; gesundes Selbstbewusstsein und eine robuste Unempfindlichkeit gegen den Zwang der Konventionen [...], ein Rüpel [...] aber er ist auch authentisch (Parallelen zwischen Adel und »Prolls«); rotzig; stinkende Prolls; nette Prolls; Macker mit Goldkette und Glatze; Proll Kanacken; Proll-Sender (VIVA); sogenannte Prollkultur (Manta Manta, Der bewegte Mann); Proll-Kneipe; Proll-Reiche; Prolltrottel aus Arbeiterstadtteil Köln-Kalk; Suff, Sex und Spaß; Proll-Opel; Proll-Gelage; Feiern; das reale Körperding des Prolligen; Proll-Deutsche; Porno-Prolls; Kölsche Proll-Natur; Proll-Spießer; Rock-Proll; derbe Prolls in Billig-Badelatschen; Dummbatz, Depp, Dumpfbacke, Proll und Pistensau; prollige Real-Satire ›Big Brother‹; Proll-Ikone Veronika Feldbusch; Proll-Machos; Fußballspieler als Prolls in kurzen Hosen; prollige Befindlichkeits-Larmoyanz; Proll-Pack; Prollkultur; Prollkomiker Kalle Pohl; Proll-Glatzen; Proll-Rock; prolliger Abklatsch mondäner Kurorte; Proll-Rocker Kid Rock; Tattoo als ehemaliger Proll-Stempel; Proll-Pop (Stefan Raab); notorischer Proll-Poet (F.J. Wagner); munterer Proll; rotziger, langhaariger Proll, widerlicher Kerl, der seiner schwangeren Freundin mit Vorliebe in den Bauch boxt; Proll-Image (Opel); Proll-Chic wird salonfähig (Vokuhila); Macho-Proll-Kult (»laddism« in GB); unangenehm laut, ja, prollig (Frank Steffel); Proll-Sprüche; Proll-TV; Freund von Cheerleadern; Voll-Proll/Asi; Ballermann-Prolls (Disco und Saufen); prolliger Kioskbesitzer; Prollmarke Jägermeister (im Sinn von spießig, piefig); röhrende Proll-Rocker; Türsteher-Proll; prolliges Kanak-Kauderwelsch; Proll-Sportwagen; GTI-Gemeinde; Stimme von Gerhard Schröder; prollige, schnoddrige Ruhrpott-Bewohner; Proll-Komödie in multikulturellen Zeiten; Proll-Ferkeleien; Proll-Darsteller; grauenhafte Prolls; Proll-Humor; prolliger, sehr ehrlich wirkender Habitus; kalkulierender Politik-Proll; prollige Disco-Punks; saufender Proll; pöbelnde Prolls; Alpen-Proll DJ Ötzi; reiche Prolls; Prollmann bietet Muckis; gehäckselte Proll-Prosa (ordinär, Ludensprache, permanente Selbstfeierei); Proll-Rapper Ferris MC; Proll-Politik; aggressiver Voll-Proll; Roadie-Proll; Proll-Kiez Berlin Wedding (viele Probleme, wenig Zukunft); Prollprinz; Proll-Power (Berliner Rap); Proll-Rapper Sido; Proll-Prosa (Bohlen, Effenberg); Apfelkorn; Prollschüssel Golf GTI; Proll-Satire; prolliger Panther (Frau); aufgekratzt, ungestüm und prollig im positivsten Sinn; »Peinlich, prollig, pressegeil« (Tatjana Gsell); Profi-Prolls (Ralf Richter und Claude-Oliver Rudolph); Parka-Proll Schimanski; nationalistischer Proll-Reimer Fler; Küchen-Proll (Tim Mälzer); Proll-Komiker (Tom Gerhardt); Ghettoprolls (Jogginghosen, schlecht sitzende T-Shirts und billige Turnschuhe); Eckkneipe als Proll-Biotop; schweinische Büchsenbierhelden; Manta-Proll-Boom; Proll-Tuning (Fuchsschwanz, Seitenstreifen und wirkungslose Plastikspoiler; Golfkettchen); Proll-Getue; prollige Gadgets; patente Prollette; iPod; Proll-Kampfhund-Szene (Neukölln); Stadio-Prollgesang; Prollklamotten; niedere Proll-Instinkte; Prollkultur – Popkultur (Bohlen, Big Brother); Prollkultur-Erklärer; einfallslose Prolls (Rapper); Prolls mit Arsenal-Shirts; Imbissbuden-Prolls Dittsche; Proll-Puli; Kölner Karneval; Working-Class-Prolls Oasis; prollige Sprüche (»Ich bin doch nicht blöd«, »Lasst euch nicht verarschen«, »Sau, sau, saubillig und noch viel mehr«); prolliges Berlin; Prolltürken, Hauptschüler, Machos; prollige Unterschicht; Pott, Proll und

Parka – Duisburger Prekariatsplatte vom Gemeinsten: brennendes Auto, Minderjäh-
rigenstrich, Zockerelend; verschuldeter Prolltypen-Kahlkopf; Skater-Proll; Proll-
Charme; Klassik als die neue Prollmusik; Design, von Prolligkeit geprägt: flammen-
umzüngelte, mit Diamanten und Autohersteller-Logos gespickte Boliden-Gehäuse,
potthässlicher Pomp; vierschrötig; prollige Arbeiterklassenattitüde; flach, kantig,
protzig, prollig und böse; prollig wirkender Doppel-Heckflügel (mit riesigen Luftan-
sauglöchern im Bug); Proll-Label Aggro Berlin; Proll-Philosoph Bohlen; physisch
und prollig (Brad Pitt); prollige Individualitäts-Klamotte in Kreuzberg; prollige
Endzwanziger (wahlweise mit Zungenpiercing bzw. Arschgeweih); Privatfernseh-
Proll Pocher [...] Brachial-Komik; Proll-Humorist Pocher; prolliger Elektro-Pop mit
höchstwahrscheinlich albernen Begleittexten vom sonnenbebrillten Gangster-Duo;
Hamburgs Proll-Barde Lotto King Karl; Schlittschuh-Proll; Proll-TV Big Brother;
Proll-Jurist mit rotem Porsche; Schalke; alternder Pop-Proll; Proll, Pitbull, Tattoo-
mann der deutschen Gegenwartsliteratur (Clemens Meyer); prollige Bizeps-Riffs;
Prolltürke; Casting-Shows; Rocker, stillos; obdachlos gewordene Proll-Familie; Par-
ka-Proll, Robin Hood (Schimanski); Protz-Proll-Geländewagen Hummer; englische
Prollfans; doofe Proll-Raver, Großraumdiskotheken, primitiv, lahmarschig; Prolls
mit Tim-Wiese-Frisur; Proll-Comedian Erkan; prolliger Tattoo-Fan mit Flammen-
Shirt und entschieden zu breiten Koteletten; Gina-Lisa, die Vollprollette – ihr fehlt
es an Klasse und Stil [...] Eine pornomäßige Vollprolete; ein etwas prolliger Lepo-
rello [...] beim finalen Gastmahl werden nur Konserven und eine Dose Bier serviert;
Proll-Posterboys Crazy Town; Proll mit schlechtem Deutsch und »kik«-Klamotten;
Proll und Protz (Corvette); Ruhrpott-Proll (Atze Schröder); prollig-pubertäre Sprache (Claudia Effenberg); Proll-Komiker wie Atze Schröder; Bierduschen und Kirmes-Techno (bringt Distinktionsgewinn); prolliger Trainingsanzug; prollige Spieler-
frau; kleinkrimineller Verbrecher, schlecht deutsch sprechender Proll, der illegal
eingewanderte Türke; Proll-Combo Deichkind; echte Prolls mit glaubwürdigen Profilneurosen (Big Brother); Prolls in Modelabels, mit dicken Silberketten und grobem
Benehmen; Prollkostüm von Cindy aus Marzahn; Proll-Comedian mit schlechten
Manieren (Oliver Pocher); superspitze Schuhen, dieser internationale Prollausweis;
Tankstellen-Prolls; Proll, Vertreter, Kavalierstaschentuch (Opel-Image); smarte
Prolls; prolliger Autohändler; fatalistischer Proll-Kult, selbstgefällige Penetranz; En-
demol-Produktionen; Sonnenbrillen, Goldkettchen; Proll-Strategie (»ASOS«); tum-
ber Proll (Duke Nukem); Großmäuligkeit und Hinterhof-Machismo, Stolz, Gewalt,
Frauen- und Schwulenverachtung; Gossenmädchen; Eliza (in »My Fair Lady«); ket-
tenrauchende Proll-Diva; Berliner Eckkneipe (dem Untergang geweiht); »Angeber-
karre« von Tim Mälzer; Michael Moore; Trash; Berlins etwas prolliges Herz, inklusi-
ve glänzender Trainingsanzüge, maulkorbbewehrter Kampfhunde, Matronen in
Neon-Leggins und aufheulenden Opel-Karossen; öffentliche Golfanlage; Gogos;
schwerfällig, grob, protzend; derb; Möllemann und Friedmann; Hertha BSC und
fragwürdige Klientel; Macho; Deutschlands derzeitiger Lieblingsproll; Dosenbier,
Punk.

Über die oben angesprochenen Grundbedeutungen hinaus, und über die verschiedenen Orte, Typen, Eigenschaften, Produkte, Pop-Figuren und »Promis« hinweg, fällt in vielen Verwendungen ein süffisanter und häufig zugleich verächtlicher Ton auf, in dem die Formulierungen gehalten sind. Er erinnert an das oben (unter anderem anhand der Atzen-Figur) beschriebene populärkulturelle »Bescheidwissen« über die Figuren des sozialen Unten und den Figurencharakter der Repräsentationen. Dabei verteilen sich die Wortverwendungen (wie auch beim »Prolet«) nicht gleichmäßig über die verschiedenen Ressorts, sondern sind besonders in Textgattungen vertreten, in denen es um Kunst und Fiktionales geht: in Literatur-, Kino- und Theaterkritiken, in Feuilleton, Kritik, Musikjournalismus.[7] Wenn in den Zeitungen von »Proleten« und später dann »Prolls« die Rede ist, handelt es sich sehr häufig um fiktionale Figuren. Ein Prolet und ein Proll sind in diesem Kontext häufig Figuren, die ein Schauspieler oder eine Schauspielerin »gibt«: »Im Fernsehen gibt Willi Thomczyk, 48, gerne den prolligen, schnoddrigen Ruhrgebiet-Bewohner«; »Sandow gibt angemessen prollig den griechischen Gastarbeiter Iannis«.[8] In diesen Fällen wird das Wort verwendet, *um fiktionale* Figuren in der Literatur, im Theater oder im Kino *zu charakterisieren, die einer kulturellen Figur entsprechen, die gemeinhin – in der typisierten sozialen Welt – so genannt wird.* Durch die Benennung identifizieren und dechiffrieren die Autoren einzelne fiktive Figuren als Exemplare einer Figuren-Gattung, die sie zitieren und damit »iterativ«-performativ reproduzieren. Dies geschieht in vielen Fällen in einer *uneigentlichen Sprache,* die verdeutlicht, dass der Zeitungsautor oder die Zeitungsautorin sich das verwendete Vokabular nicht wirklich zueigen macht, sondern es nur zitiert und damit eine kulturelle Logik abbildet, die er oder sie mit einer gewissen Distanz betrachten. Nicht selten wird damit einem literarischen Autor oder Regisseur der Vorwurf gemacht, klischeehafte Figuren zu entwerfen, an denen ihr ideologischer

---

7 Darüber hinaus findet es sich in der Stadtkulturberichterstattung und dann im Kontext der »Unterschichtsdebatten« sowie in reflektierenden Texten, die (wie dieser) von Stereotypen und deren Funktionen handeln – nicht (oder nur sehr selten) aber im politischen Journalismus, im Wirtschaftsressort oder in Reportagen. Die Worte sind, wie oben gesehen, als umgangssprachlich oder ideologisch markiert.

8 Oder: »Ben Becker gibt einen kriminellen Proll mit Putzfimmel, der in einer Villa in Spanien residiert«; »Michel Piccoli gibt hier einen Pariser Proll, der sich mit Gewalt aus dem zivilisierten Alltagstrott ausklinkt und zum Steinzeitmenschen regrediert«; oder aber als »Verstellung« auf der Seite des Dargestellten: »der fette Schotte Andy Dalziel [...], Superintendent der Kriminalistentruppe, sich als rüder Proll gibt, um seine messerscharfe Intuition zu tarnen«.

Charakter problematisch erscheint (»Proleten« zu zeigen, wo doch reale, verbürgerlichte Arbeitnehmer sind) oder ihre Klischeehaftigkeit an sich (Proll-
Karikaturen zu zeigen, wo es um echte Menschen gehen müsste). Diesen
Aspekt der Klischee-, Stereotypen oder Figurenhaftigkeits-Reflexivität wird
im Folgenden von zentraler Bedeutung sein.

Zugleich dokumentiert die Fülle dieser Verwendung aber auch eine Tendenz zur Integration informeller Sprachelemente in den hochsprachlichen
Diskurs oder zumindest in Teilbereiche desselben. Zunehmend führen die
Autoren spezifische Lebensstil-Marker an, zum Beispiel Goldkettchen und
dicke Silberketten, Sonnenbrillen, Steiß-Tätowierungen oder auch Musik-
stile (»Kirmes-Techno«, »Proll-Rap«). Nun sind es nicht mehr unbedingt
soziale Positionen, die das »Prollige« bestimmen, auch wenn diese weiterhin
wichtig bleiben, sondern es ist, wie beim »prolligen Hardrock«, oft auch ein
abgeleiteter Gestus oder kultureller Code.

Es handelt sich bei diesen Formulierungen, mehr oder minder deutlich,
um als Stereotypen kenntlich gemachte Stereotypen, und es handelt sich fast
durchweg um Fremdbilder. An einigen Punkten wird eine Neubewertung
von Merkmalen deutlich, die in den klassischen Homologien auf einer »niederen« Stufe stehen, zum Beispiel »das reale Körperding des Prolligen«, von
dem im Kontext der Rave-Kultur die Rede ist. Bei aller Reflexivität zeigen
diese semantischen Verbindungen in ihrer Gesamtheit aber auch, dass hier
ein negatives Stereotyp reproduziert wird und ein mit Abwertungen assozi-
ierter, sozial kategorial klassifizierender Begriff zunehmend auch auf reale
Personen angewendet wird. Dies wird mit Blick auf die mit der Proll-Figur
assoziierten Einstellungen besonders deutlich.

Einstellungen

Die repräsentierten Figuren sind in ihrer diskursiven Semantik mit *Einstel-
lungs*merkmalen verknüpft und damit mit spezifischen, die Einstellungen
verkörpernden (vorwiegend männlichen) Subjekt-Typen und damit Mas-
kulinitätstypen. Wiederkehrenden Stichworte zu den mit der männlichen
Proll-Figur verbundenen *Einstellungen* beziehungsweise *psychologischen Charakterisierungen* lauten *Selbstüberschätzung/Geltungsdrang* (zum Beispiel »laut
wichtig tun«; »nur ein begnadetes Proll-Genie wie Noel Gallagher dagegen
stellt sich breitbeinig hin und behauptet ohne Anflug von Ironie, Oasis seien

größer als – natürlich – die Beatles«)[9]; *Angeben/Protzen* (»neureiche Proleten-Angeber«; »der unvermeidliche Protz-Proll-Geländewagen Hummer«)[10]; *Respektlosigkeit/Taktlosigkeit* (zum Beispiel habe der Fußballspieler Stefan Effenberg durch den lauten Spott über den Trainer einer konkurrierenden Mannschaft während einer Meisterschaftsfeier »das Bild der Fußballprofis als Prolls in kurzen Hosen« bestätigt); *Rücksichtslosigkeit und Egoismus* (zum Beispiel heißt es über Autofahrer, die andere »zuparken«, sie würden auf deren Beschwerden »prollig mit einem klassischen Satz des Pöbels: ›Die paar Minuten werden Sie wohl warten können, Sie Nervsack‹« antworten)[11]; *menschenfeindliche Häme* (bei Casting-Shows wie *Deutschland sucht den Superstar* bestehe »das Prollige des Genres« darin, sich »am Scheitern der vielen Talentlosen [...] zu ergötzen«)[12]; *Gewalttätigkeit* (»Ihr Schweine, wenn Ihr nicht zustimmt, dann knall' ich Euch durchs Fenster!«)[13]; *Aggressivität* (zum Beispiel aggres-

9 Weitere Beispiele: »Ganz ehrlich, ich bin kein Supermann oder so. Es passt nicht, weil ich eben kein Proll oder Macho bin, der sagt:, Ich bin der Supermann««; »laut wichtig tun«; »ein anderes Mal schmachtet ein Frauenchor zum Mitsingen langsam das Mantra: »›Du bist ein Superstar, Du machst Träume wahr‹ (›Gott AG‹). Als wäre das nicht prollig genug...«; »nur Proleten lassen heute noch die Muskeln spielen, um den Stärksten zu definieren.« Wie im letzten Zitat deutlich wird, erscheint der »Prolet« hier als Anachronismus, als zivilisationsgeschichtlicher Rückschritt. Auffällig ist an dieser Stelle auch, dass es zunächst scheinen mag, als sei der »Prolet« über sein Verhalten bestimmt. Beim genaueren Hinsehen wird aber deutlich, dass der Satz, wenn »Prolet« sich nur auf Verhaltensmerkmale und nicht auf kategoriale Gruppenzuordnungen bezöge, eine Tautologie darstellen würde.

10 Weitere Beispiele: »›Scheiße‹, sagt Björn, weil er den Kadett geiler findet und weil der Käfer-Fahrer ein Angeber ist, zumindest nach seiner Erfahrung. ›Den kannste knicken‹, sagt Björn, ›der prollt immer rum und hält seinen Wagen für 'ne ganz tolle Nummer.‹«; »Was uns das alles lehrt? Einiges. Etwa, dass Klasse keine soziale Frage ist, dass sich manchmal auch ›Bürgerliche‹ proletenhaft verhalten, dass es nicht nur Wohltäter, sondern auch ein ›Protzdam‹ gibt.«

11 Zum Beispiel: »lassen ihren Müll auf die Straße fallen« (Prolet); »Iverson ist kein großer Spieler. Er ist ein Solist in einem Team. Er versteht es nicht, ein Team zu führen. Wenn es ginge, würde er alleine mitspielen, ohne die anderen lästigen Vier. So schnell er spielen kann, so wenig ist er menschlich vorangekommen. Er ist der ewige Junge, der ewige Proll«.

12 »Thomas Gottschalk versprach vorab, das Prollige des Genres durch Stil zu ersetzen. Mit anderen Worten: sich weniger am Scheitern der vielen Talentlosen als am Potential der Unentdeckten zu ergötzen«; »Doch im Gegensatz zur Proll-Prosa der Bohlens und Effenbergs kommt Balder ohne Denunziationen aus«.

13 Weitere Beispiele, die auf diesbezügliche Einstellungen schließen lassen, die mit »Prolls« verbunden werden: »Tätliche Angriffe gegen eine Frau in der Disko«; »Brutalität in der Familie«; [...] »Eigentlich sind die deutschen Rechtsradikalen eine Randerscheinung. Aber die deutschen Proleten, die ›Ausländer raus‹ schreien, sind eben auch jene, die am ehesten zu Gewalt neigen. Deshalb ist es nur richtig, sich um sie Gedanken zu machen und darum, was sie für Deutschland bedeuten.« (In diesem Sinn wird in einer Zeitung ein

siv Auto zu fahren); *Bildungsunlust/ Bedürfnisarmut/Beschränktheit* (in einer Rezension einer Theater-Aufführung wird eine Figur als »fiese fette Feistig- keit« beschrieben, als »proll auf Stütze, der nie ohne Bierflasche angetroffen wird. Seine Lebensmaxime lautet: Ein Dach überm Kopf, wat zu essen und zweimal die Woche Spaß – hab ick allet«; in einem anderen Artikel wird eine entsprechende Erkenntnis angeführt: Der »Prolet will gar nicht erst ins Theater«)[14]; *sexuelle Verfügbarkeit* (zum Beispiel werden T-Shirts »mit Proll- Sprüchen« dekoriert: »Starr mir nicht auf die Titten, fass' an‹ oder ›Darunter bin ich nackt‹«); *Direktheit und damit »Authentizität«* (»Einiges scheinen die Prolls und die Prinzen eben doch gemeinsam zu haben, der erste und der vierte Stand, zum Beispiel ein gesundes Selbstbewusstsein und eine robuste Unempfindlichkeit gegen den Zwang der Konventionen. Ernst August mag ein Rüpel sein, aber er ist auch authentisch.«)[15]; *Konsum-Orientierung* (zum Beispiel werden »chavs« in einem Text über britische Popkultur als »sympa- thische Proleten« erläutert, »die mit trotzigem Stolz ihrem Markenfetischis- mus frönen«); *Chauvinismus/Sexismus/Misogynie* (mit explizit als »Proll« oder »prollig« gekennzeichneten Figuren verbunden sind zum Beispiel ein »vor- sintflutliches Frauenbild«, »sexistische Sprüche«, »Zoten«, »Frauen herab- würdigen«, »frauenfeindlicher Humor«, »Frauen wie Dreck behandeln«)[16];

Hitler-Zitat angeführt: »Wenn mir heute ein Prolet seine Meinung brutal sagt, habe ich die Hoffnung, daß die Brutalität eines Tages nach außen gekehrt werden könnte. Wenn mir ein Bürgerlicher überästhetisch seine Meinung entgegensäuselt, sehe ich, daß hier die Schwachheit und die Feigheit dazukommt...«).

14 In diesem Kontext stehen auch subkulturelle Disktinktionen: »Die zierliche Anna, 19, möchte Modest Mouse, Arcade Fire, Pearl Jam und ›möglichst ein paar der Geheimtipps‹ sehen und hofft vorsichtig darauf, dass ›nicht so viele Prolls wie letztes Jahr‹ den Weg nach Scheeßel finden. Marco, 23, hat vier seiner ›Kollegen‹ mitgebracht und brüllt mir seinen Dreitagesplan ins Ohr: ›Komasaufen, Grillen, Mädchen flachlegen und nachts vielleicht auch mal eine Band angucken. Auf jeden Fall Incubus, Alter – so derbe geil!‹«

15 Ein Proll »hat Ecken und Kanten, ist ein Gerechtigkeitsfanatiker«; »Eigentlich sollte das Lied, das sie schon seit zwei Jahren live spielen und das stets für die meiste Bewegung im Publikum sorgte, direkter heißen, ›Einfach nur, ficken‹ nämlich. Das war Sven dann doch zu ›prollig‹ und die Band erfand ›liebficken‹, was dem Ganzen einen romantischen Hauch verleiht.«

16 Über den Berliner CDU-Politiker Frank Steffel heißt es: »Wenn er Widerstand spürt bei dem Versuch, die Partei so effektiv zu organisieren wie sein Einrichtungsunternehmen mit 300 Beschäftigten, wird Steffel auch unangenehm laut, ja prollig. Bei einer Klausur- tagung der Fraktion provozierte er spät am Abend die zögerlichen weiblichen Mitglie- der als ›Stützstrumpfgeschwader‹ und ›Trümmerfrauen‹«; »frauenfressender Baal-Proll«; »Caveman-Proleten«; »betrunkener Prolet, der zugibt, dass er Vergewaltigungsfantasien mag«; »derb sexuelle Prolo-Anmache«; »Proll-Sprüche« bei Dodge – (»Dodge lässt Helden

Nationalismus/National-Chauvinismus/Xenophobie/Rassismus (so wird ein Klischee beschrieben, Fußballfans seien »Bier trinkende Proleten, die sich in der Kurve immer dann zum Affen machen, wenn ein schwarzer Spieler unten auf dem Spielfeld den Ball berührt«)[17]; *Homophobie* (»schwulenfeindlicher Proll-HipHop«)[18]. Der Komplex des Angeberischen, Taktlosen und der Selbstüberschätzung stimmt weitgehend mit den kategorialen Fremd-Klassifizierungen überein, wie sie im ethnografischen Teil beschrieben und von verschiedenen Akteurinnen und Akteuren beklagt wurden (andere Punkte wie die Konsumorientierung wurden oben bereits diskutiert). Mit der Proll-Figur werden auch auf einer psychologischen und verhaltensbezogenen Ebene, ganz im Sinn des bisher Dargestellten, weithin negativ belegte, zum Teil auch als bedrohlich empfundene Merkmale verbunden. Auch hier sind die klassischen Homologien des Vulgären zu finden, besonders prominent die »Direktheit«, und auch ein trotziges Selbstbewusstsein stilisierten Nichtwissens, dessen Gegenbegriff »reflektiert« lautet.

Zugleich sind die Proll-Figuren mit männlich-chauvinistischen, nationalistischen und rassistischen Überzeugungen assoziiert. Mit dem Proll-Etikett werden in der Logik dieses (tendenziell weiterhin bürgerlichen) Diskurses Machismo-orientierte Männer-Typen verbunden, an denen Feminismus und neuere Männlichkeitsmodelle folgenlos vorbei gegangen zu sein scheinen: in ihren Ansichten, ihrer Einstellung, aber auch in ihrer Körperlich-

---

zeugen«, Stripperinnen-hafte Hostessen bei der Messe gehörten zur Kampagne. Das geht über in spezifische *Männlichkeitsbilder*: »öliger Prolo-Charm«; »Ben Becker gibt einen kriminellen Proll [...] im Gegensatz zum intellektuellen Franz weiß er mit den Frauen umzugehen [...] Dass gerade sein machohaftes Auftreten die Fantasie der Frauen anregt, bleibt freilich Behauptung. Den erfüllten Tigersex müssen sich die Zuschauer(-innen) dazudenken, vielleicht weil es ihn auch nur in der Fantasie gibt«; »Frauen anbaggern«; »Allenfalls das Kettenrauchen des ewig jungenhaften Hauptdarstellers mag mit einigem Wohlwollen als Provokation gewertet werden – er ist aber wahrscheinlich nur der vergebliche Versuch, Jude Law einen Hauch prolliger Männlichkeit anzudichten«.

17 »Lega-Nord-Chef Umberto Bossi etwa bedient mit rüden Prolo-Tönen vor allem Vorurteile bei kleinen Leuten in den Industrierevieren des Nordens gegen Europa (›Freimaurer und Kommunisten‹) und Ausländer, die für Kriminalität und Moralverlust verantwortlich seien«; »alkoholisierte Proleten, die gleich noch gegen Ausländer wettern«; »Eigentlich sind die deutschen Rechtsradikalen eine Randerscheinung. Aber die deutschen Proleten, die ›Ausländer raus‹ schreien, sind eben auch jene, die am ehesten zu Gewalt neigen«; Nationalismus: Fußball als »nationale Aufgabe« zu verstehen, ist prollig.

18 »Für ihn gibt es nichts Schlimmeres als Zweifel an seiner strammen Hetero-Identität« (Noel Gallagher, der im selben Abschnitt als Prolet bezeichnet wird); »So werden Heteros als intolerante Prolls diffamiert, während die Mädchen schwulenfreundlich eingestellt sind«.

keit. In manchen Fällen wird dabei auch die Ambivalenz von Abwehr und Verlangen spürbar, gerade, wenn es um offensiv sexuelle Männlichkeit und Machismo oder um die Sexualität einer »pornomäßigen Vollprollette« geht. Vermuten können wir auch ein Konkurrenzverhältnis zu den – tendenziell intellektuelleren – männlichen Autoren (und unklare Begehrensverhältnissen zu den heterosexuellen Frauen und schwulen Männern in diesem Feld), wenn es über eine Figur, einen »kriminellen Proll«, zum Beispiel heißt, »im Gegensatz zum intellektuellen Franz« verstehe er, »mit den Frauen umzugehen«. Dazu gehören bestimmte Körperbau-Typen, entweder muskulös oder bierbäuchig, aber eher nicht schlaksig, und Formen der »Hexis«, die sich als raumdominante Körpersprache beschreiben lassen.

Diese Figurierungen haben eine zeitliche Komponente: implizit oder explizit wird häufig zwischen einer zeitgemäßen und einer anachronistischen, »prolligen« Position unterscheiden. In diesen hierarchischen Verzeitlichungen wird den Proll-Figuren zumeist ein Ort in der sowohl industriegesellschaftlichen als auch in Sachen Lebensführung unaufgeklärten Vergangenheit zugewiesen; zugleich bleibt unklar, ob diesen Figuren nicht doch die Zukunft gehört, ob sie also nicht nur residuale, sondern auch emergente Tendenzen verkörpern, vor allem angesichts einer »Prollkultur«, der ein zunehmender Erfolg beigemessen wird.[19] Die Proll-Figur ist also, in der vorherrschenden kulturellen Konstellation, verzeitlicht als eine Mischung aus Atavismus/Anachronismus und Antizipation.

Ähnlich verhält es sich mit dem Nationalismus: Zum Proll-Diskurs gehört häufig die Assoziation von Unterschichtsfiguren mit nationalistisch-chauvinistischen und rassistischen Einstellungen. Hier figurieren die »Prolls« als Gegenbild von postnationalen Kosmopoliten. Solche Assoziationen erklären auch folgende Reihung, die auf einem Sticker einer Berliner Antifa-Gruppe zu lesen war: »Gegen Faschos, Machos, Prolls und Sexisten« (2007, FN).[20] In solchen Narrativen kommen alltagsweltliche Beobachtungen und (meist vereinfacht und einseitig dargestellte) sozialwissenschaftliche Befunde

---

19 Solche Zuordnungen nimmt auch die soziologische Klassifikation von Milieus der »traditionalen« Männlichkeit (Koppetsch/Maier 2001). Vgl. zu solchen Temporalisierungen kritisch den Begriff der »Allochronisierung«, wie in Johannes Fabian in »Time and the Other« entwarf und in seiner ethnografischen Anwendung auf das Alltagswissen um Ost-West-Identitäten bei Andreas Gläser (2000, 145ff) er versteht »allochronization« als »a form of oppositional temporal identification which connects at least two sets of human beings and their worlds with disjunct periods of time.« (146)

20 Zugespitzt formuliert: War eine klassenkämpferische radikale Linke noch am Proleten als revolutionärem Subjekt und romantisch-authentischer Figur orientiert, verdichtet sich

zusammen: Dem Proll haftet – wie seinen internationalen Quasi-Äquivalenten – das Stigma an, seine unterlegene Klassenposition durch eine Betonung von Überlegenheiten und strukturellen Privilegien, derer sie gewiss sein können, gewissermaßen zu kompensieren (vs. Frauen, vs. Migranten und *people of color*).[21] Gerade diese Assoziation rechtfertigt wohl im Denken von sich als aufgeklärt empfindenden Akteuren den abfälligen Charakter der Etikettierungen. Diese diskursiv präsenten Einstellungen verdeutlichen, dass das Gegenbild des »Prolls« eben nicht einfach der »Bürger« (im Sinn des *bourgeois*) ist und auch nicht nur der »Gebildete« oder »Intellektuelle« mit »kulturellem Kapital«, sondern eine spezifischere, dichtere Figur, in der sich viele diskursive Stränge verbinden, einschließlich sozialpsychologisch inspirierten, typisierenden »Wissens«.

Mit welch polemischer Verve diese Assoziation des »Prolls« mit dem Autoritären und Rückschrittlichen vorgebracht werden kann, zeigt beispielhaft ein Track der Hamburger Hip-Hop-Gruppe (Absolute) Beginner um Jan Delay, die aus einem aufklärerisch-linken Kosmos kommen. In ihrem Track »Scheinwerfer« erscheinen »Prolls« als Personifizierung einer widerwärtigen deutschen Nationalität, aus der sich die Aufgeklärten – die, die »die Dinge mit anderen Augen sehen« – befreien müssen. Der Track ist mit »Deutschland im Dunkeln« betitelt und enthält folgende Passage:

Deutschland im Dunkeln, das sind glattgeleckte Innenstädte / Menschenleer, nur Straßenfeger mit Pinzette, / Ansonsten registrieren die Bewegungsmelder / nur die Typen vom Sicherheitsdienst auf dem Weg zu ihrem Bewährungshelfer. Geschlossene Gesellschaft, bitte alle Tür'n versperren! / Sie wünschen sich den Führer her und gründen 'ne Bürgerwehr. / Geil auf Gesetze und im Fernseh'n laufen Strafverfahren. / Wo andre ein Herz haben, hat Deutschland 'ne Alarmanlage. / Deutschland im Dunkeln ist 'ne Arschkarte ziehen / Ist wie besoffen im Straßengraben zu liegen. / Tätowierte Polizisten die 'rumkommandieren / und jedem der unter ihnen steht in den Mund onanieren. / Deutschland im Dunkeln die ganze Nacht zechen, Schnaps exen / in verstaubten, verrauchten und verbrauchten Gaststätten. Gelittene (?, Anm.), verbitterte saufende Dumm-Prolls / Die Möbel wie die Gesinnung aus

---

in der Proll-Figur das Feindbild zeitgenössischer antisexistisch-antifaschistischer linker Gruppen.

21 Die sozialwissenschaftliche Literatur zur Frage nach dem Zusammenhang von Klasse/ Schicht und Rassismus ist uneindeutig; ein unmittelbarer Zusammenhang kann aber – entgegen landläufigen Annahmen – nicht hergestellt werden; der »Elitenrassismus« gerät häufig ebenso aus dem Blick wie die gelebte »conviviality« in popularen Milieus, die städtische Normalität (vgl. Bukow 2010, Back 1996). Zum »Othering« von »White Trash« als »Rassisten« durch kulturkapitalisierte, linksliberal geprägte Großstädter in den USA vgl. kritisch Weigman 1999.

braunem Kunstholz / oder im trauten Heim mit Möbeln aus Mahagoni / Mama redet nie, Papa prügelt wie Trapattoni. / Sie ersticken in den vier Wänden in den sie leben / während wir die Dinge mit andern Augen sehen wie Chinesen.

Hier fungieren die »Dumm-Prolls« als Personifikation einer schlechten, einer unsympathischen, unrettbar faschistoiden deutschen Nation: Die traditionellen Attribute von zwanghafter Sauberkeit, Leere, Verschlossenheit, Repressivität, Herzlosigkeit, Inauthentizität, ästhetischer Inkompetenz, sexueller Gewalt, Alkoholismus, schlechtem Geschmack und Sexismus werden an einer Reihe von Gestalten – Straßenfeger, Polizisten, Wachleuten – festgemacht, wobei die rechtsradikalen (braunen) »Prolls« das Ganze verkörpern.[22] Die Sprecher positionieren sich außerhalb der Nation und nehmen eine minoritäre Position ein: als diejenigen, die »die Dinge mit anderen Augen sehen wie Chinesen«.

Antonyme

Der Wandel der Gegenbegriffe (Antonyme) von Prolet und Proll zeigt besonders deutlich den Wandel der Semantik über die Jahrzehnte an. Der Blick auf diejenigen Begriffe und Figuren, die dem »Proleten« oder »Proll« gegenüberstehen, erlaubt eine präzisere Bestimmung von deren Bedeutungen. Dazu habe ich in den Texten Figuren oder Personen gesammelt, die (zumindest tendenziell) als deren Gegenspieler oder Gegenstücke dargestellt werden. Die Gegenbegriffe, die sich in der »Zeit« seit 1946 finden, seien der Anschaulichkeit halber komplett wiedergegeben: Dem »Prolet« stehen gegenüber…

Bourgeois; Genius des Geistes; Beamtenfamilie, die auf sich hielt; Gentleman; Signore; haute volee; Aristoi; Adel; Snob; Kapitalisten; Aristokraten und Citoyen; Unternehmer; der bessere Mensch; (Sprache der) Philosophie; Soldaten; Titularräte; Unternehmer; sensibler Student; Studenten; Lumpen; Unternehmer; Großbürger; Bürgerpack; Hochkapital; Millionäre; Obdachlose; verwöhnte(s) Bürgermädchen; Akademiker; Bürgerhut; Generaldirektor; Oligarch; braver Bürger; hochbürgerliche

---

22 Bernd-Jürgen Warneken zitiert Klaus Farin und Eberhard Seidel-Pielen über Skinheads: »Der hier zu Recht beklagte Mangel an empirischer Nahsicht trug sicherlich dazu bei, das Klischee von den Skinheads usw. als uniformen, unreflektierten, auf die Existenzform der Hetzmeute beschränkten ›Dummprolls‹ am Leben zu erhalten.« (Warneken 2006, 294, Farin/Seidel-Pielen 1991, 205)

Klassengesellschaft; Bourgeois; Bürger; Akademiker; Adel; rumänische Königin; Schriftsteller; Bürgerliche; Prinzessinnen; das gegenrevolutionäre Lager; Gentleman; Ästhet; Börsianer; Manager und Art-directoren; feiner, älterer Herr; Königin; Humanist; besitzender Bürger; Poeten; Kleinbürger, der höchstens seine Gemütsruhe riskiert; das Proletarische; Schneewittchen; ratlose Elite von Halbdenkern; Elite des Landes; asketischer Grübler.

Als Antonyme von »Proll« und »prollig« sind im Korpus unter anderem zu verzeichnen (auch hier wieder eine illustrierende Komplett-Zusammenstellung, die überflogen werden kann):

Universitätsprofessor, Straßenkämpfer, Bauarbeiter oder Redakteur; vollversicherten Mamasöhnchen; Sylt; Jung- und Altakademiker, die sich meist nur in der elaboriertesten Ausdrucksweise versuchten; Bürgerkinder; Avantgarde; Bürger; der Intellektuelle; feinnervige Kulinariker; Intellektuelle; Schreiber und Journalisten; die eigene geistige Form; das Intellektuelle; Mittelschichtskinder wie die Fantastischen Vier, Freundeskreis und Beginner, die stets Entertainment im Sinn gehabt (haben); Lady/ Schickimicki-Frau/Dame der Gesellschaft; Grazie (statt Proll-Pantomime); eine der elegantesten Frauen Hollywoods; Damon Albarn; intellektueller Mann; professionelle Veranstaltung; gediegene Hansestadt; ein Kopf-Spieler; elitär; Basketball; Moritz von Uslars Kreise; anständige Leute; Ökologie-Student; Prinzessin; guter Bürger; jemand, der um intellektuelle Anerkennung winselt; Vampire mit guten Manieren; Vips im Festzelt mit Schampus und Schrimps; Lebemann; Ost-Berliner Punk; FAZ-Leser; feierlich; edel; elegant; dekadente Pracht; possierlich; gutbürgerlich; elegant; schwebend; leuchtend; höherer Sohn mit Kaschmir-Pulli; niedlich und nett: die Ärzte; Leute, die schwäbelnd einen »Latte Macchiato« bestellen; Chanel; Loft Living unter Kreativen; ruhiger Typ; sportlich-elegant; etablierter Golfclub; gutbürgerlichen Schwulenpaar, das mit Stäbchen ißt und von seiner Wohnung aus auf die Themse blickt; Underground-Clubs; feine Karossen; alt und seriös; Leute, die lange um den heißen Brei herum reden; gepflegte Gastlichkeit und feine Tischkultur; feinnervige Kulinariker, die wissen, wann das schönste Fest ein Ende finden muss; Intellektuelle; das erotische Prinzip der Halbverhülltheit; Luxus-Zahler; gute Touristen; Leute mit viel Geld; zarte Asiaten; Baudrillard; Philosophie; Ideologe der neonazistischen Bewegung, der geschliffene Reden schwingen kann; schick; verzwirbelter Punk-Rock von At the Drive-In; mondäne Kurorte; Kunst in kostbaren Fotografiebänden; Trend-Elite; Bildung, Klassik, Harald Schmidt; schicke Werber; Bildungsbürger; klassischer Gentleman; Bildungselite; besonnene und eloquente deutsch-türkische Akademiker; Hip-Hop als Kultur des Nachdenkens; Walser und Reich-Ranicki; reifer Fahrer, »der zwar auch sportlich orientiert ist, aber dabei ebenso viel Wert auf eine exklusive Ausstattung legt«; Herr; feinstes Konsumgut und klassische Erotik im Playboy, gehobene, kommode Lebensart; akademische Hilfskraft, Alice Schwarzer und Germaine Greer; Indie-Rock-Intelligenzia; deutsche Touristen als »Menschen, die sich interessieren, die treu sind, die alle Jahre wiederkommen« (und von Italienern anerkannt werden); Bürgersöhnchen; schwarzer und weißer Mittelstand; jemand mit Gespür für das gehobene Kulturgut; der Intellektuelle, das ›Ich‹ des Feuilleton-Autors; »wertige« Kostümen und »wertige« Kulissen; seriös; Krawattenträger am Finanzplatz London; die schöngeistigen Middleclass-Jungs von Blur; türkischstämmige Schülerin auf Elitegymnasium im noblen Berliner Stadtteil Grunewald; Bildungsbürger; »zierliche Anna, 19, möchte Modest Mouse, Arcade Fire, Pearl Jam und ›möglichst ein paar der Geheimtipps‹ sehen«; die Intelligenzia; Robert Redford; moderner Kapitalist, der »ist vielleicht Buddhist, hört Mozart und sitzt im Intercity«; die Teile der Stadt, die für das neue Berlin stehen; humoristischer Feingeist, Feuilleton-Darling Schmidt; Bonze; Stil, Interesse für unentdeckte Talente; Mods, die bei Rockern als spießig und unmännlich gelten; vornehme Villa; Underground-Clubs; Trash-affine Studenten; Mercedes-Kapitäne als arrivierte Herren mit Bauchansatz; Klasse und Stil; Adel mit Schloss; echte Prominente; Subtilität; Marcel Reich-Ranicki; zarte Momente und homoerotische Zärtlichkeiten; Günter Jauch als »der fleischgewordene Traum aller Schwiegermütter«; sorgfältig gewirkte Mittelschichts-Charaktere; die jungen Ackermanns, die jungen Thurn und Taxis; elegant; Polit- und Befindlichkeitsrock der 80er Jahre; die modebewusste Beachvolleyballerin; ein Hauch von Romantik; zivilgesellschaftliche Grundnormen.

Als Gegenbilder treten also verschiedene Inkarnationen des Besitzenden, Wissenden, Gewandten, Eleganten, Feinsinnigen und Empfindsamen in Erscheinung, wodurch der »Prolet« sich als besitzlos, unwissend, grob, unelegant, nicht empfindsam oder nicht gewandt bestimmt. Beim »Proleten« sind häufig »Aristokrat« und »Bürger« als Gegenbilder präsent, also typologisch überformte Klassen- oder Milieubegriffe. Gelegentlich wird auch der »Gentleman« angeführt, der als Verhaltens-Typus und Milieu-Typus zugleich fungiert und das Gegenteil von Vulgarität verkörpert (zu den Typologien unten mehr).[23] Häufig wird der »Prolet« auch von »Kunststudenten«, »Professoren«, »Intellektuellen« oder »Poeten« unterschieden. In diesen Fällen wird weniger anhand von ökonomischen Kriterien typisiert als anhand von Bildung und kulturellem Kapital, aber auch, implizit, mit einer Unterscheidung von *praxis* und *theoria*, von körperlicher Arbeit und geistiger Kontemplation. In den späteren Ableitungen »Prolo« und »Proll« verschwindet die Gegenüberstellung mit Bürgern oder Bourgeois nicht gänzlich, aber ihr Anteil sinkt mit der Zeit. Die Gegenfigur des Intellektuellen – in der sich die Feuilleton-Autoren häufig selbst wiedererkennen dürften und das gele-

---

23 Das bedeutet nicht, dass »Prolet« nicht auch als Schimpfwort und im Sinne eines negativ klassifizierten Verhaltenstypus verwendet würde – das kommt immer wieder vor –; die Antonyme zeigen aber an, dass über die Jahrzehnte eine starke Entsoziologisierung und Individualisierung der Wortverwendung stattfindet. Zugleich kommen andere Formen von Medialität und Reflexivität ins Spiel.

gentlich auch explizit tun – gewinnt an Bedeutung. Darüber hinaus aber sind als Proll-Antonyme dann verstärkt Worte für Figuren zu finden, die in Sachen Ästhetik, Lebensführung und Statuskonsum bestimmt sind. Die Antonym-Figurationen werden insgesamt komplexer, insofern subkulturelle *sophistication*, esoterische Kreise von Eingeweihten (*underground*) und andere Marker von Exklusivität und Kompetenz als Distinktionskriterien ins Spiel kommen. Oftmals geht es um urbane Konstellationen, in denen sich Vertreter verschiedener Milieus als Verkörperungen von Figuren begegnen, zum Beispiel alteingesessene »Prolls« und zugezogene Studierende und Intellektuelle im Prenzlauer Berg. Reichtum und Intellektualität, aber auch Sensibilität oder Verzärtelung, Aufgeklärtheit, Differenzierungsvermögen, Fortgeschrittenheit oder Up-to-date-Ness, Postnationalität, Reflexivität und Exklusivität: Die Gegenbegriffe von Prolet, Prolo und Proll zeigen ein heterogenes, überdeterminiertes, aber dennoch kohärentes Selbst-Bild der oberen Etagen des sozialen Raumes, in dem kulturelle Distinktionen gegenüber ökonomischem Kapital tendenziell an Bedeutung gewinnen.

Typologien

»Prolet« und »Proll« erscheinen immer wieder in Reihungen, die sich als Typologien verstehen lassen. Wie lauten dann die Überbegriffe, zu denen die infrage stehende Worte Unterbegriffe bilden? Um welche Art von Typologien geht es hier, was wird typisiert?[24]

Die Reihen der Typologien, in denen von Proleten und Prolls die Rede ist, und der Wandel dieser Typologien zeigen besonders deutlich, wie der diskursive Rahmen, in dem die Semantiken situiert (also kontextuell zu verorten und als diskursive Semantiken zu lesen) sind, sich *von einer vorwiegend politisch-sozialstrukturellen Klassifikation zu einer lebensstiltypologischen Klassifikation* verändert. Immer wieder wird das Wort »Prolet« zunächst einmal in *typologischen Repräsentationen sozialer Klassen* genannt: »Bourgeois und Prolet«, »Sklaven, Plebejer, Equites, patres; Handwerker, Bauern und Adel; Bürger sodann und Proleten«; »Proleten und Kleinbürger«. Diese Figuren ver-

---

24 Zur Theorie der Typologien und des Typisierens s.o., vgl. zur Literatur des Realismus Lepenies; vgl. methodologisch auch Keller 2007, 98 – im Gegensatz zu letzteren geht es mir aber nicht durchweg um eine »institutionell stabilisierte Form sozialer Typisierungsprozesse« (ebd).

weisen letztlich auf Klassen*theorien* (in verschiedenen Ausprägungen – auf römische Geschichte und mittelalterliche Geschichte, vor allem aber auf die Marx'sche und marxistische Theorie des modernen Industriekapitalismus), wie sehr die Autoren sich von diesen Theorien in ihren theoretischen und diagnostischen Ausführungen auch distanzieren mögen. Die klassentheoretische Repräsentation sozialer Typen geht tendenziell über *in typologische Repräsentationen sozialer Schichten oder Milieus*, in Reihen also, deren Logik weniger einer Klassentheorie mit ihrem Antagonismuspostulat entspricht als einer Theorie der sozialen Schichtung, der funktionalen Differenzierung oder der – wie hierarchisch auch immer angeordneten – sozialen Milieus. Meist handelt es sich um *pluralistischere* Modelle, die kulturell zunehmend »dichter« präsentiert werden, also mit genaueren Charakterisierungen durch eine Vielzahl von Lebensstil-Attributen.[25]

Zugleich ist ein breites Spektrum von Typologien jenseits dieser verhältnismäßig einfachen Unterscheidung zu konstatieren: Von den soziologisch inspirierten Typologien sozialer Schichten oder Milieus zu unterscheiden sind *alltagsphänomenologische Typologien, die sich an Rollen, Berufen, Verhaltensweisen, Konsumpräferenzen und Formen des Auftretens festmachen* und erneut häufig im fiktionalen Register angesiedelt sind (»Cowboystiefel für den Proll, Turnschuhe für den Alt-68er, Budapester für den Banker, leichte Slipper für den Juristen und Prada-Sneaker für den New-Economisten«).[26] In diesem Zusammenhang stehen auch *Verhaltenstypologien* und andere (vorwiegend als unsympathisch gezeichnete) Reihen von *psychosozialen Typen oder Subjektivitäten* (»Der Schwächling, der sich in der Extremsituation zum machthörigen Sadisten verwandelt (Matthias Bundschuh: mit der rechten Ambivalenz von Weichheit und Verhärtung); der ölige Anwalt mit dem Klistier im Aktenkoffer (Werner Rehm); der präpotente Prolet, dem man jede Demütigung gönnt (Oliver Masucci)«. Das Beispiel führt fiktionale Figuren und Schauspieler an).

---

25 Dabei sind die Typologien, in denen das ältere Wort »Prolet« vorkommt, sehr viel weniger entlang von Lebensstil- und Konsumfragen erstellt als die, in denen der »Proll« erscheint. Allerdings kann auch diese Figur aufgrund ihres basalen, binär strukturierten Abwertungscharakters, nicht einfach in ein horizontal-pluralistisches Klassifikationsmodell integriert werden.

26 Oder: »spießige Juristen, bettelnde Junkies, versoffene Prolls, biedere Autonome, Yuppies in Designerwohnungen, millionenschwere Gangster oder halbseidene Pornodarsteller«. Solche Reihungen handeln meist von Romanfiguren, Figuren in Fernsehsendungen, in Theaterstücken etc. oder sie resümieren das Denken anderer Leute.

Nahe an den Milieu-Typologien, den Phänomenologien und an den psychosozialen Typen sind *politische Typologien* angesiedelt. Der Prolet stellt offensichtlich in erster Linie eine linke, kommunistische Typik dar, aber er figuriert auch in anderen Zusammenhängen, nicht zuletzt als Personal des Faschismus/Nationalsozialismus und später dann als eine Typisierung eines wichtigen Teils des angestammten, aber enttäuschten Wähler-Milieus der Sozialdemokratie, das sich in seiner Deklassierung der radikalen Rechten oder der Linkspartei zuwendet, so die Befürchtung. Insofern bleibt der Prolet eine bedrohliche, angstbesetzte Figur im Register des politischen Diskurses.[27]

Zu nennen sind ferner *städtische und regionale Typologien*, wenn zum Beispiel vom »Berliner Prolet« oder dem »prolligen Berlin« die Rede ist, was oben bereits ausgeführt wurde, oder *Stadtviertel-Typologien*, in denen zum Beispiel einzelne Gegenden wie Berlin-Wedding oder -Neukölln als »prollig« beschrieben werden: »Berliner Szenevielfalt von Mitte-Schick bis Neuköllner Proll«. Über Hamburg heißt es, die örtlichen Vorurteile resümierend: »In Vorstädten wie Poppenbüttel wohnten die unauffälligen Durchschnittsfamilien, die sich weiter drin in der Stadt keine Grundstücke leisten konnten. Billbrook gehörte dem Proll-Pack, das nicht einmal genug Bewusstsein besitzt, sich selbst aufzugeben«. Wenn vom »prolligen Neukölln« die Rede ist, handelt es sich oft um verhältnismäßig direkte sozialstrukturelle Zuordnungen (in denen »prollig« also eher als synonym mit »proletarisch« als mit »proletenhaft« zu verstehen ist), wobei auch hier die kulturelle Formung im Raum steht.[28] Prolls und Proleten tauchen immer wieder in *Reihungen von für die ganze Stadt repräsentativen Typen* auf: »Jahrelang haben sich die Vertreter der Düsseldorfer Punk-Schule und der Hamburger Diskurs-Postpunk-Schule verfeindet gegenübergestanden, die Düsseldorfer beschimpften die Hamburger als Studenten und die Hamburger die Düsseldorfer als Prolls«. So stehen Prolls oft auch für die ganze Stadt: »Neukölln ist Berlins etwas prolliges Herz«; über den Berliner Bürgermeister heißt es: »Wowereit ist wie die Stadt: mal glamourös, mal seriös, ziemlich laut, bisweilen schräg, auch prol-

---

27 Zum Kontext des Faschismus: »draufgängerische Kerle von der Straßenecke und freigelassene Zuchthäusler, verrückt und militant, von Bürger- und Rassenhaß deformierte Proleten und fanatische Volkserzieher«; »das Nieder und Hoch schreiende Volk, die Proleten, SA-Männer und Reichswehrsoldaten«. Im Sinn der aktuellen Situation ist zum Beispiel von der »rechten Proll-Szene in Neufünfland« oder der »bewusst prolligen« Linkspartei die Rede.

28 Solche Syntagmen haben nicht nur additiven, sondern häufig explikativen Charakter, auch wenn die Unterscheidungen offensichtlich nicht einfach zu treffen sind. Wenn von einem »bajuwarischen Proleten« die Rede ist, handelt es sich eher um ein additives Syntagma.

lig. Ein Mensch, der sich nicht vorschreiben lässt, wie er sich zu benehmen hat.«

Schließlich enthält der Korpus eine Vielzahl von Reihungen, die sich unter Überschriften wie *Typologie der Außenseiter und Randständigen* zusammenfassen lassen: »Punks, Prostituierte, Proleten«; »Proleten, Asylanten, Prostituierte, Drogensüchtige, Homosexuelle und Kriminelle«; die »Verspotteten, [...] Arbeitslosen und [...] Proleten«; »Lumpen und Proleten«; »Proleten oder Obdachlose oder Straffällige«; »Bettler, Gauner und Proleten« und so weiter. Solche Typologien erinnern an den Gegenstandsbereich des Wortes »Lumpenproletariat«. Und wieder werden die Reihen nicht selten im Modus von Distanz, Klischee-Kritik und Genre-Spezifik vorgetragen: »hässliche Proleten, [...] mürrische Kleinbürger, [...] schlecht angezogene Verlierer« werden aufgelistet und zusammengefasst als »Volksbühnen-Zeitgenossen«, also als typisch für die Inszenierungen eines subkulturell geprägten Theaters. Die Typologien der Außenseiter gehen gelegentlich über in *Figuren der Verachtung*: Berlin als »ein Riesenmoloch, bevölkert von fetten, aggressiven, mürrischen Proleten ohne jede Eleganz«; »für viele Deutsche gleicht Berlin einem Moloch, unkontrollierbar, von aggressiven Proleten bevölkert. Ein urbanes Monster, ohne eine Spur von Eleganz, dafür aber von Problemen zerfressen: Armut, Kriminalität, Korruption, Heroindealer auf dem Schulhof, Kampfhunde in den U-Bahn-Unterführungen, eine Russenmafia, für die nur das Blutrecht gilt«; »Bekiffte, Besoffene, Proleten oder Sonstwelche, deren Verstand sich verabschiedet hat, und ich mittendrin (oder am Rande, egal), ein schmerzlich nüchternes Weichei, das an Hölle denkt«. Gerade das letzte Beispiel führt die – klischee-reflexive – Komplementarität von Selbst- und Fremdfigurierung vor Augen. Die Typologie von »Figuren der Verachtung« verdeutlicht die fortlaufende Aktualität negativer Klassifikationen. Die Typologien zeigen aber auch an, in welchem Maße die Proll/Prolet-Figur mit spezifischen Räumen und Städten assoziiert ist.

Spezifischer werden »Prolls« in anderen negativ-klassifikatorischen Typologien genannt, zum Beispiel hier: »Die meisten (Türsteher, Anm.) verfügten vielmehr über einen strikten, wenige Punkte umfassenden Kriterienkatalog, der ihnen die Auswahl der Gäste erleichtert. So herrscht in vielen Clubs die grundlegende Maxime, ›Touristen und Schläger, Gaffer und Spießer, Prolls und die Presse‹ einfach außen vor zu lassen.« Oder auch, ebenfalls über einen Club: »Die konnten sich eine harte Tür erlauben, also keine Kiddies, keine Prolls. Schließlich hatten sie eine schwule Stammklientel, die Umsatz garantierte.« Hier sind die »Prolls«, sehr konkret gesprochen, Teil einer *Typologie von Nicht-Wert in der Arena der exklusiven (subkulturellen) Distinktion.* Auch wenn »Prolls« gelegentlich spöttisch als eine Zielgruppe genannt werden, zeigen diese Ausschluss-Bemühungen doch, dass es sich nicht einfach um eine Gruppe unter anderen handelt.[29]

Solche Unterscheidungen finden sich auch und gerade im popkulturell bespielten Nachtleben, sie replizieren sich, wenn zum Beispiel zwischen dem »nicht illuminierte(n) Proll« und denjenigen, die Bescheid wissen, unterschieden wird, wenn »Prolls« nicht am Türsteher vorbei kommen, wenn »Hipness« und »Bescheidwissen« als neue, nicht nur subkulturelle Kriterien einer kompetenten, anerkennungswürdigen Subjektivität ins Spiel kommen. In solchen Verwendungen erweist sich der Proll nicht nur als semantisches Überbleibsel der industriekapitalistischen Klassengesellschaft, sondern zugleich als Resultat der gesamtgesellschaftlichen Popkulturalisierung mit ihren neuen Trennungslinien innerhalb des Populären, die aber weiterhin mit klassischen Unterscheidungen zwischen dem Vulgären und der *sophistication* einhergehen. Sein Gegenbild ist neben dem Bürger, dem Studenten oder dem Intellektuellen in dieser Logik auch der popkulturell um drei Ecken denkende »Hipster«. Auch bei letzterem handelt es sich freilich um eine durch bestimmte Konventionen bestimmte stilistische Figur (vgl. Stahl 2010; Greif 2011); und es liegt auf der Hand, dass die als »Prolls« Etikettierten oft über eine Vielzahl von popkulturellen Kompetenzen verfügen, die den Vertretern ihres Gegenbildes nicht bekannt sind (vgl. oben sowie klassisch Willis 1977, 1990, 2000 und Fiske 1987). Solche Relativierungen steigern die Komplexität, aber sie schaffen die binäre Logik des Diskurses nicht automatisch aus der Welt.

---

29 Ein weiteres Beispiel: »Die meisten gehen seit Jahren nicht mehr hin. Zu voll ist es ihnen geworden, zu prollig.« Derartige Typologien des Ausschlusses bzw. der Unerwünschten sind verbreitet und werden im Kontext Popmusik/Nachtleben, im Kontext exklusiven Konsums und im Sportbereich angeführt: »Die Vereine wollen nicht mehr den Proll im Stadion haben, sondern Familien und Vips. Das verändert den Fußball nachhaltig.« »Punk war out, zu prollig geworden. Nur die Spätgeborenen in der Music Hall meinten, dass es die Hüte seien, die Punk kaputt gemacht hätten.« »Berlin ist keine gute Stadt für Gogos, da sind sich Salomon und Meritxell einig: ›Die meisten Clubs wollen undergroundig sein – und halten Gogos für prollig‹, hat Meritxell festgestellt.«

»Metaerzählungen«

Wie die Textsorten, in denen die Worte »Proleten« und »Prolls« vorkommen, sind auch die diskursiven Kontexte, in denen im untersuchten Korpus von ihnen die Rede ist, strukturiert. Die Worte (und damit die Figuren) erscheinen in benennbaren *Metaerzählungen*: in *zeitdiagnostischen Überlegungen*, die ebenfalls typisiert sind und, als übergreifende, halbwegs kohärente Narrative, den einzelnen Texten, die an ihnen teilhaben und sie aktualisieren, Sinn und Relevanz verleihen. Kulturell kompetente Leser kennen diese Metaerzählungen und können damit die jeweiligen Fragmente dem entsprechenden Zusammenhang zuordnen. Diese Metaerzählungen verweisen wiederum auf größere, kohärentere oder ausgreifendere (Spezial-)*Diskurse* im strengeren Sinn, zum Beispiel auf den Diskurs der Verbürgerlichung, den Diskurs um »neue Unterschichten« oder den Diskurs der Popkultur (vgl. zur Unterscheidung von Diskurstypen zum Beispiel Keller 2007, 78).[30]

In der Nachkriegszeit figuriert der »Prolet« vorwiegend in politisch-ökonomischen Metaerzählungen, als Protagonist der Arbeiterbewegung. Die ersten Verwendungen in der »Zeit« verweisen auf die Herrscher in der DDR und im kommunistischen Lager, die durch realhistorische Charaktere wie Nikita Chruschtschow und Ernst Thälmann verkörpert werden.[31] Politische und klassenbezogene Metaerzählungen, die auf die Figur des Proleten rekurrieren, ziehen sich bis in die Gegenwart (sehr viel stärker als dies bei »Prolo« und »Proll« der Fall ist). Zunehmend wird der Begriff allerdings historisiert: Wenn es in den neunziger Jahren um politische Metaerzählungen geht, in denen »Proleten« vorkommen, wird tendenziell über das 19. Jahrhundert

---

30 Vgl. zum theoretischen Hintergrund der Analyse von »Metaerzählungen« auch Jameson 1983. Zur Methode: Ich habe den Korpus durchsucht, und Zitate, in denen größere Themen verhandelt wurden, mit dem Code »Metaerzählung« versehen. Der Code »Metaerzählung« wurde vergeben, wenn beim Lesen der Eindruck entstand, dass es in den Texten um größere gesellschaftliche Entwicklungstendenzen und Problemfelder ging, die mit den Figuren verbunden sind. Hier geht es also um Figurieren im Sinn von »to figure as«. Im zweiten Schritt habe ich diese Metaerzählungen zusammengefasst bzw. benannt (also ebenfalls »codiert«).

31 Man spöttelt zum Beispiel über die Bildpolitik der DDR-Briefmarken, die »den großen Dichter aber nicht als Genius des Geistes, sondern als Proleten zeigen«, Ernst Thälmann wird als »derber Prolet« charakterisiert; über Projektionen und Moralismen heißt es: »Mögen die Kapitalisten Schweine sein, der Prolet trägt das Herz auf dem rechten Fleck. Sei die Gesellschaft auch böse, die Gemeinschaft trägt einen Glorienschein«. In anderen Verwendungen erscheint der Prolet als Arbeiter, der sich Rechte erkämpft, der ausgebeutet wird, der sich erheben soll.

oder die erste Hälfte des 20. Jahrhunderts gesprochen.[32] Mit den Jahren verschwindet der heroische »Prolet« weitgehend von der Bühne, explizit wird er dann auch als Bestandteil eines veraltenden sozialistischen Vokabulars beschrieben, das der Wirklichkeit der Verbürgerlichung nicht angemessen ist, oder als moralisch überhöhte Figur der linken Literatur, als Gegenstand von Projektionen der »68er«.

Dafür kommen – vor allem in den neunziger Jahren und im ersten Jahrzehnt des 21. Jahrhunderts – bei allen drei Figuren-Namen, vor allem aber beim »Proll«, andere und vielfältigere Meta-Erzählungen ins Spiel (die folgende Liste ist eine unvollständige Zusammenstellung meiner Zusammenfassungen): Verhandelt werden nun zum Beispiel die Stadtflucht von Alteingesessenen im Prozess der Gentrifizierung Berlins; die kulturelle und politische Entwicklung in Ostdeutschland; ein Trend hin zum Markenfetischismus, eine Luxusorientierung unter sozialen Aufsteigern (der »Prolo« in den achtziger Jahren laut *Spiegel*); das Um-Sich-Greifen der Sitten von Neureichen; eine Bedrohung von rechts; ein sozialer Typus, der zunehmend in den Medien seinen Ausdruck findet, als Gegenstand von TV-Inszenierungen; ein Typ von Humor, der sich in den Medien durchsetzt; eine neue Akzeptanz für »Trivialkultur« auch unter Gebildeten; eine Entwicklung, in der die Beherrschung etablierter kultureller Codes für gesellschaftlichen Erfolg nicht mehr erfolgreich ist; die manipulative, verzerrende Darstellung von Menschen in Fernsehsendungen; die Ausgrenzung traditioneller Fans in neuen Fußballarenen und in der Gesellschaft insgesamt; der Weg in eine »Spaßgesellschaft«, die von Verantwortungslosigkeit, Hedonismus und Klassenlosigkeit geprägt ist; eine Transformation von Eliten zu »Promis«; der Erfolg einer inszenierten Form von dokumentarischem »Ghetto«-Realismus, von dem es heißt, dass er zum Stilprinzip der dominanten jugendkulturellen Ästhetik geworden sei; die Kommerzialisierung der Hip-Hop-Kultur und das Spiel mit Provokationen, die mit einer Abkehr von politisch-emanzipatorischen Idealen einhergehen; die Entwicklung weg von der Verrohung und Brutalisierung der städtischen Kultur und des Verhaltens im öffentlichen Raum; eine Art und Weise des Verhaltens, die für Männer manchmal

---

32 Das gilt aber nur mit Blick auf die »Metaerzählungen«, unter anderen Codes ist das Spektrum breiter. Vgl. z.B.: »Kein Klischee ist vermieden: vom wackeren Proleten über den (nazistisch) bösen Bankier, vom liebenswert sehwächlichen Spieler über den auch vor einem Mord nicht zurückschreckenden Kapitalisten, von den Tango tanzenden Transvestiten und Cancan-Mädchen der zwanziger Jahre bis zu den Totschlägern des Röhm-Putsches; die ganze Statisterie der Jahre zwischen 1900 und 1945 ist versammelt«.

notwendig sei; die kulturelle Verfestigung von Verelendung; die zunehmende Bedeutung der ironischen Aneignung und Aufwertung bestimmter Stil-Elemente in der Mode.

Der Proll figuriert, bei aller Vielfalt und Widersprüchlichkeit der Narrative, vor allem in vier Komplexen von Metaerzählungen: Es geht um (a) eine *Entbürgerlichung von Normen alltagskultureller Lebensführung*, (b) eine offenbare *Dominanz von »neureichen« Fraktionen der Oberschicht in der medialen Aufmerksamkeitsökonomie*, um (c) das *Spannungsfeld von Demokratisierung und Spektakelhaftigkeit in neuen Subkulturen und Fernsehformaten* (»heute steht der junge Proll im Zentrum seiner eigenen Kultur«), einschließlich der behaupteten *Auflösung von Milieus und ihren Kulturen in einer posthierarchischen Popkultur*, sowie zugleich (d) *um urbane Situationen beziehungsweise Konflikte* (»wo ein Trupp Prolls den Aufzug entert, kommt es rasch zu Rempeleien und blauen Flecken«).[33] Der »Proll« lässt sich in diesem Zusammenhang als ein kulturalisierter »Prolet« verstehen und letzterer als verhaltensmäßig gedeuteter »Proletarier«.

Performativität und Antagonismen

Damit vollzieht sich auch in den Metaerzählungen, was im historischen Teil beschrieben wurde. Politisch bewegen sich die Figuren auch hier tendenziell von der politischen Linken nach rechts, vom Linksproletarischen zum Rechtsprolligen. Die schreibenden Subjekte bleiben distanziert, aber die Einstellung der Texte und damit des Diskurses insgesamt gegenüber den diskursiv positionierten Figuren ändert sich an einigen Punkten: Die Typen-Benennungen werden häufig in Kontexten verwendet, in denen ihre eigene Typenhaftigkeit thematisiert wird. Diese *Klischee-Reflexivität*, die in vielfachen Formen auftritt, ist nicht allein eine Folge des Fiktionalitätsvorbehalts

---

33 Um die »Metaerzählungen« in die Gesamtanalyse einzubetten, muss herausgestellt werden, dass die Figur des »Prolls« (die, wie gesagt seit den neunziger Jahren in den Zeitungen offen so benannt präsent ist) tendenziell häufiger vorkommt, ohne mit klaren Metaerzählungen verbunden zu sein, als dies beim »Proleten« in den fünfziger Jahren der Fall ist (klar quantifizierbar ist das aber nicht, da es sich um unterschiedlich zusammengestellte Korpora handelt). An dieser Stelle sei auch daran erinnert, dass die Metaerzählungen nur in einem Teil des Korpus von Bedeutung sind: insgesamt ist häufiger vom »Proll« die Rede, aber dann oft in Zusammenhängen, die sich nicht unmittelbar auf typisierbare Metaerzählungen beziehen lassen, sondern gewissermaßen normalisiert sind.

oder nur dem Genre der Kulturberichterstattung geschuldet, sondern hängt auch damit zusammen, dass in vielen Verwendungen (und, im historischen Verlauf, zunehmend) das Proll-Sein nicht als einfache Eigenschaft eines Individuums oder Gruppe dargestellt wird, sondern als *Performance* und als *Inszenierung*. In den Verwendungen werden spezifische Formen von Reflexivität sichtbar, die nun auch auf der Gegenstandsseite, auf der Handlungsseite, situiert sind, im Rahmen alltäglicher Theatralität: Dafür stehen beispielsweise Formulierungen wie »den Proll rauslassen« oder »den Proll raushängen lassen«, die sich zunehmend finden. Das kann auch mit der Autoren-Subjektstelle vereinbar sein (wenn es zum Beispiel abwägend-vorfreudig heißt »das wird ziemlich prollig«). Diesen Zusammenhang greife ich im Fortgang der ethnografischen Darstellung wieder auf.

In der Zusammenschau von Metaerzählungen, die die Diskurse konstituieren, in denen »Proleten« und »Prolls« figurieren, von Einstellungen, die diskursiv mit »Prolls« als psychosozialen Typen verbunden werden, von Typologie-Typen, unter denen sich das Etikett »Proll« subsumiert findet und von Antonymen, die als komplementäre Gegenbilder die Konturen der Proll-Figur verdeutlichen, sticht also insgesamt eine Gleichzeitigkeit oder Paradoxie ins Auge: Es besteht (a) eine offenkundige *Tendenz zur Pluralisierung, Kulturalisierung und Performativierung der Semantiken.* Die diskursiven Rahmen bewegen sich an vielen Punkten weg von der Klassentheorie und damit von politisch-antagonistischen (oder auch nur dichotomen) Vorstellungen, hin – wie gesagt – zu kulturell und (sozial-)psychologisch basierten Lebensstil- und Lebensführungstypologien (im Sinn von: »damit ist nur ein Angeber gemeint«). Zugleich wird der Typisierungsvorgang reflexiv und unterliegt (angesichts der sozialen Unerwünschtheit von »Schubladendenken«) einer allgemeinen Ironisierung und Distanzierung, die popkulturellen Idiomen und Techniken entspricht. Dazu kommt, wie unten ausgeführt wird, eine *De-Essentialisierung durch Aneignung performativer Aspekte* (»ich lasse den Proll raushängen«).

Zugleich (b) *eskalieren die pejorativen Aspekte der Semantiken*: Vom »Proll« ist in den Nullerjahren, wie die semantischen Assoziationen zeigten, in einer kategorial abwertenden, herabsetzenden Weise die Rede, wie das in den Qualitätszeitungen der fünfziger und sechziger Jahre nicht der Fall ist, wenn es um »Proleten« geht, und vermutlich auch nicht – in schriftlicher Form – sagbar gewesen wäre. Hier hat sich der »Bereich des Sagbaren« (Foucault) verschoben. Diese in ihrer Gesamtheit diskriminierenden Sprechakte rechtfertigen sich in der Alltagsmoral der Autoren implizit aus der Uneigentlichkeit und

Klischeereflexivität heraus – zumindest im Schriftsprachlichen. Mehr noch, sie kennzeichnen eine besonders ehrliche und direkte, nicht an »political correctness« orientierte Sprache, die dem Alltagswissen und kommunikativen Stilen der Popkultur entspricht: Es gibt Differenzen, sie wollen benannt sein, aber nicht in einem soziologischen Modus. Im Zuge von Deindustrialisierung und Postfordismus werden individualistische und kulturalistische Deutungen realer Differenzen (und des Sozialen insgesamt) lebensweltlich zunehmend plausibler und legitimer. Die realen sozialen Aufstiegschancen, die in den sechziger und siebziger Jahren in besonderem Maße genutzt werden, und die »mikropolitischen« Transformationen und Differenzierungen durch die sozialen Bewegungen der letzten vier Jahrzehnte, lassen unterbürgerlich codierte Lebensweisen in dieser Logik als soziales und kulturelles »Zurückbleiben«, als individuelles Versagen angesichts gegebener Optionen erscheinen und damit zugleich als Ausweis moralischer Minderwertigkeit, kultureller Inkompetenz und von politisch »reaktionärem« Charakter. Das »Proll-Sein« bildet in diesem Verständnis eine Charakterisierung von Differenz in Sachen Ästhetik, Verhalten und Lebensführung, wird aber eher nicht direkt und ursächlich mit Kategorien sozialer Ungleichheit verbunden. Zugleich ändern sich die medialen Repräsentationsverhältnisse, wie im folgenden Abschnitt ausgefürt wird, und einige Aspekte popularer Kulturen erhalten eine stärkere und zugleich zunehmend stereotype mediale Präsenz. Gerade angesichts der Status- und Ansteckungsängste der Mittelschichten (vgl. Neckel 2003) sorgen solche Präsenzen dafür, dass ein kategorial abwertendes, klassenrassistisches Sprechen den Sprechern oft als defensiv, nicht als aggressiv erscheint.

Mit der Entwicklung vom Prolet zum Prolo zum Proll, und mit der Abwendung von der sozialistisch-kommunistischen Formation, stehen die Figuren mehr und mehr zwischen zwei Formen der Repräsentation von Alterität, zwischen *komischen* und *bedrohlichen*, zugleich *drängen sie sich* – in den Diskursen – *immer unmittelbarer auf,* und zwar sowohl in der medialen Arena als auch im öffentlichen Raum.

Jenseits der Frage nach dem Wandel von Ausdrucks-Konventionen in der Qualitätspresse zeigt diese Gleichzeitigkeit, dass *die Semantik des Antagonismus in ironischer Form erhalten bleibt.* Weiterhin stellt die Figur in den Augen der dezidiert nicht-prolligen AutorInnen in vielen Fällen eine Bedrohung dar. Seines politischen Charakters entkleidet, kehrt der Antagonismus in scheinbar entpolitisierter Gestalt wieder. Diese Bedrohlichkeit erscheint in verschiedenen Registern. Sie kann, wie bei Uslar (2003), mit ästhetischer

Aufdringlichkeit oder mit einer wahrgenommenen »sexuellen Aggressivität« der »Prolls« (so ein Text in der Berliner *zitty*) verknüpft sein, oder auch durch die Konvergenz der Proll-Figur mit konsumgesellschaftlichen Niveauverlust-Ängsten, wenn zum Beispiel die Rede ist von »Prolls, die sich mittlerweile im Fernsehen doch recht breitmachen«.[34]

Besonders häufig aber geht es – motivisch – auch hier um *belästigende, oft angstbesetzte Interaktionskonflikte im öffentlichen Raum*: »Wo ein Trupp Prolls den Aufzug entert, kommt es rasch zu Rempeleien und blauen Flecken, weil beim unkoordinierten Reindrängen einer über des anderen Füße stolpert. Unangenehm«; »In diesen Tagen voll Sommer, Sonne und Gemütlichkeit ist Berlin seltsam leer: Die pöbelnden Prolls sind verschwunden«; »Wie sie fürchten viele um ihre Sicherheit, um ihre Parkplätze, es grassiert die Angst, vor marodierenden Hooligans, vor Alkoholexzessen unmittelbar vor der Haustür, vor allem aber vor englischen Proll-Fans«. Der »Proll« bestimmt sich erneut insbesondere durch seine Rolle in solchen typisierten Interaktions-sequenzen. Folgende Beschreibung eines Trainings für Sicherheit im städtischen Raum illustriert, wie die Figur des Prolls im kulturellen Wissen als *Interaktionsproblem* präsent ist: »Es ist Zeit für ein eigenes Experiment. Die Seminarteilnehmer sollen sich vorstellen, in der U-Bahn zu sitzen. Eine groß gewachsene Frau um die 70 […] spielt das Opfer. Sie bekommt einen Stuhl und eine Zeitung. Mattausch (der Seminarleiter, Anm.) setzt sich ein Base-cap auf, verfinstert seinen Gesichtsausdruck und fläzt sich ihr gegenüber, breitbeinig, so dass sich die Knie berühren. Das Opfer streckt die Beine unter Mattauschs Stuhl. Könnte sich nun entspannen, die Sache, aber Mattausch, ganz Proll, misslaunig und angetrunken, stänkert. ›Machste die Beene mal weg.‹ Sie liest weiter. ›Mach mal die Beene weg.‹ Sie, etwas patzig: ›Wenn Ihnen das nicht passt, können Sie sich doch woanders hinsetzen.‹ Sie zögert – ›oder ich mach das‹ – und geht. Er hinterher, nimmt ihr die Zeitung weg, schlägt ihr damit auf den Kopf. Sie flüchtet. ›Das geht zu weit. Hilfe! Hilfe!‹«

Die Beschreibung, dass der Darsteller in der Rolle »ganz Proll« ist, verweist zunächst auf sein Auftreten, seine dialektale und offenbar im Befehls-

---

34 Vgl. *zitty* (8/2005, 21). Anlässlich der Feuilleton-Debatte um die »neuen Unterschichten« wurde in diesem Berliner Stadtmagazin eine Reihe von Porträt-Reportagen veröffentlicht. Um Menschen zu identifizieren, über die in der sozialpolitischen Debatte gesprochen wurde, gingen die Autoren offenkundig vom eigenen Alltagsverständnis aus und konzentrierten sich auf den »spektakulären« Stil jugendlicher »Prolls«: Ins Auge stach »eine Mode, die etwas transportiert, manche nennen es sexuelle Aggressivität.« (ebd.) Auch im ethnographischen Teil sind viele derartige Äußerungen zu finden.

ton artikulierte Sprache, die breitbeinige Pose – und zugleich offenbar auch das Anpöbeln, das Schlagen. Gemäß der sozialen Semantik, die den Diskurs strukturiert, ist, wer in der beschriebenen Weise »pöbelt«, per definitionem »ein Proll«; es ist in diesem Sinn schwer vorstellbar, dass jemand, der sich so verhält, kein Proll ist. Solche Übergänge zwischen Verhaltensstil, Gestus und Gewalthandeln prägen die Wahrnehmung der Figur, wie sie auch im Picaldi-Kapitel sichtbar wurden: Dort wurde ja gerade die gestische *Stilisierung* dieser Aspekte deutlich.[35] In der sozialen Semantik hat sich der typisierte Interaktions-Antagonismus (die aggressive Einstellung des »Prolls« in der Szene) nicht völlig von der Vorstellung sozialer und potenziell politischer Antagonismen gelöst. Zwischen dem Register der Interaktion im öffentlichen Raum, der medialen Repräsentationen und dem Politischen finden *slippages* statt – wie schon Mitte des 19. Jahrhunderts, als die Ängste um »Street Arabs« und »Hooligan« dazu führten, dass deren gelegentliche Straßengewalt als theatrale Vergegenwärtigung politischer Umsturzbefürchtungen fungieren konnte. Den Zusammenhang führt zum Beispiel eine Passage des Buches »Aufstand der Unterschicht« vor Augen (Kloepfer 2008), das von einer bekannten Wirtschaftsreporterin verfasst wurde und die Problematik sich verfestigender Armut in Deutschland thematisiert. In einem Vorspann lässt die Autorin einen Manager im Anzug durch eine Menge von armen, arbeitslosen Menschen laufen. Zunächst ist es einer, der den Mann im Anzug anpöbelt, dann werden es immer mehr, bis sich eine Menge zusammenrottet: eben der »Aufstand der Unterschicht«, der als Interaktionskonflikt beginnt und in so etwas wie einen antagonistischen politischen Kampf – eine Rebellion – mündet.

Damit sind wir zunächst am Ende der Auswertung der Zeitungstexte angelangt. In den folgenden Abschnitten greife ich die Texte zwar auch gelegentlich auf, gehe aber sehr viel fokussierter auf zwei weitere wichtige Aspekte von populärkulturellen Repräsentationen und Figurierungen des »Prolligen« ein: »Deutsch-Rap« – Sub-Genres desselben werden gelegentlich auch als »Proll-Rap« bezeichnet – und »Trash-TV«. Der Deutsch-Rap-Komplex und der TV-Komplex unterscheiden sich in vielem. Gerade in ihrer Heterogenität erhellen sie aber auch die soziale Situation, in der die Etikettierungs- und Figurierungsprozesse »on the ground« stattfinden, welche ich im vorangegangenen Abschnitt beschrieben habe. Wenn im ethnografischen Feld vom »Prolligen« die Rede ist, dann sind den Akteuren – so die These –

---

35 Zu Diskursen um Sicherheit im öffentlichen Raum vgl. Rolshoven 2010; Malli 2010.

häufig auch diese Komplexe präsent, als Elemente oder Momente des semiotisch-kulturellen Prozesses. Auch zwischen den Komplexen bestehen eigendynamische Resonanz-Effekte: sie verstärken sich gegenseitig, kommunizieren gewissermaßen miteinander. In welcher Form, in welchem Grad, mit welchen Akzenten, Deutungen und im Kontext welcher Praxen dies der Fall ist, kann freilich nicht einfach von den Texten abgelesen werden.[36] Während die disziplinären Wissenschaften solche Komplexe zu trennen pflegen – mit Rap beschäftigen sich, wenn überhaupt, Musikwissenschaftler, Pädagogen und Ethnografen; um das Fernsehen kümmern sich Medien- und Kommunikationswissenschaftler und so weiter – ist die gelebte Wirklichkeit bekanntermaßen »transdisziplinär«. Von »Komplexen« spreche ich in diesem Zusammenhang, um zu betonen, dass die Figuren nicht nur semantisch verstanden werden sollten, sondern auch im Zusammenhang diskursiv-institutioneller *agencements*, von Repräsentationsformen im Zusammenhang eines »circuit of culture« (Johnson u.a.), die neben Merkmalen und Prototypen auch komplexe Einstellungen und zum Beispielen einen typischen Gestus implizieren.[37]

36 Der Resonanzbegriff – im Englischen idiomatischer als im Deutschen – wird in vielen Arbeiten als Metapher, die Zusammenhänge schwacher Kausalität auf den Punkt bringt, verwendet, aber selten theoretisch begründet. Der poststrukturalistisch argumentierende Politikwissenschaftler William Connolly begreift Resonanz-Effekte als mit-ursächlich für soziale Phänomene, er versteht »causation as resonance between elements that become fused together to a considerable degree. Here causality, as relations of dependence between separate factors, morphs into energized complexities of mutual imbrication and interinvolvement, in which heretofore unconnected or loosely associated elements *fold, bend, blend, emulsify, and dissolve into each other*, forging a qualitative assemblage resistant to classical models of explanation.« (2005, 870)

37 Die Analyse bewegt sich also von der Semantik zur Diskursanalyse von heterogenen sozialen Komplexen. »Assemblage« ist eher als heuristisches Mittel denn als wohldefinierter Begriff zu verstehen (vgl. Marcus/Saka 2006); das Wort transportiert ein weniger strukturiertes Bild solcher Komplexe als die Foucault'sche Analyseeinheit des »Dispositivs«, ist aber aus der Auseinandersetzung damit hervorgegangen. Methodisch macht dies eine interpretative Auseinandersetzung mit eben jenen Repräsentationen erforderlich, die aber ein doppelte Einbettung verlangt, um Kulturanalyse nicht mit Textwissenschaft zu verwechseln: Es gilt, (a) die *internen Logiken* populärkultureller Genres zu berücksichtigen, und (b) die Repräsentationen in ihrer *Intertextualität* und in ihrer *diskursiven wie funktional-praktischen Einbettung* in die Sinnwelten und Handlungsvollzüge des Alltags zu verstehen.

3. »Der weite Kosmos des Proll-TV«: Die *Knowingness* der populären Kultur

Die Doku-Show *Kämpf um deine Frau* sei »die prolligste Sendung des Jahres«, meint ein TV-Kritiker (2004), andere schreiben vom »weite(n) Kosmos des Proll-TV«, von »prolligen Affektshows« und von der »sogenannte(n) Prollkultur«. In Zeitungstexten geht es um die »angebliche Herrschaft von Proll-TV« oder das Genre der »Proll-Komödie in multikulturellen Zeiten« (»Migranten-Comedy«), und all dies schon Jahre vor der lauten Debatte um das sogenannte »Unterschichtenfernsehen«. Mögen die inhaltlichen Einschätzungen auch auseinander gehen, solche Texte bilden einen Diskurs, der einen Gegenstand konstruiert. Diese Verwendungen im Mediendiskurs dokumentieren ein – sozial und kulturell situiertes – gemeinsames Alltagsverständnis, ein klassifikatorisch-figurierendes »Bescheidwissen« um den »prolligen« Charakter eines Segments der Fernsehlandschaft.[1] Zu analysieren bleibt, was damit gemeint ist.

Fernsehen war das Leitmedium in westlichen Gesellschaften der zweiten Hälfte des 20. Jahrhunderts, auch in der Bundesrepublik. Die Figur des »Prolls« mag auf lexikalischer Ebene ihren Ursprung in der informellen Kommunikation haben, ihre gestalthafte Konturierung aber hängt im westdeutschen Kontext unmittelbar mit dem Aufstieg des profitorientierten Privatfernsehens zusammen, der Umstellung auf das »duale System« und damit auch mit einer direkteren Absatzorientierung der Sender selbst.

In den Zeitungstexten werden, wie gezeigt, vorrangig fiktionale Figuren als »Proleten«, »Prolos« und »Prolls« tituliert. Das gilt auch im Kontext des sogenannten »Proll-TV« oder »Trash-TV«:

»Prolls« sind hier *erstens* die Protagonisten von »Proll-Komödien« wie *Manta, Manta* (1991), *Voll normaaal* (1994) oder *Ballermann 6* (1997). Diese Filme wurden zeitgenössisch von vielen Beobachtern als prominenter Teil

---

1 Auf die tatsächlichen Divergenzen dieser Genres gehe ich hier nicht ein, vgl. Bayrische Landeszentrale für neue Medien (Hg.) (1997), Göttlich 2000, Wischermann/Thomas 2008.

einer »neudeutschen Trash-Komik« verstanden. Hier fungiert vor allem der Komiker Tom Gerhardt als grobianisch körperlicher, grenzdebiler »Kindmann«. In seiner Analyse des Mantafahrer-Stereotyps und seiner Entwicklung von Witzen zu Filmen versteht der Volkskundler Jochen Konrad den Manta-Fahrer, wie er hier gezeichnet wird, als Gegen-Figur, als »Kontraststereotyp« zum zeitgenössischen »Yuppie«.[2] Die Figurierung ist relational: »Es entstand ein Stereotyp am unteren Rand der sozialen Schichtung, welches allen darüber stehenden sozialen Gruppen ermöglichte sich in ihrer Position bestätigt zu fühlen. Dies macht das Mantastereotyp zu einem Heterostereotyp einer ganzen Gesellschaft, welche sich damit in ihrer sozialen Position bestätigt finden konnte, da das Mantastereotyp in allen Merkmalen – der Bildung, der Position in der Gesellschaft, der Aussichten auf sozialen Aufstieg – stets als Unterliegender erschien. Vielleicht prägte sich gerade so das Stereotyp als humorvolles und nur indirekt diskriminierendes heraus, da man sich vom Mantafahrer in keinster Weise bedroht fühlen musste.« (158f)

Zeitgenössisch wurde das Phänomen als »sogenannte Prollkultur« verhandelt: »Ist die neudeutsche Trash-Komik nur Futter für Prolos?«, fragte der *Spiegel* zum Beispiel den Schauspieler und Regisseur Hark Bohm, der entgegnete: »So einfach ist das nicht. Auch die akademische Jugend fliegt auf die sogenannte Prollkultur.« Die Texte stellen eine vulgäre, sublimierungsferne Betonung des »Analen und Körperlichen« heraus,: »Kotzen im Flugzeug, Urin im Sauerkraut […] und andere Witze, denen nichts Anales und Körperliches fremd ist, ohne jeden Umweg und Raffinement«.[3]

Als »Prolls« gelten in den Zeitungstexten *zweitens* auch tendenziell tumbe Comedy-Kunstfiguren wie Mario Barth, Erkan und Stefan, Kaya Yanar, Oliver Pocher, Atze Schröder oder Cindy aus Marzahn. Anwendung findet das Wort aber auch *drittens* auf reale Personen, die in Fernsehformaten auftreten,

---

2 Inhaltlich wird das Stereotyp bei Konrad folgendermaßen bestimmt: »Er ist ungebildet, dumm, aggressiv; ist Arbeiter in einer Firma; hat eine blonde Freundin (›die blonde Friseuse‹); trägt Westernstiefel (die ›Mantaletten‹), Goldkettchen, ein offenes Hemd, und der Ellenbogen ragt zum Fenster heraus.« (156) Konrad hält fest, dass der Mantafahrer als Proll gilt und zitiert in diesem Sinn einen Text der Soziologin Helga Kotthoff: »Gleichzeitig lieferte diese Distanzierung eine Möglichkeit, soziale Unterschiede herauszustellen, denn ›bei den Mantafahrerwitzen beispielsweise stand das Auto insgesamt als Index für ein soziales Milieu, das die Umgangssprache auf den Nenner ›Proll‹ bringen würde, dessen misslingende Aufstiegsambitionen diese Witze im Detail zelebrierten‹ (Kotthoff 2004, 191).« (2006, 159)

3 Für eine Analyse von sexueller Vulgarität und »class« am Beispiel der US-amerikanischen Porno-Zeitschrift *Hustler* vgl. Kipnis 1992.

die seit den achtziger Jahren entstanden: zunächst in Daytime-Talkshows, dann in Reality-Shows wie *Big Brother*, in Doku-Dramen und Reality-Shows unterschiedlicher Art und in Casting-Sendungen, also in Fernseh-Shows unterschiedlicher Genres, die in diesem Diskurs gleichermaßen zum »weiten Kosmos des Proll-TV« gehören: vom Freundes-Duo Jürgen und Zlatko aus der ersten deutschen Staffel von *Big Brother* (»Vorzeige-Prollo«, »Proll-Duo«) bis zu Supermodel-Kandidatin (und Doku-Show-Protagonistin) Gina-Lisa Lohfink (»Vollprollette«). Was diese Sendungen und Formate tatsächlich verbinden mag, ist an dieser Stelle weniger wichtig als der Umstand, dass sie im Diskurs in ähnlicher Weise etikettiert werden.[4]

Diverse medienwissenschaftliche, zeitkritische Analysen haben sich diesen Formaten eingehend gewidmet, auch wenn sie das Labelling selten so benannt haben (vgl. die Beiträge in Hepp/Thomas/Winter 2003; Mikos/Feise/Herzog/Prommer/Veihl 2000; Wischermann/Thomas 2008). Für die Figurierungsanalyse sind an dieser Stelle drei Aspekte hervorzuheben: *Erstens* die Frage, was gemeint ist, wenn ein Format – und nicht allein eine Figur – als »prollig« gilt. *Zweitens* widme ich mich dem charakteristisch reflexiven Umgang mit der Klischeehaftigkeit und dem Figurencharakter des »Prolligen« in diesem Zusammenhang und *drittens* wird die zeitdiagnostische Diskussion um das sogenannte »Proll-TV« als »Unterschichtfernsehen« (Paul Nolte) in diesen Zusammenhang eingeordnet.

---

4 Im Kontext der Debatte um das vermeintliche »Unterschichtenfernsehen« (s.u.) argumentieren Klaus und Röser, dass gerade der inhaltlich diffuse und deskriptiv wenig überzeugende Charakter des Begriffs seine Wirkmächtigkeit begründet (2008, 273). Sie betonen, dass der Begriff »Unterschichtenfernsehen« – für »Proll-TV« gilt dasselbe – kaum zu definieren ist: »Selektiv werden in der hier beschriebenen Mediendebatte einzelne Sendungen des Reality-TV genannt, das als neue Angebotsform auf den Alltag und alltägliche Lebenswelten normaler Menschen rekurriert und mehr Brücken zwischen ProduzentInnen und RezipientInnen baut, als es das früher im Fernsehen möglich war (sic). Alltagsnähe und neue Publikumsansprache werden in den affirmativen Beiträgen pauschal herabgewürdigt. Immer wieder tauchen Daily Talks, Gerichtsshows, Formate der Reality-Soaps, Gewinnspiele und Telenovelas als Beispiele für das ›Unterschichtenfernsehen‹ auf. Unterschlagen wird dabei die Vielfalt dieses Angebots, in dem sich von im wörtlichen Sinne Ausgezeichnetem bis hin zu ausgesprochenen Billigproduktionen (fast) alles findet. Im Rahmen des Reality-TV gibt es sehr viele ausgesprochen hochwertige Sendungen. So hat etwa *Arte* eine eigene Programmschiene für die Doku Soaps freigemacht.« (274)

Figuren, Formate und Personen: Homologien des Vulgären

Im Fernsehkritik-Diskurs ist das »Prollige« von einer übereinstimmenden Etikettierung – einer Homologie – unterschiedlicher Aspekte charakterisiert: (a) repräsentierte Figuren (von unterschiedlichem Realitätsstatus), (b) Format/Darstellungsformen und (c) Publikum werden in dominanten Diskursen, idealtypisch gesprochen, gleichermaßen als »prollig« etikettiert. In diesem Sinn konnte im obigen Zitat zum Beispiel von der »prolligsten Sendung« des Jahres gesprochen werden. Das »Prollige« bestimmt sich in der dominanten kulturellen Wahrnehmung nicht allein über die Figuren, die im »Trash-TV« zu sehen sind, sondern über einen sehr viel allgemeiner verstandenen *Stil* der einschlägigen Sendungen.[5]

Die Etikettierungen sind also auf unterschiedlichen Ebenen deskriptiv, und zugleich sind sie als normativ-evaluative Beurteilungen zu verstehen. Indem verschiedene Aspekte gleich etikettiert werden, produziert der Diskurs scheinbare Homologien. Man kann hier auch von einem »Verrutschen« (*slippage*) der Etiketten sprechen: zwischen Menschen-Typen und TV-Formaten, zwischen TV-Formaten und Menschen-Typen, zwischen Menschen-Typen und Individuen, aber auch zwischen deskriptiven und normativen Etikettierungen. Der Komplex konstituiert ein halbwegs kohärentes Repräsentationsschema, das sich von älteren – zum Beispiel dem miserabilistischen, dem dokumentarisch-realistischen, dem kämpferischen, dem kritisch-anklägerischen, oder dem bildungsorientierten Schema – grundlegend unterscheidet. Die symbolische Gewalt evaluativer Etikettierung liegt potenziell gerade in diesen *slippages*, deren Logik eine kulturelle ist. Mit der Dreifachetikettierung weitet sich zugleich die Kluft zwischen möglichen Lesarten.

In Deutschland begann die Welle von dreifach-etikettierten, zum Teil selbstreferentiellen Formaten – und damit der relevante TV-Komplex – Ende der achtziger Jahre mit Filmen und Fernsehsendungen, die als »Proll-

---

5 Im US-amerikanischen liegt der Gleichklang von »trash TV« als billigem Fernsehen, »trashiness« als Inbegriff sexueller Irrespektabilität, »trash« als Unwert und »(white) trash« als einer abjekten, sozial-figurativen Kategorie ebenfalls auf der Hand, der sich insbesondere an inszenierten Krawall-Talkshows (*Jerry Springer* etc.) festmachte. Seit den 1980er Jahren hat die »kulturelle Figur« des »White Trash« nicht zuletzt im US-amerikanischen »Trash-TV«, aber auch in besser beleumundeten TV-Serien wie *Roseanne*, andere Attribute und eine zeitgenössische Ästhetik angenommen und sich zumindest in manchen Kontexten von der engen Bindung an eine (auch regional) genau bestimmbare Gruppe gelöst (vgl. Wray/Newitz 1997; zur Verbindung von »trashy« und »White Trash« in einschlägigen TV-Formaten Grindstaff 2002, 145, 162f).

Comedy« bezeichnet werden, einschließlich der bereits angesprochenen Manta-Fahrer-Parodien. In diesem Strang des TV-Komplexes erscheint die Proll-Figur nicht, wie oben gesehen, als Bedrohung in der städtischen Interaktionsarena, sondern als Objekt und Prinzip einer bunt-vulgären Popkultur, die zunächst einmal keinen aggressiven Charakter hat. Im zeitdiagnostischen Diskurs hielt dieser Modus von Repräsentation die Kritiker und Zeitdiagnostiker eine Weile beschäftigt: Gearbeitet wird hier mit einem kalkulierten Vorführen von weithin als »prollig« etikettierten Figuren, Dialekten, Körperlichkeiten, biografischen Narrativen und mit spezifischen Formen der »Ansprache«. Dieser kulturelle Komplex zeichnet sich zugleich durch ein gewisses *Einverständnis* mit der inszenierten, als typisch figurierten Blödheit aus, oft einer scheinbar kindlichen, sowohl auf formaler Seite als auch hinsichtlich der Subjektstellen, die für die Rezeption vorgesehen zu sein scheinen.[6]

In den interpretierenden Texten werden die von Tom Gerhardt und anderen dargestellten *fiktionalen* Figuren immer wieder als *Repräsentationen zweiter Ordnung* verstanden: »Tom Gerhardt, Kölsche Proll-Natur, geht nur noch mit den Klischees der Klischees um: Sein Hausmeister Krause wirkt komplett plemplem. Dackelclub, naive Ehefrau, scharfe Blondinen-Tochter – Gerhardts Mitspieler in dieser neuen Comedy sind Abziehbilder von Abziehbildern.« Aber nicht nur Comedy-Figuren werden in diesem Sinn als »Prolls« etikettiert, sondern wie bereits erwähnt auch reale Personen, die in Formaten mit einem mehr oder minder realistischen Repräsentationsanspruch auftreten (»dabei sind die Containerbewohner echte Prolls mit glaubwürdigen Profilneurosen«; »prollige Endzwanziger (wahlweise mit Zungenpiercing bzw. Arschgeweih)« (bei *Big Brother*)). Diese Personen selbst haben Figurencharakter und scheinen ihrerseits »Abziehbilder von Abziehbildern« zu sein, glaubt man den Beobachtern und ihrer Sprache, die den Poststrukturalismus in die Fernsehkritik übersetzen.[7] Wenn eine Sendung in der RTL-

---

6 Besonders plump wird das vermeintliche Einverständnis in diesem Text vermutet: »Hochgerechnet 1,6 Millionen Zuschauer haben Anfang dieser Woche die Abenteuer der beiden Prolltrottel aus dem tristen Arbeiterstadtteil Kalk in Köln bereits gesehen – vor allem, weil die Träume von Leinwandfiguren und Publikum sich decken: Sie wollen nur Suff, Sex und Spaß, und all das am besten in der schon längst legendär gewordenen Teutonentränke Ballermann 6 in El Arenal auf Mallorca.«

7 Bei solchen Sichtweisen scheinen kulturwissenschaftliche Gedanken vom »Spektakel« (Debord) oder »Simulacrum« (Baudrillard) Pate zu stehen, bei denen individuelle Subjektivität in der medialisierten Gegenwartsgesellschaft nur mehr als Repräsentationen von Repräsentationen erscheint, die auf nichts ontologisch vorgängiges mehr verweisen. Auch

Daytime-Talkshow *Hans Meiser* mit »Ich wär' gern so prollig wie Tom Gerhardt« (22.01.1999) betitelt ist, dann macht diese selbstreflexive Nennung des »Prolligen« die Übergänge und Resonanzen zwischen den Modi fiktionaler und realistischer Repräsentation explizit, die für diesen Komplex insgesamt zentralen sind. Die Akteure stilisieren sich auf Bühnen des Alltags und medialen Bühnen gleichermaßen. Solche scheinbaren Übereinstimmungen stellen nüchtern-distanzierte Begriffe wie Klischee und Stereotyp infrage, die zwischen Realität und Repräsentation klare Grenzen ziehen.

Die Thesen, die der Medienwissenschaftler Lothar Mikos in einer Analyse der ersten deutschen *Big Brother*-Staffel aufgestellt hat (2003), sind zum Verständnis dieser Übergänge hilfreich. Er betrachtet die Auftritte und Inszenierungen von zwei viel kommentierten Teilnehmern, Zlatko und Christian, als *Personen* und als *stilisierte Figuren* im Kontext der »medialen Verwertungskette«, wo auf einen Auftritt in einer Reality- oder Casting-Show sowohl Musikproduktionen als auch Spin-Off-Formate wie *Zlatkos Welt* folgen (was auch zum Beispiel für Gina-Lisa Lohfink gilt). Mikos stellt anhand der beiden Männer den Unterschied zwischen zwei Arten von Figurierung dar: Beide waren »Figur(en)«, »die [...] unter Ausschöpfung der medialen Verwertungskette vermarktet« wurden (323). Der Unterschied liegt in der Performance des Verhältnisses von Inszenierung (Figurenhaftigkeit) und Authentizität (Persönlichkeit): »Während Christian gezielt eine Performance wählte, die auf die Vermarktung durch die Orientierung an einer bereits in den populären Diskurs eingeführten Figur abzielte (er inszenierte sich im Container selbst als »Nominator«, in Anlehnung an den »Terminator«, Anm.), gab sich Zlatko im Container so, wie er selbst glaubte zu sein, als ›Sladdi‹. Das betonte er immer wieder in Konfliktsituationen, wenn er darauf hinwies, dass er eben so sei. Dadurch verkörperte er in einer Zeit, in der von den Menschen das souveräne Spielen verschiedener Rollen gefordert ist, gewissermaßen einen anachronistischen Typ, an dem die reflexive Moderne spurlos vorübergegangen zu sein scheint, indem er scheinbar ein authentisches Selbst präsentierte.« (323) In jedem Fall bewegen sich die Stars solcher Formate an der Schwelle der Figurenhaftigkeit; die Frage der (Selbst-)Figurierung und Fiktionalität (oder auch ihres Gegenteils) gehört zu den Fragen, an denen sich populäres Fernsehen gewissermaßen abarbeitet.

---

bei Deleuze und Guattari heißt es: »Die Privatpersonen sind demnach Bilder zweiter Ordnung, Bilder von Bildern, das heißt *Trugbilder*, die derart instand gesetzt werden, das Bild erster Ordnung von gesellschaftlichen Individuen zu reproduzieren.« (1974, 341).

Auch in einem weiteren Sinn zählt der Gestus, den diese medialen Formatierungen enthalten, zum Kern der kulturellen Bedeutungen des »Prolligen«, die die symbolische Form des Post-Proletarischen näher bestimmen. Diese bestimmt sich nicht allein über eine semantische Komponentenanalyse – über Komponenten wie »laut«, »grell«, »unreflektiert«, die anhand der Zeitungstexte angeführten Einstellungsmerkmale – oder über ikonografische Prototypen, sondern auch im Sinn einer *typisierten Einstellung zur eigenen Praxis*. Sie ist im TV-Komplex gewissermaßen objektiviert: Auf der Encodierungsseite zum Beispiel in der Art und Weise, wie Talkshow-Moderatoren ihr eigenes süffisantes Grinsen, Augenzwinkern oder Augenbrauen-Heben verstehen, aber auch allgemeiner in dem, was Beobachter »Proll-Strategie« nennen. Es geht also weder allein um einen Figuren-Typus noch allein um einen Inszenierungs-Gestus, sondern auch um eine gespeicherte *Haltung*. Sie findet sich auch in den Modi einer »wissenden«, kompetenten Rezeption und Decodierung. Figuren von »Prolligkeit« oder »trashiness« implizieren in diesem Sinn eine *stilisierte Einstellung* gegenüber den eigenen Verhaltensweisen, die – insbesondere in ihrer medialen Repräsentation – als ostentative Visualisierung und Zurschaustellung auch derjenigen Verhaltensweisen verstanden werden, die anstandsorientierten Beobachtern zuwider ist.

Dieser Gestus ist sicherlich nicht ohne Vorläufer. Der Historiker Peter Bailey bezeichnete ein verbreitetes Phänomen, einen Gestus, in der britischen Populärkultur der Mitte des 19. Jahrhunderts als *knowingness*: Das Wort zielt bei ihm auf ein augenzwinkerndes Bescheidwissen in der populären Kultur ab, auf ein »being in on the joke«, das auf geteilte kulturelle Kompetenzen des Publikums rekurriert.[8] Ein vergleichbarer Gestus der *knowingness* begegnet uns in unterschiedlichen Ausprägungen von Reflexivität auch

---

8 Bailey versteht dieses Bescheidwissen als eine »influential modern cultural form« (1994, 138) aus Diskursen und Praktiken, die vor allem Mitte des 19. Jahrhunderts in den *penny gaffs* und *music halls* in Erscheinung tritt, sich aber bis in die Gegenwart zieht. »The ultimate pathology of knowingness is wincingly caught in the Monty Python sketch, ›Nudge, Nudge, Wink, Wink‹« (169). Beispielhaft zitiert er Lieder von Sängern in kleinen Theatern (penny gaffs) um 1840, die eher unsinnige Wortfolgen enthielten, auf die das Publikum mit anstößigen Reimen antworten sollte. Bailey sieht den Kern des Vergnügens an der *knowingness* in der Bestätigung von »*sub rosa* competencies« der städtischen Unterschichten: »Knowingness encoded a reworked popular knowledge in an urban world which, for all the continuing force of custom and often strong sense of community, was increasingly populous, extensive and unknowable. [...] It was [...] the refinement of a strongly oral and pragmatic everyday consciousness« (167). »By engaging and flattering these skills, music-hall performers could continue to reassure an audience that they were nobody's fool or – more pertinently in this era – no teacher's dunce, no head-clerk's cipher, no foreman's

an anderen Stellen dieser Arbeit.[9] Sie verstärken sich gegenseitig. Die Konstellation von inszenierter Sichtbarkeit und augenzwinkernd-distanziertem Einverständnis in unterschiedlichen Elementen desselben Komplexes lässt sich in diesem Sinn als *resonantes* kulturelles Thema im Sinn von Connolly, als Teil einer »Resonanzmaschine« verstehen. Hier wird sie zunächst zwischen Moderatoren und Rezipienten hergestellt, den repräsentierten »echten Menschen« wird sie in unterschiedlichem Maße zu- und abgesprochen.

Figurierungs-Reflexivität

Im hochkulturellen Fernseh-Diskurs-Korpus finden sich zugleich immer wieder Formulierungen, in denen das vermeintlich authentische Personal der Fernsehformate als bloße Darsteller eines Typus gewissermaßen entlarvt werden, wie hier: »In der neuen, täglichen Nachmittags-Talkshow auf Pro-Sieben gibt ›Jugendberaterin‹ Margit Tetz einer wechselnden Riege Proll-Darsteller pseudo-akademische Tipps, damit wieder Leben in die heimische Matratzengruft kommt.«[10] Auch wenn die Formate im Modus realistischer Repräsentation auftreten, wird das Prollige von den »Prolls« *dargestellt.* Figurierungs-reflexive Texte stellen heraus, dass diese Formate vorgegebenen

---

stooge.« (160) Zu ästhetischen Strategien zwischen Ironie, Parodie, »trash« und »Camp« vgl. KLeinhans 1994; Leibetseder 2010.

9 In diesem Sinn verstehe ich zum Beispiel die oben zitierte Bemerkung der Interviewpartnerin Steffi, die »Ost-Jungs« sagten: »Ich steh' dazu«; vgl. die »Atzen« und die Rede von der »Proll-Schiene« im Rap-Abschnitt. Ähnliche Dynamiken können auf der Ebene des Stils ausgemacht werden: Hier liegt die Hypothese nahe, dass die bereits erwähnte *offensive Sichtbarkeit* als semiotisches Strukturmerkmal des »Prolligen«, »Trashigen« und »Chav«-Typischen (bzw. seiner Wahrnehmung) eng mit den massenmedialen Formaten zusammenhängt.

10 Auch die Wirksamkeit und Beliebtheit der entsprechenden Sendungen wird erklärt, und zwar mittels eines Rückgriffes auf das kulturelle Gedächtnis der Typen, Figuren und Formen: »›Big Brother‹ ist weiterentwickeltes Volkstheater. Das Spiel verlangt nach einfachen, klaren Typen, wie die Commedia Dell'Arte: Zlatko, der Proll. Manu, die Zicke, die es nach der Show schwer haben wird« usw. Aber auch in diesem Zusammenhang kippt das Bild schnell um in Formulierungen, die das Proll-Sein nicht als strategische Performance von inszenierten Typen, sondern als schlichte Eigenschaft von Personen darstellen, wenn es zum Beispiel heißt: »Mit Sabrina schickt RTL 2 einen zweiten Zlatko ins Rennen. Sabrina, ein selbstbewusster, unverdorbener Proll, mit Potenzial zur Kultfigur. Wahrscheinlich weiß auch Sabrina nicht, wer Shakespeare war.«

Skripten folgen und die Teilnehmer dazu bringen, sich als spezifische Figuren und Typen zu modellieren: als, insbesondere, »prollige« Figuren und Typen. Hervorzuheben ist in diesem Zusammenhang vor allem das Darstellen *ethnischer* Stereotype, das zum Beispiel folgender Text kritisch betrachtet, der das Casting für eine Gerichts-Show beleuchtet: »Für die neue Sat.1-Gerichtsshow ›Richter Alexander Hold‹ [...] werden gerade junge Türken gecastet, aber es gibt ein Problem. Gesucht werden grimmige Türsteher-Typen, doch die eingeladenen Kandidaten sind fast allesamt besonnene und eloquente Akademiker. Selbst der Barkeeper Murat ist Casting-Redakteur Uve deutlich zu cool. ›Lass mal den Asi raushängen‹, fordert er. [...] Also versucht Murat den Voll-Proll. Die Gefahr, dass einige Zuschauer seine künftige Darbietung ernst nehmen könnten, ficht den Augenblicks-Asi nicht an. Für ein paar Mark Aufwandsentschädigung, einige Minuten TV-Präsenz und die vage Hoffnung, dass vielleicht einmal mehr daraus wird, tun andere noch weit mehr.«[11]

Die Figuren- oder Klischee-Reflexivität gilt dem Format- und Inszenierungscharakter, der mangelnden Authentizität beziehungsweise der Hyperrealität solcher Sendungen und der in ihnen sichtbar gemachten medialen Figuren. Kritisiert wird nicht zuletzt, dass es sich um strategisch-kalkulierende Inszenierungen handelt, die auf fragwürdige Vorlieben und Vorurteile des Publikums spekulieren: »Tom Gerhard mimt den voll bekloppten Proll und verdient damit ein Vermögen, es wird auf Hesse Gaga gebabbelt von ›Badesalz‹, und die Zuschauer rennen ins Kino oder schalten den Fernseher ein.«[12] Neben der vermeintlichen Niveaulosigkeit des Unterhaltungsprogramms steht auch die mögliche ideologische Funktionalität im Fokus der Kritik, gewarnt wird vor einer verzerrten Wahrnehmung der Lebensweise zum Beispiel von »Hartz-IV-Empfängern«, wenn Texte zum Beispiel den Inszenierungscharakter vermeintlich »sozialrealistischer« Sendungen wie *Mitten im Leben* kritisch beleuchteten.

---

11 Dieser kritische Blick auf den Produktionsprozess medialer Stereotype, und damit kultureller Figuren, rührt offenkundig an Macht- und Blickverhältnisse, die auch in anderen Medien und Formaten bedeutsam sind, zum Beispiel in der Comedy (vgl. Androutsopoulos 2001 u.a.) im Gangsta-Rap (s.o.).

12 Als Übergangsfiguren sind dann Personen wie Tim Mälzer anzusehen, die »den Proll raushängen lassen«, dies aber – so die Unterstellung – in besonders kalkulierter, strategischer Form tun: Mälzer wird beispielsweise beschrieben als »der Hamburger Jungstar, der werktags mit kessen Sprüchen den Küchen-Proll spielt, als wolle er sein Abitur verleugnen«. Damit erreiche er »im Nischensender Vox kaum weniger Zuschauer als Kerner«

Auch in der Werbung und Marken-Image-Design (*branding*) schafft das Spiel mit dem Prolligen, so zumindest die Zeitdiagnostiker, um deren Diskurs es hier geht, eigene Formate, deren Codierungsgestus demjenigen des TV-Komplexes weitgehend entspricht.[13] So führte eine Werbeagentur mit der Kampagne für das Hamburger Astra-Bier »gleich ein neues Genre in die Szene ein: die Proll-Werbung«, wie es – angesichts der Vielzahl von Vorläufern historisch nicht unbedingt zutreffend – im *Spiegel* zu lesen steht. Ein Sprecher der Werbeagentur erläutert die Encodierungslogik: »Die Marke, ein altes Arbeiterbier, war praktisch klinisch tot, das wurde nur von Rentnern und Arbeitslosen getrunken. Da haben wir einen radikalen Schnitt empfohlen: Nehmt das Prollige, das Astra hat, und macht etwas Neues daraus. Dann haben wir eine relativ provokante, authentisch daherkommende Kampagne gemacht, die zuerst bei ganz jungen und hippen Zielgruppen gut funktionierte und nach einem Jahr auch bei ganz normalen Leuten.« Und weiter: »Für die angeschlagene Biermarke setzten die Kreativen, die sich in der Agentur eine Astra-Stube mit grünen Plüsch-Sesseln und Oma-Tapeten eingerichtet haben, auf Anti: Ein zusammengeschlagener Bier-Trinker mit lädierter Nase und Astra-Flasche (›Das muß gekühlt werden‹) oder zwei Frührentner, die aus der Peep-Show kommen (›Das Bier war klasse‹), machen Schluß mit dem Image vom gepflegten Bier.« Auch in dieser Weiterverarbeitung (»etwas Neues«) eines abgewerteten Produktes besteht das »Prollige« an der postmodernen »Proll-Werbung« nicht allein in der Assoziation mit einem post-proletarischen Milieu und seiner Ästhetik (dem »Prollige(n), das Astra hat«), sondern, als Pop-Phänomen, in der Art und Weise, wie diese Assoziation in Szene gesetzt wird: Mit augenzwinkerndem Einverständnis. In affirmativer, aber doch auch distanzierter Weise – der vielfach angeführten »Selbstironie« – spielen solche Repräsentationen mit Einstellungen, die weder »gesellschaftsfähig« noch (würden sie ohne augenzwinkernde Rahmung als soziale Indizes verwendet) verkaufsförderlich sind, also den Einstellungen, die oben angeführt wurden. Die Explikationen des zitierten Werbers zeigen auch, inwiefern der kommunikative Komplex an dieser Stelle auf andere Hierarchien rekurriert (Rentner und Arbeitslose bilden eine Gruppe, deren soziale Wertigkeit als »klinisch tot« bezeichnet wird), die sowohl vorausgesetzt als auch bestätigt werden, zumindest auf der Encodierungsseite.

---

13 Bailey merkt an, dass die *knowingness* – die ich als Vorläufer des »prolligen« Gestus verstehe – seit dem späten 19. Jahrhundert zu den Grundmustern der britischen Werbung zählt (1994, 169).

Von den Proll-Figuren der »Unterschichtfernsehen«-Debatte zur Sozialdisziplinierung?

In den vorangegangenen Abschnitten wurde ein Bild des medialen Proll-Komplexes gezeichnet. An dieser Stelle soll nun noch einmal nach dessen Relevanz für die größeren Erzählungen oder Metaerzählungen und deren politische Funktionalität gefragt werden. Zentrale inhaltliche Motive dieser Erzählungen waren *Bedrohungsszenarien in der Interaktion* sowie eine *Entbürgerlichung von Normen alltagskultureller Lebensführung*.

Solche Thesen ziehen sich durch das 20. Jahrhundert und nehmen wie gezeigt in der zweiten Jahrhunderthälfte zu. Sie finden sich auch in Zeitdiagnosen von Popkulturtheoretikern aus den neunziger Jahren: Der Schriftsteller und Pop-Autor Rainald Goetz zum Beispiel diagnostizierte in der Wochenzeitung *Die Zeit* (1997), dass die Techno-Rave-Subkultur, die er teilnehmend verherrlichte, ein Mikrokosmos neuer gesamtgesellschaftlicher Verhältnisse sei; jugendkulturelle oder subkulturelle Szenerien würden hier nur einen besonders gut sichtbaren Ausschnitt bilden: »Techno reproduzierte dabei, ohne es zu wissen, eine gesamtgesellschaftlich neue Realität. Jeder doofe, hohle Proll, der zum Beispiel im Afrikanischen Viertel im Wedding seine Hunde durch die Gegend brüllt, ist so sehr und jenseits aller Zweifel absoluter Herr und Herrscher seiner ganzen Welt, wie jeder andere Universitätsprofessor, Straßenkämpfer, Bauarbeiter oder Redakteur. Die Ordnung der bürgerlichen Klasse [...] ist zusammengebrochen, endlich.« Und auch Diedrich Diederichsen diagnostizierte: »Heute steht der junge Proll im Zentrum *seiner eigenen Kultur*, und die deutsche Version davon leitet der RTL-II-Casting-Pop« (*Tagesspiegel*, meine Hervorhebung).

Aus der bisherigen ethnografischen Darstellung wurde freilich deutlich, dass Annahmen einer derartigen Entvertikalisierung bestenfalls einseitig sind, angesichts fortlaufender und erneuerter »hidden injuries of class« (Sennett/Cobb), auch wenn tatsächlich bemerkenswerte Prozesse von »Selbstanerkennung« stattfinden. Wichtiger ist hier jedoch, dass der medial encodierte »prollige« Gestus von selbstbewusster *knowingness*, wie spielerisch auch immer, in vielen dezidiert bürgerlichen Decodierungen, die dem kulturellen Wandel skeptischer gegenüberstehen als Goetz und Diederichsen, ganz offenkundig eine bedrohliche Abkehr von einer bürgerlichen Dominanz- oder Leitkultur repräsentiert.

Bei besorgten Beobachterinnen und Beobachtern hinterlässt dieser Komplex dann den Eindruck, in einer »Prollkultur« und einem »Unterschichtfernsehen« würde eine »prollige« oder »trashige« Unterschicht gewissermaßen ohne erzieherische Aufsicht nur mehr zu sich selbst sprechen – anstatt, so ließe sich ausführen, in der »Stadtrandsiedlung« und anderen schlecht beleumundeten Orten verborgen zu bleiben und gelegentlich im dokumentarisch-realistischen Modus, unter Vorzeichen von Besorgnis oder ähnlichem, medial repräsentiert zu werden. Die Intensität öffentlicher Debatten – und fraglos auch alltäglicher Affekte – speist sich nicht zuletzt aus der Annahme, dass solche Figuren nicht allein populärkulturell *sichtbarer* werden, sondern in den Formen und Formaten der Populärkultur selbst an gesamtgesellschaftlicher *Normalität* und eventuell sogar *Normativität* gewinnen. Im sogenannten »Trash-TV« wird weitere Evidenz für eine zunehmende Entvertikalisierung des Kulturellen und eine ästhetisch-moralische Autonomisierung unterbürgerlicher Milieus vernommen.

Vor diesem Hintergrund bestehen Resonanzbeziehungen zwischen der populärkulturellen Proll-Figurierung, wie sie hier analysiert wurde, und den neoliberalen, sozialdisziplinarischen politischen Programmen des letzten Jahrzehnts. Als zum Beispiel der Historiker Paul Nolte in einer seiner neokonservativen Streitschriften 2004 von verwahrlosten Arbeitslosen und ihrer Vorliebe für »Unterschichtfernsehen« sprach, konnte er auf ein akkumuliertes informelles, affektiv gesättigtes »Bescheidwissen« über das »Proll-TV« bauen.[14] Nolte propagierte gegen den vermeintlichen Egalitarismus von Markt, Unterschicht und linker Kulturpolitik eine neue Vertikalisierung, eine neue Unterscheidung von Wertvollem und Wertlosem, die sich auf die vermeintliche Evidenz medial formatierter kultureller Figuren stützen kann. Die »Klassendifferenzierung des Fernsehens« habe »mit RTL und SAT.1 ein spezielles Unterschichtfernsehen entstehen lassen«, so argumentierte Nolte (2004, 42). Die neue TV-Massenkultur sei »zu einer Klassenkultur der neuen Unterschichten« (62) geworden, deren Horizont diese Klassenkultur selten überschreite – im Gegensatz zu den Switching-kompetenten Mittelschichten, die diese Sendungen gelegentlich auch sehen. Insgesamt erweise sich diese »Kultur« zunehmend als entscheidendes Hindernis, das einer weitergehenden Teilhabe ihrer Angehörigen – am Arbeitsmarkt, am kulturellen Leben, an einer entwickelten Subjektivität – im Weg steht – und damit als dringendes politisches Handlungsfeld.

---

14 Nicht vergessen werden sollte in diesem Zusammenhang der Talk-Satiriker Harald Schmidt, der kurz zuvor von Sat.1 zur ARD wechselte und den Begriff popularisierte, indem er ihn auf seinen alten Arbeitgeber anwendete.

Mit seiner Intervention registrierte der öffentlichkeitswirksame Historiker einen Wandel des diskursiven Akzents und beschleunigte ihn zugleich: weg von der gutartigen Groteske, hin zu Bedrohungs- und Disziplinierungsszenarien.[15] Nun wurde die Proll-Figur zu einem zentralen Gegenstand von sozial-moralisch-disziplinarischen Diskursen und zu einer alltagsnahen Metapher für vermeintlichen gesellschaftspolitischen »benign neglect«, also einen passivierenden Sozialstaat, den ein stärker paternalistisch-aktivierendes Staatshandeln gegenüber den Unterschichten ersetzen solle. Auf Noltes Erfolgstitel folgten weitere diskursive Ereignisse, vor allem, als die Friedrich-Ebert-Stiftung in einem Milieu-Typisierungs-Versuch 2006 ein »abgehängtes Prekariat« konstatierte. An diese Veröffentlichung schloss sich in den bürgerlichen Medien 2006 wiederum eine längere Diskussion um eine »neue Unterschicht« an, die auch Noltes Thesen aufgriff, vielfach auch kritische Stimmen zu Gehör brachte, und erneut auf Figuren von »Prolls« und »Asis« rekurrierte, wie sie das vermeintliche Unterschichtfernsehen ins grelle Licht der formatierten Sichtbarkeit rückte.[16] Einige Textstellen aus der Zeitungsanalyse stammen aus Texten aus diesen Debatten.

In diesen Jahren trieb die rot-grüne Bundesregierung den Um- und Abbau des Sozialstaats vehement voran. Anfang 2005 trat die vierte Stufe des sogenannten Hartz-Konzepts in Kraft, die Zusammenführung von Arbeitslosen- und Sozialhilfe mit ihren Elementen paternalistischer Disziplinierung.[17] Die (personalen wie formalen) Figuren des »Prolligen« im Trash-

---

15 Vgl. kritisch zu diesem Diskurs die detaillierte Analyse von Klaus/Röser 2008 und die Kommentare in Danilina u.a. 2008. Zum neoliberalen Staat und zu »punishing the poor« vgl. Wacquant 2009.

16 In der *Frankfurter Allgemeinen Zeitung* wurde die Debatte zum Beispiel als »das Proll-Problem« verhandelt. Zum Verhältnis von Sichtbarkeit und Unsichtbarkeit und von Öffentlichkeit und Privatheit in diesem Zusammenhang vgl. die kritischen Bemerkungen von Marchart (2000): »Auch etwas für alle Welt Sichtbares kann, wenn es dem Modus des Privaten angehört, *dunkel* sein. Soziale Unterordnungsverhältnisse und Identitätsbildungsprozesse können so offen zu Tage liegen wie in Big Brother: Solange sie nicht politisch reaktiviert werden, also ins Register der Makro-Politik wechseln, liegen sie streng genommen im Dunkeln.« (254)

17 Die Erzählungen knüpfen an jahrzehntealte Debatten und Diagnosen an, die eine kulturelle Autonomisierung der unterbürgerlichen Schichten konstatierten und Ängste vor kultureller Ansteckung, Verlustfantasien und »Statuspaniken« (vgl. Bude 2008) artikulierten: »Proletarisierte Verhaltensstandards« haben sich, so meint zum Beispiel Nolte, bis weit in die Mittelschichten »hineingefressen« (2004, 73), ein Echo von Elisabeth Noelle-Neumanns Diagnosen einer sich bedrohlich ausbreitenden »Unterschichtsmentalität«, verzögert um 25 Jahre, bereichert um den Beitritt des DDR-Gebiets, das nicht wenige bürgerliche Betrachter als »proletarisiert« erachteten. Vgl. dazu die Diagnosen des ehema-

TV-Komplex »bevölkerten« diese Metaerzählungen und wurden von ihnen vielfach neu bestimmt. Inwiefern sie an der Legitimierung und Plausibilisierung in einem starken Sinn *ursächlich* beteiligt waren, lässt sich hier nicht (in einem positivistischen Sinn) erschöpfend zeigen; eine solche ideologiekritische Vermutung liegt jedoch nahe.

Auch wenn ich diese Politiken für falsch halte, und gegenläufige Interventionen für richtig, kann es am Ende dieses diskursanalytischen Abschnitts nicht darum gehen, die Assoziationen, die Autoren wie Nolte herstellten, und die Funktionalisierung fragwürdigen sozialwissenschaftlichen »Wissens« über eine homogenisierte Unterschicht, einfach mit »der Realität im Feld« zu kontrastieren. Das wäre naiv: Interventionen lassen sich nicht einfach widerlegen. Existierende Rezeptionsstudien zeigen aber, dass sich derart umfassende Bewertungen des fraglichen Feldes aus der Alltagsperspektive heraus verbietet: Zu plural gestalten sich die tatsächlichen Fernsehformate und die Kontexte und Kompetenzen auf Rezipientenseite, zu beobachterabhängig die Kriterien für eine solche Einschätzung (vgl. das Resümee von Klaus/Röser 2008, 271, 274).

Trotzdem sei erwähnt, dass mir die Fernseh-Frage »im Feld« immer wieder begegnete, auch unter Picaldi-Angestellten, die sich über Personen in Talkshows, Castingsendungen und Formate wie *Frauentausch* der letzten Male unterhielten – und über die Frage, ob vielleicht Kunden darunter waren. Diese Besorgnis war durchaus präsent. Die Fernseh-Präferenzen der befragten Jugendlichen selbst wiederum waren vielfältig: Bevorzugt wurden das Musikfernsehen, lustige Serien, Crime- und Action-Serien, Sport und verschiedene türkischsprachige Programme.[18] Von einer homogenen Fernsehkultur ist das aber weit entfernt. Konsensfähig (das schloss den Forscher ein) waren allenfalls die *Simpsons*, ein Teil der globalen, mehrfach lesbaren »Gemeinkultur«. Zudem diente in Interviews das Fernsehen (in Internetportalen wie Youtube gespeichert) einige Male zum Vorführen von kulturellen

---

ligen brandenburgischen Innenministers Jörg Schönbohm. Ein populäres Buch, das zur Konstruktion der »chav«-Figur in Großbritannien entscheidend beitrug, trägt wiederum den in dieser Hinsicht vielsagenden, sarkastischen Titel *Chav! A User's Guide to Britain's New Ruling Class* (2004). In solchen Vorstellungen ist die Kulturgeschichte nicht von »Verbürgerlichung« geprägt (zu dieser Dialektik s.u.), vielmehr haben die »Prolls« den Wind der Geschichte in den Segeln; das Bürgertum führt nur mehr Rückzugsgefechte (der Film *Idiocracy* spitzt diese Diagnose besonders eindrücklich zu).

18 Die beliebtesten Fernsehsender sind MTV, Pro 7, VIVA, RTL, Sat 1, RTL 2, Eurosport, Kabel 1, DSF. Dazu kommen türkisch- und arabischsprachige Fernsehsender, die manche Jugendliche mit großer Aufmerksamkeit verfolgen.

Figuren: Hier konnte zum Beispiel Tim einige »*richtige Atzen*« zeigen oder die Lächerlichkeit von *Playboy 51* vorführen. Diese Formate machen ein Repertoire von inszenierten – oft negativ klassifizierten – Fällen abrufbar, die als prototypische Verkörperungen kultureller Figuren fungieren.[19] Damit wurde dann aber auch die eigene Souveränität und Kompetenz zelebriert und in gewisser Weise die eigene sozial-kulturelle Überlegenheit. Soweit dies hier sichtbar wurde, funktionierte das »Trash-TV« der Tendenz nach als Medium der Integration in dominante Diskurse um »anständige« Lebensführung (vgl. dazu Meer 2003; Thomas 2008).

Der Deutsch-Rap-Komplex

»Er hatte Großes vor im Fernseh-Urwald. ›Ich möchte zeigen, dass auch jemand, der von ganz unten kommt, kein Proll sein muss‹, sagte DJ Tomekk alias Tomasz Kuklicz kurz vor seinem Einzug ins Dschungelcamp in eine RTL-Kamera. ›Vor dem Hintergrund der Debatte um gewalttätige Jugendliche bin ich für das Camp ausgewählt worden. Aufgrund der Jugendlichen, meist Ausländer oder Immigrantenkinder wie ich, die in Deutschland eine Bedrohung darstellen sollen, ist es mir umso wichtiger hier mitzumachen.‹« (*Spiegel Online*, 28.1.2008)[20] Weil er vor der Abreise ins Dschungelcamp blödelnd den Hitlergruß gezeigt hatte, musste er das Camp dann allerdings schnell wieder verlassen.

Tomekk ist ein bekannter und erfolgreicher DJ und Produzent, eine Schlüsselfigur der Berliner Rap-Welt. Im folgenden Abschnitt nehme ich einen weiteren Strang des Konstruktions- und Zirkulationsprozesses der kulturellen Figuren in den Blick, indem ich einige prominente Beispiele für den Umgang mit der Proll-Zuschreibung in diesem Feld analysiere.[21] Wenn von erfolgreichem Berliner Rap die Rede ist, wird oft von »Proll-Rap« gespro-

---

19 Einige aus dieser Figurengalerie haben als »populäre Medienevents« (vgl. Hepp 2002) längst klassischen Status, wie Zlatko T. aus *Big Brother* (vgl. Göttlich 2000, Mikos 2003) oder *Playboy 51*, der in verschiedenen Nachmittags-Talkshows auftrat.

20 http://www.spiegel.de/panorama/leute/0,1518,530592,00.html (letzter Zugriff am 18.11. 2011).

21 Zum Zeitpunkt der Forschung waren Rap und der Rap-Black-Music-Komplex in einem weiteren Sinn die kommerziell erfolgreichsten, dominanten Popkultur-Ästhetiken und – Idiome in Deutschland, weit über subkulturelle Kreise hinaus.

chen (außen und auch innerhalb des Felds), mit unterschiedlichen semantischen Akzenten. Der traditionsreichen musikbasierten Subkultur Hip-Hop und ihren massenmedial präsenten Exponenten werden solche Zuschreibungen nicht gerecht. Ähnlich wie bei den im TV-Abschnitt dargestellten kulturellen Dynamiken etablieren diese etikettierenden Diskurspraktiken aber vermeintliche Homologien zwischen ästhetischen Ausdrucksformen, kulturellen Inhalten, der sozialen Herkunft der exponierten Akteure, der sozialen Verortung von Fans und ihrer stilisierten Praxis.

Als Reaktion auf Etikettierungen von Außen findet im Deutschrap-Komplex in stärkerem Maße als in anderen Bereichen eine affirmative, *reflexive* Bezugnahme auf Unterschichtsfiguren statt, darunter auch das Proll-Etikett und die mit ihm verbundenen Bedeutungen. Bushido rappt über die »Proll-Schiene«, Sido nennt sich einen »asozialen Proll und Prolet«, bei Fler heißt es unter anderem »Leute sagen/Fler ist Proll/Leute sagen/Fler ist Nazi/Mir egal. Sagt was ihr wollt, Hauptsache, der Rubel rollt« (Deutscha Badboy), andere wie K.I.Z. bekennen sich zum »Prollen und Pogen«. Ein bekannter Hip-Hop-Blog (der allerdings nicht aus Berlin kommt) heißt, in charakteristischer Tongue-in-cheek-Haltung, »Prollblog« und wird von einem Szene-Journalisten mit dem Pseudonym »Toxic« betrieben, der Sozialwissenschaften studiert. Schon diese Verwendungen und das Eingangsbeispiel verdeutlichen das prekäre Verhältnis von verletzenden Fremd-Etikettierungen, wie sie Tomekk registriert, trotziger Selbststilisierung wie bei Sido und Fler und einem eher spielerischen Sprachgebrauch.

In ihrer soziologischen Komponente berührt die Proll-Semantik ein zentrales Narrativ der Hip-Hop-Welt, die ursprüngliche Herkunft der Kunstformen aus den schwarzen und lateinamerikanischen Unterschichten und den »Ghettos« der postindustriellen US-amerikanischen Großstädte. In der Berliner Rap-Szene spielen Jugendliche aus unterbürgerlichen Milieus tatsächlich eine größere Rolle als in Szenen in anderen deutschen Städten.[22] Das Spiel mit der vermeintlichen »realness« sozialer Marginalität steht ebenso wie der Kampf um kulturelle Anerkennung im Kontext authentisierender Erzählungen. Die deutsche Diskurslandschaft mit ihren stigmatisierenden Debatten um Ghettobildung, Problembezirke, Integrationsproblematiken und

---

22 Diese soziologische Seite wird meistens nicht mit dem Wort »Proll« artikuliert, sondern mit Worten wie »Ghetto«, die mehr »Glamour« enthalten, oder – gelegentlich – mit »Unterschicht« (»Hier reimt die Unterschicht«; »Unterschicht Records« etc.). In einigen Fällen beziehen sich Rapper auch auf die White-Trash-Figur aus den USA (vgl. z.B. MC Bogy, der »Atzen-Keeper«, von »Berlin Crime«).

»Unterschicht« erweist sich in dieser Hinsicht als prägsam und anschluss-
fähig gleichermaßen. In ihrer performativen Komponente wiederum berührt die Proll-Semantik Aspekte wie das selbstbewusste Männlichkeitsbild,
den »Swagger«, den erfolgreiche Rapper verkörpern.[23] Und schließlich ist
die Hip-Hop-Kultur in besonderer Weise mit Figurierung befasst. In der
globalen Rap- und Hip-Hop-Welt zirkulieren allerlei Männer-Figuren (zum
Beispiel B-Boys, Players, Gangstas, Hustlers, Wannabes, Thugs und neuer-
dings auch Hipster), und ein erheblicher Teil der kulturellen Arbeit von Hip-
Hop ist mit dem Entwurf und der Konturierung solcher Figuren beschäftigt.
In den folgenden Abschnitten werde ich zwei besonders prominente und
für die oben beschriebene Szene besonders relevante Beispiele für diese Fi-
gurierungsarbeit analysieren; sie stammen von den beiden erfolgreichsten
deutschen Rappern, Bushido und Sido, die der Befragung zufolge auch die
Lieblingsrapper der Picaldi-Kunden sind.

Bushido und die »Proll-Schiene«

In seinem Track »Sonnenbank Flavour« von 2006 präsentiert sich Bushido
als einer, der auf der »Proll-Schiene« surft.[24] Der audiovisuelle Text des Videos bestimmt die Figur mittels des Vorführens spezifischer Ausstattungsstücke und Marken, vor allem aber über eine Ästhetik von maskuliner Kraft,
Kontrolle und Eleganz. Schon der Titel des Tracks bemüht einen der kon-

---

23 Solche Sprechakte der Identifikation sind aber angesichts der Genre-Regeln, angesichts
   der »Performativität von Identitäten im HipHop« (Kiwi Menrath) keinesfalls für bare
   Münze zu nehmen, vielmehr handelt es sich, bei allen Beschwörungen von Authentizität,
   immer auch um Inszenierungen, geht es doch um ästhetische Praxis. Auch hier wird häufig mit Stilmitteln von Distanzierung und Ironie gearbeitet; zugleich aber eine besondere
   Unmittelbarkeit kommuniziert, eine Widerspiegelung biografischer Erfahrungen im ästhetischen Material, von Straßen-Reputation in der Rapper-Persona, von »realness«. Diese
   Beteuerung des Unmittelbaren hat keinesfalls zufälligen Charakter. Zwischen dem »Prolligen« als kultureller Figur und dem Stilmittel des Verzichts auf einen spielerischen Umgang
   mit Repräsentation und Identität besteht eine Homologie. Als gemeinsames Muster liegt
   ihr, positiv gesprochen, die Direktheit und, negativ gesprochen, die zur Schau gestellte
   Abwesenheit von Reflexion und Reflexivität zugrunde. Der Inszenierungscharakter dieser
   Konstellation bleibt davon aber unbenommen.
24 Bushido, Sonnenbank Flavour, Single, Ersguterjunge/Universal Urban 2006. Zum Video:
   http://www.dailymotion.com/video/x1ynfn_bushido-sonnenbank-flavour_music (zuletzt
   abgerufen 15.10.2011).

ventionellen Proll-Topoi schlechthin, das Sonnenstudio und »die künstliche Bräune«. Der Track enthält kaum ganze Sätze, sondern besteht auf der sprachlichen Ebene vor allem aus einer assoziativen Aneinanderreihung von Vokabeln und gelegentlichen Satz-Fragmenten (»Sonnenbank Flavor – letztes Jahr angezeigt – Tunis – Goldrapper – Rambo 3 – Cordon Sport Massenmord – Schutzgeld – Paytime – Tempelhof-Schöneberg, Bravo Black – Schlammschlacht – Über-Nacht-zum-Fame-Rap – Gang Bang – Cowboy – Staatsfeind – Interpol – Brandneu – Nike Shox – Endgegner – Klingelton – Hautcreme – Haarwachs« und so weiter). Die Assoziationen sind weder zufällig noch allein individuell-biografisch, sie haben eine gemeinsame Logik. Der Titel behauptet, dass diesen aneinander gereihten Fragmenten etwas gemeinsam ist, eben der »Flavour«.

Figuren werden an verschiedenen Stellen im Text aufgeführt (Sonny Black (sein Pseudonym, M.E.) – Prototyp – Nemesis – Taliban – Araber – Terrorist – Anführer – Dschingis Khan), an anderer nennt er die »Prollschiene« und identifiziert sie mit dem oben schon von Steffi zitierten Blouson-Lederjacken-Look (»Undercover Kickbox – Groupienutten penetrant – Laptop Rap-Gott – Lederjacken Prollschiene – Ersguterjunge Yeah – Mein Label eine Goldmine – Guck mich an, Untertan – Heavy Metal Payback«).

Das Video zeigt den Rapper in einem abstrakten Raum, zumeist vor einem weißen, Ortlosigkeit evozierenden Hintergrund (eingeleitet vom bekannten Rapper Eko Fresh als Sonnenstudio-Putzkraft), in verschiedenen Outfits, gelegentlich mit Kollegen, sowie unterschiedliche Einblendungen, die den Text illustrieren. In einigen Einstellungen sehen wir die genretypisch sexualisierten Tänzerinnen in Bikinis. Eines der Bushido-Outfits besteht aus Nike-Airmax-Schuhen, einer dunklen Picaldi-Jeans und einer schwarzen Alpha-Industries-Bomberjacke. Derart ausgestattet lehnt er sich gegen die Motorhaube eines BMWs und erzählt in Stichworten von seinen letzten Jahren und von sich, während – ähnlich unverbunden – symbolkräftige Gegenstände, Posen, Fragmente ein- und ausgeblendet werden. Vielfach geht es implizit um Dominanz. Bushido führt allerlei autobiografische Episoden (zum Beispiel ältere Veröffentlichungen, also Song- und Albentitel) und Zeichen des Lokalen an (bis zu »Ich bin für Berlin, Hertha BSC«) und spielt auf aktuelle gesellschaftliche Diskurse und Moraldramen oder auch Moralpaniken an, zum Beispiel die Rütli-Schule in Berlin-Neukölln oder die bekannte Unterwelt-Familie Abu-Chakar. Er »droppt« einige Stationen des kommerziellen, populärkulturellen Erfolgs (Top Ten, Major Album Nr. 3, Viva Plus, TRL, MTV) und nennt bekannte Auseinandersetzungen mit

Kollegen. Vokabeln wie »Terrorist« und »Taliban« lassen sich als demonst-
rative und ambivalente Annahme von ethnisierenden Etikettierungen verstehen. Solche Positionierungen – begleitet von Fahnen, Explosionen und
anderem – evozieren einen Krieger-Typus, der in dieser Figurierung mit der
ästhetisierten Lebenswelt einer Fraktion von Jugendlichen mit arabischem
Migrationshintergrund und islamischer Religionszugehörigkeit verknüpft
wird. Einigen Raum nehmen Statussymbole wie teure Uhren (Breitling)
und Autos ein, die auf demonstrativen Luxuskonsum, ein klassisches Rap-
Thema, verweisen. Dazu gesellt sich eine Reihe von lokalen Streetwear-Mar-
kennamen: Cordon Sport (die bereits angesprochene Berliner Firma, die auf
Lederjacken spezialisiert ist), Amstaff (eine Süd-Berliner Rap-Streetwear-
Firma, benannt nach dem American Staffordshire Terrier, einem Kampf-
hund), Bullrot (eine weitere Hip-Hop-Kleidungs-Firma mit Kampfhund-
Anklängen) sowie – sichtbar – Rütli-Wear, die Kleidungsmarke nach dem
Hauptschul-Skandal.[25] Auch das Video ist also eher assoziativ als narrativ
gestaltet. Insgesamt präsentiert sich der Rapper in diesem Track als selbstbewusster, extrem erfolgreicher, sexuell begehrter Star und Gewinnertyp, und
zugleich als Vertreter des Lebensstils einer ethnisch-sozial bestimmten und
delinquenzaffinen Subkultur, den er zu dokumentieren scheint und damit
– selektiv – popularisiert. Er figuriert einen Typus, von dem er weiß, dass
er bei einem großen Publikum mit Angstlust besetzt ist, wie auch immer er
genannt werden mag.

Für den Gestus – der dem »Flavour« entspricht – ist in meinen Augen
ein spezifischer Modus der selbststigmatisierenden Annahme von Fremdzuschreibungen bezeichnend: Schon in der rhetorischen und bildsprachli-
chen Form wird hier eher *gesetzt* (gezeigt, vorgeführt, affektiv präsentiert)
als diskursiv gerechtfertigt. Zu solchen Setzungen passen die raumgreifende
Körperlichkeit, die »breiten« Jacken und das dominante Auftreten. So werden durch eine assoziative Zusammenstellung auf unterschiedlichen semiotischen Ebenen Homologien konstruiert.[26] Die bereits zitierten Verkäuferinnen bei Picaldi scheinen genau diesen Gestus im Kopf zu haben, wenn sie

---

25 Vgl. Wellgraf 2008, Androutsopoulos 2001. Mit ähnlichen Aneinanderreihungen (»im
   Solarium gebacken«, »die Hose in meinen Socken«, aber auch Markennamen wie Armani,
   Alpha Industrie, Picaldi und Carlo Colucci) arbeitet der satirische, einer ähnlichen Figur
   gegenüber ungleich feindseligere Track »Du Opfer was willst du machen« von K.I.Z. (s.o.)
26 Der »Flavour« ist gewissermaßen als ein postmodern-konsumgesellschaftliches Äquivalent
   des kulturtheoretischen »Ethos«-Begriffs oder anderer Bezeichnungen für ganzheitliche
   kulturelle Muster zu verstehen.

über die Proleten unter ihren Kunden sprechen, die sich für »etwas Besseres« zu halten scheinen und herrisch auftreten.

Zu beachten ist die Metapher der Schiene: Sie impliziert ein starkes, aktives Subjekt, das souverän über den eigenen Körper, das eigene Selbst und seine Außendarstellung verfügt, und sich zugleich reflexiv-affirmativ auf die eigenen Praktiken und deren Etikettierung zu beziehen vermag. Im setzenden Beschreiben löst es sich aus der bloßen Gegebenheit des sozialen Prozesses. Beim Prolligen handelt es sich gemäß der Logik solcher Formulierungen in letzter Instanz nicht um eine kategorial-identitäre, sondern um eine performative Frage und um die bewusst gewählte Ästhetik einer Lebensführung.[27]

Sido: Der Straßenjunge als »asozialer Proll und Prolet«

Das zweite hier gewählte Beispiel ist ein Track von Sido, der den Titel »Straßenjunge« trägt, ebenfalls 2006 erschien und eine prekärere Aneignung des P-Wortes vor Augen führt.[28] Im Track findet insgesamt eine defensiv gefärbte Selbst-Positionierung statt: »Ich bin kein Gangster, kein Killer, ich bin kein Dieb / Ich bin nur ein Junge von der Straße«. Die Sido-Figur bringt die Straßenjungen-Figur, deren Vorgeschichte im historischen Teil skizziert wurde, in Anschlag, um Fremdzuschreibungen zu entschärfen.

Im Video sind Szenen zu sehen, die der konventionellen Ikonografie der »Straße« entsprechen: Anfangs zwei etwa elfjährige Jungen in einem Hochhausviertel und anderen »städtisch« codierten, von Tags bedeckten Szenerien, dann junge Erwachsene – ältere, größere, breitere Gestalten in Berlin-typischer Hip-Hop-Bekleidung –, die sich als Crew mit den konventionellen Bewegungen präsentieren.[29] Das Video zeigt viele junge Männer in homo-

---

27 Im jugendkulturellen Kontext, in der alltäglichen Kommunikation und in den Interviews findet sich die Metapher der »Schiene« häufig (s.u.), die »Gangster-Schiene« (Tim), eine »Image-Schiene« (Mandy), »diese eine Schiene, die Aggro-Berlin-Fraktion« (Mandy) etc.

28 Sido, Straßenjunge, Single, AggroBerlin/Groove Attack 2006. Zum Video: http://www. youtube.com/watch?v=hJq5TvBZYNs (zuletzt abgerufen 15.10.2011).

29 Zu diesen »Straßenjungen«, die im Video gezeigt werden, gehört eine ganze Reihe mehr oder weniger prominenter Kollegen (Alpa Gun, Fler, Massiv, Harris etc.), aber auch die Crew, mit »Sekte« und »Berlin Crime«. Was die Orte betrifft, so sind verschiedene Stadtteile zu sehen, von Kreuzberg, Charlottenburg und dem Märkischen Viertel bis nach Marzahn, auch Briefkästen, Hochhäuser, die an den sozialen Wohnungsbau gemahnen (vgl. zu visuellen Inszenierungsmustern in Rap-Videos vgl. Klein/Friedrich 2004).

sozialen Situationen und nur eine junge Frau. Dem imaginären Gegenüber unterbreitet der Erzähler ein touristisches Angebot: »Komm ich zeig dir den Kiez, wenn du dich benimmst, hast du ein paar wundervolle Tage« – nicht ohne darauf hinzuweisen, dass es Probleme geben wird, wenn man sich nicht zu benehmen weiß. Hochhaus-Briefkästen, die Anonymität zu suggerieren scheinen, und mit Graffiti-»tags« bemalte Treppenhäuser illustrieren die bauliche Ikonographie in Nahaufnahmen. Mit kleinen, eher abgerufenen als narrativ ausgeführten Szenen wird dann der vorgebliche Alltag der »Straßenjungen« skizziert: Mit breitem Schritt und dicken Jacken durch die Straßen laufen, U-Bahn-Fahren in Kriegsbereitschaft (»Ich bin kein Killer, doch wenn's sein muss, dann mach ich dich kalt«), Graffiti-Malen auf Billboards und im S-Bahn-Depot, Motorradfahren, auf Kampfhunde wetten, Marihuana abwiegen, auf BMX-Rädern mit Chromfelgen cruisen, ein Autofenster einschlagen und mit geklauter Tasche türmen, sich auf einem Bolzplatz prügeln. All diese bildlichen, lexikalischen, narrativen, körperlichen Mittel präsentieren das Selbst als Typus (»so einer bin ich«), der sich legitimieren kann.

Solche Videos leben vom Hyperrealitätseffekt: Realismus im Sinn der Hyperrealität entsteht hier dann, wenn Repräsentationen des Lokalen so gestaltet werden, dass sie sich mit global zirkulierenden Bildern überlagern, ohne dass ein letzter Ursprung identifizierbar wäre.[30] Trotzdem beharrt der Text darauf, dass die gelebte Erfahrung – des Straßenjungen – und nicht das weithin zirkulierende, sehr viel einfacher lächerlich zu machende Repräsentations-Klischee – der Gangster – die Subjekte charakterisiert. Die Bilder und Rhetoriken haben auch hier zeigenden Charakter, aber sie stehen im Kontext einer diskursiven *Anerkennungsforderung*, einem klassischen Rap-Gestus, die sich hier sogar in der Ansprache eines imaginären Gegenübers artikuliert, von dem der Rapper fordert: »Sieh's ein/Sieh's ein/Sieh's ein – ich bin kein Gangster«.

Das imaginäre Gegenüber scheint eine Art ideelle Gesamtrespektabilitätsinstanz zu verkörpern, eine Kombination aus besorgten Lehrern, Eltern und Politikern.[31] Gegen das Gerede – »die Leute sagen« –, gegen die (werbewirksame) Moralisierung und Kriminalisierung seiner Person betont der Rapper

---

30 Zu Hyperrealität als Schlüsselkategorie für das Verständnis von jugendkulturellen Lebenswelten im Kontext von stilisierter Härte und »Straße« vgl. die Ausführungen des britischen Ethnografen Simon Winlow (2001; zum »Pastiche« vgl. Jameson 1991).

31 Der Text handelt recht bald davon, dass er, Sido, für allerlei verantwortlich gemacht wird: er würde Hasstiraden verbreiten, Drogen verherrlichen, Gewalt predigen, er sei böse und so weiter. Er solle umgesiedelt werden »in einen anderen Staat«.

zuerst, dass er »nicht böse« sei und sich nichts habe zuschulden kommen lassen.[32] Die naturalistisch-soziologistische Logik des – von Gitarrensamples dominierten – Tracks bringt ganz traditionell die Suche nach dem Respekt und einem eigenen Ruf »auf der Straße« gegen das Streben nach einer konventionellen Respektabilität in Anschlag. In diesem Zusammenhang wird nun auch auf den »Proll« rekurriert: »Ich bin nicht böse, ich tanz nur ab und zu aus der Reihe / Doch ich pass auf, dass ich verhältnismäßig sauber bleibe / ich habe ne weiße Weste, okay, vielleicht hat sie Flecken / ich bin ein Ghettokind, mit Bierfahne und Adiletten / Ich bin ein asozialer Proll und Prolet / Einer, den sie nicht mehr wollen beim Comet / Weil ich zu gerne das ausspreche, was keiner sagt / weil keiner Eier hat, ich hab die alte Leier satt«.[33] Für seinen Misserfolg beim deutschen Musikpreis »Comet« bis dato, der von VIVA vergeben wird, sei also ausschlaggebend, dass er von den Entscheidungsträgern als nicht standesgemäß kategorisiert wird. Erneut werden darüber hinaus Direktheit und Ehrlichkeit angesprochen, positiv bewertet und als Männlichkeitsfrage – »Eier« – codiert, die zu negativen Etikettierungen aus dem verklemmten, zur Direktheit unfähigen Außen führen mögen. Nach dem Wort »Prolet« ist ein Rülpsen zu vernehmen, im Video kommt der Rapper mit der Maske aus einem Zimmer und hat eine leere Flasche Champagner (und keine Bierflasche) in der Hand, die er demonstrativ umdreht. Das Rülpsen zitiert, gegenstandsunangemessen hochgestochen formuliert, das Proletenhafte als grobianistisch-körperlichen Ausdrucksstil (vgl. Kipnis 1992). So ganz entspricht er freilich nicht dem Bild, das der Text evoziert: Er wird eher eine Champagner- als eine Bierfahne verströmen, und als von den »Adiletten« die Rede ist, sind seine Nike-Sneaker zu sehen. Das mag den Umständen des Video-Drehs geschuldet sein, aber es wirkt hier, als nehme er das Fremdbild an, das er den unbenannten Anderen unterstellt, aber nur

---

32 Dann rechtfertigt er sich in stilisierter Form für etwaige Verfehlungen der »Straßenjungen«, indem er seine naturalistische Lesart von deren Logik in Anschlag bringt: »Ihr gebt mir keine Chance, ich muss gucken, wo ich bleibe, wenn ich keine Schuhe hab, dann geh ich los und hol mir deine. Wenn du zu nem Penner gehst und sagst du hast nur große Scheine, dann ist doch klar, dass der dann neidisch wird [...] Wir Straßenjungs kämpfen nur um's Überleben. Wir haben's nicht anders gelernt: einfach nehmen, wenn sie's uns nicht geben«. Zu sehen sind dann u.a. ein Auto-Einbruch, ein Überfall, eine Schlägerei; zu hören ist u.a. »doch wenn du Fleisch nur für dich behältst, du Freak, halt es lieber keinem bluthungrigen Hund unter die Nase«.

33 Der »Comet« ist ein Preis des Musikfernsehsenders VIVA, der an deutsche Pop-Künstler vergeben wird. Sido hängt der Ruf nach, sich nicht nur in vulgären Texten wie dem »Arschficksong«, sondern auch bei Auftritten danebenzubenehmen. Im Video werden die Worte »Proll« und »Prolet« mit Zählfingern begleitet.

zu einem gewissen Grad. Mit der Bierfahne und den Adiletten evoziert er zunächst eine klischeehafte Figur von Unterschicht: Dies ist, im historischen Vokabular formuliert, keine proletarische Figur, sondern viel eher eine Unterschichtsfigur im Sinn des Lumpenproletariats oder des »Asozialen«.[34] Die soziale Fundierung des Ausdrucksstils ist in diesem Zusammenhang ebenso offensichtlich wie seine Intentionalität: Er könnte sich im Video auch »benehmen«, wenn er wollte, aber er will eben nicht.

Letztlich etikettiert und positioniert Sido sich aber nicht primär als »Proll und Prolet«, sondern eben als Straßenjunge. Der um Rechtfertigung, Anerkennung und Erklärung bemühte Tonfall des Tracks zeigt, dass ein resignifizierendes Annehmen der Proll-Beschimpfung hier prekär bleibt, vielleicht auch prekär bleiben muss, wie es auch bei DJ Tomekk anklang. Die Rede vom »asozialen Proll und Prolet« mit »Bierfahne und Adiletten« erlaubt ein trotziges Ich-Sagen, sie ist – mit Haraway gesprochen – gewissermaßen temporär »bewohnbar«, zumindest in einer solchen Geste, aber sie evoziert bei aller Affirmation doch auch hier weiterhin eine Figur der Verachtung und Verwahrlosung, des Sich-gehen-lassens. Dass diese Figur der Welt ihren Willen aufprägt, zentrales Motiv des Straßenjungen, scheint nicht recht vorstellbar.

Fazit: Deutsch-Rap-Komplex

Die beiden Tracks führen zentrale Dynamiken im Umgang von Rap-Künstlern mit dem Proll-Etikett vor Augen, erhellen aber auch die als prollig etikettierte Figurierungspraxis in einem allgemeineren Sinn. Der Kampf um

---

34 Die adjektivische Rede, etwas sei »asozial« oder »asi« bzw. »assi« ist in der Gegenwartssprache häufig in ähnlicher Weise von der unmittelbaren sozialen Referenz entkoppelt wie das beim Adjektiv »prollig« der Fall ist (s. u.). Wenn bestimmte Praktiken, Stile oder Artefakte so bezeichnet werden (und meist sind es eben solche partiellen Objekte und keine persönlichen Identitäten – es kann auch um egoistisches Verhalten gehen etc.), dann speist sich das Verletzungs- und Zurechtweisungspotenzial der Sprechakte bei aller Unernst- und Scherzhaftigkeit letztlich aber weiterhin aus der Assoziation mit einer abjekten Gruppe, deren Abjektion sie wiederum performativ verstetigt. Zusammensetzungen wie »asozialer Proll und Prolet« sind durchaus verbreitet. Sie verdecken eine sozialgeschichtlich bedeutsame Unterscheidung, sind die »Asozialen« doch (a) eine behördlich-gewaltsame Bezeichnung für eine ähnliche Gruppe wie »Lumpenproletariat« und bilden (b) das Außen bzw. Unten konventioneller proletarischer Respektabilitätsstrategien (s. u.). Die Zugehörigkeit zur Kategorie der »Asozialen« wurde und wird weithin vor allem an der Arbeitsunwilligkeit festgemacht (*undeserving poor*).

individuelle und kollektiv-kategoriale Anerkennung macht einen zentralen Diskursstrang im Hip-Hop und auch im Deutsch-Rap aus. Deshalb habe ich die zitierten Bezüge auf die Proll-Figur auch vorwiegend aus diesem Blickwinkel analysiert. Die beiden Performances unterscheiden sich nun sowohl inhaltlich als auch in ihren ästhetischen Strategien erheblich: Wo bei Sidos Track die Positionierung als halbwegs respektabler Straßenjunge und als »Ghettokind« im Zentrum steht, kommt bei Bushido das Navigieren durch Fremd- und Selbstethnisierung hinzu. Nicht nur steht der »Araber« in anderen inhaltlichen Rechtfertigungszusammenhängen als Sidos an dieser Stelle ethnisch tendenziell unmarkierte Straßenjungen-Figur, in Bushidos Track herrscht wie gezeigt auch ein anderer Modus der Annahme von Fremdzuschreibungen vor. Bei Sido findet eine milieu-naturalistische, quasi-soziologische Erklärung statt, bei Bushido (an dieser Stelle) vorrangig eine Positionierung über lebensweltliche Dominanzerfahrungen, Erfolg, über Konsum-Gegenstände und über einen Gestus der definitorischen Setzung. »Proll« ist hier weniger ein Etikett für eine soziale Gruppe und ihr Verhalten, sondern Inbegriff eines selbstgewählten Gestus. Zugleich rekurrieren die Texte auf zwei unterschiedliche Ikonografien des »Prolls«: Bei Sido steht das Wort im Kontext demonstrativer »Asozialität«, tendenzieller Verwahrlosung und grobianisch-grotesker Körperlichkeit, mit der sich der Erzähler, der Straßenjunge, freilich nicht ungebrochen identifiziert, bei Bushido im Zusammenhang einer streng beherrschten, geradezu soldatischen Männer-Krieger-Physis.

Zugleich sind solche Figuren – Straßenjunge, Asozialer, Proll, Prolet – im größeren kulturell-diskursiven Zusammenhang nicht klar und eindeutig voneinander getrennt. Auch die Attribute des Straßenjungen, die Sido positiv positioniert, können von decodierenden Akteuren als in einem schlechten Sinn prollig verstanden werden, und die Proll-Schiene als »asozial«. Solche Unschärfen sind, wie oben kulturtheoretisch ausgeführt wurde, zentral für Figurierungsprozesse. Massumi spricht in diesem Zusammenhang von der semiotischen Übertragung und »Konvertierbarkeit« unterschiedlich »präziser« Figuren innerhalb einer »generischen« Figur, die deren Dynamik begründet; das Wechselspiel von Determiniertheit und Unbestimmtheit und dessen affektive Seite. Solche Unschärfen bringen den Gegenstand – die Figuren – nicht zum Verschwinden, sie begründen vielmehr ihre kulturelle Funktionalität.

Rap hat für seine Hörerinnen und Hörer, Fans und Künstler viele Funktionen – ästhetisches Unterhaltungsmedium, Karrieremöglichkeit, Aushandlungsraum, Begegnungsort, »Stimme«. Hier fungiert das Genre zudem als *Figurierungsmedium* und als *Speicher von Reflexivität*: Indem Bushido die Rede vom Proll aufgreift, die ihm ohnehin anhängt, verleiht er ihr genau die Eigenschaft, die dem Prolligen auf der Ebene der ersten Definition zu fehlen scheint, nämlich eine gewisse Reflektiertheit. Er weiß, dass andere, Autoritäten und Alternative gleichermaßen, ihn und sein Auftreten für unangenehm und zugleich für unreflektiert halten. Indem er die Frage des Prolligen als intentionales Stil-Phänomen beschreibt, entwaffnet er solch herabsetzende Anrufungen. Seinen Hörern ermöglicht er damit eine Bezugnahme auf die Geste, die er gewissermaßen abgespeichert hat, und damit eine Versicherung der eigenen Reflexionspotenziale.

Die Figuren-reflexiven Erläuterungen sind vielen Akteuren präsent, wie während der Feldforschung immer wieder deutlich wurde, als sich die Interview-Aussagen und die Film- und Rap-Texte auffällig ähnelten oder sogar entsprachen. Die ironisch-reflexiven Gesten »im Feld« geben diese gespeicherte Reflexivität nicht einfach wieder, und die Stars bilden die alltägliche Reflexivität nicht einfach ab, aber die milieuübergreifende mediale Sichtbarkeit der Deutsch-Rap-Stars erzeugt Reaktionen von Außen und dann wieder Reaktionen auf diese Reaktionen (und Vorwegnahmen derselben) und damit Formen von Reflexivität, die im Alltag wieder als Ressourcen der Selbstauslegung dienen können. Sie sorgen zudem für ästhetische Zeitgenossenschaft in einer postmodernen, medialisierten Kultur.

Das Funktionieren als Reflexivitätsspeicher rechtfertigt einmal mehr die These, wonach Rapper auch als »organische Intellektuelle« im Sinne Gramscis anzusehen sind, wie es die linke Intellektualisierung von Hip-Hop in den achtziger Jahren behauptete (prominent bei Cornel West).[35] Dass Reflexivität hier gespeichert wird, bedeutet nicht, dass damit schon geklärt ist, ob und inwiefern sie auch von anderen Akteuren in der kulturellen Praxis anerkannt wird: Das ist häufig offenkundig nicht der Fall. Angesichts der gespeicherten Reflektiertheit in der Figur des kulturellen Helden liegt aber auf der Hand,

---

35 Der mit dieser Zuordnung verbundene Optimismus ist inzwischen freilich weitgehend verflogen. Bei Gramsci heißt es: »Jede gesellschaftliche Gruppe schafft sich, während sie auf dem originären Boden einer wesentlichen Funktion in der Welt der ökonomischen Produktion entsteht, zugleich organisch eine oder mehrere Schichten von Intellektuellen, die ihr Homogenität und Bewußtheit der eigenen Funktion nicht nur im ökonomischen, sondern auch im gesellschaftlichen und politischen Bereich geben« (Heft 12, §1). Die artikulierende mediale Repräsentation von Reflexivität verstehe ich als eine Form solcher »Bewusstheit«.

in welchem Maße das Fremdbild, das davon weitgehend unberührt bleibt, und das Selbstbild der »wissenden« Akteure divergieren können.[36]

---

36 Diese beiden Texte verdeutlichen wichtige Tendenzen des Umgangs mit dem Proll-Etikett im Deutsch-Rap-Feld (und darüber hinaus), aber sie geben das Feld offenkundig nicht in seiner Gesamtheit wieder. Künstler wie Joe Rilla zum Beispiel entwerfen Subjekt-Figuren, die mit anderen Figuren des Unterschichtlichen kokettieren (z.b. den Ostberliner Hooligan), einige Künstlerinnen wie Lady Bitch Ray loten weibliche Formen von selbstbewusster »Prolligkeit« aus. Die Figuren-Reflexivität wird darüber hinaus von einigen »Comedians« auf die Spitze getrieben, die bestimmte Typen des »prolligen« Berliners (mal migrantisch, mal nicht) stilisieren, zum Beispiel »Icke und Er«, »Tiger« oder »Tyson und Hamoudi« (letztere von Picaldi »gesponsort«). Sie gehören nicht direkt zum Rap-Feld, auch wenn z.b. Sido in einem Fernsehbeitrag »Icke & Er« ins Studio einlädt und sich als Fan bezeichnet.

IV. Teil:
Stil und Selbst-Figurierung zwischen Eskalation und Reflexivität

1. Individuelle Stil-Praktiken und gemeinsame kulturelle Themen

Das Sich-Kleiden und das Sich-Stilisieren sind auch als Mittel der Selbst-Figurierung zu verstehen: Wer sich kleidet und stilisiert, betont damit zum einen die eigene Individualität, stellt zum anderen aber auch Bezüge zu zirkulierenden kulturellen Figuren her (vgl. Klapp 1962, 2f). In jugendkulturellen Lebenswelten werden stilistische Figurierungen dabei vor allem als optionale, als volitionale Phänomene verstanden: Der Alltagsverstand besagt, dass man sich ausgesucht hat, wie man sich anzieht und wie man demzufolge aussieht; zugleich stellt sich auch hier – mit Bourdieu gesprochen – die Frage nach dem habituellen, *nicht* in einem starken Sinn intentionalen Handeln.

Dabei aktualisiert das Sich-Kleiden, das in der Subkulturforschung oft wenig konkret beschrieben wird, »Identitätsprojekte«, die in vielen Fällen mit Figuren-Benennungen einhergehen (vgl. Wilkins 2008). Benennungen und Etikettierungen sind für die Akteure mit dem größeren Bereich der jeweils relevanten »public imagery« (Hannerz 1969) verknüpft, den (sub)kulturell dominanten Bilder attraktiver und »richtig« vergeschlechtlichter Subjekte – das heißt hier: mit Konfigurationen von gelingender Maskulinität. Um das Handeln der Akteure zu verstehen, gilt es deshalb, anknüpfend an das Kapitel zum Picaldi-Style und den »Berliner Figuren«, die relevanten Handlungsprobleme und Sinnhorizonte zu verstehen, die die Situation des Sich-Kleidens für die Akteure bestimmen, und sie an die Figurierungsproblematik rückzubinden.

Nach dem diskursanalytischen Teil kehrt die Studie nun also auf die ethnografische Ebene zurück. Im Unterschied zur Darstellung oben rücken in diesem zweiten ethnografischen Durchgang durch das beschriebene jugend(sub)kulturelle Feld in Berlin nun einzelne Akteure in den Fokus; zugleich werden einige thematische Schwerpunkte vertieft. Anhand von sechs Einzelfall-Studien und einigen Erweiterungen, die sich in zwei Kapitel untergliedern, wird der Zusammenhang von Selbst-Figurierung, Kleidung, Stil sowie relevanten sozialen und kulturellen Kontexten in der gelebten Praxis untersucht. Die Grundlage der Darstellung bilden die Interviews und Beobachtungen im Verlauf der Feldforschung, vor allem die kleidungsbiografischen Gespräche. Sie fanden zum Teil bei den Befragten zuhause, zum Teil an ihrem Arbeitsplatz, den Jugendmodegeschäften, statt. Um die Stil-Praxis also nicht isoliert zu betrachten und um ein Bild von den Feldern zu zeichnen, in denen sich die Akteure bewegen, geht die Darstellung kursorisch auf den jeweiligen lebenspraktischen Kontext ein, auch auf soziale Beziehungen und Netzwerke der Jugendlichen, und strebt eine »Sozialverortung« an, wie dies im Methodenkapitel skizziert wurde. Damit wird einerseits deutlich, inwiefern Selbst-Figurierungs-Projekte mit (auch popkulturell) zirkulierenden Figuren und Ästhetiken verbunden sind, zugleich aber auch, wie sie mit sozialen und familiären Situationen, mit schulischen und beruflichen Karrierepfaden zusammenhängen, nicht zuletzt mit einem weitgehend nachindustriellen Arbeitsmarkt.

Die Analyse nimmt die Fäden aus dem Picaldi-Kapitel wieder auf, in dem der Gangsta-Style und Picaldi-Style, der Player-Style und der Atzen-Style anhand des Klassifikationsvokabulars in ihrer Semiotik und ihrer Körperlichkeit beschrieben wurden. Hier geht es jedoch nicht mehr um die Proll-Figur, und auch nicht »um Prolls«, sondern um einen als »prollig« eher fremd- als selbstetikettierten Stil. Vor allem aber liegt der Fokus auf den Relevanzen der jugendlichen Akteure selbst: Es geht, wie Paul Willis über subkulturelle Praxis und Selbst-Klassifikationen schreibt, um »difference on your own terms, classified by you, not as a term deviant from the norm, but as the claiming of your own norm, at least for some purposes, somewhere, sometimes.« (2000, 36)[1]

Der übergreifende Argumentationsgang verfolgt vor allem zwei Themenkomplexe. Dies ist im ersten Kapitel (»De-/Eskalation«) die »Coolness« zwischen dem Ziel von sexueller Attraktivität und dem Ideal von Stärke und männlicher »Härte« und Durchsetzungsfähigkeit. Dieser Komplex steht in enger Verbindung mit der Gewalt- und Delinquenzfrage, mit dem Zusam-

---

1 Er fährt fort: »Whereas ideological and official linguistic forms seek to annex all lived meanings to their own powerful constitution of meaning – good citizen, worker, student, etc. – socio-symbolic practices stabilize alternative liminal, uncoded or residually coded identities and meanings. They are held sensuously and practically and therefore relatively outside and resistant to dominant linguistic meaning. They refuse to be swallowed whole. ›Integral circuits‹ open or reinvent what should have been closed by those who ›take the floor‹. New or unseen or differently used ›use values‹ – smoking and drinking in the case of ›the lads‹ – open up new avenues for meaning and activity showing practical grounds for autonomy and independence.« (Willis 2000, 36)

menspiel von eskalierenden und deeskalierenden Arten des Auftretens im
öffentlichen Raum und mit entsprechenden Rhetoriken im Erzählen. Diese
Beobachtungen schließen inhaltlich an einige Motive aus der Diskursanalyse
und vor allem an die im historischen Kapitel resümierten *kulturellen Muster*
und Orientierungen von Männlichkeit und Territorialität in unterbürgerlichen Jungs-Subkulturen an. Zu fragen bleibt im Zusammenhang der skizzierten sozialwissenschaftlichen Debatte nicht nur nach »dem Kulturellen«
als einem komplexen Aushandlungs- und Figurierungsraum, sondern es
stellt sich die heikle Frage, inwiefern hier (sub)kulturelle *Muster* anzutreffen
sind, die das Handeln und Denken der Akteure prägen. Die Argumentation
wird dazu vor allem lauten, dass es aus der Perspektive der Akteure letztlich
eher um verschiedene schematische *Rahmungen* von Wahrnehmung und
Verhalten geht, verbunden mit komplexen, oftmals fragmentarischen diskursiven Sinnhorizonten, um Teile von (Figuren-)Repertoires, nicht aber um
ein starres Schema oder eine homogene (soziale, ethnische, »subkulturelle«)
Kultur. Diese Ambivalenz von prägender Kultur und individueller Pluralität
oder Souveränität stellt aber auch »im Feld« ein sehr präsentes und umstrittenes Thema dar.

Der zweite Teil arbeitet dann, durchaus im Anschluss an die entsprechenden Analysen im diskursanalytischen Teil, den *reflexiv-performativen* Charakter des Umgangs mit dem Gestus des »Prolligen« heraus. Er stellt auch dar,
was geschieht, wenn der »Picaldi-Style« (mal spöttisch, mal affirmativ) weiter zirkuliert und von sozial etwas distanzierteren Akteuren augegriffen und
»repertoirisiert« wird. Dafür greife ich auf Begriffe des Figurenrepertoires,
des »Switchens« und der performativen Verkörperung zurück und betone
damit den postmodernen Aspekt dieser kulturellen Konstellation. Zudem
werden einige zusätzliche theoretische Ansätze bemüht, die zur Kontextualisierung beitragen. Beide Teile werden zudem von Exkursen angereichert, die
wichtige kulturelle Motive vertiefen und damit auch an die Diskursanalyse
anknüpfen.

Kleidung und Stil: Forschungsperspektiven

Die Analyse der Figurierungserzählungen rekurriert auf unterschiedliche
Forschungsperspektiven auf Kleidung. Mit einem semiotischen Ansatz, wie
er bereits in der Stil-Analyse verwendet wurde, werden Kleidung und Stil als

Ausdrucksmedien verstanden, die einem (primär visuellen) »vestimentären Code« folgen beziehungsweise solche Codes schaffen (vgl. Barthes 1985). Kleidung und Stil stellen demnach »collective resources for representing social identities« dar (Fred Davis (1992) nach Garot/Katz 2003, 424). Sie repräsentieren das »nach außen verlegte Selbstbild einer Gruppe«, wie es in den klassischen Subkultur-Studien der Cultural Studies heißt, sie geben also bestimmten kulturellen Bedeutungen eine homologe textil-köperliche Gestalt. Gerade diese Materialität des Stils verleiht den Bedeutungen eine sinnlich (und nicht unbedingt intellektuell) erlebbare Daseinsweise.[2] Solche Bedeutungen oder Werte sind hier, wie oben am Beispiel der Zicco-Jeans dargestellt wurde, durchaus präsent. Konzentriert sich die Darstellung aber nur auf diese semiotische Ebene, geraten die Akteure selbst und ihre Relevanzen unweigerlich aus dem Blick. Zudem erscheinen kulturelle Orientierungen dann leicht als gewissermaßen in Stein gemeißelt, als sehr viel weniger dynamisch, als sie sich in der Praxis oftmals tatsächlich darstellen.

Deshalb greife ich immer wieder auf praxeologische Perspektiven zurück. Gefragt wird im Rahmen praxeologischer Ansätze nicht primär nach den Bedeutungen, Strukturen oder Verhältnisse *hinter* den stilistischen Performanzen. Ethnografisch rekonstruiert werden soll vielmehr, inwiefern es die Praxis selbst ist, in der das Verhältnis von Stabilität (wie sie Bedeutungen, Strukturen und Verhältnisse als sozialwissenschaftliche Begriffe traditionell auszeichnet) und Dynamik etabliert und »ausgehandelt« wird.[3] Strukturen – seien sie sozial, kulturell, semiotisch – sind demnach nur über die *Performativität* von Praxen zu verstehen, in denen sie existieren. Vor diesem kulturtheoretischen Hintergrund haben praxeologische Studien zum Beispiel immer wieder die Performativität von Identitäten (vgl. Menrath 2001) untersucht. In der Klei-

---

2 Dieses Selbstbild lässt sich dann in Form einer Zeichendecodierung, die den Code rekonstruiert, entziffern (so die strikt semiotische Sicht) bzw. im Zusammenhang der Artikulation und Performanz in der subkulturellen Praxis (in diese Richtung weisen die reflektierteren Cultural-Studies-Untersuchungen, vgl. Willis 2000, 24f und vgl. die oben ausgeführten Gedanken zur »Resonanz«).

3 »Dadurch unterscheidet sich diese Form der Kontextualisierung von solchen, bei denen ein (einzelnes, singuläres) Phänomen (z.B. die Kleidungspraxis) durch einen globaleren, strukturell stabileren Kontext erklärt wird (z.B. die sozialen Unterschiede). In diesem Typ der Kontextualisierung sind die Dimensionen ›Ordnung‹ und ›Variabilität‹ ungleich verteilt: Der Kontext wird als die stabilere und ursächliche Dimension angesehen, während das jeweils erklärte Phänomen flüchtiger und wandelbarer erscheint. Die Verknüpfung zweier Praxen gibt diese Asymmetrie zugunsten einer Konzeption auf, die die kontextualisierten Dimensionen gleichermaßen als organisiert (strukturiert) und dynamisch (wandelbar) versteht.« (Bachmann 2008, 57)

dungsforschung nahmen sie vor allem in den Blick, wie Praxis des Sich-Kleidens zugleich als ein (performativer) Modus der Vergeschlechtlichung zu verstehen ist (vgl. Bachmann 2008, Gaugele 2005, Woodward 2007).

Häufig sind performativitätstheoretisch inspirierte analytische Zugänge mit Ansätzen verbunden, die den Blick auf Kleidungspraxis als *Körper*praxis richten und phänomenologisch dicht beschreiben, wie der Körper als ein textil bekleideter Körper erlebt wird (vgl. Mentges 2005, 23f). Körperbilder resultieren dabei nicht einfach aus der leiblichen Erfahrung, sondern sind immer schon als Überlagerungen unterschiedlicher Bildwelten zu verstehen, mit denen zum Beispiel medial zirkulierende Schönheitsvorstellungen »korporealisiert« werden, wie Elke Gaugele schreibt.[4] Angesichts des vielfach betonten visuell-gestalthaften Charakters kultureller Figuren liegt die Bedeutung einer so verstandenen somatischen Perspektive für den vorliegenden Zusammenhang auf der Hand. Wie eingangs ausgeführt, sympathisiere ich mit den beiden zuletzt angeführten Perspektiven und argumentiere immer wieder in einem praxeologischen Duktus, ich folge ihnen aber nicht in all ihrer Radikalität, da es meines Erachtens in einer ethnografischen Arbeit sinnvoll ist, von einer vorgängigen Existenz von Strukturen auszugehen, um nicht all das aus dem Blick zu verlieren, was ethnografisch *nicht* zu beobachten ist, aber doch sinnvollerweise als mit-determinierend angenommen werden kann.

Wenn Akteure sich kleiden, stilisieren und figurieren, wenn sie also etwas (zum Beispiel eine spezifische Figur von Männlichkeit oder einen kulturellen Code wie den des Prolligen) »performen«, dann greifen sie auf vielfältige ästhetische Kompetenzen und häufig auch in reflexiver Weise auf ihr Wissen um den Umgang mit kulturellen Figuren zurück. An diese Feststellung schließen sich jedoch viele Fragen an. Diese Praxis ausschließlich als die »intentionale Kommunikation« des semiotischen Modells zu fassen, hieße, die bewussten Momente überzubetonen. Die Akteure folgen immer auch einer Logik der Praxis, sie handeln in einer Art und Weise, die ihrem Sinn für das Angemessene entspricht, ihren habituellen Prägungen. Die kommuni-

---

4 Gaugeles Überlegung zur »Korporealisierung« von Schönheitsbildern verweisen auf einen zentralen Aspekt dessen, was ich Figurierung (»Sich-Anschließen«, s.o.) nenne. Sie erläutert »die Vorstellung, dass ›Schönheit‹ am individuellen Körper durch das Vermischen mit medialen Körperbildern korporealisierbar sei: als eigene Zusammenstellung visuell vermittelter Körperfragmente genauso wie durch die uniforme Angleichung an Stars« (Gaugele 2005, 223; vgl. Kapitel I.2).

kativen Wirkungen ihres Handelns weden sie kaum vollständig überschauen können. Wie lassen sich diese Konstellationen angemessen beschreiben? Neuere ethnografische Studien rücken dieses Zusammenspiel von alltäglichem Reflektieren und Logiken der Praxis ins Zentrum ihrer Untersuchungen. Hier steht zum einen – wie auch in meiner folgenden Darstellung – der Körper im Zentrum, zum anderen geht es um Praktiken, mit denen die Akteure einem gefühlten Unbehagen in der (intentionalen) Präsentation ihres eigenen Selbst begegnen. In klassisch lebensweltlich-ethnografischer Tradition folgen Autorinnen und Autoren wie Sophie Woodward und Daniel Miller (zum Teil auch Cordula Bachmann und die Autorinnen im Band von Gaugele und Reiss) den Relevanzen der Akteure. Sie rekonstruieren die konkreten Zustände, das Unbehagen und die Ambivalenzen (die »anxieties«, wie Miller/Woodward [2007, 342] mit Verweis auf Simmel schreiben), die das Sich-Kleiden begleiten, auf die das Sich-Kleiden zugleich aber auch die Antwort ist. Mit dem Sich-Kleiden »antworten« die Akteurinnen und Akteure in diesem Sinn auf identitäre, materielle, handlungspraktische, aber auch emotional-affektive Zustände, auf Launen, auf schwer fassbares Unbehagen und auf handfeste Dilemmata.[5] »Anxieties« wie die von Simmel beschriebene Dialektik von Individualität und Angepasstheit oder die Frage »is that really me« (mit der sich Woodward beschäftigt) sind nicht einfach als psychologische Zustände isolierter Akteure zu verstehen, sondern hängen eng mit den sozialen (und somit zugleich affektiven) Beziehungen und Verhältnissen zusammen, in denen sich die Welt der Akteure konstituiert. Innerhalb dieser Welt hat ein »Outfit« nicht einfach Ausdrucksfunktion, sondern trägt dazu bei, eine Persona zu schaffen – sich zu figurieren. Ob und inwiefern solche Versuche erfolgreich sind, bleibt offen. Das Sich-Figurieren als »*self-fashioning*« (Stephen Greenblatt) ist risikobehaftet, weil Kleidung nicht nur das kommuniziert, was die sich Kleidenden kommunizieren wollen, sondern auch als »unbeabsichtigte Geste« (Goffman 1969, 189) funktionieren kann: »Clothing has the potential to betray the wearer, as the heels that were supposed to make the woman feel powerful rub and chafe her feet« (Woodward 2007, 22), wie Sophie Woodward es am Beispiel der alltäglichen Schuh- und

---

5 Vgl. Miller/Woodward, 426. Mit »anxieties« sind unterschiedliche Spannungsverhältnisse gemeint: bei Simmel klassisch das Verhältnis von Individualität und Konformität; bei Woodward geht es zum Beispiel um die Spannung zwischen Möglichkeiten und Ängsten oder zwischen Kreativität und Sicherheit. Vgl. zum Ambivalenz-Motiv in der Modetheorie Schnierer 1995; zur allgemeineren Bedeutung von »Ambivalenz« in der Spätmoderne vgl. Bauman 1995, 228.

Kleidungswahl britischer Frauen beschreibt. In diesem Kontext gewinnen die bereits vielfach angesprochenen *slippages* von Ästhetik und Ethik an Relevanz, denn oft hängt die Frage nach der richtigen und der falschen Kleidung zusammen mit der Frage nach der richtigen und falschen Lebensführung, auf der individuellen Ebene, aber auch mit Blick auf die ästhetische und ethische Bewertung von kollektiven Identitäten und kulturellen Figuren, die sich an unterschiedlichen Skalen festmachen.

In der folgenden Darstellung werden typische Dynamiken dargestellt und analysiert, für die solche Ambivalenzen von großer Bedeutung sind. Mit den Einzelfall-Porträts soll zugleich, im Sinn eines »strategischen Humanismus« (Lila Abu-Lughod), die Komplexität individueller Geschichten durchscheinen. Die Akteure werden nicht als typische Repräsentant eines Habitus oder einer sozialen Gruppe vorgestellt, sondern als »hommes pluriels« (vgl. Lahire 2001).

Die Interviews bringen dabei offenkundig nicht einfach die innere Welt der Akteure zum Vorschein, vielmehr setzen sie »face-work« in Gang, rhetorische Selbst-Figurierung, die immer auch als solche zu interpretieren ist: »The narrative constitutes a means for understanding the ways in which the narrator at a specific point in time and space is able to make sense and articulate their placement in the social order of things«, wie es Floya Anthias formuliert (2005, 43).[6]

---

6 Auf ein Resümee der kulturwissenschaftlichen Forschung zum autobiografischen Erzählen wird hier aus Platzgründen verzichtet, vgl. dazu die Anmerkungen im Verlauf der Darstellung.

2. De-/Eskalation durch Stil: Figurierungsgeschichten und Kontexte

Mesut

Mesut, ein 17-jähriger Realschüler aus Berlin-Tempelhof, kleidet sich im weiteren Sinne im Gangsta-Style. Seit seiner Geburt wohnt er mit seiner Familie in einer kleinen Wohnung an einer Hauptstraße. Er verbringt viel Zeit mit Taekwondo und hört vor allem englische, türkische und deutsche Rap-Musik und internationalen Pop. Mesut kommt aus einer deutschtürkischen Familie und gehört der dritten Einwanderergeneration an.[1] Mir gegenüber tritt er ernsthaft und verbindlich auf. Aus seinen kleidungsbiografischen Erzählungen stechen drei Themen besonders heraus: das Bemühen um eine »coole« Fassade, eine von Mädchen als »süß« eingeschätzte Selbstdarstellung, und die Frage nach dem »Krass-Sein«, der Gewaltbereitschaft, die unter gleichaltrigen Jungs immer wieder gefordert zu sein scheint. Die autobiografische Konstruktion verdeutlicht damit sowohl den alltäglichen, unspektakulären Umgang mit Kleidungs- und Stilfragen als auch, vor dem Hintergrund von Ausgrenzungserfahrungen und prekären Zukunftsaussichten, ihren Zusammenhang mit heiklen Themen wie dem Umgang mit Respektabilitätsgrenzen, der »eskalierenden« Darstellung von körperlicher Stärke oder mit einem agonistischen, auf Bilder von Kampf rekurrierenden kulturellen Code beziehungsweise Schema.

---

1 Mesuts Eltern betreiben einen »Spätverkauf«. Seine Mutter war zuvor bei Siemens als Arbeiterin tätig (was einmal mehr den postfordistisch-deindustriellen Charakter des städtischen Arbeitsmarkts illustriert), sein Vater arbeitete u.a. in einer Fleischerei, in einer KfZ-Werkstatt und als LKW-Fahrer. Er hat zwei ältere Schwestern. Eine hat gerade das Abitur absolviert, die andere sucht nach dem Realschulabschluss bislang erfolglos eine Lehrstelle und arbeitet als Verkäuferin.

Fortschrittserzählungen

Durch die verschiedenen Themen, die wir bei einem Gespräch in seinem Zimmer anschneiden – Freundschaften, Familienbeziehungen, Schule, Musik, soziale Netzwerke, Kleidung – zieht sich bei Mesut das Muster einer biografischen Fortschrittserzählung. Es etabliert eine Unterscheidung zwischen einem früheren und einem heutigen Selbst.

Mo.: Wie hat sich dein Kleidungsstil so entwickelt über die Jahre?

Mesut: Mein Kleidungsstil hat sich so entwickelt, früher war das so, als wir klein waren, wollten wir noch alle den Trend verfolgen, so, immer cool sein, immer dabei sein, immer halt das mitmachen, was gerade so im Trend ansteht, um cool zu sein.

Mo.: Was war das damals?

Mesut: Ja, was war das damals? Picaldi gab es damals. Kennst du hundert Prozent.

Mo.: Klar, ja.

»Früher« war, wie er meint, ungefähr in der vierten Klasse. Damals standen solche Kleidungsstücke subjektiv für ein »*Feeling*« von Zugehörigkeit (im Unterschied zum Außenseitertum) und »Coolness«, wie es im Picaldi-Style-Kapitel dargestellt wurde. Hier nun ist bedeutsam, dass die Passage von der Konstruktion eines zurückblickenden Erzählers geprägt ist, einer Subjektivität, welche die sozialpsychologischen Mechanismen zu durchschauen scheint, denen das frühere, kindliche Ich – im Gegensatz zu heutigen – unterworfen war. Das frühere Selbst, das in dieser Darstellung ein wenig lächerlich wirkt, war fremdbestimmt, es schloss sich an eine kulturelle Figur an, indem es eine typische Stil-Praxis nachahmte, die mit bestimmten affektiven Zuständen verbunden war. Rückblickend, so Mesut, haftet ihnen, und damit der ästhetischen Praxis insgesamt, etwas Illusionäres und Manipuliertes an. Das heutige Selbst dagegen hat den Zustand der aufgeklärten Individualität und Selbstbestimmung erreicht, der weithin vorherrschenden Normen entspricht. Das Selbst, das er rückblickend charakterisiert, ist gewissermaßen von einer anmaßenden, nach außen getragenen Coolness gekennzeichnet.[2] Die semiotischen Bedeutungen der Stil-Elemente treten in solchen Explikationen unweigerlich hinter die nahweltlichen Funktionen

---

2 Zum fortschreitenden Muster als sozial bedingte Konvention von autobiografischen Erzählungen vgl. die polemischen Anmerkungen von Pierre Bourdieu (1998) und zur Kontextualisierung die Resümees der kulturwissenschaftlichen Erzählforschung (Lehmann 2007). Zu Konversionserzählungen vgl. Wohlrab-Sahr 1999.

von Kleidungspraxis zurück, Status und Anerkennung innerhalb der Peer-Group zu sichern. Für die ästhetische und affektive Seite, die für die Praxis selbst ganz offensichtlich bedeutsam ist, stehen eher Umschreibungen als ein adäquates Ausdrucksvokabular bereit.

In einer ähnlichen Vorher-Nachher-Form sprach Mesut über diverse andere Themen, zum Beispiel über seine Pseudonyme (Nicknames/»Addys«) bei Chats und sozialen Netzwerken, wo er sich inzwischen »Hypernegativ« oder »Mesut K.« nennt, während sein älterer MSN-Name und seine eMail-Adresse »King Mesut« lauten. Zu letzterem Namen sagt er: »*Ja, das habe ich schon seit – oah, überlang. Als ich noch ein kleiner Pisser war, sozusagen. Klar, da hat man auch sich so irgendwelche Addys gemacht wie Prinz… keine Ahnung was, oder Ghetto-Boy… Oder Killer keine Ahnung was, und ich hab halt King genommen. Weiß auch nicht, wieso.*« Die Praxis, sich »King«, »Prinz«, »Ghetto Boy«, »Killer« zu nennen, scheint einem Coolness-Verständnis zu entsprechen, das zur Picaldi-Style-Figur gehört und das inzwischen als ein wenig peinlich (weil anmaßend) gelten kann.[3] Das, was vom früheren Selbst als »cool« empfunden wird, was also nicht nur entsprechend etikettiert, sondern affektiv erfahren wird, erscheint anderen (und, zum Teil, dem späteren Selbst) dann zum Beispiel als prollig – ein Wort, das Mesut nicht verwendet.

Was das »Feeling« der Selbst-Figurierung ausmacht, wie Mesut ausführt, ist zum einen die Zugehörigkeit zu einer »coolen« Gruppe von peers, die zugleich eine größere, städtisch präsente stilistische (als Gesamtheit imaginäre) Gruppe ist, und zum anderen, damit eng verbunden, ein neuer Sinn von Attraktivität.[4] »*Dann dachte man sich: Okay, guck mal, die Mädchen werden jetzt auch auf mich stehen, und so, ich bin auch im Trend, ich bin auch cool.*« Cool zu sein, so erklärt Mesut, heißt einerseits, einer typischen Gestalt zu entsprechen, die mit bestimmten Ressourcen, Haltungen und Gesten verbunden ist: »*Sich cool anziehen, einen auf cool tun, indem man Geld rausholt, wenn man einen Batzen hat, oder mit einer Sonnenbrille und einem sexy Body rumläuft. Das ist cool*«, und es hängt zweitens mit einem lokalen Bescheidwissen und Eingeweihtsein zusammen (»*Man erzählt: Ja, heute ist Schlägerei passiert. Man will auch, so in Anführungsstrichen, cool sein. Wenn man sagt: Ja, ist eine Schlägerei passiert, ich habe mitgemacht oder so. Ja, und dann wiederum in Neukölln spricht sich das rum: in Tempelhof war eine Schlägerei, von dort nach Kreuzberg…*«). Drittens, so betont er, sei eine Person für ihn auch

---

3 Solche Namen sind auch unter den Netlog-Freunden weit verbreitet; Tareks eMail-Adresse lautet zum Beispiel, mit Verweis auf einen örtlichen »Gangsterboss«, king_ali_berlin@xxx.
4 Zur Soziologie der Attraktivität vgl. Koppetsch 2000.

»cool«, wenn sie höflich und freundlich zu ihm sei.[5] Beim Erzählen lächelt er ein wenig, wohl um zu signalisieren, dass er durchschaut, dass solche Coolness-Strategien, wenn man sie erklärt, etwas simpel und durchsichtig klingen mögen. Dazu kommt eine Charismatisierung durch die Assoziation mit Delinquenz, wie Mesut anlässlich der Kleidungsfrage erklärt. Da »früher« *»so ne krassen Gangs so in Anführungsstrichen sag ich mal«* mit bestimmten Jacken und Hosen assoziiert waren, konnte man durch das Tragen dieser Kleidungsstücke am Ruf der »Streetgangs« in spielerischer Weise teilhaben, wenn der innere Kreis einen denn ließ.[6] Die Coolness wird in den heterosozialen Arenen des öffentlichen Raumes und im Blick der *peers* erwiesen, eher unter den älteren Geschwistern als in der Welt der Eltern, auf der Straße und nicht zuhause, und mit Sicherheit nicht im Rahmen der kulturellen Codes, die von wohlmeinenden Außenstehenden vorgegeben werden: Relational kann »die Welt des Cool […] als Gegenwelt zur Kultur der ›Betroffenheit‹ und des ›Gutmenschentums‹ konstruiert werden«, wie Tom Holert schreibt (2004, 45)

Auch beim Thema Musik spricht Mesut von einer Entwicklung und betont, dass er englischen und türkischen Hip-Hop hört (und, wie ich finde, Popmusik), aber »*keinen Rap*« (er flunkert ein wenig, denn ganz so streng ist er tatsächlich nicht). Mit »Rap« meint er an dieser Stelle, wie oben dargestellt, deutschsprachigen Gangsta-Rap. Vor vier, fünf Jahren dagegen, einige Jahre nach den ersten Picaldis, habe er ausschließlich Rap gehört, »*wie ein Kranker*«, aber inzwischen nicht mehr:[7] »*Weil, das ist immer dieselbe Scheiße,*

---

5 Die Bemühungen um Coolness gehen natürlich weiter. Als ich ihn kennen lerne, trägt Mesut eine Bomberjacke, auf der »Security« steht. Er erklärt, dass er sich mit ihr ein bisschen »cooler« fühlt (»*Jeder denkt, man arbeitet bei einer Security-Firma, und das ist eigentlich auch cool, so*«). Zur Kulturgeschichte des »Cool« und zu den Verwendungsweisen des Attributs »cool« vgl. die Zusammenfassung bei Holert 2004, S. 44f. »Die Arbeit am Cool kommt ohne Anzeichen von Anstrengung aus; der Besitz des Cool beweist sich durch die Mühelosigkeit und Selbstverständlichkeit, mit der agiert wird.« (44) Holert versteht die so verstandene »coolness« als »eine ungeheure wirtschaftliche Ressource in den postindustriellen Aufmerksamkeits- und Anerkennungsökonomien« (ebd.) und betont, dass Medien und Werbung »permanente Rückkoppelungen zwischen dem ›coolen‹ Produkt und den ›coolen‹ jugendlichen Konsumenten« (44) schaffen.

6 *»Es ist einfach so sinnlose Sachen, als wir klein waren, gab es immer irgendwelche Idioten, die in irgendeiner Gang waren, und ja, keine Ahnung, man hat irgendwie immer die ganzen Hosen sich geholt, die ganzen Picaldi-Hosen, man dachte, man ist cool dadurch, weil man auch einen Trend verfolgt.«* Zum öffentlichen Diskurs um »Streetgangs« und polizeiliche Stigmatisierung vgl. Radtke 1995.

7 Damals hörte er die bekannten Berliner wie Massiv, Bushido und so weiter, sowie einige unbekanntere Tempelhofer wie ThaiZZier und WB420. Er konnte »*eigentlich von fast allen*

*die erzählen immer irgendwas was von Straße, und Straße, da denke ich mir,
ganz ehrlich, was erzählst du mir von Straße, so. Wir wissen doch auch, was auf
der Straße abläuft und da interessiert mich nicht deine Geschichte, was du von
der Straße so kennst, weißt du? Darum, ich höre mir die ganze Scheiße nicht
an, die ganze Rap-Scheiße. Um was geht's denn da wieder? (leiser) Um Ficken,
Mutter-Ficken, Hurensohn und blablabla und das ist dieselbe Scheiße jedes Mal.
Früher, als wir klein waren, okay, haben wir es gehört und dachten, wir sind
jetzt cool, wenn wir solche Sachen hören und so. Aber jetzt mit der Zeit merkt
man auch: Ganz ehrlich, ey, das ist doch voll hängengeblieben, wo leben wir
denn?«* Mesut betont hier den eigenen Lernprozess, in dessen Verlauf sich der
eigene Realitätssinn schärfte (und die Notwendigkeit zum Kokettieren mit
provozierendem Vokabular sank), zugleich beschwört er, durchaus im Sinn
der Genre-Logik, das eigene Wissens um das, was »auf der Straße« geschieht:
*»Irgendwann hat man die Schnauze voll. Weil wir wissen auch, was hier auf der
Straße abläuft. Wer hier tickt, wer hier Scheiße baut, wer hier irgendwer ist, wir
wissen es alle, und da ist es scheiße, wenn mir irgendeiner ankommt und mir
irgendwas erzählen will.«*

Vorher-Nachher-Unterscheidungen stellen ein weit verbreitetes Muster biografisierender Selbstauslegung dar, wie sie das Interviewformat provoziert; sie bilden einen stereotypen Reflexionsdiskurs, der für die Akteure verschiedene Funktionen erfüllt. Die Ausführungen haben an dieser Stelle sicherlich auch den Charakter von präventiven Rechtfertigungserzählungen gegenüber einem älteren, offenbar auf Seriösität erpichten Gesprächspartner. Aber sie verweisen zugleich auf eine reale Spannung, auf ein Spiel mit der jugendkulturell verdichteten Delinquenz, die Mesut gerne als Entwicklungsprozess verstehen würde. Zudem, und das ist wichtig, hilft die Vorher-Nachher-Unterscheidung in diesem Fall zum Beispiel dabei, sich gegen ethnisierte Zuschreibungen, stereotype Bilder von jungen, männlichen, nicht wohlhabenden »Migranten« wie ihm, zu verteidigen.[8] Mit ihrer Betonung,

---

Rappern fast alle Lieder auswendig«. Sein Lieblingstrack war von Sektenmusik feat. Alpa Gun auf dem Aggro-Berlin-Sampler Nr. 2 – auch dies »*ein Lied ohne Sinn, eigentlich*«, in dem Bushido einen Guru spielt, der allen »*eine Gehirnwäsche verpasst*«, so dass sie ihm »*dienen*«. Bei einem ehemaligen Lieblingslied von Kay One geht es um das Kämpfen, das sei »*straßenkampfmäßig, dass der Stärkere gewinnt und so was*«, eben Straßenmusik. Jetzt hört er, wie er sagt, eher Sean Paul, Rihanna und ähnliche Pop-Musik, vor allem beim Radio-Sender Kiss FM, und türkische Stars wie Tarkan und Serdar Ortac oder den Rapper Ceza aus Istanbul.

8 Hier wird erneut deutlich, wie stereotype »controlling images« (Hill Collins 2005) ihre Wirkungen entfalten. Mit Pieper/Panagiotidis/Tsianos (2011) lassen sich Mesuts Positio-

dass man das, was mit einem geschieht, inzwischen überblickt und tendenziell auch zu lenken imstande ist, fügt sich das Muster in individualistische Diskurse, einschließlich individueller Verantwortungszurechungen.

Viele Jugendliche erzählen in diesem Modus von ihren Primärerlebnissen in Sachen Stil, Coolness und Zugehörigkeit: Sie erzählen von einem schwer zu beschreibenden, mit den Picaldi-Sachen verbundenen Gefühl von Zugehörigkeit und Ermächtigung, das neue Erfahrungswelten aufschließt, »*obwohl es eigentlich gar keinen Sinn hat*«, vom Interesse an und von Mädchen, von der Assoziation mit Figuren von Stärke und Dominanz, vom Einkaufen mit dem Eltern, das einen Schritt hinaus in eine größere Öffentlichkeit vorbereitet, von einem zunehmenden Durchblick in Sachen Alltags-Psychologie und auch »Straße«, und schließlich von fortschreitender Individualisierung, die zu einem erfolgreichen Abschluss gelangt.[9]

Der fortschreitende Erkenntnisprozess hin zum eigenen, individuellen Stil, weg von den Marken-Zwängen, den Mesut beschreibt, spielt sich dann vor dem Hintergrund materieller Zwänge ab, die vielen Jugendlichen das Teilnehmen am Modenwandel erschweren. Im Umfeld wird Wandel erwartet: Zum einen, was kurzfristige Moden angeht, zum anderen (was hier noch keine größere Rolle spielt) beim »Herauswachsen« aus der Karottenjeans-Richtung insgesamt: »*Ja, und mit der Zeit kamen danach die JetLag-Hosen raus*« (eine Cargo-Hose, von der es zumeist heißt, dass sie zum »Picaldi-Style« passt), »*dann hat einer wieder die JetLag-Hose getragen [...] dann hieß es: Ja, kuck mal, jetzt ist die JetLag draußen, kenn ihr schon die Hosen, die sehen so aus und so aus, und dann es irgendwie angefangen, dann hat jeder sich angefangen die JetLag-Hose zu holen. So. Und was war mit mir? Ich wollte mir zwar auch die JetLag-Hose holen, aber die waren viel zu teuer. Wie teuer war damals eine Hose? Fünfzig Mark oder sechzig Mark, siebzig Mark, darauf hin meinten auch meine Eltern: Nein, ist zu teuer, lohnt sich nicht und so. Ja, und dann hat es immer angefangen, dass ich dann immer mit den Picaldi-Sachen rumgelaufen bin, jeder ist mit JetLag rumgelaufen. Und mit der Zeit habe ich auch gemerkt: Ey, ganz ehrlich: Ist doch voll Schwachsinn. Nur weil sich einer die Hose holt, kauft sich jeder gleich... nur weil sich einer die Marke holt, kauft sich jetzt jeder die Marke, so. Dann hat es bei mir angefangen, dass ich mich von denen immer*

---

nierungen als »taktische« (de Certeau) Ausweichsmanöver angesichts symbolischer Gewalt durch Subjektivierungen bzw. Figurierungen verstehen.

9 Vgl. zur Abgrenzung vom stets diagnostizierten »Konformismus der Anderen« auch Gaugele 2005: »Uniformität hat dabei aber auch den Status eines vergleichbaren ›Anderen‹, wodurch sich die Jugendlichen selbst als individuell und authentisch entwerfen.« (225)

angefangen habe abzugrenzen, irgendwie danach hat sich auch langsam auch entwickelt meinen eigenen Stil habe ich auch langsam angefangen zu entwickeln, keine Ahnung, jeder hatte sich immer die Picaldi-Jacke geholt, also einer hatte sich die Picaldi-Jacke geholt, am nächsten Tag hatte die irgendwie jeder, ja mit der Zeit dachte ich mir: Ganz ehrlich, die Hosen sind teuer, lohnt sich gar nicht, jeder hat die. Dachte ich mir.«

Sein Freund Tim zum Beispiel, der aus einem etwas betuchteren Elternhaus stammt, trug in diesen Jahren vor allem die JetLag-Hosen. Mesut trägt weiterhin Karottenjeans – beim Interview eine von Casa, einer Picaldi-Abspaltung: *»Ich hab die von Casa Jeans geholt, weil die sieht auch Bombe aus, die war auch im Angebot, 20 Euro so, und was will ich da noch. So. Die Hose sieht sexy aus, ist Casa Jeans, Marke… ist eigentlich scheißegal, Stoff ist Stoff, und hab dadurch Geld gespart. Ja, und darauf hin habe ich irgendwie angefangen, meinen Stil zu entwickeln, hat mir angefangen, das zu gefallen, und die anderen waren, haben nur noch den Trend verfolgt.«* Obwohl sich das Umfeld stilistisch verändert, betont er in dieser Erzählung – die sich mit Goffman als »account«, als Hilfskonstruktion, bezeichnen lässt –, mit seiner kontinuierlichen (und, was Marken betrifft, indifferenten) Kleidungspraxis nicht »hängengeblieben« zu sein, sondern clever.[10] Er nutzt die weit verbreitete stilistische Individualisierungsorientierung für eine Würde-erhaltende taktische Umdeutung von (hier in erster Linie: ökonomisch bedingten) Ausschlusserfahrungen.[11]

Beschäftigt bleiben: Mesuts Alltag

Mesut besucht momentan eine Realschule und will im folgenden Jahr seinen Abschluss machen. Mindestens fünfmal wöchentlich nimmt er am Taekwondo-Training teil oder geht ins Fitness-Studio. Als schönsten Moment in seinem Leben nennt er das Bestehen der Prüfung zum schwarzen Gürtel (und das Bestehen der bevorstehenden Führerscheinprüfung sowie das »erste Mal« mit seiner Ex-Freundin). Er sieht viel fern, vor allem RTL 2 und Pro

---

10 Als »accounts« bzw. Hilfkonstruktion bezeichnet man in der Goffman-Tradition »verbal devices used to bridge the gap between actions and expectations«, vgl. Hannerz 1980, 238. Vgl. dazu auch Steinert (1979, 396).

11 Deutlich wird hier auch, dass althergebrachte, konum- und gesellschaftskritische Diagnosen über Konformismus und Manipulation, relevant bleiben (vgl. dazu auch Moore 2008).

7 (»*Fernsehen, unterschiedlich, alles mögliche, RTL 2 halt, was gerade läuft*«),
verbringt Zeit im eigenen Zimmer – seit der Vater den Spätkauf betreibt, ist
das abendliche Familienleben weitgehend zum Erliegen gekommen – oder
bei Freunden zuhause. Mit den Jungs, den »Ausländern«, die am U-Bahn-
Eingang »*rumhängen*« und »*Stress machen*«, will er sich nicht gemein machen: »*da dachte ich mir: ganz ehrlich, ich bin doch nicht so a-sozial, dass ich
mit den Leuten rumhänge, dass ich mit denen befreundet bin*«.

In Tempelhof kennt er »*jeden*«, hat aber keinen großen Freundeskreis,
da er, wie er sagt, nach einigen menschlichen Enttäuschungen nur wenigen
Menschen vertraut: »*Ich bin so ein Mensch: Die sich bei mir melden, ich melde
mich nur bei den Leuten, die sich auch bei mir melden. Und, ja, so enge Freunde
wirklich habe ich nicht, so, ich hab's auch nicht nötig, ich will's auch nicht haben, weil aus dem Grund: Die haben mich schon so oft enttäuscht. [...] Und dadurch dachte ich mir, okay, ganz ehrlich: Ich brauche keine engen Freunde, so.*«
Die Enttäuschungen bestehen vor allem darin, angelogen und zurückgesetzt
zu werden. Er verleiht auch nichts, denn »*man kriegt nichts zurück, oder fast
verschrottet*«. Einem Freund gab er zum Beispiel mal ein Handy und andere
Sachen wie eine Speicherkarte und eine Mütze: »*Jetzt scheiß ich auch auf ihn*«.

Ganz ähnlich erklärt er, dass die Familie sich von in Berlin lebenden
Angehörigen fern hält, die – wie er seinen Vater zitiert – immer nur in Kri-
sensituationen auf der Matte stehen. In Tempelhof geht er auch zur Schule.
Durch Sport, Ex-Freundin und Praktika hat er Kontakt zu Gruppen von
Jugendlichen in anderen Stadtteilen wie Lankwitz, Neukölln, Wedding oder
Spandau, mit denen er gelegentlich Zeit verbringt. Seiner Schätzung nach
sind 60 Prozent seiner Freunde »Ausländer«, mir scheinen es tatsächlich –
gemessen an seinen Kontakten in sozialen Netzwerken und an seinen Erzählungen – eher mehr zu sein. Zukünftig, so erzählt er, will er »*weniger
mit Ausländern abhängen*«, um sein Deutsch zu verbessern. Die meiste Zeit
verbringt Mesut in Tempelhof: Wenn er sich durch die Stadt bewegt, dann
vorwiegend in den genannten Stadtteilen; im ehemaligen Ostteil der Stadt
war er, vom Alexanderplatz abgesehen, kaum jemals. Er hilft im Laden der
Eltern aus und bekommt dafür keine oder nur eine sehr geringe Bezahlung,
will dort aber nicht länger arbeiten. Ihm schwebt vor, Polizist beim Spezi-
aleinsatzkommando (SEK) zu werden.

Mesut ist türkischer Staatsbürger. In seinem Zimmer hängen etwa zehn
Türkei-Fahnen, die eine recht stark ausgeprägte Identifikation vermuten
lassen (und südkoreanische Fahnen – wegen des von dort stammenden
Kampfsports), aber er erklärt, dass er sich vorrangig als Deutscher sieht. In

der Türkei war er einige Male, seitdem seine Großmutter dorthin zurück zog. Seine Schwestern sind dabei, die deutsche Staatsbürgerschaft (*»den deutschen Perso-Ausweis«*, wie er sagt) zu beantragen, aber die Ämter *»verlangen so viel, das ist nicht normal«*; *»die machen jedes Mal nur noch Probleme«* (sie verlangen dokumentierte Beschäftigungsverhältnisse, Einkommensnachweise der Verwandten). Er überlegt trotzdem, die deutsche Staatsbürgerschaft zu beantragen.

Um die 150 Euro im Monat verdient er sich durch Zeitungsaustragen, außerdem ist er gut darin, Handys, Schreckschusspistolen, Computerspiele, *»Todesschläger«* und Tabak mit Gewinn weiter zu verkaufen sowie gelegentlich »vom Laster gefallene« Artikel an den Mann zu bringen, wie er erklärt. In den letzten Jahren hat er eine Menge von Erfahrungen mit möglichen Arbeitsfeldern gesammelt, weil die Schule ihn und seine Klassenkameraden zu häufigen Praktika anhält (am übernächsten Tag soll er ein weiteres Seminar zum Thema Berufswahl besuchen). Er hat ein Praktikum als Einzelhandelskaufmann in einem Handy-Laden absolviert, eines als Handwerker in einem Backpacker-Hotel, eines als Spediteur beim Lieferservice eines großen Elektronik-Discounters, eines bei einem türkischen Taxiservice. Insgesamt empfand er diese Erfahrungen als weitgehend nutzlos und entwürdigend: Es *»wurde einem nichts beigebracht«*, er hat sich *»voll ausgenutzt gefühlt«* und empfindet sich deshalb als *»ein Mensch, dem die meisten Sachen nicht gefallen«*: *»Wenn ich mir mal überlegt habe, was ich da mache: So, Putzen, Aufräumen, so Sachen rumtragen, Müll rausbringen, Einkaufen gehen, dann dachte ich mir immer so: Ganz ehrlich, warum bin ich denn hier? Soll ich die Drecksarbeit machen, soll ich den Knecht spielen sozusagen oder bin ich hier um was zu lernen.«*

Über die SEK-Ausbildung hat er im Internet einige Videos gesehen; vor allem das »*Risiko*« hat es ihm angetan, wie er sagt. Ein Stammkunde im Spätkauf, in dem er arbeitete, erklärte ihm, wie die tatsächliche Arbeit aussehe. Dass dieser Alltag weniger spektakulär ist, als es in den Videos und im öffentlichen Bild den Anschein hat, enttäuschte ihn zunächst ein wenig, letztlich bestärkte ihn dieser Bericht aus erster Hand aber in seinem Berufswunsch, denn er holte die Träumerei in zugänglichere Sphären. Für ein Praktikum bei der Polizei bewarb er sich bislang jedoch nicht.

Kleidungsbiografien hängen eng mit emotionalen Zuständen zusammen (vgl. zu »ordinary affects« Stewart 2007; Wellgraf 2012). Im Zusammenhang mit dem Picaldi-Stil sprach Mesut von einem bestimmten *»Feeling«*; teils auf direkte Fragen hin, teils en passant kommen im Verlauf des Gesprächs weitere typische Gefühlslagen zur Sprache. Aus den erwähnten Gefühlslagen sticht *erstens* die Langeweile heraus: Einige der Fotos, mit denen er sich in seinem Online-Profil präsentiert, hat er zum Beispiel »*aus Langeweile*« geschossen, und auch beim Thema Frisuren nennt er die leere Zeit als Grund für gelegentliche Kahlrasuren. Der Vater lässt ihn Abends oft nicht nach draußen, er selbst betont, dass er mit den Jugendlichen, die am U-Bahnhof Zeit verbringen, nicht viel zu tun haben möchte und sein tatsächlich funktionierender Freundeskreis, mit dem er sich treffen könnte, ist überschaubar. *Zweitens* erwähnt er die »Eifersucht« auf notorische Figuren in der Nachbarschaft, Rapper zum Beispiel, die unter den Altersgenossen ein hohes Ansehen, einen hohen Status genießen. Dieses Gefühl, das er als weit verbreitet und typisch darstellt, hält er aber für unangebracht, er arbeitet daran, es nicht mehr zuzulassen.[12] *Drittens* geht es immer wieder um Scham und Peinlichkeit angesichts von eigenen Blamagen und offenbaren Verfehlungen anderer Leute, mit denen er dann, angesichts ihrer »*kindischen*« Art, nicht gesehen werden möchte. *Viertens* und besonders nachdrücklich spricht er von der Zukunftsangst, die ihn ergreift, wenn er an die nächsten Jahre denkt. »*Naja, Zukunftsangst, das habe ich. Weil, wirklich, mein Traum ist wirklich, später bei der Polizei zu arbeiten, und ich habe halt Angst, ich, man kann ja nie wissen, kann sein, dass ich die Schule verkacken werde, und dass ich bei der Polizei nicht angenommen werde, und ganz ehrlich, dann weiß ich nicht, was ich werden soll, so. Dann stehe ich wieder dumm da. Davor habe ich schon wirklich Angst, aber sonst – also bis jetzt bin ich motiviert. Muss ich schon sagen. Also, ich hoffe, es klappt auch alles... Aber einerseits habe ich auch die Angst, dass es mit der Schule nicht klappen wird, und dass die Polizei mich vielleicht nicht annimmt. Halt, wenn die es nicht machen würden, was ich nicht hoffe, dann weiß ich wirklich nicht, was ich machen soll später.*«

Gegenwärtig macht der Kampfsport die Hauptbeschäftigung in seiner Freizeit aus. Er interpretiert den Sport (und die Besuche im Fitness-Studio) als so etwas wie eine Psychotechnik, mit der er das eigene, früher instabile Selbst zu disziplinieren und zu stützen versteht: Er beschreibt sich als einen

---

12 Als es um die Eifersucht auf Rapper geht, spricht er über lokale Underground-Rapper (WB420 und NFT), die es nicht zu größerer Berühmtheit gebracht haben. Er spricht mit einer Abfälligkeit, deren Intensität zumindest hindeutet auf die Intensität der »*Eifersucht*« angesichts des hohen Status dieser Akteure im lokalen Umfeld. Diese Leute seien »*schon korrekt*«, hätten aber auch ihre Macken – »*sind auch nicht ganz normal im Kopf*«, und sie seien auch bei der Polizei bekannt. Was ihn ärgert, ist nicht zuletzt, wie er von ihnen behandelt wurde – mal freundlich, mal abweisend. »*Mal kommen sie an: Yo, alles klar, mal kommen sie an: Ganz ehrlich, was willst du? So in dem Sinne: du kleiner Wichser. Haben zwei Gesichter.*« Sie »*tun krass*«, »*tun einen auf King*«.

inzwischen »*ruhigen*« und »*sportlichen*« Menschen; vorher dagegen, bevor er mit dem Sport anfing, sei er häufig »*ausgetickt*« und habe Leute »*als Wichser, Bastard und so*« beschimpft; »*ich bin ein Mensch, ich entwickle sehr schnell Hassgefühle*«, so dass es oft zu Streitigkeiten kam. Seit er Taekwondo macht, seit sieben Jahren also, merke er, »*dass ich ein Mensch bin, der voll ruhig ist*« und sich nicht provozieren lässt – das erfährt er nicht zuletzt als ein neues Körpergefühl.[13] Der Kraftsport im Fitness-Studio ist »*wie eine Sucht*«.

Ursache für die Grundstimmung von Aggressivität seien »*Provokationen*« von Lehrern oder Mitschülern, aufgestaute Wut, wenn man sich in Konflikten zurück hält, *oder wenn die Eltern auf einem rumhacken und man kann nicht sagen: Nerv mal nicht, stress mal nicht* – dann muss man das runterschlucken (mein Formulierungsvorschlag, von ihm aufgegriffen). Vor allem legen seine Äußerungen die Vermutung nahe, dass die Aggressivität etwas mit der väterlichen Gewalt zu tun hat, die in der Familie zum Alltag gehörte.[14] Mesut wirkt gezeichnet von diesen Erlebnissen. Seine Erzählung von Gewalterfahrungen, die im Interviewkorpus kein Einzelfall ist, weist in eine psychische Tiefe, der diese kulturwissenschaftliche Darstellung nicht gerecht werden kann. Seine Berufsperspektiven sind genuin postindustriell, im Gegensatz zu den Erwerbsbiografien der Eltern- und Großelterngeneration, die sich inzwischen aber auch im prekären Dienstleistungsbetrieb wiederfinden. Auch wenn in der Darstellung auf diese strukturierenden Bedingungen nicht weiter eingegangen wird, sollte deutlich geworden sein, welche Kontexte der eigenen Figurierungspraxis Mesut selbst ins Spiel bringt.

Auf cool, auf hart, auf süß: Presentations of Self

Mesut charakterisiert und positioniert sich durch Abgrenzung von Fremd-Typisierungen, von »*Idioten*«, »*Möchtegern-Krassen*«, vom »*Knecht*« und vom »*kleinen Pisser*«, der er selbst war, von konservativ-patriarchalischen und pro-

---

13 Vorher, als er zehn war, sei er gelegentlich von Älteren geschlagen worden. Jetzt sagt er: Auch wenn einer ankommt und ihn als »Wichser« und »Opfer« beschimpft, dann geht er nicht darauf ein. Wenn jemand nicht nachlässt, dann vielleicht.

14 Er habe »*schon fast jeden zweiten Tag Schläge bekommen*«, auf den Körper und ins Gesicht, mit Stöcken, Schuhen, dem Staugsauger, bis er 14 war. *Er weiß, wie er sich jetzt fühlt, er hat das alles erlebt, und das will er seinen Kindern nicht antun. ›Schläge kassieren, heulen… Knallhart, sage ich mal jetzt, deine Eltern kümmern sich nicht darum, interessieren sich nicht so, und ich weiß ja, wie man sich fühlt. Man fühlt sich übertrieben Scheiße. Man heult, da ist keiner, der dich tröstet oder so. Und das will ich meinen Kindern auch nicht antun.‹* (FN)

vinziellen »*Dorftürken*« und von feigen »*Abkackern*«. Seine Selbst-Figurierung als »cool«, der besonders bewusste Teil seines Eindrucksmanagements, findet in verschiedenen Medien statt, nicht nur in der Kleidung. Sie reicht in andere Arenen von stilisierter Präsentation hinein, in der ein »Image« (Goffman) projiziert wird: die Bewegung im öffentlichen Raum, die Selbstdarstellung im Internet, die Gestaltung der eigenen Körperlichkeit und, vor allem in der Interview-Situation, in die sprachliche Rhetorik.[15]

Mesut erläutert, dass zur erfolgreichen Darstellung der eigenen Person auch ein Sich-Verstellen gehören kann, das die Erwartungen von Mädchen antizipiert (ich hatte ihn gefragt, ob nicht auch er selbst »auf cool« tut, wie er es den anderen unterstellte). »*Ja. Jaja, das will ich auch, ich geb's zu, manchmal will ich auch, wenn ich an irgendwelchen Mädchen vorbei laufe, tu ich auch einen auf cool und so, so ist das nicht. Na klar, jeder ist so, denke ich mal.*« Mo.: »*Eben. Wie tut man dann auf cool?*« Mesut: »*Na, kommt auf die Situation drauf an. Wenn du mit Freunden bist und so... Dann... Ich weiß nicht so, wie man läuft, sage ich mal, oder halt wie man sich verhält, oder Gesprächsthemen...*« Mo.: »*Wie läuft man?*« (Lachen, wir machen das so ein bisschen nach, im Sitzen: Schultern raus und abwechselnd nach vorne...) Mesut: »*Ja, schon so... So wie ein Macker, sage ich mal.*« Mo.: »*So ein bisschen breiter halt...*« Mesut: »*Ja, nicht so, sondern schon so.*« (Er macht es vor: Nicht mit schmalen, eingezogenen Schultern). Dass man »*wie ein Macker*« läuft, sich also kurzfristig einer in spezifischer Weise selbstbewussten Figur von Männlichkeit angleicht, impliziert einen raumgreifenderen Bewegungsmodus als den Unmarkierten. Die Pragmatik solcher Rollenspiele sollte zum Repertoire kompetenter urbaner Subjekte gehören. Zugleich konfligiert sie vielfach mit Authentizitäts-Imperativen, die die kulturelle Ethik und vor allem ein Verständnis von ehrlicher Männlichkeit dominieren, mit dem Imperativ, immer und überall »man selbst« zu sein.

Der Macker-Modus von Körperlichkeit im öffentlichen Raum, mit seinen raumgreifenden Bewegungen (das körperliche Sich-Figurieren, das auch ein Sich-Anschließen an die Affekte zirkulierender kultureller Figuren ist), fungiert hier also als Gegenbild zur alltäglichen Langeweile und als ästheti-

---

15 Hier gilt es die klassischen soziologischen Erkenntnisse zu den Bühnen der alltäglichen Präsentation des Selbst und zur Sozialität des Körpers zu vergegenwärtigen (vgl. Goffman 1974, zur Selbstdarstellung im Netz vgl. u.a Jörissen 2008). Die »presentation of self« rekurriert immer wieder auf unterschiedlich abstrakte, objektivierte Identitäten bzw. Figuren. Zum kollektiven Charakter von Körper-Praxen und der Milieu-Spezifik von Körperbildern vgl. die an Bourdieu orientierten Ausführungen von Koppetsch 2000, 8f.

sche Herausforderung. Zugleich steht er im Zusammenhang einer weiteren Problematik, der Frage von Provokation und Pöbeleien, die am Anfang des Gesprächs thematisiert wurde und die stereotyp mit der Frage des vermeintlich provozierenden Anschauens verbunden sind. »*Also ja, das kommt schon oft vor, muss ich schon zugeben. Manchmal gibt es Tage, manchmal gibt es Tage, wo ich einfach auf der Straße ganz normal rumlaufe, dann, jetzt nichts gegen dich, oder so, dass irgendwelche Deutschen ankommen und mich irgendwie provozieren so. Und sagen, ja, was kiekst du so, und… Ja, gibt es schon. Da ist es schon logisch, dass ich auch mal sage, was ist denn mit dir los und so. Ja, manchmal eskaliert es, manchmal laufen die weiter, und halt manchmal schlägt man sich. So ist das Leben. Entweder fressen oder gefressen werden.*«[16]

Am Beispiel der Alpha-Industries-Bomberjacke wird unten ausgeführt, dass und inwiefern Kleidung und Gang immer wieder wahrgenommen werden, als trügen sie zu Eskalationen bei. Hier klingt es jedenfalls, als kämen solche Schlägereien immer wieder vor, als sei das Risiko, verprügelt zu werden, für Mesut allgegenwärtig. Tatsächlich ist das aber, wie er auf Nachfrage hin sagt, nicht der Fall. Er hat sich, entgegen aller anders lautenden Andeutungen, noch nie in einem »*Einzelkampf*« geschlagen, auch wenn er immer wieder in Konflikte verstrickt wurde. Die eskalierende Rhetorik gehört zur Selbstdarstellung, aber auch bis zu einem gewissen Grad zum Modus der Deutung und Wahrnehmung der eigenen Umgebung. Er rekurriert auf die klassische Rhetorik von Ruf und Respekt, wie er sie oben bereits ansprach, als er von einem »*straßenkampfmäßigen*« Rap-Track von Kay One berichtete, den er früher gut fand. Jetzt sagt er: »*Also ich sage mal so, gefressen oder gefressen werden, meine ich damit: entweder kriegst du auf die Fresse, oder du gibst jemanden selber eins auf die Fresse. In dem Sinne: Es ist eigentlich so jetzt in Tempelhof, wenn du keinen Respekt vor irgend… Also, wenn dich keiner respektiert, dann kriegst du immer auf die Fresse. Und damit du respektiert wirst, musst du Leuten sozusagen auf die Fresse hauen und dich nicht klein machen lassen vor anderen. Weil man merkt es voll, wenn man immer leise ist, wenn ich zum Beispiel sagen würde, irgendeiner macht dich an, und du bist leise, dann merkt man voll, dass die Leute auf dich rumhacken und sagen, du bist voll der Abkacker und so, du hast voll abgekackt. Aber wenn man wiederum sozusagen, wie soll ich sagen, wenn man wiederum, wenn einer angemacht wird, und zu der Person sagt: Ja, du kriegst gleich eins auf die Fresse zum Beispiel, oder, hier,*

---

16 Solche Szenen seien Tempelhof nicht mehr so häufig wie früher, sagt er, jetzt begegne ihm das eher in Neukölln, Kreuzberg oder am Ku'damm. In Tempelhof waren es eher »Deutsche«, in Neukölln eher »Türken und Araber«, die ihn anpöbelten.

komm, Einzelkampf oder so, dann merkt man schon, dass man Respekt von der Straße bekommt. Dass die Leute anfangen, dich zu respektieren. Und das ist halt so, wenn du einfach keinen Respekt auf der Straße hast, wirst du einfach nur gefressen, wenn du Respekt von der Straße hast, von den ganzen anderen Leuten, meine ich jetzt, dann frisst du die anderen sozusagen.«[17]

Eskalieren erzählen

Solche Erzählungen mit ihren quasi-darwinistischen, agonistischen Lebensmaximen sind in vielen Interviews präsent, ebenso wie das Changieren zwischen rhetorischer Eskalation und Deeskalation. Die Rhetorik, die diese Gewalterzählungen charakterisiert, rekurriert auf eindrückliche, zum Teil bedrohliche Erlebnisse und eine Grundstimmung angesichts von Gewaltdrohungen und -erfahrungen. Sie bildet aber nicht einfach die Wirklichkeit ab, sondern kann selbst ein Stilisierungs- und Figurierungsmittel darstellen.

An dieser Stelle hat sie, im Kontext der Projektion eines Images, ganz pragmatische Funktionen, wie die folgende Gesprächspassage zeigt, die etwa eineinhalb Stunden später stattfand, als ich auf die Thematik zurückkam und Mesut fragte, wie genau man seiner Erfahrung nach Selbstbewusstsein signalisiert. Die Antwort, zusammengefasst: *Indem man auf Fragen, die ihm Menschen stellen, sicher und bewusst reagiert. Zum Beispiel, wenn er gefragt wird, was er machen würde, wenn ihn einer dumm anmacht. Wenn er dann überlegt und nach einer Weile sagt, er würde ihn schlagen, dann ist klar, dass er ›Scheiße labert‹. Wenn man das gleich schnell sagt, dann ist klar, man ist selbstbewusst. Gleich eine Antwort geben, ohne zu zögern und ohne irgendwas zu labern, so. ›Wenn du gleich sicher sagst: okay, das. Das. Dies. Dann weiß man, also für mich, so denke ich zumindest, dass die Personen dann denken, dass man selbstbewusst ist.‹* (FN) Vor diesem Hintergrund wird deutlich, dass es nicht, oder zumindest nicht allein und primär, die eigenen Erfahrungen waren, die Mesuts Ausführungen zum »Respekt« und zur sozialdarwinistischen »Straße« begründen. Zum Ausdruck kommt vielmehr eine Selbstdarstellungsstrategie, der Versuch der Projektion eines »Image«, »face-work« im

---

17 Er erläutert diese Maximen mit einer Episode, in der er im Beisein von Freunden auf eine verbale Provokation durch einen »Deutschen« nicht reagiert hatte und daraufhin von den Freunden als »Abkacker« verspottet wurde, woraufhin er den Provokateur konfrontierte. Als »Straße« definiert er an anderer Stelle im Interview schlicht die relevanten Anderen, »die ganzen anderen Leute«.

Goffman'schen Sinn. Die apodiktische Rhetorik verweist nicht einfach auf einen Sozialdarwinismus »auf der Straße« (auch wenn einige Erlebnisse von Mesut sich fraglos im Sinn eines solchen »Codes der Straße« interpretieren lassen, was er ja auch tut)[18], sondern sie verweist (a) auf den kulturellen Wert des Selbstbewusstseins (und die Wichtigkeit der Anerkennung in diesem Sinn), (b) auf das kulturelle Wissen um bestimmte – in diesem Fall rhetorische – Darstellungsstrategien sowie (c) auf Vermutungen um deren Effektivität. Diese müssen freilich nicht zutreffen und werfen (auf der kulturanalytischen Ebene) die Frage nach der Wahrnehmung dieser Selbstdarstellung durch Dritte auf.

Die Rhetorik von Respekt und Härte erinnert also an klassische Kristallisationspunkte von (jung-männlicher) »lower-class culture« (»trouble«, »toughness«, »excitement«) als Stil von Männlichkeit, als »protest masculinity« (R.W. Connell), und verweist auf sie.[19] Diese Bezüge weisen fraglos Züge eines wahrnehmungs- und handlungsleitenden kulturellen Schemas auf: Mesut meint das, was er sagt, durchaus ernst, er stellt sich gelegentlich in einem solch apodiktischen, »restringierten« Modus dar, wie mir in Gesprächen mit ihm und anderen deutlich wurde. Auch meidet er bestimmte Orte und Bekannte aus den genannten Gründen.

Zugleich verhält er sich, wie auch in diesem kurzen Porträt sichtbar wurde, vielfach auch ganz anders. Dies verdeutlicht, dass ein solches Schema nur als temporäre Rahmung funktioniert, nicht als konsistente Orientierung. Zudem stellt sich der vermeintliche »Code der Straße« *auch* als populärkulturelles Zitat dar. Es wäre also zu einfach, hier eine »Unterschichtskultur« oder eine »Kultur junger türkischer (Post-)Migranten« am Werk zu sehen,

---

18 Das Umgehen mit Provokationen ist zentral für einen sogenannten »code of the street«, wie verschiedene Sozialwissenschaftler betonen (vgl. Anderson 2000; kritisch Garot 2007, 94). In einem ähnlichen Sinn (dabei aber weder für populärkulturelle Schemata noch für die Macht von zuschreibenden Diskursen sonderlich empfänglich), zeichnet der Soziologe Ralf Bohnsack (2001) das Bild eines post-migrantischen, deutsch-türkischen »Habitus der Ehre des Mannes« (vgl. kritisch Scheibelhofer 2011; Ewing 2008).

19 So formuliert Connell in einer Studie zu Männlichkeiten unter subproletarischen jungen Männern in Australien anlässlich ähnlicher Aussagen: »This is face-work – or, to put it in simple English, boasting – about being tough, a frequent move in Pat's personal style. He is learning to moderate the masculine display.« (1995, 102) Connell spricht von »protest masculinities«, die in der Nahwelt dominant auftreten und sich über »spectacular display« definieren – im Protest gegen die Verweigerung von Anerkennung und auch von erwarteten Anteilen an der »patriarchalen Dividende«. Letztlich sei darunter eine Kompensation zu verstehen: »At the personal level, this translates as a constant concern with front or credibility. This is not necessarily defence of a traditional working-class masculinity.« (1995, 116)

wie es auch zu einfach wäre, an dieser Stelle – in anti-kulturalistischer Manier – ausschließlich einen zirkulierenden, medial gespeisten Eskalations-Diskurs sehen zu wollen, auf den Jugendliche – deren tatsächliches Handeln vollständig »sozial«, vollständig »strukturell« erklärbar ist – zum Zweck der Selbststilisierung zurückgreifen, ohne dass sie das weiter berühren würde. Diese Problematik kann hier und im Folgenden nicht gelöst, sondern nur durch genaue Begriffsverwendungen gewissermaßen verschoben werden. Auffällig ist jedenfalls, dass sich die Jugendlichen selbst in der Figurierung des »Gangsta-Styles« auch an genau diesem Spannungsverhältnis zwischen vermeintlich »echter« Kultur, also handlungsleitenden Codes, und »inauthentischem«, spielerischem Zitat gewissermaßen abarbeiten.

Ein Körper-Kleider-Projekt

Mesuts Selbst-Figurierung lässt sich als ein vergeschlechtlichtes Körperprojekt (vgl. Turner 1996, Meuser 2000), als ein Körper-Kleider-Projekt begreifen: Das »Shaping« des eigenen Körpers, der eigenen Figur im Sinn der üblichen Wortverwendung, betreibt er bewusst und diszipliniert.[20] Die resultierende physische Gestalt ist ein zentaler Bestandteil seiner Selbstdarstellung: Bei »Netlog«, dem in seinem Kreis beliebtesten sozialen Netzwerk mit Dating-Orientierung, präsentiert er sich mit vielen Fotos, darunter auch zweien, auf denen er mit nacktem Oberkörper und angespannter Muskulatur zu sehen ist. Das Körperbild, das er anstrebt, sei nicht das eines Bodybuilders, sondern bestimmt sich durch die »definierten« Muskeln. Seine Zielvorstellungen sind an einer konkreten popkulturellen Figur orientiert, am Körper eines kulturellen Helden, sie haben – wie alle Körperbilder – ima-

---

20 In Teilen der Soziologie gelten »Körperprojekte« geschlechter- und milieuübergreifend als spezifisch spätmodernes Phänomen von »individueller Selbstvergewisserung« in einer »Inszenierungsgesellschaft«. In Untersuchungen zum Zusammenhang von Körpern und sozialer Ungleichheit (vgl. Koppetsch 2000; Meuser 2000) wird dagegen versucht, milieuspezifische Körperbilder und Verständnisse von der Selbst-Körper-Beziehung zu typisieren (vgl. dazu die Anmerkungen zur Körperlichkeit von »Halbstarken« und »Exis« oben, ebenso die klassischen Beschreibungen unterbürgerlicher Subkulturen). Dazu passt, dass disziplinierte, muskuläre Körper im Alltagsverständnis des akademischen Milieus häufig als kompensatorisch verstanden werden: Sie seien das, was den Modernisierungsverlierern zu Selbstvergewisserungszwecken nach dem »Ende der Arbeit« im industriegesellschaftlichen Sinn noch bleibt. Diese Laientheorien der Intellektuellen rühren vermutlich von den Körperbildern in den eigenen, »individualistischen Milieus« her, wie sie Koppetsch von den »traditionellen Milieus« unterscheidet.

ginären Charakter. »*Schon, dass man ordentlich was erkennt, so. Also ehrlich gesagt, das hört sich vielleicht etwas übertrieben an, aber so wie Bruce Lee, so ein Körper würde mir reichen. Man denkt zwar vielleicht, so, dass man es jetzt nicht schafft, oder so, weil Bruce Lee ja was ganz Berühmtes ist, aber so ein' Körper wie Bruce Lee zu bekommen, kann man eigentlich schaffen. Er ist auch ein ganz normaler Mensch gewesen, wie wir, er war zwar ein Star, sozusagen, oder ein Kämpfer vom Feinsten, so, aber so einen Körper wie was er hatte, würde mir vollkommen reichen.«* Mo.: »*Kannst du mal beschreiben, den Körper von Bruce Lee?«* Mesut: »*Ja, der hatte so eine V-Form, extreme V-Form, bei ihm ging es schon so (zeigt V-Form), Sixpack und durchtrainiert und schnell war er auf jeden Fall. Auch Oberkör... Also Oberkörper rum. Ja, und einen definierten Körper hatte er. Der hatte ordentlich Power, seine Muskeln hat man gesehen, sein Körper sah einfach 1-a aus, so perfekt. So, wie man sich einen Körper vorstellt, so einen durchtrainierten Körper. Schön definiert und ordentlich Power dahinter.«* Mesut stellt unbefangen dar, was Sich-Identifizieren bedeutet: »*Wie ich immer seine ganzen Tritte gesehen hab, so wie schnell der ist, so seinen ganzen Körper und so, dachte ich mir: Ja, perfekt. Ich stell mir vor, ich bin genauso wie er, so. Also, er ist schon mein Idol, sozusagen, oder mein Mentor, sag ich mal so. Ich kann mir schon vorstellen, so wie er zu werden. Wäre schon cool.«* Von Bruce Lee fühlt Mesut sich in einem unmittelbaren Sinn, auf der Ebene des Imaginären, der medialen Immersion und der Tagträume, angesprochen – ohne, dass er diesem Bild deshalb hilflos ausgeliefert gewesen wäre. Die Aussage konkretisiert das oben angesprochene Stichwort von der Korporealisierung medialer Figuren-Bilder und Bewegungssequenzen und führt deren Relevanz in der Selbst-Figurierungspraxis vor Augen. Die Erinnerung an diese Fernseh-Erlebnisse wird auch durch die besondere soziale Rezeptionssituation verstärkt: Er sah die Filme oft zusammen mit seinem Vater, während die Mutter und die Schwestern sich dafür wenig interessierten.

Für Mesut erlaubt die Arbeit am eigenen Körper wie gezeigt eine Stabilisierung des als labil empfundenen Selbst, die er in der Anstrengung erlebt (stellt also einen Prozess dar), die sich aber auch in seiner Physis vergegenständlicht (in einem Ergebnis). Auch in den Selbstdarstellungs- und Kommunikationsmedien im Internet kann der so beschaffene Körper beziehungsweise seine Attraktivität dann als »Aufmerksamkeitskapital« (Koppetsch) fungieren, das eine Form von Anerkennung befördert. Die Figurierung mit stilistischen und körperlichen Mitteln zielt immer auch auf Anerkennung von Attraktivität in nahweltlichen Bereich ab, aber dabei handelt es sich nicht einfach um einen psychologischen Prozess, vielmehr spielen unterschiedliche kulturelle Ästhetiken, Stile und Ordnungen in die Aushandlungen von Aufmerksamkeit und Anerkennung hinein.[21]

Online-Performance: Aufmerksamkeit

Mesut ist bei diversen »social media«-Anbietern angemeldet. Die Praxis des Ausstellens ist im Medium des sozialen Netzwerks angelegt, aber die Modi, die Gesten und Posen, sind es ebensowenig wie die Bewertungsmaßstäbe. Am häufigsten nutzt er, neben dem MSN-Chat, das soziale Netzwerk Netlog, wo er auch seine Freundin kennen lernte. Dort, so sagt er, seien auch (leiser) »Schlampen«, auch ältere Mädchen Mitte zwanzig, nicht nur »Kinder« wie bei »Jappy«. Bei Netlog können alle angemeldeten Teilnehmenden die Profilseite aller anderen Teilnehmenden sehen und deren Fotos kommentieren. Auf dieser Bühne präsentiert er sich ausführlich mit Fotos und Videos; in seinen verbalen »Shouts« (»Statusmeldungen« bei Facebook) bittet er die meiste Zeit um »Kommis«, also um das Kommentieren seiner Fotos, gelegentlich bringt er seine Stimmung (zum Beispiel Liebeskummer) zum Ausdruck, gelegentlich versucht er, Waren (wie Schreckschusspistolen) zu verkaufen.[22]

Auf »Netlog« möchte er in erster Linie Mädchen kennenlernen, verständigt sich aber auch mit Freundinnen und Freunden, und wird gelegentlich von ihm unbekannten Jugendlichen, jungen Männern, verbal angegriffen, verspottet (»ich fress dich auf und hab noch nen besseren body ohne fitness«)

---

21 Attraktivität ist dabei mehr als Schönheit, zu ihr gehören das »Auftreten«, die »Fähigkeit der körperlichen Selbstpräsentation« (Koppetsch 2000, 105) und andere »Aspekte einer habituellen Realisierung klassenspezifischer Zugehörigkeiten« (106).

22 Die Kommentare dienen dem Kommentierten als Ausweis von Aufmerksamkeit, für die Kommentierenden fungieren sie auch als Werbung, als Anlass für Andere, die kommentierende Person mit ihrer Selbstpräsentation genauer anzusehen, wie Mesut ausführt: »Ich kann auch irgendwie auf seine Seite rauf gehen und einen Kommentar ablassen, zum Beispiel, du bist gut, du bist cool oder irgendwie sowas, halt, meistens nutzen die es eigentlich aus, die ganzen Kommentare, nicht um dich zu bewerten, sondern um sich selber sozusagen berühmt zu machen. Um sich weiter zu präsentieren. Und ich nehm die immer jedes Mal, damit es so aussieht, als ob ich sehr viele Kommentare hätte, so.« Koppetsch definiert Aufmerksamkeitskapital als »Reichtum an massenhafter Beachtung« (2000, 101) und führt aus: »Jedes Beobachtetwerden ist auch ein Beachtetwerden und kann damit eine Quelle von Achtung und Selbstachtung sein. Darauf beruht auch das Statuspotenzial körperlicher Attraktivität, als die Fähigkeit, die Blicke auf sich zu ziehen.« (12) Zur Ökonomie der Aufmerksamkeit vgl. klassisch Franck 1998.

oder rassistisch beleidigt (*»fuck you turkie«*). In dieser Arena ist der »Body« ein erarbeiteter Besitz, den er präsentiert und ausstellt, wie der Roller, der auf einem anderen Foto zu sehen ist, den er sich vom selbst verdienten Geld gekauft hat. Er fungiert als Aufmerksamkeitskapital: Der »Body« wird anerkennend kommentiert (»wooow super toller body ☺« – sommergirl Luise, 15): »ohoo – very nice (Smiley mit Daumen hoch)« – s a n a r a; »waaay.. richtiig **BREiiT** gewordn ya (Doppel-Hütchen), sieht schon mies <u>sekziee</u> aus !!« – Lallii (mit Herzchen vor und nach dem Namen); »nich schlecht wieter sou ;-) – m.a.n.u.e.l.a.«; »ganz schön positiv« – evgeni krone; »mieser bady mach weiter so« – Habibo 42; »breit gebaut ☺ (Zunge-raus-Smiley)«, Sasha_Ozkan Al Pacino/ladykiller 42). In einem Video, das er von sich aufgenommen und bei YouTube eingestellt hat, hantiert er gekonnt mit einem Nunchaku, einer (von Bruce Lee popularisierten, offiziell verbotenen) Schlag-Waffe, die aus zwei harten Holzstäben besteht, die mit einer kurzen Kette verbunden sind – und hat ungefähr 3,500 Clicks gesammelt, also eine ganze Menge Aufmerksamkeit auf sich gezogen.

Nun präsentiert sich Mesut aber nicht nur mit seinem nackten Oberkörper, sondern auf sehr viel mehr Motiven – mit einem Close-Up von seinem blau leuchtenden Auge, auf dem eigenen Roller sitzend, posierend zuhause (in unterschiedlichen Jacken im Picaldi-Style) und auf einem U-Bahnhof, im Unterhemd mit einer Wasserpfeife, auch als Kleinkind. Als »cool« präsentiert er sich in vielen durch seine Posen ganz offensichtlich; mit dem Nunchaku-Video und mit seinen kämpferischen Antworten auf Pöbeleien (»quatsch nicht so viel bevor ich dich auffresse du möchtegern krasser«) präsentiert er sich auch als, wie es umgangssprachlich heißt, potenziell »krass«, und zugleich präsentiert er sich in einer Weise, die von Mädchen »süß« gefunden wird – nicht nur attraktiv, sondern auch liebenswert. (Auffällig ist, dass die »süßen« Fotos deutlich mehr positive Kommentare bekamen). Seine Freundin lernte er kennen, weil sie auf ein Foto aufmerksam wurde, auf dem er lächelnd vor einer Pyramide von 22 Nutella-Gläsern liegt, die er »aus Langeweile« aufgeschichtet hat, nachdem es bei »Penny«, dem Discount-Supermarkt, ein Sonderangebot gab und der Vater geflachst hatte, jetzt könne er ja mal eine Kiste kaufen gehen.

Solche Foto-Ensembles präsentieren Selbst-Typisierung/Figurierung und individualisierende Praxis gleichermaßen. Der Gestus des selbstbewussten Ausstellens unter anderem des eigenen Körpers, ebenso wie der »coole« Look in seiner spezifischen Gestaltung (zum Beispiel mit dem Sitz der Basecap), machen bei Mesut einen Teil einer Figurierungspraxis aus, die von vielen

Jugendlichen, die er damit »adressiert«, geschätzt wird (die Kommunikation gelingt damit, aus seiner Perspektive betrachtet), von manch anderen Jugendlichen aber auch als Inbegriff eines per se verachtenswerten, prolligen Gestus schlechthin verstanden wird. Viele Gymnasiasten meiden Netlog und Jappy (die in beiden hier besprochenen Kreisen wichtig sind, zum Teil auch »segregiert« wie bei Meli, die Netlog nutzt, um migrantische Jungs kennen zu lernen, wohingegen sie »Schüler-VZ« für ihre »deutschen« Freunde nutzt), die sie als unterschichtlich wahrnehmen: Da seien »zu viele Assis« (vgl. Pilarczyk 2011). Für Mesut liegt das Risiko von Lächerlichkeit und Peinlichkeit in dieser kommunikativen Situation aber nicht primär oder nicht allein in solchen Etikettierungen, sondern eher darin, dass die Angesprochenen das Präsentieren als inauthentische Pose belächeln könnten, die nicht zur Person passt. Gerade, wenn er in Kommentaren als »Styler« bezeichnet wird, liegt darin häufig ein neckender Unterton.

In einem Foto, das er offenbar selbst in einem Geschäft aufgenommen hat, schaut er zum Beispiel ernsthaft und fast ein wenig arrogant in die Kamera, und er trägt eine schwarze Basecap, die schief, im 45-Grad-Winkel, und ausgesprochen hoch auf dem nahezu kahlrasierten Kopf sitzt. Einer von fünf Kommentaren lautet: »Nicht schleeeeecht..haste dich ja mal wieder schön in Pose gebracht ☺☺« – Cicim/Slobka_El_Marta […]).[23] In einem anderen Kommentar heißt es: »du styler duuuuuu – klb – 34prinzessin34«. Mesut wurde an dieser Stelle gewissermaßen bei der Selbst-Figurierung erwischt: beim Ausstellen des eigenen Looks, wie es in sozialen Netzwerken unausweichlich ist. Die Kommentatorin macht die visuelle Inszenierung, die auf das Bild eines sanftmütigen »Bad Boys« angelegt zu sein scheint, als eine posenhafte, kalkulierte Performance kenntlich, die auf Anerkennung abzielt. Ihre Sanktionierung hat hier freilich liebevollen, neckenden Charakter. Die Möglichkeit von Feedback gehört zur Präsentation des Selbst im öffentlichen Raum, aber auch zu den Internet-Plattformen, wo sich die Figurierungspraxis ständigen Kommentaren und Beurteilungen aussetzt und unweigerlich reflexiv wird.

---

23 MaaaNDy/KENYAS_LIL_P[…]; »styler mayler naber?«

Robbie

Robbie, ein kleiner, drahtiger junger Mann von 18 Jahren mit kurzen, blonden Haaren aus Berlin-Pankow, der zurzeit eine Sonderschule besucht, um einen Realschulabschluss zu absolvieren, gehört zur anderen Gruppe, die ich befragte und ethnografisch begleitete und die ich im »HipShop« kennen lernte. Robbie, ein »weißer Deutscher« und stolzer »Ossi«, gehört zudem einer Gruppe von Jugendlichen an, die sich häufig an einem Nordostberliner S-Bahnhof aufhalten und dort auch zur Zielgruppe intervenierender Sozialarbeit wurden.

Figurierungspraxis: Stil haben, ohne ein »Geldhabender« zu sein

Neben der alltagsästhetischen Aufmachung nehme ich zunächst eine bestimmte Körperlichkeit wahr: Robbie scheint konstant unter Spannung zu stehen, und viele seiner Freunde, die gelegentlich in den Laden kommen, ähneln ihm in dieser Hinsicht. Sein Blick wirkt auf mich suchend, ein wenig unsicher und alert. *Auffällig waren für mich seine körperliche Haltung, seine Gestik und so weiter. Er hatte häufig die Hände in den Taschen, stand leicht eingeknickt da, die Schultern auch so ein bisschen nach vorne, wirkte aber, als stünde er ziemlich ›unter Spannung‹. (FN) Er wirkte auf mich wieder sehr energiegeladen; geschmeidige, schnelle Bewegungen. (FN, anderer Eintrag). Wieder fielen mir Robbies Bewegungen auf, während der ganzen Zeit im Laden. Er macht immer wieder so Tanz-Moves, so halbe, so Fluss-dann-Stop-Bewegungen und so etwas. Er wirkt sehr drahtig und energiegeladen, wie bereits gesagt. Ist aber auch häufig am Posieren, denke ich mir; nicht unbedingt für das anwesende Publikum in erster Linie, oder doch? Unklar. Als es um das Fotografieren geht, sagt er auch, jetzt kann er ja mal richtig Posen. Das macht ihm auch Spaß, wohl.* (FN, anderer Eintrag)
Er stellt sich mir als Robbie vor, verbindlich und mit schwachem Händedruck.[24] Im Gespräch wirkt er häufig fast beflissen, nach dem Interview bedankt er sich und sagt, das habe Spaß gemacht. Manchmal sprechen die

---

[24] Als er ihn mir vorstellte, meinte Yusuf, mein wichtigster Ansprechpartner im HipShop und als Verkäufer zeitweilig Robbies Vorgesetzter, ein wenig spöttisch, aber auch nicht ohne Anerkennung, Robbie sei »*auch so ein richtiger Krimineller*«. Die drei, vier Jahre Altersunterschied – und der Umstand, dass er der kleine Bruder eines Freundes von Yusuf ist – machen ihn zum Angehörigen einer anderen Generation, über die die Älteren in

anderen seinen Namen auch englisch aus, wie die meisten von ihnen englische Pseudonyme haben – als Graffiti-Writer und als Künstlernamen –, und
auf seinem Jappy-Profil heißt er Robert. (Seine Graffiti-Writer-Namen sind
aber andere). Beim Telefonieren mit einem Sozialarbeiter, der ihn bei der
Wohnungssuche unterstützen soll, meldet er sich ebenfalls mit »Robert«. Er
berlinert stark und selbstbewusst. *Sein Sonntag, normalerweise: Fußballspie-
len, dann zu einem Kumpel nach Hause, dessen Eltern eine Weile nicht da sind,
dann da chillen und zwei Köpfe rauchen, dann seine Freundin treffen und mit
der einen Joint rauchen. Das war's eigentlich.* (FN). Er schätzt sich, nach der
eigenen Schichtzugehörigkeit gefragt, folgendermaßen ein: »*Also ick bin kein
Arbeiter, so, der für irgend jemanden arbeitet und dafür Geld kriegt, so, ick bin
in keiner höheren Klasse, wo ick jetzt sage, ja, ick bin der Schlauste von allen, so,
ick brauch gar nichts, ick kann mir alleine helfen, sondern ick bin einfach ein
ganz Normaler. Also ick komme hier her, mach meine Arbeit, die ick zu tun hab,
wenn die mir Arbeit geben, so, dann mach ick die, wenn ick nich kommen muss,
dann komm ick nich, so. Weißt du? Ick leb einfach mein Leben so, wie es gerade
kommt.*« Die Betonung der eigenen Normalität schließt an dieser Stelle mit
ein, dass ihm – von Freunden, aber auch von Institutionen – geholfen wird.
Andererseits ist ihm bewusst, dass er als Hartz-IV-Empfänger eher unten
als oben steht, und gewisse Ressentiments gegen »*Bonzen*« verhehlt er nicht
(»*ich nenn immer reiche Menschen Bonzen*«), auch wenn er souverän betont,
keine Vorurteile zu haben.

Momentan lebt er in einer betreuten Jugend-WG, weil es zuhause zwischen ihm, seiner Mutter, deren neuem Ehemann und seinen Geschwistern
zu viel Streit gab, wie er sagt. Aus der Jugend-WG muss Robbie aber ausziehen, da er, zum Zeitpunkt des ersten Interviews, seit einigen Monaten
volljährig ist. Jetzt will – und muss – er sich eine eigene Wohnung suchen,
die das Amt bezahlt. Aber das ist nicht einfach, wie er sagt: »*Versuch das mal
als Hartz-IV-Empfänger*«. An einem Tag erzählt er, dass er, wenn er diese Woche nichts findet, auf der Straße landet – einschränkend, dass er bei seiner
Freundin oder seiner Mutter unterkommen kann, zur Not.[25] Obwohl er, wie

klischeehafter, wissend-besorgter Form ihre Eskalationserzählungen verbreiten. *Ich guckte
fragend. Robbie wehrte ab, nicht mehr, nicht mehr.* (FN)

25 Er kommt dann bei der Schwester unter, nachdem er »*einen Zusammenbruch*« erleidet, als
er für eine Wohnung, die er sich ausgesucht hatte, eine Absage bekommt. Die unterschiedlichen Lebenssituationen der Praktikanten wurden im darauf folgenden Gespräch schnell
deutlich: Tino, ein als konsumsüchtig beschriebener Stammgast und Praktikant, der in
meinen Augen dem Typus eines »Hipster-Rap«-Fans entspricht, meinte: Auf der Straße,
das sei ja nicht so geil. Er habe die letzte Nacht auf dem Bahnhof verbracht, als er von

er sagt, »*nicht so der Geldhabende*« ist, gibt er einiges Geld für Kleidung aus, gerade hier im Laden, was seine Freundin immer wieder verärgert.[26] Gut auszusehen, ist Robbie wichtig: *Ick find immer, wenn man rausgeht, dann muss man sich in seinen eigenen Sachen wohl fühlen, sonst ist man nicht man selbst, sozusagen*.« Er trägt häufig Jogging-Kleidung mit weiten T-Shirts, Hosen von Picaldi oder JetLag und inzwischen auch einige Baggy-Sachen, dazu die einschlägigen Sneakers von Nike oder Reebok und andere Kleidungsstücke, zum Beispiel Sweatshirts und Jacken, von Hip-Hop-Wear Marken wie »Raw Blue« oder »Chabou«, die zum Teil besonders auffällig bunt und goldfarben bedruckt sind. Meist trägt er eine Nike-Cap, schwarz oder weiß, und Kleidung, die sportlich wirkt. Die Cap passt, wie er meint, zu seinem kleinen Kopf, denn auf dem sitzen nur die Nike-Caps mit ihrem Band zum Festzurren, nicht aber die großen New-Era-Basecaps – die Nike-Caps sind aber im Picaldi-Style zu diesem Zeitpunkt stilistisch ohnehin die Typ-adäquate Option, die New-Era-Cap eher nicht. Er setzt sie sich zuerst so auf, dass sie recht tief ins Gesicht reicht, und zieht sie dann am Knopf in der Mitte straff nach oben (»*na, hier, weil sonst sieht das so platt gedrückt aus, und dann zieh ick das immer*«). Den Stil der eigenen Gruppe könne man grob mit dem der Kunden im Laden vergleichen: »*So sind meine Freunde meistens auch. Zwar nicht so extrem Hip-Hop-mäßig, aber die ziehen sich auch schon so leichte Klamotten mal an oder so, also meine meisten Freunde tragen ja Picaldi-Sachen, und dann coole Pullover halt, so ganz normale Sachen. Sind nicht ausgefallen, aber auch nicht zu schlicht, so.*« Das »*Hip-Hop-Klischee*« will

---

einem Kanye-West-Konzert in Westdeutschland zurück kam. Offensichtlich sind Tinos Probleme anderer Art als die von Robbie (FN). Robbies Mutter arbeitet als Fleischfachverkäuferin in einem Supermarkt in Berlin-Wedding (dort geht er auch zur Schule – jenseits der Brücke, im »Westen«). Zu seinem Vater, der ein schwerer Trinker ist, hat er wenig Kontakt. *Also, mein Vater ist zwar Alkoholiker, so, aber es gibt auch ein, zwei Wochen im Monat halt, wenn er kein Geld hat, dass er nüchtern ist und dann kann ich ihn mal besuchen gehen. Aber sonst nicht so wirklich.* Der neuer Partner der Mutter hat auf dem Bau gearbeitet und lebt inzwischen von Arbeitslosengeld II/»Hartz IV«. Mit ihm versteht sich Robbie nicht, und wegen der Streitigkeiten mit ihm ist er lieber in die Jugend-WG gezogen, sagt er. (*Ick geh jeden Tag meine Mama besuchen. Feier Geburtstag mit ihr, mach alles. Also, meine Mama ist nicht wie meine Mama, sondern wie eine beste Freundin, also, aber gleichzeitig auch meine Mama, aber wie eine, ich kann mit ihr alles über alles reden. Wenn ich Probleme hab, komm ich zu ihr, wenn sie Probleme hat, kommt sie zu mir.*) Einer seiner älteren Brüder, der auch ein Freund von Yusuf ist, saß bis vor kurzem wegen Waffenbesitzes im Gefängnis, handelt mit Drogen und befindet sich, so Yusuf, auf dem Weg zurück, weil er seinen Verpflichtungen – Auflagen, Zahlungen – nicht nachkommt.

26 Vom monatlichen ALG-II-Satz von 360 Euro sind behördlicherseits ca. 30 Euro (10 Prozent des Regelsatzes) für Kleidung und Schuhe vorgesehen.

er aber, so sagt er, vermeiden (»*Aber so mit dem Hip-Hop-Klischee hab ich bis jetzt noch nichts zu tun gehabt. Aber es gefällt mir halt* (die Musik, Anm.).« M: *Was meinst du mit Hip-Hop-Klischee?* Robbie: [animiert] »*Naja, so, lange Klamotten, langet T-Shirt, so, ein bisschen verkommen, würde ich mal sagen, meist Kiffer, so, und, ja. Sagt man ja meistens. Also man sieht ja die meisten und dann – die sehen halt so aus, und denkt man sich det auch gleich.*«[27]

Einige seiner Hosen hat er verschönert, indem er mit Bleichmittel den eigenen Graffiti-Namenszug (Tag) applizierte – eine klassische Form jugendkultureller symbolischer Kreativität und Personalisierung. Er trägt Schmuck: eine Goldkette, die er sich vor einigen Jahren kaufte, einen Anhänger mit einem Puma drauf, den ihm seine Freundin zum sechsmonatigen Beziehungs-Jubiläum schenkte, und Ohrringe in Form kleiner Würfel, die – im Gegensatz zu den klassischeren »*Bling-Bling-Dingern*« – »*nicht jeder hat*«.

Im Geschäft, das wie gesagt mit einem größeren Online-Handel verbunden ist, hat er als Praktikant verschiedene Aufgaben: Kleidung aus Kisten und Plastikverpackungen holen und verstauen, Kleidung falten und auf Bügel hängen, gelegentlich Kleidungsstücke aus dem Ladensortiment suchen und verpacken, die online bestellt wurden, und gelegentlich darf er auch mit den Kunden sprechen. Zugleich gibt es eine Menge Leerlauf und Warten. Die Kundschaft kommt recht spärlich in den Laden. Und er holt das Mittagessen, bei McDonald's, beim Döner-Imbiss, beim Bäcker, beim vietnamesischen Schnellrestaurant.[28] Das Praktikum absolviert er als Teil einer zweiten schulischen Chance: Er arbeitet zurzeit daran, seinen Realschulabschluss in einem betreuten »Schule-und-Beruf«-Projekt nachzuholen, nachdem er im Jahr zuvor wegen häufigen Schwänzens von der Schule ging. Das Praktikum soll ihn mit der Arbeitswelt vertraut machen und bisherige Versäumnisse ausgleichen. Zwei Praktika hat Robbie in seiner schulischen Karriere bislang absolviert, eines in einer Tischlerei und eines als Kellner.[29] Das Praktikantendasein bringt

---

27 Vgl. auch die ganz ähnliche Beschreibung des ehemaligen »Hoppers« oben. Die Passage illustriert ein weiteres Mal, wie zwischen »Hip-Hop« und Picaldi-Style unterschieden wird: im Sinne einer moralischen Differenz zwischen Mustern von Lebensführung.

28 Yusuf, der zum Zeitpunkt des Interviews den Laden führt und auf den ich unten näher eingehe, betont, dass er »alle Geschmäcker der Welt kennen lernen« will; Robbie hat über den Döner hinaus keine Lust auf ausländisches und ungewöhnliches Essen.

29 Da einige seiner Altersgenossen sich nun im zweiten oder dritten Lehrjahr befinden und die Praktikanten auf der Hierarchieskala der Betriebe ganz unten angesiedelt sind, führen diese Praktika ihm vor Augen, inwiefern er im Erwerbsleben zunehmend abgehängt wird. Als die Zeit kam, sich wieder einen Praktikumsplatz zu suchen, ließ er das – krankheitsbedingt, wie er sagt – zunächst einmal ein wenig schleifen und landete dann gezwungener-

einen weiteren Bewährungsstatus mit sich, da hier, taktisch betrachtet, nicht nur ein ordentliches Zeugnis erhofft werden kann, sondern vielleicht auch eine mögliche Rückkehr als Auszubildender. Bezahlt wird er nicht.

Robbie hat zwei Verurteilungen hinter sich und ist jetzt auf Bewährung. Auch hier ist die Welt in »früher« und »heute« gegliedert: Routiniert erzählt er, dass er »*früher sehr kriminell (war), hab früher überviel Kacke gebaut halt einfach, abgezogen, Körperverletzung, ganz vieles*«. Er führt aus: »*Man geht auf der Straße und sagt, yo, du bist ein Opfer und dich zieh ick jetzt ab.*« Er betont, dass er einen Ruf hat, »*einen kleinen Namen*« in der eigenen Gegend, auch wegen seines großen Bruders. Als ich seinen Namen google, finde ich einen Eintrag, der aus einem tagebuchartigen tabellarischen Tätigkeitsbericht stammt, den Streetworker erstellt haben. Dort wird von den Versuchen berichtet, Einfluss auf die Gruppe am S-Bahnhof zu gewinnen, und es findet sich auch ein Eintrag, in dem festgehalten wird, Robert K. sei angetroffen worden (der Nachname wird im Original ausgeschrieben), er habe erzählt, eine Straftat sei seine letzte gewesen. Aus diesem Eintrag ist, was die Beteuerung angeht, eine gewisse Skepsis der Autoren erkennbar. Das Dokument, von dem die Autoren vermutlich nicht wussten, dass es ins Internet gestellt wird, stellt offensichtlich eine erhebliche Verletzung des Datenschutzes dar. Momentan hat er noch sieben Monate Bewährung zu absolvieren.[30]

Robbie beschreibt sich selbst als »*Chiller*«, der viel kifft (»*weil es am gechilltesten ist*«) und Zeit mit seiner Freundin verbringt, mit der er seit neun

---

maßen bei der Drogerie-Kette Rossmann: »*da hatte ich nur noch ein, zwei Tage, und dann hab ick halt erst bei Rossmann [das Praktikum] gemacht, acht Stunden, halt nur Pakete einpacken, Pakete auspacken, und bla und Chef und hier, letzte Drecksarbeit machen*«. Weil eine Klassenkameradin kurzfristig ihr Praktikum abbrach, konnte er nach drei frustrierenden Tagen in der Drogerie-Filiale schließlich im HipShop einspringen. »*Hier gibt's keinen Boss und du bist, du machst Drecksarbeit und du nicht, hier macht jeder die gleichen Aufgaben, sozusagen. Und das finde ich einfach gut.*« M: »*Was war so das Problem bei den anderen Jobs, bei den anderen drei, so?*« R: »*Na, dass ick Drecksarbeit machen durfte. Du fegst det, du machst jetzt äh acht Stunden lang Pakete einpacken, und zwei Minuten vor Feierabend, nach acht Stunden Arbeit, äh, ›machst du noch mal det Regal sauber‹, dette. Dann musste ick halt immer überziehen, die Stunden, und hab's halt nicht abgerechnet gekriegt, dass ick mal einen Tag nicht kommen darf oder so... Hatte schlechte Arbeitszeiten, musste immer so bis ganz lange arbeiten, hatte dann halt keine Freizeit mehr oder so. Und darauf hatte ick dann... keinen Bock mehr.*« Solche Geschichten sind sowohl von anderen Beispielen hier (vgl. Mesut) als auch aus der Literatur vertraut.

30 Für eine neuere ethnografische Arbeit über Streetwork-Klienten vgl. Malli 2010, insb. 131–143.

Monaten – »*beziehungsfest*« – zusammen ist.[31] Die oben dargestellte, zu-rückgelehnte, ruhige Grundeinstellung, oder zumindest die Zielvorstellung einer solchen Subjektivität, hat Robbie in eine Reihe von personalisierten subkulturellen Homologien übertragen, die im Abgleich mit zirkulierenden kulturellen Figuren und Helden entstanden sind: Er hört Rap, aber eher eng-lischsprachigen als deutschsprachigen (bis auf Kool Savas), und unter den Amerikanern vor allem Rapper wie Snoop Dogg, den er auch als »Chiller« klassifiziert und der in der Pop-interessierten Öffentlichkeit als besonders enthusiastischer Marihuana-Konsument bekannt ist.[32] Der folgende Ge-sprächsausschnitt verdeutlicht, wie die Selbst-Figurierung (als Chiller) mit der musikalischen Modulierung von Emotionen zusammenhängt: »*Mm, also wenn man jetzt nur die Musik hört, dann ist einfach immer so, das ist nicht die ganze Zeit so Umpf-Zckch-Mpf oder so, so techno-mäßig, das ist einfach... Zum Beispiel, wenn ick jetzt, sagen wir mal, einen Joint rauche oder so mit mei-nen Freunden, und die wollen dann immer diese deutsche oder Techno-Musik hören, so. Und ick finde, das ist einfach nicht gechillt. Und wenn man jetzt, sage ick mal, Snoop Dogg oder so hört, dann ist das, dann passt das einfach zur Stimmung, sozusagen. Und da wir meistens nur chillen, da passt das eigentlich immer zur Stimmung. M: [lacht, R. stimmt ein] R: Und deswegen... Hör ick die Musik einfach, weil es einfach gechillt [ist], man kann dazu ganz chillt tanzen, mit Mädchen tanzen. Und zudem, ick glaub nicht, dass man mit Techno mit irgendeinem Mädchen oder zu deutscher Musik irgendwie mit einem Mädchen tanzen könnte oder so.*«

Dabei geht es nicht allein um Geschmacksfragen: Die Musik passt zu den sozialen Zwecken, die er im Sinn hat und hier als wünschenswert prä-sentiert. Er möchte, dass sie typisch für sein Leben und seine Lebensführung sind. Und die Drogen, denen er jetzt den Vorzug gibt (Marihuana) passen zur Musik und zum »Chillen«, sie sind homolog, während er früher noch aufputschende, aktivierende Drogen, »Uppers« (Kokain, Speed, »Teile«/Ec-stacy), genossen hat. Dass er jetzt lange T-Shirts zu tragen beginnt (nach dem

---

31 Das ist sozial unmarkierte Jugendsprache. Das, was er zum eigenen Kiffen sagt, scheint seiner Distanzierung von den »Kiffern« zu widersprechen, aber es entspricht der Unter-scheidung einer Praxis einerseits und einer Figur andererseits, bei der die Praxis als Teil für ein Ganzes steht – für Robbie hängt damit der Unterschied zwischen dem »Gechillten« (bei ihm) und dem »Sich-gehen-Lassen« (bei den anderen) zusammen.

32 Savas sei der schnellste deutsche Rapper und könne über jedes beliebige Thema »*stunden-lang*« rappen, und seine Texte seien »*Realität*«. Außerdem erwähnt er Pharrell Williams, 36 Mafia, und 50 Cent. Wenn er die Musik im Laden bestimmt, läuft aber auch aktueller US-amerikanischer Charts-Rap von Li'l Wayne, Lil John etc.

Gespräch) und sich vom Picaldi-Style abwendet, unterstützt insofern das Bild, das er von sich vermitteln möchte.[33]

»Ick war einfach dumm und jetzt bin ick gut«: Therapeutisierung und Figuren-Distanz

Solche Homologien stehen im Zusammenhang eines übergreifenden Erzählmusters. Auch Robbies narrative Herstellung von Identität im Interview ist, auf der Ebene der erzählerischen Rhetorik, geprägt (a) von einer Vorher-Nachher-Unterscheidung (wie bei Mesut) und damit von Bruchstücken von therapeutischem Vokabular, das er im letzten Jahr gelernt hat, sowie (b) von einer Externalisierung ehemals geteilter, jetzt negativ bewerteter Eigenschaften. Beide stehen im Kontext des Manövrierens durch eine prekäre biografische Konstellation und der Betreuung durch therapeutisch-disziplinarische Institutionen. In diesem zeitlichen Schema stellt er seinem jetzigen, aufgeklärteren Ich sein früheres, gefährliches gegenüber, als überwundenes. »*Also, ick mach nicht viel, ick hab früher, also war früher sehr kriminell, hab früher überviel Kacke gebaut halt einfach, abgezogen, Körperverletzung, ganz vieles, so. Und von dieser Szene bin ick seit einem Jahr runter gekommen, also, bin da weg gekommen. [...] Weil ick war, hab Bewährung halt, noch jetzt sieben Monate. Hab halt zwei Jahre Bewährung gehabt und da hab ick mir halt gesagt, okay, jetzt ist einfach der Knackpunkt da, wo ick einfach aufhören muss, oder ick lande so wie manche andere im Knast, so. Darauf hab ick einfach kein' Bock. Und deswegen bin ick jetzt schon seit einem Jahr nicht mehr so. Also jetzt versuche ick gerade mein Leben in die Reihe zu kriegen.*« An einer anderen Stelle, als es um seinen Ruf geht, formuliert er so: »*Wenn mich meine Freundin fragt, wie schätzt du dich früher selber ein, dann sage ich: Ick war echt ein Arschloch, wa. Ick war echt ein richtiger Penner, so. Freunde, Leute, [mit] denen ick gechillt habe, zwei drei Tage lang, habe ich dann einfach abgezogen, so. Weil det einfach in meinen Augen keine Freunde waren, einfach nur Behinderte, sozusagen. Mit*

---

33 Was das Musikalische betrifft, beschreibt Yusufs Erzählung über das Pankower Umfeld eine gegenläufige Entwicklung, von Hip-Hop zu Elektro/Techno/House, in der Musik und Drogen ebenfalls homolog sind: »*Jetzt sind alle nur noch Elektro. Voll schlimm. Sind auch die chemischen Drogen. Wenn die hier ihre Murmeln, eine nach der anderen, reinschmeißen, dann bringt ihnen Hip-Hop auch nicht mehr viel.*« Da Yusuf diese Entwicklung als Eskalation wahrnimmt, stimmt die Logik von Genres, Drogen-Typen und Biografien mit derjenigen, die Robbies Erzählung zugrunde liegt, weitgehend überein.

*denen ich mal… Die hatten Geld, dann war es, okay, dann war es auch mein
Geld, sozusagen. Und das war, das hab ick jetzt seit einem Jahr nicht mehr, also
mach ich jetzt seit einem Jahr nicht mehr. Weil ich, weil es… Die Erwachsenen
sagen immer, da macht so ein Schalter ›Klick‹. Weißt du, und dieser Schalter hat
bei mir letztlich da ›klick‹ gemacht, und deswegen versuche ich jetzt, mein Leben
in die Reihe zu kriegen.«* M: »*Das ist, was die Erwachsenen sagen, so, und wie
sagst du's selber, so?*« »*Ja, hm… ick war einfach dumm, und jetzt bin ick gut.
[lacht; M. auch] Intelligent. Würde ich jetzt sagen. Dieser Schalter hat wirklich
Klick gemacht, so.*« Was die Geselligkeit betrifft, sucht er heute die »gechillte«
Zweisamkeit (schaut mit der Freundin zum Beispiel »Desperate Housewi-
ves« im Fernsehen) und Nachmittage mit den engeren Freunden, wo ihm
früher eher eine gewissermaßen krawallige, homosoziale Sozialität zusagte.
Im sexuellen Bereich ging es ihm früher um schnelle Kontakte, wie er sagt,
jetzt geht es ihm um dauerhafte Partnerschaft.[34]

Das Vorher-Nachher-Muster, mit dem Robbie seine Erzählung strukturiert – und mittels dessen er ein Bild seines geläuterten Selbst entwirft, für
mich, aber offenbar auch für sich selbst –, entspricht übergreifenden auto-
biographischen Erzählkonventionen, es suggeriert die Kontrolle eines geläuterten, gewachsenen Subjekts über den eigenen Lebensweg. Die Erzählung
stützt sich auf kulturelle Figuren wie den harmlosen, nicht aus der Ruhe
zu bringenden »Chiller«. In seinem Fall verdankt sich das Vorher-Nachher-
Muster nicht zuletzt spezifischen *Training*techniken im Rahmen eines Anti-
Aggressions-Trainings: »*Ich erkläre das immer gern mit diesem ähm ›Hurensohn‹. ›Hurensohn‹ ist eine der häufigsten Beleidigungen, die es gibt. Also, die
Jugendliche sagen. Und ähm, sagen wir, du bist jetzt auch ein Jugendlicher, und
ich auch, und ich drück diesen – ick sage immer es gibt einen roten Buzzer mit
Strom. Und wenn ick diesen Buzzer drücke und ick sage ›Hurensohn‹ zu dir,
dann drücke ich diesen Buzzer. Und dann rastest du automatisch aus. Ist einfach so. Bei fast jedem Jugendlichen, sagst du Hurensohn, weil deine Mutter ja
keine Hure ist. Weißte? Aber das wissen die ja meistens nicht besser. Und denken
immer gleich, ›ey, der beleidigt mich‹. Und dann drücken die diesen Buzzer und
ick beleidige dich. So: ›Du bist ein Hurensohn‹. Und wenn die das zu mir sagen,
die drücken ja auch diesen Buzzer. Aber bei mir hat dieser Buzzer keinen Strom
mehr. Wenn die sagen, ›du Hurensohn, fick deine Mutter‹, dann denke ich mir:
herzlichen Glückwunsch. Weißte, dann ist es mir egal, so. Aber das habe ich erst*

---

34 Seine Freundin holt ihn häufig von der Arbeit ab. Gerade die neue Erfahrung von »Bezie-
hungsfestigkeit« fungiert als Ausweis der neuen Stabilität in seiner Lebensführung, deren
Förderung ja die Anstrengung der Sozialarbeiter und Institutionen gilt.

durch zehn Monate Anti-Aggressions-Kurs begriffen, sozusagen. Also ich musste ein Seminar machen gegen Gewalt. [...] Auch wenn man da nichts lernen will, ick bin da hin gegangen, hab gesagt, okay, dann muss ick halt da hin gehen, vom Gericht her, pipapo, aber nach acht, neun Monaten, dann brennt sich det einfach ein, so, weißte, wenn du jeden Tag darüber redest, zwei, drei Stunden lang...«.

Wie bei Mesut steht auch hier das Erzählen über verbale Beleidigungen und (»erwartete«) gewaltsame Reaktionen im Zentrum einer Selbst-Deutung: die bereits in den anderen Teilen dieses Buches beschriebene Thematik von Pöbeleien, Interaktionsvandalismus und einen sogenannten »Code der Straße«. Die Episode um den »Buzzer« sollte jedoch auch als methodologisches Lehrstück gelesen werden. Der Rekurs auf den Betreuer und das Gelernte verdeutlicht, dass Robbies Innenwelt, seine diskursive Vorstellungswelt, nicht in der Autonomie eines abgeschotteten Milieus existiert, sondern mit institutionellen, juristischen und pädagogischen Mustern verwoben ist, so dialektal-idiomatisch, restringiert und kompromissarm Robbies Ausdrucksweise auch »rüberkommen« mag: Die Metaphern, die die Erzählungen der Akteure prägen und mit denen sie sich erklären, müssen nicht aus der Tiefe der Milieus und ihrer »Sinnprovinzen« selbst stammen. Sie kommen, in diesem Fall, vom Sozialarbeiter. Das Interview dient ihm offenbar als Gelegenheit, das erlernte Vorher-Nachher-Muster – dem zugleich eine Motivationsfunktion zukommen mag, im Sinn einer Subjektivierungstechnik – in eine überzeugende Narration zu übersetzen.[35] Jenseits von Fragen des Wissenstransfers offenbaren sich in dieser Vignette einige Problematiken des Erzählens selbst, welche die Interviewsituation mehr oder weniger unvermeidlich prägen: Zum einen steht die Forschungssituation in einer Kontinuität mit anderen Formen des mehr oder minder forcierten Auskunftgebens, die Akteure wie Robbie aus anderen Lebensbereichen kennen, und damit steht der Forscher, stehe ich, in der Kontinuität anderer »bezahlter« Betreuer und Befrager. Das wurde auch darin deutlich, dass Robbie sich nach dem Gespräch artig bedankte, und wohl auch an seiner späteren Unwilligkeit, das vereinbarte nächste Treffen wahrzunehmen. Zum anderen produziert das Sprechen-über-das-eigene-Selbst so etwas wie Feedback-Loops, in denen

---

35 Solche Eindrücke hielt ich auch in den Forschungsnotizen fest: Robbie *wirkt in gewisser Weise, als wolle er seine Wohlanständigkeit unter Beweis stellen* (und zugleich die Erwartungen an seine »Krassheit« nicht enttäuschen, später hinzugefügte Bemerkung ME). *Viele Floskeln des »Leben-Herumdrehens«, den »Schalter umdrehen«, »Klick machen« und so weiter »sitzen«, irgendwie, auch wenn er sich von dem »Klick« ja als Erwachsenensprache distanzierte.*

der individuelle Akteur, Robbie, zu einem Medium wird, das einen kommunikativen Austausch zwischen Sozialarbeiter und Ethnograf (oder deren Stichwortgebern) in Gang setzt: einen Rücklauf von vermeintlichem Wissen. Dies gilt insbesondere in einem Forschungsfeld, dem sowohl massenmediale Aufmerksamkeit als auch institutionelle Anstrengungen gelten, die sich wiederum auf das Denken der fraglichen Akteure und ihres unmittelbaren Umfeldes auswirken.[36] Freilich folgt daraus nicht, dass diese Aussagen per se »inauthentisch« wären. Vielmehr zeigen sie die Verwobenheit institutioneller und informeller Deutungsmuster auf – und zugleich das Spannungsverhältnis zwischen ihnen, das in Robbies *presentation of self* deutlich wird.

Das zentrale rhetorische Mittel, dessen sich Robbie in seiner Darstellung bedient, ist eine Externalisierung negativ belegter Eigenschaften: Das Externalisierte steht dem Selbstentwurf gegenüber und dient ihm als Kontrastfolie, auch wenn die Wirklichkeit von sehr viel mehr Überschneidungen und Uneindeutigkeit geprägt sein mag. Die Externalisierung kontrastiert die gestalthafte Homologizität seiner eigenen Praxis, die ich – als Zielvorstellung – oben beschrieben habe, das »gechillte« Leben – mit einer – projizierten – Typizität der anderen, von deren Art er sich zunehmend löst: »*Und meine Freunde hören meistens Deutsch-Rap. So Frauenarzt, Mok (?) und keine Ahnung wat so. Aber das mag ick nicht so, dieset ›Hurensohn, Fick Deine Mutter‹ [lacht], finde ick nicht so geil.*« M.: *Gangster und Atzen...* R: »*Ja genau. Finde ick nicht so. Brauch ich nicht.*« In dieser Darstellung sind es die Freunde, die schlechten Einfluss auf ihn ausüben. Wie gesagt hört auch er Hip-Hop, aber vor allem englischsprachige Rap-Musik. Indem er sich von der als problematisch geltenden Musik distanziert, distanziert er sich zugleich von einem weit verbreiteten Klischee, von der Figur des verrohten Hörers von deutschsprachiger Gangsta-Rap-Musik. Auch Robbie resümiert in diesem Sinn die weit verbreitete Nachahmungstheorie: »*Also ein paar, die so Musik hören, die finden, die denken sich dann, die sind auch so, und können sich da in dieses Klischee rein finden, irgendwie... Aber naja. Das ist nicht so meine Welt.*«[37]

---

36 Zu solchen Prozessen des Wissenstransfers vgl. Lindner 1998a. Der Begriff »Rücklauf« stammt aus der klassischen volkskundlichen Forschung, in der er z.B. angewendet wird, wenn Gewährsleute dem nach authentischem Material suchenden Volkskundler Volkslieder präsentieren, die sie wiederum aus volkskundlichen Publikationen gelernt haben.

37 In der Kommunikationswissenschaft wird die Überzeugung, dass massenmediale Produkte einen selbst nicht, andere aber sehr wohl gefährden, als »Third-Person Effect« diskutiert (vgl. Gunther 1995). Dieser Effekt war in beinahe jedem Interview gegenwärtig. Man sollte solche Distanzierungen angesichts der realen biografischen Risiken von Jugendlichen jedoch nicht allein als heuchlerisch abtun – vgl. in diesem Sinn Maase (2010), der

Aktiv/passiv: Figuren von Kampf und Bewährung

Auch Robbie artikuliert eine stilisierte Sicht der (männlichen) Welt als Kampf und Bewährung. Die folgende Gesprächspassage verdeutlicht dieses Muster von Sinngebung: »*Man wird damit groß, also von klein auf muss man sich, irgendwie, finde ich, bewähren. Also es gibt ja, in der Schule gibt es ja immer einmal die Krassen, so, die in der Gruppe sind, so, und einmal diese, sagen wir mal, Streber und Nicht-Aufpasser und Dummbies, so. Und die sind dann, die werden halt, die werden dann halt immer gequält, sozusagen. Die Streber oder die Dummbies, so, weißte? Die werden dann halt immer gequält, sozusagen. Das ist einfach so. Das ist schon von klein auf, im Kindergarten, bis hoch, bis zum Erwachsenenalter, finde ich.*« M: »*Und dann gibt es die Krassen so…*« R: »*Ja, was heißt die Krassen, aber die sich nicht unterbuttern lassen. Die sich nichts gefallen lassen, so.*« M: »*Und du, du warst immer bei welcher Gruppe dann…*« R: »*Na, ich hab mir nichts gefallen lassen, so, also ick war…*« M: »*Ja. Das heißt dann, zum Beispiel? Was heißt das […] also wenn man kleiner ist, was heißt dann, sich nichts gefallen lassen?*« R: »*Nee, wenn ick zum Beispiel jetze sag, [schneller gesprochen] ick war zum Beispiel vierte Klasse und da kam ein Sechstklässler auf mich zu, und hat gesagt, ick will dit und dit von dir haben, da hab ick gesagt, entweder verpiss dich oder ich reiss dir den Kopf ab, sozusagen. Also das habe ich zwar nicht, so noch kleiner, gesagt, sozusagen… Aber ist einfach so. Sozusagen, wenn die erstmal so einen Spruch an den Kopf kriegen, dann sind sie erstmal platt gemacht, so. Weißte? Und dann wissen sie nicht, was sie machen sollen. Oder wenn man in die Gruppe geht, zum Beispiel, da steht eine Gruppe von fünf, sechs Mann, du siehst, ah, das ist der Krasseste, der Größte, rennst an, gibst dem ne Bombe, so, dann, der Rest wird dann nichts machen, so. Der Rest wird dann dastehen und sagen, uah, cool, Respekt und so jetze. So. Und dann ist die Sache erledigt, so. Wenn du dir gleich den Krassesten und den Stärksten rausnimmst, hast du am meisten Chance.*«*

Erneut ist es eine provisorische, binäre Typenbildung, die eine lebensweltliche Theorie plausibilisiert. Die Schlüssel-Formulierungen »sich nicht unterbuttern lassen« und »sich nichts gefallen lassen« verweisen auf die klassischen Semantiken von Kampf, Hierarchie und Bewährung, auf eine agonistische, aggressive Männlichkeit, und damit auf einen langlebigen Diskurs, ebenso der Rekurs auf den vielzitierten Respekt. Robbie erzählt zum Beispiel

---

sich um Verständnis für besorgte Haltungen von Eltern in »unterbürgerlichen Schichten« angesichts sexuell permissiver und delinquenter Gesten bemüht.

davon, dass er von einem Türsteher geschlagen wurde, den er dann anzeigte. *»Aber in dem Moment fühlt man sich einfach machtlos, so, weißte. Wenn man sich, wenn man geschlagen wird, so, man kann nichts machen, so. Oder wenn man abgezogen wird. Man fühlt sich einfach scheiße dadurch, so.«* Die Stärkeerlebnisse kommen in Episoden zum Ausdruck, in denen er beschreibt, wie er Graffiti-Malern begegnet, die er nicht ernst nimmt (*»Toys«*): *»Sagen wir mal, wenn da jetze ein Name steht, ick weiß, wer das ist, und er ist ein Toy, also ick lach ihn in meiner Person aus, so, dann cross ick ihn einfach, und er kann nichts dagegen machen.«* Die eigene Stärke rechtfertigt für Robbie hier die Erniedrigung des Schwächeren, des *»Toys«*. In anderen Fällen – hier einem, in dem Robbie sich durch das *»Crossen«* (das Durchstreichen/Übermalen der Graffiti von anderen) eines anderen provoziert fühlte – wird die Gewalt manifest: *»Und irgendwann hab ick ihn gekriegt, und dem hab ick dann einfach den Kopf eingeschlagen, so ein bisschen, etwas doller, so, und dann hab, hat er eine Anzeige gemacht, so, und dann hatte ick auch eine Gerichtsverhandlung deswegen«.*

Solche Erzählungen beschreiben nicht nur einzelne Episoden, sondern bringen, ähnlich wie bei Mesut oben (aber in stärkerem Maße), eine Weltsicht zum Ausdruck, ein Schema, in dem die eigene Stärke als Ausweis von Wert fungiert und der Kampf als Metapher für ein quasi-natürliches Weltverhältnis. Dabei verdichten sich auch hier idealisierte Selbst-Beschreibungen mit den Figuren der subkulturellen *»public imagery«.*

Ähnliche Passagen finden sich auch in weiteren Interviews, eindrücklich zum Beispiel bei Yusuf, Robbies Kollegen und Vorgesetzten.[38] So berichtet er von einem bekannten Rapper, der auf Werbefotos einer Streetwear-Firma aus Yusufs Umfeld zu sehen ist, und der dazu gezwungen worden sei und sich nicht habe wehren können, weil er *»Schutzgeld«* schuldig sei, *»Was die mit dem nicht alles gemacht haben, ey… Der arme Junge«* (lacht). Die Geschichte verdeutlicht, in welchem Maße die Kampf-Rahmung seine Wahrnehmung färbt: Was sich auch als Form von Reziprozität verstehen lässt – ein Foto-Shooting unter Bekannten, die sich gegenseitig unterstützen –, sieht er (nicht allein, sondern unisono mit zum Beispiel seinem Bruder) als Resultat eines Machtverhältnisses, in dem eine Partie der anderen den eigenen Willen

---

38 Vgl. dazu die Ausführungen im Abschnitt zu Mesut und die dort zitierte Literatur zu Ruf-orientierten Männlichkeitstypen (u.a. Connell 1995, Anderson 2000, auch Winlow 2001). Robbies Ausführungen illustrieren eine These von Winlow, derzufolge es in dieser Logik nicht unbedingt darum geht, anderen seinen Willen aufzudrücken, sondern darum, »not being subject to the will of other males […] Simply put, they are attempting to maintain a persona not of toughness, but of not being ›soft‹.« (Winlow 2001, 9).

aufzwingt, letztlich durch implizite Gewaltdrohungen. In einem Gespräch, in dem er sagt, es müsse »*immer eine stärkere Partei geben*«, frage ich nach, ob das denn wirklich so viel mit seinem Leben zu tun hat, wo er doch seinen Alltag damit verbringt, Artikel für den Online-Shop in eine Datenbank einzugeben: »*Das ist die ruhige Phase des Kampfes, Mann. Ich schwör's dir. Der Kampf ist hinter mir schon. Den Kampf habe ich bewältigt. Deswegen, der Krieg ist vorüber, und ich sitze jetzt zuhause und bewältige meinen Alltag.*« Ganz im Sinne einer klaren Hackordnung erzählt er auch von einem Konflikt mit einem Musik-Label, der durch ein Treffen beigelegt worden sei, bei dem jede Fraktion ihre Unterwelt-Kontaktleute und einen schlagkräftigen, »*breit gebauten*« Mann fürs Grobe mitgebracht habe, woraufhin der Vertreter des Musik-Labels seine Forderungen zurücknahm: »*Dann hat er seinen Schwanz wieder eingezogen und ist wieder zurück in seine Ecke gegangen.*«[39]

Die exemplarischen Erläuterungen von Yusuf und Robbie präsentieren die körperliche Auseinandersetzung, als »Einzelkampf« oder in der Gruppe, nicht nur als Intensitätserlebnis, sondern zugleich als Sinn-Einheit, in der sich die Struktur des als Kampf verstandenen Sozialen zugleich verdichtet und als manipulierbar erweist, durch körperliche Präsenz und Kompetenz.[40] So funktioniert der Diskurs, dessen sie sich hier bedienen, an den sie aber auch glauben. Robbie erklärt zum Beispiel routiniert: »*Also ick kuck mir die Gegner an und ick überlege mir im Kopf, wie ich kämpfe*« Bei einem Betrunkenen, von dem er dachte, dass er seiner Freundin »*Ärger macht*«, hieße das dann zum Beispiel: »*Ich würde ihn erst umtreten, und wenn er dann wieder aufstehen würde, würde er eine Bombe kriegen, dann wäre der Kampf eigentlich vorbei. So.*« Gewalt ist Teil einer kulturell schlüssigen Welt und manchmal auch ein Schlüssel zur Welt; sie steht nicht zuletzt für Stärke, Dominanz und Kontrolle (vgl. Winlow 2001, 171). Im Unterschied zu Mesut spielt dieses Deutungsmuster, dieser kulturelle Code, für Robbies Weltverhältnis und sei-

---

39 Das Vokabular erinnert an Ethologie und Verhaltensforschung. In diesen Monaten ließ er sich auch ein Tattoo stechen (über das mit dem Namen seiner ehemaligen Verlobten), auf dem »Fight to Live« und »Live to Fight« steht: Das sei eben so seine Sicht, so ist das Leben, man muss kämpfen für die wichtigen Sachen, für seine Familie, für seine Würde und seine Ehre. Mit der Frau war er vor vier Jahren zusammen. Jetzt soll noch das Hochzeitsdatum von ihm drauf und es sollen die Initialen seiner Eltern drauf (FN).

40 Die »Streber« und »Dummbies« *werden* gequält – eine sprachliche Repräsentation, die ihre Passivierung und Manipulierbarkeit grammatisch noch einmal nachvollzieht. Während solche Sätze subjektlos bleiben, waren implizit ganz eindeutig sehr konkrete Subjekte bzw. Akteure, nämlich Robbie und seine Freunde, fürs Quälen zuständig.

ne Selbst-Figurierung offenkundig eine sehr viel größere Rolle, auch wenn er sich, unter Anleitung, kritisch mit ihm auseinandersetzt.

Gegen-Figuren

Um sich selbst zu positionieren, zieht Robbie Grenzen: zu den »Strebern« und »Dummbies«, zum »Hip-Hop-Klischee« und zum früheren Selbst und den früheren Freunden, oder den noch nicht Bekehrten unter den heutigen. Er grenzt sich aber auch von anderen kulturellen Figuren ab, die deutlicher als Gegen-Figuren fungieren. Diese Grenzziehungen konturieren wiederum die Figur des eigenen Selbst. Hier sind es zunächst »Ausländer«, oder genauer: »Diese Möchtegern-Prolls-Ausländer, die hasse ick. Könnte ick kotzen.« (Er führt aus: »Aber ick hab auch ausländische Freunde, sozusagen. Das ist halt nur so ein... Die Möchtegern-Prolls, wie wir vorhin gesagt haben.«) Die Beschreibung dieses Feindbilds (sie treten nur in der Gruppe auf, stechen sofort mit Messern zu und so weiter) scheint assoziativ oder sogar wirr, zeichnet aber eine gestalthafte Fremd-Figur: M: »Du hast gesagt ›die Möchtegern-Prolls‹, was, was heißt das, so?« R: »Nja, die sich auf... [schneller] Ick musste mir mal von einem Türken anhören, geh zurück in dein eigenes Land, so. Also geh zurück in dein Land, sozusagen, zu einem Deutschen sagt er das. Ja, und... Sowat zum Beispiel. Oder die Mützen nach hinten, so, Socken inne, äh Schuhe inne Socken oder Socken inne Schuhe oder keene Ahnung...« M: »Jacke, äh, die Hose in die Socken, so?« R: »Ja, genau, so wat. Und äh, hochgekrempelt bis, und denken, Bodies und keene Ahnung wat, die ganze Zeit nur rumlaufen, ›ey, ick bin der Krasseste.‹ So wat.« M: »Mhm. Also, was heißt Proll dann?« R: »Ja, so wat in etwa. Ick lauf mit meiner Gang hier lang und mit meinen Freunden und bin überkrass und rempeln dich an und schreien dich an und denken, das ist cool, ja.«

In seiner Wahrnehmung, und die ist wiederum nicht untypisch, kommuniziert der sportliche und »aufgepumpte« Look aggressive territoriale Ansprüche.[41] Diese Typisierung steht im Rahmen von Diskursen, die ethno-

---

41 Ich zweifle nicht daran, dass Robbie unangenehme und bedrohliche Erfahrungen gemacht hat und will diese nicht verharmlosen. Entscheiden zu wollen, ob er hier einen generellen anti-migrantischen Rassismus zum Ausdruck bringt (an anderer Stelle sagt er, »ich habe eine kleine Abneigung gegen Ausländer«), oder ob es ihm in dieser Erzählung um Verstöße gegen Regeln geht, die nicht primär durch einen Rekurs auf »ethnisch«-nationale Etabliertenvorrechte begründet sind (also: du sollst nicht Leute anpöbeln), scheint mir hier jedoch unmöglich. Die Rhetorik des Unterscheidens zwischen »guten und bösen Ausländern« als »account«, als Hilfskonstruktion, um in Situationen, in denen Stereotypisierungen nicht

zentrisch-territorial-rassistische Dominanzansprüche figurieren, sie konfrontieren Robbie aber auch mit einer körperlichen Überlegenheit und eigenen
Opfererfahrungen, damit, nicht nur abzuziehen, sondern auch abgezogen zu
werden. Bemerkenswert ist der schnelle, fast atemlose Übergang vom Deut-
sche-als-Opfer-Diskurs (»*geh zurück*«) zur modischen Stilistik (das Socken-
Thema) und zur körperlich-gestischen Erscheinung, der die reale Verworren-
heit solcher Semantiken im kulturellen Common-Sense-Wissen vieler Akteure verdeutlicht. Die stereotype Proll-Figur dient hier (wie auch in vielen
anderen Fällen) jedenfalls *auch* als ein rhetorischer Euphemismus für eine
ethnisierte Wahrnehmung.[42]

Eine zweite Fremd-Figur, die im Interview zur Sprache kommt, sind die
selbsternannten Player, also – wie oben dargestellt – gutaussehende Jungs,
die bei Mädchen beliebt und in der Lage sind, bei ihnen zu landen, sie sich
vielleicht auch gefügig zu machen: Diesen – hier stereotyp braungebrannten,
in besonderem Maße gepflegten und gestylten – Exemplaren einer anderen
Akzentsetzung des Männlichen fehlt es in seinen Augen an solider Durchsetzungsfähigkeit: »*Hinter der Fassade steckt einfach nichts, so. [...] Und bei
so einem Player, meistens, ist das so, ähm, wenn die angemacht werden, dann
rennen sie weg, würde ich sagen. Dann haben sie Angst vor der Situation einfach.
So sind die meisten Player, denke ick mal.*« [...] M: »*Und dann sozusagen viel
Style...*« R: »*Ja, hier, Bling-Bling, und dicke Ohrringe, dicke Ketten, weißte,
geiler Schmuck und geile Hosen und so, aber dann im Endeffekt ist da nur Luft
drin, sozusagen, also dass da nix dahinter steckt sozusagen. Wenn sie dann auf
Player machen und dann mal Player-mäßig angemacht werden, dann kriegen sie
Player-mäßig inne Fresse.*« Viele seiner Freunde seien Player in diesem Sinn.
Die Darstellung dieser Figur scheint von einem Ressentiment gegenüber
denjenigen im eigenen Umfeld geprägt, die sich durch ihr stilistisches und
erotisches Charisma definieren; Robbie, dem dieser Weg nicht offensteht,
beruft sich auf eine handfestere Vorstellung von männlichem Wert.

Eine weitere, dritte Abneigung gilt »alternativen« und scheinbar unge-
pflegten Zeit- und AltersgenossInnen. Als wir nach einem längeren Gespräch
vor dem Laden stehen und uns stockend unterhalten, er sich bei einer Ziga-

---

erwünscht scheinen, eigene Ansichten zu verdecken, ist aus der Vorurteils- und Rassismus-
forschung allerdings wohlbekannt.

42 Eine gewisse Ironie liegt in diesem Beispiel auch gerade darin, dass Robbie (zumindest sein
»altes« Selbst) diesem Bild ebenfalls entspricht (nur eben nicht mit Blick auf seine Herkunft), dass er gelegentlich körperlich »breit« wirken will, »*enges T-Shirt, n engen Pullover,
ne breit, also ne breite Jacke, die einen breit macht oder so*«.

rette gewissermaßen vom Interview erholte, laufen zwei Anfangszwanziger vorbei, ein junger Mann und eine junge Frau. Als sie außer Hörweite sind, sagt Robbie, »der da« zum Beispiel, der sei so ein richtiges »*Opfer*«. Er achte offensichtlich überhaupt nicht darauf, wie er sich anzieht, wenn er morgens aus dem Haus geht. Andere Leute würden sich abends was rauslegen, was sie dann am nächsten Morgen anziehen. Man muss ja auf sich achten, was aus sich machen. Verächtlich spuckt er aus.[43]

Für mich selbst hatten die beiden so ungewöhnlich nicht ausgesehen, wie ich im Feldtagebuch vermerkte: *So ein bisschen, in meinen Augen, Hängermäßige, Anfang 20, sie recht dick, mit langen Henna-Haaren, er eher schlank, mit halblangen und nicht sonderlich gepflegten hellbraunen Haaren, Brille, einem grünen oder blauen, eher weiten Pulli und einer Bundeswehr-Hose. So bin ich auch mal rumgelaufen, dachte ich mir, sieht irgendwie auch aus wie jeder zweite alternative Student oder Gymnasiast.* Robbies Abneigungsbekundungen wirken auf mich grundlegend und ernsthaft, trotz ihres theatralischen Charakters. Das Ausspucken, der stoßhafte Ton, in dem er seiner Verachtung Ausdruck verleiht, führen mir den Sinn der Wendung »aus tiefster Überzeugung« vor Augen. Die Erscheinung der »Hänger« scheint bei Robbie an einen empfindlichen Kern zu rühren.[44] Die Passanten – und ihr Typus – geben im Verständnis von Robbie eine Unfähigkeit zu erkennen, den eigenen Körper und das eigene Selbst in einer respektablen, zugleich selbstbewussten Weise zu präsentieren. Er erklärt: *Man muss ja auf sich achten, was aus sich machen. Vor kurzem zum Beispiel hätte er sich morgens irgendwie Kakao über die Hose gekippt. Er hatte aber nichts anderes, was sauber war und richtig zusammen gepasst hat. Dann ist er nicht in die Schule gegangen und hatte lieber einen Fehltag, als schmutzig zu gehen oder mit Sachen, die nicht zusammen passen.* (FN) Damit ist ein Wertzusammenhang angedeutet, der bereits an einigen anderen Stellen sichtbar wurde, zum Beispiel in der ausgeprägten Bedeutung von Sauberkeit für viele Picaldi-Kunden, die eine Designerin verblüffte. Nicht nur in den Mittelschichten, auch unter vielen Jugendlichen im sozialen Unten wird die Kontrolle über den eigenen Körper und seine Erscheinung zur Metapher für die Kontrolle über das eigene Leben.[45] Aus

---

43 Robbies Freundin tadelt ihn auch, weil er sich weiße Schuhe kauft, aber nur kurze Zeit darauf achtet, dass sie nicht schmutzig werden, und sie dann nicht mehr tragen will (FN).

44 Zur Parallelität von körperlichen und sozialen Grenzziehungen vgl. Mary Douglas' Konzept der »boundary maintenance« und dessen Weiterverarbeitung bei Hartigan (2005).

45 Robbies Vater, der Alkoholiker ist, verkörpert die Gefahr des Abrutschens (»*es gibt auch ein, zwei Wochen im Monat halt wenn er kein Geld hat, dass er nüchtern ist und dann kann*

Sicht vieler Sozialwissenschaftler steht diese Betonung von Sauberkeit und
Kontrolle im Zusammenhang mit dem Risiko der sozialen Beschämung,
der möglichen Beschämung angesichts internalisierter Normen von Status
und Erfolg, dem durch ein demonstratives Ausstellen von Zeichen begegnet
wird, die – in diesem jugendsubkulturellen Kontext – zwar nicht Respektabilität im strikten Sinn, aber eben die Kontrolle über das eigene Leben
dokumentieren sollen.[46]

Hier nun scheint es, als seien die Passantin und der Passant – die in einer
klassisch-objektivistischen Darstellung des sozialen Raumes vielleicht weiter
oben angesiedelt wären als Robbie – nicht nur inkompetent, sondern hätten
sich auch von jeglicher *Anstrengung* in Sachen saubere Alltagsästhetik verabschiedet. Damit haben sie sich auch aus einem Spiel verabschiedet, das für
Robbies eigene Bemühungen um Respekt und Respektabilität von großer
Bedeutung ist und erklären es mit ihrer »schmuddeligen« Kleidung für irrelevant. Insofern wirkt die (zumindest gemäß Robbies Wahrnehmung der
Passanten) zur Schau getragene Geringschätzung gegenüber dem *Ziel* einer
»gepflegten Erscheinung« offenbar wie eine Herausforderung, eine Provokation, eine Gefährdung. Gerade der Verzicht auf den Versuch einer präsenta-
blen Erscheinung könnte suggerieren, dass der Versuch sich nicht lohnt, weil
die Kompetenz, die Anerkennung verspricht, anderswo liegen muss: eine
Verschiebung des Kampfplatzes – potenziell an einen Ort, der für Robbie
weniger leicht erreichbar ist.

Auch Mace, der vier Jahre älter ist, ein Graffiti-Writer und Freund von
Robbies großem Bruder, klassifiziert solche Erscheinungen eindeutig negativ, aber er assoziiert sie nicht nur mit einem ungepflegt wirkenden Äußeren,
sondern mit einer unterwürfigen Art und einem Mangel an Selbstbewusstsein und damit auch an Männlichkeit: »*Und ich hab nicht viel mit Hippies
oder irgendwelchen Jasagern zu tun gehabt, so, weißt du? Die neben dir stehen,*

---

ich ihn mal besuchen gehen«). Robbie beschreibt Bilder der Verwahrlosung als Ansporn:
»*Ick versuche immer, dass mein Stolz aufrecht bleibt. Dass ick nie irgendwie absacke oder so,
dass ick irgendwie auf der Straße lande, ein Penner bin oder so.*« Wie Heinz Bude formuliert:
»Trägheit, Schläfrigkeit, Schwerfälligkeit werden zu körperlichen Metaphern des sozialen
Überschusses. [...] Der Mangel an Selbstbeherrschung, eine Spur der Verwahrlosung, der
Hinweis auf eine Abhängigkeit, Zeichen dieser Art sind schnell gefunden. So wird am Körper die variable Unterscheidung von Drinnen und Draußen gemacht. Man nimmt an der
bildmäßig gegebenen Erscheinung wahr, ob der andere ein Kandidat der sicheren Einbezo-
genheit, der labilen Gefährdetheit oder der irreversiblen Entkoppeltheit ist.« (2008, 111)
46 Vgl. zur sozialen Scham Neckel 1991, Skeggs 1995 und, mit Blick auf ein ganz ähnliches
Feld, die Ausführungen in Wellgraf 2012.

*[leise-verschwörerisch] ›Ja, ja‹, weißt du, und so… Nee Mann, verpisst euch,
ihr geht mir auf den Sack, so. Weißt du? Das ist gar nicht mein Ding, so was.«*
*[…] Mo.: »Also ich versuche mir jetzt vorzustellen [Hippies]… Dann denke ich
irgendwie an… Was weiß ich, Leute…«* Mace: *»Na, an die Gymnasiasten mit
langen Haaren, Brille auf… und die dich beim Malen vollquatschen, [andere,
dümmliche, sich anbiedernde Stimme] ›Ey, isch mal auch, willst du mit mir
malen gehen?‹ Verpiss [dich] doch, du Idiot! So… Ich kenn dich gar nicht, so,
wer bist du überhaupt, so nach dem Motto. Ich mag dann auch so ne Leute nicht.
Weil die sind nicht… man selbst, so. Die wollen immer so sein wie andere und
sind dann ›äh, ah, ick bin'n krasser Maler! Ick hab hier jemalt, ick hab mit dem
jemalt…‹ Interessiert mich nicht, wen, mit wem du gemalt hast, zeig doch, was
du kannst und so was. Weißt du?«* Mo.: *»Das sind so die Gymnasiasten, die so
da… dazugehören wollen?«* Ma.: *»Ja, naja, so die Groupies… Ja, na so gesehen… [lacht] So Verstoßene, Verstoßene der Gesellschaft, so, weißt du?«* Dieser
spezielle Gymnasiasten-Typus, der sich über behauptete Kompetenzen in die
Hip-Hop-Welt von ihm und seinesgleichen zu drängen versucht, zeichnet
sich also durch eine gemeinsame Kluft, typische Verhaltensweisen in typischen Situationen und durch eine anbiedernde Einstellung aus. Das Wort
»Groupies« bringt eine Verweiblichung mit sich; in erster Linie bezeichnet
es hier aber eine übermäßige Orientierung an bewunderten Objekten und
mangelnde Selbständigkeit. Die Attribute, die ich hier zum Teil als Zeichen
des Linksalternativen und/oder Intellektuellen deuten würde, stehen in dieser Deutung in erster Linie für einen Mangel an innerer Authentizität, für die
Unzufriedenheit mit der eigenen Existenzweise, eine defizitäre Männlichkeit
und das vergebliche Streben nach Anschluss. Die Formulierung, diese Leute
»sind nicht… man selbst« ist natürlich zweideutig (sie sind nicht wie Mace),
aber ich denke, in diesem Zusammenhang ist damit gemeint, dass sie nicht
sie selbst sind. Idealtypisch läuft diese Fremddeutung den Selbstdeutungen
»alternativer« Subjekte, die sich tendenziell als besonders authentisch verstehen (und im Gegensatz zu vermeintlichen »Konsum-Opfern«), vollkommen
entgegen.

Mögen ihnen, diesen Gymnasiasten, auch andere Türen offenstehen:
»*Verstoßene der Gesellschaft*« sind sie zum einen, weil ihnen die charismatische
Welt von Subkultur und »Straße«, an denen sie (zumindest in der Wahrnehmung von Mace) gerne teilhätten, verschlossen bleibt. Freilich, und das verdeutlicht den ebenso präsenten Modus der Deeskalation, erklärt Mace dann
auch wieder, dass er gelegentlich Zeit mit »Hippie-Freunden« verbringt,
wenn ihm seine »Atzen« auf die Nerven gehen.

Dennoch: die Logik der Negativklassifikation wird zunächst einmal deutlich. Ähnlich fasste Yassin in einer Tempelhofer Gruppendiskussionen zusammen: »*Weil, ich meine, früher wurde ja auch gesagt, irgendwie: Du bist Gymnasium, du bist... du bist schwul und so was, so was, gibt's ja immer noch solche Menschen.*[47] Zum anderen messen Robbie und Mace sie meines Erachtens aber auch an Maßstäben von Respektabilität aus dem Milieu ihrer Eltern, die sie als gesamtgesellschaftlich dominante wahrnehmen (zum Beispiel der Sauberkeit als Zeichen des Nicht-Abrutschens), und gehen davon aus, dass die Gesellschaft als ganze die alternativen Männlichkeitstypen weniger schätzt als die eigenen.

Fremd-Figurierung und Grenzlinien im eigenen Kreis (Robbie, Yusuf, Jonez)

Was seine lebenspraktische Situation betrifft, befindet sich Robbie zu diesem Zeitpunkt an einem Scheideweg. Ihm stehen einige Aufgaben bevor: die Wohnungssuche, der Schulabschluss, die Suche nach einem Ausbildungsplatz. Mit seiner Vorher-Nachher-Erzählung und der rhetorischen Externalisierung versucht er, den Code eines Kampfs um Respekt (um einen »Ruf«) in einen Kampf um Respektabilität zu überführen, entsprechend den Erwartungen und Vorschlägen seiner Betreuer, und auch mit den Mitteln von deren Rhetorik. Vor diesem Hintergrund steht das eigene Figurierungsprojekt als Chiller, der auf Aggressivität verzichtet, ohne zum passiven Opfer zu werden. Das Online-Geschäft des HipShop expandiert, und der Besitzer scheint Robbie fördern zu wollen, so dass sich für Robbie hier tatsächlich gewisse Perspektiven auftun. Die Versandfirma, die mit dem Geschäft verbunden ist,

---

47 »Schwul« ist auch hier nicht wörtlich zu verstehen, sondern als – fraglos homophob gefärbtes – ästhetisches Urteil. Als jemand, der eine solche kulturelle Abwertung von Bildungserfolgen hinter sich hat, präsentierte sich Yassin (sein Vater ist Arbeiter in einem Industriebetrieb, seine Mutter Hausfrau) bei einer Gruppendiskussion so: »*Ich meine, wenn ich, ich gehe auch auf Gymnasium, so, wenn jemand zum Beispiel von unseren Freunden – er sagt ja auch zu mir selber...*« [Es geht um Tareks fehlenden Abschluss – dass er das bereut – teilweise unverständlich] Y: »*Er sagt auch so, also wir unterstützen auch gegenseitig, wir sagen ja nicht: ›Ja, schwänz Schule, komm‹ [...] Zum Beispiel, wenn jemand mich fragt, ja, welche Schule bist du denn? Die sind auf der Hauptschule oder so, die sagen dann so: Ja, ist gut und so was. Mach, mach den Abschluss und so. Kannst du [es] auch später zu was bringen und so was. Ich meine, am Ende werden die auch ein bisschen davon profitieren, wenn ich halt Geld habe und so. Wenn die, wenn wir halt immer noch zusammen sind.*«

bietet ihm einen Ausbildungsplatz als Lagerist an – draußen im Märkischen Viertel. Dort will er jedoch nicht hin. Er möchte lieber »*was, wo ich mit Leuten zu tun habe*« beginnen und sich deshalb auf Ausbildungsplätze im Verkauf bewerben, bevor er sich als – aus seiner Sicht – letzte Chance in den Lageristenjob fügt.

Robbie wehrt sich mit Händen und Füßen dagegen, als einer der gesellschaftlich Ausgeschlossenen dazustehen. Aber während er an seinem Respektabilitätsprojekt arbeitet, nicht nur rhetorisch, sondern alltäglich, indem er seine Termine wahrnimmt und so weiter, sich Orientierungspunkte wie Schulabschluss, Beziehung, Familie setzt, und während er sich nach unten hin verbal und habituell abgrenzt, meritokratisches Gedankengut bekundet (sich also ideologisch »integriert«) und die Respektabilitätsgrenze verfestigt, ist es im HipShop-Kreis in erster Linie er selbst, dem von den Anderen wenig zugetraut wird und der gewissermaßen unter die Respektabilitätsgrenze fällt. In separaten Interviews stellen mehrere Bekannte und Kollegen ihn als Negativbeispiel eines Möchtegern-Kriminellen dar, der mit seinem provozierenden Auftreten, seinem Look und seiner Tendenz, sich »nichts sagen zu lassen«, selbst für seine Probleme verantwortlich sei.[48] Und offenkundig sind seine eigenen Grenzziehungen nicht so klar, wie es die rhetorischen Vorher-Nachher-Gliederungen und Externalisierungen suggerieren.

Die Fremd-Figurierung im engeren Kreis wird an zwei Beispielen deutlich, die Fragen der Selbst-Figurierung im Stilistischen, in der Kleidungspraxis, mit Fragen der Lebensführung verbinden. So betrachtet Yusuf den jüngeren Robbie durchaus mit Sympathie, spottet aber ausgiebig über Jugendliche, die sich so »billig« kleiden wie er; die Picaldi tragen oder deutsche und koreanische Kopien US-amerikanischer Marken. Das seien die kleinen »Banger«, die sich über seine Hip-Hop- (statt »Gangsta«-)Sachen mokieren, aber selbst nur »billige« Sachen tragen.[49] An einer Stelle erzählt er vom Un-

---

48 An einem Tag zum Beispiel ist Robbie erneut abwesend, »*Jonez: Robbie ist nicht da. Sollte eigentlich da sein; er hat ihm gesagt, dass er ihn heute braucht. Er zuckt mit den Schultern, naja, das sei ja schon auch typisch, letztlich. Der sollte eigentlich die Woche über da sein, das wollte er selbst so, obwohl er eigentlich nicht wirklich gebraucht wurde, er war auch gelegentlich da, er wollte das, damit er nicht so viel auf der Straße ist und Scheiße baut. Aber wahrscheinlich macht er das jetzt wieder, denken wir beide.*« (FN) Auch die Verabredungen mit dem Sozialarbeiter nimmt er offenkundig nicht immer wahr.

49 Zum »Banger« s.u. Zum Beispiel sagt Yusuf über die »Banger« (die andere als »Prolls« bezeichnen würden) mit einer gewissen Ironie um die Figurierungspraxis unter den »Bescheidwissenden«: »›*Banger*‹ *nennt man die auch in Fachkreisen. Die laufen dann halt rum und markieren den Dicken und pöbeln eventuell jeden an, der ihnen über den Weg läuft.*«

verständnis der »Banger« (die er auch »primitive Affen« nennt) gegenüber seinen modischen Vorlieben zu Schulzeiten: »*Dann wurde mir immer gesagt, ja, blabla, hier ich bin, ich sehe aus wie ein Skater und so, warum ich mich denn hier so anziehe, und ich meinte dann immer: Ey, meine Hose ist teurer als dein ganzes Outfit! (lacht) Und, das hat mich immer voll geärgert. [...] Oder die immer, wenn die immer mit ihren billigen Klamotten da angekommen sind und mir vorsagen wollten, von wegen, meine Sachen wären komisch oder sehen scheiße aus oder so.*« Solche Kurzschlüsse von Preis und Status sind bekanntermaßen weit verbreitet. Sie verweisen auf eine monetäre Skala ästhetischer Wertschätzung, die Yusuf der milieuspezifischen ästhetischen Skala entgegensetzt, welche er wiederum als ignorant kennzeichnet. (Im Wissen, dass die monetäre Skala unter den »Bangern« durchaus bedeutsam ist). Urteile wie »sieht billig aus« oder »sieht asi aus« gelten offenkundig nicht ausschließlich dem Preis eines Kleidungsstückes. Der britische Sozialtheoretiker Andrew Sayer spricht in diesem Zusammenhang von »Auraeffekten«: Die Assoziation des Noblen (und Knappen) mit dem (auch moralisch) Guten, »the posh and the good«, kommt demnach »first from associations of upper/middle classness to ones of quality and worth, and secondly from quality and worth back to their owners, so that the posh is not only equated with superior goods but with people who are in some way supposedly superior.« (Sayer 2005, 122).

An einer anderen Stelle desselben Gesprächs wird dann aber auch deutlich, dass Yusuf in dieser Hinsicht auch Ohnmacht erfuhr: »*Ich sag's mal so, vielleicht hätte ich mich anders gekleidet, aber ich hatte nie das Geld dazu. Ich hab nie Geld bekommen von meinen Eltern.*« Das änderte sich aber, als er mehr mit dem Streetwear-Handel zu tun bekam.

Yusuf bringt sein eigenes Ideal auf den Punkt, als er über seine Lieblings-Bekleidungsmarke LRG spricht: Die sei für den »*urbanen Typen*«. Damit so erläutert er, ist ein Zeitgenosse gemeint, der kein Snob ist, sich zu amüsieren weiß und nicht drogenabstinent bleibt. Den »*urbanen Typen*« verkörperten diejenigen, »*die sich im Straßenleben, aber auch im Berufsleben gut auskennen*«. Er geht, so erzählt er, davon aus, dass man, um im Leben voran zu kommen, entweder Bildung oder Kontakte brauche. Er habe viele Kontakte, weshalb die Bildungsabschlüsse auch nicht so wichtig seien. Die Kleidung passt damit zur Musik für »Kenner«, »Experten«, wie der Musik von Kanye

(FN) Das Wort »Banger« ist vom »Gang-Banging« im amerikanischen Sinn hergeleitet, was nicht – wie im Deutschen – eine Variante von Gruppensex bedeutet, sondern auf kriminelle Straßen-Gangs verweist; ein »Gangbanger« ist dort ein Gang-Mitglied auf unterer Ebene.

West und anderen, zu den »*Elite-Hip-Hoppern*«, »*Elite-Rappern*« (er nennt den Superstar und Hipster-Rapper Kanye West, die politisch radikalen Zeitgenossen »Dead Prez«, sowie Smif 'n Wessun und den Klassiker, Tupac). Musikalisch ist Robbie dort noch nicht ganz angekommen, auch wenn er sich auf der eigenen Skala immerhin oberhalb der in seinen Augen dumpfen Deutsch-Rap-Fraktion befindet.

Hier kommen zum einen finanzielle Ressourcen zum Tragen, zum anderen ästhetische Kompetenzen und »subkulturelles Kapital«, wie sie oben als bedeutsam für neue Hierarchien in der Popkultur beschrieben wurden. Die Marken-Frage ist für die lebensweltliche Seite sozialer Hierarchien besonders greifbar und im Laden besonders leicht thematisierbar. Yusuf ist wie bereits erwähnt stolz darauf, besonders exklusive Marken zu vertreiben und zu tragen.[50] Die meisten Kunden aber, gerade hier in der Gegend, tragen wie Robbie vor allem weniger exklusive Marken, die sich als amerikanische präsentieren, aber eigentlich aus Deutschland, Frankreich oder Korea kommen (und sowieso in China hergestellt werden) und die deutlich günstiger sind. Yusuf findet das lächerlich, muss aber die Nachfrage nach billigen Artikeln bedienen, die in seinen Augen letztlich stillos sind. Ohne schlecht über seine Kundschaft sprechen zu wollen, kommt er doch nicht umhin, sich ein wenig über die Szene-unkundigen »*Mainstream-Leute*« zu mokieren, die sich manipulieren lassen, obwohl sie schon alt genug wären, das zu verstehen (»*Achtzehn vielleicht auch noch. Aber spätestens mit zwanzig sollte man mehr auf diesem Regal hier weiter gehen, so*«). Dazu gehört, auf »*fake-ass Marken*« hereinzufallen, »*sich im Hip-Hop-Laden sagen lassen, dass es aus Amerika kommt*«. So ist das zum Beispiel bei einer auffällig in silbernen Lettern bedruckten Sweat-Jacke (ein Aufdruck lautet »Street Credibility«), die er mir auf einem Bügel zeigt. Einige Tage später merke ich, dass auch Robbie sie trägt. Die Manipulation wird gelegentlich auch an schlechter Qualität ersichtlich, wenn er zum Beispiel den Schirm der Base-Cap einer deutschen Marke als »*komisch, weich*« bezeichnet. Auch hier bleibt die Kopplung von Preis und Status bedeutsam für die ästhetischen Werturteile, denn die entsprechenden Jacken kosten 50 Euro statt 140, eine Hose von »Raw Blue« – wie Robbie sie trägt – 25 Euro statt der 90 Euro für eine von »Phat Farm Select«. Neben dem Preis, den Marken und der Typen-Zuordnung ist es auch hier nicht zuletzt die Frage nach dem Auffallen-Wollen, an der sich Geschmacksurteile

---

50 Diese Orientierung wird keinesfalls von allen im Laden geteilt, viele orientieren sich an anderen Skalen. Einige andere wiederum (Stefan, Toni) suchen exklusivere japanische Streetwear-Marken wie »A Bathing Ape« heraus.

festmachen. So gibt es im HipShop eine ganze Reihe von Jogginganzügen, Sweatshirts und Jacken zu kaufen, die über und über mit einfachen grafischen Motiven – Geldscheinen, Würfeln, Totenschädeln, Dollar-Zeichen und anderem mehr – bedruckt sind, häufig gold auf weiß oder schwarz. Diese All-Over-Prints waren zum Interviewzeitpunkt ein beliebter und etablierter Typ von Dekoration in der Hip-Hop-Mode, galten zugleich aber bei vielen in einem schlechten Sinn als auffällig und »prollig«.

Aus all dem geht eine Reihe von negativ bewerteten Eigenschaften hervor, die nicht durchweg ernst genommen werden, sich aber in verschiedenen Figuren verdichten: im »Banger«, in den »Hängengebliebenen« und in den wenig symbolkompetenten Jüngeren mit billigen, weit verbreiteten, besonders auffälligen, »faken« Klamotten. Das Alterskriterium – *spätestens mit 20 sollte man [...] weitergehen«* – hat eine normative Seite: Es verweist auf die Gefahr des »Hängenbleibens«, bei der stilistische Kriterien immer auch mit Normen entwicklungspsychologischer und (erwerbs-)biografischer Karriereschritte verbunden sind.

Die Grenze, die Yusuf in diesen Aussagen zwischen sich selbst und den Symbol-Inkompetenten zieht, fällt mit der Grenze zum *sozialen* Unten nicht unmittelbar in eins, oder gar mit der Grenze zur Delinquenz. Sie sind auch im eigenen Leben und in der Familie vieler junger Männer unscharf gezogen und porös, und viele wissen gerade deshalb, wie wenig die Typisierungen der Wirklichkeit gerecht werden. Trotzdem reproduziert dieser figurierende Diskurs mit seiner Distinktionslogik eine Respektabilitätsgrenze, in der finanzielle Mittellosigkeit mit scheinbarer Inkompetenz und Manipulierbarkeit im Ästhetischen verschwimmt. Letztere scheint wiederum mit einer Unfähigkeit einherzugehen, das Spiel des sozialen Lebens zu durchschauen. Robbie verkörpert zum Beispiel für Yusuf tendenziell, bei aller Sympathie zwischen den beiden, das Ineinanderfallen dieser negativ klassifizierten Merkmale, seinen eigenen Bemühungen zum Trotz. Die Trennlinie verläuft hier zwischen einer Gruppe, deren Angehörige vorwiegend aus post-proletarischen Milieus kommen, in unterschiedlichem Maße Hip-Hop-Szene-nah sind und, auch in ihrer Orientierung an Aufwärtsmobilität, kleinbürgerliche Züge tragen, und einer Gruppe, deren Angehörige sehr viel stärker mit Armut konfrontiert sind und die, wie Robbie, immer wieder mit Polizei und Justiz in Konflikt geraten.

Diese Grenze wird, angesichts unübersichtlicher Verhältnisse, kommunikativ immer wieder neu gezogen. Sie entspricht in ihrer Struktur in vielem den hergebrachten Unterscheidungen zwischen respektabler Jugend und dem

Abbildung 17: All-Over-Prints im HipShop (eigene Aufnahme, 2008)

gewissermaßen harten Kern der subproletarischen »roughs« und aktualisiert damit die lange Geschichte von Unterscheidungen zwischen »anständigen« und »verkommenen« Gruppen innerhalb der unterbürgerlichen Schichten. Sie lässt sich historisch als Internalisierung eines sozial-disziplinarischen Blicks verstehen. Auch in der neueren, internationalen ethnografischen Forschung zu post-proletarischen Jugend-Milieus und subkulturell überformten sozialen Welten finden sich solche Unterscheidungen häufig, und häufig sind sie mit Genre-Unterscheidungen innerhalb von popmusikalischen Genres artikuliert (vgl. die Anmerkungen zu popkulturellen Hierarchien oben).[51]

---

51 Zur Respektabilität vgl. definitorisch Michael Vester u.a. (2001) über die Grenze(n) der Respektabilität zwischen den »Volksmilieus« und den »unterprivilegierten Milieus«; hierzu empirisch Gardemin 2006, 317. Einerseits sind die Kriterien komplex und »intersektional«, die Grenzen vielfältig, andererseits besteht das Ausschlusskriterium einer »allgemeinen Respektabilität«, die an dauerhafter Bewährung hängt. Vgl. auch Lindner zu Klassifikationen der »undeserving poor« und zu »decent people« in der US-amerikanischen »Ghetto«-Forschung (2004). Vgl. zu ganz ähnlichen Unterscheidungen unter »post-proletarischen« Jugendlichen in Nordengland Nayak 2006 und Rimmer 2009, wo vor allem unterschiedlich »intelligente« House-Genres als Aufhänger für Unterscheidungen dienen. Bei Nayak stehen zum Beispiel die post-proletarischen, Konsum-hedonistischen »real geordies«

An einem anderen Beispiel aus dem Umfeld des Geschäfts zeigt sich, wie solche Assoziationen zu ausschließenden Typisierungen Anlass geben. Jonez arbeitet im HipShop und veranstaltet einige Male im Jahr große, kommerziell angelegte Hip-Hop-Parties. Er ist ein afrodeutscher Zuwanderer aus einer süddeutschen Großstadt, sehr christlich, Hauptschulabsolvent und wirkt auf mich vielfach seriöser und in einem klassischen Sinn eloquenter als die anderen. Jonez bemüht sich, für seine Veranstaltungen ein Publikum »*mit Klasse*« zu gewinnen: Damit meint er, wie er ausführt, junge Erwachsene, die etwas von Hip-Hop als (Sub-)Kultur verstehen, und ein »*schönes*« Publikum, das natürlich schwer genau fest zu machen ist. Zugleich bemüht er sich, »*die Prolls, die Pöbler*« draußen zu halten, die auf Schlägereien aus sind und die Party zu zerstören drohen würden. Eine anstehende Veranstaltung hatte einige Berliner Rap-Stars im Programm, und da sie relativ kurzfristig organisiert wurde, konnte er sie nicht nur an einschlägigen Club-Ausgängen bewerben, wo das erwünschte Publikum anzutreffen wäre, sondern musste undifferenziert »*fluten*«. *Das ist auch eine Gefahr, weil die das Line-Up gut finden könnten. Aber wenn der Eintritt einen Zehner kostet, ist das schon unwahrscheinlicher, dass viele solche Leute kommen. Der Nachteil an der Variante jetzt ist, dass man an der Tür nicht aussieben kann, wenn die Leute schon Tickets haben.* (FN) Der Eintritt (acht Euro im Vorverkauf, zehn an der Abendkasse) ist ein Mittel, das Jonez bewusst einsetzt, um »auszusieben«: *Die Leute, die Stress machen, kommen dann schon mal eher nicht.* In seinem Alltagswissen gibt es innerhalb der Hip-Hop-interessierten Berliner Welt spezifischere *Gruppen* – und damit auch: Typen –, die es mehr oder weniger gezielt auf Schlägereien anlegen, eben die »*Pöbler*«. Eigentlich würde man versuchen, sie an der Tür auszusieben, durch eine diskriminierende Türpolitik, aber das geht in diesem Fall nicht, wie er sagt, da die Karten schon verkauft sind. Ich nehme an, dass er damit gerade Jugendliche wie Robbie und seine Freunde im Sinn hat. In diesem Kontext wird Jonez, auf der Grundlage seiner lebensweltlichen Erfahrungen und mit kommerziellen Überlegungen, als ein »Street-Level-Bureaucrat« tätig, der sozialen Ausschluss umsetzt (vgl. Partridge 2009). Die Erfahrung, die Typizität, verleiht diesem Handeln, das mir pragmatisch durchaus nachvollziehbar erscheint, lebensweltliche Legitimität.

(also Bewohnern von Newcastle) einer Gruppe von ärmerer »peripheral youth« aus »longtime unemployed families« gegenüber, die von ersteren als »charvers«/»chavs« figuriert werden.

Territoriale Gesten und Ästhetiken (Robbie und Mace)

Auch in Robbies Erzählungen kommt immer wieder eine lokal-territoriale Orientierung zum Vorschein, in formelhafter Form: das Sicherheitsempfinden in der vertrauten Umgebung, in der man gelegentlich auch territorial auftritt, das Unsicherheitsgefühl in als fremd codierten Stadtteilen und die Gleichgültigkeit gegenüber anderen Stadtteilen, die weniger klar codiert sind. Der Picaldi-Style wird häufig als eine Ästhetik der Territorialität verstanden, wie oben in Abschnitten über Picaldi-Werbung und über »charismatische« Orte gezeigt wurde. Anhand von Robbies Beispiel kann nun genauer dargestellt werden, wie sich solche Ästhetiken mit weitergehenden diskursiv-kulturellen Orientierungen überlagern. Ihr Zusammenspiel zeigt sich insbesondere in territorialen Gesten, in Gesten der Territorialität.

Der Inbegriff einer territorialen Geste ist das Anpöbeln, das »der alte Robbie« (vor seiner »Konversion«) virtuos beherrschte. Es demonstriert dem Angepöbelten in einem Akt von Interaktionsvandalismus ganz handfest, am falschen Ort zu sein, und impliziert eine Drohung von körperlicher Gewalt und Verletzung. Ganz offensichtlich stellen die territorialen Gesten und Handlungen der Anderen für viele Jugendliche und gelegentlich auch für Robbie ein tatsächliches Problem dar, wenn auch – wie dann häufig gesagt wird – nur in wenigen Fällen ein ernsthaftes. Zugleich handelt es sich beim Erzählen von solchen Erlebnissen um eine eigene, stereotype kulturelle Form.[52]

Robbie kommt aus Bernau und wohnt seit seiner Kindheit in Berlin-Pankow. Seine Herkunft verpackt er in ein einschlägiges Vokabular von popkulturellen Raumbildern (E: »*Also ick bin in Pankow groß geworden. Mein Gheddo, wie ick immer sage.*«), von dem er sich sogleich wieder ein wenig distanziert: M: »*Dein Gheddo.*« R: »*Aber, naja.*« Pankow gefalle ihm wegen seiner Vertrautheit. Hier könne er die Situationen einschätzen, die sich aller Wahrscheinlichkeit nach ereignen, und er hat eben »*einen Namen*«, einen Ruf. Vertrautheit wird umso deutlicher, wenn ihr die Unvertrautheit anderer Teile Berlins gegenübersteht, die nicht nur unvertraut sind, sondern, wie schnell deutlich wird, ungern besucht werden, da in ihnen mehr Migranten und *people of color* leben. Seit er in der Jugend-WG wohnt, an der Grenze von Friedrichshain und Kreuzberg, habe sich das geändert; er berichtet, wie er immer wieder »abgezogen«, bedroht und verfolgt wurde.

---

52 Vgl. die Anmerkungen zu Mesut, im vorangegangenen Abschnitt und speziell zu Konflikt-*Erzählungen* Garot 2007

»Also ick bin mit denen, die mir mit ner Machete hinterher gerannt sind, um 15 Uhr, am Nachmittag [...] Sind wir dann, einfach, also die haben mich angerempelt, und ich hab nicht mal was gesagt, die haben gesagt, ey, du Opfer, du Hurensohn, da hab ick mir einfach gedacht, okay, das sind drei, und das wird nicht gut für mich ausgehen, sozusagen. Die sind alle drei größer als ich und dann dreh ich mich nach hundert Metern um und dann seh ich die mit so ner Machete auf mich zu rennen, so. Weißte. Und dann bin ich einfach losgebottet um mein Leben so, S-Bahn hoch, und in die S-Bahn rein, so.« M: *»Puh.«* »Hat vielleicht so ein Stück gefehlt, dann hätte er mich gehabt, so.«* In Pankow dagegen weiß er, *»wer da alles unterwegs ist, so. Ob da jetzt wirklich, zum Beispiel, da weiß ick, okay, da laufen nicht so viele Ausländer rum. Da weiß ick, aha, da kann mir nicht so viel passieren, außer im Sommer, so wegen Freibad Pankow und so. [...] Aber da kann mir einfach so in der ganzen, im ganzen Jahr nicht so viel passieren als wenn ick jeden Tag in Kreuzberg rumlaufe. Oder jeden Tag in Neukölln rumlaufe. So, weißte. Da passiert mir bestimmt fünfmal so viel wie in Pankow.«*

Dieser ethnisch codierte territoriale Sinn bringt eine reale Beschränkung des Radius mit sich: Er betont, nur dort unterwegs zu sein, wo er sich sicher fühlt. *»Ick will auch aber auch gar nicht irgendwo anders hin. Also ich möchte nicht irgendwie in andere Bezirke fahren. So. Finde ich nicht so. Ist nicht. Fühl ich mich einfach nicht wohl, wenn ich dann da lang laufe und denke, hm, hier kennt mich niemand, so, hier könnte ich jederzeit abgezogen werden, finde ick, fühle ich mich nicht wohl. Deswegen bin ick immer nur in meinem Bezirk.«* Gerade jetzt, wo er auf Wohnungssuche ist, erweist sich diese Aufteilung als praktisch relevant; er sucht in den (Alt-)Bezirken Weißensee, Prenzlauer Berg und Pankow, vielleicht noch in Lichtenberg. Friedrichshain stellt schon eine Transitzone dar. Nach Wedding, Kreuzberg oder Moabit würde er nicht wollen (Dass er auch nicht nach Marzahn oder Treptow will, zeigt aber auch, dass es nicht nur eine demographische Frage, eine Frage des Migrantenanteils an der Bevölkerung, ist. Dem eigenen Bekunden nach war er noch nie in Köpenick oder Wilmersdorf). Angesichts der steigenden Mieten im Bezirk erweist sich diese Beschränkung als Hindernis. Der territoriale Wahrnehmungsmodus produziert die Erwartungen, von denen er ausgeht, und er bedingt spezifische Gefühle, das Gegenstück zum »Feeling« von lokaler Dominanz. Einzelne Erlebnisse werden in diese Erzählungen eingegliedert.

Zum territorialen Schema passen spezifische Modellierungen des Körpers: Mit Kleidung kann man sich, davon gehen viele Jugendliche aus, »breiter« erscheinen lassen. Damit sieht man dann, so die Logik, in stärkerem

Maße einschüchternd aus. In ihrer kulturellen Objektiviertheit gehören die Gesten zur Ästhetik des Gangsta-Styles oder Picaldi-Styles als einem sozial-symbolischen Komplex, auch unabhängig vom Handeln, von den Performances seiner individuellen Vertreter.[53] Robbie führt aus, wie sich das Bewegen durch »fremde« Stadtbezirke vom Navigieren durch den »eigenen« unterscheidet: »*Na, da muss man halt aufpassen, wen man ähm, wen man ankuckt, und wen, an wem man vorbeiläuft und so. Also, ick bin zum Beispiel, wenn ick so gekleidet bin, seh ick ja nicht irgendwie breit aus.* (Er trägt eine Jogginghose und ein weites, sehr langes T-Shirt, Anm.) *Oder aber, ick kann auch Sachen anziehen, so, wo ick wirklich breit dann aussehe, dass mich keiner anmacht. So.*« M: »*Also, was ziehst du dann an, irgendwie?*« Robbie: »*Äh, n enges T-Shirt, n engen Pullover, ne breit, also ne breite Jacke, die einen breit macht oder so, also dann sieht man auch schon anders aus, als wenn ick jetzt hier mit Hip-Hopper-Klamotten rumlaufe und so. Und deswegen.*« In diesem Sinn lässt sich der verschiedentlich beschriebene »aufgepumpte« Look auf der Ebene der Kleidungspraxis also als eine Ästhetik der Territorialität verstehen: eine Ästhetik der Stärke, in ihrer stilisierten Körperlichkeit, die auf die Durchsetzungsfähigkeit in der Interaktionsarena verweist, auf territoriale Gesten.

Das territoriale Schema hat in mehrfachem Sinn eine ästhetische Seite: Es schließt, wie oben deutlich wurde, an popkulturell-mediale Figuren an, die eigene ästhetische Konventionen transportieren. Zugleich bedingt es – wie gesagt: als ein Schema unter anderen, die sich innerhalb der praktischen Logik des sozialen Prozesses entfalten – subjektive Zustände und die alltagsästhetische Wahrnehmung städtischer Atmosphären.[54] Ein Beispiel dafür liefert erneut Mace, der Graffiti-Writer mit Hooligan-Neigungen aus Pankow. Oben wurde er zitiert, als er über die »Groupies« spottete. In einer Passage eines längeren Gesprächs kommt er auf eine Gruppe von lokalen

---

53 Picaldi selbst setzt in der eigenen Werbung wie oben kurz dargestellt gelegentlich auf »härtere« Motive, in denen territoriale Konfliktsituationen zu sehen sind, und bindet sie damit weiter ans »Image« der Marke. Angesichts dieser Vergegenständlichung sind die Bedeutungen, in kontrollierter Form, für Konsumenten und ihre Selbst-Figurierungsprojekte gewissermaßen abrufbar.

54 Je mehr sich die verschiedenen Ebenen – Räume, Bilder, Klänge und Imaginationen – überlagern, in desto stärkerem Maße entsteht eine ästhetische Erfahrung im Sinne des Pragmatisten John Dewey – eine Erfahrung von gesteigerter Intensität und Gestalthaftigkeit, in der sich einzelne Elemente von Erfahrung zu einem Ganzen zusammenfinden und eine gewisse Resonanz, eine gegenseitige Verstärkung, entwickeln. Vgl. die klassischen Bestimmungen der »ästhetischen Erfahrung« bei John Dewey (1988: insbes. 47–71) und ihre kritische Re-Formulierung durch Richard Shusterman (1994: insbes. 43–66, passim). Vgl. auch die Baudrillard'schen Ideen von Simulation und Hyperrealität (1981).

Untergrund-Rappern zu sprechen, die sich aus Mitgliedern einer Graffiti-Writer-Crew zusammensetzt. Sie seien »*Ostler-Legenden*«, nicht zuletzt aufgrund ihrer territorialen Dominanz, wie er sagt: In den neunziger Jahren hätten sie »*Ostberlin, möchte ick mal schon sagen, so… in der Hand gehabt, da gab's einfach keinen, wo du sagen konntest, ey, die Jungs waren krasser als die, so, weil det waren wirklich gute… Fight-Club-Atzen*«.

Im Zusammenhang der Rap-Hör-Erfahrungen formuliert er es so: »*Die Jungs sind, wie gesagt, die sind ein bisschen älter als icke, aber trotzdem, das ist genauso die Stilrichtung, so, die ich gerne einschlage und so wat, weißte, wo sich mein Leben gerade so verhält, so […] Wie die ihre Musik machen […]*« Mo.: »*In welcher Beziehung, oder was meinst du?*« Mace: »*Na, weil es einfach nur um… man kann ja nicht sagen, na ja, [distanziert] brutale Musik, aber, das ist eben das Lustige daran. Die Leute machen Texte so, weißt du, wie du dir – stehst du abends zuhause, auf die geilen Beats und… das sind so, fast Geschichten, könnte man so sagen. Wie… durch die Häuser und d e n klarmachen, d e n klarmachen und das auf so einem geilen Slang und Beat, rappen die drauf, das ist… Kannst du eigentlich für fast alle Lieder die Augen zumachen und denkst dir deinen Teil dabei. […] Rennst die ganze Zeit [gestikuliert; ich interpretiere das als animiert, fröhlich, selbstbewusst] durch die Straßen von Berlin und bla, haste nicht gesehen, machst dein Ding, dann so… Weißte?*« Die Erzähl-Passage demonstriert, inwiefern Hörerlebnisse nicht zuletzt aus imaginären Räumen und Stadterfahrungen bestehen: Man schließt die Augen, läuft durch die Stadt und »macht sein Ding«, räumt »Hindernisse« aus dem Weg, indem man »Leute klarmacht«.[55] So augenfällig wie der imaginäre Charakter dieser maskulinen Wunscherfüllungswelt sind aber auch die Kontinuitäten zwischen inner- und außermedialer Sphäre: Die Rapper sind Teil des erweiterten Bekanntenkreises (oder zumindest der lokalen Folklore von Kiez-Helden), die Straßen aus den fiktionalen Räumen kennt man aus dem eigenen Alltag, er und die Lokalhelden teilen die Graffiti-Leidenschaft mit ihren abenteuerlichen, künstlerischen und kämpferischen Seiten. Angesichts dieser Passungsverhältnisse illustriert seine Erzählung »Strömen« von Affekten und Intensitäten zwischen Räumen und Figuren unterschiedlicher (imaginärer, fiktionaler) Ordnung, das im theoretischen Teil dieser Studie als wichtiger Bestandteil von Figurierungsprozessen beschrieben wurde (vgl. Massumi 1998).

---

55 Vgl. zu Musik und Stadterfahrung die Arbeiten von Michael Bull (2009).

Die »*brutalen*« Texte reflektieren dabei zwar nicht den Durchschnitts-
tag, aber doch eine Seite von Maces Leben: Er berichtet voller Begeisterung
und Stolz von gewaltsamen Auseinandersetzungen aus den letzten Jahren;
er ist Teil einer losen Szene, die Yusuf als »*Pöbel-Club Pankow*« bezeichnet
(und von denen sich viele im Picaldi-Cordon-»Proll«-Style kleiden – aber
keinesfalls alle, es gibt auch einen Anzug tragenden BWL-Studenten und
Yusuf, den klassischen Hip-Hopper). Was das bedeutet, zeigt Mace, indem
er vormacht, wie er und seine Freunde durch die Stadt laufen, wenn sie entsprechend aufgelegt sind: »*Keiner läuft bei uns irgendwie mit Kopf runter. Die
sind alle nur… [Steht auf, reckt das Kinn vor, geht fast auf den Zehenspitzen,
hat die Arme gespreizt] Na, auseinander, wenn ick feiern komme… [lacht] Und
so, weeßte?*« Brust raus, Kinn hoch, Arme auseinander – eine territoriale Gestik, die verdeutlicht, dass sie so viel Platz wie nur möglich beanspruchen und
Passanten damit zum Ausweichen zwingen wollen.[56]
     Es geht nicht zuletzt, so Mace, um die Demonstration von »Selbst-
bewusstsein«.[57] Über die »Hippies«, die er nicht mag (auch wenn er gelegentlich die Gegenwart von einigen sucht, wenn er von den »Atzen« genug
hat), sagt er: »*Und det ist ja nicht nur dieses einmalige Scheißelabern, sondern so
was, weeß ick nicht, wie soll man sagen, die Leute sind dann so unterdrückt, dass
die sich versuchen rauszukristallisieren und zu sagen, ey, ick will auch mal ein
schicket Thema, [lacht] einen Lacher ansprechen oder so wat… Gibt's gar nicht!
Entweder… du brauchst eben ein bisschen Selbstbewusstsein, so, weeßte? Und
ohne dette biste sowieso, egal in welcher Art und Weise, verloren in dem Sinn.
Da kannste klug sein und Geschäfte machen, wenn du kein Selbstbewusstsein
hast, und vor den Chefs immer nur so da sitzt, biste ein Eierkopp, so kannst du
es einfach mal nicht anders sagen.*« Mo.: »*Mhm.*« Mace: »*So, weißte? Ob du da
nun ein Verlierer bist, so, und Selbstbewusstsein hast und dich so alle akzeptieren,*

---

56 Die Gruppe hat ihre eigenen Pöbel-Rituale und -Strategien entwickelt: Mace und seine
   Freunde erzählen von der »*Meute*« aus 20 oder auch 50 jungen Männern, die ein oder
   zwei aggressive Leute vorausschickt, die mit provozierendem Verhalten Streit mit anderen
   Gruppen von Jugendlichen vom Zaun brechen. Wenn eine Gruppe – und erneut ist die
   Zielgruppe auch ethnisch bestimmt – sich provozieren lässt, sorgt die »*Meute*« für zahlen-
   mäßige Übermacht.

57 Im Englischen spricht man – im Rap besonders gern – von »Swagger«, von einem Selbstbewusstsein, das unmittelbar körperlich (gerade im Gang) erfahrbar ist und auch damit,
   wie man seine Kleidung trägt, zusammenhängt. Pierre Bourdieus Ausführungen zur körperlichen Hexis und zum Raum-Einnehmen tragen zum Verständnis dieser territorialen
   Praxen bei«, vgl. Bourdieu 1982, 739.

oder ob du der Loser aus der Bank bist und nur auf dem Schreibtisch sitzt und dich von'n Chef anschreien lässt.«

Das Selbstvertrauen, das Mace als zentralen Wert herausstelt, ist hier zum einen direkt mit körperlicher Durchsetzungsfähigkeit verbunden, mit Gewaltbereitschaft und der Erfahrung der Gewaltausübung [(a) als Mittel zum Zweck, (b) als ritualisiertes Vergnügen, (c) als Raumpraxis, besondere Form der Bewegung durch den öffentlichen Raum, (d) als Teil eines Persönlichkeitsbildes]. »Selbstvertrauen« verweist zum anderen auf eine Einstellung zur Welt, die keine Kränkung oder Erniedrigung akzeptiert. Der Figur des *»Losers in der Bank«*, der zwar ein ordentliches Auskommen und gesellschaftliche Respektabilität besitzt, aber eben keine tatsächliche Anerkennung als selbstbewusster Mann findet, steht (ebenso wie dem *»unterdrückten«* Gymnasiasten) der gesellschaftliche *»Verlierer«* gegenüber, der aber tatsächlich, so die kulturelle Logik, die Mace wiedergibt, kein Verlierer ist, weil er sich nichts gefallen lässt und im Kreis seiner Freunde und Bekannten anerkannt und respektiert wird. Nicht zufällig schließt sich nun eine Erzählepisode an, in der es um größere Schlägereien geht: mit Leuten, die den Fehler machen, zurückzupöbeln, mit anderen Graffiti-Malern, mit der Polizei am »Herrentag« und mit Türstehern in einer Provinzdisco. Mace wirkt in dieser stilisierten Selbstbeschreibung, im Gegensatz zu Robbie, tatsächlich wie der Herrscher seiner eigenen Welt. Am gelegentlichen Frust im Alltag seines Jobs als Klempner-Azubi im Betrieb seines Vaters ändert das andererseits wenig.

Solche Macht- und Eskalationserlebnisse sind real und kulturell wirkmächtig. Sie werden zugleich nicht verständlich, wenn die ästhetische Komponente des territorialen Komplexes aus dem Blick gerät. Überlagerungen von Fiktion und Wirklichkeit tragen ihren Teil zur kulturellen Konstruktion ihrer Wirklichkeit bei. Das Beispiel zeigt zugleich, dass gerade der extreme Lokalismus sich als in besonderem Maße medial und fiktional durchwirkt erweist – was ihn aber nicht unbedingt »entschärft«, im Gegenteil.[58] Indem ich von Gesten der Territorialität und einer Ästhetik der Territorialität spreche, stelle ich den Zitatcharakter territorialen Handelns heraus, und seine

---

58 Mace verlässt seine Gegend nur sehr ungern (er sagt, er sei *»kein westlicher Optimist«*); er »schwört« grinsend, dass Rap in Pankow erfunden wurde und Gott ein Berliner ist. Mit solchen Sprüchen reiht er sich in eine lange Tradition von trotzig-ironischer Großmäuligkeit ein. Zugleich schließt er aber auch an transnationale Imaginationen und Formate des Territorialen an, und zwar mittels eines populärkulturellen Formats der Bezugnahme, das diesen Lokalismus als in besonderem Maße weltläufig, plausibel und zeitgenössisch erscheinen lässt.

Durchdringung mit anderen lokalistischen Formen und Diskursfragmenten. Die Vergegenständlichung dieses Komplexes in subkulturellen Stilen macht solche Gesten und Ästhetiken, wie (un)ernst es einem mit ihnen im individuellen Fall auch sein mag, zitierbar. Sie können in individuelle Stil-Projekte integriert werden, in unterschiedlichen Graden von Verbindlichkeit.

Tarek

Tarek, ein anderer Tempelhofer im Gangsta-Look, ist 20 Jahre alt. Oben wurden er, seine Schwester Mona und einige Freunde bereits einige Male zitiert. Er wurde in Berlin geboren, als jüngstes von vier Geschwistern, und ist in Tempelhof aufgewachsen. Die Eltern betreiben ein kleines Gemüsegeschäft. Sein Vater kommt aus dem Libanon, seine Mutter aus Deutschland. Er ist ein Deutscher, der weiß, dass er als »Ausländer« gilt. Tarek wirkt auf mich gemütlich und in sich gekehrt; er hat helle Haut und rötliche Haare, wegen denen er, wenn er eine Bomberjacke trägt, gelegentlich für einen Neonazi-Skinhead gehalten wird. Nach dem Hauptschulabschluss fand er keine Lehrstelle und besuchte ein Oberstufenzentrum, wo er einen Erweiterten Hauptschulabschluss erwarb, aber zweimal am Mittleren Schulabschluss scheiterte. Tarek war auch deshalb ein guter Gesprächspartner, weil er viel Zeit hatte: In den eineinhalb Jahren, in denen wir uns gelegentlich treffen, tut er sich schwer mit dem Übergang von der Schule zu Arbeit. Er sieht viel fern, besonders Kinderfernsehen. Er mag Deutsch-Rap und kennt sich damit sehr gut aus, aber er legt auch Wert darauf, dass sein Horizont dort nicht aufhört und er viel Rock-Musik hört. Anfangs lebt er bei seinen Eltern (und später bei seiner Freundin Meli, die eine Ausbildung zur Systemgastronomin macht) und hilft im Laden aus.

Derzeit bezieht er Arbeitslosengeld II, schreibt Bewerbungen und schlägt sich mit dem Amt herum. Er möchte Autoverkäufer werden – eigentlich wollte er im Mercedes-Benz-Werk in Marienfelde anfangen, wo jedes Jahr einige Lehrstellen für sehr viele Bewerber angeboten werden, aber er scheiterte an den Eingangsprüfungen. Nur mit den Händen zu arbeiten, bringe einen im Leben nicht weiter, wie er sagt. In solchen Situationen hat er bereits einige Niederlagen erlebt und er wirkt niedergeschlagen, frustriert und ein bisschen wütend, aufbrausend, wenn er darüber spricht: »*Ich sage dazu: Schulnoten kann man sehen. Aber man sollte immer einen Menschen nach dem*

bewerten, was er ist, und nicht nach einer Note. [...] Ich will jetzt nicht mich
als Obersten und Besten hoch stufen, aber ich könnte vielleicht manchmal bessere
Leistung bieten als ein Abiturient. [...] Weißt du, das liegt ja jedem anders.«[59]
Tarek sieht sich, wie er sagt, als ein ganz normaler junger Mann, der es gerade ein bisschen schwer hat, vor allem deshalb, weil das, was er kann, nicht
erkannt wird; er gehört nicht zur Elite, aber er ist auch nicht, wie er sagt,
»*der typische Neuköllner*«, womit er im Gesprächszusammenhang (offensichtlich unzulässig stereotypisierend) einen Kriminellen und sozialen Problem-
fall meint. Neukölln ist allerdings so etwas wie sein Lieblingsbezirk, dort ist
mehr los, und er und eine Gruppe von Tempelhofer Freunden treffen sich
häufig in einem Shisha-Café in der Sonnenallee, unweit der Arbeitsstelle von
Mehmet, der in einem Handy-Shop eine Ausbildung zum Bürokaufmann
absolviert.

Tarek verwendet nicht sonderlich viel Zeit auf seine alltägliche Kleidung,
und er wirkt nicht wie ein »Styler«, aber er hat einen eindeutigen Sinn für
das, was richtig und was falsch aussieht. Zugleich haben Stil und Kleidung
bei ihm viel mit familiären und freundschaftlichen Beziehungen zu tun. Er
hat zu diesem Zeitpunkt kein stabiles Einkommen und ist meistens darauf
angewiesen, dass andere für ihn Geld ausgeben. Diese finanzielle Abhängigkeit dauert bei ihm nun schon einige Jahre länger an, als es (bei Nicht-
Studierenden) sozial vorgesehen ist. In seinem Fall ist es vor allem die ältere
Schwester, die für ihn einkauft: die »Basics« wie Jeans und T-Shirts und gelegentlich, wenn etwas mehr Geld da ist, teurere Markenartikel wie ein Pullover von »Lacoste« oder »Carlo Colucci«. Diese Geschenke sind Teil einer familiären Reziprozität, die beide etwas idealisiert darstellen: Sie will, dass ihr
Bruder gut aussieht; ihm liegt ihr Wohlergehen am Herzen, so dass er zum
Beispiel als ihr Fahrer und ihre männliche Begleitung agiert. Das soll nicht
heißen, dass es zwischen ihnen keine Konflikte gibt, aber es zeigt erneut uns

---

59 Seine Schul-Praktika absolvierte er beim Lebensmittelhändler Reichelt und bei Mercedes.
   Von der Prüfung bei Mercedes meint er, er habe damals den Ernst der Situation noch
   nicht erkannt. Er habe sich auch gewundert über die anderen Prüflinge, »richtige Streber«,
   deren mangelndes Stilgefühl ihn irritierte (und nachträglich zur Distanzierung dient): »So,
   so Leute, die du gesehen hast... Der hat, hier, ein Hemd angezogen und Schuhe angezogen, du, du hättest gesagt, der hatte noch nie ein Hemd gesehen in seinem Leben. Kennst
   du diese Flipflop-Hemden? Die so ein bisschen ihre Farbe dann wechseln?« M: »Ach dieses, so Schillernde...« Tarek: »Voll komisch... Ja, genau, genau. So ein Hemd, der hatte
   seine Haare gegelt, dann hat er so eine schwarze Brille aufgehabt, feine schwarze Schule,
   aber so ne, mit so, mit so vorne so fett, wie so Stiefel. [...] Also voll komischer Typ. Wollte
   sich schick machen, aber hat er eigentlich voll vergeigt damit.«

mit etwas anderem, familiären Akzent, dass Stil nicht nur mit Unterscheidungspraxen zu tun hat. Im Sich-Kleiden und Andere-Kleiden materialisieren sich Beziehungen, aber auch Gefühle von Zuneigung, Verantwortung, Kontrolle sowie eine gemeinsame Sorge um die gute Erscheinung gegenüber der Außenwelt.[60]

Solche Kleidungs-Affekte sind nicht nur mit familiären Beziehungen verbunden: in Tareks engerem Freundeskreis von vier Jungs, die er seit seiner Kindheit kennt (plus Daniel, einem neueren Freund), wird viel getauscht und verliehen: Jacken, Pullover, Hosen, Uhren, Schmuck. Hier lautet das Motto »*mein Schrank ist dein Schrank*«.[61] Seine Schwester meint – amüsiert und ein wenig genervt –, dass er mehr verleiht als zurückbekommt. Er sagt, das sei ihm egal. Mit solchen Frotzeleien werden die familiären Positionen und die Positionen innerhalb der *peer group* immer wieder neu thematisiert. Vor diesem Hintergrund persönlich-familiärer Bedeutungen wird umso deutlicher, warum semiotische Unterscheidungen dann so identitätsrelevant und affektiv-emotional aufgeladen sein können.

»Diese Macht bei den Ausländern«: Dominanzbehauptungen

Oben wurde Tarek zitiert, als es das Wissen um Kleidungsstile und deren Verbindung zu Orten oder Bezirken dargestellt wurden, spezifisch lokale Figuren also, ein Thema, zu dem er viel zu sagen hat, und auf das ich auch in diesem Abschnitt wieder zu sprechen komme, um es genauer zu kontextualisieren: biografisch und strukturell. Seine ältere Schwester stellte mir Tarek zunächst als jemanden vor, der – wie seine Freunde – sehr genau zwischen den verschiedenen Bezirks-Figuren zu unterscheiden vermag. Wir verbrachten zwei Nachmittage damit, dass wir uns diese Unterschiede in der Stadt ansahen (indem er und sein Freund Daniel zum Beispiel rieten, woher ein Passant kam, und seine Schwester und ich dann nachfragten); manchmal

---

60 Auch in den Läden spielten sich immer wieder Szenen ab, in denen (vor allem) junge Frauen ihren Brüdern oder Freunden durch ein Arrangieren von Details, zum Beispiel dem Sitz einer Sweatshirt-Kapuze über der Jacke (z.B. bei Steffi und ihrem Bruder), mit fast habitualisierten Gesten unterstützen. Zum Zusammenhang von Kleidung und Emotionen vgl. auch Woodward 2007.

61 Mesut dagegen verleiht nichts, weil er Sachen beschädigt oder gar nicht zurück bekam. Neben diesen vier engen Freunden hat Tarek natürlich einen größeren Kreis; bei seinen Social-Media-Accounts sind es etwas 90 »Freunde«, die meisten ebenfalls Jugendliche mit Migrationshintergrund aus der Tempelhofer Gegend.

hatte er mit seinen Zuordnungen Recht, einige andere Male nicht. Tarek wirkte bei diesen Begegnungen zuerst schüchtern und sprach nicht viel.

Nach einigen Treffen, als wir uns etwas besser kennen gelernt hatten, legte er mir seine Sicht der Hintergründe solcher urbaner Kompetenzen dar, die eng mit dem territorialen Schema zusammenhängen, wie es in unterschiedlicher Form von Mesut, Robbie und Mace beschrieben wurde.[62] Tarek erklärte, dass das Interesse an den Stil-Zuordnungen letztlich in der schulischen Biografie verankert sei. In der Grundschule hält man sich an die Freunde aus dem Sandkasten – bei ihm eine Gruppe von fünf, sechs Jungs – und beim Übergang zur Oberschule, die einen größeren Einzugsbereich hat, trifft man dann auf andere, die man irgendwie einordnen will oder muss. Vor allem, und das sprach er wiederum erst später an, obwohl es auf der Hand zu liegen schien, wurde in seiner Oberschule, einer Hauptschule, schnell eine Trennungslinie ersichtlich, die zwischen »den Deutschen«, die etwa zwei Drittel der Klasse ausmachten, und »den Ausländern« verlief, zu denen er gezählt wurde und sich dann auch zählte. Stilistische und ethnisch-soziale Grenzen ko-konstituieren sich in der Interaktion.

Die Trennung manifestierte sich auch im Sitzplan: Er und seine Freunde saßen in maximaler Distanz zu den LehrerInnen. Und es gab die Unterscheidung zwischen den Coolen und den Uncoolen. Wie man sich anzieht, hatte, so seine nachträgliche Deutung, mit beidem zu tun. Der Musikgeschmack der beiden Gruppen war ein anderer – er und seine Freunde hörten Berliner Deutsch-Rap, Gangsta-Rap und dazu die Lokalhelden und Porno-Rapper Frauenarzt und Orgi, die »Deutschen« in der Klasse hörten eher »*So Techno und Schlager und so... Immer so diese deutschen Schlager und so was. Oder die Charts hoch und runter und dieser Crazy Frog und was es da noch früher gab, immer, so was*«. Und: »*Man hat es auch gleich an den Klamotten erkannt. Wir waren meistens eigentlich immer dunkel angezogen. Dunkel, lässig... Die da vorne haben sich [angeekelt] Skater-Hosen, Skate-Pullover und so was... War wirklich schon ein großer Unterschied... M: Also ihr hattet irgendwie so die, den Picaldi-Gangster-Style, so... T: Genau. M: Und die hatten, also was meinst du mit Skater-Hosen? T: Diese Baggy-Hosen. M: Baggy-Hosen... und so buntere Sachen und so? T: Genau. M: Das war so die... T: Fubu, Fishbone und so was. Eigentlich, ich war ja... Ich bin ja Lichtenrade... Lichtenrade ist ja auch sehr hinten an der Grenze von Mahlow, auch so Osten-Style und so ein bisschen rechte Szene und so. So ne, so ne Style. Fubu, Fishbone, was auch die Ostler so*

---

62 Zum Begriff der urbanen Kompetenz(en) s.o.

sehr gerne anziehen... [...] Okay, die Mädels sahen einigermaßen okay aus. Da habe ich mich auch mit denen verstanden, aber... Bist du ein Ausländer, bist du abgestorben. Da bist du gestorben für die, weißt du, so gesehen.

Tarek ist sich der Nachteile seines Hauptschul-Abschlusses wohl bewusst, und auch, wie das Zitat zeigt, der interaktionellen und institutionellen Diskriminierung von »Ausländern«.[63] Zugleich spricht er von »*diese(r) Macht bei den Ausländern*«, gerade auf der Hauptschule, über eine gewisse Durchsetzungsfähigkeit und ein Gefühl von besonderem Status, das an das von Mesut beschriebene »Feeling« erinnert (Mesut und Tarek kennen sich, besuchten aber unterschiedliche Schultypen in unterschiedlichen Stadtbezirken), und an Paul Willis' Begriff der »working class counter-school culture« (1979, 124). Obwohl er und seine Freunde zahlenmäßig eine Minderheit in der Klasse bildeten, sechs oder sieben Jungs und ein Mädchen (»*Wir waren immer so eine Gruppe. Wir waren die Schwarzkopp-Bande und dann die Deutschen, so gesehen« [...] »Waren wirklich nur Ausländer gewesen. Nur Ausländer. Türken, Araber, Pole, Jugoslawe...*«) gegenüber zwölf »Deutschen«, besaßen sie (im Unterschied zur institutionalisierten Macht) eine lokale Interaktionsdominanz. Diese »Macht« lag in erster Linie, wie er meint, im Zusammenhalt und in einer gewissen alltagsästhetisch-habituellen Coolness begründet.

T: »*Obwohl ich mich auch mit allen verstanden habe, aber wirklich, Großteil war ich wirklich immer bei den Ausländern.*« M: »*Ja. Ich meine, das ist ja auch immer dann so eine Frage, also [unverständlich], aber irgendwie so, naja, die Coolen und die nicht so Coolen, oder?*« T: »*Genau. Das ist es auch. Die Ausländer meistens sind cool. Warum – keine Ahnung. Weiß ich nicht.*« M: [lacht] T: »*Keine Ahnung. So ist das Leben. Vielleicht machen die Deutschen nix aus sich.*« M: »*Oder irgendwie auf andere Weise, oder wie auch immer dann, ja.*« T: »*Ja, und dann wundern sie sich, warum sie kritisiert werden, die Deutschen. Manche müssten sich mal an die eigene Nase fassen und sagen, ey, irgendwat stimmt mit uns nicht. Und nicht immer nur sagen: Ey, ihr seid schuld, ihr seid schuld.*« M: »*Wie meinst du, dass sie kritisiert werden?*« T: »*Ja, die, äh, wir sagen: Deutsche sind schwach, Deutsche können nix, die Deutschen brauchen nix, Deutsche sind... einfach blöd und so. Aber, ist ja auch manchmal in manchem Sinne so.*«

---

63 Die medialen Repräsentationen von Hauptschulen sind ihm vertraut. Er und seine Freunde deuten sie im Sinn einer »ausgehandelten« Lesart um: Zum Beispiel spottet er über die mediale Panik über die Neuköllner Rütli-Schule (vgl. Wellgraf 2008) – er und seine Freunde seien viel schlimmer gewesen, hätten Möbel durchs Fenster geworfen und das Klassenbuch verbrannt, aber sei »im Guten« gewesen und gehöre eben zum jugendlichen Sich-Austoben.

Die eigene Gruppe war die meinungsstärkere und selbstbewusstere: »*Ah,
weil wir einfach nicht unser Maul gehalten haben. Weil wir eigentlich einfach
nur unsere Meinung gesagt haben. Wenn uns was gestört hat, haben wir gesagt: Sei ruhig, halt die Fresse. Was willst denn du, so gesehen, weißt du?*« M:
»*Mhm.*« T: »*Du bist auch kein Unschuldslamm. Einfach so. Wir haben einfach
nur das gemacht, was wir wollten. Was wir für richtig gehalten haben.*« Die
»deutschen« Mitschüler hätten bei jeder Gelegenheit gepetzt, selbst wenn
es um das Fanta-Trinken im Unterricht ging. Nach Tareks rückblickender,
sinngenerierender Interpretation steckt in dieser Galerie der Kleinlichkeiten
ein zweifaches Muster: zum einen die Ablehnung durch die »Deutschen«
und die Lehrer (»*wir sind fast nie rangekommen, wo wir uns gemeldet haben*«),
die mit Exklusion auf anderen Ebenen zusammenwirkt (was zum Beispiel
durch die Visumssituation illustriert wird: Er war als deutscher Staatsbürger der einzige »Ausländer« (der er den identitären Zuordnungen nach in
diesem Zusammenhang der eigenen Beschreibung zufolge meistens bleibt),
der mit auf Klassenfahrt durfte), und zum anderen, als Reaktion darauf,
eine Handlungsstrategie der als »Ausländer« Etikettierten nach dem Motto
»Zusammenhalt schafft Stärke«. T: »*Ja, also, die waren nie eine Gruppe. Deswegen, äh... [leiser] Wenn die Aus-, deswegen sind auch die Ausländer stärker
und impulsiver in ihrer Art. Wenn der eine sich gegen alle [andere?] anlegt, sind
die automatisch hinter ihn, alle. Die, wenn die in einer Gruppe sind. War bei
uns genau so. Hat einer... hier, Ärger... Sagen wir, mit ihm hier vor, und er ist
frisch geworden, haben wir uns eingemischt.*« M: »*Mhm. Dann wart ihr gleich
irgendwie... Eine Macht hinter ihm...*« T: »*Genau. Ja! Dann waren wir eine
Truppe. Das ist es einfach. Und das ist bei den Deutschen nicht. Die sind einfach
keine, keine Truppe. So gesehen, keine Familie dann. Deswegen haben auch die
Ausländer mehr Macht in einer Klasse. Und die Lehrer können dagegen auch
nix machen.*« [64]

---

64 Tarek: »*Weil da merkt man, diese Minderheiten halten immer zusammen. Der eine spricht
schlecht deutsch, der andere spricht schlecht deutsch, also verstehen sich die schlecht deutsch
Sprechenden, so gesehen.*« M: »*Ja.*« T: »*Ich bin auch nur mit Ausländern eigentlich aufgewachsen großartig.*« M: »*Und dann versteht man sich halt irgendwie besser und so?*« T: »*Man
ist einfach ganz locker. Hat ein Freund von mir kein Trinken, kann er mein Trinken haben.
Bei den Deutschen ist so: Nein! Dann hab ich ja nachher nichts mehr. So.*« Zum Topos des
Teilens als Symbol für die individualistische »deutsche Dissozialität« in migrantischer »Ne-
gativklassifikation« vgl. Sutterlüty/Walter 2005. Auch in anderen Gesprächen kam diese
Betonung des Zusammenhalts – Tarek spricht auch von »Geborgenheit« – zur Sprache.
Mehmet verknüpft den Zusammenhalt mit Mut: »*Aber bei uns ist es auch so, also was ich
jetzt in meinem Leben erlebt habe, die Ausländer haben viel mehr Mut. Ich weiß nicht, wa-*

In Tareks Erzählung finden sich nicht nur biografische Erinnerungen wieder, er reagiert auf hegemoniale Diskurse, auf »Deutsche-auf-dem-Schulhof«-Paniken wie sie zum Beispiel rund um Detlef Bucks zeitdiagnostisch aufgeladenen Film *Knallhart* (2006) stattfanden, in dem ein »deutscher« Junge und sein Vater von einem stärkeren migrantischen Jungen gequält werden, und er schließt diese Serie von Kleinigkeiten und Kleinlichkeiten an solche größeren gesellschaftlichen Debatten an. Tarek nimmt dabei – im Vokabular von Stuart Hall gesprochen – die encodierte, präferierte Lesart nicht vollständig an, er deutet sie an einigen Stellen um, indem er zum Beispiel von legitimer Kritik spricht und nicht von »Deutschenfeindlichkeit«, von Stärkebeweisen als Reaktionen auf Ausgrenzung statt als unprovoziertes Machtgehabe.[65]

Tareks Ausführungen zeigen, dass das »Deutschsein« als hegemoniale Identität in einer von Rassismus und strukturellen Formen von Exklusion und Hierarchisierung geprägten Gesellschaft sich auf unterschiedlichen Analyseebenen und in verschiedenen Arenen der kulturellen Wirklichkeit als unterschiedlich dominant erweist. Der Ethnologe John Hartigan beschreibt eine ähnlich komplexe Form von Dominanz, die von »whiteness« im US-amerikanischen Kontext: »Whiteness may be fixed as a unified or unifying phenomenon when regarded ideologically at the national level, but on the ground that unity quickly becomes illusory. Instead of one firm ground, there is a shifting series of domains (local, regional, national, transnational) across which whiteness materialized according to distinct centers of significance, assimilating or effacing a varying array of internal differences and

---

rum. Äh ja, zum Beispiel, wenn ich jetzt sage: Komm, wir greifen zehn Leute an, und neben mir ist ein Türke, der sagt, ja, komm, sofort. Aber wenn jetzt mal jetzt ein Deutscher oder Pole neben mir ist, und dann: Komm, wir greifen an: [sich windend] ›Nee, ich trau mich nicht‹, oder…« M: »Also, wenn du neben mir stehst und sagst, wir greifen mal die zehn Leute an, dann sage ich auch… ›Öh…‹« Daniel (satirisch): »Kennen wir uns?« [Mona lacht] Moritz (satirisch): »Ich geh dann mal…« Yassin (satirisch): »Hab ich da was gehört?« [lachen] […] Mehmet: »Aber… Nee, ich mein, bei den Deutschen, ist ja viel schlauer. Wenn die sehen: Die haben keine Chance, dann machen die es auch nicht. Bei den Ausländern ist es meistens so: Die wollen sich zeigen. Die wollen sagen: Ah, egal ob, auch wenn ich Schläge bekomme, ich habe was zu erzählen. Bei den manchen ist es halt so.«

65 Für eine kritische Analyse des medialen Diskurses vgl. Wellgraf 2008; zu Umdeutungen Wellgraf 2012. Es handelt sich an dieser Stelle in meinen Augen eher um eine »ausgehandelte« als um eine rundum »oppositionelle« Lesart, da er letztlich beteuert, dass nur mehr »Stärke« auf deutscher Seite hilft, er dem »hegemonialen« Diskurs also beipflichtet. Politisch findet er die CDU gut und die Linke, zwei Parteien mit sehr unterschiedlicher Problematik. An der einen leuchtet ihm die Betonung von »Recht und Ordnung«, mit »klaren Ansagen« ein, an der anderen die Orientierung an sozialer Gerechtigkeit.

projecting or excluding a host of corporal others. Each level displays a certain intermittency of effects. Whiteness may be inhabited and active at every level, but the order of replication in each domain is not absolutely determined by those ›above‹ or ›below‹. The intervals and gaps between domains create an irregular and unpredictable basis for the cultural reproduction of this racial category, white.« (Hartigan 2005, 205)[66] In einem ähnlichen Sinn kann hier gesagt werden, dass für Tarek die jugendsubkulturelle Szenerie eine Arena darstellt(e), in der das »Deutschsein« im Sinn der familiären Herkunft und einer als »weiß« und unmarkiert codierten Physiognomie an Dominanz verlor. Das bedeutet freilich nicht, dass sie ihre Welt als »selbstbestimmt« erleben (gerade im Umgang mit den Lehrern, angesichts von stereotypen Mediendiskursen und jetzt auf dem Arbeitsmarkt ist das bei Tarek ganz und gar nicht der Fall); die Frage, wie »real« ihre Dominanzerlebnisse waren und sind, und wo ihre Grenzen liegen, bleibt auch für sie selbst letztlich offen.

Charisma der Delinquenz und Ambivalenzen der Repräsentation

Wie schon bei Mesut zu sehen war, bildet die kulturelle Attraktivität der eigenen Gruppe ein entscheidendes Medium für das Erleben einer »*Macht bei den Ausländern*« unter vielen männlichen Jugendlichen, die anderweitige Ausschluss-Erfahrungen begleitet. Diese Thematik führe ich unten anhand der Spott-Figur des »Möchtegern-Ausländers« weiter aus. Sie hängt, und darum geht es im folgenden Abschnitt, häufig mit einem Charisma von Zusammengehörigkeit, aber auch von Devianz (Abweichung) und Delinquenz zusammen, des »Kriminellen« und »Krassen«, wie es in den Abschnitten über Gangsta-Rap bereits anklang.[67]

Bei der Devianz-Assoziation handelt es sich um ein hartnäckiges Phänomen. Kritische Stadtforscher stellen den »Devianzphantasien« der herrschenden Diskurse um die urbane, unterbürgerliche Jugend – einer Etikettierungspraxis, in der Jugendliche per se als Gefahr gelten – die Realität der

---

66 Hartigan greift an dieser Stelle auf Marilyn Stratherns Ausführungen zur »Skalierung« kultureller Phänomene (2004) zurück. Ähnlich auch der Gedanke einer »fractal recursivity« von Unterscheidungen und Grenzziehungen bei der Anthropologin Susan Gal (1995) u.a.
67 Zum Begriff des städtischen Charismas s.o. Die Stadtethnologen Thomas Blom Hansen und Oskar Verkaaik betonen in ihrem Versuch zum »Charisma der Stadt«, dass bestimmte städtische Sozialfiguren ein bestimmtes städtisches Charisma ausstrahlen: »Quintessential urban figures – be they artists, taxi drivers, cops or those belonging to a more opaque popular world (also vor allem zur kriminellen Unterwelt, Anm.) – may be charismatic by virtue of their actions and the knowledge and resources in the city they are rumoured to command. They, like their gestures, are suffused with that elusive spirit of the city, or the neighbourhood, itself.« (2009, 6)

»urbanen Kompetenz« von Jugendlichen in ihren vielfältigen Spielarten gegenüber (vgl. zusammenfassend W. Lindner 2002, 232; auch Ronneberger/ Tsianos 2009). Zu letzteren zählt nun gerade, was wiederum in kritisch intendierten Forschungen gelegentlich übersehen wird, auch das Beschwören des Charismas der Delinquenz (vgl. Hansen/Verkaaik 2009; vgl. W. Lindner 2002).[68] Oft wird es mit einer physisch-territorialen Dominanz assoziiert: »Die Ausländer« haben »das Sagen auf der Straße«, wie es in einer klischeehaften Formulierung immer wieder heißt, unter »Ausländern« und unter »Deutschen«. In diesem Sinn erzählt Mehmet, der Freund Tareks, der oben bereits mehrfach zitiert wurde, warum er »ausländische« Rapper besser findet: »*Weil, mal... Wenn ich jetzt so auf die Straße kucke, dann... Jetzt nichts gegen die Deutschen, ich möchte auch keinem zu nahe kommen, aber... So was ich immer so sehe, sind immer... Also jetzt hier in Wedding, Neukölln, Kreuzberg... Immer, also die Ausländer sind immer die Stärkeren, und immer... Ja, wie soll ich's sagen: Also, die haben immer das Sagen, sage ich mal jetzt so. Deswegen können, finde ich, bringen die das besser rüber. Aber wenn mir jetzt ein Ausländer aus Marzahn kommt und sagen... Ja, wir Ausländer haben das Sagen, und hinter ihm stehen zehn Glatzen, dann denke ich auch: Was ist das für ein Idiot. Also...*« »Ausländische« Rapper aus dem ehemaligen Westteil der Stadt können demnach glaubwürdiger als harte Typen performen. Auch Tarek meint, dass das dominante Auftreten im Westen der Stadt bei den »Ausländern« anzutreffen ist und im Osten bei den »Deutschen« (darin ist er sich mit dem oben zitierten Mace aus Pankow offensichtlich einig), und führt aus: »*Das ist ganz normal. Jeder beschützt sein Gebiet. Das ist doch ganz normal. Ist ja ihr Zuhause.*«[69]

Der Modus dieser Vorstellungen ist auch an dieser Stelle territorial. Durch Verbindungen zur Straßen-Ökonomie (die zum großen Teil natürlich nicht auf der Straße stattfindet), und durch die reale Präsenz von deren Akteuren im erweiterten Netzwerk sozialer Beziehungen, sowie manchmal durch eigene Erfahrungen mit kleinmaßstäblicher Delinquenz, werden solche Statements mit ihren Echos in den Resonanzräumen der popkulturellen

---

68 Werner Lindner spricht von Grenzüberschreitungen und Provokationen verschiedener Art als »entwicklungstypische(n) Realitätsproben [...] bei denen sie etwas über die Gesellschaft lernen, indem sie deren Regeln – vorzugsweise spielerisch – übertreten.« (2002, 225)

69 Zum territorialen Motiv »x rules here« und seinen Implikationen von anderweitiger Machtlosigkeit vgl. die Anmerkungen im historischen Teil.

Agonistik plausibel.[70] Das territoriale Schema verleiht einer heterogenen Kombination von Zeichen, Lesarten, Atmosphären, Diskurs-Fragmenten und Praktiken eine scheinbare Einheit und Stimmigkeit. Damit unterstützt es die fragile Erfahrung von Stärke und Durchsetzungsfähigkeit.

Die Bedeutungen des Sich-Kleidens im Gangster-Style und des Sich-Figurierens in einem weiteren Sinn erschließen sich dann auch angesichts solcher sozialer Situationen mit ihrer Gemengelage von Anerkennungsproblemen und Stärke-Erfahrungen, angesichts verkörperter Homologien, die zur Charismatisierung der eigenen Gruppe beitragen. Damit gehen spezifische Stimmungen und erlebte Ambivalenzen einher. Das territoriale Schema, das Spiel mit der »Härte« und dem »Krass-Sein«, das »Feeling« von Stärke, Zugehörigkeit und Attraktivität enthalten charakteristische Formen von Ambivalenz, von Mehrdeutigkeit und Unentschiedenheit. Diese Ambivalenzen prägen (im Sinn der oben angesprochenen gefühlten »anxieties«) auch die Kleidungs- und Stilisierungspraxis und damit auch die unterschiedlichen Formen der Verkörperung, des Sich-in-Beziehung-Setzens zu kulturellen Figuren. Sie hängen eng mit dem Annehmen und Auf-sich-Anpassen von stereotypen »controlling images« zusammen. So hat Tarek eine Menge zu sagen, wenn es um das Verhältnis zwischen dem Bild, das über Rap-Musik, -Videos, den sie rahmenden Diskursen und so weiter verbreitet wird, der gelebten Wirklichkeit und der Rolle solcher Repräsentationen in der gelebten Wirklichkeit geht. Dieser Zusammenhang war bereits bei mehreren Gruppendiskussionen und Gesprächen mit seinen Freunden und ihm vorher angesprochen worden: Sie hatten sich mir gegenüber und mit mir im Wesentlichen auf die Sicht verständigt, dass Rap eine Musikform ist, die nicht einfach die Welt widerspiegelt, sondern kommentiert, dass aber andererseits beim Gangsta-Genre ein gewisser Wirklichkeitsgehalt im Spiel sein sollte, damit sich die Rapper nicht lächerlich machen.[71] Tarek ist kein

---

70 Diese losen Verbindungen (oft auch um einige Ecken) spielen bei fast allen Jugendlichen, die hier vorgestellt werden, eine Rolle. Einige Verwandte von Yusuf sind zum Beispiel im Geschäft mit »Schutzgeld« tätig, was ihm ein gewisses Prestige bei seinen Freunden verschafft. Tim gibt mit seinen Kontakten in die Türsteher-Szene und mit seinem Onkel, der Zuhälter ist, ein wenig an. Zum Freund von Tareks Schwester Mona s.u. »Mace« und seine Freunden verkaufen kleine Mengen weicher Drogen. In allen Fällen werden diese Verbindungen sowohl heroisiert als auch (wegen der offensichtlichen Risiken und Nachteile) als problematisch diskutiert. Sie spielten im Erzählen durchweg eine größere Rolle als im Alltag.

71 Zur kommerziellen Logik der Kalkulation von Images vgl. die Bemerkungen oben. Kool Savas ist auch hier die Konsens-Figur, schlau finden sie auch Sentino (und einen rappen-

Szene-Akteur, unter denen sehr viel eloquenter über solche Fragen gesprochen wird, aber seine Reflexionen sind gerade in ihrer Alltäglichkeit gute Beispiele für das Nachdenken über solche Ambivalenzen, für ein partielles »Durchdringen« (Paul Willis) der (Repräsentations-)Verhältnisse und der Figurierungsdynamiken.[72]

Tarek zeigt sich besorgt über die Stereotypen, die über »Ausländer« zirkulieren, und zugleich über die Entwicklungen unter »ausländischen« Jugendlichen in seiner Umgebung. Mit leiser Stimme erzählt er, dass er die Texte von erfolgreicher Rap-Musik, die auch er mag, in letzter Zeit genauer und bewusster durchgehört hat. Viele Zeitgenossen, so meint er, »*übertreiben*« es mit der Nachahmung dessen, was in der Popkultur zu hören und zu sehen ist, sie »*spiegeln die Musik wider*«, so seine Formulierung. Tareks Ausführungen sind gesättigt mit Alltagstheorien psychologischer und kultureller Prozesse. »*Das spiegelt auch die Musik wider. Die Leute sagen: Hey... wir sind dis, genau, wir sind dis. Wir haben Messer und so... Wir sind krass, wir tragen Alpha-Jacke, wir haben schwarze Haare und so... Wir schlagen auch welche auf die Fresse. Wir klauen das, wir klauen dies. Da sage ich auch: Hallo? Okay, gut, die verdienen ihr Geld damit. Sag ich: Schön und gut.*« M: »*Mhm.*« T: »*Aber... Die Leute übertreiben. Dass sich damit äh, hier, wider-, widerspiegeln. Die sagen, ja, ›Bushido ist ein Opfer‹, ›Sido ist ein Opfer‹. ›Das stimmt doch gar nicht, was die sagen‹... Aber die sind, die spiegeln genau das wider, was sie rappen.*« Tarek unterstellt den Rappern, dass sie ihre öffentliche Persona instrumentell-strategisch kreieren, und sieht das als durchaus legitim an (»*Okay, gut, die verdienen ihr Geld damit. Sag ich: Schön und gut.*«). Die jugendlichen Hörer und Fans tun demnach so, als ließen sie sich von den Stars nicht manipulieren und behielten die Kontrolle über die eigene Subjektivität (»*Bushido ist ein Opfer, Sido ist ein Opfer*«), wie das oben bei Mehmet und anderen anklang, aber letztlich erkennen sie sich in ihnen nicht nur wieder (»*wir sind dis, genau, wir sind dis*«), sie ahmen sie auch nach (vgl. die Anmerkung

---

den Cousin). Mehmet hört Bushido, Massiv und ähnliche Rapper. Wen sie nicht mögen: Fanta 4, Fettes Brot, aber auch B-Tight, Hengzt, 50 Cent. Daniel findet Sido gut, aber auch Techno. Tarek hört, wie gesagt, auch viel Rockmusik.

72 Zum so verstandenen Begriff »penetration« vgl. Paul Willis' »Learning to Labour«. Willis' etwas unglückliche Metapher der »penetration« (s.o.) fungiert als Gegenbegriff zur ideologischen »limitation« – die Konfigurationen von »penetration« (Wissen) und »limitation«, die »partial penetrations«, sind nach Willis ethnografisch-kulturanalytisch zu beschreiben (1979, 113f). Die informelle Gruppe, die »working class counter-school culture«, erreicht demnach eine gewisse Entmystifizierung »of its members' real conditions and possibilities within a class society« (ebd., 124). Eine solche Konstellation beschreibe ich auch hier.

zum »Third Person Effect« oben). Die Diskussion schließt an die Frage des »Möchtegern-Gangstertums« an: »*Die sagen alle: Ach, Bushido macht doch die Straße nach. So ein Blödsinn! Die Straße macht Bushido nach. Was Bushido sagt, wird auch auf der Straße gemacht, so gesehen. Alle sagen, ›er ist ein Opfer‹. Weißt du? Aber es stimmt gar nicht. Alle machen ihn nach. Alle. Oder Sido oder so. Weißt du? Alle machen das nach... Diese Rap... Wenn ich jetzt rappen würde, ey, ich bin krass, ich... sprühe ›Tod‹ an die Wand, oder, keine Ahnung, dann wird in ein paar Tagen ›Tod‹ an der Wand stehen, oder so. Weißt du?*«[73]

Tarek lehnt solche Nachahmungen an dieser Stelle ab, weil es die Leute dazu bringt, Dummheiten zu begehen (was auch heißen kann: gewalttätig zu sein), und zugleich, weil niemand derart fremdbestimmt sein sollte. Das Problem zeigt sich an den Messern, die tatsächlich gefährlich sind, und an Bomberjacken, die nur »aufpumpen«, gleichermaßen.[74] »*Ja, mit den Messern, mit der Alpha-Jacke und so. Vor, bevor der Rap war, gab's nicht: Jeder Dritte hat eine Alpha, jeder Zweite hat eine Alpha-Jacke. Da gab es wirklich: nur die Erwachsenen. Die Großen. Die Bodybuilder und so, Türsteher und so, hatten Alpha-Jacken. Jetzt hat jeder auf einmal eine Alpha-Jacke.*« Die Nachahmerei inflationiert, so stellt es Tarek hier zumindest dar, die Zeichen von »Krass-Sein«. Ein solches Streetwear-Wettrüsten bezeugt in Tareks Sicht fragwürdige, dümmliche, unangemessene und letztlich schädliche Imitationen und Identifikationen. Tarek meint, dass er den schädlichen Einfluss der Musik genau durchschaut, im Gegensatz zu denjenigen, die ihm erliegen, und dass seine eigene Stil-Praxis damit nichts zu tun hat. Seine Interpretation steht, was die Anderen angeht, im Einklang mit Moralpaniken über Rap-Musik-Rezeption: Indizierung und Verbot gewaltverherrlichender, frauenfeindlicher oder homophober Texte werden zum Beispiel damit begründet, »dass 11- bis 15-Jährigen die Unterscheidung zwischen Song und Realität [schwerfällt]«, wie die bekannte SPD-Politikerin Monika Griefahn, sich auf Forschungen des Sozialpädagogen Werner Meyer-Deters berufend, in einem Meinungsbeitrag argumentierte (2007, o. S.). Zwar wüssten ältere und reflexionsfreudigere Jugendliche durchaus mit problematischem Material um-

---

73 Als »Opfer« gilt Bushido hier aus zwei Gründen: Weil er »krass tut«, ohne es zu sein, und weil man sich unter den Jugendlichen von ihm erzählt, dass er einen großen Teil seines Einkommens an eine »Mafia-Familie« abgeben muss.

74 Schon seit Generationen fängt immer die jüngere Generation damit an, Messer zu tragen, so auch in vielen aktuellen Rap-Texten, zum Beispiel in einem Track von »Jope« auf der Rap-City-Berlin-II-DVD. Pearson (1983) verfolgt diese Behauptung ins 19. Jahrhundert zurück.

zugehen, doch gelte das eben nicht für alle. So taucht in diesem diskursiven Zusammenhang, sowohl bei Tarek als auch bei Griefahn, immer wieder die Figur des hilflosen Unterschichtkindes auf, das zwischen Wirklichkeit und imaginären Welten nicht unterscheiden kann, sich in letzteren verliert und sich selbst als Figur missversteht.

Im Gespräch frage ich nach, worin genau der Unterschied zwischen diesen Leuten und ihm selbst besteht: Schließlich habe ich auch ihn schon gelegentlich mit der fraglichen Alpha-Jacke gesehen, und auch andere Ausstattungsmerkmale wie seine Pitbulls (Casino und Can) passen in das Bild vom »Krassen«. Er und seine Freunde scheinen dennoch gut in der Lage, Wirklichkeit und fiktionale Welten auseinander zu halten, auch wenn sie gelegentlich Spaß daran haben, »hart rüberzukommen.« M: »*Du weißt, was Musik ist, und du weißt, was Wirklichkeit ist, so.*« T: »*Ich weiß! Aber um Leute abzuschrecken, mache ich das, was in der Musik gesagt wird. Damit kannst du Leute abschrecken. Das ist wirklich so. Weil, wer nicht aus Berlin kommt, sagt: Ey, Berlin ist voll krass, Aggro Berlin und so, sind die Krassesten hier in Berlin, die stechen ab und schießen und so. Weißt du?*« M: »*Aber was meinst du, wen willst du abschrecken?*« T: »*Wenn du Leute, die nicht aus Berlin kommen. Dann, automatisch mache ich einen auch auf hart. Wenn sie, warum soll ich mich kleiner machen, als ich bin, weißt du? [...] Da sage ich auch, ich bin krass...*« M: »*Die du irgendwo triffst, oder was oder wie?*« T: »*Na, wenn ich mal welche sehe, oder Touristen oder so irgendwas...*« M: [lacht] T: »*Weißt du, keine Ahnung, oder irgendwo aus Marzahn und so... Dann sag ich so, dann stell ich mich auch nicht so... Wir sind keine Küken! Dann mache ich auch einen auf hart. Ich bin aus Tempelhof und so, weißt du... Das ist normal. Aber ich funkel hier nicht mit meinem Messer oder so rum.*« Die »Abschreckung« ist in dieser Dastellung gleichermaßen spielerisch und defensiv.[75] Zwischen den Touristen und den Marzahnern – die bei Tarek als deutsch-territorial und rassistisch gelten – verläuft ein breites Spektrum. M: »*Aber, was unterscheidet euch dann von den Leuten, die das nicht können? Also...*« T: »*Die Realität unterscheidet das. Die anderen haben überhaupt keine Realität. Die sind dann auch aufgewachsen so,*

---

75 Tatsächlich gehört territoriale Gewalt auch bei Tarek nicht zum Alltag (und er bewegt sich durch viele Teile der Stadt); auf meine Frage nach Beispielen fällt ihm nur eine Szene ein, die Jahre zurück liegt. Damals schlug er einen Betrunkenen, der seinen Freund am S-Bahnhof anpöbelte. Im eigenen Umfeld, unter den Netlog- und Studi-VZ-Freunden zum Beispiel, gebe es »*schon zwei, drei, vier, vielleicht sogar zehn Leute. [...] Ich weiß nicht, ich weiß nicht ihren Lebensstil. Aber wenn ich die manchmal sehe, so, machen sie mir schon ein bisschen einen auf, ich bin hart.*«

›Ey, ich bin krass, ich bin krass‹. Und er hört dann auch die Musik: ›Oh, ich bin noch krasser, ich werd noch krasser‹. Aber er merkt das dann erst, [haut auf den Tisch, einige Male] dass er nicht krass ist, wenn er wirklich mal was auf die Fresse kriegt oder wenn er das merkt, dass das nichts bringt, was er macht.«

Tareks Darstellung bleibt ambivalent: Die Begegnung mit der »Realität« kann sowohl bedeuten, dass das Härte-Spiel als gewissermaßen irreal entlarvt würde (»*wenn er das merkt, dass das nichts bringt, was er macht*«), durch rationale Einsicht, als auch eine Erfahrung mit Gewalt, mit einer Welt der Straße, die mehr ist als eine Fiktion, mehr als das, was kleine Jungs sich vorstellen.[76] Das charakteristische Hin und Her zwischen rhetorischer Eskalation und De-Eskalation (wie schon bei Mesut und Robbie und ihrem »face-work« im Interview) verweist auf eine Ambivalenz, die nicht nur rhetorischer Art ist, vielmehr findet hier ein verbales Self-Fashioning statt. Gerade in seiner Widersprüchlichkeit es dem stilistischen und vestimentären Self-Fashioning und es findet sich, wie ich meine, auch im mimischen Repertoire, das in seiner Selbstdarstellung bei Netlog, dem Social-Media-Anbieter, zu sehen ist: ähnlich wie bei Mesut schaut er dem Betrachter oder der Betrachterin auf zwei Profilbildern lächelnd »tief in die Augen«, auf einem Bild dagegen skizziert seine Mimik mit zusammengezogenen Augenbrauen und angespannten Zügen eine gewisse Aggressivität und Entschlossenheit.

Bezeichnenderweise verwendet Tarek in seinen Sätzen *performative* Formulierungen: »*Dann, automatisch mache ich einen auch auf hart*«. Die lebensweltliche Relevanz des performativen Aspekts zeigt sich darin, dass in der Alltagssprache viele derartige Floskeln kursieren, die die Ambivalenz von Eskalation und De-Eskalation auflösen, indem sie eine Kluft zwischen dem intentional kontrollierten Subjekt einerseits und seinen oder ihren Handlungen andererseits konstatieren: »(einen) auf hart machen«, »auf krass tun«, »in ein Image fallen«, »sich in ein Klischee finden«, die »Gangster-Schiene« oder »Proll-Schiene« fahren, »einen Film schieben«.[77] Diese Formulierungen, die

---

76 Mit der Darstellung dieser zweiten Lern-Option verbleibt Tarek in gewisser Weise in der Logik, die er kritisiert, er weist sie nicht komplett zurück (wie oben auch Mesut und auch Mehmet, Yassin und Mesut in den zitierten Gruppengesprächen). Dass Problem ist insofern, dass jemand »auf krass tut«, der es nicht ist, und nicht das Ziel per se. In dieser Hinsicht bleiben also auch seine eigenen Aussagen ambivalent.

77 Einige Beispiele dafür aus den Interviews und Gruppendiskussionen beziehen sich direkt auf das Performative als Rollen-Performanz beim Rappen: Daniel und Mehmet sagen zum Beispiel über einen Bekannten von ihnen, der rappt: »*Das Lied, wo er einen auf Hitman macht, ist geil, finde ich*« (Daniel und Mehmet, über ihren Bekannten Henrik, der als Rapper, »*rechts*« und *provozierend*« auftritt). In den meisten Beispielen geht es aber um Gesten

Milieu-übergreifend verwendet werden, hier aber eine besondere Bedeutung haben, unterscheiden sich im darin enthaltenen Grad der Kontrolle des Subjekts über die Handlung, in der Frage, wie hilflos oder strategisch-intentional die Akteure vorgestellt werden – von »auf hart tun« (oder, wie bei Bushido oben, die »Proll-Schiene« fahren), was ein aktiv-intentionales, sich kontrollierendes Subjekt impliziert, bis »einen Film schieben« oder »in ein Image verfallen«, was hilflose Immersion in medial-imaginäre Welten oder Passivität angesichts sozialpsychologischer Prozesse suggeriert. All diese Formulierungen verweisen aber auf ein gemeinsames kulturelles Thema, nämlich die Spannung zwischen der Aufgabe, eine als authentisch männliche, nicht manipuliert und »real« empfundene Persönlichkeit darzustellen und andererseits der praktischen Logik, nach der man sich nun einmal an schematischen und charismatischen kulturellen Figuren orientiert und in verschiedenen Situationen rollenspezifisch agiert. Im Kontext von Diskriminierung und Delinquenz ist dabei eine besondere Fallhöhe gegeben. Der folgende Teil des Gesprächs verdeutlicht diesen Zusammenhang.

Die Macht der Ambivalenz und die Frage der »Realness«

»*Das ist immer die Frage. Macht er Sachen? Macht er nix? Ist er ein guter Junge, ist er kein guter Junge?*« Tarek lächelt ein wenig, schüchtern, aber konzentriert. Er zitiert das Klischee vom »guten Jungen« mit weißer Weste, die vielleicht ein paar Flecken hat, wie es im Namen von Bushidos Musik-Label »Ersguterjunge« anklingt.[78] Das Thema ist verbreitet: Tareks Freundin Me-

---

im nicht-fiktionalen Alltag. So bei Mesut, gefragt nach dem provozierenden »Gucken«: »*Frag mich nicht. Die wollen vielleicht einen auf krass tun oder… Weiß ich nicht. Das hat sich einfach so ergeben mit der Zeit. Die kucken sich auch vieles von den ganzen Rappern wie Alpa-Gun, Shokmuzik und halt Aggro Berlin, Label Nr. 1 und so was, die denken dann, wenn die auch so was machen, sind sie krass und weiß ich nicht…*« Mesut an anderer Stelle: »*Ben trägt eine Alpha-Jacke, der tut aber nicht einen auf krass. Ich bin auch so ein Typ, der Alpha-Jacken trägt, aber ich tu auch nicht einen auf krass.*« Über den Unterschied von Neukölln und Tempelhof sagt er: »*Vielleicht liegt es auch daran, weil Tempelhof nicht so einen Ruf hat wie Neukölln, so dass Neukölln einen auf krass tut, dass Neukölln eine, was heißt, dass Neukölln sozusagen einen Ruf hat wie, Abziehergegend oder irgendwie so was. Tempelhof hat ja nicht so einen Ruf wie Neukölln.*« (Ebd.) Die »*Möchtegern-Reichen*« nennt Tim auch »*irgendwelche Stylos, [...] die übelst einen auf reich machen*«. Oft geht es eher um ein passives Image: In ein »*Gangster-Image reinrutschen*« (Tim), »*in dieses Image verfallen*« (Margot).

78 Auch Albert Cohens Delinquenz- und Subkulturforschungs-Klassiker »Delinquent Boys. The Culture of the Gang« (1955) beginnt übrigens mit einem Verweis auf den »guten

lanie hat »Siesgutesmädchen« als ihr Laptop-Login gewählt und damit eine weibliche Variante, die von Bushido eher nicht vorgesehen war, geschaffen. Vorher hatte ich ihn nach Dingen und Werten gefragt, die ihm wichtig sind. Als erstes war ihm das »Gesicht-Wahren« in den Sinn gekommen. »*Na, sein Gesicht zu bewahren.*« M: »*Mhm.*« T: »*Das ist das wichtigste. Aber das machen ja manche nicht. Also, sein Gesicht zu bewahren, und… Zum Beispiel, bei mir ist es so, über mich kann man nichts Schlechtes erzählen.*« M: »*Mhm.*« T: »*Über mich, ich mach vielleicht Scheiß-Sachen, aber das weiß keiner.*« M: [lacht] T: »*Weißt du? Ist normal! Solange du nix über mich weißt, also kannst du auch nicht reden. Du kannst schätzen, was ich mache. Aber du weißt nicht, du weißt nicht, was ich mache. Weißt du?*« M: »*Okay.*« T: »*Das ist immer die Frage. Macht er Sachen? Macht er nix? Ist er ein guter Junge, ist er kein guter Junge?*« M: [lacht] T: »*Das ist bei mir offen. Das weiß keiner.*« M: »*Du bist, du bleibst ein Rätsel, dann so?*« T: »*Für viele schon.*« M: »*Und das ist wichtig für dich, dass es so ist?*« T: »*Ja. Das soll so bleiben…*« M: »*Dass keiner sozusagen dich irgendwie festnageln kann?*« T: »*Die sollen mich nicht zu gut darstellen, die sollen mich auch nicht zu schlecht darstellen, die sollen einfach sagen: Das ist Tarek. Ich mag ihn. Oder: Ich hab keine Ahnung, ich weiß nichts über ihn.*«

Die Metapher »sein Gesicht wahren« und ihren Zusammenhang mit gruppenspezifischen Ehrvorstellungen hat Erving Goffman ausführlich beschrieben (vgl. Goffman 1978, Interaktionsrituale, 14ff; vgl. zu männlichen, territorial orientierten Jugendkulturen auch Garot 2007, 2003). Tarek geht es an dieser Stelle aber gerade nicht um den eigenen Ruf (oder um »Ehre«), wie das bei Mesut und Robbie oben skizziert wurde, sondern zum einen darum, Informationen zurückzuhalten, die ihn kompromittieren könnten, und zum anderen darum, *nicht als Verkörperung eines Klischees wahrgenommen* zu werden. Wer grundlos gewalttätig ist, wer alte Frauen ausraubt oder ähnliches, der verliert sein Gesicht, wie er sagt. Zugleich aber entspricht die Person, die sich der eigenen Fehler und Missetaten auch noch schmückt, einem Stereotyp und verliert dadurch ihre Individualität und auch in diesem Sinn ihr Gesicht. Selbst wenn er fragwürdige Geschäfte machen würde, wüssten

---

Jungen«: »The expression, ›the delinquent subculture‹, may be new to some readers of this volume. The idea for which it stands, however, is a commonplace of folk – as well as scientific – thinking. When Mrs. Jones says: ›My Johnny is really a good boy but got to running around with the wrong bunch and got into trouble‹, she is making a set of assumptions which, when spelled out more explicitly, constitute the foundations of an important school of thought in the scientific study of juvenile delinquency« – sie sagt, dass »Delinquenz« gelernt wird (1955, 12).

andere nichts davon. Zugleich geht es ihm aber auch um ein aktives Signalisieren bestimmter Informationen: Schließlich will er nicht etwa unauffällig aussehen, semiotisch unmarkiert sein, oder andere täuschen, indem er sich mit seinen Sachen als völlig konformistisch und brav darstellt, sondern wählt durchaus bewusst eine Kleidungssemiotik, die von anderen als »hart« und potenziell gefährlich wahrgenommen werden kann. Begründet sei dies, so stellt er es hier dar, im Wesentlichen defensiv, aber er unterschlägt damit auch eine ganze Reihe von anderen möglichen Gründen, die hier (und in den anderen Gesprächen) immer wieder durchscheinen.

Die Ironie der Situation liegt auf der Hand: Auch ich will viel über Tarek wissen. Als ethnografischer Außenseiter versuche ich, mehr über ihn, seine Identitätsstrategien und ihr Verhältnis zu seinem »wirklichen Leben« zu erfahren. Damit bin ich in derselben Position wie die anonymen Ahnungslosen, die er im Dunklen lassen möchte. In beiden Fällen ist die Ambivalenz eine Frage der »presentation of self« und der »Eindruckskontrolle« (Goffman 1969). Insofern funktionieren die Aussagen auch als Meta-Kommentar zu unserer kommunikativen Beziehung.

Gewalt und »Härte« sind in Tareks Umfeld einerseits durchaus präsent. Der Freund seiner Schwester sitzt zum Zeitpunkt unseres ersten Gesprächs zum Beispiel wegen schwerer Körperverletzung im Gefängnis. Andererseits sind sie für seinen wenig spektakulären Alltag zwischen Ladengeschäft, Großmarkt, Wohnung der Freundin und Treffen mit Freunden auch nicht charakteristisch. Offenkundig hat all dies, das Spiel mit dem Kriminellen und Krassen, viel mit alters- und geschlechtstypischen adoleszenten Posen und Fantasien (vgl. W. Lindner 2002) und populärkulturellen Ästhetiken zu tun. Die Ambivalenz in Darstellung und Empfinden ist aber mehr als ein individueller Zustand, es handelt sich um eine kulturelle Form, die trotz ihrer Kosten auch symbolisch ermächtigende Aspekte – *empowerment*, Charisma – aufweist. Davon zeugte zum Beispiel das von Mesut angesprochene »Feeling«, das sich mit den Picaldi-Sachen einstellte. Ermächtigung heißt offenkundig auch, sich selbst als mächtig, zumindest als nicht machtlos zu erleben. Eine klassische Definition von Macht lautet, dass sie einen Zustand des Körpers bezeichnet und in der Fähigkeit besteht, »zu affizieren und affiziert zu werden«.[79] Macht besteht nicht zuletzt darin, zu handeln und nicht zu »leiden« und dabei mehrere Handlungsoptionen zu haben, statt auf eine

---

79 »Unter *Affekte* verstehe ich die Affektionen des Körpers, durch die das Tätigkeitsvermögen des Körpers vergrößert oder verringert, gefördert oder gehemmt wird; zugleich auch die Ideen dieser Affektionen« (Spinoza, Ethik, III. Def. 2 (1977, 255); vgl. Hardt 2007).

festgelegt zu sein. Die Ambivalenz, die Tarek kommuniziert, repräsentiert eine kleinmaßstäbliche, interaktionsbasierte Form von Macht.

In Goffmans Terminologie der Interaktionsdramaturgie formuliert, stellen sich solche Episoden, die immer wieder als Figuren-typisch angeführt werden, dann so dar: Wenn *ego* sich im öffentlichen Raum »breit macht«, bürdet es der Gegenseite in der städtischen Situation – *alter* – die Frage auf, wie *ego* einzuschätzen ist, was es im Schilde führt. *Ego* »affiziert« *alter* – jagt ihm oder ihr zum Beispiel Angst ein – und wird seinerseits »affiziert«, indem es die eigene Wirkung auf *alter* registriert, indem es die eigene Wahrnehmung und Erfahrung intensiviert, und indem sich ihm neue Handlungsoptionen erschließen. »Sich breit machen« heißt, mehr Platz einzunehmen, als für gewöhnlich vorgesehen ist, und vielleicht auch in *alters* »personal space« einzudringen und es damit zum Ausweichen oder zum Konflikt zu zwingen. Das muss keine Eskalation beinhalten, im Gegenteil gewinnt *ego* die Option der Deeskalation – »Ich spiel doch bloß« – und kann so tun, als habe es Einschüchterung nie im Sinn gehabt.[80]

An dieser Stelle geht es nun weniger um das »Anpöbeln« selbst, das in Tareks Leben seinen Erzählungen nach tatsächlich nur sehr selten ernsthaft vorkommt, als vielmehr um die stilistische Kommunikation einer Ambivalenz von Konfliktbereitschaft und Harmlosigkeit als Form von temporärer Ermächtigung. Gerade diese Ambivalenz macht ein resonantes kulturelles Thema aus: Zum Gangsta-Rap zum Beispiel *gehört* die Frage, wie ernst die Performances eigentlich zu nehmen sind. Das Genre lebt nicht zuletzt von dieser Ambivalenz zwischen dem Erfüllen von Genre-Konventionen und autobiografischen Ansprüchen, von diesem Kippfigureneffekt der *realness*, der auch in den Gesprächen und Gruppendiskussionen immer wieder thematisiert wurde.[81] Ein weiteres Diskussionsthema in diesem Zusammenhang

---

80 Vgl. für eine (inhaltlich verwandte) Analyse, in der eine agonale »So-tun-als-ob-Modalität« in gespielten körperlichen Angriffen am Beispiel von Konflikten auf einem Basketballplatz untersucht wird (ebenfalls im Kontext von Hip-Hop-Kultur), Schmidt 2002, 218ff. Im Unterschied zu diesen Analysen geht es an dieser Stelle vor allem um das Auftreten *außerhalb* solcher recht klar als Spiel-Räume definierter Handlungsfelder.

81 Trotz aller Unterschiede in ihren kulturellen und gesellschaftlichen Kontexten findet sich diese Ambivalenz des »Realen« im US-amerikanischen wie im deutschen Gangsta-Rap. In der Rap-Welt steht »realness«, wie u.a. Rose (2008) und Klein/Friedrich (2003) zeigen, sowohl für eine restriktive Authentizitäts-Ethik als auch für ein Repertoire von Genre-Konventionen, deren Performance mit künstlerischen und kommerziellen Kalkulationen verbunden ist. Rap steht bekanntermaßen in der Tradition afroamerikanischer Sprach-Formen wie dem »boasting« (Angeben), in denen es um rituelle Selbst-Erhöhung geht. Rose zeigt, wie das, was als »real« gilt, produziert wird – im Kontext von Voyeurismus,

lautet, ob die Streitigkeiten zwischen prominenten Rappern und ihren La-
gern (»beef«) nur inszeniert sind oder tatsächlich zu größerem Blutvergießen
führen werden. Entscheidend ist weniger die Antwort auf die Frage als der
Umstand, dass sich so viele Jugendliche darüber Gedanken machen und eigene Formen des Bescheidwissens entwickeln. Wenn sich Kool Savas und
Eko Fresh streiten, oder Sido und Bushido, Sido und Azad und so weiter,
wird das zu echter Gewalt führen? Zu Schlägereien auf der Bühne, hinter der
Bühne, auf der Straße? Als der Streit zwischen Sido und Bushido zu eskalieren schien, Diss-Tracks kursierten, auf denen namhafte »Mafia«-Familien-
Oberhäupter ins Spiel kamen, wie mir Tarek, Yusuf und Tim unabhängig
voneinander erzählten, was bedeutete das? Was ist den Genre-Konventionen
geschuldet, was den spielerischen Ritualen gegenseitiger Provokation und
Beleidigung, und was nicht? Im Kreis der Jugendlichen wurde auch viel
diskutiert, ob die Schüsse auf den bereits angesprochenen Gangsta-Rapper
Massiv, die kurz vor der Veröffentlichung von dessen Album fielen und ihn
mit einer verletzten Schulter ins Krankenhaus brachten, als PR-Maßnahme
inszeniert waren – wie viele sagten – oder nicht doch auf Streitereien im
kriminellen Milieu zurückgehen.[82] Einige Akteure erklären in überlegenem
Ton, dass sie das ganze Genre als bloße Inszenierung begreifen.[83] Andere
erheben mit verschwörerischem Ton den Anspruch, dass sie in besonderem
Maße über »die Straße« und das Geschehen hinter den Kulissen Bescheid
wissen. Wer erzählt was über die neusten Entwicklungen, wer hat privilegierte Einblicke, lässt sich nichts vormachen und »blickt durch«? Das Verkörpern des »Gangsta«-Stils, die Selbst-Figurierung durch Kleidung und andere Medien, hängt mit genau solchen Ambivalenzen zusammen, wie Tareks

---

selektiven Repräsentationen, wirkmächtigen und verinnerlichten rassistischen Stereotypen
und Figuren, und durch strukturelle Bedingungen von Exklusion.

82 Auch unter manchen Picaldi-Angestellten wurde die Frage diskutiert, oft ebenfalls im Gestus des Bescheidwissens über die Angelegenheiten der Straße. Auch Yusuf meinte, er halte
die offizielle Version des Hergangs für verdächtig, die Information sei auf der Myspace-
Seite von Massiv schon fünf Minuten vorher gestanden; andererseits sagt er: »*Wobei die
Insider-Quellen (sagen), dass was dran ist. Man kann ja nicht genau sagen, wann das war*«;
später meint er, es sei gar nicht so einfach, eine »*scharfe Waffe*« zu bekommen, das mache
ihn skeptisch.

83 Tim: »*Dann gab es ja noch diese krasse 50-Cent-Nachahmung, von wegen er wurde angeschos-
sen und so... Ja!*« Onur: »*Ja, alles Promo! [...] Was ich denke: Das ist alles sozusagen Vermarktung gewesen.*« Mo.: »*Mhm.*« T: »*Promo!*« O: »*Manche sagen auch, das war vielleicht... Wo
war er, wo ist er jetzt? Sony, BMG, oder?*« T: »*Ja.*« O: »*Sony BMG. Manche sagen auch, das
waren die selber. Damit er das Gangsta-Image hat. Sozusagen.*«

Beispiel zeigt.[84] Die verschiedenen Ebenen verstärken sich gegenseitig. So bestehen Resonanzbeziehungen zwischen Tareks »Eindrucksmanagement« (Goffman), das die Frage offen lässt, ob er »ein guter Junge« oder »kein guter Junge« ist, der Ambivalenz der Pop-Formate, die die Frage offen lassen, was hier »real« ist, und auch den Kleidungs-Projekten mit ihren Ambivalenzen in Sachen territorialer Körper-Ästhetik und De-/Eskalation. Von Außen wird diese Ambivalenz aber meist nicht gesehen, sondern eher ganz pauschal als Bedrohung wahrgenommen oder aber als ein performatives Scheitern und als lächerliche Anmaßung.

Ein Recht auf Ambivalenz?

Beim Sprechen über Kleidung, Fremdwahrnehmungen und Stereotypen – und zugleich in der Kleidungspraxis selbst, in den Eskalations- und Deeskalationsgesten – wird schnell deutlich, dass Jugendliche wie Tarek sich nicht nur ambivalent präsentieren, was die eigene »Krassheit« und die kulturellen Schemata angeht, mittels derer sie die Welt wahrnehmen, sondern zugleich ein *Recht auf Ambivalenz* in Anspruch nehmen. Dieser Anspruch ließe sich in etwa so formulieren: »Ja, ich trage Sachen, mit denen ich irgendwie ›krass‹ aussehe. Dass Leute mich deshalb für irgendwie gefährlich halten könnten, finde ich eigentlich ganz gut. Aber das sind eben nur Klamotten und Gesten. Die sagen letztlich nichts über einen Menschen aus, und ich bin sehr viel mehr als dieses Klischee, mit dem ich gelegentlich spiele. Ich habe das Recht, wie alle anderen behandelt zu werden. Niemand hat das Recht, mich aufgrund meiner Erscheinung zu kategorisieren oder sich vorschnell ein Bild von mir zu machen.«

An Beleg-Erzählungen über Vorurteile gegenüber Leuten wie einem selbst mangelt es nicht. Mesut zum Beispiel berichtet davon mit Entschiedenheit

---

84 Die einschlägigen Firmen setzen mit ihrer Werbung gelegentlich genau an dieser Stelle an. Im Online-Diskussionsforum zum Thema »Angriff auf Massiv inszeniert?« bei mtv.de finden sich gleich am ersten Tag (16.1.2008) drei werbende Kommentare für Blucino Jeans (gepostet von »BLUCINO-Styler«): »*Bei dem Schusswechsel hatte Massiv seine neue Blucino Jeans an!!! Das ist ein neues Label aus Berlin!!!!!! Genauso wie auch Rapper Bushido trägt er jetzt nur noch Jeans von dieser Marke!!!! Also leute kaufen!!!!!!!!*« Dieser Versuch von »viral marketing« mag nicht als Beweis für die These vom inszenierten Angriff taugen, aber er verdeutlicht eindrücklich, wie die »Realness«-Ambivalenzen in einem kommerziellen Kontext mit den entsprechenden Kleidungsstücken und Verkaufsabsichten verbunden werden.

und düsterer Miene. Dass er immer wieder – insbesondere von Senioren – »*schief angeguckt*« wird, erklärt er mit seinem Äußeren, nicht zuletzt einer Kette, an der ein silberner Halbmond und ein Stern hängen, der türkische Mondstern: »*Also bei den Deutschen bin ich, also sage ich mal, knallhart, voll so unbeliebt so wegen der Kette und... Jetzt nicht direkt wegen der Kette, wegen der Jacke und sowas*« (also der Alpha-Industries-Jacke). Erst letzte Woche wieder habe ihn eine »*alte Oma*« angestarrt, »*als sei ich ein Krimineller*«. Mit solchen Erfahrungen ist er nicht allein. Tarek beschwert sich, dass vor allem ältere Menschen ihm mit Vorurteilen begegnen. Im Gespräch ging es zuerst um aggressive »deutsche« Jugendliche in Tempelhof. »*Gibt's schon ein, zwei, die so ein bisschen rum... -pöbeln, rumeiern... Aber meistens sind es die älteren Omas und so. Wirklich, die Omas haben die größte Fresse, manchmal. Auf gut deutsch gesagt.*« Sie seien dabei auch unvorsichtig (urban inkompetent) gegenüber Jugendlichen, die sich durch solche Maßregelungen provoziert fühlen.[85]

Stil-Fragen überschneiden sich in dieser Darstellung mit der rassistisch-ethnisierten Wahrnehmung körperlicher Merkmale, von Hautfarbe und Haaren, wie im folgenden Gesprächsabschnitt, in dem Onur – ein »Ausländer« – und Tim – ein »Deutscher« – zu Wort kommen: M: »*Kennt ihr das, kennt ihr die Erfahrung so? Für jemanden gehalten werden, der man nicht ist, so in dem Sinne?*« O: »*Ja. Ich kenne das. Hier.*« [Deutet auf seine Jacke]. M: »*Mit der Alpha-Jacke?*« O: »*Ich lauf einfach ganz gechillt so rum, bin heute Morgen so aufgestanden mit den Haaren. Bin einfach so, ich style meine Haare nicht. Ich hatte, ich war auf Hochzeit, da mir die Haare gemacht, so. Aber... Theoretisch, wenn ich so rumlaufe: braunes Gesicht, schwarze Haare, Alpha-Jacke...*« Tim: »*Pöbel... Pöbel-Kanake...*« Onur: »*Ja. Gleich so. Die Polizei kuckt dich automatisch an, öfters, die Leute sagen immer, haben Angst vor dir. Zum Beispiel alte Menschen.*« T: »*...wechseln die Straßenseite und so.*« O: »*Ja. Das ist immer – wenn ich eine Oma sehe in der U-Bahn, die Hilfe braucht, dann helfe ich ihr auch.*« T: »*Oder man hält die Tür auf oder steht [...] und bietet den Platz an!*« O: »*Ja, ist ja nicht so, als ob ich ähm zuhause nichts beigebracht bekommen habe. Ne? Ich kann das ja auch. Aber so, halt... Ich zieh mich so an, das ist gechillt, auch mit Jogginghose, bin ich auch öfters dabei...*« M: »*Wenn man jetzt sagt, irgendwie, man kriegt so negative Reaktionen, von manchen Leuten, könnte man ja auch sagen, irgendwie, jo, ich zieh mich halt anders an. Dann* *gibt sich das...«* T: »*Wozu? Wozu?«* O: »*Nee. Und wenn's dir nicht gefällt, dann ist es mir egal!«*[86]

Andererseits gehört der affektive Charakter des »Feelings« von Stärke, Attraktivität und ästhetischem Gelingen ebenfalls zur Ambivalenz in der Erfahrung der eigenen Selbst-Figurierung. In der Forderung nach einem Recht auf Ambivalenz steckt ein Verdacht, die Verweigerung von Anerkennung sei letztlich rassistisch oder durch klassenmäßig begründete vermeintliche Überlegenheit motiviert, und eben nicht in der stilistischen Selbst-Figurierung. Dieser Verdacht wird nicht nur reflektierend vorgetragen, wie in diesen Interviews, sondern auch gestisch.[87] Andererseits schwingt in dieser *structure of feeling* häufig auch eine Ahnung von eigener Komplizenschaft angesichts des Spaßes an der situativen Dominanz und einer möglichen »Selbstverdammung« (Willis) mit, wie bei Tarek in seinem Tadel derjenigen, die ihr Gesicht verlieren, und im allgemeinen Spott über diejenigen, die Fiktion und Wirklichkeit zu verwechseln scheinen. Bei Jugendlichen wie Mace wiederum, die (im Unterschied zu Tarek oder Mesut) tatsächlich das Gewalttätig-Sein pflegen und stilisieren, wird so ein »Recht auf Ambivalenz« durchaus auch implizit eingefordert, wirkt aber offenkundig in qualitativ anderer Form widersprüchlich.

Im Zusammenhang des Picaldi-Styles stellt dieser praktisch-ethisch-reflexive Komplex jedenfalls einen wichtigen Aspekt des Sich-Kleidens dar: Sowohl beim Stil des Sich-Kleidens und Auftretens als auch in der Musik findet immer wieder eine gewisse *Eskalation* statt, zugleich aber auch eine *De-Eskalation* solcher Behauptungen durch einen Rekurs auf ästhetische Formen oder Rahmen mit ihren Genre-Regeln, oder durch die Banalität des eigenen Alltags, sowohl in der alltäglichen Praxis – wo das »Abschrecken« ja keinesfalls dauernd wichtig ist, sondern eher selten – als auch in der außeralltäglichen Reflexion. Diese Ambivalenz verschwindet nicht einfach, sie wird praktisch erhalten, mit ihr wird gespielt. Bei den Stil-Fragen lässt sich dann relativ leicht der ethische Anspruch formulieren, dass stilistische Statements und tatsächliche Aussagen zwei paar Schuhe sind, was sowohl halbwegs auf-

---

86 Onur (18), ein Freund von Tarek, arbeitet auch im Gemüsegeschäft eines Verwandten, weil er keine Lehrstelle findet. Er rappt und kann das, wie seine Freunde sagen, sehr gut, und er hat auch einige Szene-Kontakte, aber er hat nicht das Geld und die sozialen Beziehungen, damit weiter zu machen.

87 Tatsächlich wird dieses Recht oft eher im Sinn der Willis'schen »penetration«, eines gestisch-verkörperten Wissens, beansprucht als in reflektierender Argumentation (Willis 1977). Es liegt auf der Hand, dass ethische Skandalisierungen im Kontext von stilisiertem Agonismus und Antagonismus alles andere als selbstverständlich sind.

geklärte Eltern als auch Passanten eigentlich verstehen müssten. Stilistische Botschaften und überhaupt die Erfahrung des Sich-Kleidens haben zwar semiotische Aspekte, aber es wäre Unsinn, sie mit eindeutigen Aussagen zu verwechseln. Das gilt auch für Musik: Nur wer nichts davon versteht, würde Rap auf den Inhalt der Texte reduzieren und nicht über die gesamte Musikerfahrung und den Spaß an den Genre-Logiken sprechen. Oben wurde deutlich, wie die Bedeutungen von Kleidungsstücken zwischen persönlichen und (sub)kulturelle Dimensionen changieren. Auch das Sich-Stilisieren in einem allgemeineren Sinn hat dann einerseits wie gezeigt mit semiotischen Selbst-Positionierungen zu tun, aber zugleich kann man den Modus, den diskursiven Rahmen wechseln: von der offensiven, selbstbewussten Geste zur Unentschiedenheit oder Bedeutungslosigkeit, vom Ernsthaften zum Spielerischen.

Zwischenfazit: De-/Eskalation als kulturelles und diskursives Thema

Die vorangegangenen Porträts beleuchteten das Verhältnis junger Männer zu Typisierungen und Figuren und die Praxis der Selbst-Figurierung. Sichtbar wurden in diesen Figurierungsgeschichten individuelle Personen, mit ihren Differenzen und in ihrer jeweiligen Singularität. Gemeinsam war den Porträts aber das kulturelle Thema der *De-/Eskalation*: Ein bestimmtes Bild des »Cool-Seins«, von männlicher Attraktivität und von einer charismatischen Gruppe zu bedienen, authentisch man selbst zu sein, sich durchsetzen zu wollen (und zu können) und Selbstbewusstsein zur Schau zu stellen, sich territorial und dominant zu geben, Stärke und Gefahr zu erleben, das strukturell marginale Umfeld zu charismatisieren, in manchen Fällen vulgär (in anderen gerade nicht) zu sein, auffallen zu wollen und Aufmerksamkeit zu erregen, sich von anderen abzugrenzen, die sich für »etwas Besseres« halten, aber auch Souveränität im nicht Stereotypen-gemäßen Umgang mit genau diesen Punkten zu demonstrieren.

Vieles an diesem Bild eines agonistischen und territorialen kulturellen Stils, das auch mit bestimmten Wahrnehmungs- und Deutungsmustern einhergeht, entspricht nun motivisch den klassischen Kristallisationspunkten unterbürgerlicher Jungs-Jugendsubkulturen und ihrer »public imagery« von Maskulinität, wie sie im historischen Teil beschrieben wurden. Im Sinn des analytischen Fokus auf Figurierungsprozesse und biografische Situationen wurde hier nun der *Umgang* von Akteuren mit solchen Schemata in der Praxis der Selbst-Figurierung betont. Die Porträts verdeutlichen, dass junge Männer wie Mesut, Tarek, Robbie, Mehmet, Onur, Daniel oder Mace mit diesem Schema unterschiedlich umgehen, das ihnen ja nicht, oder nur zu einem kleinen Teil, einfach in der Sozialisation mitgegeben wurde. Manchmal tun sie das in spielerischer und oft auch, wie hier bei Tarek deutlich wurde, in rhetorisch reflektierter Art und Weise. Die Bezüge auf solche Schemata erzeugt Effekte von Hyperrealität, also eine Durchdringung von medialen Bildern und Erfahrungen, in denen diejenigen Erfahrungen als besonders real erscheinen, die in besonderem Maße den Bildern entsprechen. Zu den zirkulierenden Figuren, und den in ihnen gespeicherten kulturellen Orientierungen, verhält man sich auch deshalb in der Selbst-Figurierung gewissermaßen *strukturell reflexiv*: Niemand geht schließlich in dem auf, als was er oder sie sich figuriert. Dieser Aspekt wird im zweiten Schwerpunkt des empirischen Teils (»Reflexivität«) eingehend diskutiert, vor allem mit Blick auf Aneignungen durch stärker privilegierte Jugendliche.

So wichtig es im Zusammenhang der Diskussion um Figuren der jugendlichen Unterschicht auch ist, die medialen, aktiven, reflexiven und intentionalen Momente dieser Figurierungen zu betonen, so hat die ethnografische Darstellung doch auch gezeigt, dass die naheliegende These zu kurz greifen würde, es handle sich hier um ein unverbindliches »postmodernes« Spiel, in dessen Rahmen die Protagonisten sich selbstbewusst einem sozialen Typus entsprechend stilisieren, dessen Wirklichkeit in seinem Zitatcharakter aufgeht, und dessen Wirkungen auf andere Akteurinnen und Akteure sie rundum durchschauen. So erweisen sich die kulturellen Schemata eben doch immer wieder als wirkmächtig und nicht einfach »kontrollierbar« von einem stabilen Subjekt, wie vor allem die Beispiele von Robbie und Mace zeigten. Zugleich ist auch diese »praktische Intentionalität« der subkulturellen Ästhetik nicht mit einer freien Wahl identisch. Dies hängt zum einen in vielen Fällen mit dem Zugang zu materiellen und kulturellen Ressourcen zusammen, wie Mesut offen erzählte, als er darüber sprach, wie teuer das Nachvollziehen von Moden ist. Zugleich aber werden solche Entscheidungen im Zusammenhang von Zuschreibungen und stereotypen Bildern (»*controlling images*«) getroffen, die nur bestimmte Pfade der Selbst-Figurierung als zugänglich und als ansprechend für »Leute wie einen selbst« (was sich sowohl kulturell als auch sozialstrukturell definiert) erscheinen lassen. Entschieden wird also im Sinn einer praktischen Reflexivität, aber zugleich gemäß einem

»Sinn für das Spiel« (Bourdieu), der sowohl auf die Vermeidung von Beschämungen abzielen kann wie auch auf eine Vergrößerung des eigenen Spielraums und der eigenen Stärke. Sowohl hinsichtlich der Frage nach der Wirklichkeit kultureller Schemata als auch hinsichtlich der Frage nach der Intentionalität kulturellen Stils sind deshalb nur Formulierungen und Perspektiven angemessen, die diesen widersprüchlichen, mehrdeutigen Diagnosen gerecht werden und eine einfache Parteinahme vermeiden.

Mit Blick auf die jugendlichen Akteure selbst und ihre Selbst-Figurierung wiederum gilt es zu fragen, welche handlungspraktischen Herausforderungen für sie aus dieser Situation resultieren – gerade angesichts der Tatsache, dass ein Recht auf Ambivalenz selten anerkannt wird. Im Zuge des Älterwerdens, der Begegnung mit Negativklassifizierung und Diskriminierung, im Zuge der Erweiterung der eigenen sozialen Kreise und des eigenen Horizonts, angesichts des Übergangs von Schule zu Beruf stellen sich eine Reihe von konkreten Stil-spezifischen Fragen, die mit anderen Fragen der Lebensführung verbunden sind: Handelt es sich bei diesem Stil, wie es bei den meisten beteiligten Jugendlichen der Fall ist, um eine vorübergehende Phase? Um einen Schritt in einer kontinuierlichen Karriere, die auf einer »Schiene« bleibt? Oder macht man den Stil zum Teil eines größeren Figuren-Repertoires, das auch andere Register kennt? Wie geht es weiter – mit »geraden Jeans« und Kleidung zum Beispiel von »Jack & Jones«, also im Sinn dessen, was weithin als die normale Entwicklung, der normale Fortschritt verstanden wird? Oder weiter im Gangsta-Style? Mit Hip-Hop-Sachen in Richtung eines subkulturellen Chillers wie bei Robbie? Inwiefern das gelingt, ist zum Teil (wie bei Mesut deutlich wurde) eine finanzielle Frage, aber nicht allein, es geht auch um alltagsethische Entscheidungen hinsichtlich der eigenen Authentizität und es geht um komplexere kulturelle Ressourcen.

Im folgenden Abschnitt zeige ich nun anhand verschiedener Beispiele, wie verschiedene subkulturelle Gruppen von jungen Männern auf *Verstöße* gegen ihre jeweiligen Vorstellungen von glaubwürdigen, ästhetisch und ethisch gelungenen, charismatischen Selbst-Figurierungen reagieren. Diese negativ gefärbten Fremd-Figurierungen machen sich an verschiedenen Versionen des pejorativen Etiketts »Möchtegern« fest und führen den relationalen (und auch konkurrierenden) Charakter unterschiedlicher Orientierungsmuster besonders deutlich vor Augen. Dieser Abschnitt schließt den ersten Teil des Kapitels ab, bevor es dann im zweiten Teil um die Frage geht, was genau es bedeutet, wenn gesagt wird, dass kulturelle Figuren in *reflexiver* Form verkörpert werden.

Drei Arten von »Möchtegerns«: Zugehörigkeit und Peinlichkeit

Als ich meine Analyse der Kundenbefragung bei Picaldi vorstellte, gingen die Meinungen, was genau das Image der Firma bestimme, auseinander; ein Mitarbeiter warf Vokabeln wie »frech« in die Runde, eher zum Missfallen des Firmeneigentümers, der das zu unspezifisch fand, und man war sich einig, dass auch das Wort »cool« die Sache nicht auf den Punkt brachte (FN). Ich warf ein, »*das sind eben sehr unterschiedliche Typen, aber die machen schon so diesen harten Stil nach*«, womit ich jene territorial-antagonistische Gestik, die stilistischen Anspielungen auf Dominanz und auch Delinquenz meinte, das »Gangsta-Image«, wie es häufig heißt. Der Chef hakte ein: »*Also Möchtegern?*«

Damit stand ein Wort im Raum, das – ähnlich wie das Proll-Etikett – häufig verwendet wird, wenn über die fraglichen Stil-Figuren gesprochen wird, aber nur selten in Gegenwart der so Etikettierten. Das kontroverse Wort findet sich von Anfang an: In einem Artikel in der *tageszeitung* wird der damalige Picaldi-Mitbetreiber Cemal Cinar zitiert, der Kunden, die während des Interviews mit einem Pop-Journalisten vorbei laufen, »*Möchtegern-Gangster*« nennt, und auch in der bisherigen Darstellung wurden Varianten dieses Ausdrucks schon einige Male verwendet, als Robbie zum Beispiel oben von »*Möchtegern-Prolls-Ausländern*« sprach. Darüber hinaus begegnete mir das Wort in der Feldforschung immer wieder, häufig begleitet von wissendem Augenrollen, und zwar in Form von drei verwandten Figuren: Erstens dem »Möchtegern-Gangster«, zweitens dem »Möchtegern-Ausländer« sowie, gelegentlich, als dritte Option, dem »Möchtegern-Reichen«. Mit wechselnden Versionen dieses Etiketts bezeichnen unterschiedliche Akteure jeweils andere Akteure und kennzeichnen sie als »peinlich« – der Möchtegern ist das Gegenteil einer charismatischen Figur. Im folgenden Exkurs zeige ich, wie die Fremd-Figurierungen in der alltäglichen kulturellen Praxis verwendet werden, um »acceptable race, class, and gender behavior« (Wilkins 2008, 152) zu verhandeln und den jeweils anderen in einer Figuration, einem Figuren-Wechselspiel, als Möchtegern zu beschreiben. Die Rede von den »Möchtegern«-Figuren ist häufig affektiv gefärbt: Wer vom Möchtegern spricht, empfindet ihn zumeist als *peinlich*; die Abstufungen der Peinlichkeitsempfindung reichen von Amüsement und wissend-genervtem Augenrollen bis zu tiefer Abneigung, die von Ekelgefühlen begleitet wird. Der Figur liegt zunächst der Wortsinn von Möchtegern und Wannabe zugrunde: etwas sein zu wollen oder zu sein vorzugeben, was man nicht ist, also einen

Mangel an innerer Authentizität zu verkörpern. So wird das Wort auch sonst verwendet: mit Blick auf Performanzen, denen – aus der Außensicht – eine offenbar *anmaßende Zugehörigkeitsbehauptung bestimmter Akteure* gemeinsam ist, ein performatives Scheitern also.[88] Zugleich geht es, wenn von solchen Möchtegerns die Rede ist, um einigermaßen klar erkennbare, im kulturellen Gedächtnis gespeicherte Figuren im Kontext von Hip-Hop-Kultur und ethnischen Zugehörigkeits- und Begehrensverhältnissen.

Möchtegern-Gangster

Die spöttische Etikettierung des Möchtegern-Gangsters (oder Gangsta), wird häufig, meinem Eindruck nach meistens, von »Deutschen« vorgenommen, in pauschal diskreditierender Absicht, gegenüber männlichen »Ausländern« wie Tarek und Mesut. Beim vermeintlichen »Möchtegern-Gangster« geht es also nicht nur um individuelle Personen, sondern um einen mehr oder minder fixen sozialen und zugleich jugendkulturellen *Typus*, der von vielen Sprechern als *ethnischer* Typus verstanden und euphemistisch (also um nicht als rassistisch wahrgenommen zu werden) in einer ethnisch nicht explizit markierten Form etikettiert wird. Sechzig Prozent der »ausländischen« Jugendlichen seien doch »*Möchtegerns*«, sagten mir zum Beispiel zwei den gängigen Definitionen nach »deutsche«, vierzehnjährige Jugendliche in Charlottenburg und erklärten auf Nachfrage hin, etwas peinlich berührt, damit seien »*Möchtegern-Gangster*« gemeint. Im Hip-Hop-Diskurs heißt es oft, dass die meisten erfolgreichen Rapper Möchtegern-Gangster seien, »fake« und nicht »real«, die kalkulierend ein entsprechendes Image kultivieren. Den nahweltlichen Möchtegerns wird dann vorgehalten, diese Musik gewissermaßen naiv zu hören und die inszenierte »Härte« noch einmal nachzuahmen. In diesem Kontext wird häufig nicht nur das Scheitern abgelehnt (also der Möchtegern-Aspekt des Möchtegern-Gangsters), sondern auch das Streben selbst (der Umstand, dass jemand ausgerechnet ein Gangster sein will).[89] Mit der

---

88 Von Möchtegerns und Wannabes ist in vielen Zusammenhängen die Rede, vgl. zur Figur des »Puerto Rican Wannabe« als »peinlich« in einer Kleinstadt in den USA die ethnografische Analyse von Wilkins 2008; vgl. zur US-amerikanischen Hip-Hop-Landschaft insgesamt auch Kitwana 2005 sowie historisch Roediger 1998.

89 Dahinter kann auch ein *Anwartschaftsverhältnis* stecken, das seiner Bestätigung bzw. Anerkennung harrt. In »Banden« bzw. »Gangs« meint »Wannabe« oft die unterste Hierarchie-Stufe der noch nicht Initiierten. Aus vielen Subkulturen sind Spott-Begriffe wie »Freizeit-

Rede von den Möchtegern-Gangstern deuten die Sprecher an, dass sie sich nicht, wie die »Möchtegerns«, in Wünschen und Projektionen verlieren und dass sie deshalb über einen überlegenen Wirklichkeitssinn verfügen. Angesichts des Augenrollens, der Ekel-Gesten und so weiter wirkt es, als spüre manch einer die Peinlichkeit der »Möchtegerns« körperlich. Nicht zuletzt der Look der Möchtegern-Gangster gilt dann als »peinlich«, ihre Figurierung, ihr Kleidungs-Körper-Projekt.[90] In diesem Zusammenhang enthält die unspezifische, unterdeterminierte Rede vom Möchtegern eine Vieldeutigkeit hinsichtlich dessen, was genau denn die Möchtegerns sein wollen: ob es um den Delinquenzstatus, das »Krass-Sein« des »Gangstas« geht, oder auch um andere Aspekte, zum Beispiel um Anmaßungen, die jene typische Körperlichkeit zu enthalten scheint. In den wenigen Fällen, in denen bürgerliche Journalisten in der sogenannten Qualitätspresse über Picaldi schreiben oder sprechen, stechen Formulierungen wie »Macho-Bodies«, »Milieu der Muskelfreunde« oder – wenn auch ironisch – »Prolet, der ohne jeden Selbstzweifel seine Körperlichkeit inszeniert« (DeutschlandRadio, 9.4.2003) ins Auge. Oft sind damit sexuelle Assoziationen verbunden, gelegentlich explizit, wie in der Beschreibung von prollig codierten Stilen als »sexuell aggressiv« (*zitty* 8/2005, 21).

Peinlichkeit ist projizierte Scham (vgl. Neckel 1991); das »Fremdschämen« gilt nicht zuletzt einem Gestus des Herausstellens des Körpers, seiner Fähigkeiten (wie beim Sich-breit-machen) und der eigenen erotischen Attraktivität. Dies hängt zum einen mit Altersfragen zusammen, also mit dem geringen Alter vieler Kunden, mit den als präpotent wahrgenommenen »Kleinen«. Zum anderen geht es, wie gesagt, um unterschiedliche Stile von männlicher Attraktivität. Der erste wirklich massenmediale Text über Picaldi, ein Artikel in der Wochenzeitschrift *Stern*, war mit »Auf dicke Hose« überschrieben: Die idiomatische Wendung »auf dicke Hose machen« meint »an-

---

Hippies« überliefert, die einen Mangel an Verbindlichkeit (»commitment«) und damit das Außen der inneren Kreise kennzeichnen (vgl. Lindner 1998b).

90 Vgl. oben die Beschreibung des Picaldi-Stils und die Frage nach den in die Socken gesteckten Hosen. Auch wenn mir die besonderen Verwendungsregeln des Etiketts nicht von Anfang an klar waren, war mir ein intuitiv-affektives Peinlichkeitsempfinden angesichts mancher Posen und Gesten durchaus vertraut, so offen und vorurteilslos ich den Akteuren auch begegnen wollte. Dass es meinen Zeitgenossen in der akademischen Welt zum Teil ähnlich ging, wurde mir immer wieder deutlich, wenn das Publikum bei Vorträgen auf die Vorstellung von Interviewmaterial und Fotos, an denen ich nichts Komisches fand, mit Amüsement und verlegen wirkendem Lachen reagierte. Vgl. auch Androutsopoulos 2005, 172.

geben«, sie enthält wie das Möchtegern-Etikett die Diagnose einer Anmaßung (wer »auf dicke Hose macht«, hat tatsächlich meist nicht viel zu bieten), mit Blick auf das Portemonnaie, aber auch auf das männliche Geschlecht. Aus dieser Warte sieht der Picaldi-Style mit seinem Körperschema dann wie eine Anmaßung aus und stellt zugleich eine Anstandsverletzung dar, eine vulgäre Form von sexueller Selbstdarstellung.⁹¹ Die »peinliche« Körperlichkeit dieser »Möchtegerns« steht der klassischen bürgerlichen Zurückhaltung gegenüber, aber auch verschiedenen Modi »alternativer« Männlichkeiten und in gewisser Weise auch dem »metrosexuellen« Sexualisierungsmodus der vergangen Jahre.

Der Zusammenhang von Härte und Attraktivität und einige handlungspraktische Dilemmata bei der Selbst-Figurierung durch Stil und Kleidung wurden oben bereits am Beispiel von Mesut vorgestellt. Wie sehr diese Etikettierung einer subkulturellen Ästhetik in die alltägliche Diskriminierungspraxis verstrickt ist, illustrieren nun erneut seine Ausführungen. Sie führen darüber hinaus vor Augen, wie die Bedeutung der Bezeichnungen »Möchtegern-Gangster«, »Möchtegern-Krassem« und »Möchtegern-Ausländer« zusammenhängen. Als ich Mesut bei Tim kennen lernte, fragte ich ihn, ob ich mich an einem der folgenden Tage für ein längeres Interview mit ihm treffen könnte. Schnell fragte er nach, ob es auch um die »*lächerlichen Möchtegern-Gangster*« gehen soll – über die würde er gerne reden, da er mit ihnen nichts zu tun habe möchte. Wie viele andere denkt er, dass sie – dieser soziale Typus – es sind, die mich interessieren, wenn ich mit Leuten wie ihm reden möchte, auch wenn er sich gerade nicht zu dieser Gruppe zählt.⁹² Er erzählt vom Einfluss seiner Ex-Freundin auf seine Kleidungswahl und von seinem *impression management*. Wortreich erklärt er, dass er nicht als besonders »*hart*« oder »*krass*« gelten möchte, weil das lächerlich und peinlich sei, er sich von Gleichaltrigen aber auch nicht, wie oben bereits dargestellt, als jemand abstempeln lassen möchte, dem es an Stolz, Durchsetzungsvermögen und Coolness fehlt. In der Wahrnehmung von Außen scheinen die klischeehaft

---

91 Diese Wahrnehmung verweist freilich immer auch auf die milieuspezifische Körperlichkeit (s.o.), die Scham- und Anstandsvorstellungen der Sprecher selbst, denn sie sind es ja, bei denen die affektive Reaktion stattfindet, vielleicht auch aus Gründen der Abwehr, gelten muskulöse Männerkörper doch über die Milieugrenzen hinweg als attraktiv.

92 Diese Vermutung steht vor dem Hintergrund der Integrationsdebatten usw., in denen junge (Post)Migranten fast ausschließlich als Problem figurieren. Sie mag auch an der Situation entstanden sein, in der sein Freund Tim mit mir, ebenfalls einem »Deutschen«, über »Ausländer« sprach und sie (rhetorisch durchaus gewaltsam) in einen guten und einen bösen Typus einteilte.

entgegengesetzten Pfade von Abrutschen und Aufsteigen mit der Entscheidung für subkulturelle Ästhetiken verbunden zu sein, mit dem Gangster-Look oder konformerem Auftreten, auch wenn das tatsächlich Unsinn sei: Man kann schließlich auch im Gangster-Look einen guten Schulabschluss machen oder im Anzug Leute verprügeln. Dennoch registriert er sowohl die pauschale negative Klassifikation des subkulturellen Typus von außen als auch, dass einige lose Bekannte, die den Typus in gewisser Weise verkörpern, schulisch gescheitert sind, sich in der Kleinkriminalität einzurichten scheinen und zunehmend Probleme mit der Polizei bekommen. Deshalb werden die Entscheidungen für oder gegen bestimmte Kleidungsstücke mit identitären Bedeutungen geradezu überfrachtet, sowohl in der Außenwahrnehmung als auch, mit anderen Akzenten, in der *peer group*. Seine Freundin jedenfalls wollte nicht, dass er eine Bomberjacke von einer bekannten Marke trägt, und er stimmt ihr zu: »*Ganz ehrlich, mit Alpha-Jacke rumlaufen ist irgendwie voll peinlich, so.*« Es gehört, so ließe sich ergänzen, auch zum stereotypen Outfit der Möchtegern-Figur, mit der Mesut zum Beispiel von jenem Freund, bei dem wir uns zuerst trafen, konfrontiert und aufgezogen wird. Auch wenn er solche Jacken gelegentlich trägt, führt er aus: »*Die meisten Leute, die mit Alpha-Jacken rumlaufen, über die denkt man immer schlecht, so. Er ist ein Opfer oder Möchtegern-Krasser oder sowas. Und ich hasse sowas, wenn irgendwelche Leute ankommen und irgendwelche Meinungen über mich haben, obwohl sie mich gar nicht kennen, so. Darum.*«[93]

Die oben angeführten Berichte über alltägliche Diskriminierung, die sich an solchen Zeichen festmacht, illustrieren die Kehrseite der Etikettierung als Möchtegern-Gangster. Alle Befragten kennen solche Diskriminierungserfahrungen, wissen aber nicht, ob sie sich am Stil oder an ihrer Haar- und Hautfarbe festmachen. Das ist ein Beispiel dafür, wie sich eine Fremd-Figurierung mit ihrer Tendenz zur Gestalt-Schließung im Alltag niederschlägt.

Auch Onur, der betont, dass er trotz seiner Kleidung nicht so ein »Ghetto-Metto«-Typ sei, ärgert sich in diesem Sinn über die »Möchtegerns« – mindestens so sehr über den Möchtegern-Anteil wie über den »Gangster«-Anteil.[94]

---

93 Die Jacke kostet, wie er erläutert, 130 bis 200 Euro, aber von Freunden 35 oder 50. Von anderen wird die Jacke als »rechts« wahrgenommen, z.B. vom Hipster-Rap-Praktikanten im HipShop. Auch Yusuf meint, dass die Jacke für die meisten Kunden des HipShop zu teuer ist – gerade im Vergleich zu einer Raw-Blue-Jacke, wie sie Robbie trägt.

94 Allerdings rappt auch er auf der »Gangsta-Schiene« und »*so Gewalt-Sachen*«, denn sonst falle ihm halt nicht so viel ein, meint er. Er präsentiert in der Gruppendiskussion stolz ein Musikvideo eines bekannten Berliner Rappers, bei dem er (vermummt) im Hintergrund zu sehen ist, zusammen mit seinem Onkel.

Damit übernimmt er die ethnisch gefärbte, negative Klassifikation, aber er deutet sie, über die übliche Charismatisierung des Stigmas hinaus, zweifach um: Zum einen beharrt er entgegen der Delinquenz-Zuschreibungen auf seiner Individualität, zum anderen verschiebt er den semantischen Kern der Möchtegern-Figur, das performative Scheitern, auf andere Akteursgruppen, die die wahren Möchtegerns seien.

Dieser Zusammenhang, der mir vielerorts begegnet ist, kommt zur Sprache, als ich nachfrage, was er mit »Möchtegern« meinte, und er eine abstrakte Erklärung gibt: »*Möchtegern, so, man denkt, dass man das ist, so.*« Obwohl es um seine eigenen Probleme geht, also den Umstand, dass er gelegentlich als »*Möchtegern-Krasser*« wahrgenommen wird, wählt er zunächst eine Erläuterung, in der eine andere konkrete Figur zur Sprache kommt: »*Zum Beispiel, früher halt, wie gesagt, als die ganzen Deutschen angefangen haben, Picaldi-Hosen anzuhaben, hat man gesagt: Möchtegern-Türke, Möchtegern-Araber. Damit meint man halt, dass die Person ein Türke sein möchte, ein Araber… möchte, obwohl sie es gar nicht ist, so. Das ist eigentlich schon die Bedeutung von Möchtegern, so.*« In diesem Sinne benutzen »Ausländer« die Figur des »Möchtegern-Ausländers«, um die eigene vorgestellte Gemeinschaft aufzuwerten, indem sie deren kulturelles Charisma, ihre Coolness, mit einer Grenze umgeben. Wenn andere sein möchten wie man selbst, unterstreicht das den Wert des Eigenen, es wertet das Gruppencharisma auf. Die primäre Verfehlung der »deutschen Möchtegern-Ausländer« in Südwest-Berlin besteht in Stil-Praxen (Sprache, Kleidung, Gang, körperliches Auftreten und so weiter), die als anmaßende und unweigerlich fehlschlagende Zugehörigkeitsbehauptungen wahrgenommen werden. Das Vokabular ist also an verschiedenen Stellen dieser Figuration ein ähnliches, die Sprache wird geteilt, aber die mit den Wörtern verbundenen Bedeutungen (und damit die Regeln, nach denen die Etiketten verteilt werden), sind nicht identisch.

Möchtegern-Türken/Möchtegern-Ausländer

Oben wurde ein Gesprächsausschnitt aus einer Gruppendiskussion mit der Tempelhofer Gruppe zitiert, in dem es um die Nachahmungsfrage ging: Wer den »Picaldi-Style« zuerst hatte und wer ihn nur nachmachte. Die nun folgende Passage schließt unmittelbar an diesen Ausschnitt an und führt den Zusammenhang mit der Problematik der Möchtegerns vor Augen. Mona: »*Und was war bei dir in der Schule mit den Deutschen?*« Yassin: »[…] *Bei mir ist halt einer auf der Schule, der ist zwölf oder so oder dreizehn, oder bei mir kann er auch fünfte, sechste [unverständlich], dann ist halt... Also, wie soll ich sagen... Einfach ganz normal, er hat ganz kurz Haare, fast schon so wie eine Glatze, aber sechs Millimeter, und ist alles gleich, also gleiche Länge... Dann hat er eine Alpha-Jacke, hat er Dings... Genau so, wie er gesagt hat, so einen Picaldi-Pullover, dann seine Hose, und dann noch eine JetLag-Hose, die ihm eigentlich zu groß ist, so, und dann irgendwelche Schuhe von, keine Ahnung, ich weiß es nicht. Ich kenn die Marke nicht mal. Und halt, dann läuft er da halt rum, und tut er so, als ob er so der ganz Krasse wäre...«* M: *»Was, was glaubst du, was will er so mit seinen Klamotten zum Ausdruck bringen, und was bringt er tatsächlich, was kommt tatsächlich rüber?«* Mehmet: *»Ich bin hart!«* Y: *»Ja, ja! Genau. Ich bin hart, will er auf jeden Fall, also will er von sich aus sagen, und... kommt er aber nur lächerlich rüber.«*

Ausgangspunkt der Gesprächspassage war zunächst, dass Yassin von den »Möchtegerns« auf seiner Schule gesprochen hatte, die seinem Bruder Ärger machten, womit wieder derjenige soziale Typus abgerufen wurde, den Mesut oben als *»Möchtegern-krass«* bezeichnet hatte. Y: *»Ich finde, alle, die auf die Schule gehen, sind auch so ne – ganz viele Möchtegerns. Da waren halt zwei äh...«* Mo.: *»Möchtegern...«* Y: [Erklärend] *»Mein kleiner Bruder geht halt [...] und es ist halt auch nur ein zehn Minuten-, fünfzehn Minuten-Weg zwischen Neukölln [unverständlich]... Die waren 13, 14 und so, sind dann halt da hin, und wollten meinen kleinen Bruder abstechen. Also haben die dann halt so rumerzählt. Die haben gesagt, ja, die ziehen 18-jährige ab und so. Da wollten die halt mal am Montag oder so also vor die Schule kommen und ihn halt schlagen.«* Daniel: *»Abstechen, die haben keine Ahnung...«* [...] Mo.: *»Was meint ihr mit Möchtegern? Was ist Möchtegern?«* Y: *»Ja zum Beispiel, äh... Ja zum Beispiel, das soll jetzt auch nichts gegen die Deutschen oder so was sein, Deutsche, die halt so reden, wie, also so türkisch und wieder deutsch oder so was, so. Ja, lan..., ›wie geht's, habibi‹ und so was... So was finde ich...«* Mehmet: [überlegen] *»Das ist arabisch!«* D: [lacht] Mehmet: [schmunzelt] *»Das ist arabisch...«* Y: *»Ja, okay, aber ich meine...«* M: *»Ja, aber... gibt's sehr viele, so. Das kommt komisch rüber.«* Ich frage nach: *»Also Möchtegern sind automatisch Deutsche?«* Me.: *»Nee!«* Y: *»Nein!«* Me.: *»Nein!«*[95]

---

95 Zu »Kiezdeutsch« bei unterschiedlichen Sprechern in multiethnischen Berliner Stadtvierteln vgl. die neueren soziolinguistischen Forschungen u.a. von Heike Wiese (2006; 2012), in denen betont wird, dass weite Teile dieser entstehenden Varietät des Deutschen von Sprecherinnen und Sprechern mit unterschiedlichen Zugehörigkeiten »im Kiez« verwendet werden.

Auch Yassin und Co. sprechen von einer Person, die »Krassheit« vorspielt; um das Wort »Möchtegern« zu illustrieren, kamen sie dann aber schnell, wie auch Mesut im obigen Beispiel, auf den weiß-deutschen Typus zu sprechen, den Möchtegern-Ausländer, und machten dessen Verfehlungen an sprachlichen Fragen fest. Mehmet stellte zunächst heraus, dass er selbst zwischen den sprachlichen Registern wechseln kann: Wenn er selbst hochdeutsch spricht, ist er kein Möchtegern, so führt er aus, weil er ja tatsächlich aus Deutschland kommt und das ebenso gelernt hat wie die ethnisch codierte Jugendsprache. Anders ist das bei tatsächlichen Möchtegerns (»*das soll jetzt auch nichts gegen die Deutschen oder so was sein*« – sagt Yassin beschwichtigend zu mir). Mehmet fährt fort: »*Ich hatte einen Deutschen in der Klasse, der hat wirklich so geredet: ›Isch war bei Arzt‹ – so reden ja eigentlich die Ausländer… […] Zum Beispiel, äh, wenn ich, wenn die mich äh bei Ausbildung fragen, ›warum warst du zu spät?‹ ›Ja, ich war beim Arzt.‹ Bei manchen Deutschen [aufgeregt und langsam]: ›Ick war beim ähm Chirurg, der hat misch dann jeröntgt‹ und dann… Die erklären immer, bei denen… Also der Deutsche in meiner Klasse wollte es auch so rüber bringen wie ein Ausländer. Einfach kurz und knackig: [andere, trockene Stimme] Ich war bei Arzt.*« [Lachen] »*Das kommt nicht gut rüber. Das ist ein Möchtegern. Denn wenn man sagt, warum Möchtegern, ist doch trotzdem deutsch… Ja, aber so reden* [betont] *wir deutsch.*«

Die jungen Männer sind fest davon überzeugt, dass ihnen eine intuitive Coolness eignet, die ihre kulturelle Attraktivität begründet, und für die die Formulierungskunst, »*kurz und knackig*«, beispielhaft steht: »*Die möchten das so von uns abgucken*«.[96] Mit viel Elan und genauen Beobachtungen legen Mehmet und seine Freunde dar, wie das Möchtegern-Problem sich äußert, sprachlich und in Sachen Kleidungsstil. Der Ton ist überdreht, spielerisch und analytisch, die Beispiele und Gedankenexperimente sind vielfältig und beschränken sich nicht auf die Gegenüberstellung von »Deutschen« und »Ausländern«. Mehmet, dessen Eltern aus der Türkei kommen: »*Würde ja ein bisschen komisch rüberkommen, wenn ich jetzt so eine Libanon-Kette tragen würde. Dann würden die auch zu mir Möchtegern sagen. Möchtegern-Araber.*

---

96 Dass diese Wahrnehmung dem subjektiven Sinn der als Möchtegerns etikettieren Akteure entspricht, ist auch hier unwahrscheinlich. Die Nachahmungsformen, die als typisch für »Möchtegern-Ausländer« wahrgenommen werden, bewegen sich auf einer Skala zwischen bewusster, strategischer, zum Teil spöttischer Mimesis einerseits und Milieu-Effekten beim Aufwachsen andererseits, wo die sprachlichen und stilistischen Formen nicht primär ethnisch codiert sind, sondern eher zwischen dem Freundes- und Bekanntenkreis und dessen Außen unterscheiden, zwischen den Coolen und den Uncoolen und so weiter (vgl. Androutsopoulos 2001).

Oder wenn er jetzt, sagen wir mal, eine Türkei-Flagge sich hier rauf tätowiert. Er ist doch gar kein Türke.« Einerseits steht das Gesamtbild aus Kleidungsstil, Auftreten und Sprache in einer Kontinuität mit nationalen Symbolen, andererseits verwehrt sich auch Mehmet gegen Bezeichnungen wie »*Kanaken-Style*« (»*Und manche sagen halt immer so ›Kanaken-Style‹, sag ich ganz einfach so. Aber… hat nichts mit ›Kanake‹ zu tun, also auch Deutsche können sich so anziehen. Hat ja nichts damit zu tun, mit der Nationalität*«). Die Unterschiedlichkeit der Beispiele zeigt, dass alle meinen, damit ein ehernes und evidentes Gesetz zu illustrieren, das Yassin auf den Punkt bringt, wenn er sagt: »*Jeder sollte sich als das, äh, das abgeben [sic], was er auch wirklich ist.*« Was jemand ist, wäre dann eine Frage der nationalen Herkunft der Familie – und, in bestimmten Zusammenhängen, der sozialen Herkunft und Lage. Der Tadel, der in der Wannabe/Möchtegern-Figur steckt, aktualisiert in diesem Sinne offenbar ein essentialistisches Common-Sense-Verständnis von Zugehörigkeit und Identität: Sei, wer du bist. Versuche nicht, jemand zu sein, der du nicht bist. Wer du bist, legen zunächst einmal Herkunft und Aussehen fest, auch wenn es da ein paar Ausnahmen geben kann.

Zugleich sind diese Zugehörigkeiten mit der authentischen Verkörperung einer Haltung und, letztlich, einer bestimmten Figur verknüpft, wie sich im folgenden Beispiel zeigt, dem von Tim, der – wie mir ein Freund von ihm später erklärte – eine »*Möchtegern-Türken-Zeit*« hinter sich hat, in der er seinen türkischen Großvater herausstellte, während er sich heute als »stolzer Deutscher« präsentiert und, in reflektierter Art und Weise, mit der Atzen-Figur kokettiert (dazu unten mehr). Im Gesprächszusammenhang ging es um den »Kanaken-Style«, von dem Tarek ein paar Minuten vorher gesprochen hatte, um die Frage, ob es so etwas wie ein ethnisches Eigentum an diesem Stil gibt, sowie um die Ambivalenzen des »Krass-Seins«. Als Aufhänger dient erneut ein kontroverses Kleidungsstück, die Alpha-Industries-Bomberjacke. Ich fragte Tarek und Daniel, ob ihnen solche ethnischen Eigentumsansprüche begegnet sind und was sie davon halten. Tarek: »*Das einzige, was ich höre, ist äh eine Alpha-Jacke. Wenn jemand eine Alpha-Jacke anhat. [andere Stimme] ›Pf, du ziehst eine Alpha-Jacke an? Das darfst du nicht, das passt dir nicht.‹ Schwachsinn. Bist eigentlich, ist eigentlich fast alles gleich, was die… nur weil es eine Alpha ist! Das habe ich als einzigstes gehört.*«[97] Im Folgenden widerspricht

---

[97] Er distanziert sich hier also von Leuten, von anderen »*Ausländern*«, die es anderen Leuten (in diesem Kontext sind das hier meiner Interpretation nach »Deutsche«), verbieten wollen, ein bestimmtes Kleidungsstück zu tragen oder sie dafür verspotten, im Sinn der Diskussion um »Möchtegern-Ausländer«.

aber seine Schwester und nennt, gewissermaßen selbstkritisch, ein Beispiel für genau diese Art von Verhaltenssanktionierung. Mona: »*Ja, aber komm! Als Tim äh auf einmal da mit der weißen Alpha im Studio ankam…*« Tarek: »*Das ist ja was anderes…*« M: »*…äh, da dachte ich auch so, wie!?*« T: »*…Ihn hat sie ja nicht gestanden! Das war ja das Problem. Aber manche musst du dir anhören, warum trägst du eine Alpha? Nur, dass du cool bist? Das ist es ja!*« M: »*Ja, das war doch bei ihm so, das war ja…*« Tarek: »*Ja, er wollte ja wirklich, aber manche kaufen sich eine Alpha, weil sie ihnen gefällt, aber er hat die ja wirklich geholt, weil er cool sein wollte.*« Tarek trifft hier eine durchaus stereotype Unterscheidung zwischen denjenigen, die »*cool sein*« wollen (denen dazu aber irgendetwas fehlt), und denjenigen, denen »*sie gefällt*«, die also ohne weitere Absichten aufgrund einer innerlich authentischen Geschmacksentscheidung einkaufen – zu letzteren zählt er sich selbst. Diese Unterscheidung soll, so die Argumentationsrichtung an dieser Stelle, eine ethnische Logik ersetzen, die mit dem Wort »Kanaken-Style« verbunden war und von der Tarek sich hier distanziert. Tim gehörte in diesem Fall zur ersten Gruppe. Die Jacke stand ihm nicht, weil er darin nicht authentisch er selbst zu sein schien, sondern offenbar etwas sein wollte, was er nicht war (er galt eben als Möchtegern-Ausländer, was hier, in einem früheren Interview im Forschungsverlauf, nicht explizit thematisiert wird). Ich frage nach, was genau es mit der weißen Alpha-Jacke auf sich hatte und um wen es dabei ging. Mona: »*Tim! Ja, das ist eigentlich so ein, der macht so… Äh, er ist ein DJ… […] Und, und der ist eigentlich so… Na, der ist halt so ein Deutscher, der trägt auch halt dieses deutsche Adelskreuz, dieses schwarze da, und ähm ist eigentlich so ein richtiger Atze mit [andere Stimme] ›Yo, Alter, was los und so, ey hier volle Kanne! Und komm, wir gehn ne Molle trinkn, wa, ey? Ick gloob det jar nicht, Atze du, glaubste, was mir passiert ist, Alter, haste det Spiel von Hertha gesehen‹, und so. So einer ist das.*« Moritz: »*Mhm.*« Mona: »*Und, der hat eigentlich auch gar nicht diesen Stil, da jetzt irgendwie so eine Alpha zu tragen oder so. Und er macht auch, so, geht auch so in die Richtung Bass, Electronic, Techno und DJ halt, der hört halt auch zwar deutsche Musik, aber das ist dann eher so in Richtung Frauenarzt, so wie [andere Stimme] ›Alle Fäuste hoch und wir nehmen jede Frau egal wo‹ und, so ne Musik. Und, der kam da halt einfach mit dieser schneeweißen Alpha-Jacke an! Wo wir dann alle so gekuckt haben und dachten, was ist denn jetzt los? Der hat die Sachen vorher noch nie angehabt und so was auch noch nie getragen. Und da hat das einfach nicht gestimmt…*« Moritz: »*Was hat der sonst an für Sachen?*« Mona: »*Naja, er sieht immer so ein bisschen ranzig aus!*« Tarek: »*Atze, Atze-Style, sag ich mal.*« Mona: »*So Atze-Style. So Jogging-Hose, dann Haare* *nicht geschnitten, so Bart, einfach so Frisur, irgendwie, sieht schon so nach zwei Monaten nicht beim Friseur gewesen aus, dann halt irgendein Pulli… Ja, eigentlich nix! Also so… Ja, wie jetzt äh äh Karl-Ludwig mit seinen Assiletten und den Strümpfen da drinne und seinen Shorts! So in diese… […] Und dann hat das irgendwie nicht gepasst. Weil diese Jacke ja schon in einen bestimmten äh Kreis irgendwie ist und, ähm, naja, im Endeffekt, Hauptsache, sie hält ihn warm, den armen Tim.«*

Mona nimmt die Atzen-Figur hier als einen Mangel an Stil-Kompetenz wahr (*»eigentlich nix«*). Sie stellt Bezüge zum Verwahrlosten her (*»ranzig«*), zum »Asozialen« im populären Verständnis. Indem sie den typischen Atze mit seiner Sprache und seinem Gestus ein wenig abschätzig parodiert – ganz ähnlich, wie Tim an anderer Stelle den »Kanaken«-Typus imitiert und etwas stärker stilisiert als in Tareks oben zitierter Wiedergabe eines unsinnigen »Verbots« – führt sie eine alltägliche Form von Figuren-Reflexivität vor. Und sie de-eskaliert die eigene Figurierungspraxis und den Essentialismus der Zugehörigkeiten, indem sie die semiotische Funktion als nur eine unter vielen kennzeichnet, die Kleidungsstücke erfüllen können: Die Jacken halten eben auch warm; so wahnsinnig ernst sollte man das alles nicht nehmen, die Zuordnung als »Möchtegern« stellt kein endgültiges Urteil dar. Wenn Tarek und Daniel Tim mit seinem Künstlernamen beschreiben, ordnen sie ihn dagegen stärker einem intentionalen Stil zu (Atze-Style) und damit zugleich einem Genre und einem Lager innerhalb der Berliner Deutsch-Rap-Welt, in dem unter anderem eine gewisse ästhetische Lieblosigkeit und eine Reihe von Referenzen zum »Asozialen«, in besonderem Maße zum Prinzip erklärt werden.[98]

Tim wiederum äußert sich später besorgt über Daniel, den habe er vor kurzem an der Bushaltestelle mit einigen ihm unsympathischen »*Ausländern*« gesehen – der würde sich bei »*ekligen*« Ausländern »anbiedern« – aber dann doch »rumgeschubst« und nicht ernstgenommen (FN). »*So einer*« sei das also, sagt er kritisch und tadelnd – ein »Möchtegern« eben. Auch hier wird, im Wechselspiel der Zuschreibungen, das Möchtegern-Etikettiert zum Tadeln einer wahrgenommenen Grenzüberschreitung und damit verbundenen Peinlichkeit verwendet.

---

98 Insofern stimmen hier Fremdbild und Selbstbild durchaus überein. Allerdings hängt diese ästhetische Lieblosigkeit bei den Atzen-Rappern auch mit positiven Bedeutungen zusammen, die bei Mona und Tarek an dieser Stelle nicht vorkommen: »Atze« als ehrlicher, verlässlicher Typ.

Die Möchtegern-Figur markiert in diesen Ausprägungen also Verstöße gegen Common-Sense-Essenzialismen von primär ethnisch fundierter Zugehörigkeit. Sie sind auch vor dem Hintergrund der oben skizzierten Umkehrungen negativer Zuschreibungen und von nahweltlichem Charimas und Dominanz zu verstehen. Zu unterscheiden sind aber auch hier Aussagen und diskursive Zuordnungen auf der einen und gelebte Praxis auf der anderen Seite: Trotz solcher Statements, die tatsächlich auf geglaubte Essenzialismen und Nationalismen verweisen, werden derartige Zuordnungen im eigenen Kreis in vielen Situationen sehr flexibel vorgenommen – Tarek und Mehmet würden zum Beispiel Daniel nicht vorwerfen, ein Möchtegern-Ausländer zu sein.[99] Auch der Umgang mit Tim ist letztlich gewissermaßen nachsichtig.

Der Bezug auf den Coolness-Code verdeutlicht zudem, auch das zeigt das Reden über Tim, dass es immer auch um kulturell-performative *Verhaltensleistungen* geht, obwohl der Rekurs auf die gegebene Identität und ihre Evidenz so etwas wie einen rhetorischen Anker darstellt. Eine gelingende Performance der eigenen Identität, eine glaubwürdige stilistische Selbst-Figurierung, will auch hier gelernt sein. Die Kleinen jedenfalls beherrschen die Performance in den Augen der Älteren noch nicht, ganz egal, wo sie herkommen. In diesem Sinne ist ein Möchtegern jemand, der sich aufspielt, zum Beispiel ein Siebtklässler, der pöbelnd durch die Schule läuft und »auf dicke Hose macht«. Auch wenn sein oben angeführtes Beispiel auf einen »Deutschen« abzielt, wäre es bei »Ausländern« nicht anders: »*Er wäre das gleiche, er spielt sich ja auch auf*«, sagt Yassin. Auch wenn sie früher so anders nicht aufgetreten sind, gelegentlich, wie er abschwächt. Mehmet, Tarek und Yassin grinsen ein bisschen: eine Geste des Bescheidwissens, von Vertrautheit, von »kultureller Intimität«, wie es der Ethnologe Michael Herzfeld nennt, angesichts einer in gewisser Weise »peinlichen« gemeinsamen Vergangenheit.[100]

---

99 Ähnliche Befunde – Widersprüche zwischen essenzialistischen Aussagen und flexiblerer Praxis – haben ethnografische und interviewbasierte Forschungen zu Jugendkultur, kultureller Diversität und Rassismus immer wieder herausgearbeitet, vgl. Römhild 2007.

100 Nach Innen spielt das Peinliche oft eine wichtige Rolle in der Herstellung von »cultural intimacy«, wie Herzfeld schreibt: »those aspects of a cultural identity that are considered a source of external embarrassment but that nevertheless provide insiders with their assurance of common sociality [...] These are the self-stereotypes that insiders express ostensibly at their own collective expense.« (Herzfeld 1997, 3) »Embarrassment« und »rueful self-recognition« sind demnach wichtige Bestandteile von kultureller Zugehörigkeit bzw. »Intimität«.

Möchtegern-Reiche

Schließlich firmiert unter Möchtegern in diesem Zusammenhang noch eine dritte Figur, nämlich die des Möchtegern-Reichen. Dieser Typus, den andere vielleicht Styler, Metro-Proll oder Edel-Proll nennen würden, macht sich, in den Augen der Etikettierenden, eines anderen Vergehens schuldig als die bisher besprochenen Figuren. Mit Möchtegern-Reichen sind hier männliche Jugendliche im Styler-Look gemeint, deren »metrosexuelles« Styling und Auftreten offensichtlich an konsumkulturellen Mainstream-Trends orientiert sind und die Zugehörigkeit zu einer Klasse der Prominenten und Vermögenden suggerieren sollen – so zumindest die Interpretation von Jugendlichen wie den hier porträtierten.[101] Sie ärgern sich darüber, dass die so Gestylten zum Beispiel leichter in an den Türstehern der Diskotheken vorbei kommen und nicht selten auch mehr Anklang bei Mädchen finden. Zugleich geht es um die Frage des richtigen Mann-Seins und um Werte wie Direktheit, Authentizität und Zusammenhalt (im Gegensatz zu individueller Arroganz), wie sie in Robbies Abneigung gegen die »Player« zum Ausdruck kamen.

Sich als Styler zu geben, steht nicht zuletzt beim nächtlichen Ausgehen zur Debatte. In vielen Clubs ist der Look der Möchtegern-Reichen gefragt oder sogar gefordert. Tim erzählt zum Beispiel vom »Maxim«: *So der absolute Schnösel-Club, sagt Tim. Die sich so alle für reich halten und so. Er habe dazu immer gesagt: Das sind die Leute, die eigentlich tagsüber irgendeinen Scheißjob machen, die Müllmann sind und eher (so lese ich das) unter einem selbst stehen, und die tun dann so... Das ist so, als würde der Müllmann zu Bill Gates sagen: Wie läufst du denn rum. So kommt man sich da vor. Die sich da zwei Stunden ihre Haare machen, zerrissene Jeans anziehen, ihr ganzes Geld, das sie auf 400-Euro-Basis verdienen, an einem Wochenende auf den Kopf hauen etc.. Die Chucks nicht zu vergessen, sagt Nino. Tim: Genau, die Chucks. Ey, du bist doch der Müllmann! Das will er da immer sagen, erklärt Tim.* (FN). Vor kurzem habe er dort mit einem Freund ausgehen wollen. Sie hätten sich

---

101 Auch wenn er hier von Tim als »billig« dargestellt wird, gilt der Stil der »Styler« vielen auch als kostspielig: Mo.: *»Aber, ist es irgendwie auch teurer, so als Styler rumzulaufen, als jetzt so im... im normalen Gangsta-Style?«* Mehmet: *»Ja, auf jeden Fall. Also so es gibt's... Ich hab noch nie eine Hose gesehen, also so eine Schlaghose mit, also eine zerschnittene Schlaghose, die unter 60 Euro ist. Habe ich noch nicht gesehen.«* T: *»50 Euro habe ich gesehen.«* Y: *»Ich kenn manche, die sind halt auch so, solche Styler, und die haben Hosen ab 200 Euro! Geile Hose für 200 Euro – da kaufe ich mir zehn Hosen oder sonst was...«* Die eigene Stilisierungspraxis wird hier also als in stärkerem Maße pragmatisch, aufgeklärt und selbstbestimmt beschrieben und als weniger durch Werbung und Statusdenken manipuliert.

richtig schick gemacht, mit Hemd, Anzug, Mantel, Lackschuhen. Die Auslese erledigen mittlerweile nicht mehr so sehr die breitschultrigen Türsteher, sondern »*Frauen und so dünne, schwuchtelige Typen*«, wie Tim – immer mit Lust an der kalkulierten, provozierenden politischen Inkorrektheit – erklärt. *Klar, dass er bei denen nicht gut ankommt. Die gehen dann so die Schlange entlang und sagen: Du – nö. Der Typ hat sie so richtig von Kopf bis Fuß gemustert und dann ›nö‹ gesagt. Sie haben noch gefragt, warum sie nicht reinkommen, dann hieß es irgendwas in Richtung [kurze Haare, Aggressionspotenzial]; er hat Hendrik noch weggezerrt, sonst hätte der »dieser Schwuchtel noch in die Fresse gehauen«.*[102] Auch in anderen Fällen meint er, aufgrund seines üblichen Jogginghosen-Atzen-Outfits von Frauen als »*Prolet*« abgestempelt worden zu sein. *Und dann redest du mit denen zwei, drei Wörter, und denkst dir, ja, was ist denn mit dir los? Denkst du jetzt, du bist was besseres, weil du jetzt da dein äh Gucci-Täschchen aus Türkei hast, was nicht mal echt ist?*

In der Sicht der sie figurierenden Kritiker geben diese Möchtegerns mit ihrer Stil-Praxis also vor, etwas Besseres zu sein als das, was sie tatsächlich sind: »*Mann, die wollen so reich wirken, so, so reich, so... obrigkeitszugehörig, so, als wenn sie, als wenn sie was Besseres sind, so*«, und haben damit Erfolg, auf Kosten von Akteuren wie den Kritikern selbst, wobei der kritische Akzent zumindest manifest weniger auf der Idee sozialer Überlegenheit an sich zu liegen scheint als auf der vermeintlichen Verkennung der eigenen Position.

An dieser Stelle steht jedoch nicht der Wahrheitsgehalt von derartigen Vermutungen über anderer Leute Motivationen und Wahrnehmungen zur Debatte, sondern die Frage, wie der Diskurs, an dem Tim und andere teilhaben, funktioniert und welche zugleich praktisch-stilistischen und diskursiven Strategien Akteure wie Tim verwenden, um sich mit ihrer Selbst-Figurierung als »richtigere« Männer zu positionieren. Tim erzählt hier von Unterlegenheitserfahrungen, vom Aussortiert-Werden und Klassifiziert-Werden aufgrund der eigenen Stilisierungspraxis. Aber er betont zugleich die »eigentliche« eigene soziale Überlegenheit, auch in der Symbolkompetenz und im Durchblick (zum Beispiel mit Blick auf gefälschte Markenprodukte), die sich den anderen, hier den Türstehern und »den Frauen«, aufgrund von

---

102 Wie gesagt: Das Problem für Jugendliche mit Migrationshintergrund ist meist ein anderes – sie werden häufig aufgrund ihres Aussehens auf den ersten Blick vom Türsteher abgewiesen. Es kommt auch vor, dass Türsteher sie abweisen, nachdem sie den – eigentlich zur Alterskontrolle geforderten – Ausweis mit dem »nichtdeutschen« Namen sehen, wie zum Beispiel Tims Freund Jean (der einen arabischen Nachnamen trägt) vom Q-Dorf, einer Großdiskothek, erzählt.

deren Decodierungsinkompetenz nicht erschließt. Tim, mit seinem Atzen-Style, der regelmäßig ins Fitness-Studio geht, klein und untersetzt ist, kurz rasierte Haare hat, wurde vor einigen Monaten von seiner Freundin verlassen, die vorher versucht hatte, ihn zum Styler umzugestalten, wie er erklärt, als er seine Kleidungs-Biografie vorführt (Sie wollte ihn mit Sachen aus dem von eher teuren, Marken-orientierten Jugenmode-Untergeschoss bei Peek und Cloppenburg und von Jack and Jones einkleiden, »*und wollte dann aber, dass ich dann anfange, so was hier… So, mit äh bedruckten T-Shirts, und und so ein Quatsch hier… Und äh, weißte, so, Style-mäßig, irgendwas*«). Er habe sich aber nicht »verbiegen lassen« wollen. Überhaupt würden sich die Styler nach den Erwartungen der Frauen richten. Die Regelverletzung, die diesem Typus vorgeworfen wird, steht im Zusammenhang von alltagsästhetischer Hochstapelei und »aspirational shopping«, vor allem aber auch von konkurrierenden Männlichkeitskonstruktionen in der Selbst-Figurierung durch Stil. Tim rekurriert auf eine klassisch heteronormative Geschlechterpolarität und wittert bei Überschreitungen der imaginären Grenze sofort die Homosexualität.

In Tims Darstellung widerspricht dieses Bild der männlichen Natur (»*So ist kein Mann. So. […] Ist untypisch, einfach.*«) und ist historisch neu (»*Ja, Mann, die wollen alle keine Männer mehr, die wollen alle Jungs. Weißte? Die wollen alle so äh glattrasierte kleine Babyface-Bengels… Weißte, so… kleine David Beckhams.*«). Er schätzt es als mittlerweile hegemonial oder zumindest dominant ein, das Bild übt demnach also Druck auf Individuen wie ihn aus: »*Aber das ist wie gesagt, so, dieses Bild, was so von den Medien äh suggeriert wird. Ne? Also das ist so… So musst du heutzutage aussehen und äh alles andere… Wenn ein Mann zum Beispiel normal ist, so ist, ist äh… ordinär!*« Im Verweis auf das Ordinäre und das Veralten zeichnet Tim die Umrisse einer Figur, die an die Verächtlichmachung des Proleten oder Prolls erinnert. Das »Normale«, das als ordinär gilt, bestimmt Tim vor allem körperlich: M: [lacht] »*Zum Beispiel, was meinst du damit?*« T: »*Ja, so, keine Ahnung, zum Beispiel so ne Sachen wie, wie Haare auf der Brust oder so. Das ist eigentlich, eigentlich normal! Weißte, so.*« M: »*Ja.*« T: »*Oder weiß ich nicht, wenn man beim Sport war, ist es normal, dass man nach Schweiß stinkt und so ne Sachen. Aber das ist dann immer eklig*«. Die Möchtegern-Reichen sind gemäß dieser Logik diejenigen, die den männlichen Körper domestizieren und verweiblichen, was an die traditionelle oberschichtliche Herabstufung und Tabuierung des Körpers zumindest erinnert, während derjenige, der nichts anderes sein will als das, was er ist, sich auch zum eigenen Körper und seiner Natur bekennt

und damit als abgewerteter Proll oder Prolet erscheint. Zugleich kopieren sie
– so die Deutung aus der Perspektive von Tim, Mesut, Mehmet, Tarek und
vielen anderen – einen Stil der »Reichen« und geben damit zu erkennen, sich
für »etwas besseres« zu halten: Sie orientieren sich am sozialen Oben und
werden dabei verweiblicht, anstatt im althergebrachten, natürlichen Sinn
männlich zu bleiben und sich zum gemeinen Volk, den normalen Leuten
zu bekennen. Mit der Kennzeichnung als Möchtegern tadeln Tim und Co.
hier also sowohl das Bemühen, etwas anderes zu sein, als man ist, als auch
die Ästhetik und das vergeschlechtlichte Lebensführungsmuster dessen, was
die anderen angeblich sein wollen.

Viele sagen, dass man als Styler eher in Diskotheken und Clubs Einlass
erhält. M: »*Wie ist das bei dir? Ziehst du dich gerne irgendwie ein bisschen
schicker an, wenn du, wenn du irgendwie ausgehst, oder machst du das nicht?*«
O: »*Naja, also… Pf, ich bin nicht so ein Mensch, der so in Discos geht, zum
Beispiel, weil ich wollte einmal gehen, wie heißt das, Matrix oder so? Matrix,
kann das sein… Da bin ich nicht reingekommen wegen meinem Haarschnitt.
Weil ich irgendwie einen Boxerschnitt getragen habe, aber auch mit Übergang,
nicht so einen… Weißte, noch ohne Übergang. Ganz normal! Also was auch normale Menschen tragen. Bin ich nicht reingekommen. Dachte ich mir, okay, dann
nicht!*« Das Türpolitik-Rassismus-Problem gehört für die Jugendlichen zum
Alltagsverstand, zum *common sense*. Es versteht sich für die meisten fast von
selbst, dass man im Gangsta-Style mit Picaldi-Sachen nicht in Discos und
Clubs kommt, vor allem nicht als »Ausländer«. Sie haben aber auch die Erfahrung gemacht, wie zum Beispiel Tarek berichtet, dass man als »Ausländer«
meist auch dann nicht Einlass erhält, wenn man sich schick macht. Bei Onur
führen die Versuche, alltägliche Teilhabe zu erfahren, zu Ausschlusserfahrungen. Er reagiert darauf, indem er sich zurückzieht und weitere derartige Risiken vermeidet, da er davon ausgeht, dass ihm Normalität sowieso nicht
zugestanden wird. Aus dieser Perspektive betrachtet – die fortführt, was im
Zwischenfazit zu Eskalation und De-Eskalation dargestellt wurde – ist der
Gangsta-Style, bei all seiner symbolischen Kreativität, wie der Spott über
die »Möchtegerns«, auch ein Mittel, um die begrenzte Position, die einem
zugestanden wird, nicht nur als fremdbestimmt zu erleben, sondern auch als
eigene Entscheidung.

»Möchtegern«: Figuren gescheiterter Mobilität (Zwischenfazit)

»Möchtegern-Gangster«, ob sie nun »Ausländer« oder »Deutsche« sind, möchten also hart und männlich sein und sind es nicht, sondern peinlich, sagen die einen, »Möchtegern-Türken« hätten gerne am Charisma der »Ausländer« teil, sagen die anderen, und »Möchtegern-Reiche«, heißt es, halten sich »für etwas besseres«: Die Figur des Möchtegern wird in diesem Figuren-Reigen benutzt, um Grenzen zu ziehen und zu aktualisieren, um akzeptable Rollen-Performances (nach Kriterien von *race, class, gender, sexuality*) von inakzeptablen zu unterscheiden. Als entscheidendes Kriterium für Akzeptabilität fungiert jeweils eine Common-Sense-Form von Authentizität, die Übereinstimmung von Position und Performance, auch wenn damit jeweils eine etwas andere Gruppe gemeint ist und solche Performances nie einfach nur als Ausdruck von bereits existenten Zugehörigkeiten funktionieren können. Der Spott über Möchtegerns ist zugleich mit der Aufwertung einer strukturell niedrigeren eigenen sozialen Position verbunden, die von anderen begehrt wird, wie Andrew Sayer (am verwandten Beispiel von »working class ridicule of middle class football supporters« in England) schreibt: »These are rare occasions on which the working class can extract some symbolic profit from the middle classes and experience the pleasure of being able to refuse the privileged something they want, instead of the more common situation of refusing what the privileged refuse them.« (Sayer 2005, 174; vgl. Skeggs 2005, 66f) Wenn die (etwas) Privilegierten sich die stilistischen Formen des charismatischen »Unten« (und es geht hier nicht allein, aber auch um eine Kategorie wie »working class«) aneignen, kann man dort immer noch mit der Verspottung solcher »Möchtegerns« reagieren. Dieses Authentizitätspostulat hat aber auch eine konservative Seite, da erwartet wird, dass alle »an ihrem Ort« bleiben, wo die sozialen Positionierungen sie festgeschrieben haben (vgl. Sayer 2005).[103]

Mit dieser Figurierung wird nicht nur die Umgebung typisiert, sondern zugleich eine zirkulierende kulturelle Figur zitiert, so dass zwischen beiden Ebenen ein Resonanzeffekt entsteht: Was ein Möchtegern ist, kann man wie gesehen auch im Internet nachschauen (wie Tim, Mesut, Mesut, Daniel und

---

103 Sayer argumentiert, dass eine solche »ethic of authenticity« letztlich soziale Hierarchien naturalisiert (2005, 174). Er verweist auf Bourdieus Beobachtung, dass Arbeiter feindseliger gegenüber Leuten eingestellt sind, die aus ihren Reihen kommen und sich wie Mittelschichtsangehörige verhalten (etwas, das sie nicht »sind«) als gegenüber Leuten aus der Mittelschicht, die sich »angemessen« mittelschichtig verhalten.

Tarek das vor dem Computer taten), in Songtexten beschrieben finden und so weiter. Die Begegnung mit Peinlichkeitszuschreibungen kann dann die »anxieties« mit bestimmen, auf die die Kleidungspraxis in ihrer Entwicklung gewissermaßen antwortet, wie Mesuts uneindeutige Aussagen zu seiner Alpha-Industries-Jacke zeigen.

Tatsächlich sind aber die ethnischen Zugehörigkeiten, die Darstellungen des »Krassen« und die Praxen der Darstellung der eigenen Attraktivität und Männlichkeit de facto vielfach komplexer und situativer als ihre figurenhaften Repräsentationen. Das zeigt zum Beispiel schon Tims eigener biografischer Weg vom »Türken« zum »Deutschen«, das zeigt das gelegentlich Styler-hafte Styling von Daniel. Er verwehrte sich zum Beispiel dagegen, dass »Chucks«, also die einfachen Stoff-Sportschuhe, die lange Zeit zur eher alternativen Skater-Ausrüstung gehörten, als Kennzeichen von Stylern gelten, was die anderen meinten. Ähnliches gilt für die »Ed Hardy«-Kleidungsstücke und -Mützen, die auch Tim, Tarek und Yusuf tragen, obwohl sie sich darüber mokieren.

Gerade die schlichte Unterscheidung von »sein« und »sein wollen«, die dem Spott über die Möchtegerns in allen drei Fällen zugrunde liegt, wird einer Phänomenologie jugendkultureller Erfahrungswelten bei weitem nicht gerecht: Dazu gehören schließlich auch Tagträume, Experimente mit symbolischer Zugehörigkeit, mediale Immersionserlebnisse, kurz, das Imaginäre, das zum Alltag gehört, sowie ephemere Identitätsentwürfe, die eher kurze Zeit bestehen bleiben. Die Zusammenhänge von Haben-Wollen und Sein-Wollen prägen die Konsumkultur insgesamt (vgl. Ullrich 2006). Wie es ein Picaldi-Mitarbeiter formulierte, als wir über geeignete männliche Models für die Werbekampagnen sprachen: »*Was die gerade sind, das interessiert ja nicht mehr. Weil, sie sind es ja. Was sie werden sollen, das ist das Wichtige. Und darauf ist halt die Werbung ausgelegt, oder die Kampagne von uns.*« (FN).[104]

Allgemeiner gesagt: Wenn alle nur das blieben, was sie schon »sind«, gäbe es weder eine Konsumkultur noch gäbe es Subkulturen. Tatsächlich – und

---

104 Er fährt fort: »*Und ich kann keine Botschaft denen verkaufen, wenn ich das mache, was sie gerade sind. Ich muss ihnen eine Botschaft verkaufen, die sie erreichen sollen, oder möchten. Oder wir sagen ihnen, dass sie es erreichen möchten. Das ist ja der Faktor. Was die gerade sind, interessiert ja nicht mehr. Weil, sie sind es ja. Was sie werden sollen, das ist das wichtige. Und darauf ist halt die Werbung ausgelegt, oder die Kampagne von uns.*« (Interview) Ich gehe aber nicht davon aus, dass Picaldi mit der – nicht übermäßig sichtbaren – Werbung allein solche Wünsche vorgeben kann, an denen sich Jugendliche orientieren, es geht um einen kulturellen Prozess, von dem die von Picaldi bewusst verantworteten Repräsentationen nur einen kleinen Bestandteil bilden.

ähnliches wurde auch anhand der Territorialitätsthematik bereits deutlich – sind Jugendliche sehr wohl in der Lage, solche Erfahrungsaspekte und mit ihnen verbundene Schemata in ihr Leben, ihre Lebensführung zu integrieren, in unterschiedlich virtuoser und kontrollierter Form. Wenn das Selbst in postfordistischen Zeiten immer weniger durch die identitätsstiftenden Institutionen des modernen Zeitalters gestützt wird, wie es die Zeitdiagnosen unisono verkünden, dann gehört das Anders-werden-Wollen ohnehin gewissermaßen zur permanenten Grundausstattung zeitgenössischer Subjektivität. Dennoch werden solche Fragen häufig im Sinne einer schlichten Dichotomie von Realität und Fiktionalität repräsentiert und figuriert.

Wenn das »Krass-Sein« zum ästhetischen und lebenspraktischen Repertoire einer Subkultur gehört, an der Schnittmenge von musikbasierter Subkultur und justiziabler Devianz, entstehen dabei sowohl besondere biografische Risiken als auch ein besonderes ästhetisches Potenzial für Lächerlichkeit und Peinlichkeit, wie sowohl bei den Diskussionen um Rapper als auch um Jugendliche im eigenen Umfeld deutlich wird.[105] Die Möchtegern-Figuren zeigen auch, dass und inwiefern kulturelle Figuren in den hier untersuchten Feldern *thematisch* sind und Gegenstand laufender alltagsethischer Diskussionen, in denen einige Elemente pauschalisierender Zuschreibungen zur Selbst-Charismatisierung aufgegriffen werden und andere, wie Verwahrlosung und Peinlichkeit, gewissermaßen in spezifischere Figuren wie den Möchtegern gebannt.

---

105 Vgl. dazu ausführlich die Beobachtungen von Winlow, der aus seiner Feldforschung unter berufsmäßig kriminellen jungen Männern berichtet, dass einige von ihnen Film-Szenen, z.B. Überfälle, direkt nachspielten.

3. Reflexivität, Reflektiertheit und die Stilisierung des »Prolligen«

Der bisherige Fokus zeigte also ein territorial-agonistisches Schema als Fluchtpunkt von Selbst-Figurierung. Es stellte männliche Idealtypen dar, die damit verbunden sind, und analysierte die Praktiken der Eskalation und De-Eskalation, im stilistisch-körperlichen Auftreten und in der Rhetorik. Somit entstand das Bild eines kulturellen Codes, der stilisiert wird, aber in mancher Hinsicht auch auf habituell geprägter Verkörperung basiert. Porträtiert wurden individuelle Figurierungsgeschichten im Kontext von Lebenssituationen in einer postfordistischen Stadt (mit einer einer spezifischen kulturellen Textur), in denen dieser Code seine Gestalt und Wirklichkeit gewinnt.

Im zweiten Teil dieses Kapitels rückt nun die Frage nach der *Reflexivität* im Verhältnis zu solchen Codes ins Zentrum der Aufmerksamkeit: die Frage nach ihren Formen, Funktionen und Politiken. Um diese Zusammenhänge zu erkunden, werden in den folgenden Abschnitten wiederum drei junge Männer porträtiert: Yusuf, Jörg und Tim. Zugleich nehme ich hier Bezug auf die subkulturtheoretischen Anmerkungen zur praktischen Reflexivität im Picaldi-Style-Kapitel, auf die Anmerkungen zur Figuren-Reflexivität im Theorie-Teil sowie auf das diskursanalytische Material, um das reflexiv-performative Verhältnis zu Proll-Figuren »im Feld« in den Zusammenhang größerer gesellschaftlicher Figurierungsprozesse zu stellen und zu eigenen zeitdiagnostischen Schlussfolgerungen zu gelangen.

Yusuf und Tim – die oben bereits zu Wort kamen – haben mit den Protagonisten der bisherigen Abschnitte einiges gemeinsam und sind auch mit ihnen bekannt. Yusuf gehört zum Kreis von Robbie und Mace; Tim zum Kreis von Mesut und auch von Tarek. Zugleich unterscheiden sie sich von ihnen, wie zu zeigen bleibt, durch ein besonders reflektiertes und reflexives Verhältnis zur Figurierung. Das »Code-Switching« und das Integrieren eines als prollig codierten Stils und Schemas in ein größeres persönliches Repertoire, so die Hauptthese, die im Folgenden erarbeitet wird, erlaubt vielen jungen Männern das Darstellen und Erleben einer besonderen, auch besonders *urbanen* Kompetenz. Zugleich sorgt sie – insbesondere, wenn sie mit einer erhöhten sozialen Position einhergeht – für erhebliche Distinktionseffekte. Die Aneignung des »Prolligen« als Bestandteil eines Identitätsprojekts und eines größeren »Figuren-Repertoires« kann dann auch, so widersprüchlich dies auf den ersten Blick scheinen mag, mit einer verstärkten Distanzierung vom sozialen Unten und mit dessen symbolischer »Fixierung« und Ausgrenzung einhergehen. In der Darstellung dieses Zusammenhangs, der am Ende der Zirkulationsprozesse des »circuits of culture« steht, kulminiert dann auch die Argumentation der ethnografischen Kulturanalyse mit ihren verschiedenen Ebenen.

Yusuf

Yusuf, der Urban-Wear-Verkäufer, bedient viele der Motive, die in den bisherigen Porträts zur Sprache kamen. In einem Gespräch mit Robbie, der über die »*Möchtegern-Prolls*« schimpft (womit er (post-)migrantische Jugendliche im Gangsta-Look meint), beschreibt er sich selbst als »*Proll mit Klasse*«: »*Ich bin auch nur ein Proll, aber ein Proll mit Klasse*« (FN). Verbal reflektiert er, der berufsmäßige Kleidungs-Experte, sehr viel differenzierter über Stil als die bisher zitierten Jugendlichen, von denen er sich mit seinem Baggy-Hip-Hop-Style ästhetisch merklich unterscheidet, auch wenn er eine ähnliche Rhetorik der »Straße« pflegt. Oben wurde er bereits mit seinem Ideal der »*urbanen Typen*« zitiert, »*die sich im Straßenleben, aber auch im Berufsleben gut auskennen*«. Er selbst strebt offenkundig nach dieser doppelten Qualifikation. Yusuf präsentiert sich als neugierigen kulturellen Kulinariker, der im Gegensatz zu einigen konservativen Freunden »*alle Geschmäcker kennen lernen*« will, die die Welt bereithält. Was Kleidung betrifft, trägt er viel von der Streetwear-Marke LRG, die seiner Ansicht nach zur oben zitierten Musik für »*Kenner*« oder »*Experten*« von »*Elite-Hip-Hoppern*« passt, im Gegensatz zu den Deutsch-Rap-Fans, die tendenziell »*billige*« Musik hören und »*billige*« Kleidung tragen.[1]

---

1 Vgl. die Anmerkungen zum Verhältnis des »Billigen« und »Schlechten«, zwischen Ästhetik, Wertschätzung und Moral im Abschnitt über Robbie.

Ausführlich erläutert er mir zum Beispiel die verschiedenen Kunden-Typen des Geschäfts, in dem er arbeitet, und den (finanziellen, modischen, ethnischen, subkulturellen) Wert, der verschiedenen Marken beigemessen werden kann, sowie die Strategien, mit denen die Firmen viele Kunden in seinen Augen täuschen. Er erklärt, was ihn von den »*Bangern*« auf der Straße unterscheidet, was »*high-class Hip-Hop*« wie bei Kanye West ist, dem Rap-Superstar, der alle Genre-Grenzen sprengt, zeitgenössische Kunst und japanische Popkultur-Artefakte sammelt. Dieses Erklären wird von einem reflektierenden Zeigen begleitet. Yusuf trägt zum Beispiel die einschlägige Nike-Cap. Die sei, sagt er im Interview erläuternd, »*so ausländermäßig*«, damit sei er »*so ein richtiger Kanake, wie er im Buche steht*«. Er zieht sie sich auf dem Kopf zurecht und spielt die Figur, die er zitiert, als die er sich kurzzeitig ganz bewusst stilisiert. Als er »*richtiger Kanake*« sagt, ändert sich die Stimme und wird, wie ich finde, in offensichtlich satirischer Manier »kernig«, die Fremdwahrnehmung reflektierend und reproduzierend (FN). Dazu ändert sich kurzfristig seine Mimik und unterstreicht die stilisierte Performance der Kanaken-Figur. Solches »Switchen« zwischen verschiedenen Registern eines Repertoires, nicht nur im Sprachlichen, gehört zu seinem Kommunikationsstil und findet andauernd statt.[2] In anderen Situationen ahmt auch er andere soziale Typen nach, die allerdings weniger identitätsrelevanz sind, zum Beispiel einen stereotypen »Metrosexuellen«, indem er mit hoher Stimme spricht. Und er switcht zwischen deutscher und türkischer Sprache, zum Beispiel im Gespräch mit einem Praktikanten mit türkischem Migrationshintergrund.[3]

Das Switchen bewegt sich nicht einfach zwischen zwei Sprachen oder auch Dialekten, sondern zwischen mehreren, und Yusuf ist sich der Distink-

---

2 Zum linguistischen Begriff »Code-Switching« und seinen Funktionen vgl. Gumperz 1982, Androutsopoulos 2001, 2011. Eingebürgert hat sich auch der verwandte Begriff des »Crossing« (Androutsopoulos 2002) für »den konversationellen Gebrauch einer Sprache oder Sprachvarietät, die dem Sprecher ethnisch bzw. sozial nicht eigen ist« (ebd., 11).

3 Auch in manchen anderen Situationen parodiert er den »Kanaken«-Typus, wenn er sich zum Beispiel, nach einem auf hochdeutsch geführten Telefonat, mit »*Haust du rein!*« verabschiedet oder mit, wie mir scheint, pseudo-arabischer Aussprache das Wort »hardcore« als »chardcore!« ausspricht. Zum »Metrosexuellen«: An dieser Stelle des Gesprächs geht es um die Frage, ob Picaldi etwas mit Hip-Hop zu tun hat; er identifiziert den aktuellen Look der Marke zunehmend mit typischer Massen-Mode für »Styler«, die ihm als »metrosexuell« gelten, deshalb sagt er, die Marke habe damit inzwischen nichts mehr zu tun, »*Es sei denn, irgendwann taucht hier so ein metrosexueller Hip-Hopper auf und sagt (weiblich-hoch-sanfte Stimme): ›Hey hey, yo, Jungs, es ist (engl.) correct, sich die Augenbrauen zu zupfen‹, weißt du? (Lacht) Dann kann ich verstehen, dass es angesagt ist.*«

tionsrelevanz solcher Kompetenzen wohl bewusst. Als wir bei ihm zuhause sitzen (er wohnt mit seiner Frau zusammen, der Schwester seines Freundes Chris, die uns – einmalig in meiner Feldforschung – Kaffee serviert), führt er mir die eigene Respektabilität und auch einige Videos vor, zum Beispiel von Bushido. Er mag ihn zwar als Rapper nicht sonderlich, aber er schätzt an ihm, dass er zu erkennen gibt, dass er die kommerziell kalkulierte Performance der eigenen Image-Persona überblickt und sich in Fernseh-Interviews gut artikulieren kann: Bushido könne, im Unterschied zu Sido, »*clean, im Anzug, als vernünftiger Bürger*« auftreten. Wichtig ist ihm, führt er aus, ist, »*dass er halt auch anders herum zeigt, er rappt zwar über diese ganze Scheiße, aber an sowas könnte sich zum Beispiel die Jugend ein, wie sagt man das, äh, Vorbild nehmen. Zum Beispiel, der Junge rappt zwar auf Straßendeutsch, aber kann sich besser als so manch anderer Deutscher, den man hier und da kennt, artikulieren. Weißt du? Aber viele Leute sehen das nicht.*«[4]

Yusuf spottet über andere Zeitgenossen, die im Gegensatz zu Bushido »*auf ihrem Straßendeutsch hängen bleiben*« – und auch der Pop-Gangsta Bushido rühmt sich in jenem Ausschnitt aus dem Fernseh-Interview, der Moderator habe Glück mit ihm, seiner Sprachbeherrschung und seinem Benehmen; die meisten seiner Kumpels könnten sich nicht richtig herum auf einen Stuhl setzen und täten sich schwer damit, sich zu erklären. Yusuf pflichtet ihm bei, auf sein eigenes Umfeld blickend: »*Man soll ja keine, hier, Doktorarbeit an der deutschen Sprache machen, aber Hauptsache, dass man sich wie ein gesitteter Mensch hinsetzen kann und halt dem anderen kund tun kann, was man sagen möchte*«.[5] Ich frage ihn nach seinem eigenen Wechseln zwischen dem gesitteten Deutsch und der »Straßensprache«, nachdem er das Thema selbst aufgeworfen hatte. Er antwortet einer Form: »*Bei mir ist das eine Mischung aus beidem, Mann. Bei mir kann man's nie unterscheiden, so. Einmal*

---

4 Angesichts Yusufs kurzer Distanzierung »wie sagt man das« beim »Vorbild« interpretiere ich den Satz als Beispiel einer »geborgten« (hier: pädagogischen) Sprache – nicht als Versuch, etwas zu sagen, was man nicht denkt, sondern als Resultat einer nicht alltägliche Sprechsituation im Interview (vgl. Bourdieu 1982).

5 Yusuf kam mit acht Jahren (als »ethnischer Türke«) aus Griechenland nach Deutschland. Bei ihm zuhause wurde die türkische und die griechische Sprache gesprochen. Nachdem er nach Deutschland gekommen war, besuchte er eine Vorbereitungsklasse zur Eingewöhnung und ging parallel auf eine griechische Schule, um sein Griechisch nicht zu verlernen. In Deutschland, so berichtet er, fingen seine Eltern an, zuhause Türkisch zu sprechen, obwohl sie in Griechenland zuhause Griechisch sprachen. Er habe von den drei Sprachen einiges behalten. Beim Deutschlernen habe ihm zuerst vor allem die Super-Nintendo-Spielkonsole geholfen und dann die Schule und vor allem das *Duden*-Lesen.

spreche ich aus der Sprache raus, und im nächsten Moment spreche ich wieder normales Deutsch. Also ich bin zufrieden mit meinen Deutschkenntnissen, die ich hab. Ich kenne viele Leute, die sogar hier geboren sind und nicht besser sprechen können als ich. Von daher bin ich eigentlich zufrieden mit meiner Sprache. Aber wenn ich bei den Atzen in der Crackhöhle bin, ist natürlich immer nur Straßensprache angesagt.«[6] Er switcht also nicht nur zwischen Deutsch und Türkisch und zwischen dem eigenen Selbst und der Kanaken-Figur, wie er mir in diesem performativen Interview-Face-Work demonstriert, sondern auch zwischen einer »Straßensprache«, die an dieser Stelle als ethnisch unmarkiert vorgestellt wird, und der dominanten Sprache. Dieses Sprechen ist ebenfalls stilisiert, nun jedoch im Sinn eines tatsächlich repertoirisierten kulturellen Codes, nicht im Sinn selbstironischen Performens. Sein stilistisches Repertoire hat er sich mit der Zeit erarbeitet, es ist gewissermaßen organisch mit ihm gewachsen, wobei er seine Kleidungs- und Stil-Praxis als konsequentes Verfolgen der Hip-Hop-Schiene und zugleich als Prozess der zunehmenden Verfeinerung beschreibt.

Yusufs Leben ist weder privilegiert noch repräsentativ für eine in jeder Hinsicht ressourcenarme Unterschicht; sein Beispiel verdeutlicht auch den potenziellen Unterschied zwischen Bildungstiteln und kulturellen Kompetenzen. Er ist, wie er betont, »ärmlich« aufgewachsen. Er hat einen Hauptschulabschluss; er hat eine Privatinsolvenz hinter sich und er erklärt, dass nahe Verwandte im organisierten Verbrechen tätig sind. Yusuf verfügt über verschiedene Ressourcen, soziale (familiäre Kontakte) und vor allem kulturelle, die mit seiner Biografie zusammen hängen, nicht zuletzt die Coolness und das Wissen der migrantischen »Straße«, die er gewissermaßen unter die Pankower brachte. An kulturellen Kompetenzen ist er sehr viel reicher als zum Beispiel Robbie. Subkultur-Kompetenzen hat er körperlich und kognitiv gespeichert, was er mir durch das Switchen zwischen »Straßensprache« und Hochdeutsch vor Augen führt.

---

6 Auch hier stellt sich – auf der Ebene der Subjektivität schlechthin, unabhängig von sozialen, ethnischen und Gender-spezifischen Positionierungen – das Authentizitätsproblem, wie es in den Diskussionen um »Möchtegerns« zum Ausdruck kam. Ich frage, ob er mit unterschiedlichen Leuten in einem unterschiedlichen Modus ist. »Nee, ich schalte mich nicht um. Nee, also... Ich bin immer ich. So, wenn ich da bin, wenn mich ein Thema nicht interessiert, dann sitze ich da zwei Stunden und chille einfach (lacht). Bin dann in meiner eigenen Welt. Aber wenn es mich interessiert, dann gebe ich auch meinen Senf dazu. Verstellen tu ich mich für keinen, nicht mal in meiner Familie. Okay, in gewissen Punkten schon.« (Lachen) Das Lachen verweist auf die Frage nach illegalen Aktivitäten, ganz im Sinn der oben beschriebenen Ambivalenzen von stilisierter Eskalation und De-Eskalation.

»Ein Proll mit Klasse«

In einem Gespräch im HipShop war von »Prolls« die Rede, im Sinne der Möchtegern-Prolls, wie sie Robbie definierte. Ich fragte Yusuf, was er unter dem Wort versteht, und er antwortet im Sinn des Sprachgebrauchs seiner Gruppe, der Pankower Atzen: »*Ah, was heißt Proll? Also ich finde, ich bekenne mich als Proll. Ich bin auch ein Proll, ich hab kein Problem damit, Prolet zu sein.*« Er erläutert: »*Prolet zu sein bedeutet, für mich, ähm, wie sagt man das, also… Primitiv, nicht primitiv aufzufallen, sondern… Es ist schon eine primitive Art und Weise, sich darzustellen. So, halt… Prolet-, proletarisch darzustellen, heißt das, glaube ich, ja auch.*« Zur Illustration nennt er Stilisierungspraktiken, die auf einen Gestus des Auffallen-Wollens verweisen: »*Proll, jetzt, wenn ich jetzt eine silberne, dicke, silberne Kette habe, ich habe auch eine dicke, silberne Kette, die ich gerne trage, und ich zeig mich gerne halt, in der Öffentlichkeit. Und das ist proletenhaft.*«

Dass Yusuf sich »als Proll bekennt«, zeugt zunächst einmal von einer Identifikation, zugleich aber auch von einem Wissen davon, dass dieser Akt bewusster Identifikation überhaupt erwähnenswert ist – sonst wäre es kein Bekenntnis. Ein gewisser Trotz ist also enthalten. Die Kette lässt sich in dieser Lesart sowohl als ein Mittel des Sich-Zeigens verstehen als auch ein Zeichen für einen entsprechenden, selbstbewussten Gestus, der das Sich-Zeigen gewissermaßen zum Prinzip erklärt, analog zur stilisierten »workingclassness« zweiter Ordnung, wie Hebdige sie anhand der Punks der späten siebziger Jahre beschrieb, hier nun jedoch gerade nicht (wie bei den Punks) mit Blick auf Eigenschaften, die traditionell als roh und schäbig gelten, sondern, gewissermaßen eine Stufe weiter, mit Blick auf das Ausstellen von Statussymbolen.

Was nun das Wort angeht, ist Yusuf mit seiner Aneignung und Resignifizierung keinesfalls allein, wie wir bereits gesehen haben. Die Figuren-Semantik wird hier erneut vom Aspekt der stilistischen Performance dominiert: Ich frage nach einer Weile, ob der Proll-Status etwas mit sozialen Schichten zu tun hat. Yusuf sagt, das sei nicht der Fall und betont stattdessen erneut den Aspekt der Darstellung: »*Das ist einfach nur, wie man sich selbst darstellt, einfach. Früher wurden ja, diese, das ist, äh, das gemeine Volk, das sich halt gerne ausgeschmückt hat, wurde ja als Proleten oder ich weiß nicht, ich war schon so lange nicht mehr in der Schule… (lacht) Das ist halt, heute ist es immer noch so. Das sind Menschen unterer (unserer? (sic! – in Aufnahme nicht zu entscheiden, Anm.)) Schicht, im meisten Fall, die sich halt hier ähm mit C-Klasse-Schmuck und C-Klasse-Klamotten hier gerne darstellen und einen auf Obermacker mar-*

kieren.« M: »*Passt natürlich gut mit dem ganzen Hip-Hop-Bling-Bling-Ding zusammen.*« Y: »*Genau. Ja. Ich mag das einfach, warum soll man das nicht machen? Weißt du?*« M: »*Warum soll man nicht so zeigen, was man…*« Y: »*Auffallen. Ja, klar. Ist halt was anderes. Ist… Ist nicht das Mainstream, was man sonst sieht. Dieses immer, mit Anzug, oder hier, Picaldi, und was weiß ich. Ist nicht dasselbe.*«

Bei Yusuf, der sich auf die feineren Unterschiede Subkultur-interner Unterscheidungen versteht, ist mit dem Prolligen also sehr viel eher der Gestus des Auffallen-Wollens an sich gemeint, das Bekenntnis zum Protzen (gerade, ironisch, mit nicht-exklusivem »C-Klasse-Schmuck«), als die spezifischen Ausstattungsstücke.[7] Die Passage illustriert zugleich, dass der Bezug zu sozial-strukturellen Kategorien immer wieder explizit abgestritten wird, aber in abgeleiteter Form erhalten bleibt, hier im Bezug auf die populare »*Schicht*«. Und auch hier erledigt die resignifizierende Aneignung nicht das ethische Problem der Typisierung. Yusuf verwehrt sich gegen stereotype Zuordnungen: »*Nee, das ist einfach nur eine Ansichtweise, wie man einen Menschen sieht, so. Das ist einfach nur… Kann, kannst du jemanden sehen, weißt du, der voll wie der übelste Proll hier voll zugehängt hat mit Ketten und bling-bling-Armbändern und Ringen überall, aber in ihm kann auch ein guter Samariter stecken, der halt gerne was für die Menschheit tut und Menschen hilft.*«

Yusufs Ausführungen sind *erstens*, das gilt es hier festzuhalten, von einem hohen Grad von Reflektiertheit hinsichtlich der zirkulierenden Bedeutungen der Proll-Figur und von einem reflektierten Umgang mit einem Fremdbild geprägt. *Zweitens* dokumentieren sie eine umdeutende Resignifizierung, eine positive Besetzung des Proll-Etiketts. *Drittens* zeigen sie, dass die Rede vom Proll auch dann noch von einer fundamentalen Doppeldeutigkeit charakterisiert bleiben kann, wenn das Wort identifikatorisch angeeignet wird, wenn sich ein Sprecher dazu »bekennt«. Die Gesprächspassage begann mit einer pejorativen Verwendung des Wortes »Prolls«, als es um die migrantischen Jugendlichen (»Banger«) ging, die auch Yusuf nicht leiden kann und »*primitive Affen*« nennt. So stellt die Resignifizierung keine vollständige, sondern nur eine partielle Umwertung dar. Die oben angeführte Beschreibung des

---

7 »Picaldi« stehrt beim ihm hier für Konformismus. Zum Zelebrieren von »Bling« (eine auditive Vokabel für ein optisches Signal, des Glitzerns) vgl. die bildreiche Kulturgeschichte von »Hip-Hop Jewelry« bei Osse/Tolliver 2006. Dazu auch ein Beispiel von vielen aus dem lokalen Rap-Kontext: Der Berliner Rapper Kool Savas erläutert auf der Rap-City-Berlin-DVD Nr. 2 (Mantikor Records 2008) ganz ähnlich wie Ufuk, warum er so viel »Ice« (Juwelen) trägt.

Prolligen als »*primitive Art und Weise, sich darzustellen*« hat in ihrem Äuße-
rungszusammenhang zunächst einmal affirmativen Charakter: Das findet er
gut. In Bezug auf den Proll-Typus, den er ablehnt (die »Banger«), scheint
der affirmative Aspekt des »Primitiven« jedoch verschwunden: »*Aber das ist
auch, das sind für mich einfach nur primitive Affen. Die so rumrennen.*« Damit
unterstellt er seinen Antagonisten, den unreflektierten »Bangern«, eine Pri-
mitivität, die er gerade nicht nur als Darstellungsweise versteht, sondern als
tatsächliche, essentielle Eigenschaft. Vor diesem Hintergrund interpretiere
ich solche Resignifizierungen dann auch nicht als heroisches, rundum wi-
derständig Transcodieren, auch wenn es fraglos wichtige Elemente des Sich-
Entziehens aus dominanten Subjektivierungen aufweist. Auch in Yusufs Fall
handelt es sich um ein weder per se entmächtigendes noch per se widerstän-
diges »negotiated decoding« (Hall) sozial zirkulierender Bedeutungen. Der
Umgang mit dem Proll-Etikett, dem Proll-*Wort*, zeigt eine Gemengelage von
selbstbewusster Aneignung und verunsichernder Internalisierung sowie von
einer erneuten Externalisierung an.

Yusuf präsentiert sich in seinen Aussagen und in seiner Praxis als ein reflektiertes Subjekt, das sein eigenes stilistisches Repertoire und dessen Außenwahrnehmung und -etikettierung überblickt. Die praktische, stilistische
Reflexivität (hier nicht in Form des Picaldi-Stils, sondern als selbstbewusst
prollig ausstaffierter Hip-Hop-Style gewissermaßen für Fortgeschrittene) ist
bei ihm zudem, stärker als bei Robbie und Mesut, in ein verbales Reflektieren der Figurenhaftigkeit eingebunden. Anstatt dass er sich von stereotypen
Zuschreibungen rundum distanzieren würde, ermöglicht ihm das stilisierte
Switchen zwischen verschiedenen Ausdrucksregistern in der nahweltlichen
Interaktion eine Distanz zu den Figuren, an denen er teilhat. Von den »Bangern«, den Prolls im schlechten Sinn, unterscheidet ihn weniger die soziale
Position, da er seine »ärmliche« Herkunft ja gerade betont, als vielmehr der
Typ seiner Reflexivität und der Grad stilistischer *sophistication*, den er zu er-
kennen gibt. Das verhält sich in den zwei folgenden Porträts anders.

Jörg

»*Haute couture ist doch drollig / Meine Jeans sind real und hardcore-prollig*«,
rappt ein junger Mann – ein wenig unbeholfen, aber charmant – auf einem Track, den er »Picaldi Anthem« genannt hat, also »Picaldi-Hymne«.

Picaldi-Jeans sind ihm »*heilig*«. Später heißt es: »*Picaldi cool, Teile Butter /
Deine Hose schwul wie deine Mutter / Liebe kann den Mann beflügeln / Frauen
solln Picaldi bügeln/Ich steh voll auf Nutten, Schnaps und Prügeln*«. Solche
Zeilen fordern das Etikett »spätpubertär« geradezu heraus. Sie zählen noch
zu den zitierfähigeren in diesem Text, der der selbst gewählten Benennung
»Trash-Rap« mit seiner ausgestellten sexuellen und fäkalen Vulgarität alle
Ehre macht.[8] Um keine Missverständnisse aufkommen zu lassen, schließt
der Rapper einen metapragmatischen Kommentar mit ein: »*Picaldi ist der
Wind im Segel / Shit-Kid-Jörg der Alpha-Flegel/Niedrig das Niveau, doch hoch
ist der Pegel*«.

»So ein bisschen eine selbstironische Darstellung von dem ganzen Klischee«

Die rappende Person, mit Sicherheit ohne größere Karrierepläne im Rap-
Business, heißt Jörg und hat mit den bisher beschriebenen Jugendlichen
nicht viel zu tun, außer einigen musikalischen Vorlieben und einer Präferenz
für dieselben Hosen, für uni-farbene »Zicco«-Karottenjeans von Picaldi, mit
denen er, aus der kulturanalytischen Vogelperspektive betrachtet, Teil desselben Zirkulations- und Figurierungsprozesses wird. Er kommentiert seinen Trash-Rap im Gespräch als »*übertrieben Macho, aber schon so ne auch so
ein bisschen eine selbstironische Darstellung von dem ganzen Klischee.*« Formal
schließt der Track an den Battle-Rap von Berlinern wie Kool Savas an, grobi-
anistisch gewendet, und an die unübersichtliche Ironie-Genre-Gemengelage
von K.I.Z. Von Gangsta-Image-Rappern wie Bushido, auf die sich Mesut,
Robbie und Tarek dann doch beziehen, hält er gar nichts, »*weil du da merkst,
der nimmt sich hundert Pro so selbst ernst und so extrem wichtig auch.*« Sich
wichtig zu nehmen – das disqualifiziert eine Person aus der Sicht von Jörg,
der das Selbstironische schätzt.[9] Mit Drohgebärden ist es in Jörgs Stil-Figu-
rierungspraxis nicht weit her, und die oben beschriebenen Ambivalenzen

---

8 Die Musik, der Beat, den ein Freund schrieb, ist einfach gehalten, deshalb gehe ich darauf
   hier nicht weiter ein.
9 So erläutert er: »*Ich habe da eben nicht so die jetzt die Überlegungen jetzt dazu getroffen,…
   ob ich mich da jetzt irgendwie eingrenze oder abbilde, aber es… einerseits verarsct es das
   natürlich, andererseits reproduziert es dieses Genre auch. Aber weil ich halt so ne, nicht mal
   Ambivalenz, sondern eher so ne gleichgültige Einstellung zu habe, ist der Track so, wie er ist, so
   ungefähr.*«

von sozialem Realismus und den Codes der Härte einerseits und ästhetischem Genre andererseits sind an dieser Stelle ganz unmissverständlich zur »*totalen Verblödung*« hin aufgelöst – als Zeichen derselben beschreibt er den Track.[10]

Jörg ist zum Zeitpunkt des Interviews 25 Jahre alt, in München aufgewachsen und kommt aus einer Familie mit klassisch (bildungs-)bürgerlichen Berufen: Sein Vater arbeitet als Arzt und seine Mutter als Gymnasiallehrerin für Deutsch, Geschichte und Sozialkunde. Seit fünf Jahren lebt Jörg in Wien. Er studiert Publizistik, ein Studium für Internationale Entwicklung und Wirtschaft hat er nach dem Vordiplom abgebrochen. Er schätzt sich politisch »Mitte links« ein. Nach Abitur und Zivildienst verbrachte er zunächst ein Semester in Frankreich und absolvierte dort Sprachkurse, dann reiste er ein Vierteljahr durch Südamerika. Jetzt will er das Studium in den nächsten drei Semestern abschließen. Seine Geschmacksgeschichte, in der ich mich ein wenig wiedererkenne (er ist ein ehemaliger Mitbewohner einer Freundin von mir), schließt viel US-amerikanischen Hip-Hop mit ein, eine Zeitlang dann den Berliner Battle-Rap von Rappern wie Kool Savas, schließlich mehr Electro-Minimal-Musik, die in den Clubs läuft, und er betont, dass sein Horizont auch Bossanova, Samba, Jazz und klassische Rock-Musik umfasst, also weit und kosmopolitisch ist, ganz im Sinn des kulturellen »Allesfressers« (R. Peterson) als neuer dominanter Figur der Popkultur. Gekleidet habe er sich lange Zeit im Skater-Stil und mit Hip-Hop-Wear, dann mehr mit Trainingsanzügen, inzwischen »*so casual mit kleinem Hip-Hop-Akzent, wenn du so willst*«.

Eigentlich, so erläutert er, passt die Hose nicht zu ihm, denn das »*Image*« oder »*Klischee*« sei das der »*asozialste(n) Proletenmarke*«, was ja allgemein bekannt sei. Ein Mitbewohner trug die Zicco-Jeans, sie gefielen ihm und er brauchte sowieso neue Hosen, deshalb fragte er den, wo er sie denn her habe. Als der sagte, die seien von Picaldi, habe er zuerst mit dem Satz »*Picaldi? Diese Prol-Marke, oder was?*« reagiert (er hatte die Hose des Mitbewohners zunächst für eine Diesel-Hose gehalten), aber als er sie sich dann für günstige 30 Euro kaufte, war er begeistert. Inzwischen tragen auch einige andere Freunde die Hose, die in Wien nicht sonderlich verbreitet ist. Gelegentlich werden sie darauf angesprochen, und zwar von den »*Möchtegern-Gangstern*« von den Haupt- und Realschulen, wie er meint. Die Assoziation »*Prol-Mar-*

---

10 Die selbstbewusste »Verblödung« gehört zum Genre (vgl. die Anmerkungen zum verwandten Phänomen der *knowingness* im »Proll-TV«). Eine Veröffentlichung von K.I.Z. trägt zum Beispiel den Titel »Urlaub vom Gehirn«.

ke« rühre nicht von der Ästhetik selbst, sondern von den Trägern her: »*Man sieht halt die Leute, die mit den Jeans rumlaufen, ganz einfach, so im Umfeld.*« Seine eigenen, grundlegend schlechten Erfahrungen mit »*den Leuten, die mit den Jeans rumlaufen*« bilden der Erzählung nach das Gegenstück zu den Jugendkultur-Figurationen, wie sie Tarek und andere beschrieben hatten. Als Teenager fuhr Jörg Skateboard und wurde, wie er berichtet, immer wieder von Jugendlichen angepöbelt, die man in seinen Kreisen »*Prolls*« nannte. Diese explizit negative Klassifikation, die ja dem humanistischen Comme-il-faut auf der sprachlichen Ebene widerspricht, das Jörgs links-bildungsbürgerliches (eher denn besitzbürgerliches) Milieu prägt, war dem eigenen Verständnis nach defensiv motiviert (und damit gerechtfertigt), da die anderen in der Interaktion die aggressiven und dominanten waren, wie der folgende Gesprächsabschnitt zeigt: M: »*Was verbindest du mit dem Wort ›prollig‹?*« J: »*Pff... Ja, gut, das ist jetzt nicht sehr klar definiert. Ich meine, im Endeffekt, ist natürlich, prollig meine ich halt dieses... Ja, Möchtegern-Gangster-Halbstark, so, Ding, eigentlich.*« M: »*Dieser Typus?*« J: »*Ja, schon. Also, ich meine, klar, das gibt es, wenn du es so genau willst, da gibt es natürlich einige Abstufungen. Ich meine, du siehst halt, ich meine, ursprünglich, so wie sich das halt im Sprachgebrauch so anwendet, gab es halt, also für mich war diese Bezeichnung, ist es damals da her gekommen, da war ich halt ein Skater und die, die coolen Jungs, die da halt immer kommen und dein Kleingeld wollen und dein Skateboard zerstören, das waren halt so die Prolls damals. Dass da halt viele von auch mit Migrationshintergrund war, das kommt, das führt halt wieder dazu, dass das auch heute wieder viel mit Türken und was weiß ich ich, vielen Leuten so in Verbindung steht.*« Die Situationen, in denen sein Verständnis dieses Figurenetiketts geprägt wurde, stammen also aus seiner Gymnasialzeit. Inzwischen verbindet er mit dem Proll-Etikett allerdings eher »*diese Metro-Prolls*«, eine Figur, die er weniger als antagonistische Bedrohung in der Interaktion im öffentlichen Raum wahrnimmt denn als ärgerlich konformistische Konsum-»Opfer« (im Sinn von »Möchtegern-Reichen« im oben beschriebenen Sinn). Das diagnostizierte »*Paradox*« besteht darin, dass Jörg, wie er wortreich erklärt, »prollige« Jeans trägt, aber selbst ganz bestimmt kein Proll ist, weder nach seinem Selbstverständnis noch nach dem seines Umfelds: »*Ich grenz mich schon von diesem Halbstarken-/Möchtegern-Ghetto-Ding ab.*« Seiner eigenen Darstellung zufolge trägt er die Hose auch nicht aus wie auch immer gearteten symbolischen Gründen, um eine bestimmte kulturelle Figur zu verkörpern oder so etwas, sondern weil sie bequem und günstig ist und gut aussieht (»*Vom Modischen sagt mir das zu. Das, ähm, ja, wie soll ich sa-*

*gen, das Klischee, das dahinter steht, ist halt wieder ne andere Sache, so. Also…
Mit dem habe ich mich nie identifiziert und mag ich jetzt auch nicht«* – eine
Alpha-Industries-Bomberjacke würde er sicherlich nicht tragen). Zwischen
dem »*Image*« der Hose und ihm selbst verläuft demnach eine klare Trennungslinie,. Andererseits liegt angesichts dieses Rap-Stücks auf der Hand,
dass die Kleidungssemiotik für Jörg eine ganz erhebliche Rolle spielt und er
sich spielerisch, am Mikrofon zuhause, durchaus im Sich-Identifizieren übt
(oder zumindest in einer praktischen Mimikry), nicht mit den Prolls aus
seiner frühen Jugend, aber doch mit einer imaginären Position weit jenseits
aller Respektabilitätsgrenzen.[11]

Figurierung als Performance chauvinistischer Maskulinität

Mit seiner Rap-Figur, *Picaldi-clad*, schlüpft Jörg in die Rolle eines vulgären, grobianischen Chauvinisten. Die Figur beleidigt in Battle-Rap-typischer
Manier die Mütter der vermeintlichen Konkurrenten, indem sie ihren sexuellen Ruf in Zweifel zieht, brüstet sich der eigenen Potenz, Alkoholtole-
ranz und Gewaltbereitschaft und freut sich am Skatologischen.[12] Die Rap-
Figur-Performance bildet ein vom Alltag abgegrenztes Format, das es Jörg
offensichtlich erlaubt, den Grobianismus einer imaginären Prolligkeit als Stil
von Maskulinität performativ auszuleben, ohne selbst so zu sein, »tatsächlich«. Als »Trash« bezieht der Text Genre-gerecht hyperbolische, blödelnde
Elemente mit ein, und er begibt sich auf eine Meta-Ebene, die das Genre
reflektiert und Distanz zwischen Text und Autor schafft: »*In meiner Fantasie
/ Tragen hoe's Kleider von (Picaldi…) / Ich denke nur an sie / Egal wo und wie /
Morgens in der Muckibude / Abends in der Fixerstube / Mein Schwanz ist groß*

---

11 Vgl. zur Unterscheidung von Mimesis, Mimikry und Maskerade in der (postkolonialen,
feministischen, kritischen) Theorie insbesondere Fuss 1994, 24f. Ihre Schlussfolgerung,
wonach das subversive oder affirmative Potenzial einer mimetischen Praxis nur aus dem
Kontext zu bestimmen ist und letztlich bestenfalls ambivalent bleibt, sind auch hier relevant: »The deceptively simple details of who is imitating whom and under what conditions
stand as the most insistent, intricate, and indispensable questions for a politics of mimesis.« (25)
12 »*Mein Schwanz bringt Hardcore-House ins Stocken / Weiche Jeans für harte Brocken / Deine
Bitch dient mir als Slave / Picaldi Jeans, Home of the Brave / Deine Mom braucht Aftershave /
Ich mag Eichhörnchen und steh auf Rave / Sechzig München, Fleisch und Drogen / (Picaldi…)
Jeans liegen am Ende vom Regenbogen / Du bist hart, wenn du deine Alte schlägst / Cool nur
wenn du Picaldi trägst / Seht ihr nicht die ganzen Spacken / Zur Not jump ich auch auf Scha-
bracken / Was soll's, ich geh jetzt kurz kacken*«.

/ Mein Hirn ist klein / Möge dein erstes Kind / Ein männliches sein. Yeah // Das sind arrogante Macho-Sprüche / Picaldi-Raps aus Teufels Küche / Lange war ich nicht mehr so verliebt / (Picaldi…) ›Wie schön, dass es sie gibt…‹«.[13]

Es mag unangemessen erscheinen, solch vulgären, unernsthaft vorgebrachten und vergänglichen Texten ernsthafte Aufmerksamkeit zu schenken. Eine derartige Analyse setzt sich angesichts der unterschiedlichen Sprach-Genres fraglos dem Risiko des Lächerlichen aus.[14] Aber gerade solche Texte, und die Komplexität von distanzierenden und identifizierenden, »selbstironischen« Figuren-Bezugnahmen und Subjektpositionen, zeugen von der Reflexivität, die, gewissermaßen unter der Oberfläche sozialer Strukturen, zu solchen Figurierungsprozessen in der Gegenwart gehört.

Formal erschließt sich der Text der encodierenden Intention gemäß in erster Linie über die »*Selbstironie*«, inhaltlich über den Sexismus einer als prollig verstandenen, gewalttätigen, Frauen dominierenden und herabsetzenden Männlichkeit. Jörg parodiert diesen Stil an dieser Stelle und verkörpert ihn zugleich performativ, was er in diesem Moment fraglos genießt. Seine Performance ist stilisiert im Sinn der bewussten, wenn auch spielerisch-hyperbolischen Verkörperung eines sozialen Typus und kippt, soweit ich das einschätzen kann, nicht in ein habitualisiertes Schema um. Sie hat wenig mit seinem alltäglichen Verhalten, auch der eigenen Freundin gegenüber, zu tun. Jörg bittet mich dann auch, seinen Namen zu pseudonymisieren: Gegenüber den Freunden stehe er schon zu dem, was er da macht, aber er möchte nicht, dass seine Mutter den Trash-Rap-Text liest.

Reflexive Prolls und reflektierte Proleten: Zur Politik der Performance

Zu klären bleibt, wie ein solches Beispiel innerhalb des jugendkulturellen Feldes positioniert ist. Die Proll-Figur gilt insgesamt als Inbegriff des Unreflektierten und oft auch von körperlichem Exzess, der »grobianisch« repräsentiert wird. Zugleich findet sich Reflexivität, wie bereits an verschiedenen Stellen erkennbar wurde, in allen hier beschriebenen Figurierungspraxen und nicht nur in solchen dezidiert selbstironischen Texten. Die Figur bezieht

---

13 »Hoe« – engl. Slang für »Nutte«/»Hure«.
14 Damit steht sie wiederum in einer langen volkskundlichen Tradition.

ihre semiotische Energie und ihre milieuübergreifende, jedoch jeweils unterschiedlich akzentuierte kulturelle Funktionalität gerade aus der Spannung zwischen dem Unreflektierten und dem Reflexiven. Zum Verständnis dessen ist ein kurzer begrifflicher Exkurs notwendig, der die Zusammenhänge von Intentionalität, Expressivität und Reflexivität vertieft, die in den ethnografischen, theoretischen und diskursanalytischen Textteilen schon verschiedentlich angesprochen wurden.

Der Begriff der Reflexivität verweist auf einen Komplex von Phänomenen; er lässt sich verstehen (a) als bewusste und absichtliche (intentionale) Wahl von Stil-Mitteln (»self-conscious invention and reinvention in the shaping of youth identities«, Nilan/Feixa 2006, 3). Dies kann, muss aber nicht, das diskursiv-kognitive Wissen um unterschiedliche Benennungen oder Codierungen der eigenen Figurierungspraxis einschließen. Zugleich geht es (b) um verbale Darstellung/Explikation, in der Akteure über das eigene Handeln und dessen Bedingungen nachdenken – um das Reflektieren. Der Begriff wird (c) in einem eher strukturell-prozessualem Sinn verwendet: mit Bezug auf Prozesse der institutionellen Rekursivität und des Kulturtransfers, des Transfers zum Beispiel von Selbstdeutungs-Mustern (wie es bei Robbie sichtbar wurde) und Schemata zwischen Wissenschaft, Medien, anderen Institutionen und Alltag (vgl. Lindner 1998a). In dieser Analyse kamen zwei Formen hinzu: nämlich (d), was oben als »praktische Reflexivität« subkultureller Stilisierung beschrieben wurde, im Sinn eines »selbstironischen«, wissenden Kommentierens der eigenen Praxis im Gestus der Praxis selbst (und nicht (nur) im verbalen Kommentar), sowie (e) im Sinn einer »gespeicherten« Reflexivität kultureller Figuren wie bei Bushido und anderen.

Das Reflektieren der Subjekte und die Reflexivität ihrer Praxen und Ästhetiken bildeten also zentrale Motive in der bisherigen Darstellung, und mit Jörg wurde ein Beispiel für eine durch und durch reflexive Selbst-Figurierung eingeführt und mit den bisherigen kontrastiert. Im folgenden Abschnitt, in dem es vor allem um Tim geht, baue ich diese Analyse aus.

Die Frage nach der mehr oder weniger reflektierten Figurierung, wie sie die Akteure hier vor Augen führen, ist in vielen Zusammenhängen stark mit Wertungen aufgeladen, die für soziale Anerkennung relevant sein können, wie ein Blick auf die semantischen Felder verdeutlicht: Auf der Seite des Reflexiven und der reflektierten Performance einer Rolle oder Figur stehen Attribute wie »absichtlich«, »spielerisch«, »ironisch«, »selbstironisch« oder »parodistisch« und »selbstbestimmt«, auf der Seite des »Unreflektierten« und der »bloßen« Verkörperung stehen Attribute wie »unbewusst«, »unabsichtlich«, »konventionsbedingt« und »fremdbestimmt« (vgl. Fuss 1995, 24f; Leibetseder 2010; Skeggs 2005). Analytische Unterscheidungen und normative Bewertungen anhand ästhetischer und ethischer Kriterien sind hier kaum zu trennen, weder in der jugendkulturellen noch in der akademischen Praxis.

Tim

Der 18-jährige Tim, ein Bekannter von Tarek und Mesut, gilt in diesem Kreis als lustig und eloquent, weshalb er mir auch als geeigneter Gesprächspartner vorgestellt wurde, aber sein Stil ist nicht mit dem der Jungs identisch. Er kam bereits vielfach zu Wort.[15] Er ist eher klein, kräftig, energiegeladen, kurzhaarig und sprudelt vor Auskunftsfreudigkeit, wenn er gute Laune hat, ansonsten wirkt er oft ein wenig finster. Seinen Namen hörte ich zum ersten Mal, als Tarek und Mona von ihm erzählten. Bei einer Diskussionsrunde und bei einigen Treffen lernte ich Tim dann besser kennen, und damit auch seine Sicht des Verhältnisses von Stil, Figuren und Identität und seinen Umgang mit verbaler und stilistischer Reflexivität.

Tim bekleidet eine widersprüchliche soziale Position. Zur Zeit der Gespräche ist er, damals seit ungefähr eineinhalb Jahren, arbeitslos, abgesehen von gelegentlichen kleineren Jobs. In einem halben Jahr sollte er jedoch eine Ausbildung zum Tontechniker an einer privaten Hochschule beginnen (was er dann auch tat), die für gute Kontakte zum Musikgeschäft bekannt ist. Tim wohnt in einer Zwei-Zimmer-Wohnung in einem schlichten Nachkriegsbau, die seinen Eltern gehört. Seine Mutter arbeitet als Bibliothekarin und taucht in den Erzählungen immer wieder als »Gutmensch« auf (was zumindest einen Hintergrund der Lust am »Provozieren« bildet, auch durch nationalistische Positionen). Der Vater betreibt eine Hausverwaltung; früher arbeitete er als KfZ-Mechaniker (ein Urgroßvater war Architekt und baute einige ansehnliche Tempelhofer Stadthäuser, wie Tim mir erklärt). Tim hat einen Realschulabschluss gemacht, aber auf einem privaten Gymnasium, das er ohne Abitur verließ. Seine schulische Karriere war, gemessen an den Erwartungen der Eltern, bislang nicht sonderlich erfolgreich. Er hat momen-

---

15 U.a. wurde er zitiert, als es um »Atzen« und um die Abgrenzung gegenüber den »metrosexuellen Stylern« und um die (vermeintlichen) »Möchtegern-Ausländer« ging.

tan wenig Geld und lebt einen Lebensstil, der mit seinem entstrukturierten Tagesablauf (einschließlich spätnachmittäglichem Aufstehen) in manchem an stereotype Unterschichtsbilder erinnert, und ihm sind viele Aktivitäten, auf die er Lust hätte (Kinogänge, Ausgehen) verbaut, weil ihm dazu das Geld fehlt.[16] Andererseits hat er jedoch Zukunftsperspektiven verfügt über Ressourcen: materielle Ressourcen (finanzielle Unterstützung seiner Eltern, eigener Wohnraum, Technik und so weiter), soziale Ressourcen (einen verhältnismäßig heterogenen Freundes- und Bekanntenkreis, Vereinsmitgliedschaften) und kulturelle Ressourcen (seine Fähigkeiten als DJ und sein popkulturelles »Bescheidwissen«).[17] Die Bedeutung der materiellen Ressourcen wird zum Beispiel im Vergleich mit seinem Freund Mesut, mit Tarek, Robbie oder mit dem oben zitierten Onur deutlich, der auch Musik machen möchte, aber dazu nach der Arbeit – im Gemüsegeschäft eines Onkels – keine Zeit und Energie mehr hat und dem auch die Geräte fehlen.

Auch Tim trug im Alter von 12 bis 15 den Picaldi-Style; eine Picaldi-Hose ist das erste Kleidungsstück, das er mir zur Veranschaulichung seiner Kleidungs-Autobiografie zeigt. *»Also mit der hier verbinde ich schon teilweise schon, muss ich ganz ehrlich sagen...«* M: *»Mit der Picaldi.«* T: *»Ja ja. Und... Ja, schon so sich in eine Gruppe eingliedern, in die man eigentlich so gar nicht wirklich reingehört hat, so.«* M: *»Das heißt?«* T: *»Naja, ich hab zu der Zeit auch viel mit, mit Türken und Arabern gechillt, so. Aber ich hab dann irgendwann gemerkt, so, das ist nicht mein Ding, so. Die sind einfach... Die sind mir zu anders, so. Die... die sind, da ist, weiß ich nicht. Es gibt natürlich Gemeinsamkeiten und so, also, weiß ich nicht... Er zum Beispiel! (Zeigt auf Mesut, der auch anwesend ist, Anm.) Also, ich hab ein paar Türken und Araber, mit denen ich noch Kontakt habe, mit denen ich noch chille, aber früher waren es wirklich so, ich habe jeden hier gekannt. Jeden. Also ich kenne die immer noch, aber ich habe, ich will mit denen nichts mehr zu tun haben.«* (Wie üblich schreibt Tim sich selbst die Rolle des aktiv Handelnden zu, während es aus der Perspektive einiger Freunde, wie wir oben sahen, eher er war, der mit seinen Bemühungen um Zugehörigkeit scheiterte). Tim stilisiert sich mittler-

---

16 Soziologisch wäre hier von einer empfundenen Statusinkongruenz zu sprechen. Er erzählt zum Beispiel von erniedrigenden Erfahrungen bei der Agentur für Arbeit, wo er sich bei einer Bewerbungsschulung in einem Kurs mit anderen arbeitslosen Jugendlichen, »nur *Kanaken*«, wiederfand, die seinem Empfinden nach eine ganz andere Kategorie darstellten, zu der er aber behördlicherseits gesteckt wurde.

17 Vgl. zu den Ressourcentypen Murdock 1997, 190f.

weile als »stolzer Deutscher«. Von seinem Schlafzimmerbalkon hängen drei schwarz-rot-goldene Fahnen, um den Hals trägt er häufig (an einer dicken Kette) ein Eisernes Kreuz, das er geerbt hat. In seinem Zimmer prangt neben einer kleinen Graffiti-Skizze (»Deutschland – erhebe dich gegen deine Feinde«) eine Reichskriegsflagge. Er sieht sich als rechts und national orientiert, aber nicht als Nazi. Die oben dargestellte Geschichte mit der Alpha-Jacke erscheint vor dem Hintergrund dieser Fortschrittserzählung wie ein Rückfall in seine Vergangenheit als »Möchtegern-Ausländer«, die er hier als Zeit der Fremdbestimmung repräsentiert; die Positionierung als Atze hat bei ihm, wie im folgenden Absatz deutlicher wird, auch eine ethnisch-nationale Komponente.[18]

Nach der Picaldi-Phase trug er einige Zeit vor allem die Cargo-Hosen von JetLag, mit denen er eine Zeit von besonders viel körperlicher Aktivität verbindet, bevor er, in dieser Erzählung, den Atzen-Stil entdeckte, der sich damals herausbildete, und sich damit gewissermaßen selbst fand. Seine Erzählung der eigenen Kleidungspraxis hat, im Vergleich mit den anderen Jugendlichen, die hier vorgestellt wurden, mehr Stationen (Picaldi-Stil, Atze, Styler, konventionell förmliche Kleidung), verweist auf ein größeres Repertoire. »*Und dann ging es los. Mit… Hier. Ne?*« M: »*Das ist jetzt eine Adidas-Trainingsjacke, schwarz-weiß, drei Streifen…*« T: »*Genau. Genau. Ich habe jetzt, mittlerweile habe ich davon im Schrank glaube ich fünf verschiedene in verschiedenen Variationen […] Und dann habe ich noch eine die, die von der WM, nee, von der EM, die mit dem, die, die offizielle Deutschland-Adidas-Trainingsjacke […] Die musste ich natürlich auch haben, ne? Klar. Habe ich mir dann auch geholt. Und ja, das war dann sozusagen die Atzenzeit. Da hat es dann angefangen […] Das war die erste Trainingsjacke, so, die ich dann immer getragen hab. Mit der, mit der Pornobrille dazu. Und mit Jogginghose. Das war so die erste, erste, der erste Abschnitt in diesem Atzen… Life… mäßigen. Und äh, jo. Wobei ich aber auch anfangs die Jacke dann auch mit den JetLag-Hosen kombiniert habe. Ne? Aber dann kam das Jogginghosen-Feeling, wo es dann entspannter und gemütlicher war, und dann habe ich erstmal wirklich, ich habe dann erstmal wirklich eine ganze zeitlang keine JetLag-Hosen mehr angezogen.*«

Beim ersten Treffen schien es ihm ein wenig peinlich, die eigene Kleidungspraxis – das Ensemble von Jogginghose, Adidas-Trainingsjacke, Pilotenbrille – mit dem Atzen-Etikett zu beschreiben, wohl wissend, wie geläufig

---

18 Die Alpha-Industries-Bomberjacke ist auch unter Neonazis im strikteren Sinn beliebt, zu denen Tim nicht zählt. Auf eine Kritik der in seinen Äußerungen auftretenden Rassismen verzichte ich an dieser Stelle.

es vor allem im Jahr zuvor in der populärkulturellen Arena geworden war; und auch angesichts der Verbreitung des Atze-Etiketts Jugendlichen, die dessen in seinen Augen unwürdig sind. (Tim erläutert, dass man das einfach »sein« soll, anstatt sich ein T-Shirt mit der Aufschrift »100 Prozent Atze« anzuziehen – inzwischen trügen auch »*metrosexuelle Styler*« solche T-Shirts).[19] Die Südberliner »Atzenrapper« um Frauenarzt begannen in diesen Jahren mit ihren kommerziell orientierten und zunehmend erfolgreichen Figurierungsunternehmungen, mit Elektro-Rap-Schlager-Musik. Einige Monate nach unserem ersten Gespräch hatten es »die Atzen« (Frauenarzt und Manny Marc) mit »Das geht ab« dann bis ins Zentrum der deutschen Popkultur geschafft.

Im Rahmen dieser autobiografischen Konstruktion steht die »Atzen-Zeit« für wachsende Selbstbestimmung, für Hedonismus und für eine unverkrampfte, »*enthemmte*« Lebensführung, wie Tim ausführt: M: »*Und sonst noch, was verbindest du damit, mit der Jacke so, also ›Atzen-Life‹*« [lacht]... T: »*Viel... Viele Parties, viel, viele Leute kennen gelernt in der Zeit. Sehr viele Leute. Vielen Leuten im Gedächtnis geblieben. Viel gevögelt, um es mal salopp zu sagen [lacht]. Also halt... Leben gelebt. Ja? Einfach... Enthemmt das Leben gelebt, äh, gemacht, was man wollte, nicht großartig irgendwie sich über irgendwas, über irgendwelche Verhaltensweisen oder so Gedanken gemacht...*« M: [lacht] T: »*Also, es war nicht so, dass ich irgendwie jetzt rumgelaufen bin und ohne Grund irgendwelchen Leuten vor den Kopf gestoßen habe. Überhaupt gar nicht! So nicht, also, teilweise schon. Aber nicht, nicht, nicht jetzt... Äh, systematisch.*« M: [lacht] »*Systematisch wäre ja auch anstrengend...*« T: »*Aber... Ähm. Ja, also man hat halt wie gesagt... Also das Ding ist, hier, damit verbinde ich, das hat mit hier mit der Jacke und mit diesem Style, der eigentlich immer noch anhält, verbinde ich eigentlich das Loslassen von diesem Klischee, dass es einem wichtig sein muss, was andere von einem denken. Also, das ist mir mittlerweile so egal, was andere von mir denken, ich habe meine Handvoll Leute, die wissen, wie ich bin, die wissen, was ich bin und die mögen mich so, wie ich bin. Und... Äh, da ist es mir scheißegal, was andere von mir denken. Interessiert mich nicht.*« M: »*Mhm.*« T: »*Und wenn die denken – ey, wie läuft der denn rum mit Jog-*

---

19 Seiner Darstellung nach hat er den entsprechenden Kleidungsstil mit erfunden, oder zumindest nicht unmittelbar von anderen abgeschaut (»*Die haben sich ja damals schon Atzen-Rap genannt. Aber selbst die sind nicht wirklich so rumgelaufen. Aber ich hab das halt gehört und hab mich davon in Anführungsstrichen ein bisschen inspirieren lassen...*«); ohnehin habe er sich als Techno-Szenen-Angehöriger nie so viel um Stil-Fragen geschert wie andere. Die Jacke habe er von der Verwendung als Sportbekleidung, die die Mutter vorgesehen hatte, spontan zum Atzen-Style »zweckentfremdet«.

ginghose, draußen und bla, das macht man nicht, das ist doch nur für zuhause zum Chillen, dann sage ich: Ey, fickt euch. So. Weißte, so. Die interessieren mich dann gar nicht.«

Letztlich, so formuliert Tim in dieser Selbstdarstellung das weit verbreitete Verständnis, bringen Kleidung und Stil nur eine zugrunde liegende Haltung zum Ausdruck: Ein Atze im positiven Sinn ist jemand, der »*einfach macht*«, was er (nicht so sehr: sie) will, ganz im Sinn der oben angeführten Erläuterungen der Atzen-Rapper: »*Und Atze ist halt für mich so – für mich ist der Begriff ähm ich mach einfach was ich will. Ich mach, worauf ich Lust hab, und ich zieh mich an, wie ich will, und ich rede, wie ich will, und ich mach einfach, was ich möchte, und was andere denken, ist mir egal.*« Auf dieser Ebene der diskursiven Explikation geht es also um Selbstbestimmtheit, um das Ignorieren von hemmenden Konventionen und Anstandsvorstellungen.[20] Er betont auch, dass er sich nicht immer nur in der Art und Weise als Atze kleidet, die selbst wieder konventionell geworden ist. Auf der Ebene der Figuren-Bezeichnungen bedeutet das: Wer »*eine richtige Atze*« oder »*ein richtiger Atze*« ist, der hat solche Etikettierungen und das Befolgen subkultureller Konventionen nicht nötig, da es gerade um das Unkonventionelle geht.

Verbales Reflektieren über die eigene Praxis zählt ohne Zweifel zu Tims Talenten. Der 18-Jährige ist beredter als zum Beispiel Robbie, Mesut oder Tarek. So erläutert er auch die Hintergründe seines Kleidungsstils. Er wolle damit angesichts des weit verbreiteten Schubladendenkens ein wenig »*provozieren*«.[21] Zugleich kokettiert er auf diese Weise performativ mit Figuren des Unreflektierten und des sozialen Unten. Er werde, so sagt er zum

20 Das ganze hat nicht zuletzt sexuelle Untertöne: Frauenarzt, Orgi usw. sind bekannt als »Porno-Rapper« (wofür sie u.a. von Alice Schwarzer in einer Fernseh-Diskussionsrunde, die Tim mir vorspielte, heftig kritisiert wurden), letzterer hat einige Porno-Filme gedreht. Viele Texte sind selbstbewusst sexistisch; die symbolisch-sexuelle Erniedrigung von Frauen gehört zu dieser Art von »Atzen-Rap«. Zum Topos des »Unverstellten«, emotional authentischen als Gegensatz zu den hemmenden Konventionen vgl. u.a. Lindner 1986b und die oben zitierten Aussagen von Jope, dem Atzen-Rapper.
21 Mit solchen Formulierungen greift er auf pop-psychologisches Wissen zurück und beruft sich auf einen aufgeklärten Individualismus. Die Abgrenzung vom »Schubladendenken« gehört nicht nur bei ihm zum Selbstbild; allerdings »verarbeitet« er dies in besonderem Maße in der eigenen Figurierungspraxis: »Ich find's ein bisschen uncool. Dieses Schubladendenken ist eigentlich blöd. Aber…« M: »Aber es ist trotzdem eine Realität?« T: »Ja, das ist verbreitet, das ist so. Da kann man nichts gegen sagen. Aber das ist auch so ein Grund, warum ich einfach mache, was ich will. Einfach auch ein bisschen um zu provozieren. So einfach so: Ey!« Vgl. zu Prozessen wie der Karriere der zugeschriebenen Motivation des »Provozierens« auch Lindner zu Medien-Wissenschafts-Transfer-Prozessen (1998a).

Beispiel, oft als »*Prolet*« wahrgenommen. »*Ja, bei mir ist das zum Beispiel so, wenn die Leute mich sehen, denken die: Ja, okay, Prolet. Hat nichts...*« M: *Prolet?* T: »*Ja. Prolet, hat nichts im Kopf, weiß nicht wirklich, was er redet, so, weißte, und dann, weiß nicht...*« M: »*Warum denken die das? Was für Signale sind das, die du aussendest* [lacht]?« T: »*Das kann ich gar nicht so genau sagen, aber das ist einfach, dass du, wenn du zum Beispiel als, es ist eigentlich so verschrien, mit einer Jogginghose und Turnschuhen dich in ein Café zu setzen. Das ist einfach so, in Anführungs... Das macht man nicht. So. Das macht man einfach nicht. Wenn man in ein Café geht, dann zieht man sich halbwegs ordentlich an. Das ist... Weißte? Und wenn du dann halt kommst so mit Jogginghose, so nach dem Motto: Ich bin gerade aufgestanden, so weißte, so wird es von denen interpretiert, so, weißte, so, dir ist egal, wie du aussiehst, so, dann ist es so – ja, wenn einem egal ist, äh, was die Leute von einem denken, denn, dann wird das gleich gleichgesetzt, man, man ist nicht so... intelligent. Man ist halt ein bisschen dumm. Weißte? Und das ist so, ähm, wo ich mir denke, äh, das ist Blödsinn, so.*« Und weiter: T: »*Es gibt Leute, die ziehen sich einfach nur so an, damit andere Leute von ihnen kein falsches Bild kriegen, so. Ne? Und ich sag einfach: Nö! Ich zieh an, was mir Spaß macht, [...] und was die Leute von mir denken, ist egal. Und wenn die mit mir reden, dann merken sie, dass ich nicht dumm bin. Weißte?*«[22]

Eigentlich gehe es ihm in seiner Stil- und Kleidungspraxis, so diese Version der Darstellung, nur um die zwanglose Gemütlichkeit. Gesellschaftliche Konventionen von Anstand und Respektabilität haben Zwangscharakter; ihm ist – im Gegensatz zu anderen – klar, dass die »*gemütlichen*« Sachen nichts über eine Person aussagen, und dass sie auch nicht eine vermeintliche Herkunft aus dem sozialen Unten dokumentieren. Wenn andere ihm mit Vorurteilen begegnen, dann ist das nicht sein Fehler. Ähnliches wurde oben zum Beispiel in der Diskussion mit Onur bereits angesprochen. Tim geht es nun vor allem um das Prollige als Mangel an geistiger und stilistischer Verfeinerung, als Inbegriff von Vulgarität.

Die verbale Reflexionskompetenz scheint bei seinem Beispiel, und beim Atzen-Style insgesamt, einer reflexiven Figurierungs-Praxis zu entsprechen, die hochgradig intentional ist, und nicht als Ausdruck einer wie auch immer gearteten habituellen Prägung fungiert: Er trägt die Jogginghose demnach, weil sie bequem und »gemütlich« ist, und zugleich, weil sie signalisiert, dass

---

22 Wie oben bereits kurz angedeutet, widersprechen Freunde wie Jean dieser Deutung: Wenn Tim mit Ablehnung konfrontiert wird, liege das eher daran, dass seine kurzen Haare in Kombination mit dem Eisernen Kreuz an der Kette Neonazi-Assoziationen wecken.

er Bequemlichkeit in höherem Maße schätzt als hegemoniale Konventionen von Anstand und Respektabilität. Auch diese Kleidungs-Geste erinnert an eine stilisierte *workingclassness* zweiter und dritter Ordnung.[23]

Seinem eigenen Selbstbild zufolge überblickt er die Fremdwahrnehmung und begegnet ihr gestisch, bevor sie überhaupt stattfinden kann. Er scheut die herablassenden Zuschreibungen nicht, die eine solche Stil-Praxis heraufbeschwören mag, ganz im Gegenteil, er bezieht sie in sein Selbst-Figurierungsprojekt mit ein. Die negativen Reaktionen darauf analogisiert er sogar mit Rassismus. Mit der Atzen-Figur ist dabei nicht nur eine solche Gleichgültigkeit gegenüber fremden Urteilen verbunden, sondern zugleich, auch wenn das hier nicht explizit angesprochen wird, ganz explizit eine umgedeutete negative Klassifikationen des sozialen Unten. Erst aus dieser Assoziation ergibt sich die Spannung, die Identitätsprojekte wie dasjenige von Tim mit semiotischer Energie versorgt. Er erzählt zum Beispiel bei einem anderen Gespräch davon, wie er in seiner Funktion als DJ die Reichen und Schönen in einem *»sehr feinen Club am Ku'damm«* unterhielt, die ihn als *»primitiven Proleten-Atze«* klassifizieren (so seine Vorwegnahme von deren Wahrnehmung), obwohl er mit seinem selbstbestimmten Atzen-Outfit an jedem anderen Abend an der Tür des Clubs abgewiesen werden würde. *»Und so, musste dir vorstellen, so, um das mal mit deren Augen zu sehen, der primitive Proleten-Atze bringt die feinen oberen Anzug-Leute zum Tanzen und zum Amüsieren.«* Er fühlt sich in seiner Haut demnach auch deshalb wohl, weil er die Fremd-Figurierung durch die »feinen Leute« provoziert, annimmt und

---

23 Folgender Interviewabschnitt aus einem Gespräch mit Tarek und Tim mag von einer unzulässig suggestiven Fragetechnik geprägt sein; positiv gedeutet findet hier eine Diskussion auf Augenhöhe statt. M: »Aber ich meine, was ist der Punkt bei den Jogging-Sachen? Dass sie gemütlich sind? Oder schon auch, irgendwie, wie sie aussehen, was sie so... Also das ist ja immer die Frage, geht es darum, dass etwas gemütlich ist, oder geht es darum, dass was sagt, dass man sagt, das sieht gemütlich, das ist gemütlich, und ihr findet es scheiße, dass das gemütlich ist, aber ich finde es okay, dass es gemütlich ist! Sozusagen... Dass man ein Statement daraus macht, so.« Tim: »Ganz ehrlich: Ein Stückweit auch. Aber die Sache ist, dass man sich krass daran gewöhnt.« Tarek: [nickt]. Die soziale Semantik der Jogginghose – als Symbol des Sich-Gehenlassens – bringt einen wichtigen Impulsgeber für quasi-eugenische „Moralpaniken" um (nicht nur, aber vor allem, migrantische) Unterschichten zur Sprache, nämlich der Berliner Politiker Thilo Sarrazin, wenn er sich beschwert: »Nirgendwo sieht man so viele Menschen, die öffentlich in Trainingsanzügen rumschlurfen wie in Berlin.« (zitiert nach http://www.bild.de/politik/inland/thilo-sarrazin/sarrazin-wettert-gegen-suppen-kuechen-17401956.bild.html). Das verdeutlicht erneut, wie Stil-Fragen in sozialpolitischen Debatten figurieren.

damit entwaffnet. Damit deutet er die Zuschreibung der Verwahrlosung zur aufgeklärten Selbstbestimmung um.[24]

In Tims Beispiel kommen eine spezifische biografische Situation und eine allgemeinere kulturelle Konstellation zusammen. Der medial zirkulierenden Atze-Figur ist, wie oben gezeigt wurde, ein großes Maß an Reflexivität eingeschrieben; die Figur parodiert sich gewissermaßen selbst und weiß um die Künstlichkeit von Figuren im Allgemeinen. Dazu gehört das Wissen um die Wortgeschichte: Die Herleitung des Figurennamens aus dem Dialekt ist vielen Akteuren bewusst; der Umstand, dass erst eine popkulturelle Resignifizierung die Bedeutung des Wortes verändert hat, gehört zur Semantik der Figur. »*Früher*«, also vor der Umdeutung, handelte es sich bei »Atze« vor allem um eine Figur im Umfeld dessen, was weithin als »asozial« verstanden wird, wie Tim wissend erläutert. »*Wenn ich meine Eltern fragen gehe und frage, wenn ich die frage, was ne Atze ist, zum Beispiel, und wie sieht eine Atze aus? Für die ist Atze gleich Penner.*« Damit, so erklärt Tim, haben er und seinesgleichen aber gebrochen. T: »*Für die ist das so, ja so eher so was Schmutziges, so Proletariat und halt nicht so – macht man nicht. So läuft man nicht rum. Weißte, so. Und ich war halt so, mir war das egal. Für mich, ich komm nicht aus der Generation, wo man sagt, das ist Penner, ich komm aus der Generation, ich lauf so rum, Ende. Weißt du, so?*« Eine Grundkonstante von Jugendkultur, die Abgrenzung zur Elterngeneration, und eine Grundkonstante von Subkultur, die Abgrenzung vom bürgerlichen Anstand mit seinen hemmenden Konven-

---

24 Das Proll-Etikett deutet er um als Inbegriff des »Ehrlichen« und naturgemäß Männlichen. Er verbindet mit der Zuschreibung aber auch verletzendes Klassifiziertwerden aufgrund von eigentlich positiven Verhaltensweisen, wie sie auch die Atzen-Figur verkörpert: »*Naja, aber ›prollig‹ ist ja auch wieder so ne Sache. Also… Ich weiß nicht. Also, was die, was heute als Proletengehabe äh irgendwie, ich finde zum Beispiel, was auch übelst als Proletengehabe äh verschrien ist, ist zum Beispiel Ehrlichkeit. Wenn du jemand ehrlich sagst, dass du, dass du, weiß ich nicht, äh, den scheiße findest, dann bist du auf einmal ein Prolet. Weil du dem ehrlich deine Meinung sagst, weißte, so, das ist…*« M: »*Ja.*« T: »*…irgendwie so, weiß ich nicht, ich finde es irgendwie ein bisschen seltsam alles. Also, wie so… Prollig, also ›prollisch‹ und also, prollig kommt ja eigentlich von Proletariat und Proletariat ist ja nichts weiter als Arbeiterklasse.*« M: »*Ja.*« T: »*Eigentlich nichts Schlechtes. Aber eigentlich schon immer abfällig benutzt worden. Deswegen, so… Prollig ist immer so eine Sache. Also, ich, man wird heutzutage als prollig bezeichnet, wenn man Leuten ehrlich seine Meinung sagt zum Beispiel.*« M: »*Mhm.*« T: »*Ja, dann bist du ein Proll. Oder wenn du, wenn dir egal ist, was die Leute von dir denken, wenn du einfach dein Ding durchziehst, dann bist du ein Proll. Also, ich versteh das überhaupt nicht.*« Hier ist »Atze« alo auch der selbstgewählte Gegen-Name für eine Figur ähnlich derjenigen, die mit der »Proll«-Zuschreibung gemeint ist.

tionen, finden sich in Tims Explikation der Atzen-Figur zu einem Spiel mit dem sozialen Unten zusammen. Angesichts seiner schulischen Biografie liegt die Interpretation nahe, dass Tim sich hier stilistisch von einem klassischen Weg des sozialen Aufstiegs und von den Codes der damit verbundenen Respektabilität distanziert, der ihm ohnehin nicht zugänglich ist, und dafür einen anderen Weg symbolisch-kultureller Kompetenzen beschreitet. Geradezu klassisch wird dabei eine negative Klassifikationen angeführt (»*schmutzig*«), die dazu dient, das soziale Unten und untere Körperregionen zu analogisieren, wie Stallybrass und White vorgeführt haben (»filth«, vgl. 1986; Lindner 1993, 2004, 21).[25] Zugleich aber, und das macht Tims Beispiel besonders aussagekräftig für diese kulturelle Konstellation von Reflexivität und Repertoirisierung insgesamt, bleibt die Grenzziehung zu den tatsächlichen »*Pennern*« und den tatsächlichen »*Proleten*« bestehen, wie die folgenden Abschnitte zeigen.[26]

---

25 Solche Bezugnahmen stehen in einer langen Traditionslinie. »Der underdog, outcast und outlaw spielt in der Geschichte der Boheme eine zentrale Rolle als Identifikations- und Projektionsfigur«, zeigt Rolf Lindner mit Bezug auf David Matzas klassischen Aufsatz von 1961 (Lindner 1997, 9). Das Kokettieren mit Figuren des sozialen Unten und vor allem den Nicht-Sesshaften bildet eine der »subterranean traditions« von Boheme-Kulturen und Subkulturen, und das »Lumpenproletariat« (s.u.) gehört schon lange zu den Identifikationsobjekten und Projektionsflächen. Orientierten sie sich in der romantischen Tradition lange primär an »Zigeunern« und fahrendem Volk, sahen sich die städtischen Bohemiens bald vor der eigenen Haustür um: »The closest approximation that could be found in urban society was the lumpenproletariat (deutsch i.O., R.L.), and it is this group that has occupied a central place in the Bohemian's primitivist mystique'« (Matza 1961, 112, zit. nach Lindner 1997, 9). Die Atzen-Sache fügt sich somit in die Traditionslinie der *Selbststigmatisierung*, ein »Konstitutionselement subkultureller Identität« (10) bis heute. »Über Selbststigmatisierung – etwa als ›Penner‹ wie die Gammler, die als ›hergelaufen‹, ›schmutzig‹ und ›faul‹ abqualifiziert wurden – werden jene Reaktionen der ›square‹-Welt provoziert, die ein entscheidendes Konstituens der jeweiligen Subkultur bilden.« (ebd.) Interessant ist diese Kontinuitätslinie hier vor allem deshalb, weil »Atzen« wie Tim häufig dezidiert *nicht* zu den alternativen, romantischen, lebensreformerischen, »fortschrittlichen« Subkulturen in Boheme-Tradition passen (s.o.), sondern politisch tendenziell rechts stehen.

26 »Proletariat« wird an dieser Stelle m.E. im Sinn von »Lumpenproletariat« verwendet. Als »schmutzig« erachtet Tim darüber hinaus junge Frauen, die mit dem Atzen-Porno-Rap-Image kokettieren. Ihnen gesteht er das, zumindest rhetorisch, nicht zu; die weibliche Respektabilität scheint ein weiteres mal prekärer, da an den sexuellen Ruf gebunden, als die männliche. Für emanzipatorischere Gegenbeispiele vgl. die Beiträge in Schischmanjan/Wünsch 2008 oder auch die Texte von selbstbewusst vulgären Rapperinnen wie Lady Bitch Ray, die bei Tim, Tarek und Co. auf Ablehnung stoßen.

Repertoirisierung und Distanzierung des »Prolligen«

In seiner Selbst-Figurierung hat Tim einen als unterschichtlich codierten, lokalen, spezifisch maskulinen Stil (im Sinn eines habituellen Ausdrucks) und den entsprechenden, stilisierten kulturellen Code zum Teil seines Ausdrucksrepertoires gemacht, seines Figuren-Repertoires. Er hat ihn, wie auch Yusuf, bewusst *repertoirisiert*, ohne dass sich das Repertoire seiner Verhaltensstile darin erschöpfen würde. (Diese Analyse knüpft an den soziologischen Begriff des »Rollenrepertoires« an, den Ulf Hannerz für die Stadtethnologie adaptiert hat (1980). Die Repertoirisierung, von der hier die Rede ist, betrifft aber nicht Rollen im strikten soziologischen Sinn, sondern Performance-Stile, die auf kulturelle Figuren verweisen). Das Wissen darum gehört zu Tims reflexiver Praxis.

Diese Konstellation ist nun sowohl von Vereinnahmung des Angeeigneten als auch von Distanzierung gekennzeichnet, wie die folgende Episode illustriert. Bei einem Gespräch ruft Tim zur Erläuterung der verschiedenen Typen und Figuren verschiedene YouTube-Clips auf. »*Dann zeige ich dir jetzt mal jemanden, wo ich, denn du auch, wo ich dir sage: Das! Ist ne richtige! Atze! BFC-Dynamo-Fan... Hooligan...*« M: »*Au, Scheiße.*« T: »*Das ist ne richtige Atze. Wie er redet, das ist genau... Det sind Atzen. So wie er redet so, na, Old-School. Also, der ist auch schon 35 oder so, schätz ich mal.*« Er wendet sich an seinen Freund Mesut und mich gleichermaßen. »*Mesut, den musst du dir noch reinziehen, so was hast du noch nie in deinem Leben gesehen. Du stirbst. Das ist so lustig. Ich habe mich so kaputt gelacht. Das habe ich gestern gefunden...*« Tim präsentiert die Person im Interview als ein »Exemplar«, und er lässt keinen Zweifel daran, dass »diese Atze« etwas kategorial anderes ist als er selbst. Der Mann im Film sagt unter anderem über seine fast rituellen Gewalterlebnisse: »*Det ist wie'n Kick! Det ist nicht zu beschreiben, ick meine, wenn eener da vom Bandsching-Seil oder sowat gesprungen ist, der kann det vielleicht nachvollfühlen.*«] T: [lacht] »*Nachvollfühlen...*« Tim amüsiert sich über den Dialekt und die sprachlichen Fehler: » *Weißte, das ist so herrlich! Ich liebe auch immer dieses, dieses äh mit extrem deutschem Akzent ausgesprochene Englisch. Das liebe ich. Ey, ich feier das, weißte, ich find's so lustig... ›Ban-dschin-Seil‹ ›Jawemma schoma vom Bandsching-Seil jesprungen ist‹« [lacht].* Indem er die sprachlichen Regelbrüche der »Atze« heraussucht und als Anlass zur Belustigung nimmt, spielt Tim – der die meiste Zeit über demonstrativ selbst berlinert – die eigenen hoch- und fremdsprachlichen Kompetenzen gegen die des Mannes in der Fernsehsendung aus. Dessen sprachliche Unbeholfenheit steht im

Kontext der demonstrativen, tabubruchhaften Gewaltbejahung, wie sie die
Hooligan-Subkultur charakterisiert, und die auf Tim – wie andere Formen
von Gewalt – durchaus auch eine gewisse Faszination ausübt.

Auch in weiteren Clips, die Tim im Verlauf des Nachmittags und an
anderen Abenden präsentiert, repräsentieren die Protagonisten ein abjektes
soziales Unten, zum Beispiel Talkshow-Gäste in Beziehungsdramen bei *Britt*,
die sich in einem emotional rudimentären Vokabular äußern und dabei viele
Worte falsch aussprechen. Er amüsiert sich zum Beispiel angesichts der Un-
geschicklichkeit, die ein junger Mann an den Tag legt, als er das Wort »dis-
kriminieren« aussprechen will, und über die »*asoziale*« Kleidung von Talk-
showgästen. T: [lacht] »*So einfach richtige Vollidioten. Ey, das geht gar nicht.
Das ist echt der Hammer.*« Auch das seien »*richtige Atzen*«. Hier nun ist die
»*Atze*« weitgehend identisch mit dem althergebrachten Bild vom »*Asozialen*«: »*Da hätten meine, meine Eltern schon gesagt: Das sind Atzen.*«

Das amüsierte Vorführen von Figuren einer »*sozialen Bodenschicht*«, wie
Tim sie nennt, fügt sich in das Prinzip der *knowingness* und bringt eine
Verachtung für Menschen unterhalb einer Respektabilitätsgrenze zum Ausdruck, die auf diese Weise erneut aktualisiert wird. In einer anderen Situation erzählen Tim und Michael, ein Freund, von einer Fernsehsendung am
Vortag, *Mitten im Leben*, bei der es zunächst um eine in Armut lebende
Familie ging, die »*völlig asozial*« gewesen sei.[27] Sie nannten die Familie zuerst
etwas kokett, aber mit ernsthafter Verachtung, »*asoziale Wichser*«, um sich
dann, grinsend, darauf zu verständigen, dass man ja eher von einer »*sozial benachteiligten Familie*« sprechen solle. Es sei in Ordnung, über »*solche
Leute*« zu lachen, weil sie letztlich eben »*Asoziale*« seien: »*Weil ich mir auch
größten Teils immer denke, wenn da nicht wirklich irgendwie eine Vorgeschichte
ist, wenn die jetzt zum Beispiel am Anfang sagen, so, keine Ahnung, äh, die
Mutter hat eine unheilbare Krankheit und kann deswegen nicht arbeiten gehen,
der Vater bei einem Berufsunfall auch äh arbeitsunfähig, und deswegen ist das
so… Dann lach ich nicht.*« Hier habe man aber zum Beispiel gesehen, dass
sie sich nicht ernsthaft um Arbeit bemühten. Damit schließen beide an die

---

27 Ich bat sie, die Geschichte noch einmal – bei eingeschaltetem Aufnahmegerät – zu wiederholen. Es handelte sich also in besonderem Maße um eine als Performance kenntliche,
stilisierte Erzählsituation: »*Ja, die Geschichte ist so krass, Alter, das kann ich verstehen, dass
du die aufnehmen möchtest. Da würdest du wahrscheinlich den Nobelpreis kriegen für die Beschreibung, Alter. Also, pass auf.*« Michael kommt aus einer Handwerkerfamilie, sein Vater
arbeitet als Schornsteinfeger. Sie gehören sowohl objektiv als auch subjektiv zur durch und
durch »respektablen« unteren Mittelschicht, von der es soziologisch immer wieder heißt
(vgl. Bude 2008), dass sie sich in besonderem Maße nach unten abgrenzt.

alten Unterscheidungen von »würdigen« und »unwürdigen« Armen und an die neueren Unterschichtsdebatten an.

Die Distanzierung liegt offen zutage: Er möchte mit diesen Leuten nicht befreundet sein, zwischen ihnen und ihm besteht nach seinem Ermessen eine gewaltige soziale und kulturelle Distanz. Es ist angesichts der Atzen-Stilisierung aber ebenso klar, dass manche, wie der Berliner Hooligan, für ihn einen ästhetischen Wert darstellen. Das eigene Figuren-Repertoire, die Code-Switching-Kompetenz – die im Verbalen auch den klassischen reflektierenden, hochsprachlichen »elaborierten Code« (Basil Bernstein) einschließt – ist an dieser Stelle hochgradig distinktionsrelevant.[28] *Als ich dann das Gerät ausmachte [nachdem es im Gespräch um eine Jugend-WG in Neukölln ging, die in der Sendung »Mitten im Leben« vorgestellt wurde und deren Lebensweise Tim empörte und amüsierte, Anm.], sagte Tim: Der Unterschied ist eben, dass wir so reden können, aber wir können auch anders, wenn wir wollen. Das können die nicht. (FN)* »Wir« können das, die Straßensprache, sagt er – er, der ebenfalls anwesende Michael und sein Kreis. Vorher sprach er schon ähnlich über das Berlinern: er macht das »*gewollt. Ich mach's nicht ungewollt. [...] Ich kann auch normal reden.*« Die Sprache ist hier nur das offensichtlichste Phänomen: Wie das linguistische Code-Switching es den Akteuren als kompetenten *Sprechern* erlaubt, zwischen verschiedenen sprachlichen Ebenen – Dialekten, Registern – zu springen, so erlaubt die kulturell-habituelle Repertoirisierung ein Springen zwischen sprachlichen, gestischen, körperlichen Ausdrucksstilen. Im Vergleich zur stilisierten Aneignung von »Türkendeutsch« oder »Kiezdeutsch«, das unter »Deutschen« meist in einem eher distanzierten, parodierenden Modus vorgetragen wird (vor allem zum Zweck der »Anmache, Angeberei und Verarschung« wie der Linguist Jannis Androutsopoulos (2001) schreibt), handelt es sich hier um eine spielerische Identifikation mit im weiteren Sinn »prollig« codierten Figuren, die zwar Distanzierungsmechanismen enthält, aber doch auch, zumindest bei Tim, eine An*eignung* im Sinn einer gewissen stilistischen Nachhaltigkeit.

Die verbalen Äußerungen, die gestischen Amüsementbekundungen, das »Sich-Biegen-vor-Lachen«, das Schenkelklopfen unterstreichen eine spielerische Haltung gegenüber dem Material. Gesprochen wird aus einer handlungsentlasteten, überlegenen, wissenden Position. Diese »Atzen« repräsentieren eine identitätskonturierende Alterität. Zugleich üben sie eine erhebliche

---

28 Zum linguistischen Begriff »Code-Switching« und seinen Funktionen vgl. die Fußnote im Abschnitt über Yusuf.

Faszination aus und stellen für Tim eben nicht nur Fremdes dar, sondern auch Eigenes.[29]

Repertoirisierung: Formen, Funktionen, Politiken

Positiver gewendet zählt du den Funktionen der Figuren-Repertoirisierung neben den Grenzziehungs- und Distinktionseffekten gegenüber dem sozialen Unten und Außen (die fraglos sehr wichtig sind) für viele Akteure auch die Erweiterung des Erfahrungsspektrums: Wie in jedem Lernprozess erschließen sich dem Subjekt in der Repertoirisierung neue Kompetenzen und damit auch Weltzugänge, neue Affekte und Perzepte. Dazu kann, nur scheinbar trivial, das »Feeling« in der Bewegung durch die Stadt zählen (wie dies bei Mace, Robbie und auch Mesut deutlich wurde), eine selbstbewusste männliche Körperlichkeit (im Sinn von »Swagger«) oder auch ein grobianisch-vulgärer Modus (wie bei Jörg), eine proletarisch codierte Unverstelltheit und innere Authentizität (wie bei Tim), ein popkulturell gebrochener Unterwelt-Glamour (ebenfalls bei Tim). Zugleich erlaubt die Performance aber in manchen Fällen auch die symbolische *Abwehr* (durch Vereinnahmung) einer Form von Männlichkeit, die in einer lebensweltlichen Hinsicht dominant erscheint und deren Vertreter man gelegentlich al bedrohlich wahrnimmt.[30]

Für Akteure wie Tim oder Jörg fühlt sich die Performance eines repertoirisierten Stil-Schemas jedenfalls anders an als ihr sonstiger Verhaltensstil. Sie erlaubt die provisorische Verkörperung und Erfahrung eines anderen Stils

---

29 In diesem Zusammenhang steht auch seine Begeisterung für machtvollere – und in seiner Darstellung durchweg »deutsche« – Unterwelt-Figuren, für Türsteher oder Biker-Banden wie die Hells Angels. Tagträumend fantasiert er zum Beispiel an einem Abend, während wir einen Fernsehfilm des Regisseurs Dominik Graf über einen Berliner Luden sehen, von einem Dasein als Zuhälter. Diese Faszination teilt er auch mit vielen Berliner Rappern; in der Rap-City-DVD Nr. 2 (Berlin: Mantikor 2009) wird zum Beispiel ein bekannter (weißer, deutscher) älterer Zuhälter, der »das alte Westberlin« zu verkörpern scheint, von mehreren Rappern als Kumpel präsentiert; auf den Erzählungen desselben Zuhälters basiert auch der Dominik-Graf-Film *Hotte im Paradies*, den Tim mir zeigte.

30 Im Methoden-Kapitel habe ich kurz dargelegt, dass Tim davon ausging, dass auch ich als Intellektueller die Abneigung und Geringschätzung der »harten« migrantischen Jugendlichen immer wieder zu spüren bekomme. Diese Einschätzung belegt die Wahrnehmung einer Herausforderung in einem persönlichen, aber auch kollektiv-kulturellen Sinn.

von Männlichkeit als den des Herkunftsmilieus – und als der dieser »Stamm-kultur« tendenziell zugeordneten Jugend-Subkulturen.

Was muss man nun für eine solche Repertoirisierung tun? Offenkundig ist zunächst, dass diese jungen Männer in ihrer Selbst-Figurierungspraxis kulturelle Waren und Zeichen konsumieren und sich aneignen, die über kulturelle Figuren mit dem sozial-symbolischen Unten oder, anders formuliert, dem sozialen und auch ethnisierten Außen assoziiert sind, wie die Picaldi-Jeans, die Jogginghose oder die Alpha-Industries-Bomberjacke.[31] Bei der Repertoirisierung geht es aber um mehr als um käufliches Erwerben; sie eignen sich – in unterschiedlichem Maße – zugleich auch *performative Kompetenzen* an. Dazu zählen bei Jörg das »flegelhafte« Rappen und seine Wort-, Bild- und sicher auch Körpersprache, dazu zählen aber auch – eher bei Tim – das stilisierte Dialekt-Sprechen oder die körperliche Gestik, das Gehen und so weiter. Tim verbindet mit der Atzen-Figur mehr als Jörg mit seiner Rapper-Persona, die letztlich doch klar von der Alltagswelt unterschieden bleibt. Bei Tim ist die Repertoirisierung der Atzen-Figur zudem mit einem Körper-Projekt verbunden; er verbringt viel Zeit im Fitness-Studio und konsumiert allerlei Nahrungsergänzungsmittel, die den Muskelaufbau unterstützen. Früher war er schmächtig, jetzt ist er muskulös.

Diese Kompetenzen bleiben dem Selbst hier nicht äußerlich, auch wenn der springende Punkt der Repertoirisierung gerade darin besteht, dass das Subjekt sich als ein vielfältiges, vielgestaltiges, in gewisser Weise mobiles versteht, das performancekompetent ist, ohne nur das zu sein, was es in einem gegebenen Moment »performt«. All diese Techniken, so spielerisch sie manchmal auch sind, stehen mit den alltagsmoralisch aufgeladenen *Selbst-Figurierungs-Projekten* der Akteure in Zusammenhang, hier verstanden im Sinne von Identitätsprojekten, im Sinne der vergeschlechtlichten Figurierung *des eigenen Selbst*.

Neben der relationalen, kompetitiven Komponente (man erlebt, man ist und kann *mehr* als andere, mit denen man die soziale Positionierung teilt) hat die Repertoirisierung kultureller Figuren zugleich eine soziale Kompo-

---

31 Bei Jörg ist auch klar, dass der Picaldi-Stil für eine andere Stadt steht. Von einer Berlin-Reise mit Freunden in der Schulzeit berichtet er als Graffiti-»Kulturreise«. *»Das war halt eine Kulturreise in dem Sinne nach Berlin, so.«* Ich frage, was das heißt. *Sie sind viel mit der U-Bahn die Gleise entlang gefahren und haben sich gedacht, wie krass das im Vergleich zu München abgeht. Dass da auch die Rooftops 50 Mal gecrosst sind. Jeder kleine Fleck Platz in der Öffentlichkeit ist bemalt. Dieses bunte Straßenbild, hinter dem diese ganze Graffiti-Lifestyle-Kultur steht, springt einem ins Auge, im Vergleich zu München, dem konservativen Rentnerparadies.*

nente: Man kann auch *mit* mehr und mit anderen Menschen, zumindest im Idealfall, wie das auch bei Yusuf als »urbanem Typen« anklang. Sich performative Kompetenzen anzueignen kann in vielen Fällen auch die Fähigkeit einschließen, sich in unterschiedlichen Milieus zu bewegen und deren kommunikative Codes halbwegs zu beherrschen. Bei Roman zum Beispiel, einem Jugendlichen aus einer gehobenen Angestelltenfamilie, den ich bei meinen Recherchen als Bekannten von Bekannten kennenlernte, lässt sich recht klar zwischen zwei unterschiedlichen Freundeskreisen und der Familie unterscheiden. Der Picaldi-Stil gehört zum migrantisch geprägten, finanziell sozial unterlegenen Kreis aus Neukölln – im Gegensatz zu seinen »*Schnösel-Freunden*« aus dem betuchten Westen der Stadt. Das Beherrschen unterschiedlicher Ausdrucksstile (der Anschluss an unterschiedliche kulturelle Figuren) hat zumindest das Potenzial, die soziale Welt der Stadt mit ihren distinkten Netzwerken gewissermaßen zu öffnen, anstatt sie zu verschließen (vgl. Lofland 1973; Hannerz 1980). Man kann also von einem Nutzen urbaner Potentiale sprechen, und damit zugleich von utopischen Momenten der Überschreitung von Milieu-Grenzen. Solche Formen von Repertoirisierung sind nachhaltiger als das Einkaufen, sie gelingen auch nicht von heute auf morgen. Zudem sind sie ist anerkennungsabhängig – sie versetzen diejenigen, deren Nähe gesucht wird, in gewissen Grenzen in die Lage, die Vereinnahmungen abzulehnen. Aus dieser Perspektive wird noch stärker deutlich, inwiefern die Ausgrenzung von »Möchtegerns«, wie sie oben beschrieben wurde, auch eine Abwehr solcher Vereinnahmungen bedeuten kann.

Auch Tims Freundeskreis ist sozial, ethnisch und kulturell verhältnismäßig heterogen. Er umfasst zum großen Teil Jugendliche mit respektablen Bildungsbiografien und Lebensperspektiven wie Michael, Nino, Sarah und Jean, einige etwas prekärere wie Tarek oder Mesut (die er auch zu den »Anständigen« zählt), einige Angehörige verschiedener Musik-Szenen, mit denen er als DJ Kontakt hat, und einige, die sein Interesse an der Unterwelt teilen und bewusst prolliger auftreten, wie Hendrik, der »*für einen Puff*« arbeitet. Und er betont familiäre Verbindungen in städtische Szenen jenseits von klassischer Respektabilität.[32] Mit seinem Atzen-Figuren-Image, der Perfomance von Kampf- und Gewalt-Affinität durch Kampfsport und anderes, sticht Tim aus einem Teil seines Freundeskreises in besonderem Maße heraus. Das zeigt sich zum Beispiel in der Art und Weise, wie Michael, der

---

32 Mit einem gewissen Stolz erzählt er von einem Onkel, der Zuhälter sei, und von einem anderen bei den Hells Angels. Von denen habe sein Vater ihn aber immer fern gehalten.

gerade ein Geophysik-Studium nach einem Semester abgebrochen hat und jetzt den gehobenen Dienst bei der Polizei beginnen will, mir seinen eigenen Freundeskreis erklärt: Einerseits bestehe der aus eher braveren Gymnasiasten, die gerne Spieleabende veranstalten, und andererseits aus »so Atzen wie Ben«. Dann muss er aber zugeben, dass Tim eigentlich die einzige »richtige Atze« in seinem Kreis ist. Dass Michael sich mit Freunden dieses Typs gewissermaßen brüstet, verdeutlicht dessen kulturellen Wert innerhalb dieses Feldes.

Die dezidiert reflexive Repertoirisierung dient also vielfach auch der *Positionierung und Distinktion* innerhalb *der im soziologischen Sinn »eigenen« Gruppe.* Auch bei Jörg findet, wie oben deutlich wurde, offenkundig eine Distanzierung von den kulturellen Codes der Eltern statt und zugleich die Abgrenzung zu anderen popkulturell bestimmten Gruppen im eigenen Umfeld. So erläutert er, dass ihn viele aus dem eigenen »*Akademikermilieu*«, die also die soziale Position, nicht aber die stilistische Positionierung teilen, häufig fragen: ›*Was hast du eigentlich mit dieser blöden Hose laufen?*‹ *Er:* ›*Das ist meine Picaldi*‹. *Die so:* ›*Was, diese Prol-Marke?*‹ ›*Genau die! Kauf dir erst mal eine, bevor du mit deiner coolen Levi's auftrittst*‹, *sagt er dann. Man werde schon komisch angekuckt. Ohne so etwas zu ernst zu nehmen: Im Zweifelsfall würde er einen mit hochgestecktem Kragen und Polo-Hemd schlimmer finden als einen mit Goldkette und Picaldi-Jeans. [...] Aber das sind genau die Leute, die dann dazu neigen, so was abzuwerten. Die Polo-Sport-Yuppies, so ungefähr.* (FN) Nicht zur »*Picaldi-Nation*«, die sein Track postuliert, gehören, so erläutert er auf meine Nachfrage hin die Luxus-Konsumenten, also »*alle, die sich dann trotzdem noch für 160 Euro ne Diesel-Jeans kaufen, und sich damit cool kommen, die sind halt dann draußen, so.*« Der Distinktionseffekt gilt hier also sowohl dem sozialen und symbolischen Unten als auch der Schnösel-Fraktion im sozialen Oben, die (beziehungsweise deren Ästhetik) die Ausgeh- und Alltagskultur in Städten wie München weithin dominiert, und sie gilt drittens – im Sinn einer horizontalen Distinktion – wieder dem alternativ-gegenkulturellen Code von Punks und Hippies. Ironisch evoziert er eine sozial indifferente »*Picaldi Nation*«. Sein Beispiel legt eine utopische Imagination des Überschreitens sozialer Grenzen offen, aber auch die Distinktionsfunktionen der performativen Repertoirisierung im »eigenen« Kreis.

Solche Distinktionen stellen sich für Akteure wie Robbie, Mesut oder Tarek anders dar. Sie haben nicht nur weniger materielle Ressourcen, sie haben auch deutlich homogenere soziale Kreise/Netzwerke als zum Beispiel Tim, Roman und Yusuf. Mesuts Netzwerk ist zum Beispiel verhältnismäßig homogen (ähnliche Altergruppen, ähnliche soziale Positionen), und er betont mir gegenüber, dass er in den nächsten Jahren mehr Zeit mit »deutschen« Freunden verbringen will, um sein Deutsch zu verbessern. Er strebt dieser Bekundung zufolge eine klassische »aufwärtsmobile« Form der Repertoirisierung an, die er mit Brücken in andere Kreise, in andere Netzwerke verbindet, die für Tim oder Jörg wiederum selbstverständlich sind.[33]

Yusuf: Switching als Selbstbehauptung

Jenseits der Kreise, in denen subkulturelle, als unterschichtlich geltende Codes entstanden sind, kann ihre Repertoirisierung also zum Reproduzieren einer Dominanz der Reflektierten führen; zugleich kann dies wie gezeigt auch mit einer gewissen Mischung sozialer Kreise einhergehen. In einigen Fällen (und diese Anmerkungen sind jetzt als Exkurs und als weiterer Spezialfall einzuordnen) kann sie für andere – hier: migrantische, mit Rassismus konfrontierte – Akteure gelegentlich auch in einem positiveren, demokratischeren Sinn funktional sein. Yusuf zum Beispiel bewegt sich in ethnisch heterogenen Kreisen, vor allem aber unter »weißen Deutschen«. Hier erlaubt ein Sonderfall von performativer Repertorisierung, das stilisierte Switching zwischen unmarkierter und (in diesem Fall insbesondere als »ausländertypisch«) markierter Sprache, auch eine Auflösung von Konflikten, die mit anti-muslimischem, territorialem Rassismus unter seinen Pankower Freunden verbunden sind.

Yusufs »Atzen« wollen zum Beispiel gegen den Bau einer Moschee in der Nachbarschaft vorgehen, weil damit »*zu viele Kanaken*« angezogen würden, und machen Scherze über mögliche Brand- und Sprengstoffanschläge. Einerseits steht die Ethnisierung in vielen Interaktionen nicht im Vordergrund, andererseits ist Yusufs Position innerhalb der Gruppe vor dem Hintergrund ihrer politischen Orientierungen exponiert und prekär. Die Figur des »*Ban-*

---

33 Tims Netzwerk verkörpert den Modus »integrativity«, wie Hannerz ihn in seiner urbanen Anthropologie beschreibt (wobei ich hier weniger zwischen »domains« unterscheide): sein Netzwerk ist heterogen und nicht eindeutig »segregiert«; vgl. zu »encapsulation«, »segregativity«, »integrativity« und »solitude« als Modi urbaner Existenz Hannerz 1980, 258ff. Hier gibt es, wie die soziologische Stadtforschung es nennt, »bridging social capital«, das Verbindungen zu größeren Netzwerken herstellt, im Gegensatz zum milieuspezifischen »bonding social capital« (vgl. Blokland/Savage 2008).

ger-Kanaken«, die auch er gelegentlich sprachlich und mimisch parodiert, bildet für diese Freunde das Feindbild schlechthin. Als Migrant, Moslem und *person of color* wird Yusuf mit diesem Bild wohl oder übel assoziiert, wenn auch – aufgrund seines Status als persönlicher Bekannter, aufgrund seines Stils – nicht eindeutig.

Auch »seine Atzen« wie seine Freunde Mace oder Crep verfallen gelegentlich in parodierendes »Ausländerdeutsch« oder »Kiezdeutsch«, die Sprache der migrantischen Proll-Figur, die er »Banger« nennt. Beim Gang durch den Laden sagt Crep, einer von den Rechten, zum Beispiel (mit Blick auf ein verhältnismäßig teures Sweatshirt) zu Yusuf: *»Kost' 70er! Kay. Wir machen dann zum Schluss abrechnen!«.*[34] Mit solchen Parodien wird ein symbolischer Ausschluss zumindest angedeutet, der auch Yusuf treffen kann. Zugleich stellt das sprachstilitische »Crossing« die freundschaftliche Nähe, auf der es in dieser kommunikativen Situation basiert, neu wieder her, denn alle Beteiligten erweisen sich in dieser Performance als Switching- und Crossing-kompetent, tatsächlich »fixiert« wird keiner der Anwesenden, sondern eine abwesende, imaginäre Figur. Wenn er zwischen ethnisch markierter und unmarkierter Sprache switcht, manövriert Yusuf sich durch solche Dilemmata von Identifikationen: nicht argumentativ, sondern gestisch und performativ. Indem er die Figur mittels des sprachlichen und körperlichen Switchings performt (und durch Mode verstetigt), setzt er sich mit solchen Zuschreibungen praktisch-reflexiv auseinander.[35]

---

34 Er rationalisiert rassistisches Verhalten seiner »Atzen«, indem er es darstellt, als seien Ausgrenzung und Rassismus anthropologische Universalien: Deshalb könne er es seinen Freunden letztlich auch nicht verübeln, wie beschränkt sie seien.

35 Androutsopoulos konstatiert für solche Situationen ein breites Spektrum von Gebrauchsmotiven und illokutionären Effekten, zu denen auch die Herstellung bzw. Bestätigung von Gemeinschaft zählt: Als Medienzitat (aber, so denke ich, auch darüber hinaus) »verweist der stilisierte Ethnolekt auf einen gemeinsamen Erfahrungshintergrund, eine gemeinsam geteilte Medienkompetenz der Interaktionspartner. Er ruft gemeinsame Erfahrungen hervor und kann dadurch als Übergang zu einer informelleren Interaktionsmodalität gedeutet werden.« (Androutsopoulos 2001, 333). Dieser Rahmen passt zur Analyse an dieser Stelle. Er argumentiert: »Durch ›Türkendeutsch‹ im Alltag kann man sowohl Akzeptanz als auch Ablehnung einer pluriethnischen, mehrsprachigen Gesellschaft signalisieren, je nach Art der medialen Vorlage und vor allem je nach der spezifischen Verarbeitung« (336). Insgesamt dominieren aber – so sein Fazit und auch meines an dieser Stelle – die diskriminierende Parodie einer »fremden Stimme«, die auf Abstand gehalten wird. Androutsopoulos stützt seine Aussagen vorrangig auf Gespräche mit Schülern. Im Gegensatz dazu würden »Studenten, die persönlich kaum Erfahrungen mit Migrantenjugendlichen hatten, ›Türkendeutsch‹ auch im Smalltalk und sogar im Flirt« einsetzen (334) Er verweist auf einen Text (Fügelein 2000), demzufolge Intellektuelle solche Nachahmungen als »Partygag«

An einem Nachmittag geht es zum Beispiel um eine Party, die am selben Abend bei Mace zuhause stattfinden soll. Yusuf fragt nach, ob irgendwer kommt, ob sie eingeladen sind. Crep: »*Auf jeden Fall, Du ja.*« Mace: »*Was denn, klar, alle.*« Yusuf: »*Alle anderen boxen wir raus, oder was?*« Ma.: »*Ja, na klar.*« C: »*Druck jetzt. Druck jetzt.* (Er spricht mit dem Drucker, der einen Graffiti-Skizzen-Screenshot ausspucken soll, Anm.). *Du kannst auch 30 Araber mitbringen.*« Y: »*Ich spiel den Türsteher, Leute. Schreib Gästeliste: Yusuf plus 20 Kanaken*« [C. und Ma. lachen]. C: »*Yusuf plus 20 Kanaken!*«

Einerseits findet hier eine Szene der Inklusion statt, schließlich wird Yusuf zu einer Party eingeladen, und die Akteure stellen eine Art von Konsens her, den das abschließende Lachen und Herumblödeln dokumentieren. Crep nimmt zunächst eine Ethnisierung vor, die ausschließende Untertöne hat: »*Du kannst auch 30 Araber mitbringen*«. Yusuf distanziert sich nicht von dieser Ethnisierung, sondern ironisiert sie, indem er sich in eine Reihe von »Kanaken« einordnet und die Zuschreibung gewissermaßen überaffirmiert: Er »spielt« den prolligen Kanaken. Die Anderen identifizieren ihn pauschal mit dieser stereotypen Figur, gestehen ihm aber einen Ausnahmestatus zu, den er zumeist auch beansprucht, hier aber spielerisch ablegt, indem er sich in ambivalenter Form zur parodierten Gruppe bekennt.

Das Switching zwischen sprachlichen Registern oder Codes, zwischen unmarkiertem Deutsch und als migrantisch markiertem Kiez-Deutsch (und, in der Konsequenz, zwischen »reflektierten« und »prolligen« Stilen), leistet bei Yusuf also nicht nur eine Fixierung des Ausgeschlossenen, sondern – im performativen Modus der informellen Gruppe – genau die Selbst-Affirmation und Selbst-Legitimierung, die er im explizierend-diskursiven Modus betreibt.[36] Wie gesagt: Auch dies ist ein besonderer Fall. Er erinnert aber da-

---

verwenden – mit der sozialen Distanz wächst demnach die gefühlte Freiheit zur Nachahmung. Im hier zitierten Beispiel sind es eher die situativen Dominanzverhältnisse als eine gegebene soziale Distanz zu Yusuf, die Mace und Crep das tendenziell rassistische Spiel mit dem »Türkendeutsch« ermöglichen.

36 Das verdeutlicht auch das folgende Beispiel: An einem anderen Tag unterhält er sich mit einem Kunden, den er schon länger kennt und der ihm ein Auto und Waffen verkaufen will. Der Kunde, ein »Deutscher«, will eine Weste kaufen, oder ein Shirt in »*altdeutscher Schrift*«. Yusuf blödelt herum und sagt, er wolle großkalibrige Waffen, so »*Taliban-Waffen*« kaufen. »*So Taliban-Waffen und so?*« Kunde: »*Taliban?*« Y: *(lacht)*. Kunde: »*Ich kann dir hier… Ne Kuh verkaufen, mit Bombe drinne, für die Moschee hier vorne.*« Y: »*Nie im Leben!*« Kunde: »*Wieso?*« Y: »*Weil ich selber Moslem bin!*« K: »*Ach so, tschuldige ditte. Nie im Leben. Mann, ich brauch ne geile Weste.*« Y: »*Ihr kriegt die Moschee nicht weg, Mann. Ihr werdet sehen.*« K: »*Ach, mir ist das doch völlig egal… Mir ist das völlig egal, solange wie hier die…*« Y: »*Ja, im Endeffekt ist es ein Gotteshaus, weißte?*« K: »*Ja, Du, musste mal so sehen, es gibt ja schon*

ran, dass die Figuren-Repertoirisierung mit ihren Rekursen auf symbolisch ambivalente kulturelle Zeichensysteme je nach Situation und Ressourcen unterschiedliche Funktionen erfüllen und sich im Sinn unterschiedlicher Politiken einsetzen lassen kann.

Performative Repertoirisierung: Diskurs-Figuren

Diese Variabilität von möglichen Funktionen sollte jedoch nicht den Blick auf das übergreifende kulturelle Thema verstellen, das ich am Ende dieses Kapitels noch einmal ausführlich betrachten möchte. Dazu wird im Folgenden das Argument entwickelt, dass die Praxis der Repertoirisierung von einer (oftmals untergründigen) gesellschaftlichen Debatte um die Frage begleitet wird, inwiefern unterschichtlich codierte Muster essenziellen oder performativen Charakter besitzen, was sich auch als Debatte um den Umgang mit sozialen Ungleichheiten angesichts egalitärer Moralvorstellungen und persistierender, hierarchisch codierter Differenzen deuten lässt. Diese Argumentation stellt ein zentrales kulturanalytisches Fazit dieser Studie dar.

Performative Charakterisierungen, die Reflexivität implizieren, sind auch in vielen anderen Kontexten typisch für die Figurierungsprozesse, die hier untersucht werden. Eine solche Betonung des Performativen fand sich im hier betrachteten jugendkulturellen Zusammenhang besonders, aber nicht ausschließlich, bei der Atzen-Figur. Ulrike, um nur ein Beispiel herauszugreifen (sie arbeitet als Picaldi-Verkäuferin in Marzahn), erzählt über einen Verkäufer, der könne gut mit den (einige wenige Jahre jüngeren) Kunden zwischen 17 und 22 Jahren, denn er »mache« mit denen »voll auf Atze«. Meli und ihre Freundin präsentieren sich auf ihrem Fotoalbum in Atzen-Uniform, mit Cordon-Lederjacken, und posieren, die Figur sich spielerisch und unverbindlich aneignend, im Atzen-*drag*. »Atzen-Parties« und ähnliche Ver-

---

ein paar in Berlin.« [andere Kunden kommen rein]] Später im Gespräch tauschen beide die Telefonnummern aus; Yusuf spricht die Zahlen in stilisiertem Kanak-Deutsch aus und manifestiert damit – reflexiv im praktisch-performativen Modus – wieder seine Präsenz als »Ausländer«, die der Gesprächspartner vorher auf der Ebene des Gesprächsinhalts infrage stellte, indem er einen Bombenanschlag auf die Moschee ins Spiel brachte. Das Gespräch ist schwer zu interpretieren, weil mir nicht klar ist, wie ernsthaft hier über Waffen gesprochen wird; dem Kunden war m.E. klar, dass Yusuf selbst Moslem ist, aber völlig sicher bin ich mir nicht.

anstaltungen – eine wurde, ein erneutes Beispiel institutioneller Reflexivität, von der Streetwork-Organisation »Gangway« veranstaltet – zelebrieren das selbstironische Spiel mit der Figur.

Ähnliches findet sich auch im diskursanalytischen Quellenkorpus: An dieser Stelle verlässt die Darstellung deshalb erneut das ethnografische Feld. Nach der Analyse der Formen, Funktionen und Politiken von Reflexivität »im Feld« lohnt nun ein Exkurs zu anderen Quellen, um zu verstehen, wie Reflexivität in diesen Zusammenhängen genau verstanden wird. Dabei fällt auf, dass in den Zeitungen Typen-Benennungen wie »Prolls« und »Proleten« häufig in Texten verwendet werden, die zugleich ihre eigene Typenhaftigkeit reflektieren. In der Analyse der Zeitungstexte wurde dieses Phänomen als *Klischee-Reflexivität* bereits kurz erläutert: In auffallend vielen Verwendungen (und, im historischen Verlauf, zunehmend) wird das Proll-Sein nicht als einfache Eigenschaft eines Individuums oder einer Gruppe dargestellt, sondern als *Performance* und als *Inszenierung*. Da die Worte »Prolet« und »Proll« sich in den Qualitätszeitungen lange Zeit vor allem in Theater-, Buch- oder Filmbesprechungen fanden, kann man sagen, dass die Figuren sich (als Figuren) von den Bühnen des Fiktionalen auf die Bühnen des Sozialen bewegt haben.

Zu unterscheiden waren im Diskursanalyse-Korpus vor allem vier Modi von Klischee-Performance-Reflexivität: (1) *Kritik an der Klischeehaftigkeit von typisierenden Repräsentationen* von »Proleten« und »Prolls« (und evtl. ihren Bedingungen) – als ästhetische und repräsentationspolitische Kritik[37];

37 Solche Kritik kann als ästhetisches Urteil vorgebracht werden, als Urteil über künstlerisches Scheitern, das gelegentlich explizit formuliert wird, wenn es zum Beispiel heisst, *»dass es sich bei dem Personal um Klischeefiguren handelt: die Karrierefrau, die Todessehnsüchtige, die Nervensäge, der Schnösel, der Proll, der Umweltaktivist«.* Oder, klarer noch: [in der] *»Inszenierung von Robert Schuster [...] verliert die linear erzählte Chronik ihre verwirrenden Zwischentöne und wird zum plumpen Schwarzweiß-Klischee: hier die Täter als Prolls mit Bierdose und Schlüppi, dort das Opfer als höherer Sohn mit Kaschmir-Pulli und Platzwunden«.* Die ästhetische Kritik hat auch moralische Anklänge, die in anderen Beispielen deutlicher zu hören sind. Andererseits stößt der Umstand, dass überhaupt von »Prolls« gesprochen wird, durchaus auch auf Widerspruch, zum Beispiel in Leserbriefen. *»Uns ärgert schon seit langem die Diffamierung des nichtakademischen Teiles der Bevölkerung durch einige Ihrer Autoren. Obwohl wir keine Freunde von Wolfgang Petry sind und auch keine Volks- oder Schlagermusik mögen, sind wir doch der Meinung, daß niemand Ihnen das Recht gibt, Leute, die nicht Ihre geistigen Interessen teilen, als ›Proll‹ zu bezeichnen. Vielleicht können Sie sich nicht vorstellen, daß auch ›Prolls‹ in die Oper oder zum Chansonabend gehen. Vielleicht sprengt es Ihre Vorstellungskraft, daß auch ›Prolls‹ die Ausstellungen im Hamburger Bahnhof oder der Deutschen Guggenheim besuchen?«* Das Gegenargument der kritisierten Autoren würde vermutlich lauten, dass damit keine soziale Position gemeint sei.

(2) *Wertschätzung von entsprechenden Typisierungen und Figurierung als (insbesondere ästhetisch gerahmte) Leistung* (ähnlich dem positiv verstandenen »richtigen« Vertreter einer Figurenkategorie beim Sprechen über »richtige Atzen« etc. oben)[38]; (3) die *Berücksichtigung medialer Inszenierungen und Formathaftigkeit* (auch sie wurde bereits dargestellt) und (4), worauf es nun vor allem ankommt, die mehr oder minder intentionale *Performance (im Sinne von Darstellung/Spiel) als praktisch-reflexiver Handlungsmodus*, der zum Repertoire von Handlungsstilen auch bürgerlicher Akteure gehört und in spätmodern-flexiblen Zeiten besondere Relevanz bekommt.

Der Diskurs kennt eine ganze Reihe von alltäglichen Semantiken des Performativen in diesem Sinn, die im einfachsten Fall ein intentionales und kontrolliertes *Sich-Verstellen* meinen.[39] Manchmal ist aber auch vom »Rauslassen« des »inneren Proll« die Rede, mit einer Formulierung also, die im Unterschied zum distanzierten Sich-Verstellen auf etwas dem Subjekt

---

38 Andere Texte loben dann zum Beispiel eine gelungene Verkörperung eines als real gedachten Typus – ausgehend von der Überzeugung, dass unsere Welt tatsächlich in soziale Typen gegliedert ist, und einer dokumentarisch-realistischen Auffassung von Ästhetik – oder eine analoge, ebenfalls typisierte, Stil-adäquate Form des Ausdrucks. So heißt es über Afrob, einen bekannten deutschen Rapper, er habe sich in seinen Tracks »*aufgekratzt, ungestüm und prollig im positivsten Sinn um alles erleichtert, was sich bis dato auf seiner Seele aufgeschichtet hatte.*« In einigen Texten wird gerade die Produktion eines Typus – einer »Kunstfigur« – als ästhetische Leistung gewürdigt: »*Zu blechernen HipHop-Beats ließ [Mike] Skinner die Kunstfigur des ›Geezers‹ durch seine Songs stolpern: der prototypische Vorstadt-Proll, der am Wochenende auf der Suche nach schnellem Sex, Suff und Drogen die Clubs und Pubs der Stadtzentren unsicher macht.*«

39 So heißt es über einen Krimi-Autor, er schreibe »*zum Brüllen komisch, besonders dann, wenn der [...] Superintendent der Kriminalistentruppe sich als rüder Proll gibt, um seine messerscharfe Intuition zu tarnen.*« Hier bleibt der Akteur, der sich als rüder Proll gibt, gänzlich Herr über sein Darstellungsrepertoire, er verstellt sich eben; das »Geben« des Prolls gleicht einer schauspielerischen Leistung, bei der die erfolgreich gegebene Rolle weder ein entsprechendes inneres Wesen des Schauspielers voraussetzt noch an ihm haften bleibt, wenn er von der Bühne tritt. Solche Leistungen gibt es nicht allein im fiktiven Register; auch in der Politik kann ein kalkuliertes Sich-Verstellen zum Geschäft gehören: In der *Proll-Mimikry*, einer Form von Kulturpopulismus, spekulieren Akteure, die auch anders könnten, demnach auf eine entsprechende Sensibilität von Bürgerschaft und Publikum. Über den konservativen Publizisten Hans-Hermann Tiedje heißt es beispielsweise, » *Tiedje ist das Prinzip Ballermann: Er setzt voll auf Proll*«, und vom verstorbenen FDP-Politiker Jürgen Möllemann wird gesagt: »*Wohl kaum ein anderer Politiker besaß einen so windigen Ruf in der politischen Klasse und in der Journaille – und wurde doch immer wieder (an)gerufen, weil man ja wusste, dass er für Schlagzeilen und knackige Zitate gut war. Möllemann war ein Magnet. In der Rolle als kalkulierender Politik-Proll nutzte er die Medien nicht nur – er war auch ihr Produkt*«. (s.u.).

zutiefst Eigenes verweist, vielleicht auch auf eine klassische Zivilisierungs-theorie mit ihren Ambivalenzen.[40] Häufiger noch wird die Formulierung verwendet, dass jemand (meist ist es ein Mann) den Proleten oder Proll »raushängen lässt«.[41]

Aus diesen Formulierungen, die im Zeitungskontext ihrerseits mit der Übertragung des Umgangssprachlichen in respektable Textsorten spielen (und somit ihrerseits so etwas Ähnliches wie performativ prollig sind), spricht offenkundig eine Vorstellung von Performativität: die Figuren – real oder fiktiv – *sind* ihrer Logik zufolge nicht einfach Prolls. Zwischen dem tatsächlichen Subjekt und seiner Performance bleibt demnach immer eine Kluft, die breiter ist als die klassische zwischen der Person und ihren situativen Rollen. Ein Proll zu sein ist in diesem (zunächst »fortschrittlich« erscheinenden) Sinne nicht als eine qua sozialer Position, habitueller Prägung oder Ähnlichem gegebene, unausweichliche Tatsache zu verstehen, sondern stellt so etwas wie eine performative Leistung dar und damit eine Handlungsoption, einen Teil

---

40 In einem Text über den deutschen Country-Sänger Gunther Gabriel bemüht derselbe beispielsweise ein vielfach verwendetes Innen-Außen-Bild: »*1993 einigte er sich mit dem letzten Schuldner, der Deutschen Bank. Gabriel gab 220.000 Mark Vorschuss für eine anstehende Tournee an die Bank, die Bank verzichtete dafür auf alle weiteren Ansprüche in Höhe von fast zwei Millionen. ›Bei dem Gespräch in der Bankzentrale in Hannover habe ich meinen ganzen Proll rausgelassen. Ich bin auf den Tisch gesprungen und hab' gebrüllt: Ihr Schweine, wenn Ihr nicht zustimmt, dann knall ' ich Euch durchs Fenster!*«* »Der Proll« schlummert gewissermaßen im Sprecher oder ist in seinem Inneren eingesperrt. Die stilisierte Gewaltbereitschaft und die Bereitschaft zum Kontext-unangemessenen Handeln, die in dieser Szene als Prolligkeit beschrieben werden, gehören aber, so die Implikation, nicht zum üblichen, alltäglichen Handlungsrepertoires des Sprechers. Zugleich wird der Sprecher auch hier als ein Subjekt repräsentiert, das die Kontrolle behält und souverän auf ein Repertoire an Verhaltensweisen zurückgreifen kann: Er ist, um im Zoo-Bild zu bleiben, sowohl Tier als auch Wärter. Bei Gabriel, der als Country-Sänger von außen vermutlich gelegentlich selbst als Proll angesehen wird (und in die Reihe von Wolfgang Petry und Schlagermusik passt, s.o.), wird damit auch noch einmal unterstrichen, dass er mehr – respektabler – ist als das, was er bei Gelegenheit »rauslässt«.

41 Z.B. »*Ben Becker lässt mit Schiebermütze und fettem Ring den Proll raushängen.*« Oder: So »*wanken wir zum Imbissstürken Ecke Ritterstraße und lassen voll den Proll raushängen*«, die Comicfiguren Didi und Stille, vom Berliner Künstler Fil erdacht, beschreibt eine Zeitung als »*groteske Kreaturen, die volle Kanne berlinernd den Proll dermaßen heraushängen lassen*«. Darüber hinaus kann man auch mithilfe von Geräten »*den Proll rauslassen*«, wie in diesem Artikel über ein Auto: »*In einem Gewerbepark räume ich das Steuer und werde wenig später unsanft in den Beifahrersitz gepresst. Man wird sofort ein bisschen zum Proll in so einem Wagen, konstatiert die Begleitung, verräumt an der Ampel einen Audi und einen Volvo und biegt auf die Stadtautobahn. Mit 140 km/h, Lichthupe und rechts Überholen brettern wir die gut gefüllte Avus hinunter, und ich habe viel zu viel Angst, um mich zu schämen.*«

eines Repertoires an Ausdrucks- und Verhaltensstilen. Den Akteuren wird hier ein besonders hohes Maß an Intentionalität unterstellt: Sie scheinen das eigene *impression-management* im Wesentlichen zu überblicken und zu kontrollieren.

Solche Formulierungen verweisen auf Alltagsvarianten (*folk/lay theories*) von performativ-praxeologischen Identitätstheorien. Hinter all diesen Fragen steckt letztlich also die Frage nach Identität, Repräsentation und Performativität, wie sie die Kulturwissenschaften der letzten zwei Jahrzehnte beschäftigte. Bilden Repräsentationen einer sozialen Identitätskategorie (sprachliche, visuelle, körperliche Repräsentationen) eine bestehende, prä-existente Wirklichkeit ab oder stellen sich Identität und Subjektivität im Akt der Repräsentation immer wieder neu her und bestehen letztlich in nichts anderem als den sich gegenseitig »zitierenden«, performativen Akten, wie Judith Butler argumentierte? Oben wurde ethnografisch gezeigt, warum dieses Verständnis nur in Kombination mit einer stärker kultur-materialistischen Analyse von vorreflexiven Prägungen und auch Begrenzungen sinnvoll ist. An dieser Stelle geht es nun nicht darum, diese Frage auf einer kulturtheoretischen Ebene zu beantworten, sondern es geht um eine Kulturanalyse der Art und Weise, wie das Verhältnis von Subjekt, Performance und Identität in der Rede von Proleten und Prolls jeweils dargestellt und wie damit ästhetische Differenzen und soziale Ungleichheiten verhandelt werden.

Wenden wir den Blick – spekulativ – einer anderen Ebene zu, der alltäglichen Sprachpraxis, dann scheint wahrscheinlich, dass viele derselben Autoren dort, in weniger handlungsentlasteten Situationen, auch *kategorial* von »Prolls« sprechen, auch wenn dies im schriftsprachlichen Diskurs sozial nicht erwünscht ist. Insofern kann die performative Semantik auch als Euphemismus verstanden werden, der eine essentialistischere Semantik bemäntelt, die weiterhin präsent ist.[42] Diese Euphemismen auf der Ebene der sprachlichen Pragmatik sollten uns dann davon abhalten, allein aus einer performativen

---

42 Dieser Mechanismus scheint auch im Korpus an einigen Stellen auf, wie im folgenden Beispiel, einem Porträt des Fußballspielers Mario Basler: »*Aber manchmal gibt Basler eben auch überzeugend den Proll, und das schmälert seine Sympathiewerte dann doch gewaltig. Wenn er zum Beispiel – wie in seiner Bremer Zeit – einen Kameramann mittels körperlicher Gewalt daran hindert, seinem Beruf nachzugehen.*« Hier hat es den Anschein, als sei Baslers Handeln schlicht eine Form von Gewalt und schlechtem Benehmen, die davon herrührt, dass der prominente Fußballspieler ein »Proll« in diesem Sinn *ist*. Die performative Formulierung, derzufolge Basler, die Figur »gibt«, wie ein Schauspieler seine Rolle, entspricht der kulturellen Konvention, klassenmäßig gefärbtes Vokabular nicht ungebrochen pejorativ einzusetzen.

Semantik zu schließen, die diskursive Logik laute schlicht, dass ein prolliger Habitus eine sozial entkoppelte Angelegenheit darstellt, die sich in performativen Konventionen erschöpft.

Die performative Repertoirisierung des Prolligen kann zugleich mit sozialen Festschreibungen einhergehen. Dies wurde im ethnografischen Teil vor allem am Beispiel von Tim und Yusuf gezeigt. Beispiele für diesen Mechanismus finden sich aber auch im diskursanalytischen Korpus, wie im folgenden Ausschnitt aus einem Zeitungsinterview mit einer deutschen Schauspielerin und Fernsehmoderatorin, in dem es um das Fußball-Schauen geht.[43] Die Schauspielerin erklärt ihre ursprüngliche Distanz zum Fußballsport damit, »*dass dem Fußball das Image des Prollsports anhaftete – jedenfalls in der öffentlichen Wahrnehmung*«. Erst mit großen »Public-Viewing«-Events, wie sie um 1996 sogar in Münchner Nobel-Diskotheken abgehalten wurden, sei Fußball »*gesellschaftsfähig*« geworden. Sie fährt fort: »*Ich bin ja auch gerne prollig. Wenn ich etwa bei einem Hertha-Spiel im Stadion bin, gehe ich ab wie 'ne Rakete. Mein Freund ist dann auch gerne richtig prollig. Ich finde, das gehört auch dazu, und das hat im Stadion auch Charme.*« Das Proll-Sein beim Fußball ist in diesem Verständnis eine Frage von körperlichem »Abgehen«, das ein Gegenbild zu einer traditionellen, kontrolliert-disziplinierten bürgerlichen Subjektivität darstellt, eine Frage des absichtlichen Verlusts der Affektkontrolle im öffentlichen Raum, die für in einem bürgerlichen Sinn anständige Frauen besonders problematisch war und ist. (Die Interviewte deutet hier nur an, dass das Teilnehmen an populärem Vergnügen ihren Erfahrungshorizont bereichern kann; in Fällen wie bei Tim finden sich dazu sehr viel dichtere Wahrnehmungen). Zugleich sieht sie auch gewisse Schwierigkeiten heraufziehen: »*Bald wird unser dreijähriger Sohn sicherlich den Wunsch haben, in einem Verein Fußball zu spielen, und dann werde ich neben den ganzen Prolleltern stehen. Das wird bestimmt noch mal eine ganz andere Herausforderung, auch wenn ich ein gewisses Prolltum beim Fußball gut finde.*« Deutlich wird

---

43 Es überrascht nicht, dass es hier einmal mehr um die Fußballbegeisterung geht (wie oben bei Monas Beschreibung von Tim), da deren Ausdrucksformen in einer volkskulturellen Tradition stehen, Fußball historisch als »Proletensport« codiert war und »die Faszination von Sportveranstaltungen [...] ja nicht zuetzt daher (rührt), dass sie zu den letzten Refugien gehören, in denen der ungezügelte Ausdruck von Affekten und Emotionen ist« (Lindner 1986b, 253). Diese soziale Codierung hat ihre Eindeutigkeit bekanntermaßen weitgehend verloren, trotzdem bleibt die Zuordnung in der Welt. Am Schluss von »Du Opfer was willst du machen« von K.I.Z. sagt die als Proll gekennzeichnete, prototypische »Kartoffel«: »Weeßte... du muss... du musst die Püppi im Griff ham. Ick meine Ver-Verliebt in Berlin hin oder her... Wenn Fußball läuft, dann läuft nunmal Fußball!«

in diesem Zitat, dass die Erweiterung des eigenen Handlungsrepertoires für die Sprecherin nicht bedeutet, dass die kategoriale Fremdheit gegenüber den tatsächlichen Milieufremden, den kategorial fremden »Prolleltern«, damit schwindet. Performative Repertoirisierung des Prolligen und soziale Festschreibung fallen auch an dieser Stelle in eins.[44]

Um diesen Zusammenhang, der uns ethnografisch und diskursanalytisch begegnete, gesellschaftsdiagnostisch weiter zu kontextualisieren, ist es hilfreich, noch einmal zur Diskussion des Reflexivitätsbegriffs zurückzukehren. Zwischen der Frage der Reflektiertheit im Psychischen und dem technischsoziologischen Begriff der »reflexivity« besteht ein enger Zusammenhang, auch wenn die Konzepte nicht identisch sind.[45] Dabei sticht eine Doppeldeutigkeit ins Auge: Nach Anthony Giddens' einflussreicher Diagnose aus den frühen neunziger Jahren wird Selbst-Identität in der »Spätmoderne« Milieuübergreifend zum zunehmend »reflexively organised endeavour« (1991, 5), was Alternativ- und Jugendkulturen gewissermaßen vorweggenommen haben.[46] Die performativen Semantiken präsentieren den Proll nun als eine Figur der Reflexivität im Sinn der Spätmoderne-Theoretiker und ihren soziologisch-zeitdiagnostischen Großerzählungen. Das Stereotyp vom *unreflektierten* Proll erinnert dagegen an die soziologische Diskurs-Figur des »reflexivity losers«, von dem Scott Lash spricht: »If the post-industrial middle class (mainly) and the upgraded working class (marginally) are the ›reflexivity-winners‹ of today's informationalized capitalist order, then this third class who are downgraded from the classical proletariat of simple modernity are the ›reflexivity losers‹, the bottom and largely excluded third of our turn-of-the-twenty-first-century ›two-thirds-societies‹.« (1994, 130).

---

44 Gut möglich ist allerdings, dass hier auch Fragen von »race« eine Rolle spielen: Die Moderatorin ist eine »person of color« und das Prollige kann hier auch als das unmittelbar Rassistische codiert sein.

45 Davon begrifflich zu unterscheiden sind die persönliche Reflexivität mit Blick auf das eigene Selbst, wie sie in Interviews stattfindet, und die forschungspraktische Reflexivität nach der »reflexiven Wende« (vgl. Clifford/Marcus 1986; Bourdieu 1993; vgl. allgemein Lynch 2001).

46 Ähnliches formulierten Ulrich Beck mit seiner »zweiten Moderne« und, anders ausgerichtet, Richard Sennett über den »flexiblen Menschen«. Diese Diagnosen der »Spätmoderne« oder »zweiten Moderne« sind ihrerseits als hochgradig politisch zu verstehen – bei Giddens wuchsen sie sich zur Begründung des neoliberal-sozialdemokratischen »Dritten Wegs« aus, bei Beck zur rot-grünen Programmatik. Skeggs und andere Autoren kritisieren diese Zeitdiagnosen als vor genau diesem Hintergrund als selektiv und voreingenommen für neue Formationen der Mittelschichten und als voreingenommen gegenüber den Verlierern der Deindustrialisierung.

Während die spätmodernen, individualisierten Subjekte, deren informationeller Arbeitsprozess immer reflexiver wird, ihre Lebensprojekte aktiv, kontrolliert, weltoffen und sinnhaft zu gestalten versuchen, sei dieser Weg den Zurückgelassenen nicht zugänglich, weil es ihnen an Reflektiertheit fehlt.[47] Lash argumentiert allerdings gegen Autoren wie Giddens, Reflexivität sei dann nicht als allgemeiner Zustand des spätmodernen Subjekts zu begreifen, sondern eine Frage von sozialer Lage und klassenspezifischem Habitus.

Repertoirisierung und Reflexivität: ethnografisch-kulturanalytisches Fazit

Vor dem Hintergrund der kurzen theoretischen Exkurse zur Reflexivität schlage ich am Ende dieses Abschnitts eine zeitdiagnostische Zusammenführung dieser beiden Interpretationsansätze mit Blick auf die »politics«, die Politiken der Reflexivität im Zusammenhang der Figurierung von Unterschichts-Figuren vor: Als Resümee, aber auch im Sinn eines Ausblicks.

Die britische Soziologin Beverley Skeggs, die sich mit Frauen aus der englischen *working class* befasst, hat den Spätmoderne-Theorien von Giddens, Lash und anderen vorgeworfen, sie adelten mit ihren Diagnosen die Vorurteile der Mittelschichten: »What has been defined as *the* condition of (post)modernity – that is, the reflexive self – is a very specific class formation, strongly resisted by those who are put under constant scrutiny« (2004, 134).[48] Hinter der vermeintlich deskriptiven Diagnose des Zeitgenössischen als Reflexivem stecke eine krypto-normative Kategorie, eine »moral category

---

47 Dem post-proletarischen Mann ohne Arbeiterklassenjob und technische Kompetenzen bleiben, wie Lash einmal in fast parodistischer Zuspitzung schreibt, nur mehr »gang-bonding, the (football) terraces and racial or racist violence. That is, the heteronomous monitoring of simple modernity has not been replaced by reflexive modernity's self-monitoring. Instead, in the absence of the displacement of social structures by the I&C (information & communication, Anm.) structures, the outcome is neither heteronomous not self-monitoring but very little monitoring at all.« (Lash 1996, 131f)

48 Vgl. die Anmerkungen zur »hierarchischen Verzeitlichung« der vermeintlich »anachronistischen« Proll-Figur, zur »allochronization« oben: Die Verlierer der Deindustrialisierung werden nicht nur sozial ausgeschlossen, sondern nun noch einmal soziologisch für anachronistisch, gefährlich und, zugespitzt formuliert, in nur unzureichender Form subjektivitäts- und bürgerschaftsfähig erklärt – und nur mehr klischeehaft repräsentiert (ähnlich argumentiert auch Chantal Mouffe gegen die Spätmoderne-Theoretiker (2007)).

referring to liberal, mobile, cosmopolitan, work- and consumption-based lifestyles and values«, also ein Spezifisches, das zum Allgemeinen erklärt wird, während »the white working class ›other‹« in Raum und Zeit fest zu stecken scheint, als »emblematically a throwback to other times and places« figuriert (2005, 58).[49] Methoden wie das qualitative Interview (mit dem sie allerdings selbst ebenfalls arbeitet) liefen Gefahr, diese Voreingenommenheit weiter zu bestätigen, denn »the resources and techniques necessary to self-formation and self-telling are not equally available«. Die praktische, ästhetische Reflexivität gerät in wort- oder strukturfixierten soziologischen Studien aus dem Blick.

Das ethnografische Material ermöglicht dagegen, das haben die Stil- und Figurierungs-Analysen auch hier gezeigt, einen Einblick in ein breiteres Spektrum von Reflexivitätsformen und in die Dynamiken solcher Distinktionen und Positionierungen auf der Mikro-Ebene. Insbesondere machen sie die praktische Reflexivität des subkulturellen Stils sichtbar, die sich eher gestisch als verbal artikuliert.

Zwei der bisher in diesem Abschnitt angeführten ethnografischen Beispiele veranschaulichen Skeggs' These von der schicht- und milieuabhängigen Reflexivitätskompetenz, sind Tim und Jörg doch verhältnismäßig privilegiert aufgewachsen und legen eine in besonderem Maße reflexive Selbst- und Fremd-Figurierungspraxis, und eine ausgeprägte Eloquenz, an den Tag, gerade im Gegensatz zu Mesut, Tarek oder (auf der anderen Seite) Robbie und Mace. Sie stützen die These, dass es sich bei der reflexiven Repertoirisierung, wie sie in den performativen Formulierungen gewissermaßen vorausgesetzt wird, in besonderem Maße um eine Praxis handelt, in der verhältnismäßig gut mit verschiedenen Ressourcen ausgestattete Mittelschichtsangehörige die eigenen Männlichkeitsprojekte figurieren, gerade vor dem Hintergrund des Charismas oder auch des Herausforderungscharakters von authentisch »urbanen« Figuren, wie sie oben beschrieben wurden. Die Analyse der Zeitungs- und Feuilleton-Texte zeigte wiederum in einem ganz ähnlichen Sinn auf, dass unter kulturell Wohlkapitalisierten häufig ein einseitig performatives Bild von »Prolligkeit« gezeichnet wird, das wiederum mit besonders nachhaltigen Ausschlüssen derjenigen einhergeht, deren Praxis weniger vom reflektierenden, reflexiven Switching innerhalb eines Repertoires von Schemata gekennzeichnet ist als von der Verkörperung eines gegebenen Habitus.

---

49 Meines Erachtens gilt dies nicht nur für »Weiße«; es trifft aber auf einer Meta-Ebene zu, dass, wenn es um kritisch intendierte Wissenschaften geht, migrantische Akteure in stärkerem Maße als zu repräsentierende Subjekte erscheinen. Das will Skeggs hier m.E. sagen.

Ähnliche Diagnosen haben Kulturwissenschaftlerinnen wie Skeggs und Rosalind Gill (2003) für Großbritannien gestellt: Gill führte zum Beispiel aus, dass der »new lad« – der nicht per se als unterschichtlich codiert ist, sondern für Aktivitäten (Lautsein, Fußball, unverbindlicher Sex, Alkohol) steht, die weder zum klassischen Bild respektabler bürgerlicher Männlichkeit passen noch zu alternativen, aufgeklärten Modellen von Maskulinität im Gefolge der Frauenbewegung – als kulturelle Figur, aber auch als Subjekt-Typus, unter jüngeren britischen Mittelschichtsmännern an Bedeutung gewinnt. Er gilt zudem weithin als Figur eines »backlash against feminism« (o.S.): als »a defensive assertion of masculinity, male power and men's rights against feminist challenges« (ebd.). Das Beispiel von Tim mag als exemplarisch für eine ähnliche Entwicklung in Deutschland gelesen werden. Skeggs begreift solche Aneignungen unterschichtlich codierter Repertoires sogar als einen entscheidenden Modus in der Konstruktion *hegemonialer* zeitgenössischer Männlichkeiten.[50] Als charakteristisch für die Gegenwartskultur erachtet sie gerade die Gleichzeitigkeit einer sterotypen diskursiven Fixierung einer Unterschicht, beziehungsweise der »working-class« im Allgemeinen, häufig auch im Zusammenhang von Ethnisierungen, als gefährliche, wenn nicht gar eugenisch zu bekämpfende Gruppe (wie dies auch hier immer wieder zu beobachten war, gerade bei Yusuf und Tim mit ihrem Spott über eine »*soziale Bodenschicht*«)[51], und das selektive Plündern ihrer kulturellen Praxen durch die »middle class«, das über kommerziell vermarktete Produkte vermittelt ist, nicht zuletzt Rap-Musik: »Even working-class alienation can be used as a resource, an exchange-value to enhance products, politics and identities of others.« (Skeggs 2004, 184)

Middle-class-Aneignungen sind von Privilegien, von »entitlement«, geprägt, und reproduzieren sie in vielerlei Hinsicht, wie Skeggs schreibt: »They want the new experiences without incurring any loss or danger to the social positions that they already inhabit.« (61f) Sie resümiert apodiktisch: »Using race, class or femininity as a resource only exists for those who are NOT positioned by it« (59). Während die Privilegierten ihre Aneignungspraxis als eine

---

50 Skeggs betont die Parallele zur Aneignung »schwarzer« Männlichkeitsbilder durch »Weiße«: Weiße »working-class masculinity« und schwarze Männlichkeit dienten in ähnlicher Form als »a resource, a mobile cultural style that can be used by different characters« (2004, 58; mit Verweis auf Diawara 1998), nicht nur im Film. In dieser Logik bewegen sich weiße Figuren flexibel und mobil zwischen weißen und schwarzen Registern, schwarze sind festgeschrieben.

51 Zum Eugenischen vgl. die Diskurse um die Selbst-Reproduktion der »Unterschicht« und die sozialpolitische Zielsetzung, mehr »Akademikerkinder« in die Welt zu setzen. Hier böte sich auch eine Analyse der Texte von Thilo Sarrazin an.

Form von Mobilität erleben, die neue Welten aufschließt, bleibt den Unterprivilegierten die Gegenrichtung verschlossen – aufgrund ihres rassifizierten Körpers, der sie immobilisiert, aufgrund begrenzter sozialer Netzwerke, oder aufgrund materieller und habitueller Schranken, die das kontrollierte »Switchen« gerade nicht erlauben. Dafür sorgen auch die immer differenzierteren Distinktions- und Klassifikationsmanöver der oberen Etagen des sozialen Raumes (und auch der »urbanen Typen« wie Yusuf und Tim, die zwischen diesen Gruppen stehen). Wie gezeigt schreibt zum Beispiel auch Yusuf vergleichbare Unterscheidungen fort, wenn er über die »Banger« und die »Opfer« der Streetwear-Marketing-Abteilungen spricht, für die gerade jemand wie Robbie steht, der auch in seinen Lebensperspektiven eher zu den Ausgeschlossenen zählt.

Die Erläuterungen von Tim und Jörg veranschaulichen, wie eine Repertoirisierung von als prollig codierter Männlichkeit mit der Konstruktion eines Gegensatzes zwischen flexiblem Selbst und immobilisierten Anderen einhergeht und damit mit einer Fixierung des sozialen Unten. Sie selbst legen demnach ein hohes Maß an »reflexiver« symbolischer Flexibilität und Ausdruckskompetenz an den Tag, während die jugendlichen Vertreter der unterbürgerlichen Schichten (migrantisch oder nicht) offenbar (zumindest in der Wahrnehmung der Akteure) auf einen »restringierten Code« festgelegt bleiben und zugleich das kulturelle Material für (zumindest tendenziell majoritäre) Aneignungsprozesse produzieren. Skeggs' Kritik benennt also entscheidende Mechanismen des Figurierungsprozesses, die auch hier zu beobachten sind. (Es muss an dieser Stelle allerdings offen bleiben, ob eine Stilisierung »prolliger« Männlichkeit unter jungen deutschen Mittelschichtsmännern aus quantitativer Perspektive ein ähnlich verbreitetes Phänomen darstellt wie in Gills britischer Analyse).

Angesichts realer sozialer Polarisierungstendenzen und sich verfestigender sozialer Exklusion spricht also vieles dafür, analytisch klar zwischen sozialem Unten und Oben (oder auch zwischen Drinnen und Draußen) und damit auch zwischen unterschiedlichen Implikationen von Repertoirisierungspraxen zu unterscheiden. Die skizzierten gesellschaftlichen Diskurse, vor allem aber auch strukturelle Faktoren wie das dreigliedrige Schulsystem, die Machtverhältnisse auf dem Arbeitsmarkt und die Tendenzen zur residentiellen Segregation und vieles andere mehr unterstreichen und verstärken diese Binarität, wie zum Beispiel bei den oben skizzierten Porträts von Robbie, Mesut und Tarek sichtbar wurde.

An dieser Stelle ist angesichts des ethnografischen Materials jedoch, im Sinn einer Modifikation dieser insgesamt wegweisenden Diagnose, eine weitere Differenzierung erforderlich. Denn es trifft auch nicht einfach zu, dass »race, class or femininity« (oder auch Männlichkeit) *nur* für Privilegierte als Ressource fungieren. Wenn Jugendliche wie Robbie und die anderen auf diejenigen Ressourcen zurückgreifen, die ihnen am ehesten zur Verfügung stehen – hier zum Beispiel, über die konkreten Stil-Elemente hinaus, körperlich durchsetzungsorientierte Modelle von Männlichkeit, die Betonung des Lokalen und Territorialen, die delinquente Ausländer-»Kanaken«-Figur, also Kategorien, durch die sie eigentlich gesellschaftlich »positioniert« werden –, dann finden sie damit, wie hier immer wieder gezeigt wurde, symbolische kreative Ausdrucksmöglichkeiten. Sie machen etwas aus dem, was aus ihnen gemacht wird. Dies wurde hier vor allem als praktische Reflexivität in Sachen Stil, Körperlichkeit, Gestus beschrieben: als Komplex von Kompetenzen, zum Beispiel im Lesen und Gestalten des eigenen Körpers und des städtischen Raums, als gestisches »Bescheidwissen« um Fremdwahrnehmungen und Figurierungen, als Resignifizierungen und Transcodierungen, als gespeicherte Reflexivität popkultureller Figuren.

So einleuchtend Skeggs' Analyse also auch ist: Es wäre, das zeigen diese Beispiele auch, doch zu einfach, auf der einen Seite die performative Repertoirisierung und das besonders gekonnte verbale Reflektieren der Privilegierten und auf der anderen Seite den Modus der unreflektierten De-/Eskalation der Unterprivilegierten einander gegenüber zu stellen, als handle es sich dabei tatsächlich um gänzlich verschiedene, kategorial zu unterscheidende Welten. Kulturelle Formen praktischer Reflexivität, die ethnografisch sichtbar werden, untergraben eine allzu einfache Dichotomie des Reflektierten und des Unreflektierten. Tatsächlich handelt es sich bei dieser Gegenüberstellung um reale Verteilungen, die eine relationale soziale Logik haben – also in der Wahrnehmung der Akteure aufeinander bezogen sind – und hochgradig distinktionsrelevant sind. Wenn man die Wertungen gegenüber verschiedenen Formen von Reflexivität aber nicht verabsolutiert, sondern hinterfragt, lassen sie sich auch als graduelle Phänomene verstehen, und nicht als kategorial verschiedene.

Die ökonomische und soziale Polarität einerseits und die Polarität kultureller Codes und Kompetenzen andererseits sind miteinander »artikuliert«, nicht aber notwendig kongruent.[52] Bei den jugend(sub)kulturellen Formen

---

52 Zum Begriff der Artikulation als Zusammen-Fügen vgl. Hall 1996a, Grossberg 1992. Überträgt man solche Thesen in den sozialen Raum, und schließt damit zum Beispiel an die sozialräumlichen Diagnosen an, die in den Abschnitten zum Berliner Kontext resümiert wurden, dann laufen solche Polarisierungsthesen – zumindest in ihrer vereinfachten

wurde zum Beispiel sichtbar, dass an ein territorial-agonistisches Schema von den Jugendlichen zwar unterschiedlich stark »geglaubt« wurde, es jedoch auch diejenigen, die es mit reflektierender Distanz betrachteten, in gewisser Weise in seinen Bann zog. Auch sie betrachteten es nicht vollständig von außen. Die Gespräche verdeutlichten auch, dass *alle* Akteure in ihren Erzählungen differenzieren und reflektieren, wenn auch in unterschiedlichem Ausmaß und in einer Form, die mal mehr, mal weniger auf die kommunikativen Konventionen für ein solches Interview angepasst sind. Solche Konventionen sollten aber als kontingente kulturelle Formen und nicht als universelle Werte verstanden werden; inwiefern hinter scheinbar »restringierten« Formen auch ein kalkulierter Stil stehen kann, zeigte Mesuts mit seinem Verständnis von »selbstbewusstem« Sprechen. Und um auf die Jogginghosen zurück zu kommen: Auch für Robbie und Tarek, bei denen das abstrahierende Sprechen und Reflektieren weniger stark habitualisiert ist, gehören Jogginghosen, von deren gestischem Wert Tim erzählte, zum Repertoire. Sie zu tragen hat auch hier sowohl mit ihrer »Gemütlichkeit« zu tun als auch mit einer wissenden, praktisch reflexiven Geste, auch wenn sie – im Unterschied zu Tim – nicht im reflektierend-analytischen Modus erläutert wird.[53] Aus

---

populären Rezeption – darüber hinaus auch Gefahr, mit ihrer Betonung der divergierenden Extreme die *Kontinuität relativ stabiler Formationen in der »Mitte«* auszublenden und zu »ent-nennen«. Diese schrumpft, aber sie ist immer noch sehr groß. Das gilt besonders mit Blick auf die unterbürgerlichen Schichten. Die einseitige Fokussierung einer »Unterschicht« von »Ausgeschlossenen« in solchen Diagnosen, macht »respektable« kleinbürgerliche, (post)proletarische und andere Milieus, die sowohl nach ihrem Selbstverständnis als auch nach objektivistischen Kriterien weder der »Unterschicht« noch einer (neuen) bürgerlichen Mittelschicht zugehören, tendenziell weniger sichtbar, wenn nicht gar unsichtbar. Zwar mögen auch sie in sozialem Abstieg begriffen sein, unter geringeren Löhnen, längeren Arbeitszeiten und schwierigeren Arbeitsbedingungen leiden, aber das ist nicht identisch mit Arbeitslosigkeit oder einem Absinken in die »Unterschicht«, vor allem nicht für sie selbst. Problematisch scheint mir auch die *Tendenz zum Katastrophismus*, denn die Polarisierungsdiagnosen werden (auch wenn sie einen sozialdemokratischen Background aufweisen) häufig im Zusammenhang mit Desintegrationsdiagnosen bis hin zum »latenten Bürgerkrieg« vorgebracht (Hartmut Häussermann (1998, 145, zit. nach Lanz 2007, 163), dazu kritisch Lanz 2007, 163–170, mit Bezug auf Bukow/Yildiz). Hier fallen verschiedene Ängste – nicht zuletzt rassistische Ängste und die »Statuspaniken« der Mittelschichten – in eins. Solche diskursiven Eskalationsformen finden sich vielfach auch »im Feld«, insbesondere, wenn es um Jugendliche geht. Sie speisen sich mindestens so sehr aus medialen Repräsentationen wie aus dem städtischen Erfahrungshintergrund der Akteure.

53 Zugleich wird diese Praxis von einer im Vergleich mit den klassischen Beispielen sehr viel expliziteren Reflexivität überlagert, in Form einer Reflexivität, die in den Figuren gewissermaßen gespeichert ist.

gutem Grund wird die schematisch-idealtypische Unterscheidung zwischen »restringiertem« und »elaboriertem« Code in der Sprachwissenschaft inzwischen kritisch betrachtet, und auch an dieser Stelle wurden Schnittmengen deutlich sowie kulturelle Artikulationsformen, die nicht nur unter dem Aspekt ihrer »Mängel« im Vergleich mit sozial anerkannteren Formen betrachtet werden sollten. Darüber hinaus verkörpert zum Beispiel Yusuf eine Option jenseits der klaren, hierarchisierten Verteilung von Reflexions- und Repertoirisierungskompetenzen: Er taugt gewiss nicht als Verkörperung einer privilegierten Mittelschicht, und seine Erzählungen und seine Praxis verdeutlichen, wie falsch es wäre, die verbale Reflexivität, den Überblick über städtische Kulturen und ein erweitertes, heterogenes persönliches Netzwerk nur an einem sozialen oder ethnischen Ort zu suchen.

Analytische Reflexivitätsbegriffe sind also kryptonormativ. Die Unterschiede in der reflexiven Praxis lassen sich als graduell verstehen. Die zitierten Unterscheidungen können dann mit der Sprach-Anthropologin Susan Gal im Sinn einer rekursiven »Selbstähnlichkeit« oder »Fraktalität« verstanden werden: Während die Akteure im »Feld«, wie auch die Sozialwissenschaften, zwischen den Reflektierten und den Unreflektierten tendenziell *als Gruppen* unterscheiden, finden sich genau diese Unterscheidungen auch *innerhalb* der vermeintlichen Gruppen, auf der nächstunteren (konkreteren) Abstraktionsebene, und werden dort ebenfalls von den Akteuren bemüht, um Grenzlinien zu markieren.[54]

Auch das zeigt, dass die Relevanz solcher Distinktionen unter den Akteuren ernst genommen werden muss, sie aber nicht den letzten Punkt der Analyse bilden sollten. Das Performen kultureller Figuren in der jugendkulturellen Praxis verdeutlicht dann, wie heterogen die verschiedenen Ressourcen (finanziell, kulturell, sozial) verteilt sind, und wie daraus auch im subkulturellen Zusammenhang soziale Schließungen entstehen. Sie zeigt aber auch, welch unterschiedliche Formen von Reflexivität im Spiel sind. Ihre Wertigkeit wird in den Spielen von Figurierung und Distinktion unterschiedlich bewertet, gerade im Zusammenhang symbolisch kreativer Umdeutungen. Erst das distinktionsorientierte Figurieren, wie es im letzten Abschnitt analysiert wurde, macht daraus dann eindeutige, kategoriale, hierarchische Differenzen. Diese sollten hier nicht einfach wiederholt werden.

Ein kulturpopulistischer Optimismus, der die weithin unsichtbaren Differenzierungen und die vielfach ignorierte symbolische Kreativität nicht nur

---

54 Zu diesem Phänomen der Selbstähnlichkeit als »fractal recursivity« vgl. Gal/Irvine 1995.

beschreibt, kontextualisiert und würdigt, sondern gewissermaßen abfeiert und zur (nicht nur symbolischen) Lösung der problematischen Situation erklärt, in der sich viele Jugendliche im postfordistisch-postindustriellen Berlin (und nicht nur dort) befinden, würde aber aus zwei Gründen übers Ziel hinaus schießen: Zum einen riskieren die jugendlichen Akteure angesichts der Wirkmächtigkeit der Distinktions- und Grenzziehungsprozesse aus dem sozialen Oben gerade mittels der Taktiken ihrer Selbst-Behauptung, in eine Spirale der »Selbstverdammung« (Paul Willis) zu geraten, sich also, angesichts eingeschränkter Optionen, in einem Akt von Widersetzlichkeit in der strukturellen Marginalität einzurichten. Zum anderen ist es wahrscheinlich, und dies war auch in Ansätzen zu sehen, dass die jungen Männer in vielen Fällen Dominanzverhältnisse gegenüber anderen in ihrem eigenen Umfeld verfestigen, zum Beispiel – je nach Konstellation – gegenüber Frauen, *people of color*, situativ Schwächeren, *»queers«*.

Zudem kann eine Figurierung auch dazu führen, mögliche Entfaltungsmöglichkeiten und Affinitäten zurückzuweisen. Angesichts der konservativ-hierarchischen Elemente (der authentizitätsorientierten Heteronormativität, dem ethnizistischen Common Sense, der Erwartungen an weibliche Respektabilität), die auch in diesen »Protest-Männlichkeiten« (Raewyn Connell) sichtbar wurden, stellen diese Figurierungen insgesamt – und hier muss ich mich zu eigenen normativen Vorstellungen bekennen – nicht nur Fluchtlinien, sondern vielfach auch Sackgassen dar. Dass ressourcenarme Akteure sich derjenigen Ressourcen bedienen, die ihnen zur Verfügung stehen, überrascht nicht und wurde hier, hoffe ich, besser verständlich. Bewegt man sich weg von einem schlichten Positivismus und, im Sinn der Cultural Studies, hin zu normativen Einschätzungen jugend(sub)kultureller Potenziale in einer Konstellation, sollte betont werden, dass hier auch andere Artikulationen, ethisch-politische (Selbst-)Transformationen denkbar sind.

Resümee und Schlussbetrachtungen

Die Ausgangsthese dieser Arbeit lautete, dass kulturelle Figuren in jugendkulturellen Lebenswelten – neben vielem anderen – ein Medium des Erlebens, der affektiven Legitimierung und letztlich auch der Reproduktion
sozialer Ungleichheiten darstellen. Um diesen Prozess genauer zu verstehen,
wurden Thesen zu kulturellen Figuren im Allgemeinen entwickelt. Die Frage
nach dem Zusammenspiel von Figuren, Figurierungen und Figurationen bot
einen Ansatzpunkt für die empirische, historisch informierte Kulturanalyse
von Prozessen auf verschiedenen Ebenen, in denen soziale Ungleichheiten
und ästhetische Differenzen figuriert werden.

Als Ausgangspunkte des ersten ethnografischen Durchgangs fungierten
die Firma Picaldi und ihre Kunden. Von ihnen ausgehend wurde ein lokales,
jugend(sub)kulturelles Figurierungsfeld, eine Figuration, mit ihren zeit- und
ortsspezifischen Figuren im Kontext einer Hip-Hop-nahen Subkultur umrissen. »Figurierungsunternehmer«, vor allem Rapper, knüpfen an die lokale
Folklore an, um sich das soziale Unten symbolisch anzueignen, es charismatisch aufzuladen. Mit der Figurierung betreiben die Alltagsakteure ein
erfahrungsnahes, oft kulturalistisches »mapping« von Stadt und Gesellschaft,
das Subjektivitäten und nahweltliche Erfahrungen mit Bildern und Diskurs-
fragmenten in Beziehung setzt.

Dieses ethnografische Feld wurde dann, entsprechend dem Vorgehen einer Kulturanalyse von gesellschaftlichen Zusammenhängen, kontextualisiert
beziehungsweise kontrastiert mit dem Geschehen in anderen Feldern und
zwar anhand von Zeitungstexten über »Proleten« und »Prolls«, anhand von
Debatten um das sogenannte »Trash-TV« und anhand einiger Beispiele für
den Umgang mit der Proll-Figur im Deutsch-Rap. Deutlich wurde, wie diese Diskurse verhältnismäßig konstante Stereotype des »Prolligen« reproduzieren, sie aber mit sich wandelnden Darstellungsformen, Blickstrukturen
und Rezeptionserwartungen (*knowingness*) verbinden. Im Kontext von sozi-

alpolitischen »Reformen« erfüllen die grellen Proll-Figurierungen wie gezeigt auch Plausibilisierungs- und Legitimierungsfunktionen.

Historisch hat sich der binär-antagonistische Charakter des marxistisch imaginierten Proletariers beziehungsweise Proleten in den Repräsentationen der postfordistischen Gegenwart dabei tendenziell zu einer Lebensstil-Figur entwickelt, die als defizitär markiert wird. Zugleich fand, auf der Ebene der politischen Einstellungen (oder deren kultureller Imagination), eine Entwicklung vom Linksproletarischen zum Rechtsprolligen statt. Ihre diskursive Bedeutung erhält diese Figur aber vor allem als Inbegriff von Ängsten in kulturellen und sozialen Krisendiagnosen und Bedrohungsszenarien im Kontext sich verändernder Machtbalancen. Zu den relevanten Metaerzählungen gehören der Diskurs um »civility« und Gewalt im öffentlichen Raum; der Diskurs um die lebensweltliche Dominanz postmigrantischer Milieus in städtischen Räumen und damit einem möglichen Brüchig-Werden ethnisch-nationaler Hegemonie; die Vorstellung einer Entbürgerlichung und Entzivilisierung von Normen alltagskultureller Lebensführung, was immer auch (aber nicht allein) eine Erosion kultureller Hegemonieverhältnisse bedeutet; damit verbunden die Frage des kulturellen Erbes der sozialistischen DDR mit ihrem symbolischen Prestige des respektabel Proletarischen; das Spannungsfeld von Demokratisierung, Spektakelhaftigkeit und Manipulation in neueren Fernsehformaten, das mit einer allgemeinen Popkulturalisierung der medialen Öffentlichkeiten und deren Abkehr von paternalistischen Bildungsmodellen verbunden ist; die Behauptung eines popularen Backlash gegen Kosmopolitismus, Postnationalismus und verschwimmende Geschlechterbilder, also gegen weithin als emanzipatorisch verstandene politische Entwicklungen, deren Träger die postmaterialistischen Mittelschichten und links-intellektuelle Milieus sind; sowie eine offenbare Dominanz von »neureichen« Fraktionen der Oberschicht in der medialen Prominenz- und Aufmerksamkeitsökonomie. Gefährlich sind »Prolls« also, auf dieser Diskurs-Ebene, sowohl aus der Sicht von Kulturkonservativen und Vorkämpfern eines neuen Bürgertums als auch aus der Sicht von alternativ-aufgeklärten, »linken« Zeitgenossen.

Verkörperungen: Figuren von Prekarität, Gefährdung und Stärke

Der zweite ethnografische Durchgang, das Kapitel über Selbst-Figurierung und Stil, griff dann wieder den Strang der subkulturellen Praxis auf. Anhand von Kleidungsbiografien und Figurierungserzählungen wurde die Ästhetik des Picaldi-Style als ein Hin und Her zwischen stilistisch-gestischer Eskalation und De-Eskalation beschrieben, das sich auch als eine Ästhetik der Territorialität im Rahmen eines territorial-antagonistischen kulturellen Schemas verstehen lässt: auf der Stil-Ebene, in den Raum-Imaginationen und oft auch in der Raum-Praxis. Die dabei entstehenden Ambivalenzen von Spielerischem und Bedrohlichkeit ließen sich weder analytisch noch von den Akteuren selbst einfach auflösen. Gerade diese Konstellation wurde als zentrale kulturelle Problematik untersucht. Als zweiter großer Komplex wurde dann im letzten Kapitel der Gesichtspunkt von Repertoirisierung und Reflexivität beschrieben. Damit rückten dann auch (bewundernde und Distanz erzeugende) Aneignungen durch andere Akteure in den Blick; also andere Stadien oder Momente kultureller Zirkulationsprozesse, die ebenfalls zu den Figurierungsdynamiken in einem medial durchdrungenen Kontext zu zählen sind. Diese beiden Komplexe bilden die gewaltige Komplexität von alltäglichen, persönlichen Relevanzen, die mit dem Sich-Figurieren zusammenhängen, offenkundig nicht in ihrer Gesamtheit ab, aber sie benennen wichtige kulturelle Zusammenhänge.

Die Charismatisierung von Marginalität und die Resignifizierung von »bad as good« spielen dabei für viele junge Männer eine wichtige Rolle, aber in besonderem Maße für unterprivilegierte Akteure. Als wesentliches Kriterium für die Unterscheidung von erfolgreichen und scheiternden Selbst-Figurierungen fungieren insbesondere ein verkörpertes, männlich codiertes Selbstvertrauen, die Kompetenzen in souveräner Selbst-Figurierung und das Authentisch-Sein im Sinne des Sich-nicht-Verbiegen-Lassens. Die Orientierung an der »Straße« und am lebensweltlichen Respekt, nicht zuletzt vor dem Hintergrund verweigerter Anerkennung und struktureller Unterprivilegierung, steht, wie hier gezeigt wurde, in einer langen Kontinuitätslinie unterbürgerlicher Jungs-Subkulturen mit ihren kulturellen Kristallisationspunkten.

Zugleich lassen sich diese Figuren nur als Teil einer reflexiven, widersprüchlichen postmodernen Popkultur verstehen. Hier werden immer neue Figuren und Figurierungen produziert, umcodiert und ins Hyperreale gerückt, zum Beispiel durch Ironisierung und das Signalisieren von *knowingness*, so dass die Kristallisationspunkte, wie der Bezug auf die Territorialität, nicht einfach die Ordnungsprinzipien einer kulturellen Praxis dokumentieren, sondern auch als Zitate verstanden werden müssen, die auch von den Akteuren selbst als solche verstanden werden. Schon die Diskussion um die verschiedenen semiotischen Ordnungen von *workingclassness* verdeutlichte, wie Sach-, Repräsentations- und Formatebene in diesem postmodernen Kontext miteinander verwoben werden und dass diese Verwobenheit in der kulturellen Praxis ständig thematisiert wird.

In kulturellen Figuren erkennt man, auf der imaginären Ebene, etwas von dem, wie man sein könnte. Mesut, einer der Gesprächspartner, erzählte davon besonders anschaulich. Zugleich lernt man aber auch, sich von dem, was einen anzieht und fasziniert, zu distanzieren, die zirkulierenden Figuren-Entwürfe performativ und souverän zu verkörpern, ohne vollständig von ihnen eingenommen zu werden (und damit, im Urteil der anderen, performativ zu scheitern, peinlich zu sein). Ein zentrales Ausdrucks- und Relationierungsmedium stellt dabei Kleidung dar. Die Besonderheit von Kleidung als alltäglichem Medium besteht in diesem Kontext darin, dass sie – im Zusammenhang von *peer groups*, Online-Räumen und städtischen Bühnen – die Selbst-Figurierungs-Projekte im Körperlichen und Sozialen erlebbar macht, ihnen Gestalt verleiht. Analytisch lässt sich in der Praxis der stilistischen Selbst-Figurierung ein Spannungsverhältnis konstatieren: zwischen der Seite der (post-proletarischen, zum Teil migrantischen) *Habitus* einerseits, was präreflexive Prägungen und die Ausstattung mit Ressourcen und Kapitalien meint, und der Seite der bewussten (*Typen-)Stilisierung* andererseits, die erstere überformt.

Diese Frage der Figuren-Reflexivität und des bewusst-intentionalen Charakters performativer Selbst-Figurierung steht auch im Zentrum des postmodernen »Proll-Komplexes« in medialen Diskursen und erweist sich damit als ein ausgesprochen sensibles, überdeterminiertes kulturelles Thema der Gegenwartsgesellschaft. Hier erscheint das Prollige oftmals als reine Stil- und Verhaltensfrage, als Frage performativer, optionaler Kompetenzen, wie die entsprechenden Redewendungen (»den Proll rauslassen«) illustrieren. Dieses Diskurs-Muster bringt reale Entkopplungen von sozialen Positionen, Selbstbildern und performativen Repertoires zum Ausdruck. Zugleich verbirgt es aber auch die nicht weniger reale Spannung zwischen Stilisierung und nicht frei verfügbaren Habitus. Stereotype Bilder kategorialer Minderwertigkeit werden gerade in solchen Diskursen oftmals unter der Hand wieder fixiert.

Damit fügen sie sich nur zu gut in ein liberales Weltbildes der formalen Gleichheit ein, das sich mit der Thematisierung von realen Differenzen und Hierarchien, die in gesellschaftlichen Strukturen verfestigt sind und im sozialen Handeln aktualisiert werden, schwer tut.

Nicht nur Lebenswelten von Jugendlichen, auch jugendliche Subkulturen und ihre Codes sind also weiterhin entscheidend durch die Trennung zwischen post-proletarischen und spätbürgerlichen Milieus bestimmt. Binäre Logiken von Oben und Unten, von Drinnen und Draußen, von »deutsch« und »ausländisch«, von »männlich« und »weiblich« (oder »unmännlich« und »schwul«), von reflektiert und unreflektiert, von mobil und von immobil und eben von »prollig« und nicht-prollig oder unmarkiert, strukturieren den kulturellen Prozesses entscheidend mit, ohne dass sich dieser deshalb vollständig auf eine binäre Struktur reduzieren lassen würde. Dies ist in einer postindustriellen, heterogenen, mehrfach gespaltenen Stadt wie Berlin in besonderem Maße der Fall. Es gilt sowohl hinsichtlich der Zusammensetzung von Freundschafts- und Szene-Netzwerken als auch, wie der soziale Ekel angesichts des Picaldi-Stils besonders deutlich vor Augen führte, im Ästhetisch-Symbolischen.

Traditionell geht die Oben-Unten-Unterscheidung mit homologen Unterscheidungen zwischen kulturell Wertvollem und Legitimem einerseits und Wertlosem, Vulgärem andererseits einher. In der konsum- und populärkulturell geprägten Gegenwart sind derartige binäre Hierarchien und Antagonismen von pluralen Differenzen analytisch nicht mehr so einfach zu unterscheiden (eine normativ fraglos begrüßenswerte Entwicklung) und auch nicht so einfach in Deckung zu bringen. Die Hierarchien werden von den Akteuren jedoch, wie die Figurierung des Prolligen und seine Permutationen zeigen, mit konsum- und populärkulturellen Codes, Kapitalien und Kompetenzen weiter thematisiert und neu zusammengesetzt. Die stilistischen Unterscheidungen zwischen dem Exklusiven und Stilsicheren einerseits und dem Billigen andererseits, wie sie im Abschnitt über Robbie und Yusuf zum Vorschein kam, illustrierte solche popkulturinternen Hierarchisierungen. Zugleich kann eine markenfixierte *conspicuous consumption*, die an Vorbildern aus dem popkulturellen Mainstream orientiert scheint, auch als Zeichen ästhetischer Inkompetenz gelesen werden und Akteure als manipulierte Konsum-Opfer entwerten. Im Extremfall kann wiederum das repertoirisierte Beherrschen eines performativen Codes von »prolliger« Männlichkeit auch als Ausweis kultureller und sozialer Überlegenheit dienen, solange es Teil eines größeren Repertoires ist. Innerhalb der eigenen, sozial höherstehenden

Gruppe kann es als Ausweis von (pop)kultureller Kompetenzen fungieren und Herausforderungen an den eigenen Modus von Männlichkeit gewissermaßen in Schach halten. In diesem Sinne assimilierbar sind aber eher einzelne Stil-Elemente als das ganze Stil-Paket und die damit verbundenen kulturellen Schemata.

Die Analyse des Figurierungsfeldes zeigte somit Innenaufnahmen von Prozessen simultaner kultureller Heterogenisierung und sozialer Polarisierung, wie sie die Sozialwissenschaften für die spät-neoliberale Gegenwart konstatieren, und stellte diese Mikro-Prozesse in den kulturellen Zusammenhang übergreifender Relationen, Bedingungs- und Kommunikationsverhältnisse. Auch wenn die normative, an einer radikalen Demokratie orientierte Einschätzung eher pessimistisch ausfiel, wurden an einigen Stellen, wie zum Beispiel bei Yusuf und Tarek, so etwas wie Absetzbewegungen oder Fluchtlinien aus diesen Verhältnissen und Ansatzpunkte einer expliziten ethischen und politischen Kritik erkennbar.

Die Proll-Figur: Benennungen und Figurierungen

Zentral für die Figurierung ästhetischer Differenzen und sozialer Ungleichheiten ist, bei allen im Methodenteil ausgeführten Benennungs-Problematiken, vor allem die Proll-Figur. Ihre Semantik ist vielschichtig: Im Sprachgebrauch der Gegenwart wird sie über (a) soziale Zuordnungen bestimmt, (b) über behaviorale (die entweder kategorial oder performativ verstanden werden können) und (c) über ästhetische, insbesondere über subkulturelle Stil-Codes. Hier wurde gezeigt, dass gerade der Zusammenhang, die *slippages* zwischen diesen Registern, der Bezeichnung ihre Funktionalität in der kulturellen Reproduktion sozialer Ungleichheit verleihen.

Wenn es um die Anwendung des Etiketts auf konkrete Akteure geht, dann ist diese kategoriale Klassifikation unter Jugendlichen aus den Mittel- und Oberschichten, gerade unter den alternativ geprägten, in der informellen Kommunikation verhältnismäßig wenig tabuisiert. Die in sozialer Hinsicht kategoriale Klassifikation dient oft sogar als Euphemismus für eine ethnisch-kategoriale Klassifikation (es ist also zulässiger, »Prolls« zu verfluchen als »Kanaken«), was zeigt, dass sie hier als sozial erwünschter gilt als offen rassistische Rhetoriken. Mit Bourdieu kann man an dieser Stelle auch von »Klassenrassismus« sprechen. Vielfach produzieren solche Figurierungen eine unverblümte, der neuen, sowohl plural als auch binär strukturierten Klassengesellschaft entsprechende, soziale Verachtung. Betrachtet man die alltagsmoralische Seite, ist diese Praxis für die klassifizierenden Akteure selbst zumeist aus zwei Gründen ethisch intuitiv legitim: erstens wegen der behavioral-performativen Semantiken des Wortes und zweitens wegen der empfundenen körperlich-lebensweltlichen Dominanz der so Figurierten, die die eigene Fremd-Figurierung subjektiv manchmal geradezu als Notwehr (und, angesichts eines »prolligen Sexismus« etc.), sogar als Ausweis eigener moralischer Überlegenheit erscheinen lässt.[1]

Im eigenen Umfeld, in der sozialen Nah- und Halbdistanz, gewinnen ästhetische, performative und behaviorale (sowohl lobende als auch tadelnde) Zuordnungen gegenüber den sozial-kategorialen an Bedeutung, vor allem als Attribut (»prollig«) und als Tätigkeitsbezeichnung (»[herum]prollen«). Die kategorialen (und das Substantiv) werden dagegen beim Blick auf sozial entfernte Akteure wichtiger. Im Sinne der oben angesprochenen Selbstähnlichkeit reproduzieren sich solche Unterscheidungen immer wieder aufs Neue, je spezifischer die Gruppen extensional definiert werden.

Inhaltlich sind, wenn es um das »Prollige« geht, schematisch vor allem zwei Figuren-Komplexe zu unterscheiden: Figuren des sozialen Unten (von fehlendem ökonomischen und kulturellem Kapital) und Figuren von neureichem Glamour (von fehlendem oder »falschem« kulturellen Kapital). Diese Komplexe sind miteinander verbunden, ihre Grenze ist unscharf, aber ich habe mich in dieser Arbeit auf den ersten konzentriert. Solche Figurierungen sind in unterschiedlichen Gesellschaften zu beobachten, aber nicht in identischer Form, sondern in verschiedenen Figurationen.[2] Die Proll-Figur entspricht – um zwei Vergleichsfälle anzuführen – in England weitgehend der Chav-Figur, welche allerdings in der dortigen Figuration primär als »weiß« verstanden wird. In den USA entsprechen ihm verschiedene Figuren in verschiedener Hinsicht: zum einen die vulgäre, verwahrloste White-Trash-Figur und zum anderen spezifischere Figuren von rassifizierter Marginalität, bedrohlicher Männlichkeit und symbolischer (In-)Kompetenz wie die (eher

---

1 Die Klassifizierenden und die Klassifizierten sind nicht kategorial unterscheidbar, wie ich oben u.a. an den Akteuren in der »Nahdistanz« gezeigt habe, nichtsdestotrotz bestätigt sich die idealtypische Unterscheidung.

2 Auch zeitgenössische Jugendsubkulturen selbst zelebrieren länderübergreifend ähnliche charismatische Figuren: »In the late twentieth century, the image of youth-as-trouble has gained an advanced capitalist twist as impatient adolescents ›take the waiting out of wanting‹ by developing remarkably diverse forms of illicit enterprise«, wie Jean und John Comaroff schreiben (2006, 307f; vgl. zu »global youth« auch Nilan/Feixa 2006).

»schwarzen«) »Wannabe-Gangstas« und »Thugs« und so weiter. Dagegen wären die US-amerikanischen »Guidos« mit ihrem (post)proletarischen Hedonismus (die klarer regional und ethnisch konturiert sind und ebenfalls an TV-Formate gebunden) primär auf der neureichen Seite zu verorten, deren typische Figuren in dieser Studie gelegentlich als »Möchtegern-Reiche« oder »Metro-Prolls« bezeichnet wurden.[3] Die Mehrdeutigkeit (die mangelnde Konkretion) des deutschen Figuren-Etiketts führt auf der Wahrnehmungsseite in besonderem Maße zu *slippages*.

Benennungen: Eine unabgeschlossene Resignifizierung

Die Verbreitung eines Sprachgebrauchs, der zuerst in kulturell kapitalstarken Milieus und Szenen gepflegt wurde, konfrontiert die Akteure, die damit bezeichnet werden, sowohl in Interaktionssituationen als auch im medialen Raum mit Fremd-Figurierungen. Diese sind in Erfahrungen des *placing* (und oft auch der Beschämung, vgl. Elias 1990, 74) durch verschiedene Respektabilität und Geltung beanspruchende Akteure und Institutionen (wie Schule, Arbeitsmarkt/Berufsleben, mediale »Moralunternehmer«) eingebettet.

Auf explizite verbale Etikettierungen reagieren die Akteure, wie in den empirischen Kapiteln ausgeführt wurde, zum Teil mit Schweigen und Verletzung, sie begegnen ihnen aber auch mit demonstrativem Ignorieren, mit Dis-Identifikation und, gerade in der subkulturellen Praxis, mit spielerischer und selbstbewusster Resignifizierung. Die symbolische Kreativität des jugend(sub)kulturellen Feldes besteht auch und gerade in der innovativen Figurierung: darin, stereotype und negativ klassifizierte Figuren (sowohl benannte als auch unbenannte) umzudeuten und neue Figuren der Selbst- und Fremddeutung zu schaffen, die hegemoniale Subjektivierungen (also Subjektivierungen als minderwertige Subjekte) unterlaufen und eine den Akteuren abgesprochene Reflexivität gewissermaßen speichern. In den Beispielen aus Narration und Interaktion begegneten wir diskursiv gespeicherter, objektivierter Reflexivität: Bezugnahmen auf Stars, die die Reflexivität einer Figur, an der man teilhat, gewissermaßen vorwegnehmen; auf dezidiert mit dem Ironischen kokettierende Rapper (wie K.I.Z.), auf kommunizierend erklärende (wie Sentino), aber auch auf »harte« Stars (wie Bushido), die zwar nicht

---

3 Vgl. auch zu »douchebags« als Hass-Figur der US-amerikanischen »Hipster« Moor 2010.

selbstironisch auftreten, aber ebenfalls die eigene Souveränität im Verfügen über die Fremdwahrnehmung betonen (»Proll-Schiene«).

Insgesamt entsteht im stilistischen Kokettieren mit kulturellen Figuren eine kollektive, gestische Intentionalität, eine *knowingness*, die zwischen den Polen des bloßen Habitus-Ausdrucks und der überlegten, diskursiven Reflexivität angesiedelt ist. Vor dem Hintergrund der Distinktionsrelevanz des Reflexiven, und angesichts der zeitspezifischen Aktualität performativer Identitätsmodelle, wird umso deutlicher, welche Funktionalität die Figuren-Reflexivität für die Akteure besitzt: Sie geben dem Resignifizieren von Zuschreibungen eine ästhetische Form und entlasten die Akteure damit von der Aufgabe, diese Ambivalenzen selbst sprachlich-diskursiv aufzulösen. Gerade in der rekontextualisierenden Übertragung von diskursiv zirkulierenden Typisierungs- und Figurenbegriffen (wie »Player« oder »Möchtegern«) auf lokale Konstellationen kommen immer wieder Momente einer relative Autonomie der Akteure zum Vorschein, in denen die Fremd-Figurierungen (»what is being made of them«) keine größere Relevanz besitzen.

Die jugend(sub)kulturelle Praxis von Jugendlichen im »Gangsta-«, »Picaldi-«, »Player-«, »Atzen-Style« geht häufig mit einer bewussten oder praktisch-reflexiven Stilisierung des »Prolligen« einher. Sie findet sich wie gezeigt auf der Ebene der Signifikanten als gewissermaßen heroische Resignifizierung – wie bei Yusuf, dem »Proll mit Klasse« – und überhaupt im ganzen diskursiven Feld. Vor allem aber geht die umcodierende Stilisierung auf der Ebene der Signifikate vonstatten, also zum Beispiel anhand bestimmter Gesten und Haltungen, des »Auffälligen«, des »Territorialen«, des selbstbewusst Sexuellen und Zurschaustellenden, der Soziabilität der eigenen Gruppe, einer Kosmologie des Kampfes im Sinn eines agonistischen Schemas und ähnlichem. Insgesamt sind solche Figurierungen, bei allen oben aufgezeigten Ambivalenzen und Widersprüchen, Teil von Prozessen der kulturellen »Selbstanerkennung« (Maase) nicht-hegemonialer Akteursgruppen.

Der Blick auf die Kleidungsbiografien zeigt aber auch, auf welche Hindernisse und Grenzen diese Bewegung der Selbst-Anerkennung stößt. In ihrer konkreten Stil-Praxis kommen viele Jugendliche von den einschlägigen Stilen mit der Zeit ab, nicht nur aufgrund des Erwachsenwerdens im Allgemeinen, sondern auch aufgrund spezifischer, negativer Fremd-Figurierungen und Fremd-Etikettierungen. Auf der sprachlichen Ebene bleibt im Umgang mit dem Etikett »Proll« häufig eine starke Unsicherheit bestehen, auch bei Akteuren im Kontext des – vor allem im ehemaligen Ostteil der Stadt – als selbstbewusst »prollig« verstandenen Picaldi-Stils.[4] So war das in den Interviews mit Picaldi-Kunden, in denen von der Stilisierung eines »prolligen« Looks die Rede war, in vielen Rap-Texten (zum Beispiel bei Sido und Fler) und bei näherem Hinsehen auch in Selbst-Bekenntnissen wie bei Yusuf, dem »Proll mit Klasse«. Die resignifizierte Figur kann in vielen Kontexten eben doch nicht ohne weiteres umgedeutet und »bewohnbar« (Haraway) gemacht werden, weil die hegemonialen Klassifikationen sich als verhältnismäßig stark erweisen und die Herabsetzungen erhalten bleiben. Die Selbstaffirmation stößt auf Widerstände. Klassische Kriterien von Respektabilität gelten gerade in unterbürgerlichen Milieus oft weiterhin in besonderem Maße als Bedingung von Anerkennung, wie zum Beispiel an Robbie und seinen Bemühungen sichtbar wurde. Und nahweltliche Anerkennung stößt beim Kontakt mit anderen sozialen Milieus und mit von ihnen dominierten Institutionen an ihre Grenzen. Die Machtbalance ist, mit Norbert Elias gesprochen, in Bewegung, aber sie ist nicht gekippt.

---

4 Historisch kommt das Wort »Proll« wie gezeigt aus Westdeutschland bzw. der Bundesrepublik. Weder bei in Ost-Berlin sozialisierten Eltern noch bei migrantischen Eltern der ersten Generation ist sehr wahrscheinlich, dass sie das Wort mit derselben Selbstverständlichkeit verwenden.

Anhang

Einige Macht- und Repräsentationsfragen

Kultur- und sozialwissenschaftliche Studien werden nicht jenseits von Machtbeziehungen erstellt, und sie sollten, so zumindest der Anspruch, diese Machtbeziehungen nicht reproduzieren oder verschärfen, vor allem dann nicht, wenn sie das Ziel verfolgen, deren Bedingungen zu hinterfragen und zu kritisieren. In diesem Anhang soll deshalb, im Anschluss an die oben ausgeführte Darstellung der Feldforschungsinteraktionen, noch einmal darüber nachgedacht werden, in welchem Verhältnis Forscher und Beforschte in dieser Forschung zueinander stehen, strukturell und nicht nur persönlich, und welche Machteffekte damit, sowohl in der konkreten Forschung mit ihren persönlichen Begegnungen als auch im Prozess der schriftlichen Repräsentation, verbunden sind.[1] Der Skepsis gegenüber unnötiger, »narzißtischer« Selbstthematisierung (Bourdieu 1993) steht deshalb an dieser Stelle die Notwendigkeit gegenüber, auch die eigene Subjektivität zumindest in Ansätzen zu »objektivieren« und in das Gesamtbild einzufügen. Dies ist an dieser Stelle nicht etwa wichtig, weil es um die eigene moralische Reinheit geht, sondern weil solche Problematiken sowohl in persönliche Begegnungen hineinreichen, die eine ethnografische Forschung charakterisieren, als auch in die analytischen Fragestellung, die ja ganz explizit immer wieder an hierarchische Aspekte erinnerte.

Zunächst einmal ist diese Arbeit unweigerlich von der biografischen Distanz des Autors zum Feld geprägt und, wie es eingangs bereits anklang, zu einem gewissen Teil auch von der eigenen Verstricktheit in die Etikettierungspraxis, die untersucht wird.[2] Für mich gehören die Jugendlichen,

---

1 Zur Problematik der Verschriftlichung vgl. u.a. Clifford 1986 und allgemein die Literatur zur »Krise der ethnografischen Repräsentation« (Clifford/Marcus 1986 etc.). Die dort formulierten Forderungen werden in dieser Arbeit nicht eingelöst; die Betonung komplexer kultureller Prozesse ist m.E. etwas anderes als das dort kritisierte, homogenisierende Fest- oder gar Herbeischreiben von Kultur (*writing culture*).

2 Der Begriff der »sozialen Distanz« stammt von Georg Simmel. Hier dient er pragmatisch zur Markierung sozialer und kultureller Differenzen; der räumliche Aspekt des

über deren Figurierungspraxis ich im ethnografischen Teil schreibe, weitgehend zu anderen sozialen und kulturellen Gruppen als denjenigen, denen ich mich selbst zuordne und denen ich zugeordnet werde. Dazu gehören dann meine »deutsche« Herkunft; die »alternative« Popkultur; das (kleinbürgerliche?) Bildungsmilieu etc.. Prekarität ist bekanntlich überall zu finden (auch unter kulturwissenschaftlichen Doktoranden und im akademischen Mittelbau), aber ich gehe letztlich doch, wie im theoretischen Teil deutlich wurde, von einer *hierarchischen* Schichtung des mehrdimensionalen sozialen Raumes aus. Konsequenterweise muss ich den ethnografischen Teil der Forschung dann strukturell auch als ein »studying down« einordnen – sowohl im Sozialen wie auch im Symbolischen.[3] Dass sich dies als sehr viel komplexer darstellt, sobald die Betrachtung weniger schematisch ausfällt und verschiedene Anerkennungskriterien sowie besondere Ästhetiken und Kompetenzen in der jugend(sub)kulturellen Arena ins Spiel kommen, führe ich weiter unten aus. Die soziale Wirklichkeit solcher Hierarchien wahrzunehmen und zu thematisieren bedeutet nun jedenfalls gerade nicht, dass ich mich bewusst für »etwas besseres« halten würde (im Gegenteil sehe ich mich gerne als Egalitarist), aber es ist unwahrscheinlich, dass die sozial produzierten Hierarchien spurlos am Forschungsprozess vorübergegangen sind. Daraus ergeben sich verschiedene praktische und repräsentationspolitische Dilemmata.

Die Schwierigkeiten beginnen beim Sprechen während der Feldforschungsinteraktion, wie beim oben beschriebenen »Eiertanz« bei Picaldi bereits deutlich wurde. Allgemein stellen soziale Unter- und Überlegenheit in der Kommunikation ein schwieriges, tabubehaftetes Thema dar, das oft mit Scham verbunden ist und beim Erzählen eigene Erfahrungen symbolischer Gewalt ins Gedächtnis rufen oder sogar auslösen kann (vgl. Sayer 2005).[4]

Distanz-Begriffs hat in dieser stadtforscherischen Arbeit durchaus seine Berechtigung.

3 Offenkundig sind nicht alle diese Differenzen hierarchisch codiert (z.B. die Männlichkeitstypen), und vor allem ist bei vielen Aspekten, insbesondere der Stil-Praxis, gerade die Frage, inwiefern genau sie nun von wem als hierarchisch codiert betrachtet wird – die sozialtheoretische Festlegung auf der analytischen Ebene soll hier zeigen, dass der Raum der Aushandlungen strukturiert ist, nicht aber, dass alles immer schon feststeht.

4 Zu sozialer Scham vgl. Neckel 1991; Sayer 2005, 154. Wie der britische Philosoph Andrew Sayer feststellt, stellt »class« in Gesprächen ein schwieriges, peinliches Thema dar. Er betont, dass Interaktionen und allgemeiner soziale Beziehungen zwischen Menschen unterschiedlicher Schichten von einer Reihe typischer Gefühle begleitet werden: »Condescension, deference, shame, guilt, envy, resentment, arrogance, contempt, fear and mistrust, or simply mutual incomprehension and avoidance, typify relations between people of different classes.« (Sayer 2005, 1) Sayer betrachtet Scham als internalisierte Verachtung

Hier waren solche Hierarchien bei der Thematisierung von Bildungsabschlüssen besonders offensichtlich und im Bewusstsein der Akteure präsent. Mit der eigenen Schulkarriere verbanden viele Scheiterns- und Erniedrigungserfahrungen (die sie unterschiedlich darstellten), während ich als Doktorand unweigerlich klassische Bildungserfolge verkörperte.[5] Angesichts der vielfältigen »hidden injuries of class« (Sennett/Cobb) kann man diesen Aspekt als Spitze des Eisbergs ansehen. Schon er verdeutlicht aber, dass das Sprechen über ästhetische Differenzen und soziale Ungleichheiten zwischen Personen stattfindet, die an diesen Prozessen unweigerlich beteiligt sind. Wie vor diesem Hintergrund über schwierige Erfahrungen zu sprechen ist, ohne diese zu wiederholen, stellte sich immer wieder auch als ein forschungsethisches Problem dar (vgl. Mecheril/Scherschel/Schrödter 2003), dem ich durch den Ansatz bei der Stil-Praxis und damit verbundenen Selbst- und Fremdbildern (und nicht bei »kontroverseren« Themen) zu begegnen versuchte.

Das kulturanalytische Vorgehen, das Verbinden verschiedener Stränge, bringt zugleich aber eigene repräsentationspolitische Schwierigkeiten mit sich. Diese Arbeit basiert auf der verhältnismäßig abstrakten Frage, wie Figurierungsprozesse funktionieren. Dieses generelle Problem wird hier besonders deutlich, weil die Fragestellung nicht unmittelbar auf Common-Sense-Themen (»Probleme von Jugendlichen auf dem Arbeitsmarkt«; »Die Subkultur XY in Berlin« o.ä.) abzielt. Die Analyse von Figuren und Figurierungen geht sicherlich in besonderem Maße das Risiko ein, dass der Betrachter »*seine eigene Denkweise* an die Stelle der Denkweise der von ihm analysierten Handelnden (setzt), die nicht die Muße haben (noch oft den Wunsch), sich selbst zu analysieren«, wie Bourdieu über den »scholastischen

---

und behauptet, dass »low-level shame« zu »low self-esteem« wird und in untergeordneten Gruppen besonders verbreitet ist. Zugleich hebt er die Widersprüchlichkeit solcher Einstellungen hervor: »Dispositions and sentiments towards unequal others are typically mixed and inconsistent, combining class contempt (and/or sexism, ethnocentrism, etc.) of various strengths with sympathy and generosity.« (167)

5 Nicht in allen Gesprächen war dies ein Thema, aber in manchen, vor allem nach mehrmaligen Treffen (zum Beispiel mit Tarek). Yusuf erklärte dagegen zum Beispiel, dass er sich gerne an die Schule erinnerte, bis auf seinen Abgang, aber eigentlich trauere er der Zeit hinterher, und er befragte mich über den universitären Alltag; Tim und Philipp fragten nach meinem Abiturschnitt und kommentierten selbstironisch, ich habe einen Einserschnitt und sie könnten sich »kaum allein den Arsch abwischen«. Sowohl bei Tim als auch bei Yusuf, also bei zwei der Haupt-Gesprächspartnern, hatte ich den Eindruck, dass sie trotz eigener Scheiternserfahrungen insgesamt ein positives Bild von Bildungseinrichtungen hatten, dort gerne erfolgreicher gewesen wären und sie auch mit einer gewissen Wehmut betrachteten.

Blick« schreibt.[6] Eine ethnografische Kulturanalyse, in der Beobachtungs-
und Analysestränge ganz unterschiedlicher Art zu einem zu analysierenden
Gegenstand verknüpft werden (und in der nicht behauptet wird, solche
Kontextualisierungen ergäben sich »aus dem Feld« selbst), geht in besonders
starkem Maße auf (jeweils argumentativ begründete) Prioritätensetzungen
des Autors zurück. Sie steht damit vor Schwierigkeiten, die etwas anders
gelagert sind als die üblichen Debatten zur »Krise der Repräsentation« in den
ethnografischen Kulturwissenschaften.

Praktisch stellte sich in der Forschung immer wieder ganz konkret die
Frage, welche Praktiken unter »Figurierung als X« gefasst werden sollten: Nur
diejenigen, die die jeweiligen Akteure selbst so klassifizieren und mit einem
selbstgewählten Figuren-Namen verbinden? Oder auch diejenigen, die von
anderen als aussagekräftig, als indexikalisch klassifiziert und mit (Fremd-)Be-
nennungen versehen werden? Wenn Figuren nicht allein auf der Ebene kultureller Repräsentationen und diskursiver Konstruktionen verstanden werden (also aus der sicheren Distanz der »kritischen« Diskursanalyse), sondern
als mit der Typisiertheit des sozialen Lebens und der typisierenden kulturellen Praxis verwoben, dann liegt die Gefahr auf der Hand, dass die Analyse
Fremdbildern zu viel Bedeutung zumisst, sie sozialen Welten und Existenzen
überstülpt und den tatsächlichen Relevanzen der Akteure nicht gerecht wird,
also das Gegenteil dessen tut, was Ethnografien zu tun beanspruchen. Hier
liegt insbesondere der Einwand nahe, dass ich damit die Klassifikationspraxis
des »Niveaumilieus« (G. Schulze) übermäßig betone und damit die »symbolische Gewalt« (Bourdieu) der alltäglichen Etikettierung wiederhole oder
sie sogar gewissermaßen mit wissenschaftlichen Weihen versehe. Dennoch
gehört meiner Überzeugung nach auch die zweite angesprochene Menge von
Praktiken (einschließlich der Zuschreibungen) zum Figurierungsprozess, im
Sinn eines Teil-Prozesses der kulturellen Reproduktion sozialer Ungleichheiten, denn am sozialen Prozess sind nun einmal unterschiedliche Akteure beteiligt. Deshalb wurden in diesem Text die Stil-Praxis und Lebensweise von
Akteurinnen und Akteuren *auch* in Beziehung mit Diskursen und Bildern,
mit kulturellen Figuren und mit historischen Traditionen gesetzt, die gerade
nicht ihrem Selbstbild entsprechen.

---

6 Das Problem besteht vor allem darin, dass der Betrachter »auf diese Weise in seinen Gegenstand die fundamentale Voraussetzung (hineinlegt), die mit der Tatsache verbunden
ist, ihn *als Gegenstand* zu denken, anstatt *mit ihm zu tun zu haben*, etwas mit ihm zu tun,
ihn zu seiner Sache zu machen (*pragma*).« (Bourdieu 1993, 371)

Dabei wiederholt sich die Frage der Benennungen und ihrer Performativität, die die Arbeit untersucht, als forschungs- und darstellungsethische Frage im eigenen Schreiben (und im Buchtitel). Ich will, das sollte deutlich geworden sein, *nicht* sagen, dass die Gesprächspartner »Prolls sind« oder »Gangster sind«, sondern diese und andere stereotype Figurierungen hinterfragen. Darin, dass ich über sie trotzdem unter dem Gesichtspunkt dieser Etikettierungen schreibe, besteht das »Darstellungspardoxon«, das aus der Stereotypenforschung bekannt ist (Höhne u.a. 2005, 22). Trotz dieser Probleme habe ich diesen Ansatz gewählt, weil solche De- und Rekontextualisierungen wichtige Zusammenhänge verständlich und kritisierbar machen, die sonst im Dunklen blieben. Zugleich bedingte diese Konstellation einen in mancher Hinsicht vorsichtigen Ansatz und einen Verzicht auf manche Zuspitzung: Um das mögliche Auseinanderklaffen der Perspektiven auf die Figurierungsprozesse sichtbar zu machen, beschrieb ich die Figurierungsfelder der Akteure im zweiten und vierten Teil ausführlich und anhand der von ihnen selbst verwendeten Kategorien. Anhand der Fallstudien sollte gezeigt werden, welche Kontexte für einzelne Akteure zum Beispiel bei der Stil-Praxis im Spiel sind, wie die Figurierung also mit den Akteursrelevanzen zusammenhängt (die aber nicht das letzte Ziel der Analyse darstellen). Damit sollen die Widersprüche von Selbst- und Fremdfigurierung im Text also ebenso sichtbar werden wie ihre Verbindungen und Wechselwirkungen. Gerade deshalb wurde hier auch vielfach dargestellt, wann die Figurierung für welche Akteure, um mit der Wissenssoziologie zu sprechen, relevant und thematisch, also als Gegenstand verhandelt wird.

Auch wenn »Figurierung« als analytischer Begriff weit von der Alltagssprache entfernt ist, machte die Darstellung deutlich, in welchem Maße die damit bezeichneten Prozesse im Alltag eine Rolle spielen. Die Frage der Fremdwahrnehmungen und Selbstdefinitionen ist für Jugendliche lebensweltlich oft besonders relevant und hat sich auch in den Gesprächen als Thema erwiesen, über das man, eine gewisse Vertrautheit vorausgesetzt, intensiv sprechen kann. Insgesamt wäre es meines Erachtens deshalb fragwürdig, die Etikettierungsfrage und die mit ihr verbundene Macht *nicht* zu thematisieren. Die Gefahr, stereotype Bilder zu reproduzieren und sie mit Jugendlichen zu assoziieren, ist fraglos real; die Entscheidung über die Frage, inwiefern die Darstellungs- und Analysestrategien dieser Studie dieser Gefahr entgegenwirken, sei der Leserin und dem Leser überlassen.

Die sozialen Hierarchien, von denen hier die Rede war, lassen sich im Sinn der ungleichen Ressourcenverteilung und der ungleichen sozialen Anerkennung verschiedener kultureller Formen beschreiben, wie dies in diesem Anhang bislang geschah. Sie haben (gerade im Rahmen dieser binären Codierung) aber auch ein symbolisches Gegenstück: bürgerliche Ambivalenzen und Sehnsüchte in Richtung der (um einen weiteren so einschlägigen wie problematischen Begriff zu verwenden) sozial-symbolischen »low others« (vgl. Stallybrass/White 1986).[7] In jugendkulturellen Kontexten haben solche Ambivalenzen eigene, auf Dauer gestellte Formen gefunden. Vor diesem Hintergrund ließe sich zum Beispiel der (sicherlich nicht rundum überraschende) Umstand deuten, dass ich mich vielen Jugendlichen in Sachen subkulturelle *coolness* und Stadt-Wissen, in Sachen Selbstbewusstsein und Körperlichkeit (und damit unweigerlichkeit auch mit Blick auf eine Form von Männlichkeit) unterlegen fühlte und in dieser Hinsicht ein »studying up« zu betreiben meinte, in dessen Verlauf ich eigenen Unzulänglichkeiten begegnete, auch im Urteil mancher Jugendlichen, deren kulturelles Selbstbewusstsein als allein kompensatorisch völlig missverstanden wäre. Eine solche Konstellation mag zu einem ästhetisierenden, vielleicht auch voyeuristischen »Binnenexotismus« führen, der eine andere Gruppe als »exotisch« und damit als per se einer Erklärung gegenüber der kulturellen Norm (gegenüber dem »Eigenen«) bedürftig begreift, die der Forscher setzt und somit einmal mehr zu bestätigen scheint.[8] Dies wurde und wird mir immer dann besonders bewusst, wenn ich bei Präsentationen und Vorträgen im akademischen Feld beim Vorlesen von Interviewzitaten für Gelächter und Unterhaltung sorg(t)e.

Nähe und Distanz: akzeptable Inkompetenz und das »Auto-Ethno-Kontinuum«

Bisher habe ich vor allem die Distanzen zwischen Forscher und Feld betont. Zugleich empfand ich in vielen Fällen aber auch eine kulturelle Nähe zu

---

7 Zur Geschichte des bürgerlichen Blicks auf populare Kulturen und zu mit der Distanz einhergehenden Projektionen und Faszinationen s.o., vgl. u.a. Bogdal 1978, Stallybrass/White 1986, zur stadtforscherischen Seite Lindner 2006.

8 »In ethnographies that are written across major differences in power (such as those of gender, class or ethnicity), the recorded group can come to carry the burden of representation as ›out of the ordinary‹, just as in general discourse women have so often been ›the sex‹, working-class people have been the bearers of class and ›race‹ has meant ›black‹.« (Johnson u.a. 2004, 223)

vielen der Jugendlichen, mit denen ich sprach, und nicht nur zu denen, die mir sozial verhältnismäßig nahe stehen. Spürbar wurde dies in gelingenden kommunikativen Situationen, in denen der sprachliche Austausch konzentrierter, freier und assoziativer wurde. Das hatte ohne Zweifel ganz allgemein mit dem Prozess des Sich-Kennenlernens und Sich-Anfreundens überhaupt zu tun, das typisch für Feldforschungen ist. Die gelegentlich gefühlte Nähe hing aber auch mit davon unabhängigen Aspekten wie gemeinsamem Musik- und Stil-Interesse zusammen, die wiederum, wie mir zunehmend klar wurde, mit meinem eigenen »popkulturellen« Selbstverständnis und Forschungsehrgeiz verknüpft waren. Mir schwebte eine Feldrolle vor, in der ich eine gewissermaßen akzeptable Form von Inkompetenz an den Tag legen würde. Ich wollte ein Gesprächspartner sein, der – auch aufgrund eigenen Vorwissens – prinzipiell in der Lage ist, das Geschehen erklärt und gezeigt zu bekommen. Ich wollte nicht übermäßig distanziert erscheinen, zugleich aber auch nicht den Eindruck erwecken, eine Form von Zugehörigkeit zu behaupten – zum Beispiel durch Jugendsprache oder einschlägige Kleidung.[9] Deshalb zog ich zum Beispiel Kleidung wie Kapuzenpullover und Jeans an, die mir leger und verhältnismäßig »neutral« schien und in der ich mir nicht verkleidet vorkam.[10] An Jugendsprache versuchte ich mich selten. Als ich am ersten Tag im Charlottenburger Picaldi-Store einmal eine Zicco-Hose anprobierte, erntete ich von den vor der Kabine versammelten Verkäuferinnen fröhliches Gelächter und den Kommentar, ich sei »*einfach nicht der Typ Mensch*«, der so etwas trage (FN).[11]

---

9 Zur »Fallibilität verbaler Kumpanei« vgl. Lindner 1981b, 57. Rolf Lindner zitiert einen Einführungstext in qualitative Methoden von Bogdan und Taylor (1975), der diverse Kleidungsvorschriften auflistet: »The goal of researchers is to blend into the setting they observe. They hope to become natural, although neutral, parts of the scene. Dress is chosen with consideration in mind. If your subjects dress casually, then you should also.« (1981b, 45; hier 54) »Casual« kleidete ich mich sicherlich auch – aber das ist eine recht grobe Klassifikation; eine Mimikry an den Hintergrund stand hier nicht zur Debatte. Zwischen dem Nicht-Auffallen-Wollen und der Zugehörigkeitsbehauptung verläuft ein schmaler Grat.

10 Trotzdem war klar, dass ich aussehe wie jemand, bei dem es nicht verwundert, dass er ein kulturwissenschaftlicher Doktorand ist und gerne empfindsame Indie-Rock-Musik hört. Auf Hemden, T-Shirts und einige Schuhe, die ich sonst tragen würde, verzichtete ich häufig, ich hatte aber nicht das Gefühl, mich zu verstellen. Als Bestätigung empfand ich es dann, wenn Befragte meinten, mit mir könne man »auf Augenhöhe« sprechen.

11 Wie unten deutlicher wird, hat das auch etwas mit Körperlichkeit und Körperformen zu tun – und mit dem Ideal des »breit gebauten« Körpers. In »Gehobene Klasse«, dem oben zitierten Rap-Stück, auf dem der Berliner Rapper Sentino den Jugend-Slang erläutert, heißt es u.a. »Asche ist Geld. Welle machen ist wenn sich paar Affen verstellen/Baby lass uns chillen heißt so viel wie ab ins Hotel/›Einen Großen Schwarzen‹ steht für Kaffee

Eine gefühlte Nähe stellte sich also, wie gesagt, zum einen durch Geschmacksfragen her, durch den gemeinsamen Bezug auf konkrete Künstler und Ästhetiken, zum Beispiel Rapper wie Kool Savas oder K.I.Z., die auch mir gefallen. Zum anderen hing sie mit der Wertschätzung popkultureller Formen, Kompetenzen und Imaginationen überhaupt zusammen, mit einem (zumindest von mir) als gemeinsam empfundenen »Bescheidwissen«. Zu gefühlter politischer Nähe führte es, wenn sich mit Gesprächspartnern ein kommunikatives Einverständnis einstellte, wenn es zum Beispiel um das Zurückweisen von Stereotypen ging. Nach einem lange Gespräch mit Yusuf, das ich als ehrlicher als vorhergehende empfand, verabschiedete er sich zum Beispiel mit »Moritz, wir zwei verbessern die Welt«, was spöttischer klingt, als es mir gemeint schien. In einigen Fällen entstand eine gewisse Nähe durch parallel verlaufende persönliche Krisen im Verlauf des Forschungsprozesses.

Manchmal wurde im Gespräch aber auch ein scheinbares Einverständnis hergestellt, obwohl es dafür eigentlich keine Basis gab. Das war zum Beispiel der Fall, wenn Tim rassistische, frauenfeindliche und antisemitische Bemerkungen machte und von mir zu erwarten schien, dass ich damit übereinstimmte. (Das tat er auch, wenn Freunde dabei waren, die nicht rundum als »deutsch« gelten – mit einem von ihnen, der dies als schmerzhaften Alltagsrassismus eines Freundes wahrnimmt, sprach ich darüber ausführlicher). Bei einer Suada gegen »Pöbelkanaken« (sic) fragte er mich explizit, wie ich das denn sehe, da »solche Leute« seiner Beobachtung nach gegenüber »Leuten wie mir« – also, so schien er das zu meinen, stereotypen »Studenten« und Intellektuellen – besonders geringschätzig und dominant auftreten würden. Bei Tarek gab es ähnliche Situationen mit Israelkritik, die ich einseitig fand, und mit antitürkischen Aussagen. In solchen Situationen versuchte ich, meine Ansichten nicht zu verstecken, sondern kenntlich zu machen, hielt aber bei weitem nicht im selben Maße argumentativ »dagegen«, wie ich das im Gespräch mit Freunden getan hätte.

Die unbewusste Exotisierung und das Nähe-Empfinden können durchaus zusammenhängen, wie mir im Verlauf der Forschung klar wurde. Eine befreundete Ethnologin, mit der ich gelegentlich über meine Forschung sprach und die mich zu einem Konzert »im Feld« (einem »Atzen«-Event) begleitete, äußerte danach zwei Beobachtungen: Zum einen hätte ich die Jugendlichen im Gespräch mit ihr vorher als habituell »fremder« dargestellt, als

bestell'n/und ein Mann Ihrer Statur ist hier ein Klappergestell!« (auf »Ich bin deutscher Hip-Hop, 5 vor 12 Records, 2006).

sie mir, ihrem Augenschein nach, tatsächlich seien. Ich würde das Konfrontative und Unartikulierte überbetonen. (Die Problematik war mir bewusst, aber das half offenbar nicht viel). Zum anderen, und hier kommen wir zur Nähe, gebe es offenbar eine Parallele oder ein Passungsverhältnis zwischen der lustvollen Selbst- und Fremd-Klassifikationspraxis der Jugendlichen und meiner eigenen, typisch »popintellektuellen« Lust an semiotischen Lektüren. Machte ich die Jugendlichen zuerst symbolisch »fremd«, um mir dann in der gemeinsamen Überwindung der herbeigeschriebenen Differenzen zu gefallen?[12] Oder, in einem intellektualisierten Sinn, um die besonderen, vergemeinschaftenden Potenziale von Populärkultur und populärkulturellen Kompetenzen zu betonen?

Solche Prozesse nur als subjektive Verfehlungen zu diskutieren, scheint mir wenig aussichtsreich und tendenziell narzisstisch. Zu einem kulturanalytisch relevanteren und zugleich differenzierteren Bild solcher Verstrickungen trägt das Modell des »Auto-Ethno-Kontinuums« bei, das Richard Johnson u.a. für Cultural-Studies-Analysen entwickelt haben (2004, 206ff). Die Autoren argumentieren, dass sich kulturwissenschaftliche Forschung unweigerlich zwischen dem »auto/biografischen« und dem »ethnografischen« Pol bewegt. Sie enthält Selbst- und Fremdrepräsentationen in veränderlichen Anteilen, sowohl auf der Ebene des Gegenstands (von kulturellen Formen) als auch, folglich, in methodologischer Hinsicht: »The sense of self is, therefore, necessarily involved in understanding the other; ethnography presupposes auto/biography. Self-possession or self-knowledge and openness to

---

12 Diese Deutung wird auch durch einige andere eigene Beobachtungen bestätigt: Ich ertappte mich gelegentlich dabei, dass ich enttäuscht war, wenn in den Freundeskreisen Jugendliche waren, die mir »sozial nah« schienen. Eine solche Alterisierungs-Strategien würde nicht nur zu einem heroischen Forscher-Subjekt-Selbstbild passen (das ich sicherlich nicht bewusst pflege), sondern auch zu utopischen (Fehl-)Deutungen, wie sie in manchen Subkulturen zirkulieren: Sie bzw. die Populärkultur erscheinen dann als Ort von Differenz und Verständigung zugleich, von politisierender Subjektivierung über alle sozialen Schranken hinweg. Gegenüber solchen Thesen (Thornton nennt dies »subcultural ideology«, 1995) war und bin ich skeptisch, aber auch nicht feindselig eingestellt. Zur (in einem unmittelbaren Sinn) politischen Dimension: Aus verschiedenen Fraktionen der politischen Linken wurde dem jugendlichen »Subproletariat« besondere strategische Handlungsmacht zugesprochen (vgl. u.a. Breyvogel 1983, für die USA Diamond 2009). Diese sozialrevolutionäre Tradition lebt fort – auf einer Demonstration gegen die Reaktion der Bundesregierung auf die »Finanzkrise« 2009 in Berlin sah ich ein Schild, auf dem »Klasse gegen Klasse, ihr Atzen!« geschrieben stand – es handelte sich um einen Versuch, die jugendkulturelle Figur mit ihren unterschichtlichen Konnotationen für eine »politische Anrufung« zu nutzen.

other worlds are integrally related« (ebd., 208).[13] Sie zitieren die britische
Psychologin und Soziologin Valerie Walkerdine, die vorschlägt, das resultierende Spannungsverhältnis als Heuristik zu nutzen: »Our own entanglement
in culture is one of our most powerful resources when studying culture«
(ebd. 55). Diese gemeinsame »Verstricktheit« begegnete mir vielfach. Eine
Haupt-Informantin zum Beispiel, Mona, hatte ein sowohl libidinöses als
auch strategisches und reflexives Verhältnis zur Ästhetik der »Straße« – sie
war mit »harten Jungs« zusammen, wie sie betonte, und sie versuchte, diese
sozialen und symbolischen Kompetenzen zu nutzen, um im Streetwear-Geschäft Fuß zu fassen; ich war, wie ich im Forschungstagebuch notierte, von
ihren Erzählungen aus dem »Milieu« in stärkerem Maße fasziniert, als ich es
von der eigenen Forschungsfrage her hätte sein müssen, und auch ich kannte
die Filme und Texte, die sie dabei zitierte. Wie genau sich unsere Imaginationen unterschieden, war mir nicht sofort offensichtlich, aber es wurde
schnell deutlich, dass sich die Imaginationen nicht nur auf der einen Seite
(dem »ethnografischen« Pol) fanden, sondern auch auf der anderen (dem
»autobiografischen«), und dass wir darüber sprechen und uns auch darüber
amüsieren konnten.

Im Verlauf der Darstellung kam ich deshalb immer wieder auf solche
Verstrickungen in Diskurse, Bilder und Mythen zu sprechen, wie beim Charisma der Delinquenz, und versuchte, die eigene Fasziniertheit und die kulturelle Praxis der beobachteten Akteure einschließlich deren Imaginationen
und Reflexionen sowohl zu unterscheiden als auch miteinander in Beziehung zu setzen.[14] Umso wichtiger ist es, wie vor allem bei den Fall-Porträts
deutlich wird, die Selbst-Figurierung nach dem oben skizzierten Modell zu
kontextualisieren und zu »entspektakularisieren«.

---

13 Sie fahren fort: »Ethnography may depend on auto/biography, but the auto/biography of
   the researcher also gets hitched up to the ethnographic process with results that must be
   uncertain.« (ebd., 208)
14 Vgl. in diesem Sinn auch die methodologischen Anmerkungen von Hansen/Verkaaik
   2010. Zu diesen Narrativen gehören, auf meiner Seite, auch Ethnografien. Während unter
   den Jugendlichen viel davon die Rede war, dass andere unter Realitätsverlust leiden, sich
   für die *Scarface*-Figur Tony Montana, für amerikanische Rapper oder andere »irreale« und
   entfernte Figuren halten usw. usf. (s.u.), fühlte ich mich immer wieder an nicht weniger
   weit entfernte Geschichten u.a von William F. Whyte, Werner Schiffauer, Paul Willis oder
   Loïc Wacquant erinnert und meinte, acht geben zu müssen, mir den Blick nicht durch
   solche Assoziationen (gewissermaßen das Charisma der Delinquenzforschung) trüben zu
   lassen.

Das andere mögliche Extrem, Jugendliche und ihre Stil-Praxis nämlich gänzlich zu »domestizieren«, wie Hebdige dies als typische mediale Repräsentationsform beschreibt, galt es dabei jedoch gleichermaßen zu vermeiden (vgl. Hebdige 1979, 94f; 1988, 27ff). Hebdige fasste die konventionellen Repräsentationsformen, die für »spektakuläre« Subkulturen bereitstehen, unübertroffen zusammen. Subkulturen werden demnach durch gesellschaftliche Diskurse in »dominant maps of meaning« integriert: Entweder durch ein eskalierendes *othering*, das sie zu Figuren der Gefährdung macht, zu wilden Tieren oder »verwilderten Jungmännern« (Heinz Bude), oder aber durch Trivialisierung und Domestizierung, die ihnen jeglichen provozierenden Gehalt nehmen, auf den diese aber durchaus abzielen: »Eventually, the mods, the punks, the glitter rockers can be incorporated, brought back into line, located on the preferred ›map of problematic social reality‹ (Geertz, 1964) at the point where boys in lipstick are ›just kids dressing up‹, where girls in rubber dresses are ›daughters just like yours‹«. Und weiter: »The way in which subcultures are represented in the media makes them both more *and less* exotic than they actually are. They are seen to contain both dangerous aliens and boisterous kids, wild animals and wayward pets.« (1979, 97) Dem bleibt hinzuzufügen, dass nicht nur die Darstellungsstrategien der Massenmedien, sondern auch die der Sozialwissenschaften gelegentlich zwischen Eskalation und De-Eskalation changieren. Meine Hoffnung ist, dass die hier gezeichneten »maps of meaning« weder exotisieren noch normalisieren, sondern, auch im Sinn der angesprochenen Fluchtlinien, zur Suche nach anderen Wegen motivieren.

Literatur

Abrahams, Roger D. (2005), *Everyday Life. A Poetics of Vernacular Practices*, Philadelphia.

Aikins, Joshua Kwesi (2005), Wer mit Feuer spielt... Aneignung und Widerstand. Schwarze Musik/Kulturen in Deutschlands weißem Mainstream, in: Maureen Maisha Eggers u.a. (Hg.), *Mythen, Masken und Subjekte. Kritische Weißseinsforschung in Deutschland*, Münster, S. 283–300.

Alexander, Jeffrey/Philip Smith (2005), The Strong Program in Cultural Sociology: Elements of a Structural Hermeneutics, in: Jeffrey Alexander, *The Meanings of Social Life: A Cultural Sociology*, Oxford, S. 11–27.

Agha, Asif (1998), Stereotypes and registers of honorific language, *Language in Society* 27 (2), 151–194.

Albrow, Martin/John Eade/Jörg Dürrschmidt/Neil Washbourne (1997), The impact of globalization on sociological concepts. Community, culture and milieu, in: John Eade (Hg.), *Living the Global City. Globalization as a local process*, London/New York, S. 20–36.

Anderson, Elijah (2000), *Code of the Street. Decency, Violence, and the Moral Life of the Inner City*, New York/London.

— (1990), *Street Wise. Race, Class, and Change in an Urban Community*, Chicago/London.

Anderson, Perry (2009), A New Germany, *New Left Review* 57 (May/June), S. 5–40.

Androutsopoulos, Jannis (2011), Code-Switching in Computer-Mediated Communication, in: S. C. Herring/D. Stein/T. Virtanen (Hg.), *Handbook of the Pragmatics of Computer-Mediated Communication*, Berlin (Vorabversion online).

— (2010), Ideologising ethnolectal German, in: Sally Johnson/Tommaso M. Milani (Hg.), *Language Ideologies and Media Discourse*, London, S. 182–202.

— (2005), Musiknetzwerke. Identitätsarbeit auf HipHop-Websites, in: Klaus Neumann-Braun/Birgit Richard (Hg.), *Coolhunters. Jugendkulturen zwischen Medien und Markt*, Frankfurt/M., 2005, S. 159–172.

— (2003), HipHop und Sprache: Verbale Intertextualität und die drei Sphären der Populärkultur, in: ders. (Hg.), *HipHop: globale Kultur – lokale Praktiken*, Bielefeld, S. 111–136.

— (2002), Jetzt speak something about italiano. Sprachliche Kreuzungen im Alltagsleben, *Osnabrücker Beiträge zur Sprachtheorie* 65, S. 5–35.

— (2001), Ultra korregd Alder! Zur medialen Stilisierung und Aneignung von »Türkendeutsch«, *Deutsche Sprache* 29.4, S. 321–339.

Anthias, Floya (2005), Social Stratification and Social Inequality: Models of Intersectionality and Identity, in: Fiona Devine/Mike Savage/John Scott/Rosemary Crompton (Hg.), *Rethinking Class. Culture, Identities and Lifestyles*, Houndsmills, S. 24–45.

Asante, M. K. Jr. (2008), *It's Bigger Than HipHop. The Rise of the Post-HipHop Generation*, New York.

Auerbach, Erich (1949), *Mimesis. Dargestellte Wirklichkeit in der abendländischen Literatur*, Tübingen.

Ayaß, Wolfgang (1995), *»Asoziale« im Nationalsozialismus*, Stuttgart.

Baacke, Dieter (2007), *Jugend und Jugendkulturen. Darstellung und Deutung*, 5. Aufl., Weinheim/München.

Bachmann, Cordula (2008), *Kleidung und Geschlecht. Ethnographische Erkundungen einer Alltagspraxis*, Bielefeld.

Bachmann, Götz/Andreas Wittel (2006), Medienethnographie, in: Ruth Ayaß/Jörg R. Bergmann (Hg.), *Qualitative Methoden in der Medienforschung*, Reinbek bei Hamburg, S. 183–219.

Back, Les (1996), *New Ethnicities and Urban Culture. Racisms and Multiculture in Young Lives*, London.

Bailey, Peter (1994), Conspiracies of Meaning: Music Halls and the Knowingness of Popular Culture, *Past and Present* 144, S. 138–170

Barthes, Roland (1985), *Die Sprache der Mode* [1967], Frankfurt/M..

— (1981), *Mythen des Alltags* [1964], Frankfurt/M..

Baudrillard, Jean (1981), *Simulacres et simulation*, Paris.

Bauer, Katrin (2010), *Jugendkulturelle Szenen als Trendphänomene. Geocaching, Crossgolf, Parkour und Flashmobs in der entgrenzten Gesellschaft*, Münster.

Bauman, Zygmunt (1995), *Ansichten der Postmoderne*, Hamburg/Berlin.

Baumeister, Martin (2010), »Berliner Witz« oder der Eigensinn der Großstadt, *Historische Anthropologie* 18.1, S. 69–87.

Bausinger, Hermann (1988), Name und Stereotyp, in: Helge Gerndt (Hg.), *Stereotypvorstellungen im Alltagsleben. Beiträge zum Themenkreis Fremdbilder – Selbstbilder – Identität. Festschrift für Georg R. Schroubek zum 65. Geburtstag* (Münchner Beiträge zur Volkskunde, Bd. 8), München, S. 13–19.

— (1984), Folklorismus, in: *Enzyklopädie des Märchens*, Bd. 4, S. 1405–1410.

Bayrische Landeszentrale für neue Medien (Hg.) (1997), *Vom Boulevard zum Trash-TV: Fernsehkultur im Wandel. Dokumentation zum BLM-Rundfunkkongreß 1997*, München.

Bednarik, Karl (1953), *Der junge Arbeiter von heute – ein neuer Typ*, Stuttgart.

Beck, Stefan (1997), *Umgang mit Technik. Kulturelle Praxen und kulturwissenschaftliche Forschungskonzepte*, Berlin.

Becker, Franziska (2001), *Ankommen in Deutschland. Einwanderungspolitik als Erfahrung im Migrationsprozeß russischer Juden*, Berlin.

Becker, Franziska/Beate Binder (2005), Fragile Räume und angeeignete Orte: Zur Ethnografie von Ortsbezogenheit in der Spätmoderne. Panel. Einführung, in: Beate Binder u.a. (Hg.), *Ort. Arbeit. Körper. Ethnografie Europäischer Modernen. 34. Kongress der Deutschen Gesellschaft für Volkskunde, Berlin 2003*, Münster u.a., S. 157–159.

Becker, Howard S. (1973), *Outsiders. Studies in the Sociology of Deviance* [1963]. With a New Chapter: Labelling Theory Reconsidered, New York/London.

Bennett, Andy (2005), In Defence of Neo-Tribes: A Response to Blackman and Hesmondhalgh, *Journal of Youth Studies* 8.2, S. 255–59.

— (1999), Subcultures or Neo-Tribes? Rethinking the relationship between youth, style and musical taste, *Sociology* 33.3, S. 599–617.

Bennett, Andy/Keith Kahn-Harris (2004), Introduction, in: dies. (Hg.), *After Subculture. Critical Studies in Contemporary Youth Culture*, London, S. 1–18.

Benninghaus, Christina (1999), Verschlungene Pfade – auf dem Weg zu einer Geschlechtergeschichte der Jugend, in: dies/Kerstin Kohtz (Hg.), *Sag mir, wo die Mädchen sind... Beiträge zu einer Geschlechtergeschichte der Jugend*, Köln/Weimar/Wien, S. 9–32.

Berger, Peter L./Thomas Luckmann (1980), *Die gesellschaftliche Konstruktion der Wirklichkeit. Eine Theorie der Wissenssoziologie* [1960], Frankfurt/M..

Bernstein, Basil (1971), *Theoretical Studies toward a Sociology of Language*, London.

Binder, Beate (2009), *Streitfall Stadtmitte. Der Berliner Schlossplatz*, Köln/Weimer/Wien.

Blokland, Talja/Mike Savage (2008), Introduction, in: dies. (Hg.), *Networked Urbanism. Social Capital in the City*, Hamphire/Burlington, S. 1–22.

Blum, Alan (2001), Scenes, *Public* 32/33 (Special Issue »Cities/Scenes«), S. 7–35.

Bogdal, Klaus-Michael (1978), *»Schaurige Bilder«. Der Arbeiter im Blick des Bürgers am Beispiel des Naturalismus*, Berlin.

Bogusz, Tanja (2007), *Institution und Utopie. Ost-West-Transformationen an der Berliner Volksbühne*, Bielefeld.

Bohnsack, Ralf (2001), Der Habitus der ›Ehre des Mannes‹. Geschlechtsspezifische Erfahrungsräume bei Jugendlichen türkischer Herkunft, in: Peter Döge/Michael Meuser (Hg.), *Männlichkeit und soziale Ordnung. Neue Beiträge zur Geschlechterforschung*, Opladen, S. 27–48.

Bohnsack, Ralf/Aglaja Przyborska/Burkhard Schäffer (2006) (Hg.), *Das Gruppendiskussionsverfahren in der Forschungspraxis*, Opladen.

Bonz, Jochen (2007), *Subjekte des Tracks. Ethnografie einer postmodernen / anderen Subkultur*, Berlin.

Bourdieu, Pierre (2005), Ortseffekte, in: ders. u.a., *Das Elend der Welt*, Konstanz, S. 117–126.

— (2001), *Meditationen. Zur Kritik der scholastischen Vernunft*, Frankfurt/M..

— (1998a), Die biographische Illusion, in: ders., *Praktische Vernunft. Zur Theorie des Handelns*, Frankfurt/M., S. 75–91.

— (1998b), Prekarität ist überall, in: ders., *Gegenfeuer. Wortmeldungen im Widerstand gegen die neoliberale Invasion*, Konstanz, S. 96–102.

— (1993), Narzißtische Reflexivität und wissenschaftliche Reflexivität, in: Eberhart Berg/Martin Fuchs (Hg.), *Kultur, soziale Praxis, Text. Die Krise der ethnographischen Repräsentation*, Frankfurt/M., S. 365–374.

— (1987), *Sozialer Sinn. Kritik der theoretischen Vernunft*, Frankfurt/M..

— (1982), *Die feinen Unterschiede. Kritik der gesellschaftlichen Urteilskraft*, Frankfurt/M..

Bowker, Geoffey C./Susan Leigh Star (1999), *Sorting Things Out. Classification and Its Consequences*, Cambridge/London.

Bukow, Wolf-Dietrich (2010), *Urbanes Zusammenleben: Zum Umgang mit Migration und Mobilität in europäischen Stadtgesellschaften*, Wiesbaden.

Bull, Michael (2008), *Sound Moves. iPod Culture and Urban Experience*, London/New York.

Braidotti, Rosi (1994), *Nomadic Subjects. Embodiment and Sexual Difference in Contemporary Feminist Theory*, Cambridge.

Brake, Mike (1981), *Soziologie der jugendlichen Subkulturen*, Frankfurt/M./New York.

Breyvogel, Wilfried (1986), Stadt und Jugendprotest. Zur verborgenen Beziehung von Stadterfahrung und Subjektivität, in: Deutscher Werkbund (Hg.), *Schock und Schöpfung. Jugendästhetik im 20. Jahrhundert*, Darmstadt, S. 92–98.

— (1983), Die Jugendrevolte als städtische Revolution. Zur Bedeutung der Stadt als Erfahrungsraum, in: ders. (Hg.), *Autonomie und Widerstand. Zur Theorie und Geschichte des Jugendprotestes*, Essen, S. 98–105.

Brock, Ditmar (1991), *Der schwierige Weg in die Moderne. Umwälzungen in der Lebensführung der deutschen Arbeiter zwischen 1850 und 1980*, Frankfurt/M./New York.

Brown, Wendy (2001), Futures. Specters and Angels: Benjamin and Derrida, in: dies., *Politics Out Of History*, Princeton.

Bude, Heinz (2008), *Die Ausgeschlossenen. Das Ende vom Traum einer gerechten Gesellschaft*, München.

— (2004), Das Phänomen der Exklusion. Der Widerstreit zwischen Erfahrung und soziologischer Rekonstruktion, *Mittelweg 36*, Nr. 4, S. 3–15.

— (1998) Die Überflüssigen als transversale Kategorie, in: Peter A. Berger/Michael Vester (Hg.), *Alte Ungleichheiten – Neue Spaltungen*, Opladen, S. 363–382.

Bürck, Thomas/Thomas Bürk (2010), Schwaben in Berlin – Metamorphosen einer kulturellen Figur und ihrer urbanen Topografien, in: Beate Binder/Moritz Ege/Anja Schwanhäußer/Jens Wietschorke (Hg.), *Orte, Situationen, Atmosphären. Kulturanalytische Skizzen*, Frankfurt/M./New York, S. 307–320.

Burawoy, Michael (1998), The Extended Case Method, *Sociological Theory* 16.1 (March), S. 4–33.

Butler, Judith (2006), *Haß spricht. Zur Politik des Performativen*, Frankfurt/M..

Caglar, Ayse (2001), Management kultureller Vielfalt. Deutsch-türkischer Hip-Hop, Rap und Türkpop in Berlin, in: Sabine Hess/Ramona Lenz (Hg.), *Geschlecht und*

Globalisierung. Ein kulturwissenschaftlicher Streifzug durch transnationale Räume, Königstein, S. 221–241.

Castoriadis, Cornelius (1984), *Gesellschaft als imaginäre Institution. Entwurf einer politischen Philosophie*, Frankfurt/M..

Caughey, John L. (1984), *Imaginary Social Worlds. A Cultural Approach*, Lincoln, London.

Clarke, Adele (2005), *Situational Analysis. Grounded Theory after the Postmodern Turn*, London.

Clarke, John/Stuart Hall/Tony Jefferson (1979), Subkulturen, Kulturen und Klassen, in: John Clarke u.a., *Jugendkultur als Widerstand. Milieus, Rituale, Provokationen*. Herausgegeben vom Arbeitskreis »Kommunikationsverhältnisse«, Berlin, S. 39–132.

Clarke, John (1979), Stil, in: ders. u.a., *Jugendkultur als Widerstand. Milieus, Rituale, Provokationen*. Herausgegeben vom Arbeitskreis »Kommunikationsverhältnisse«, Berlin, S. 133–157.

Clifford, James (1986), On Ethnographic Authority, in: ders./George E. Marcus, *Writing Culture. The Politics and Poetics of Ethnography*, Berkeley, S. 98–121.

Cohen, Albert (1955), *Delinquent Boys. The Culture of the Gang*, Glencoe, Illinois.

Cohen, Stan (1972), *Folk Devils and Moral Panics. The Creation of Mods and Rockers*, St. Albans.

Comaroff, Jean/John Comaroff (2006), Reflections on Youth, From the Past to the Postcolony, in: Melissa S. Fisher/Greg Downey (Hg.), *Frontiers of Capital. Ethnographic Reflections on the New Economy*, Durham/London, S. 267–281.

— (2001), *Millenial Capitalism and the Culture of Neoliberalism*, Durham/London.

Connell, R.W. (1995), *Masculinities: Knowledge, Power and Social Change*, Cambridge.

Connolly, William (2005), The Evangelical-Capitalist Resonance Machine, *Political Theory*, 33. 6, December, S. 869–886

— (2004), Method, Problem, Faith, in: Ian Shapiro/Rogers M. Smith/Tarek E. Masoud (Hg.), *Problems and Methods in the Study of Politics*, Cambridge, S. 332-349.

Conze, Werner (1984), Proletariat, Pöbel, Pauperismus, in: Otto Brunner/Werner Conze/Reinhart Koselleck, *Geschichtliche Grundbegriffe. Historisches Lexikon zur politisch-soziale Sprache in Deutschland*, Band 5: Pro-Soz, Stuttgart, S. 27–68.

— (1966), Vom ›Pöbel‹ zum ›Proletariat‹. Sozialgeschichtliche Voraussetzungen für den Sozialismus in Deutschland, in: Hans-Ulrich Wehler (Hg.), *Moderne deutsche Sozialgeschichte*, Köln/Berlin, S. 111–136.

Crane, Diana (1999), Diffusion Models and Fashion: A Reassessment, *Annals, AAPSS*, 566, S. 13–24.

Dahrendorf, Ralf (1961), *Gesellschaft und Freiheit. Zur soziologischen Analyse der Gegenwart*, München.

Danilina, Anna (Anja)/Stefan Kausch/Annekathrin Müller/Tobias Roscher (2008), Einleitung: Zur Analyse und Kritik gesellschaftlicher Verhältnisse, in: Claudio

Altenhain, Anja Danilina, Erik Hildebrandt, Stefan Kausch, Annekathrin Müller, Tobias Roscher (Hg.), *Von »Neuer Unterschicht« und Prekariat. Gesellschaftliche Verhältnisse und Kategorien im Umbruch. Kritische Perspektiven auf aktuelle Debatten*, Bielefeld, S. 9–34.

Davies, Andrew (2008), *Gangs of Manchester: The Story of the Scuttlers*, Preston.

Deleuze, Gilles/Félix Guattari (2000), *Was ist Philosophie?*, Frankfurt/M..

— (1974), *Anti-Ödipus. Kapitalismus und Schizophrenie I*, Frankfurt/M..

Derrida, Jacques (2003), *Schurken. Zwei Essays über die Vernunft*, Frankfurt/M..

Devine, Fiona (2005), Middle-Class Identities in the United States, in: dies./Mike Savage, John Scott, Rosemary Crompton (Hg.), *Rethinking Class. Culture, Identities and Lifestyles*, Houndsmills/Basingstoke/Hampshire, S. 140–162.

Dewey, John (1988), *Kunst als Erfahrung*, Frankfurt/M..

Diamond, Andrew J. (2009), *Mean Streets. Chicago Youths and the Everyday Struggle for Empowerment in the Multiracial City, 1908–1969*, Berkeley/Los Angeles/London.

Dietrich, Marc/Martin Seeliger (Hg.), *Deutscher Gangsta-Rap. Sozial- und kulturwissenschaftliche Beiträge zu einem Pop-Phänomen*, Bielefeld.

Dimitriadis, Greg (2001), *Performing Identity/Performing Culture. Hip Hop as Text, Pedagogy, and Lived Practice*, New York u.a.

Donald, James (1998), The Citizen and the Man About Town, in: Stuart Hall/Paul du Gay (Hg.), *Questions of Cultural Identity*, London u.a., S. 170–190.

Downey, Greg (2006), The Information Economy in No-Holds-Barred Fighting, in: ders./Melissa S. Fisher (Hg.), *Frontiers of Capital: Ethnographic Perspectives on the New Economy*, Durham, S. 108–132.

Duden – Das große Wörterbuch der deutschen Sprache (2002), Mannheim.

Du Gay, Paul/Stuart Hall/Linda Janes/Hugh Mackay/Keith Negus (1997), *Doing Cultural Studies. The Story of the Sony Walkman*, London u.a.

Duranti, Alessandro (2009), Linguistic Anthropology: History, Ideas, and Issues, in: ders. (Hg.), *Linguistic Anthropology. A Reader*. Second Edition, Malden/Oxford/Chichester, S. 1–60.

Ege, Moritz (2004), Von Königin bis Katzendieb. Klassen und »Rassen« in Henry Mayhews Taxonomie von Arbeit und Armut in London, in: Rolf Lindner (Hg.), *Die Zivilisierung der urbanen Nomaden. Henry Mayhew, die Armen von London und die Modernisierung der Lebensformen* (Berliner Blätter. Ethnografische und ethnologische Beiträge, Sonderheft Nr. 35), Münster, S. 43–62.

Elias, Norbert (1990), *Etablierte und Außenseiter*, Frankfurt/M..

— (1971), *Was ist Soziologie?*, München.

El-Tayeb, Fatima (2004), Kanak Attack! HipHop und (Anti-)Identitätsmodelle der ›Zweiten Generation‹, in: Martin Sökefeld (Hg.), *Jenseits des Paradigmas kultureller Differenz. Neue Perspektiven auf Einwanderer aus der Türkei in Deutschland*, Bielefeld, S. 95–110.

Esslinger, Eva u.a. (Hg.) (2010), *Die Figur des Dritten. Ein kulturwissenschaftliches Paradigma*, Berlin.

Ewing, Katherine Pratt (2008), *Stolen Honor. Stimgmatizing Muslim Men in Berlin*, Stanford

Färber, Alexa/Cordula Gdaniec (2004), Shopping Malls und Shishas. Urban Space and Material Culture as Approaches to Transformation in Berlin and Moscow, *Ethnologia Europaea* 34.2, S. 113–128.

Fanon, Frantz (1980), Schwarze Haut, weiße Masken [frz. 1952], Frankfurt/M.

Farin, Klaus/Eberhard Seidel-Pielen (1991), *Krieg in den Städten*, Berlin.

Ferchhoff, Wilfried (1999), *Jugend an der Wende vom 20. zum 21. Jahrhundert. Lebensformen und Lebensstile*, 2., aktualisierte Auflage, Opladen.

— (1990), *Jugendkulturen im 20. Jahrhundert. Von den sozialmilieuspezifischen Jugendsubkulturen zu den individualitätsbezogenen Jugendkulturen*, Frankfurt/M./ Bern/New York/Paris.

Fink, Monika (2007), Tänze und Bälle zwischen Etikette und Amüsement, in: Kathrin Bonacker/Sonja Windmüller (Hg.), *Tanz! Rhythmus und Leidenschaft* (Hessische Blätter für Volks- und Kulturforschung, Bd. 42), Marburg, S. 41–50.

Fiske, John (1987), *Understanding Popular Culture*, London.

Fleetwood, Nicole R. (2005), Hip-Hop Fashion, Masculine Anxiety, and the Discourse of Americana, in: Harry J. Elam, Jr./Kennell Jackson (Hg.), *Black Cultural Traffic: Crossroads of Global Performance and Popular Culture*, Ann Arbor, S. 326–345.

Forman, Murray (2002), *The Hood Comes First. Race, Space, and Place in Rap and Hip-Hop*, Middletown.

Foucault, Michel (1995), Warum ich Macht untersuche. Die Frage des Subjekts, in: Paul Rabinow/Hubert S. Dreyfus, *Michel Foucault. Jenseits von Hermeneutik und Strukturalismus*, Weinheim, S. 243–250.

Franck, Georg (2007), *Ökonomie der Aufmerksamkeit. Ein Entwurf*, München [1998].

Frith, Simon (2004), Afterword, in: Bennett, Andy/Keith Kahn-Harris, Introduction, in: dies. (Hg.), *After Subculture. Critical Studies in Contemporary Youth Culture*, London, 173–178.

— (1991), The Good, the Bad, and the Indifferent: Defending Popular Culture from the Populists, *Diacritics* 21.4, 101–115.

Frow, John (1995), *Cultural Studies and Cultural Value*, Oxford.

Führ, Christoph/Carl-Ludwig Furck (Hg.) (1998), *Handbuch der deutschen Bildungsgeschichte. Band VI: 1945 bis zur Gegenwart. Erster Teilband: Bundesrepublik Deutschland*, München.

Fuss, Diana (1995), *Identification Papers*, New York/London.

Gailus, Manfred (1984), Pöbelexzesse und Volkstumulte im Berliner Vormärz, in: ders. (Hg.), *Pöbelexzesse und Volkstumulte in Berlin. Zur Sozialgeschichte der Straße (1830–1980)*, Berlin, S. 1–42.

Gal, Susan/J.T. Irvine, The boundaries of languages and disciplines: How ideologies construct difference, *Social Research* 62.4, S. 966–1001.

Gans, Herbert (1995), *The War Against the Poor. The Underclass and Antipoverty Policy*, New York.

— (1968), Culture and Class in the Study of Poverty: An Approach to Anti-Poverty Research, in: Daniel P. Moynihan (Hg.), *On Understanding Poverty. Perspectives from the Social Sciences*, New York/London, S. 201–208.

Garcia, Angela Cora/Alacea I. Standlee/Jennifer Bechkoff/Yan Cui (2009), Ethnographic Approaches to the Internet and Computer-Mediated Communication, *Journal of Contemporary Ethnography* 38.1, February, S. 52–84.

Gardemin, Daniel (2006), Mittlere Arbeitnehmermilieus und Strategien der Respektabilität, in: Helmut Bremer/Andrea Lange-Vester (Hg.), *Soziale Milieus und Wandel der Sozialstruktur. Die gesellschaftlichen Herausforderungen und die Strategien der sozialen Gruppen*, Wiesbaden, S. 308–331.

Garot, Robert (2007), Non-Violence in the Inner-City: ›Decent‹ and ›Street‹ as Strategic Resources, Journal of African American Studies 10.4, S. 94–111.

Garot, Robert/Jack Katz (2003), Provocative Looks: Gang Appearance and Dress Codes in an Inner-City Alternative School, *Ethnography* 4, S. 421–454.

Gaugele, Elke (2005), Style-Post-Pro-Duction. Paradoxien des Samplings, in: Gabriele Mentges/Birgit Richard (Hg.), *Schönheit der Uniformität. Körper, Kleidung, Medien*, Frankfurt/M./New York, S. 221–236.

Gay y Blasco, Paloma/Huon Wardle (2007), *How to read ethnography*, Milton Park/New York.

Geertz, Clifford (1983), *Dichte Beschreibung. Beiträge zum Verstehen kultureller Systeme*, Frankfurt/M..

Geiger, Theodor (1962), *Zur Theorie des Klassenbegriffs und der proletarischen Klasse* [1930], in: ders., Arbeiten zur Soziologie, Neuwied/Berlin, S. 206–259.

George, Nelson (1998), *HipHop America*, New York.

Gerndt, Helge (1988), Zur kulturwissenschaftlichen Stereotypenforschung, in: ders. (Hg.), *Stereotypvorstellungen im Alltagsleben. Beiträge zum Themenkreis Fremdbilder – Selbstbilder – Identität. Festschrift für Georg R. Schroubek zum 65. Geburtstag* (Münchner Beiträge zur Volkskunde, Bd. 8), München, S. 9–13.

— (1986), *Kultur als Forschungsfeld. Über volkskundliches Denken und Arbeiten*, München.

Giddens, Anthony (1991), *Modernity and Self-Identity. Self and Society in the Late Modern Age*, London.

Gill, Rosalind (2003), Power And The Production Of Subjects: A Genealogy Of The New Man And The New Lad, in: Bethan Benwell (Hg.), *Masculinity and men's lifestyle magazines*, Oxford.

Gill, Rosalind/Karen Henwood/Carl McLean (2005), Body Projects and the Regulation of Normative Masculinity, *Body and Society* 11.1, S. 37–62.

Gillis, John R. (1980), *Geschichte der Jugend. Tradition und Wandel im Verhältnis der Altersgruppen und Generationen in Europa von der zweiten Hälfte des 18. Jahrhunderts bis zur Gegenwart*, Weinheim/Basel.

Gilroy, Paul (1991), »*There Ain't No Black in the Union Jack*«. *The cultural politics of race and nation*. With a new foreword by Houston A. Baker, Jr., Chicago [1987].

Glaeser, Andreas (2000), *Divided in Unity. Identity, Germany, and the Berlin Police*, Chicago.

Goffman, Erving (1974), *Das Individuum im öffentlichen Austausch. Mikrostudien zur öffentlichen Ordnung*, Frankfurt/M..

— (1969), *Wir alle spielen Theater. Die Selbstdarstellung im Alltag*, München.

Göttlich, Udo (2000), Die Ware Vertrauen. ›Back to the Basics‹ oder Veralltäglichung von Trash, in: Friedrich Balke/Gregor Schwering/Urs Stäheli (Hg.), *Big Brother. Beobachtungen*, Bielefeld, S.173–193.

Götz, Irene/Barbara Lemberger (2009), Prekär arbeiten, prekär leben. Einige Überlegungen zur Einführung, in: dies. (Hg.), *Prekär arbeiten, prekär leben. Kulturwissenschaftliche Perspektiven auf ein gesellschaftliches Phänomen*, Frankfurt/M./New York, S. 7–30.

Götz, Maya (2003), Identität mit Seifenblasen? Bedeutung von Daily Soaps im Alltag von Kindern und Jugendlichen, in: Carsten Winter/Tanja Thomas/Andreas Hepp (Hg.), *Medienidentitäten – Identität im Kontext von Globalisierung und Medienkultur*, Köln, S. 264–281.

Greenblatt, Stephen (1980), *Renaissance Self-Fashioning. From More to Shakespeare*, Chicago.

Greif, Mark/Kathleen Ross/Dayna Tortorici (Hg.) (2010), *What Was The Hipster? A Sociological Investigation*, New York.

Grindstaff, Laura (2002), *The Money Shot: Trash, Class, and the Making of TV Talk Shows*, Chicago, London.

Grossberg, Lawrence (1996), Identity and Cultural Studies: Is That All There Is?, in: Stuart Hall/Paul du Gay (Hg.), *Questions of Cultural Identity*, London/Thousand Oaks, S. 87–107.

— (1992), *We Have to Get Out of This Place. Popular Conservatism and Postmodern Culture*, London/New York.

Grotum, Thomas (1997), *Die Halbstarken. Zur Geschichte einer Jugendkultur der 50er Jahre*, Frankfurt/M./New York.

Gumperz, John (1982), *Discourse Strategies*, Cambridge u.a.

Gunther, Albert C. (1995), Overrating the X-Rating. The Third-Person-Perception and Support for Censoring the X-Rating, *Journal of Communication* 45.1, S. 27–38

Häußermann, Hartmut (2009), Berlin: Wandel, Milieus und Lebenslagen. Thesen aus der Sozialforschung (mit M. Gornig und M. Kronauer), in: Gemeinnützige Hertie-Stiftung (Hg.), *Hertie-Berlin-Studie 2009*, Hamburg, S. 15–39

Häußermann, Hartmut/Andreas Kapphan (2002), Berlin: *Von der geteilten zur gespaltenen Stadt? Sozialräumlicher Wandel seit 1990*. 2. überarbeitete Auflage, Opladen.

Hall, Stuart (2004), *Ideologie, Identität, Repräsentation*. Gesammelte Schriften IV, Hamburg.

— (1997), Old and New Identities, Old and New Ethnicities, in: Anthony King (Hg.), *Culture, Globalisation and the World System: Contemporary Conditions for the Representation of Identity*, Minneapolis, S. 41–68.

— (1996a), Introduction: Who Needs ›Identity‹, in: ders./Paul du Gay (Hg.), *Questions of Cultural Identity*, London u.a., S. 1–17.

— (1996b), For Allon White: Metaphors of transformation [1993], in: David Morely/Kuan-Hsing Chen (Hg.), *Stuart Hall. Critical Dialogues in Cultural Studies*, London/New York, S. 287–306.

— (1984), The Meaning of New Times, in: ders./Martin Jacques, *New Times*, London, S. 116–133.

— (1979), »Here We Rule«: Searching for a Whole Way of Life. Football, Punk and Reggae in Modern Youth Culture, in: *EAST* 1, S. 103–111.

Hall, Stuart/Tony Jefferson (2006), Introduction: Once more around. Resistance through Rituals, in: dies. (Hg.), *Resistance through Rituals. Youth subcultures in post-war Britain*, Second Edition, London/New York, vii–xxxii.

Hall, Stuart/Chas Critcher/Tony Jefferson/John Clarke/Brian Roberts (1978), *Policing the Crisis. Mugging, the State, and Law and Order*, Houndsmills, Basingstoke, Hampshire.

Handwörterbuch der deutschen Gegenwartssprache (1984), Berlin.

Hannerz, Ulf (1993), The Cultural Role of World Cities, in: Anthony P. Cohen/Katsuyoshi Fukui (Hg.), *Humanising the City? Social Contexts of Urban Life at the Turn of the Millennium*, Edinburgh, S. 67–84.

— (1990), Cosmopolitans and Locals in World Culture, *Theory, Culture and Society* Jg. 7, S. 237–252.

— (1980), *Exploring the City. Inquiries Toward an Urban Anthropology*, New York.

— (1969) *Soulside. Inquiries into ghetto culture and community*, New York.

Hansen, Karen Tranberg (2004), The World in Dress: Anthropological Perspectives on Clothing, Fashion, and Culture, *Annual Review of Anthropology* 33, S. 369–392.

Hansen, Thomas Blom/Oskar Verkaaik (2009), Introduction: Urban Charisma, *Critique of Anthropology* 29.1, S. 5–26.

Haraway, Donna (1997), *Modest_Witness@Second_Millennium.FemaleMan©_ Meets_ OncoMouseTM: Feminism and Technoscience*, London/New York.

— (1988), Situated Knowledges: The Science Question in Feminism and the Privilege of a Partial Perspective, *Feminist Studies* 14.3, S. 575–599.

Hardt, Michael (2007), Foreword: What Affects are Good for, in: Patricia Ticineto Clough (with Jean Halley) (Hg.), *The Affective Turn. Theorizing the Social*, Durham, London, S. ix–xiii.

Hardt, Michael/Antonio Negri (2004), *Multitude. Krieg und Demokratie im Empire*, Frankfurt/M./New York.

Hartigan, John (2010), *Race in the 21st Century. Ethnographic Approaches*, New York/Oxford.

— (2005), *Odd Tribes. Toward A Cultural Analysis of White People*, Durham.

— (1997), Unpopular Culture. The Case of »White Trash«, *Cultural Studies* 11.2, S. 316–343.

Hartinger, Walter (1988), Schlafgänger und Schnapstrinker. Bürgerliche Klischees vom Arbeiter und was dahintersteckt, in: Helge Gerndt (Hg.), *Stereotypvorstellungen im Alltagsleben. Beiträge zum Themenkreis Fremdbilder – Selbstbilder – Identität. Festschrift für Georg R. Schroubek zum 65. Geburtstag* (Münchner Beiträge zur Volkskunde, Bd. 8), München, S. 90–103.

Hayward, Keith/Majid Yar (2006), The ›chav‹ phenomenon: Consumption, media and the construction of a new underclass, *Crime, Media, Culture* 2.1, S. 9–28.

Hebdige, Dick (1988), *Hiding in the Light. On Images and Things*, London.

— (1979), *Subculture. The Meaning of Style*, London/New York.

Heimerdinger, Timo (2005), *Der Seemann. Ein Berufsstand und seine kulturelle Inszenierung (1844–2003)*, Köln/Weimar/Wien.

Hellmann, Kai-Uwe (2003), *Soziologie der Marke*, Frankfurt/M..

Hepp, Andreas (2002), Populäre Medienevents zwischen Werbung und skeptischem Vergnügen: Die Aneignung des Medienereignisses ›Zindler/Maschendrahtzaun‹, in: Herbert Willems (Hg.), *Die Gesellschaft der Werbung*, Wiesbaden, S. 891–917.

— (1998), *Fernsehaneignung und Alltagsgespräche. Fernsehnutzung aus der Perspektive der Cultural Studies*, Wiesbaden.

Hepp, Andreas/Tanja Thomas /Carsten Winter (2003), Medienidentitäten: Eine Hinführung zu den Diskussionen, in: Carsten Winter/Tanja Thomas/Andreas Hepp (Hg.), *Medienidentitäten: Identität im Kontext von Globalisierung und Medienkultur*, Köln, S. 7–26.

Herzfeld, Michael (1997), Cultural Intimacy. Social Poetics in the Nation-State, New York/London.

Hesmondhalgh, David (2007), Aesthetics and audiences. Talking about good and bad music, *European Journal of Cultural Studies* 10.4, S. 507–527.

Hess, Sabine (2007), Transnationalismus und die Demystifizierung des Lokalen, in: Brigitta Schmidt-Lauber (Hg.), *Ethnizität und Migration. Einführung in Wissenschaft und Arbeitsfelder*, Berlin, S. 179–193.

Hess, Sabine/Vassilis Tsianos (2010), Ethnographische Grenzregimeanalysen. Eine Methodologie der Autonomie der Migration, in: Sabine Hess/Bernd Kasparek (Hg.), *Grenzregime. Diskurse, Praktiken, Institutionen in Europa*, Hamburg, S. 243–264.

Hill Collins, Patricia (1990), *Black Feminist Thought. Knowledge, Consciousness, and the Politics of Empowerment*, Boston.

Hirschauer, Stefan (1994), Die soziale Fortpflanzung der Zweigeschlechtlichkeit, *Kölner Zeitschrift für Soziologie und Sozialpsychologie* 46.4, S. 668–692.

Hitzler, Ronald/Thomas Bucher/Arne Niederbacher (2005), *Leben in Szenen. Formen jugendlicher Vergemeinschaftung heute*, 2., aktualisierte Auflage, Wiesbaden.

Hitzler, Ronald (2001) Erlebniswelt Techno. Aspekte einer Jugendkultur, in: ders./ Michaela Pfadenhauer (Hg.), *Techno-Soziologie. Erkundungen einer Jugendkultur* (Erlebniswelten 1). Opladen, S. 11–30.

Hoggart, Richard (1957), *The uses of literacy. Aspects of working-class life, with special references to publications and entertainments*. London.

Holert, Tom (2007), »Dispell them« – Anti-Pop und Pop-Philosophie: Ist eine andere Politik des Populären möglich?, in: Peter Gente/Peter Weibel (Hg.), *Deleuze und die Künste*, Frankfurt/M., S. 168–189.

—— (2004), Cool, in: Ulrich Bröckling/Susanne Krassmann/Thomas Lemke (Hg.), *Glossar der Gegenwart*, Frankfurt/M., S. 42–48.

Ipsen, Detlev (1997), Sicherheit durch Urbane Kompetenz, *Unbequem* 31 (Sept.), S. 9f.

Irvine, J.T./Susan Gal (2000), Language ideology and linguistic differentiation, in: P. Kroskrity (Hg.), *Regimes of Language: Ideologies, Polities, and Identities*, Santa Fe, S. 35–84.

Jameson, Fredric (1991), *Postmodernism, or, the Cultural Logic of Late Capitalism*, London.

—— (1983), *The Political Unconscious. Narrative as a Socially Symbolic Act*, Ithaca.

Jenß, Heike (2005), Customize Me! Anmerkungen zur Massenindividualisierung in der Mode, in: Gabriele Mentges/Birgit Richard (Hg.), *Schönheit der Uniformität. Körper, Kleidung, Medien*, Frankfurt/M./New York, S. 199–219.

Jessen, Ralph (1992), Gewaltkriminalität im Ruhrgebiet zwischen bürgerlicher Panik und proletarischer Subkultur (1870–1914), in: Dagmar Kift (Hg.), *Kirmes – Kneipe – Kino. Arbeiterkultur im Ruhrgebiet zwischen Kommerz und Kontrolle (1850–1904)*, Paderborn, S. 196–225.

Johnson, Richard/Deborah Chambers/Parvati Raghuram/Estella Tincknell (2004), *The Practice of Cultural Studies*, London/Thousand Oaks/New Delhi.

Jörissen, Benjamin (2008), Kreativer Selbstausdruck in den Neuen Medien – zwischen Artikulation und »Crowdsourcing«, *Zeitschrift für Kulturwissenschaften* 2.1, S. 31–47.

Kapphan, Andreas (2003), *Das arme Berlin. Sozialräumliche Polarisierung, Armutskonzentration und Ausgrenzung in den 1990er Jahren*, Opladen.

Karp, David A./Gregory P. Stone/William C. Yoels (1977), *Being Urban. A Social Psychological View of City Life*, Lexington, Mass.

Kaschuba, Wolfgang (1991), Arbeiterkultur heute: Ende oder Transformation?, in: ders./Gottfried Korff/Bernd Jürgen Warneken, *Arbeiterkultur seit 1945 – Ende oder Veränderung? 5. Tagung der Kommission ›Arbeiterkultur‹ in der Deutschen Gesellschaft für Volkskunde vom 30. April bis 4. Mai 1989 in Tübingen*, Tübingen, S. 31–55.

—— (1990), *Lebenswelt und Kultur der unterbürgerlichen Schichten im 19. und 20. Jahrhundert* (Enzyklopädie deutscher Geschichte, Band 5), München.

Keller, Reiner (2007), *Wissenssoziologische Diskursanalyse: Grundlegung eines Forschungsprogramms*, Wiesbaden.

Kenkmann, Alfons (1996), *Wilde Jugend. Lebenswelt großstädtischer Jugendlicher zwischen Weltwirtschaftskrise, Nationalsozialismus und Währungsreform*, Essen.

Kipnis, Laura (1992), (Male) Desire and (Female) Disgust: Reading Hustler, in: Lawrence Grossberg/Cary Nelson/Paula Treicher (Hg.), *Cultural Studies*, London, S. 373–91.

Kitwana, Bakari (2005), *Why White Kids Love Hip-Hop. Wankstas, Wiggers, Wannabes, and the New Reality of Race in America*, New York.

Klapp, Orrin E. (1962), *Heroes, Villains, and Fools. The Changing American Character*, New York.

— (1958), Social Types: Process and Structure, *American Sociological Review* 23, S. 673–678.

— (1954), *Heroes, Villains and Fools as Agents of Social Control*, American Sociological Review 19.1, S. 56–62.

Klaus, Elisabeth/Jutta Röser (2008), »Unterschichtenfernsehen«: Beobachtungen zum Zusammenhang von Medienklassifikationen und sozialer Ungleichheit, in: Ulla Wischermann/Tanja Thomas (Hg.), *Medien – Diversität – Ungleichheit. Zur medialen Konstruktion sozialer Differenz*, Wiesbaden, S. 263-279.

Kleinhans, Chuck (1994), Taking out the Trash. Camp and the Politics of Parody, in: Moe Meyer (Hg.), *The Politics and Poetics of Camp*, London/New York, S. 182–201.

Klein, Gabriele/Malte Friedrich (2004), *Is this real? Die Kultur des HipHop*, Frankfurt/M.

Klein, Naomi (2000), *No Logo*, London.

Kleiner, Marcus E./Jörg-Uwe Nieland (2007), »Wenn Dich einer stresst, wehr Dich! Entleer Dein Magazin in seinem Mund!« HipHop und Gewalt – Mythen, Vermarktungsstrategien und Haltungen des deutschen Gangster-Raps am Beispiel von Shok Muzik, in: Karin Bock/Stefan Meier/Gunter Süss (Hg.), *HipHop meets Academia. Globale Spuren eines lokalen Kulturphänomens*, Bielefeld, S. 215–244.

Kloepfer, Inge (2008), *Aufstand der Unterschicht*, Hamburg.

Kluth, Heinz (1955), Arbeiterjugend – Begriff und Wirklichkeit, in: Helmut Schelsky (Hg.), *Arbeiterjugend gestern und heute*, Heidelberg, S. 16–174.

Konrad, Jochen (2006), *Stereotype in Dynamik. Zur kulturwissenschaftlichen Verortung eines theoretischen Konzepts*, Tönning/Lübeck/Marburg.

Koppetsch, Cornelia (2000), Die Verkörperung des schönen Selbst. Zur Statusrelevanz von Attraktivität, in: dies. (Hg.), *Körper und Status. Zur Soziologie der Attraktivität*, Konstanz, S. 99–124.

Koppetsch, Cornelia/Maja S. Maier (2001), Vom Patriarchalismus zur Partnerschaft? Männlichkeiten im Milieuvergleich, in: Peter Döge/Michael Meuser (Hg.), *Männlichkeit und soziale Ordnung. Neue Beiträge zur Geschlechterforschung*, Opladen, S. 27–48.

Korff, Gottfried (1985), Mentalität und Kommunikation in der Großstadt. Berliner Notizen zur ›Inneren‹ Urbanisierung, in: Theodor Kohlmann/Hermann Bausinger (Hg.), *Großstadt. Aspekte empirischer Kulturforschung. 24. Dt. Volkskunde-Kongress in Berlin vom 26.-30.September 1983*, Berlin.

— (1983), Bilder der Armut, Bilder zur Armut, in: Christoph Sachße/Florian Tennstedt (Hg.), *Bettler, Gauner und Proleten. Armut und Armenfürsorge in der deutschen Geschichte. Ein Bild-Lesebuch*, Reinbek bei Hamburg, S. 13–32.

Koschorke, Albrecht (2010), Ein neues Paradigma der Kulturwissenschaften, in: Eva Esslinger u.a. (Hg.), *Die Figur des Dritten. Ein kulturwissenschaftliches Paradigma*, Berlin, S. 9–34.

Krätke, Stefan/Renate Borst (2000), *Berlin. Metropole zwischen Boom und Krise*, Opladen.

Kotthoff, Helga (2004), Overdoing culture? Sketch-Komik, Typenstilisierung und Identitätskonstruktionen bei Kaya Yanar, in: Julia Reuter (Hg.), *Doing culture. Neue Positionen zum Verhältnis von Kultur und sozialer Praxis*, Bielefeld, S. 184-201.

Krüger, Heinz-Hermann (1986), »Es war wie ein Rausch, wenn alle Gas gaben.« Die ›Halbstarken‹ der 50er Jahre, in: Deutscher Werkbund e.V./Württembergischer Kunstverein Stuttgart (Hg.), *Schock und Schöpfung. Jugendästhetik im 20. Jahrhundert*, Darmstadt, S. 269–274.

Kusenbach, Margarethe (2003), Street phenomenology. The go-along as ethnographic research tool, *Ethnography* 4.3, S. 455–485.

Labica, Georges (1987), Proletariat, in: ders./Gérard Bensussan, *Kritisches Wörterbuch des Marxismus*, Band 6: Kommune bis Romantik, Berlin/West: Argument, 1075–1082.

Laclau, Ernesto (2005), *On Populist Reason*, London/New York.

— (1996), Why Do Empty Signifiers Matter To Politics, in: ders., *Emancipation(s)*, New York/London, S. 36–46.

Lakoff, George (1987), *Women, Fire, and Dangerous Things. What Categories Reveal About the Mind*, Chicago.

Lahire, Bernard (2001), *L'homme pluriel. Les ressorts de l'action*, Paris.

Lamont, Michèle (2000), *The Dignity of Working Men. Morality and the Boundaries of Race, Class, and Immigration*, New York.

Lanz, Stephan (2007), *Berlin aufgemischt. Abendländisch – multikulturell – kosmopolitisch? Die politische Konstruktion einer Einwanderungsstadt*, Bielefeld.

Lash, Scott (1996), Reflexivität und ihre Dopplungen: Struktur, Ästhetik und Gemeinschaft, in: Ulrich Beck/Anthony Giddens/Scott Lash, *Reflexive Modernisierung. Eine Kontroverse*, Frankfurt/M. [engl. 1994], S. 195–286.

— (1990), Discourse or Figure? Postmodernism as a ›Regime of Signification‹, in: ders., *Sociology of Postmodernism*, London/New York.

Lash, Scott/John Urry (1996), *Economies of Signs and Space*, London u.a.

Lehmann, Albrecht (2007), *Reden über Erfahrung. Kulturwissenschaftliche Bewußtseinsanalyse des Erzählens*, Berlin.

Leibetseder, Doris (2010), *Queere Tracks. Subversive Strategien in der Rock- und Popmusik*, Bielefeld.

Leibnitz, Kimiko/Marc Dietrich (2012), »The World is Yours.« Schlaglichter auf das Gangstermotiv in der amerikanischen Populärkultur, in: Marc Dietrich/Martin Seeliger (Hg.), *Deutscher Gangsta-Rap. Sozial- und kulturwissenschaftliche Beiträge zu einem Pop-Phänomen*, Bielefeld, S. 309–344.

Lewis, Oscar (1968), The Culture of Poverty, in: Daniel P. Moynihan (Hg.), *On Understanding Poverty. Perspectives from the Social Sciences*, New York/London, S. 187–200.

Lewis-Beck, Michael/Alan Bryman/Tim Futing Liao (2004) (Hg.), *The SAGE Encyclopedia of Social Science Research Methods*, Thousand Oaks/London/New Delhi.

Lindner, Rolf (2008a), Textur, imaginaire, Habitus – Schlüsselbegriffe der kulturanalytischen Stadtforschung, in: Helmuth Berking/Martina Löw (Hg.), *Die Eigenlogik der Städte. Neue Wege für die Stadtforschung*, Frankfurt/New York, S. 83–94.

— (2008b), Unterschicht. Eine Gespensterdebatte, in: ders./Lutz Musner (Hg.), *Unterschicht. Kulturwissenschaftliche Erkundungen der »Armen« in Geschichte und Gegenwart*, Freiburg/Berlin/Wien, S. 9–17.

— (2006), Die große Erzählung vom Hundekot. Zur Mythographie Berlins, *Merkur* (Sept./Okt.), S. 958–968.

— (2004), *Walks on the Wild Side. Eine Geschichte der Stadtforschung*, Frankfurt/M./New York.

— (2003a), Vom Wesen der Kulturanalyse, *Zeitschrift für Volkskunde* 99.2, S. 177–188.

— (2003b), Der Habitus der Stadt – ein kulturgeografischer Versuch, *Petermanns Geografische Mitteilungen* 147.2, S. 46–53.

— (2001), Von der Feldforschung zur Feld-Forschung, in: Klara Löffler (Hg.), *Dazwischen. Zur Spezifik der Empirien in der Volkskunde. Hochschultagng der Deutschen Gesellschaft für Volkskunde in Wien 1998*, Wien, S. 13–16.

— (2000), *Die Stunde der Cultural Studies*, Freiburg/Berlin/Wien.

— (1998a), Kulturtransfer. Zum Verhältnis von Alltags-, Medien- und Wissenschaftskultur, *Berliner Journal für Soziologie* 2, S. 193–202.

— (1998b), Die Idee des Authentischen, *kuckuck* 1, S. 58–61.

— (1997), Subkultur. Stichworte zur Wirkungsgeschichte eines Konzepts, *Berliner Blätter. Ethnographische und ethnologische Beiträge* 15, S. 5–12.

— (1994), Das Ethos der Region, in: ders. (Hg.), *Die Wiederkehr des Regionalen. Über neue Formen kultureller Identität*, Frankfurt/M./New York, S. 201–231.

— (1993), Berlin: Zone in Transition, *Anthropological Journal on European Cultures*, 2.2, S. 99–111.

— (1986a), Teenager – ein amerikanischer Traum, in: Deutscher Werkbund e.V./Württembergischer Kunstverein Stuttgart (Hg.), *Schock und Schöpfung. Jugendästhetik im 20. Jahrhundert*, Darmstadt, S. 278–283.

— (1986b), Die Sportbegeisterung, in: Utz Jeggle/Gottfried Korff/Martin Scharfe/Bernd Jürgen Warneken (Hg.), *Volkskultur in der Moderne. Probleme und Perspektiven empirischer Kulturforschung*, Reinbek bei Hamburg, S. 249–259.

— (1983), Straße – Straßenjunge – Straßenbande. Ein zivilisationstheoretischer Streifzug, *Zeitschrift für Volkskunde* 79, S. 192-208.

— (1981a), Nachwort: Jugendkultur und Subkultur als soziologische Konzepte, in: Mike Brake, *Soziologie der jugendlichen Subkulturen*, Frankfurt/M./New York.

— (1981b), Die Angst des Forschers vor dem Feld. Überlegungen zur teilnehmenden Beobachtung als Interaktionsprozess, *Zeitschrift für Volkskunde* 77, 51–66.

Lindner, Rolf/Lutz Musner (Hg.) (2008), *Unterschicht. Kulturwissenschaftliche Erkundungen der »Armen« in Geschichte und Gegenwart*, Freiburg/Berlin/Wien.

Lindner, Werner (2002), Jugendliche in der Stadt: Im Spannungsfeld von Devianz (-Phantasien) und urbaner Kompetenz, in: Wolf-Dietrich Bukow/Erol Yildiz (Hg.), *Der Umgang mit der Stadtgesellschaft. Ist die multikulturelle Stadt gescheitert oder wird sie zu einem Erfolgsmodell?*, Opladen, S. 217–240.

Link, Jürgen (1997), *Versuch über den Normalismus: Wie Normalität produziert wird*, Opladen.

Loh, Hannes/Murat Güngör (2004), *Fear of a Kanak Planet. HipHop zwischen Weltkultur und Nazi-Rap*, Höfen.

Lofland, Lyn H. (1973), *A World of Strangers. Order and Action in Urban Public Space*, Prospect Heights, Illinois.

Loos, Peter/Burkhard Schäffer (2001), *Das Gruppendiskussionsverfahren. Theoretische Grundlage und empirische Anwendung* (Qualitative Sozialforschung 5), Opladen.

Lynch, Michael (2001), Against Reflexivity as an Academic Virtue and Source of Privileged Knowledge, *Theory, Culture and Society* 17.3, S. 26–54.

Maase, Kaspar (2010), *Was macht Populärkultur politisch?*, Wiesbaden.

— (2008), Die Halbstarken. Bilder einer neuen Jugend, in: Gerhard Paul (Hg.), *Das Jahrhundert der Bilder. 1949 bis heute*, Göttingen, S. 154-161.

— (2003), Selbstfeier und Kompensation. Zum Studium der Unterhaltung, in: ders./Bernd Jürgen Warneken (Hg.), *Unterwelten der Kultur. Themen und Theorien der volkskundlichen Kulturwissenschaft*, Köln/Weimar/Wien, S. 219–242.

— (2000), »Gemeinkultur«. Zur Durchsetzung nachbürgerlicher Kulturverhältnisse in Westdeutschland 1945 bis 1970, in: Georg Bollenbeck/Gerhard Kaiser (Hg.), *Die janusköpfigen 50er Jahre*, Wiesbaden, S. 170–189.

— (1996a) Kinder als Fremde – Kinder als Feinde. Halbwüchsige, Massenkultur und Erwachsene im wilhelminischen Kaiserreich, *Historische Anthropologie* 4.1, S. 93–126.

— (1996b), Entblößte Brust und schwingende Hüfte. Momentaufnahmen von der Jugend der fünfziger Jahre, in: Thomas Kühne (Hg.), *Männergeschichte – Geschlechtergeschichte. Männlichkeit im Wandel der Moderne*, Frankfurt/M./New York, S. 193–217.

— (1993), *BRAVO Amerika. Erkundungen zur Jugendkultur der Bundesrepublik in den fünfziger Jahren*, Hamburg.

— (1990), Kultureller Selbstausschluß – ein ewiger Kreislauf? Zur Debatte über Lesen und neue Medien, *Das Argument* 32.179, S. 29–37.

Maffesoli, Michel (1996), *The Time of the Tribes. The Decline of Individualism in Mass Society*, London.

Malli, Gerlinde (2010), *»Sie müssen nur wollen«. Gefährdete Jugendliche im institutionellen Setting*, Konstanz.

Marchart, Oliver (2008), *Cultural Studies*, Konstanz.

— (2000), Das Licht des Antagonismus. Populärkultur zwischen Mikropolitik und Makropolitik, in: Friedrich Balke/Gregor Schwering/Urs Stäheli (Hg.), *Big Brother. Beobachtungen*, Bielefeld, S. 245–260.

Marcus, George E. (2006), Reflexivity Unbound: Shifting Styles of Critical Self-awareness from the Malinowskian Scene of Fieldwork and Writing to the Emergence of Multi-sited Ethnography, in: Ursula Rao/John Hutnyk (Hg.), *Celebrating Transgression. Method and Politics in Anthropological Studies of Power. A Book in Honour of Klaus Peter Köpping*, New York/Oxford, S. 13-22.

— (1995), Ethnography In/Of the World System: The Emergence of Multi-Sited Ethnography, *Annual Review of Anthropology* 24, S. 95–117.

Marcus, George E./Erkan Saka (2006), Assemblage, *Theory Culture & Society* 23.2–3, S. 101–109.

Markovits, Inga (1997), Two Truths About Socialist Justice: A Commentary on Kommers, *Law and Social Inquiry* 22.3 (Summer), S. 849–878.

Massumi, Brian (1998), Requiem for Our Prospective Dead (Toward a Participatory Critique of Capitalist Power), in: Eleanor Kaufman/Kevin Jon Heller (Hg.), *Deleuze and Guattari. New Mappings in Politics, Philosophy and Culture*. London, Minneapolis, S. 40–64.

Matthiesen, Ulf (1989), ›Bourdieu‹ und ›Konopka‹. Imaginäres Rendevous zwischen Habituskonstruktion und Deutungsmusterrekonstruktion, in: Klaus Eder (Hg.), *Klassenlage, Lebensstil und kulturelle Praxis: Beiträge zur Auseinandersetzung mit Pierre Bourdieus Klassentheorie*, Frankfurt/M., S. 221–302.

Matza, David (1961), Subterranean Traditions of Youth, *The Annals of the American Academy of Political and Social Science* 338.1, S. 102–118.

Mayhew, Henry (2003), *Die Costermonger. Ethnographie einer Subkultur im Viktorianischen London*, Heft 1, Berlin.

McCarthy, Cameron/Jennifer Logue (2008), Shoot the Elephant. Antagonistic Identities, Neo-Marxist Nostalgia and the Remorselessly Vanishing Pasts, in: Nadine Dolby/Fazal Rivzi (Hg.), *Youth Moves. Identities and Education in Global Perspective*, New York/London, S. 33–53.

Mecheril, Paul/Karin Scherschel/Mark Schrödter (2003), »Ich möchte halt von dir wissen, wie es ist, du zu sein.« – Die Wiederholung der alienierenden Zuschreibung durch qualitative Forschung, in: Tarek Badawia/Franz Hamburger/Merle Humrich (Hg), *Wider die Ethnisierung einer Generation – Beiträge zur qualitativen Migrationsforschung*, Frankfurt/M., S. 93–110.

Meer, Dorothee (2003), »Wie die da grad stand oder«. Normalisierung und Positionierung in und im Anschluss an Talkshows: Zur Funktion medialer Formen der Subjektivierung und Identitätsbildung«, in: Andreas Hepp/Tanja Thomas/Carsten Winter (Hg.), *Medienidentitäten – Identität im Kontext von Globalisierung und Medienkultur*, Köln, S. 244–263.

Menrath, Stefanie (2001), *Represent What? Performativität von Identitäten im Hip-Hop*, Hamburg.

Mentges, Gabriele (2005), Für eine Kulturanthropologie des Textilen, in: dies. (Hg.), *Kulturanthropologie des Textilen*, Berlin, S. 11–54.

Meuser, Michael (2000), Dekonstruierte Männlichkeit und die körperliche (Wieder-)Aneignung des Geschlechts, in: Cornelia Koppetsch (Hg.), *Körper und Status. Zur Soziologie der Attraktivität*, Konstanz, S. 211–236.

Meyer, Silke (2010), Helden des Alltags. Von der Transformation des Besonderen, in: LWL-Industriemuseum (Hg.), *Die Helden-Maschine. Zur Aktualität und Tradition von Heldenbildern*, Essen, S. 28–40.

Michels, Peter M. (1972), *Aufstand in den Ghettos. Zur Organisation des Lumpenproletariats in den USA*, Frankfurt/M..

Mikos, Lothar (2003), Aspekte mediatisierter Identität. Risiken öffentlicher Selbstdarstellung im Fernsehen, in: Andreas Hepp/Tanja Thomas/Carsten Winter (Hg.), *Medienidentitäten – Identität im Kontext von Globalisierung und Medienkultur*, Köln, S. 309–327.

Mikos, Lothar/Patricia Feise/Katja Herzog/Elisabeth Prommer/Verena Veihl (2000), *Im Auge der Kamera. Das Fernsehereignis Big Brother*, Berlin.

Miller, Daniel/Sophie Woodward (2007), Manifesto for a study of denim, *Social Anthropology/Anthropologie Sociale* 15.3, S. 335–351.

Miller, Walter B. (1958), Lower Class Culture as a Generating Milieu of Gang Delinquency, *Journal of Social Issues* 14.5, S. 5–19.

Mitterauer, Michael (1986), *Sozialgeschichte der Jugend*, Frankfurt/M..

Moebius, Stephan/Markus Schroer (2010), Einleitung, in: dies., *Diven, Hacker, Spekulanten. Sozialfiguren der Gegenwart*, Frankfurt/M., S. 7–11.

Moebius, Stephan (2003), *Die soziale Konstituierung des Anderen. Grundrisse einer poststrukturalistischen Sozialwissenschaft nach Lévinas und Derrida*, Frankfurt/M./New York.

Molotch, Harvey (2003), *Where Stuff Comes From. How Toasters, Toilets, Cars, Computers, and Many Other Things Come to Be as They Are*, New York/London.

— (2002), Place in Product, *International Journey of Urban and Regional Research* 26.4, December, S. 665–688.

Molotch, Harvey/Mitchell Duneier (1999), Talking City Trouble. Interactional Vandalism, Social Inequality, and the »Urban Interaction Problem«, *American Journal of Sociology* 104.5, 1263–1295.

Moor, Robert (2010), On Douchebags, in: Mark Greif u.a. (Hg.), *What Was The Hipster? A Sociological Investigation*, New York, S. 114-121.

Moore, Anne Elizabeth (2008), *Unmarketable. Brandalism, Copyfighting, and the Erosion of Integrity*, New York.

Mooser, Josef (1984), *Arbeiterleben in Deutschland, 1900–1970. Klassenlagen, Kultur und Politik*, Frankfurt/M..

Moser, Johannes (2000), Kulturanthropologische Jugendforschung, in: ders. (Hg.), *Jugendkulturen: Recherchen in Frankfurt am Main und London*, Frankfurt/M. (Kulturanthropologische Notizen, Nr. 66), S. 11–58.

Mosher, Donald L./Silvan S. Tomkins (1988), Scripting the Macho Man: Hyper-masculine Socialization and Enculturation, *The Journal of Sex Research* 25.1, S. 60–84.

Mouffe, Chantal (2007), *Über das Politische. Wider die kosmopolitische Illusion*, Frankfurt/M..

Muggleton, David (2000), *Inside Subculture. The Postmodern Meaning of Style*, Oxford/New York.

Murdock, Graham (1997), Thin Descriptions: Questions of Method in Cultural Analysis, in: Jim McGuigan (Hg.), *Cultural Methodologies*, London, S. 178–192.

Musner, Lutz (2009), Kultur als Textur des Sozialen, *Zeitschrift für Kulturwissenschaften* 1 (Mai), S. 99–102.

Naumann, Hans (1922), *Grundzüge der deutschen Volkskunde* (Wissenschaft und Bildung. Einzeldarstellungen aus allen Gebieten des Wissens 181), Leipzig.

Nayak, Anoop (2006), Displaced Masculinities: Chavs, Youth and Class in the Post-industrial City, *Sociology* 40, S. 813-831.

Neckel, Sighard (2008), Die gefühlte Unterschicht. Vom Wandel der sozialen Selbstschätzung, in: Rolf Lindner/Lutz Musner (Hg.), *Unterschicht. Kulturwissenschaftliche Erkundungen der ›Armen‹ in Geschichte und Gegenwart*, Freiburg u.a., S. 19–40.

— (2003), Kampf um Zugehörigkeit. Die Macht der Klassifikation, *Leviathan* 31.2 (Juni), S. 159–167.

— (1991), *Status und Scham Zur symbolischen Reproduktion sozialer Ungleichheit*, Frankfurt/M., New York.

Nilan, Pam/Carles Feixa (2006) Introduction, in: dies. (Hg.), *Global Youth? Hybrid Identities, Plural Worlds*, London, New York, S. 1–13.

Noelle-Neumann, Elisabeth (1978), *Werden wir alle Proletarier? Wertewandel in unserer Gesellschaft*, Zürich.

Nolte, Paul (2004), *Generation Reform. Jenseits der blockierten Republik*, München.

Ohliger, Rainer/Ulrich Raiser (2005), *Integration und Migration in Berlin. Zahlen – Daten – Fakten*, Berlin.

Osse, Reggie/Gabriel Tolliver (2006), *Bling. The Hip-Hop Jewelry Book*, New York.

Palladino, Grace (1996), *Teenagers. An American History*, New York.

Park, Robert E. (1925), The City. Suggestions for the Investigation of Human Behavior in the Urban Environment, in: ders./E.W. Burgess/R.D. McKenzie (Hg.), *The City*, Chicago/London, S. 1–46.

Pearson, Geoffrey (1983), *Hooligan. A History of Respectable Fears*, Houndsmills u.a.

Peterson, Richard/Roger M. Kern (1996), Changing Highbrow Taste: From Snob to Omnivore, *American Sociological Review* 61.5 (October), S. 900–907.

Peukert, Detlev J.K. (1986), Clemens Schultens ›Naturgeschichte des Halbstarken‹, in: Deutscher Werkbund e.V./Württembergischer Kunstverein Stuttgart (Hg.), *Schock und Schöpfung. Jugendästhetik im 20. Jahrhundert*, Darmstadt, S. 391–393.

Polsky, Ned (1971), The Village Beat Scene: Summer 1960, in: ders., *Hustlers, Beats and Others* (zuerst 1961), Harmondsworth, S. 148–181.

Pieper, Marianne/Efthimia Panagiotidis/Vassilis Tsianos (2011), Konjunkturen der egalitären Exklusion: Postliberaler Rassismus und verkörperte Erfahrung in der Prekarität, in: Marianne Pieper/Serhat Karakayali/Vassilis Tsianos (Hg.), *Biopolitik in der Debatte*, Wiesbaden, 310–345.

Pilarczyk, Hannah (2011), *Sie nennen es Leben. Werden wir von der digitalen Generation abgehängt?*, München.

Polhemus, Ted (1996), *Style Surfing: What to Wear in the 3rd Millenium*, London.

Popitz, Heinrich/Hans Paul Bahrdt/Ernst August Jüres/Hanno Kesting (1977), *Das Gesellschaftsbild des Arbeiters. Soziologische Untersuchungen in der Hüttenindustrie*, Tübingen ([1957] 5., unveränderte Auflage).

Quinn, Eithne (2005), *Nuthin' but a »G« thang: The Culture and Commerce of Gangsta Rap*, New York.

Raban, Jonathan (2008), *Soft City* [1974], London, Basingstoke, Oxford.

Höhne, Thomas/Thomas Kund/Frank-Olaf Radtke (2005), Bilder von Fremden. Frankfurt/M.

— (1995), »Multikulturelle Streetgangs« Revisited. Veröffentlichte Gewalt und organisierte Angst in Deutschland, in: Wilfried Ferchhoff/Uwe Sander/Ralf Vollbrecht (Hg.), *Jugendkulturen – Faszination und Ambivalenz. Einblicke in jugendliche Lebenswelten. Festschrift für Dieter Baacke zum 60. Geburtstag*, Weinheim/München, S. 217–231.

Rajchman, John (1985), *Michel Foucault. The Freedom of Philosophy*, New York.

Rapp, Tobias (2009), *Lost and Sound. Berlin, Techno und der Easyjetset*, Frankfurt/M..

Raunig, Gerald (2002), Transversal Multituden, *Transversal* 9, http://eipcp.net/transversal/0303/raunig/de.

Reckinger, Gilles (2010), *Perspektive Prekarität. Wege benachteiligter Jugendlicher in den transformierten Arbeitsmarkt*, Konstanz.

Reckwitz, Andreas (2009), Die Selbstkulturalisierung der Stadt. Zur Transformation moderner Urbanität in der ›creative city‹, *Mittelweg 36* Nr. 18.2, S. 2-34.

Redhead, Steve (1997), *Subculture to Clubcultures. An Introduction to Popular Cultural Studies*, Oxford/Malden.

Rehberg, Karl-Dietrich (2006), Die unsichtbare Klassengesellschaft, in: ders. (Hg.), *Soziale Ungleichheit, kulturelle Unterschiede. Verhandlungen des 32. Kongreß der Deutschen Gesellschaft für Soziologie in München*, Frankfurt/M./New York, S. 19–38.

Reiners, Diana (2010), *Verinnerlichte Prekarität. Jugendliche MigrantInnen am Rande der Arbeitsgesellschaft*, Konstanz.

Reulecke, Jürgen (1987), *Geschichte der Urbanisierung in Deutschland*, Frankfurt/M..

Richard, Birgit (2005), Beckham's Style Kicks! Die meterosexuellen Körperbilder der Jugendidole, in: Klaus Neumann-Braun/Birgit Richard (Hg.) *Coolhunters. Jugendkulturen zwischen Medien und Markt*, Frankfurt/M., S. 244-260.

Ricœur, Paul (1988), *Zeit und Erzählung. Band 1: Zeit und historische Erzählung*, München.

Rimmer, Marc (2010), Listening to the monkey: class and youth in the formation of a musical habitus, *Ethnography* 11.2, S. 255–283.

Roberts, Martin (2005), Notes on the Global Underground. Subcultures and Globalization, in: Ken Gelder (Hg.), *The Subcultures Reader*, Second Edition, London/New York, S. 575–586.

Roediger, David (1998), What to Make of Wiggers. A Work in Progress, in: Joe Austin/Michael Nevin Willard (Hg.), *Generations of Youth. Youth Cultures and History in Twentieth-Century America*, New York/London, S. 358–367.

Rolshoven, Johanna (2010), SOS: neue Regierungsweisen oder Save Our Souls – ein Hilferuf der Schönen Neuen Stadt, *bricolage* 6, S. 23-35.

— (2003a), Von der Kulturraum- zur Raumkulturforschung, *Zeitschrift für Volkskunde* 99, 189–214.

— (Hg.) (2003b), *Hexen, Wiedergänger, Sans-Papiers. Reflexionen zu den Rändern des sozialen Raumes*, Marburg.

Römhild, Regina (2007), Fremdzuschreibungen – Selbstpositionierungen. Die Praxis der Ethnisierung im Alltag der Einwanderungsgesellschaft, in: Brigitta Schmidt-Lauber (Hg.), *Ethnizität und Migration. Einführung in Wissenschaft und Arbeitsfelder*, Berlin, S. 157–178.

Ronneberger, Klaus/Vassilis Tsianos (2009), Panische Räume. Das Ghetto und die »Parallelgesellschaft«, in: Sabine Hess/Jana Binder/Johannes Moser (Hg.), *No integration!? Kulturwissenschaftliche Beiträge zur Integrationsdebatte in Europa*, Bielefeld, S. 137–152.

Rose, Tricia (2008), *The HipHop Wars. What We Talk About When We Talk About Hip Hop and Why It Matters*, New York.

Saar, Martin (2008), Klasse/Ungleichheit. Von den Schichten der Einheit zu den Achsen der Differenz, in: Stephan Moebius/Andreas Reckwitz (Hg.), *Poststrukturalistische Sozialwissenschaft*, Frankfurt/M., S. 194-207.

Sachße, Christoph/Florian Tennstedt (Hg.) (1983), *Bettler, Gauner und Proleten. Armut und Armenfürsorge in der deutschen Geschichte. Ein Bild-Lesebuch*, Reinbek bei Hamburg.

Sack, Robert (1987), *Human Territoriality and Space* (Wallace W. Atwood Lecture Series No. 3), Worecester.

Savage, Jon (2007), *Teenage. The Prehistory of Youth Culture, 1875–1945*, London.

Sayer, Andrew (2005), *The Moral Significance of Class*, Cambridge.

— (1995), *Radical Political Economy. A Critique*, Oxford/Cambridge: Blackwell.

Scharmann, Theodor/Erwin Roth (Hg.) (1976), *Vom Proletarier zum Industriebürger* (Der Junge Arbeiter / Studien zu einer Genealogie des Industriebürgers, Bd. II), Bern/Stuttgart/Wien.

Scheibelhofer, Paul (2011), Intersektionalität, Männlichkeit und Migration. Wege zur Analyse eines komplizierten Verhältnisses, in: Sabine Hess/Nikola Langreiter/Elisabeth Timm (Hg.), *Intersektionalität revisited. Empirische, theoretische und methodische Erkundungen*, Bielefeld, S. 149–172.

Schiffauer, Werner (1999), Beschwörungsrhetorik. Zur Konstruktion des islamischen Fundamentalismus in der Wissenschaft, in: Wolf-Dietrich Bukow/Markus Ottersbach (Hg.), *Fundamentalismusverdacht. Plädoyer für eine Neurorientierung der Forschung im Umgang mit allochthonen Jugendlichen*, Opladen, S. 101–118.

— (1997), *Fremde in der Stadt. Zehn Essays über Kultur und Differenz*, Frankfurt/M..

Schischmanjan, Anja/Michaela Wünsch (Hg.) (2008), *Female HipHop – Realness, Roots und Rap Models*, Mainz.

Schlör, Joachim (2005), *Das Ich der Stadt. Debatten über Judentum und Urbanität 1822–1938*, Göttingen.

Schmidt, Robert (2002), *Pop – Sport – Kultur. Praxisformen körperlicher Aufführungen*. Konstanz.

Schmidt-Lauber, Brigitta (2007), Feldforschung. Kulturanalyse durch teilnehmende Beobachtung, in: Silke Göttsch/Albrecht Lehmann (Hg.), *Methoden der Volkskunde. Positionen, Quellen, Arbeitsweisen der Europäischen Ethnologie*, Berlin (2., überarbeitete und erweiterte Auflage), S. 219–248.

Schnierer, Thomas (1995), *Modewandel und Gesellschaft. Die Dynamik von ›in‹ und ›out‹*, Opladen.

Schorb, Bernd/Katrin Echtermeyer/Achim Lauber/Susanne Eggert (2003), *Was guckst du, was denkst du? Der Einfluss des Fernsehens auf das Ausländerbild von Kindern und Jugendlichen*, Kiel.

Schröer, Sebastian (2009), Die HipHop-Szene als ›Kultur der Straße‹, in: Sandra Maria Geschke (Hg.), *Straße als kultureller Aktionsraum. Interdisziplinäre Betrachtungen des Straßenraumes an der Schnittstelle zwischen Theorie und Praxis*, Wiesbaden, S. 61–72.

Schulze, Gerhard (1992), *Die Erlebnisgesellschaft. Kultursoziologie der Gegenwart*, Frankfurt/M./New York.

Schwanhäußer, Anja (2010), *Kosmonauten des Underground. Ethnografie einer Berliner Szene*, Frankfurt/M./New York.

Schindler, Norbert (2001), *Wilderer im Zeitalter der französischen Revolution. Ein Kapitel alpiner Sozialgeschichte*, München.

Scott, James C. (2010), The Trouble With the View from Above, in: *Unbound*, http://www.cato-unbound.org/2010/09/08/james-c-scott/the-trouble-with-the-view-from-above/ (Internetquelle, aufgerufen am 12.5.2011)

Seeßlen, Georg (1980), *Der Asphalt-Dschungel. Geschichte und Mythologie des Gangster-Films* (Grundlagen des populären Films, Bd. 3), Reinbek bei Hamburg.

Sennett, Richard/Jonathan Cobb (1972), *The Hidden Injuries of Class*, New York/London.

Shusterman, Richard (1994), *Kunst leben. Die Ästhetik des Pragmatismus*, Frankfurt/M..

Siegfried, Detlef (2006), *Time is on my Side. Konsum und Politik in der westdeutschen Jugendkultur der 60er Jahre*, Göttingen.

Simmel, Georg (1996), Die Großstädte und das Geistesleben [1903], in: *Georg Simmel Gesamtausgabe*, hgg. von Otthein Rammstedt, Band 7, Frankfurt/M., S. 116–131.

— (1995), Philosophie der Mode [1905], in: Georg Simmel Gesamtausgabe, hgg. von Otthein Rammstedt, Band 10, Frankfurt/M., S. 7–38.

Silverstein, Paul A. (2006), Guerilla Capitalism and Ghetto-Centric Cosmopolitanism on the French Urban Periphery, in: Melissa S. Fisher/Greg Downey (Hg.), *Frontiers of Capital. Ethnographic Reflections on the New Economy*, Durham/London, S. 282–304.

Simon, Titus (1996), *Raufhändel und Randale. Sozialgeschichte aggressiver Jugendkulturen und pädagogischer Bemühungen vom 19. Jahrhundert bis zur Gegenwart*, Weinheim und München.

Skeggs, Beverley (2005), The Re-Branding of Class: Propertising Culture, in: Fiona Devine/Mike Savage/John Scott/Rosemary Crompton (Hg.), *Rethinking Class. Culture, Identities and Lifestyles*, Houndsmills, S. 46–68.

— (2004), *Class, Self, Culture*, London/New York.

Spinoza, Baruch de (1977), *Ethik* [1677], Stuttgart.

Stahl, Geoff (2010), The Mile-End Hipster. Montreal's Modern-Day Folk Devil, in: Beate Binder/Moritz Ege/Anja Schwanhäußer/Jens Wietschorke (Hg.), *Orte, Situationen, Atmosphären. Kulturanalytische Skizzen*, Frankfurt/M./New York, S. 321–329.

Stallybrass, Peter (1990), Marx and Heterogeneity: Thinking the *Lumpenproletariat*, *Representations* 31 (Summer).

Stallybrass, Peter/Allon White (1986), *The Politics and Poetics of Transgression*, Ithaca, NY.

Stein, Gerd (1985), *Lumpenproletarier – Bonze – Held der Arbeit. Verrat und Solidarität* (Kulturfiguren und Sozialcharaktere des 19. und 20. Jahrhunderts, Band 5), Frankfurt/M..

— (1981), *Bohemien – Tramp – Sponti. Boheme und Alternativkultur* (Kulturfiguren und Sozialcharaktere des 19. und 20. Jahrhunderts, Band 1), Frankfurt/M..

Steinert, Heinz (1979), Etikettierung im Alltag, in: *Die Psychologie des 20. Jahrhunderts*, Band VIII, Zürich, S. 388–403.

Stewart, Kathleen (2007), *Ordinary Affects*, Durham.

Storper, Michael/Anthony J. Venables (2003), Buzz: Face-to-face contact and the urban economy, *Journal of Economic Geography* 4, S. 351–370.

Strathern, Marilyn (2004), *Partial Connections*. Updated Version, Walnut Creek u.a.

Straw, Will (1991), Systems of Articulation, Logics of Change: Scenes and Communities in Popular Music, *Cultural Studies* 5.3 (October), S. 361–375.

Sullivan, James (2006), *Jeans: A Cultural History of an American Icon*, New York.

Sutterlüty, Ferdinand/Ina Walter (2005), Übernahmegerüchte. Klassifikationskämpfe zwischen türkischen Aufsteigern und ihren deutschen Nachbarn, *Leviathan* 33.2 (Juni), S. 182–204.

Taylor, John R. (1995), *Linguistic Categorization. Prototypes in Linguistic Theory*, Second Edition, Oxford.

Templeton, Inez (2006), *What's so German about it? Cultural Identity in the Berlin Hip Hop Scene*, unveröffentlichte Dissertation, Stirling University, https://dspace.stir.ac.uk/handle/1893/75.

Thien, Hans-Günther (2010), *Die verlorene Klasse. ArbeiterInnen in Deutschland*, Münster.

Thomas, Tanja (2008), Leben nach Wahl? Zur medialen Inszenierung von Lebensführung und Anerkennung, in: Ulla Wischermann/Tanja Thomas (Hg.), *Medien – Diversität – Ungleichheit. Zur medialen Konstruktion sozialer Differenz*, Wiesbaden: VS, S. 225–244.

Thornton, Sarah (1995), *Club Cultures. Music, Media and Subcultural Capital*, Cambridge/Oxford.

Timm, Elisabeth (2001), *Ausgrenzung mit Stil. Über den heutigen Umgang mit Benimmregeln*, Münster.

Timm, Tobias (2003), *Häßliches Berlin*, unveröffentlichte Magisterarbeit, Institut für Europäische Ethnologie der Humboldt-Universität zu Berlin.

Tokatli, Nebahat/Ömür Kızılgün/Jinsook Erin Cho (2010), The Clothing Industry in Istanbul in the Era of Globalisation and Fast Fashion, *Urban Studies Online* (6.9.2010), S. 1–15.

Tokatli, Nehabat/Ömür Kızılgün (2004), Upgrading in the global clothing industry: Mavi Jeans and the transformation of a Turkish firm from full-package to brand name manufacturing and retailing, *Economic Geography* 80.3, S. 221–240.

Turner, Bryan (1996), *The Body and Society. Explorations in Social Theory*, London.

Tyler, Imogen (2008), »Chav mum chav scum«. Class disgust in contemporary Britain, *Feminist Media Studies* 8.1, S. 17–34.

Ullrich, Wolfgang (2006), *Haben wollen. Wie funktioniert die Konsumkultur?*, Frankfurt/M..

Uslar, Moritz von (2006), *Waldstein. Roman*, Köln.

Van Deburg, William L. (1997), *Black Camelot. African-American Culture Heroes and Their Times, 1960–1980*, Chicago.

Van Leeuwen, Theo (1996), The representation of social actors, in: Carmen Rosa Caldas-Coulthard/Malcolm Coulthard (Hg.), *Texts and Practices. Readings in Critical Discourse Analysis*, London/New York, S. 32–70.

Verlan, Sascha /Hannes Loh (2006), *25 Jahre HipHop in Deutschland*, Höfen.

Vester, Michael/Peter von Oertzen/Heiko Geiling/Thomas Hermann/Dagmar Müller (2001), *Soziale Milieus im gesellschaftlichen Strukturwandel. Zwischen Integration und Ausgrenzung*. Vollständig überarbeitete, erweiterte und aktualisierte Fassung der zuerst 1993 erschienenen Ausgabe, Frankfurt/M..

Virno, Paulo (2005), *Grammatik der Multitude. Öffentlichkeit, Intellekt und Arbeit als Lebensformen. Mit einem Anhang: Die Engel und der General Intellect* (Es kommt darauf an, Bd. 4), Wien.

Voß, Günter G./Kerstin Rieder (2005), *Der arbeitende Kunde. Wie Konsumenten zu unbezahlten Mitarbeitern werden*, Frankfurt/M./New York.

Wacquant, Loïc J.D. (2009), *Punishing the Poor. The Neoliberal Government of Social Insecurity*, Durham/London.

— (1995a), Pugs at Work: Bodily Capital and Bodily Labour Among Professional Boxers, *Body and Society* 1.1, S. 65–93.

— (1995b), Review Article: Why Men Desire Muscles, *Body and Society* 1.1, S. 163-179.

Walker, Rob (2008), *Buying In. The Secret Dialogie Between What We Buy and Who We Are*, New York.

Warneken, Bernd-Jürgen (2006), *Die Ethnographie popularer Kulturen. Eine Einführung*, Wien/Köln/Weimar.

Warneken, Bernd-Jürgen (1990), Bürgerliche Emanzipation und aufrechter Gang. Zur Geschichte eines Handlungsideals, *Das Argument* 179, S. 39–52.

Weber, Max (1921), *Wirtschaft und Gesellschaft. Grundriss der verstehenden Soziologie*, Tübingen.

Weigman, Robyn (1999), Whiteness Studies and the Paradox of Particularity, *boundary 2* 26.3, S. 115–150.

Weinzierl, Rupert/David Muggleton (2003), What is ›Post-subcultural Studies‹ Anyway?, in: dies. (Hg.), *The post-subcultures reader*, Oxford/New York, S. 3-26.

Weis, Lois (2003), Gender, Masculinity and the New Economy, *The Australian Educational Researcher* 30.3, S. 111–129.

Wellgraf, Stefan (2012), *Hauptschüler. Zur gesellschaftlichen Produktion von Verachtung*, Bielefeld.

— (2008), *Migration und Medien. Wie Fernsehen, Radio und Print auf die Anderen blicken*, Münster.

Welz, Gisela (1991), *Streetlife. Alltag in einem New Yorker Slum*, Frankfurt/M..

West, Cornel (1993), Nihilism in Black America, in: ders., *Race Matters*, Boston, S. 15–32.

White, Hayden (1978), *Tropics of Discourse. Essays in Cultural Criticism*, Baltimore/London.

Wiegelmann, Günter (1991), *Theoretische Konzepte der Europäischen Ethnologie. Diskussionen um Regeln und Modelle* (Grundlagen der Europäischen Ethnogie, Bd. 2), Münster.

Wiese, Heike (2012), *Kiezdeutsch. Ein neuer Dialekt entsteht*, München.

— (2006), »Ich mach dich Messer« – Grammatische Produktivität in Kiez-Sprache (›Kanak Sprak‹), *Linguistische Berichte* 207, S. 245–273.

Wilkins, Amy C. (2008), *Wannabes, Goths, and Christians. The Boundaries of Sex, Style, and Status*, Chicago/London.

Willis, Paul (2000), *The Ethnographic Imagination*, Cambridge.

— (1990), *Common Culture*, Buckingham.

— (1978), *Profane Culture*, London.

— (1977), *Learning to Labour. How Working Class Kids Get Working Class Jobs*, West-mead, Farnborough, Hants.

Willis, Paul/Mats Trondman (2000), Manifesto for Ethnography, *Ethnography* 1.1, S. 5–16.

Winlow, Simon (2001), *Badfellas: Crime, Tradition, and New Masculinities*, Oxford/New York.

Wohlrab-Sahr, Monika (1999), *Konversion zum Islam in Deutschland und den USA*, Frankfurt/M./New York.

Woodward, Sophie (2007), *Why Women Wear What They Wear*, Oxford.

Wray, Matt/Annalee Newitz (1997), Introduction, in: dies. (Hg.), *White Trash. Race and Class in America*, New York/London, S. 1–15.

Wurm, Maria (2006), *Musik in der Migration. Beobachtungen zur kulturellen Artikulation türkischer Jugendlicher in Deutschland*, Bielefeld.

Yuval-Davis, Nira (1999), What is transversal politics?, *Soundings* 12, S. 94–98.

Danksagung

Ich danke allen Gesprächspartnerinnen und Gesprächspartnern und hoffe, dass sie mit dem Buch etwas anfangen können. Weil ich die meisten ihrer Namen (wie abgesprochen) in anonymisierter Form wiedergegeben habe, wäre es unangemessen, sie an dieser Stelle zu nennen. Ich danke auch der Geschäftsleitung und den Mitarbeiterinnen und Mitarbeitern von Picaldi in Berlin, besonders Zeki Öztürk und Jörg Wachsmuth. Rolf Lindner ist in diesem Text auf vielfache Weise präsent: mit seinen Schriften, als akademischer Lehrer und Betreuer und durch seine Ideen und Hinweise. Ich hoffe, das ist ihm nicht unangenehm. Auch die Mit-BetreuerInnen und -GutachterInnen Beate Binder und Johannes Moser haben mich vielfach unterstützt. Vielen herzlichen Dank allen dreien dafür. Für das Doktorandenstipendium und unbürokratische Unterstützung danke ich der Studienstiftung des deutschen Volkes und ihren Mitarbeiterinnen und Mitarbeitern. Natalie Bayer danke ich herzlich für die Cover-Illustration, Stefanie Evita Schaefer für das Lektorat und Harry Adler für den Satz. Und ich danke Freunden, Kolleginnen und Diskussionspartnern für ihre Ideen, ihre Hilfe und Kritik. Dazu gehören, in unterschiedlichen Rollen und Funktionen und Intensitäten und ohne besondere Reihenfolge, Anja Schwanhäußer, Jens Wietschorke, Tobias Timm, Alexander Gallas, Stefan Wellgraf, Caro Moussa, Anne Elizabeth Moore, Maren Klotz, Silvy Chakkalakal, Fred von Bose, Sven Bergmann, Daniel Tödt, Joachim Schlör, Mirjam Renz, Felix Denk, Susanne Schmitt, Olja Reznikova, Damani Partridge, Nitzan Shoshan, Paul Willis, Hanne Schlör, Peter Ege. Und ganz besonders Hannah Pilarczyk. Fehler und Unzulänglichkeiten der Studie sind dem Autor anzulasten und nicht denjenigen, die so nett waren, ihn zu unterstützen.